国家出版基金项目
NATIONAL PUBLICATION FOUNDATION

中国近代
思想家文库

◎

王波编

夏震武卷

中国人民大学出版社
·北京·

总　序

　　对于近代的理解，虽不见得所有人都是一致的，但总的说来，对于近代这个词所涵的基本意义，人们还是有共识的。一个国家、一个民族走入近代，就意味着以工业化为主导的经济取代了以地主经济、领主经济或自然经济为主导的中世纪的经济形态，也还意味着，它不再是孤立的或是封闭与半封闭的，而是以某种形式加入到世界总的发展进程。尤其重要的是，它以某种形式的民主制度取代君主专制或其他不同形式的专制制度。中国是个幅员广大、人口众多、历史悠久的多民族国家，由于长期历史发展是自成一体的，与外界的交往比较有限，其生产方式的代谢迟缓了一些。如果说，世界的近代是从 17 世纪开始的，那么中国的近代则是从 19 世纪中期才开始的。现在国内学界比较一致的认识，是把 1840 年到 1949 年视为中国的近代。

　　中国的近代起始的标志是 1840 年的鸦片战争。原来相对封闭的国门被拥有近代种种优势的英帝国以军舰、大炮再加上种种卑鄙的欺诈打开了。从此，中国不情愿地加入到世界秩序中，沦为半殖民地。原来独立的大一统的中央集权的君主专制国家，如今独立已经极大地被限制，大一统也逐渐残缺不全，中央集权因列强的侵夺也不完全名实相符了。后来因太平天国运动，地方军政势力崛起，形成内轻外重的形势，也使中央集权被弱化。经历第二次鸦片战争、中法战争、甲午战争、八国联军入侵的战争以及辛亥革命后的多次内外战争，直至日本全面侵略中国的战争，致使中国的经济、政治、教育、文化，都无法顺利走上近代发展的轨道。古今之间，新旧之间，中外之间，混杂、矛盾、冲突。总之，鸦片战争后的中国，既未能成为近代国家，更不能维持原有的统治秩序。而外患内忧咄咄逼人，人们都有某种程度"国将不国"的忧虑。

　　"天下兴亡，匹夫有责"，读书明理的士大夫，或今所谓知识分子，尤为敏感，在空前的危机与挑战面前，皆思有所献替。于是发生种种救亡图存的思想与主张。有的从所能见及的西方国家发展的经验中借鉴某些东西，形成自己的改革方案；有的从历史回忆中拾取某些智慧，形成某种民族复兴的设想；有的则力图把西方的和中国所固有的一些东西加以调和或结合，形成某种救亡图强的主张。这些方案、设想、主张，从世界上"最先进的"，到"最落后的"，几乎样样都有。就提出这些方案、设想、主张者的初衷而言，绝大多数都含着几分救国的意愿。其先进与落后，是否可行，能否成功，尽可充分讨论，但可不必过为诛心之论。显而易见，既然救国的问题最为紧迫，人们所心营目注者自然是种种与救国的方案直接相关的思想学说，而作为产生这些学说的更基础性的理论，及其他各种知识、思想，则关注者少。

围绕着救国、强国的大议题，知识精英们参考世界上种种思想学说，加以研究、选择，认为其中比较适用的思想学说，拿来向国人宣传，并赢得一部分人的认可。于是互相推引，互相激励，更加发挥，演而成潮。在近代中国，曾经得到比较广泛的传播的思想学说，或者够得上思潮的，主要有以下几种：

（一）进化论。近代西方思想较早被引介到中国，而又发生绝大影响的，要属进化论。中国人逐渐相信，进化是宇宙之铁则，不进化就必遭淘汰。以此思想警醒国人，颇曾有助于振作民族精神。但随后不久，社会达尔文主义伴随而来，不免发生一些负面的影响。人们对进化的了解，也存在某些片面性，有时把进化理解为一条简单的直线。辩证法思想帮助人们形成内容更丰富和更加符合实际的发展观念，减少或避免片面性的进化观念的某些负面影响。

（二）民族主义。中国古代的民族主义思想，其核心是"非我族类，其心必异"，所以最重"华夷之辨"。鸦片战争前后一段时期，中国人的民族思想，大体仍是如此。后来渐渐认识到"今之夷狄，非古之夷狄"，"西人治国有法度，不得以古旧之夷狄视之"。但当时中国正遭受西方列强的侵略和掠夺，追求民族独立是民族主义之第一义。20世纪初，中国知识精英开始有了"中华民族"的概念。于是，渐渐形成以建立近代民族国家为核心的近代民族主义。结束清朝君主专制，创立中华民国，是这一思想的初步实现。第一次世界大战爆发，中国加入"协约国"，第一次以主动的姿态参与世界事务，接着俄国十月革命爆发，这两件事对近代中国的发展历程造成绝大影响。同时也将中国人的民族主义提升到一个新的层次，即与国际主义（或世界主义）发生紧密联系。也可以说，中国人更加自觉地用世界的眼光来观察中国的问题。新生的中国共产党和改组后的国民党都是如此。民族主义成为中国的知识精英用来应对近代中国所面临的种种危机和种种挑战的一个重要的思想武器。

（三）社会主义。社会主义作为一种模糊的理想是早在古代就有的，而且不论东方和西方都曾有过。但作为近代思潮，它是于19世纪在批判近代资本主义的基础上产生的。起初仍带有空想的性质，直到马克思和恩格斯才创立起科学社会主义。20世纪初期，社会主义开始传入中国。当时的传播者不太了解科学社会主义与以往的社会主义学说的本质区别。有一部分人，明显地受到无政府主义的强烈影响，更远离科学社会主义。直到五四新文化运动兴起之后，中国人始较严格地引介、宣传科学社会主义。但有一段时间，无政府主义仍是一股很大的思想潮流。中国共产党的成立，从思想上说，是战胜无政府主义的结果。中国共产党把在中国实现社会主义乃至共产主义作为自己的奋斗目标。此后，社会主义者，多次同各种非科学社会主义思想的信仰者进行论争并不断克服种种非科学社会主义思想的影响。

（四）自由主义。自由主义也是从清末就被介绍到中国来，只是信从者一直寥寥。直到五四新文化运动兴起，具有欧美教育背景的知识精英的数量渐渐多起来，自由主义始渐渐形成一股思想潮流。自由主义强调个性解放、意志自由和自己承担责任，在政治上反对一切专制主义。在中国的社会条件下，自由主义缺乏社会基础。在政治激烈动荡的时候，自由主义者很难凝聚成一股有组织的力量；在稍稍平和的时候，他们往往更多沉浸在自己的专业中。所以，在中国近代史上，自由主义不曾有，也不可能有大的作为。

（五）激进主义与保守主义。处于转型期的社会，旧的东西尚未完全退出舞台，新的东西也还未能巩固地树立起来，新旧冲突往往要持续很长的时间，有时甚至达到很激烈的程度。凡助推新东西成长的，人们便视为进步的；凡帮助旧东西排斥新东西的，人们便视为保守的。其实，与保守主义对应的，应是进步主义；与顽固主义相对的则应是激进主义。不过在通常话语环境中人们不太严格加以区分。中国历史悠久，特别是君主专制制度持续两千余年，旧东西积累异常丰富，社会转型极其不易。而世界的发展却进步甚速。中国的一部分精英分子往往特别急切地想改造中国社会，总想找出最厉害的手段，选一条最捷近的路，以最快的速度实现全盘改造。这类思想、主张及其采取的行动，皆属激进主义。在中共党史上，它表现为"左"倾或极左的机会主义。从极端的激进主义到极端的顽固主义，中间有着各种程度的进步与保守的流派。社会的稳定，或社会和平改革的成功，都依赖有一个实力雄厚的中间力量。但因种种原因，中国社会的中间力量一直未能成长到足够的程度。进步主义与保守主义，以及激进主义与顽固主义，不断进行斗争，而实际所获进步不大。

（六）革命与和平改革。中国近代史上，革命运动与和平改革运动交替进行，有时又是平行发展。两者的宗旨都是为改变原有的君主专制制度而代之以某种形式的近代民主制度。有很长一个时期，有两种错误的观念，一是把革命理解为仅仅是指以暴力取得政权的行动，二是与此相关联，把暴力革命与和平改革对立起来，认为革命是推动历史进步的，而改革是维护旧有统治秩序的。这两种论调既无理论根据，也不合历史实际。凡是有助于改变君主专制制度的探索，无论暴力的或和平的改革都是应予肯定的。

中国近代揭幕之时，西方列强正在疯狂地侵略与掠夺殖民地和半殖民地，中国是它们互相争夺的最后一块、也是最大的资源地。而这时的中国，沿袭了两千年的君主专制制度已到了奄奄一息的末日，统治当局腐朽无能，对外不足以御侮，对内不足以言治，其统治的合法性和统治的能力均招致怀疑。革命运动与改革的呼声，以及自发的民变接连不断。国家、民族的命运真的到了千钧一发之际，危机极端紧迫。先觉分子救国之心切，每遇稍具新意义的思想学说便急不可待地学习引介。于是西方思想学说纷纷涌进中国，各阶层、各领域，凡能读书读报者，受其影响，各依其家庭、职业、教育之不同背景而选择自以为不错的一种，接受之，信仰之，传播之。于是西方几百年里相继风行的思想学说，在短时期内纷纷涌进中国。在清末最后的十几年里是这样，五四时期在较高的水准上重复出现这种情况。

这种情况直接造成两个重要的历史现象：一个是中国社会的实际代谢过程（亦即社会转型过程）相对迟缓，而思想的代谢过程却来得格外神速。另一个是在西方原是差不多三百年的历史中渐次出现的各种思想学说，集中在几年或十几年的时间里狂泻而来，人们不及深入研究、审慎抉择，便匆忙引介、传播，引介者、传播者、听闻者，都难免有些消化不良。其实，这种情况在清末，在五四时期，都已有人觉察。我们现在指出这些问题并非苛求前人，而是要引为教训。

同时我们也看到，中国近代思想无比的多样性与复杂性呈现出绚丽多彩的姿态，各种思想持续不断地展开论争，这又构成中国近代思想史的一个突出特点。有些论争为我们留下了非常丰富的思想资料。如兴洋务与反洋务之争，变法与反变法之争，革命与改良之争，共和与立宪之争，东西文化之争，文言与白话之争，新旧伦理之争，科学与人生观之争，中国社会性质的论争，社会史的论争，人权与约法之争，全盘西化与本位文化之争，民主与独裁之争，等等。这些争论都不同程度地关联着一直影响甚至困扰着中国人的几个核心问题，即所谓中西问题、古今问题与心物关系问题。

中国近代思想的光谱虽比较齐全，但各种思想的存在状态及其影响力是很不平衡的。有些思想信从者多，言论著作亦多，且略成系统；有些可能只有很少的人做过介绍或略加研究；有的还可能因种种原因，只存在私人载记中，当时未及面世。然这些思想，其中有很多并不因时间久远而失去其价值。因为就总的情况说，我们还没有完成社会的近代转型，所以先贤们对某些问题的思考，在今天对我们仍有参考借鉴的价值。我们编辑这套《中国近代思想家文库》，希望尽可能全面地、系统地整理出近代中国思想家的思想成果，一则借以保存这份珍贵遗产，再则为研究思想史提供方便，三则为有心于中国思想文化建设者提供参考借鉴的便利。

考虑到中国近代思想的上述诸特点，我们编辑本《文库》时，对于思想家不取太严格的界定，凡在某一学科、某一领域，有其独立思考、提出特别见解和主张者，都尽量收入。虽然其中有些主张与表述有时代和个人的局限，但为反映近代思想发展的轨迹，以供今人参考，我们亦保留其原貌。所以本《文库》实为"中国近代思想集成"。

本《文库》入选的思想家，主要是活跃在 1840 年至 1949 年之间的思想人物。但中共领袖人物，因有较为丰富的研究著述，本《文库》则未收入。

编辑如此规模的《文库》，对象范围的确定，材料的搜集，版本的比勘，体例的斟酌，在在皆非易事。限于我们的水平，容有瑕隙，敬请方家指正。

《中国近代思想家文库》编纂委员会

目　录

灵峰夏先生墓表 *

　　昔者微言既没，百家蜂起，道术几为天下裂。自子舆氏后，有能窥道之藩篱者，汉董氏、唐韩氏而已。宋诸儒出，大道复明，而源远末分，伪儒间作，亦时有佛老之难，门户之争。然圣道炳若日星，则异端不得肆其辞，天下亦不至遽罹其祸。晚清之季，西学勃兴，陋儒炫其富强之术，欲举吾中国衣冠礼教而从之，弃纲常伦埋如敝屣，视诗书礼乐为土苴，生民之患，至斯而极。于时有昌明正学，毅然以斯道为己任，思拨乱世反之正者，独灵峰先生一人而已。

　　先生讳震武，字伯定，号涤庵，浙江富阳人。世居邑之灵峰山下，学者称为灵峰先生。其先本姒姓，周时受封于杞，杞亡，改姓夏。后回会稽，又析居永兴，元时乃徙今里。曾祖讳宏业，祖讳文昭，皆未仕。祖早世，以兄讳文华子为后，即先生父，讳范金，贡生也。先生为长子。父师法宋儒，践履笃实。母为同邑汪讳廷栻之女，习礼明书，谨严有法度。先生幼承庭训，动止凝重如成人。五岁受读于母，学《毛诗》、《大学》、《中庸》，皆成诵。稍长，遍通诸经，遭乱未尝辍读。喜纵览史鉴，见前哲忠孝大节，往往欷歔爱慕，欲效其所为。

　　同治十二年举于乡，明年成进士，会试总裁万公青藜见之，叹为不可一世之才。适先生以疾未覆试归。侍郎宗室宝公廷，故为乡试举主，亟称先生资性近道，当研穷理学，为第一等人。先生少负经世之志，慷慨以诸葛武侯、李忠定自期，闻公言，乃日孳孳于程朱之学，顾陆王犹兼取之。后四年入京，先生名已起，朝贵人争欲致门下，不可，益竞竞持名节。适朝考又以疾未赴。越三年，考授主事，选职工部营缮司。先生入则正色危坐，凛然不可以非义干；出则读书私舍，未尝通名姓于势

＊ 录自《文澜学报》1935 年第 1 期，17～21 页。

要之门。同列已严惮之。既而乞养改教职，先生父诫以仕当听上所授，毋自择。又部曹俸薄，向皆仰给于印结钱，先生父诫勿取，曰吾能斥产资汝。于是先生安于职，而慨然有致君之思矣。

光绪六年八月，上疏请修明祖制以扶国本，不报。时收复新疆，与俄画界，遣使订约，多违失。先生愤甚，以九月疏劾枢臣沈桂芬、王文韶，乞赐罢责；又劾恭亲王、宝鋆、景廉，下部严议。复具疏言俄事有五误、十可战、一不可战，陈战守十六策，皆人所不能言者。故事，司员上封事，必请于尚书，乃得代奏。尚书翁公同龢，以先生辞多激切，尼之。先生曰：疏既具，志早决矣，尚书不代奏，司员顾不可至都察院劾尚书乎？翁公谓战守十六策甚当，独司员参大臣，本朝无此例。先生曰：有钦定台规在，司员何不可参大臣？本朝二百余年无参大臣之司员者，非例不可，人不为也。明杨椒山参严嵩，刘念台参魏忠贤，彼皆司员也。尚书受国厚恩，视枢臣主议误国不力争，反沮遏言路，何面目见天下士大夫？翁公闻言，乃代奏。旨下留中。先生以言不用，遂乞归。

先是南皮张公之洞与先生论学不合，及张公巡抚山西，疏荐先生曰：夏某学赡才高，潜心理学，贞固谠直，有古人之风，稍加历练，其材器实迈凡庸。早年论事，与臣龃龉，然荐贤为公，臣不敢是己非人，致蹈蔽贤之咎。先生以家居养亲，故不出。父殁，遗命以礼治丧。既葬，犹寝苫枕块于墓侧。母殁，遗命治丧亦如之。新昌士绅固请主讲鼓山书院，先生拒之曰：三年之内，誓不出墓庐一步。会甲午，我与日本战失利，明年，和议成。先生以主辱臣死之义，无分贵贱，欲效吴可读故事，草疏千言，以死谏。戚旧交书切责，谓墓庐非死谏之地，废员无死谏之责。先生默然，为毁其草乃止。

当是时，朝臣益泄沓无振作气。赵公舒翘被命巡抚江苏，贻书商先生出挽厄运，辞之。徽宁池太广道袁公昶，请主讲中江书院，亦以疾固辞。二十四年七月，朝命吏民得上书言事，先生已草疏乞改科举新章，防流弊。康有为、梁启超等谋变法，间两宫，变卒作，朝旨遂寝前诏。先生疏不得上，虑宫闱有非常，书抵浙江学使徐公致祥，速入奏调和两宫，请太后旨，广求忠孝儒臣，置上左右，朝夕纳诲。公故以乡试举主知先生，得书即驰奏。

二十六年七月，京畿乱民以拳教肇祸，杀外使，八国联军陷京师，两宫狩陕西。浙江学使文公治，疏荐先生可大用，恐先生终不出，踵至劝先生急君父难速行。先生痛各省疆帅拥兵不勤王，九月闻召，疾奔行在。以外兵蹂宫禁为国大辱，奏两宫罢和决战；外人胁戮亲贵大臣，损国体，必〈不〉可从；乞急召云南提督冯子材，付以战守事。先后七上疏，皆军国大计。荣禄、王文韶、鹿传霖皆袖手俟和议，恶先生言忼直，辄龁齕之。太后召诸臣，挥涕责之曰：夏震武一草莽小臣，眷眷爱国若此，尔等身为大臣，乃竟不若彼耶？时先生直声震海内，一时正人皆倚以为重，交章荐先生，朝廷始有军机处存记之命。全权大臣庆亲王奕劻、李鸿章，奏洋人言朝廷果有意议和，当先罢黜夏某。而先生固已乞归矣。既归，外人恶先生主战，犹列祸从，胁朝廷并治。太后忿然曰：夏震武家居二十年，拳乱时足迹未至京城，焉得诬？力持不可。

逾年，两宫回銮，甘肃提督董福祥阴集旧部，欲留车驾还都关中，不听，则奉皇子监国，起先生主内政，而自率师东出复两京。遣使以书来商，先生复书力止之。既再归，省吏邑宰以修邑志、任学校来聘，皆不就。宣统元年，浙江教育总会公推先生为会长。既而学务公所议长陆公元鼎、巡抚增公韫、提学使李公傅元复固请监督两级师范。先生至教育会，则以廉耻教育宣于众。及任师校，亦以是励诸生，谓大乱将作，救亡之策，莫急于倡廉耻以正人心，闻者感奋。受任六月，绝干请，杜奔走，忤当事意，诸教习亦不便其所为，私相结以讦先生，先生遂引去。

时宝公早逝，两公子以庚子殉节京师，三孙复相继物故。先生恸之，逾年至京吊其家，搜公疏稿刻之。刘公廷琛方为京师大学总监督，聘先生总教七科。固辞不获，乃受任，以《孟子讲义》、《〈大学衍义〉讲授》教诸生，学风为之一变。未几，举御史安公维峻自代以去。刘公复强先生出，再至则武昌兵事起，先生亦遂还居故里矣。大总统袁世凯，浙江都督朱瑞、吕公望，以书币聘先生，悉辞不就。自是杜门不出，足迹不及城市。尝谓元世祖起自漠北，用一许鲁斋，而能存中国衣冠；清圣祖屡议复古，而辫发胡服，终为满族所尼，仍其陋俗，亡我古制。当时如安溪李文贞游钓台诗曰，笄发乏笏节，读之已不胜其祖国之思。当宝公未薨，先生惓惓以衣冠为请，公曰：我若当国，必以君言上于朝。乃公以偓促终，先生亦不获遂行其志。悲夫！

先生更辛亥之役，谓今日大变，儒者当为先圣先王之道法守节，而非拘拘于一姓之存亡，乃笄发委貌，玄衣垂绅，昭其志节。闻望既隆，从学之士，自江、浙、鲁、豫、秦、晋、滇、粤以迄朝鲜，咸以得及门请业为幸。先生尝自任曰：达而在上，救天下以政；穷而在下，救天下以学。国无道，至死不变，今其时矣。其教门人曰：敬义夹持，文行并进，以勇行实践为入德之门。

自言少时为学，亦喜老氏观妙观窍及释氏认取本来面目之说，鸡鸣而起，静坐达旦。既而悟静坐乃异端放任自由所为，非圣门居敬之学，以用敬不用静为程朱晚年定论。又以陆王认心为性，必至猖狂无忌，自此确守程朱，以居敬穷理力行交修为用力之途，以穷理为知言之本，以居敬力行为养气集义之功，合孟子、程朱而一之。其规模气象，得乎孟子者为多。目睹邪说横行，全国波靡，将有蔑伦背理亡国灭种之祸，著《人道大义录》，历引经传以明三纲五常之为六经古义，以传贤为君道之极则，以一夫一妇男外女内为人道不易之理，以父子天伦，不可变易，泛然等父母于路人为禽兽，昌言纠正，而伦教灿然复明。

晚年屏居乡里，而轸念斯世斯民，如疾痛疴痒之在身，未尝一日间。每谆谆勖励门以广圣学，正人心。谓士当以道救民，若闭户自守，外天下家国以治心，不足以为士。平居处己接物，动必以礼。两居亲丧，衰绖庐墓。居妻丧、弟丧及女兄弟之丧，衰绖履杖，一遵《仪礼》。又推朋友缌之义以及师门，为举主宝公制服三月。隆裕太后崩于国变后，先生曰：礼为旧君，为旧君母妻，皆齐衰三月，不以国之存亡改易，亦持服三月。尝应召行在时，先生以外兵深入，宗社震惊，既上中兴十六策，尤请两宫援太庙毁例，素服减膳，为十六策先。两宫既崩之十九年，盗发高宗、孝钦陵寝，先生即援太庙毁例，为位而哭，其制服则以弟丧齐衰在身，不复变易。门人孙乃瑶卒先生家，先生哭而敛之，告其孤归葬。每闻门人之丧，痛悼哭泣，或至废食，累数日不已。其祀祖则守父遗法，谓舅妇不能同席，家堂地窄，四亲不能异席，则合四代之考居右，妣皆居左，分为二席，忌日则考妣合祀，求通于情，亦不背礼。祀圣则就精舍广其堂楹，中奉孔子神主，周四子颜、曾、思、孟，宋五子周、程、张、朱，皆直接道统，配飨两序。临祭席地陈馔，奉主就席，仪物器数，则尊周制。为子娶妇，先行冠礼，嫁女先行笄礼。昏礼以《仪礼》为本，辅以《书仪》、《家礼》。

先生精气内充，神明外溢，自少至老，日必昧旦兴起。读书处事，巨细精审，终日不见倦容。周旋宾客，揖让雍容。对越神明，登降肃穆。严下拜之仪，植立庭中，虽风雨不避。殁之前三日，为母忌日，具衣冠致祀，拜跪不须扶掖。盖先生执礼之恭，类如此。先生著书已梓行者，《悔言》、《悔言辨正》、《人道大义录》、《衰说考误》、《瘖言质疑》、

《资治通鉴后编校勘记》、《孟子讲义》、《〈大学衍义〉讲授》、《诗文集》、《富阳夏氏族谱》若干卷，续著有《论语讲义》，及遗稿待辑梓。先生以咸丰三年癸丑十二月十八日生，享年七十八岁。其殁也，庚午岁五月朔日。娶何氏，先先生卒。子男一，成吉，能嗣家学。女一，适四川马边贺昌群。

戊辰秋，钟岳至富阳，以肃君石斋介，执赘于先生之门，先生所以敦勖之者甚至。己巳春还滇，甫逾年，遽闻先生讣。既自痛亲炙未久，学焉无成，而益念天下滔滔，欲求守先待后如先生者不可复得，则尤有学绝道丧之忧也已。同门友王君雪庵，述先生行实，邮书属为表墓之文。谨掇辑先生生平行谊及论学大旨著于篇，以稷同学，并以备将来编国史儒林传者之有所参稽焉。

庚午闰六月门人周钟岳谨撰。

夏灵峰先生行实 *

　　先生讳震武，字伯定，号涤庵，浙江富阳人。世居邑之灵峰山，学者称为灵峰先生。其先本姒姓，周时受封于杞，杞亡，遂改姓夏。后回会稽，又析居永兴。吴时有五官中郎将讳曰方者，以孝子显，晋表其乡为夏孝三都。永兴今萧山也。元时乃徙今里。曾祖讳宏业，祖讳文昭，皆未仕。祖早世，以兄讳文华子为后，即先生父，讳范金，贡生也。先生为长子。父好宋儒之学，以强己恕人求实践，因榜其堂曰强恕，户牖间遍贴格言，谓古人槃匜几杖皆有铭，乃取以自警。粤贼之乱，拯活里闬戚族数十百人，聚匿山谷中，己则奔走致粟以食人，食尽则粥，人饱而己尝饥，有请自顾者，则对曰何忍独饱，食罄则同尽耳。母为同邑汪讳廷栻之女。外大母王氏早寡，著贤声，以经史教女弟子，讲气节，贼至，从学者多以节烈称。先生三岁即不闻啼泣声，五岁受读于母，举《毛诗》、《大学》、《中庸》章句，辄能成诵。稍长，端坐竟日，足不易处，动止每异常儿。母教先生严，乱时犹不使辍读，曾语先生父曰：令儿曹稍知义理，即死亦无憾。后所延师惟教以时文，苦之，乃窃取史鉴、诗古文辞窥览，见前哲忠孝大节，往往歆吁爱慕，欲效其所为。

　　同治十二年举于乡，明年成进士，会试总裁万公清黎〔青藜〕见而再三叹曰：举头天外，实不可一世之才。乃出其二子见曰：不可不一识此人。先生以疾未覆试辞归。侍郎宗室宝公廷，故为乡试举主，乃饯先生于昆明湖上，赠诗曰：去年典试至杭州，西湖到处穷登搜。取士喜得涤庵子，地灵人杰夸兼收。将别又语先生曰：吾阅海内士大夫多矣，未有如君坚定者。君既思为第一等人，当读第一等书。程朱理学第一等书也。吾内多欲，理学非可空言，读其书而不能躬行，吾又耻之。君性近

* 录自《国风》1933年第2卷第2期，40～44页。

道，有志于学，吾以己所不能者望于君。先生少负经世之志，慷慨以诸葛武侯、李忠定自期，闻公言，乃日孳孳于程朱，顾陆王犹兼取之。

后四年入京覆试，先生名已起，朝贵人争欲致门下，不可，益兢兢持名节。时宝公以直谏闻中外，先生殿试对策多谠言，复为时称道。公以先生通显可即至，乃益自喜。会朝考又以疾未赴。将归，公复赠诗曰：涤庵一身都是胆，泰山压项强不折。涤庵一腔都是血，洒遍四海水皆热。又三年，朝考授主事，选职工部营缮司。先生入则正色危坐，凛然不可以非义干；出则读书私舍，未尝通名姓于势要之门。同部已严惮之。既而乞养改教职，先生父曰：吾所望于汝者，岂养哉？仕当听上所授，毋自择便。故事，部曹仰给于印结钱，先生父曰：吾能毁产资汝于官，戒勿取。于是先生安其职，而慨然有致君之思矣。

光绪六年八月，上疏请修明祖制以扶国本，不报。时收复新疆，与俄画界，遣官订约，多违失，受俄胁制，中枢不知所为。先生愤甚，以九月疏劾柄臣沈桂芬、王文韶，乞赐罢责；又效〔劾〕恭亲王、宝鋆、景廉，请下部严议。复具疏言俄事有五误、十可战、一不可战，陈战守十六策，皆人所不能言者。故事，司员上封事，必请于尚书，乃得代奏。尚书不尝至，先生乞本司掌印白尚书，封事不可以私达，请尚书到衙视疏存体制，全士名节。管部务大学士、尚书、侍郎等至揭封，相顾失色，谓不可，多危词以止先生。先生曰：疏既具，志早决矣，尚书不代奏，司员顾不可至都察院劾尚书乎？尚书翁公同龢也。既而尚书言战守十六策甚当，安敢不代奏，独司员参大臣，本朝无此例。先生谓：钦定台规现在，何司员有不可参大臣例？本朝二百余年无参大臣之司员者，非例不可，人不为也。非例所必禁，即义所当言。杨椒山参严嵩，刘念台参魏忠贤，彼皆司员也。尚书受国厚恩，视枢臣主议误国不力争，反为沮遏言路如此，何面目对士大夫？天下后世其谓尚书何等人？司员何等人？尚书闻言乃代奏。旨下留览。既而被劾诸臣摘疏中贼臣语，环慈安太后前请曰：臣等果贼臣，愿按治。夏某所言诬，岂可不问？太后谕以俟商西太后，乃退。西太后，西宫慈禧也。先生以言不用，遂乞归。

先是先生与南皮张公之洞论学不合，斥公主持汉学、西学误国。既归之明年，张公巡抚山西，疏荐先生曰：夏某学赡才高，能潜心理学，贞固谠直，有古人之风，稍加历练，其材器实迈凡庸。早年论事与臣龃龉，然荐贤为公，臣不敢是己非人，致蹈蔽贤之咎。先生以父命尝曰：

与其进而无为，不若退而有守。故不出。先生既获终养，于父所教，必书于册。父殁，先生遵遗命以礼治丧，不饮酒，不食肉，不脱衰绖，僧道悉屏不用。既葬，犹寝苫枕块于墓侧。母殁，遗命治丧亦如之。先生再庐母墓，新昌士绅辄以鼓山书院固请主讲，先生矢志绝之曰：三年之内，誓不出墓庐一步。会甲午，我与日本战失利，明年，和议成。先生以主辱臣死之义，无分贵贱，乃欲效吴可读故事，草疏千言以死谏。戚旧交书切责，谓墓庐非死谏之地，废员无死谏之责。先生默然，为毁其草乃止，二十一年二月也。

自是朝臣益泄沓无振作气，赵公舒翘既被命巡抚江苏，贻书商先生出挽厄运，辞之。徽宁池太广道袁公昶请主讲中江书院，浙绅汤君寿潜复以袁公命造庐踵请，皆以疾固辞。二十四年七月，朝廷下诏吏民皆得上书言事，先生已草疏乞改科举新章，防流弊。康有为、梁启超等谋危两宫，变卒作，朝旨遂罢前诏。先生疏不得上，虑宫闱有非常，书抵浙江学使徐公致祥，速入奏调和两宫，请太后旨，广求忠孝儒臣，置上左右，朝夕纳诲。公故以乡试举主知先生，得书即驰奏。

二十六年七月，京畿乱民以拳教肇祸，杀外使，八国联军陷京师，两宫狩陕西。浙江学使文公治闻先生名，乃立疏荐，恐先生终不出，踵至劝先生急君父难速行。先生痛各省疆帅拥兵不勤王，九月闻召，疾奔行在。以外兵蹂宫禁为国大辱，奏两宫罢和决战；外人胁戮亲贵大臣，损国体，必不可从；乞急召云南提督冯子材，付以战守事。冯公中兴宿将，闻召疾至。奏谓战有十利，和有十害，愿阖家系刑部，而自率师复畿辅，不胜，阖家甘就戮。乃议格不用。先生七上疏，皆军国大计，太后阅奏痛哭，以朝臣有如先生忠，国何至是？顾己势孤，左右莫肯助，亦无如何，谕先生以所奏定国是一条寄议和全权李鸿章。恐鸿章置不顾，遣先生至鸿章所宣谕。先生奏命臣宣谕李鸿章，不如命臣宣谕洋人，臣愿以死力争。时荣禄、王文韶、鹿传霖皆袖手俟和议，恶先生言。太后召诸臣，挥涕而责之曰：夏震武一草莽小臣，知主忧臣辱之义，眷眷爱国若此，汝等身为朝廷大臣，受国厚恩，乃竟不若彼草莽小臣耶？先生直言极谏，声震中外，一时正人君子皆倚以为重，交章荐先生，朝廷始有存记命下军机处。太常寺少卿高公赓恩奏曰：臣伏愿皇太后、皇上用一夏震武之言，宣布中外，开言路之先声，即用一夏震武之为人，不空空于存记，以为求人才之实际。其他人与其言皆以夏震武例之，天下不响应而起者，臣不信也。不报。时全权庆王、李鸿章奏洋人言朝廷果有意议和，当先罢黜夏某。而先生固已乞归，朝官遮道请留者络绎，谓上终擢用，勿急求去。既归，外人恶先生主战，犹列祸从，胁朝廷并治。太后忿然曰：夏震武家居二十年，拳乱时足迹未至京城，焉得诬？力持不可。先生以言事为众所忌，前后皆赖太后保全，论者谓母后仁慈，古所罕有。

逾年，两宫回銮，甘肃提督董福祥阴集旧部，欲留车驾还都关中，不听，则奉皇子监国，起先生主内政，而自率师东出复两京。遣使以书来商先生，先生复书力止之。先生既再归，省吏邑宰交相推重，前后以修邑志、任学校来聘，皆不就。宣统元年，浙江教育总会以投票法公举先生为会长，十一府代表又踵门交请，乃允受代三月。既而学务公所议长陆公元鼎、巡抚增公韫、提学使司李公傅元复请监督两级师范校，亦受代三月。初，先生任教育会长，受众欢迎，既至，则以廉耻教育为词宣于众。及任师校，亦以是勉诸生，谓今日大乱将作，救亡之策，莫急于倡廉耻以正人心，闻者汗浃。受任六月，绝干请，杜奔走，忤当事意，有所谓教习同盟会者，惑诸生以绝先生。日本教习喟然告诸生曰：中国必亡，顾忠孝节义有一字即可立国。夏某庐墓六年，孝子也；弹劾亲贵，奔走行在，忠臣也。若此则四字有其二，在我国则欢迎不暇，而中国乃拒之，惟恐不速，中国必亡。浙绅蒋麐振等五十余人具词当路，挽先生复出，引日教习语用相诰诫，众不能听，而先生则已归矣。

时宝公早薨，两公子以庚子殉节京城，至是三孙相继殂亡。先生痛之，逾年至京吊其家，搜公疏稿刻之。而刘公廷琛方总监督大学，以总教七科聘先生，有前请矣。先生固辞，刘公复固请，于是受总教任，手《孟子讲义》、《〈大学衍义〉讲授》教七科诸生，才数月，而平等自由之风，戢然以止。未几，举御史安公维峻自代以去。刘公复强先出生，再至则武昌之难作，先生亦还居故里矣，宣统三年八月也。袁世凯既称大总统，其浙江都督朱瑞、吕公望皆以书来，政事堂遣吏赍玄纁聘辞至，复书皆辞之。自是杜门讲学，足迹不及城市。尝谓元世祖起自漠北，用一许鲁斋而能存中国衣冠；清圣祖屡议复古，而辫发胡服，终为满族所尼，仍其陋俗，亡我古制。当时如安溪李文贞游钓一诗曰：笋发乏筇节，读之已不胜其祖国之思。当宝公未薨，先生惓惓以衣冠为请。公曰：我若当国，必以君言上于朝。乃公以偃蹇终，先生竟不获稍施其绪。悲夫！

先生更辛亥之役，则谓今日大变，儒者当为先圣先王之道法守节，而拘拘于一姓之存亡者，乃匹夫之小谅，非儒者节也。自是笄发委貌，玄衣垂绅，昭其志节。闻望既隆，从学之士，北地秦、晋，南极滇、粤，中有鲁、豫，东越朝鲜，咸以北面师事为幸，十数年间，络绎于道。先生固自任曰：达而在上，救天下以政；穷而在下，救天下以学。国无道，至死不变，今其时矣。其教门人曰：敬义夹持，文行并进，以勇行实践为入德之途。当共产之祸方萌，举世嬉恬无事，先生曰：乱作矣，非极至暴俄残杀不得已也。盖先生尝感侯官林文忠言俄为中国大患，其后公妻共产之说起，康有为首扬其焰，益患之。当行在召见，辄欲俟国事稍定，随使说俄以弭乱华之祸。及总教大学，极言其祸之烈，后验先生语如烛照算计。先生不幸亲见祸至，悲愤不能自安，谓儒者于此，当自验其定力所以自见者何如。孔门弟子，汲汲皇皇，权门有所不避，而孔子不非之者，圣贤救世之心，非后人所能知，于是责望后人，乃不欲其以陶潜为高。而门下私议，以为救人心莫急于广圣学，广圣学莫先于求友声，辅仁之义可思也。伏羲、孔子乃开物成务之圣人，学者莫能逃其指，讲圣人之学，归其名于圣人，谁曰不宜？于是以学称其会，以羲、孔范其学，窃请于先生主之。或又谓士可兼耕，其力能致远者，察边土以勤东作，亦先生当日究心疆域之意。于是有请营垦关外者，先生皆许之。

先生自言为学，少尝喜老氏说，专主静坐，观妙观窍，参以佛氏说，认取本来面目，鸡鸣而起，静坐达旦。既而悟静坐乃异端放任自由所为，非圣门居敬之学，以用敬不用静为程朱晚年定论。又以陆王认心为性，必至猖狂无忌，其害不止，阳儒阴释，自此确守程朱，以居敬穷理力行交修为用力之途，以穷理为知言之本，以居敬力行为养气集义之功，合孟子、程朱而一之。其气象规模，得乎孟子为多。

平居处己接物，动必以礼。礼又致严于丧祭，求备于冠昏。两居亲丧，既衰绖庐墓，而妻丧衰绖履杖，一遵《仪礼》。妹丧，为之卜地治葬，既窆，挂片席，居旬日乃去。姊弟之丧，多在暮年，衰绖疏食，不以老辞。前居宝公之丧，推朋友缌之义以及师门，制服三月。隆裕太后崩于国变以后，先生则曰：礼为旧君，为旧君母妻，皆齐衰三月，不以国之存亡改易。前居穆宗、德宗、孝贞、孝钦帝后之丧，皆已行之，今于后不忍有异，亦持服三月。昔应召行在，先生以外兵深入，宗社震惊，既七上疏，有中兴十六策，尤请两宫援太庙毁例，素服减膳，为十六策先。两宫既崩之十九年，盗发高宗、孝钦陵寝，先生即援太庙毁例，为位而哭，其制服则以弟丧齐衰在身，不复变易。时已国变后十六年也。门人孙乃瑶卒先生家，先生哭而敛之，告其孤归葬。晚年闻门人之丧，痛悼哭泣，或至废食，累数日不已。其祀祖则守父遗法，谓舅妇不能同席，家堂地室，四亲不能异席，则合四代之考居右，妣皆居左，分为二席，忌日则考妣合祀，求通于情，亦不背礼。祀圣则就精舍广其堂楹，中奉孔子神主，周四子颜、曾、思、孟，宋五子周、程、张、朱，皆直接道统，配飨两序，其他则不得与。临祭席地陈馔，奉主就席，仪物器数，则尊周制。为子娶妇，先行冠礼，嫁女先行笄礼。昏礼以《仪礼》为本，辅以《书仪》、《家礼》。

先生精气内充，神明外溢，自少至老，日必昧旦兴起。读书处事，巨细精审，终日不见倦容。周旋宾客，揖让雍容。对越神明，登降肃穆。严下拜之仪，植立庭中，虽风雨不避。殁之前三日，为母忌日，具衣冠致祀，拜跪不须扶持。盖先生执礼之恭，类如此。先生论学，有专著已梓行者，《悔言辨证》、《人道大义录》、《衰经〔说〕考误》、《资治通鉴后编校勘记》、《孟子讲义》、《〈大学衍义〉讲授》、《文集》，续著有《论语讲义》，及遗稿待辑梓。先生以咸丰三年癸丑十二月十八日生，享年七十八岁。其殁也，庚午年岁五月朔日。娶何氏，先先生卒。子男一，成吉，嗣家学不出。女一，适四川马边贺昌群。

展成于先生为同州，而最晚进，接先生家近，以时请谒。先生不以为不肖，辄进而教诲，一有不当，虽违侍训谕，立时邮至。久之视展成如家人，讲论外日用细小，故老遗传，无所不道，具悉先生家世行谊。其孤成吉既以礼为先生饰终，呼展成前视敛具，相与绞敛先生毕，乃请先生遗文及所亲闻诠次其实，以告世之知先生者。

门人王展成谨述。

人道大义录

清光绪二十六年（1900 年）富阳夏氏本。

《人道大义录》序

　　中国以人伦垂教，而君臣、父子、夫妇之道皆未立，矫其弊者则又欲以佛、耶平等自由之说乱之，废三纲，灭五伦，率天下为禽兽彝翟，而人道几乎绝矣。吾为此惧，正以羲、轩、尧、舜、孔、孟、程、朱之言，作《人道大义录》，以俟后之圣人。光绪庚子正月甲辰朔富阳夏震武。

夫道篇 　引证经传从略，后同

　　一妇而数夫可乎？曰不可。一夫而数妇可乎？曰不可。一夫一妇，人道之正。一妇而数夫者，禽兽之聚麀也；一夫而数妇者，鹿豕之游牝也。鸟之灵者，丧其雌雄，则不再匹；兽之灵者，失其牝牡，则不再偶。人为万物之灵，而鸟兽之不如，何以为人？上古男女无别，伏羲始制嫁娶，而野蛮之俗未除，则有姑侄姊妹而共事一夫者。周公制礼，不能革敝俗，以定万世之制，妃嫔之数，上备天子；妻妾之名，下逮庶士。降至后世，后宫三千，侍妾数百，传为定例。以妇女为服役玩好之具，幽居逸处，绝其人道，弃其生理，而惟一夫淫乐之供，夫妇之伦于是大乱而不可问矣。

　　夫妇三纲之首，夫为妇纲者，责以表率其妇，非许以压制其妇也。亲迎以礼之，则其义至重；同牢以飨之，则其恩至亲。以至重至亲之人，终身相倚如左右手，而二三其德，虐之弃之，朝为夫妇，暮为胡越，必非人道所宜有也。七出之礼，淫僻、不孝，为其乱族逆亲，犹有说焉。无子非妇一人之罪，嗣续之责，男女之所同也。夫可以无子而出其妇，则妇亦可以无子而绝其夫乎？

　　夫妇敌体，一夫一妇，自天子达于庶人，礼也。制礼者不严男子纳妾之禁，以立人道之大防，而纵男抑女，是非倒置，反以妇之禁夫纳妾为妒，悖之甚也。一妇二夫，为夫者将禁之乎？听之乎？夫妇以义合，义绝则离，固非若父子天属之一定而不可易。而以无子、嫉妒列于七出，则背理拂情，必不足以服妇之心明矣。臣之义，从道不从君；妇之义，从义不从夫。为夫者专制闺门之内，不务以义正己，而任情挟势，惟责妇之从，大逆之道也。

夫妇之义，将以存人类于不绝，为天下国家任生育教养之责，而使人道之不为禽兽。夫之责于妇者至重，则所以遇其妇者不宜轻。圣人制礼，夫妇之服皆三年，固以敌体之义行之，无阴阳贵贱之殊。夫之受于妇者礼无不报，故义夫节妇之旌，并著于律。男之再娶，女之二适，圣人之所不禁，而非人道之正也。兼君臣、朋友、兄弟之义而为夫妇，则其相严以惮也当如君臣，相宾以敬也当如朋友，相亲以爱也当如兄弟。夫徽妇戒，有不顺于内外族党，妇当谕夫于义，夫亦当谕妇于道，不宜以小过而绝大伦也。

离婚者人道之至不幸，非谨其礼于始，则无以保其恩于终。婚姻之礼，必求其男女才足以相配焉，德足以相合焉，学问智识技能足以相辅焉。申之以父母之命，成之以媒妁之言，然后恩义无间于始终。种嗣繁而人道以立，夫妇人道之始也。有夫妇然后有父子，有父子然后有君臣，夫妇之伦不正，则君臣、父子无一而可也。一夫一妇，而后夫妇之伦正。

妇道篇

男正位乎外，女正位乎内，内外者男女之定位，易之则乱。天地之道，阳发扬于外，阴蕴藏于内。天位乎外者阳，地位乎内者阴。男本天，女本地。天上而地下，衽席之交，命于天者有尊卑之分；天施而地受，精气之感，命于天者有倡随之义。性有健顺，体有大小，声有刚柔，质有清浊，男女之命于天者无一同焉。天命之不同者，必欲以人力强而同之，吾未见倒行逆施而不乱也。

鸟之类雌伏而雄斗，鸟非知有阴静阳动之义也；兽之类牝驯而牡猛，兽非知有阳刚阴柔之教也。牝牡雌雄之别，率其性之自然，出于天不出于人。女不守，男不能出；女不处，男不能行。守者出者，处者行者，相须以济而不能相易。日明乎昼，月明乎夜，昼夜者日月之位，日月易位则天地毁；男治乎外，女治乎内，内外者男女之位，男女易位则国家亡。

朝廷外也，闺门内也。兵农刑礼，朝廷之上，政治之职，男主之；炊织烹纤，闺门之内，生育之职，女司之。政治者，男之天职也；生育者，女之天职也。女以政治责之夫，而专心乎生育；男以生育责之妇，而专心乎政治。牡司晨而牝伏卵，天之道也。男女易位，则未有牝司晨而牡伏卵者也。男女不能易形，则不能易位。女何以内？曰生育室内之事，非室外之事也。男何以外？曰女内则男外。君民分其职于上下，而后成一国；夫妇分其职于内外，而后成一家。男弃其职而治内，女弃其职而治外，是犹为君者而曰吾欲与民并耕而食，为民者而曰吾欲与君同朝而治也。

人道之大任有二：曰生育，曰政治。女任生育至劳，男不任政治，则劳逸不均；女任生育至重，男不任政治，则轻重不平。男任生育，女任政治，可也？男不任生育，则女不任政治。天以生育之职界之女，不界之男，则天赋男女之权固有别矣。天别之而人乱之，女固不能举生育之职而委之男也。临朝而乳儿，议政而分娩，反之女子之心，必不安矣。女以一人而兼生育、政治，则男为无用，天之生之也何为？

天道有男女之异，圣人本天而为之制。天尊地卑，故地属乎天；夫尊妇卑，故妇属乎夫。子从父姓，不从母姓，外祖父母不得与祖父母同服者，圣人制礼之本乎天也。男女同权，则子将从父之姓与？从母之姓与？将一人而二姓，祖父母、外祖父母同服与？吾知其必有所不能行也。

中国女祸之烈，非无女权也。女教不修，夫失其纲，妇专其政，男为女制，祸及天下。妹嬉亡夏，妲己亡殷，褒姒灭周，吕雉、贾南风、武曌、刘氏乱汉、晋、唐、宋，女夺男权，男受制于妇，妇未尝受制于男也。西洋女主之制，以女治男，逆孰甚焉！俄、英、葡、奥之所以终于夷，女主之敝俗不去也。穆勒、斯宾塞生长女主之国，不能据大义以正敝俗，而汲汲焉惟女权之倡，以取媚妇人，可谓病狂丧心者也。中国士大夫不察，乃亦从而和之。呜呼！其亦惑矣。

穆勒曰，女可君则可官。此大谬也。女之为君，乱也；其不为官，正也。不得以一时乱制，举其正者而并去之也。穆勒曰，女有国民之责，公理明则女必有政权。此又谬矣。国民之责，有内有外。男任国民之责于外，女任国民之责于内，天下之公理也。公理明，则女不争政权。穆勒曰，女之家权同于夫，则国权不得异。此又谬矣。家权有内有外，未尝同也。女权内也，国权外也，女不治外。

穆勒曰，女之能力同于男，则权不可不等。女有赋税之责，则有政权。此又谬矣。女有内治生育之权，能力尽矣。相夫教子，夫与子为尧、孔，则天下被其赐；夫与子为桀、跖，则天下受其祸。国政之得失，为其夫与子言之，是为国言之也。夫与子行其言，则言行于国矣，不必立朝而争政权也；夫与子不行其言，不能正家，焉能正国？政权何为？穆勒曰，童子无政权，人能未具，故人权不完，女不得比于童子。此又谬矣。女有治内之权，人权完矣。治外之权，男权非女权也。夺男以益女权，是将比男子于童子也。

斯宾塞曰，女之心灵同于男，则生人之幸福，女与男同，不得屏女子于人群之外。此亦谬矣。生育、政治者，人群之天职。女任生育，男任政治，体敌势均，未尝屏女子于人群之外也。男女各尽其职，委身以为天下，耳司听而目司视，非有所择而为之也。以政治为幸福而争之，则将以生育为苦害而去之，弃其人群之天职，而惟幸福之争，必非女之本性矣。

斯宾塞曰，男女平等，则政治之权不得不等。此又谬矣。男女各有其等，分则母尊子卑，夫尊妇卑，未尝平也；职则治内治外，各有攸司，未尝不平也。男任政治，女任生育，此平等之道。女任生育而兼政治，则女重于男，非平等矣。男女有天生之秩序，则有天生之限制，内外者男女之秩序限制也。

穆勒、斯宾塞倡为女权之说，必欲紊其秩，弃其限制，陷人道于禽兽而后快，吾诚不知何心矣。虽然，穆勒、斯宾塞生长于夷，不足责也。中国以五伦立国，而女子之有政权者，代不绝书。古者冲主嗣位，则宰相摄政，未尝有母后垂帘之制也。自秦芈后以母后当国，而男女内外之防始乱。沿及汉唐，垂为定制。司马光以儒者执政，不能革母后垂帘之制。则女子之有政权，固中西敝俗所同也。

李贽大道不分男女，其说已开穆勒、斯宾塞之先。中国所以不为夷者，则士大夫夫妇之别犹严，女子笃守从一而终之义，不若西洋之传舍其夫，此国俗之不可以不力为保守。而议者反欲以异族邪说，乱我中国人道之防，变本加厉，至有欲破除夫妇之制，以淫乱为天职者，则中国男女之伦将自此而不可问矣。变敝俗而进以唐、虞五伦之教，则孔子之言，万世所不能易也。男正位乎外，女正位乎内，男女各正其位，而天下定。

父道篇

天地生之，君养之，师教之，兼天地君师之职而为父，则所以自尽于子者，必尽其道以生，尽其道以养，尽其道以教。婚有时，胎有教，生之道也；食有制，用有节，养之道也；言有法，动有则，教之道也。生不以道，则情欲纵，而人类不殖；养不以道，则口体恣，而物力不继；教不以道，则智识昏，而天性不完。父道人道之本，不正其本则人道不立。

儒者之于父道，立后则父之名实淆，立嫡则子之秩序紊，贵男贱女，则父子之慈爱绝。父之名由生我而立，非生我不得谓之父。无子则同室之亲主丧葬，承祭祀，不必伪立一名以乱之也。绝人父子以为父子，父非其父，子非其子，逆莫大焉。孔子比为人后者于偾军之将、亡国之大夫，其恶之甚矣。必不设一立后之礼，以乱万世父子之伦也。

立后之所自起，则由君位世袭，士大夫世禄，庶人世产，于是乎人私其所有，而有立后之礼。古者推贤任职，君无世位；计口授田，民无世产。禅让井田之制，天下之爵位财产，天下公之，非一人所能私，立后何为？立后者乱世之礼，非治世所有也，同姓异姓无一而可也。正名实，则立后之制必废。

长幼生于天，贤不肖存乎人。立天之道，则长幼尊卑有序；立人之道，则贤不肖贵贱有等。舍长幼贤不肖，而以嫡庶为尊卑贵贱，大乱之道也。嫡庶之名因乎母，一夫不可以二妻，嫡庶之名乱名也。以母之乱名而被于其子，无理甚矣。立贤公也，立嫡私也。顺秩序，则立嫡之制必去。

无男不生，无女不育，男女一体，父子之恩不以男女而异。男以嗣己而贵，女以适人而贱，贵贱生于人己之私，非天下之公义也。髫而裹足，豺狼其父，嫁而论财，犬羊其女，父子之不为禽兽者无几也。均慈爱，则贵男贱女之风必革。

父子天也，合以天者不得乱以人。破除人计之私，率循天理之公，子之所以自尽于父者，养生送死，父不过而问焉。父之于子，为天下国家而生之养之教之，非为一身嗣续之计而生之养之教之也。男子必使完乎其有为人父之道焉，女子必使完乎其有为人母之道焉。不能尽子之性，则不能尽父之道。

生之以欲不以理，养之以逸不以劳，教之以利不以义。早婚多妾，苟合情欲之生无强种；美衣侈食，逸居骄奢之养无毅质；趋名走势，干禄功利之教无英才。驱千万亿兆之国民以为废人，则皆为父者之责矣。父贤而子不肖，不肖必有以致之；父不肖而子贤，贤必有以致之。子之贤不肖，人之所为，非天之所为也。一念之公，愚不肖可以生圣贤；一念之私，圣贤可以生愚不肖。则所以生之养之教之者，必造次须臾之不离于道，而无敢贼其子以为天下祸焉。

官天下者公，家天下者私。上私其国，下私其家，而争夺篡弑之祸接迹于天下矣。朱、均虽圣，尧、舜必不以天下私朱、均。朱、均不争天位，尧、舜公天下之心，有以深喻乎其子也。父私天下，子必不能公天下。刘备知禅之不可辅，而不能传位武侯，保西蜀以尽讨贼复仇之责，克私之难也。传位武侯，武侯卒必传位刘谌，蜀不亡矣。虽然，备之告武侯曰，嗣子可辅辅之，不可辅君自取之，则犹不欲以天位私其子。曹操、刘裕，为其子谋一日万乘之尊，而躬行弑逆，甘受天下万世之恶名而不辞，固备所不为也。世之以爵位财产私其子者，皆操、豫〔裕〕之见矣，吾未见其子之能安享而有之也。爵位财产者，天下正德利用厚生之公器，公诸人则为万姓利济之具，私诸子则为一人骄淫之资。

父之所以自尽于子者，强其体魄，完其德性，扩充其智识，而爵位财产不与焉。以爵位财产私其子者，禽犊之爱也。子必恃父之爵位财产而后能存，则举其天赋自立之性而尽弃之矣。任以国必亡其国，任以家必亡其家。道德智能，子之菽粟也；爵位财产，子之鸩毒也。积菽粟以遗子者生，积鸩毒以遗子者死。嬴政、刘邦、司马炎、杨坚、李渊、赵匡允、朱元璋之子孙，封割屠戮，絷缚于同室异域，无一姓得免者，彼其所以遗之者固无生道也。

尧、舜以天下为公，立万世父道之极，私天下者起而坏之。私天下于是乎有操、莽，世袭专制，人习于私，则以成今日争夺篡弑之天下。拨乱世而反之正，莫若复尧、舜天下为公之制。天下为公，可以为君，可以为父矣。公者父道之极则，私者父道之大恶。禅让井田，尧、舜之道，公之至也。天下为公，然后可率天下以尽其生养教之天职，简其不帅教者罪之，则人道达于天下，而五伦立。贼生者不容于人道，故僧尼娼妓必禁；贼养者不容于人道，故盗贼优伶巫佛必诛；贼教者不容于人道，故管、商、申、韩、杨、墨、佛、老、耶、回必黜。

子道篇

受生养教于父而为子，则有继体报本之义。继体莫大乎践形尽性，而昧乎形性之源者，不知其精；报本莫大乎养生送死，而昧乎生死之道者，不知其重。有身而不知身之所自，幼而合，壮而离，泛然等父母于路人，则父子为禽兽，而人道绝于天下矣。父子天性，子之所以自尽于父者，足于己，备于性，无待外求而后起也。求于外者悖，起于后者妄，则父子之伦所以乱。父至尊，故可贵可贱，而事父之道不可变；父至亲，故可生可杀，而爱父之心不可移。

尧、舜没，而子道不明于天下。在上者以生民之天位私诸其父为孝，在下者以独夫之名器被诸其父为荣。功利之毒，充塞于人心；伦理夺于势，秩序紊于位；父不父，子不子。于是乎有追王之典，请封之制，子加父爵，不以为僭，父受子封，不以为耻，矫生诬死，父子相欺，则爵重而父母轻。嗣君即位，麻冕黼裳，嘉服受册，弃父之丧，以吉易凶，则位重而父母轻。为人后者绝其父而子于人，背父之恩，承人之统，则人重而父母轻。立适以母不以父，子以母贵，则母重而父轻。父没为母齐衰三年，父在为母期；君之庶子，为其母练冠麻衣缥缘，既葬即除；庶子为父后者，为其母缌；母不厌子，父必厌子。则父重而母轻。大夫、士丧服不同，父母之丧，贵贱异制，则大夫、士重而父母轻。女子适人者降服父母，而天子、诸侯之女不降，则天子、诸侯重而父母轻。降服父母而服夫斩，则夫重而父母轻。降服父母而服夫之父母期且斩，则夫之父母重而父母轻。父母生我之恩，而可轻可重，变乱无定，儒讥墨无父，吾不知儒之有父也。礼为忠信之薄，乱之首，老、庄、墨翟、耶、佛之徒，于是乎不得不作矣。不正儒者无父之罪，则不能内治老、庄，外治耶、佛。

五伦父子最先，君臣、夫妇皆后起，父为重则君与夫皆轻。人无二天，父者子之天。父死于君，子可以仇君；君死于父，子不可以仇父。父之尊非君可得而拟也。父死于夫，女可以仇夫；夫死于父，女不可以仇父。父之尊非夫可得而拟也。父母之仇不共天，伍奢有子，蔡仲有女，固圣人所不忍苛责也。嵇绍叛其死父而死仇雠，人道绝矣。世有怀祖父之大仇不报而又事之者，皆绍之类也。君臣可绝，夫妇可离，父子之伦一定而不变。

父母一体，人之生也，受气于父，受形于母，父母之恩以生我而重。父之前妻后妻非生我者，而皆可同于生我之母，则母之前夫后夫，亦可同于生我之父乎？忠臣从道不从君，孝子从义不从父。父有子而再娶，母有子而再嫁，为子者所必争矣。父母不可以二，三父八母之名，乱名也，非天属所有也。程子曰："凡配止用一人。主祭者再娶所生，则以所生母配。"明乎父母之不可有二也。家无二父，则无二母；庙无二考，则无二妣；人无二体，则无二本。一体而二之，则继体之义绝；一本而二之，则报本之义绝。

儒者非礼之礼，为祸于人道久矣。老、庄、墨翟、耶、佛，一切取而坏之，造为忘亲、短丧、出家、平等之说，率天下为人子者，弃其继体报本之天职，猖狂恣睢，以贼人道而灭大伦。乌能反哺，豺知追祭，墨翟、耶、佛之智，则鸟兽之不若。有圣人作，去儒者非礼之礼，老、庄、墨翟、耶、佛无父之说，而后天下之为父子者定。

君道篇

三纲君父并尊，君父同乎？曰不同。父可去乎？伯夷避纣，胶鬲去殷，君则去之。父可废乎？伊尹放太甲，霍光废昌邑，君则废之。父可诛乎？汤放桀，武王伐纣，君则诛之。父子主恩，君臣主义，义则合，不义则离。君不义其臣则绝臣，臣不义其君则绝君。君臣之义以为民也，有民然后有君臣，弃其民焉，君于何有？

原夫君所由立，民之初生，榛榛狉狉，与草木禽兽为伍，不能无争，有起平其争者而众服焉，德愈大则所服愈众，由是尊而立之为君，其次则为之臣。民不能自治，而举一人以立于万民之上，畀以生杀黜陟之权，率天下以受治于其下，则非以天下私一人，固将责以生养而安全之焉。君受生杀黜陟之权于民，为天下兴利除害，必劳苦什佰千万于民。立法行政，无一不出于民心之公，而后可以立于民之上。民者君所受命者也，君者民所托命者也。民虽微，君之立必出于民之心悦诚服，而非可以力夺而取之。民所不与，则一日不敢窃居其位。君不得以天位私其臣，臣不得以天位私其君。有君天下之德则为天下主，成功者退，尸位者去。

天下者万姓之天下，非一姓所得私也。尧、舜没，君道绝，世袭专制于秦、汉、晋、隋、唐、宋、元、明，于是乎万姓之天下，遂为一姓之私。孟子曰："天与贤，则与贤；天与子，则与子。"非也。天不以天下私一人，天之心，民之心也。与贤天也，与子非天也，顺天者治，逆天者乱。世袭专制，乱世之制，非万世定理也。不变世袭专制，不能治天下。

天下公器，天下共之。简贤而立，君无私天下之心，臣无私天下以奉一姓之心，君臣如耳目手足，各效其职以为天下，尧、舜之制也。私天下者，不容于尧、舜之世。尧传舜而不传丹朱，丹朱避舜为孝，争舜之位非孝。为尧之臣者，赞尧传舜为忠，奉丹朱以争天下非忠。舜传禹而不传商均，商均避禹为孝，争禹之位非孝。为舜之臣者，赞舜传禹为忠，奉商均以争天下非忠。禹传益而不传启，禹之心，尧、舜之心也。启贤而天下归之，则亦传贤非传子矣。不幸启没，而以天以付之失德之太康，传贤之制由是而绝，继世之祸由是而开。

于是乎私天下之弊，遂至于桀、纣，汤、武起而征诛是也。顺天下以诛一夫，义之正；诛一夫以安天下，仁之至。乱臣贼子，暴君昏主，人人得而诛之者也。乱臣贼子不诛，则天下无君；暴君昏主不诛，则天下无民。君重乎？民重乎？君一而民千万亿兆而无算焉，一夫之命不重于千万亿兆之命也。舜为天子，皋陶为士，瞽瞍杀人，则皋陶必执，舜必逃。君杀人，臣不执法，不足以为皋陶；父杀人，子不避位，不足以为舜。法者君民所共守者也，法施于臣而不施于君，则为乱天下之法，非公天下之法矣。民不守法则君诛之，君不守法则民诛之。

汤、武之所以责人者是也，其所以自处者非也。汤、武之诛桀、纣，诛其私天下也，则奈何复得天下而私之？汤不传伊尹而传童昏之太甲，武不传周公而传幼弱之成王，童昏幼弱者可以治天下耶？无君天下之德而居其位，以愚治智，以不肖治贤，天秩乱矣。天子之位，不问其智愚贤不肖，而惟势强者可以居之，则奸雄、妃妾、盗贼、夷狄、党会，皆可恃其一日之势以干天位，而生民之祸亟矣。

汤、武能倡伐暴之义，不能复传贤之制，孔、孟之圣而不能为天下主，则汤、武之为也。虽然，汤、武封建亲贤，以天下公之于公侯伯子男，私之中有公焉，未尝之以一夫专制天下也。秦废封建，而世袭之制行于天子，不行于诸侯，于是乎一夫世袭之天下，遂为一夫专制之天下。专制愈力，怨毒愈深，乱亡愈速。秦政既身灭嗣绝，汉、魏、晋、隋、唐、宋、元、明之君，蹑秦而为之者，近则祸及其身，远则祸及子孙，縶缚刲割、屠戮覆灭之惨，无一姓得免焉。贵为天子，不得为匹夫；富有四海，不得容一身。彼既据天下而私之，则人人欲起而夺之，一人之智力不能胜天下夺之者之众，势也；君非民所公立，则人人可以为君，贼民暴主相攻，不可以君臣上下之分制之者，理也。

古者天下归之，则为天子；天下叛之，则为独夫。尧、舜之禅让，汤、武之征诛，天下共主，未有不由天下公立者。秦、汉、魏、晋、唐、宋、元、明之君，吾惑焉，一宦竖拥而立之则君，一权奸拥而立之则君，一妃妾拥而立之则君。宦竖、权奸、妃妾之私人，而可以为天下共主，无怪乎君位之轻，争夺篡弑接迹于天下也。

周公立询民之制以教万世，曰立君则询于万民，不询而立则不得为君。立君以为天下计，生养安全，民之责也。托四海之重，寄万姓之命，付以先圣先王之法，民重有望于君焉。民所不许，君不得夺之于民。杀人由众议之，君不得专杀一人；用财由众议之，君不得妄用一财；举官由众议之，君不得擅举一官。专焉妄焉擅焉，则乱法。乱法者，轻则废，重则诛。厉王不道，国人流之，而共和之政立焉。

周公之制，尧、舜之制也。自此义不明于天下，后世君由私立。强则为君，弱则为臣，怙势作威。桀、纣之恶，桓、灵之虐，徽、钦之昏，臣之称之者必曰圣人。竭万姓之膏血，奉一夫之淫乐。专杀不得问其罪，妄用不得议其非，擅举不得指其失。奴隶于暴君，婢妾于昏主。黜之辱之，无敢出一言以争之；诛之族之，无能立一制以救之。汉之钩党、宋之党禁、明之东林，尊君如天，刈人如草，忠臣义士，束手就戮，未闻有一人倡大义于天下，以正暴君昏主之罪者，君道横，臣道绝矣。

古者立法以制暴君昏主，大则革命，小则易位。易位之义，伊、霍行之；革命之义，汤、武行之。然而汤、武不世出，而桀、纣接踵；伊、霍不世出，而太甲、昌邑接踵。万姓之天下，终为暴君昏主世袭专制之天下，则其道莫若废世及而传贤。上绍唐、虞之隆规，下用周公之定制，询于万民，选于百官，天下公器，付之天下公议。君为民所公立之君，君视民为手足，民戴君为元首，君民一体，以保其国。奸雄不得而干，盗贼不得而夺，夷狄不得而乱，宦官、宫妾、党会不得而私。

世袭专制者，暴君昏主之所由出也。传贤之制立，则君皆尧、舜，世皆唐、虞，奚暴君昏主之患哉？私天下者，天下以私应之；公天下者，天下以公应之。公天下无弊政，私天下无良法。三代以下，立一法生一弊，纷纷言治者皆末也。正其本，万事理矣。传贤则正，传子则不正。天生民而立之君，以智治愚，以贤治不肖，以长治幼，以男治女，以中国治夷狄者，天下之公理，不可易也，易之则乱。君为民而设，非民为君而设也。女不治男，故女主不可以君天下；幼不治长，故冲主不可以君天下；愚不治智，故昏主不可以君天下；不肖不治贤，故暴主不可以君天下；夷狄不治中国，故夷狄之主不可以君天下。叛天下公理者，天下诛之。

或曰：天子之位，定则不争，不定则争。传子者定，传贤者不定。则应之曰：汉、晋、唐、宋、元、明之君，父子喋血，兄弟剚刃，君臣倒戈，无一姓得免者，恶在其不争。尧传舜，舜传禹，何争之有？争夺之祸，生于传子，不生于传贤。或又曰：俄专制而雄天下。则应之曰：俄之民死于其君，俄之君死于其臣，俄之专制，秦之专制也。为天下者，奚取于君民之相残？或又曰：英世袭而霸，日世袭而强。则应之曰：立君者，为名乎？为实乎？为名则尊一人于万民之上奚取焉？为实则君天下者必任天下之责。英、日之制，君为虚位，名实背矣。日传子而英兼传女，以阴制阳，逆孰甚焉。

传贤者万姓之公，传子者一姓之私。孔子称尧、舜而不称汤、武，尧、舜有天下而不与，汤、武之贤未足以语此也。孟子曰："不以尧之所以治民治民，贼其民者也；不以舜之所以事尧事君，不敬其君者也。"以尧之所以治民治民，必以传贤之道治其民；以舜之所以事尧事君，必以传贤之道事其君。尧、舜之道，莫大于传贤。传贤不足以为万世法，则尧、舜不得为人伦之至。尧、舜为人伦之至，则传贤之制，万世所不能易也。

华盛顿有尧、舜之心，而其法非也。汉、唐专制在上，美、法专制在下。专制在上，其弊必人主放恣；专制在下，其弊必处士横议。生民致受其祸者等矣。尧、舜没，中国无君；华盛顿没，外国无君。世及之所传，宦官、宫妾、权奸、党会之所私，盗贼、夷狄之所戴，不足以为君也。

巍然以一身立万民之上，君非民无所受命。《书》曰："天视自我民视，天听自我民听。"民者，君之天也。民所与立则立，民所与废则废。君不受命于民而立，是篡也，非天与民也。受命于民，必付之天下公议，尧、舜之制，无以易矣。尧、舜没而君道之绝四千年，有王者作，废传子，定传贤，明伦正纲，监于中西得失，立万世公天下之制，举宦官、宫妾、党会而尽革之，则唐、虞大道为公之治可一朝而复也。

臣道篇

从君之命，可为忠乎？曰不可。臣者以道事君，不可则止。先意承志者，子道也，非臣道也。不事二姓，可为忠乎？曰不可。君臣之义，合则就，不合则去。从一而终者，妇道也，非臣道也。臣必从君之命乎？汤放桀，武王伐纣。臣必不事二姓乎？伊尹五就汤，五就桀。设官置吏，为民非为君，为万姓非为一夫也。为民则汤放桀，武王伐纣，伊尹五就汤、五就桀，不得谓之不忠；为君则昆吾死桀，飞廉死纣，尧君素死隋，余阙死元，不得谓之忠。

君臣之义，以为民也。民不能自治，而公举一贤者以为治，复举数贤者以辅之，举其生杀黜陟之权，畀之于上，而输租纳税以尽力于下。君所食者民之禄，非天能降而食之；臣所食者民之禄，非君能耕而食之也。食民之禄者死民之事，君不能以死勤民则不君，臣不能以死勤民则不臣。君为民死，则臣死之，非为民也，则一夫之死生，无与于天下。臣无死君之责，纣死而微子不死纣，纠死而管仲不死纠，孔子皆称仁焉。古之为臣者，甚重乎其死矣。死民忠也，死君非忠。捐父母之遗体以殉独夫者，一姓之忠臣义士，万姓之乱臣贼子也。

尧、舜没，天下无君；四岳没，天下无臣。君以专制为圣，臣以服从为贤，奴颜婢膝于暴君昏主，习焉不察君臣之义之所由起。受禄于万民，感恩于一夫，所计者一姓之利害，非万姓之安危；所争者一姓之存亡，非万姓之死生。君未得天下，则为君杀人以争天下；君既得天下，则为君杀人以保天下。君为盗贼，臣为奴隶，民为草芥。严刑峻法，防民之乱，不防君之乱。制其民不制其君，叛万姓而私一夫，举万姓之天下以奉之一姓，君之私暱，民之仇雠。君利于有臣，而民无利焉，立君置臣以自毙，不如其已也。

臣道失，而民贵君轻之义不明于天下久矣。臣者民所举以辅君，非使其从君为逆也。服从于民，不服从于君。君之所否，民之所可，则臣可之；君之所可，民之所否，则臣否之。可否于民之常道，而不可否于君。臣之于君，以犯为贵，不以顺为正。《礼》曰："事君有犯而无隐。"孔子曰："事君，勿欺也，而犯之。"龙、比之谏争，汤、武之放伐，伊、霍之废立，皆犯也。势有缓急，权有轻重，则犯有大小。犯者臣道之正也，不犯不足以为臣。臣不法，则君执法以正臣；君不法，则臣执法以正君。瞽瞍杀人，皋陶必执；太甲不顺，伊尹必放。古未有以服从一夫为忠者，忠者忠于一国，非忠于一夫也。

秦政焚书而大义丧，于是乎专制服从邪慝之说作。为臣者有顺而无犯，尊君卑臣，君愈骄，臣愈谄。宰相不敢问天子之罪，谏官不敢纠人主之恶，积威之极，有君权无臣权。平、勃不能讨吕雉，李、范不能抗刘宏，狄、魏不能诛武曌，杨、左不能废由校。委身昏乱之朝，知有君不知有民，断脰决腹不足以为仁，鞠躬尽瘁不足以为义。乱世之君臣，彼固不知君臣之何为也。服于势，淫于利，沿于习，同流合污，以万姓奉独夫淫乐之具而不惜，以一身供独夫奔走之役而不耻。率万世之天下，以为暴君昏主专制之天下，则皆此服从奴隶之臣为之矣。

君臣之义非父子也，父子一定而不可易，君臣之义，因时而变。君之视民如手足，则臣视君如腹心；君之视民如草芥，则臣视君如寇雠。君不君，臣不得为之臣，君臣无定位。小德役大德，小贤役大贤者，天下之通义。智有所不及，君可以北面事臣；义有所不让，臣可以南面临君。古者君臣之间，有辅治之义，有受禅之义，有摄政之义，有革命之义，有易位之义，有强谏之义，有洁身之义。稷、契辅治，舜、禹受禅，汤、武革命，伊、霍易位，周公摄政，龙、比强谏，孔、孟洁身，七者所遇不同，其心一也。一者何也？曰心乎民而已矣，心乎民之常道而已矣。

辅其君而可以利民则辅之，废其君而可以利民则废之。太甲不听训，伊尹不反政；成王不悔过，周公不复辟。汤、武、龙、比、舜、禹、孔、孟，易地则皆然。叛万姓而私一夫，必非圣贤所忍出也。君明则为稷、契、舜、禹，君不明则为汤、武、伊、霍、龙、比、孔、孟。然则乱臣贼子，假为民以行其放伐废立者如之何？曰：乱臣贼子，私天下者也，彼又乌能为民？公天下者，放伐废立可也。曹操、刘裕而能公天下，则吾以尧、舜许之矣。杀人以争天下者，必不能以天下与人。臣子之义，系于一国，不系于一夫。公天下而放伐废立者，忠臣义士为之；私天下而放伐废立者，乱臣贼子为之。忠义乱贼之分，公与私之异也。

公天下在实不在名，植党争权，变法自恣，剥民自肥，私也非公也。苦一身以顺万姓之好恶公，苦万姓以徇一身之好恶私。天下公器，私天下者诛。汤、武率诸侯以为天下诛独夫，仁之至、义之尽也。务光沉河，伯夷扣马，守夫妇之小谅，昧君臣之大义，其不足以病汤、武明矣。汤、武所以负惭德于天下者，在得天下而私之。以公始，以私终，为义而不卒，则尧、舜所不与也。

尧、舜以传贤立公天下之大法，夏后继，而有扈氏亲为启兄，力战以与之抗。武王不传周公而传成王，管、蔡不能力争，反妒摄政之勋，肆流言之恶，可谓有扈氏之罪人矣。启受天下以贤非以子，禹未尝传子，有扈氏不足知禹。而启卒以天下付之失德之太康，则固不得责有扈氏师出无名矣。伊尹再放其君，而拘于小义，反太甲而立之，不能复尧、舜公天下之制，则于臣道犹有憾焉。

抗共、骦与子之邪说，赞尧、舜传贤之大法，举德让位，立万世臣道之极，北面匹夫而不辞者，其四岳乎？稷、契、皋陶，抑亦其次矣。有扈氏有四岳之志而无其遇，周公建立君询民之制而不能行，望、奭实任其责焉，非尽周公之过矣。后之为人臣者遇其主贤，则以四岳、稷、契、皋陶为法；其主不肖，则以汤、武、伊、周、龙、比、孔、孟为法可也。

附　录

圣王不作，伦纪日衰，君臣大义尤不明于天下。天下者天下之天下，非一人之天下。一夫专制，一家世袭，君以能杀人保其君位为贤，臣以能佐君杀人保其君位为忠，此天下至不平之事。顾自秦汉以后，迄今二千余年，几无人敢发其覆。黄梨洲先生《待访录》，乃始昌明大义，惜言之尚未详尽。

此书言夫妇、父子、君臣之伦，义正词严，多足匡先儒所未备。君位传贤，尤关重大，更万世不刊之论。然云成功者退，尸位者去是也，顾谁能退之去之？乱法者废诛是也，顾谁能废之诛之？此事言之匪艰，行之惟艰。唐、虞之治，一朝而复，尚未易言。至云妇从义不从夫，忠臣从道不从君，孝子从义不从父，窃以为妇道臣道犹可说也，子道似不能若是恝矣。

又云追王请封，矫生诬死，重爵位而轻父母。窃谓孝子莫大乎尊亲；仁人于弟，亲欲其贵，爱欲其富；天爵固重，人爵亦不必废。王道不外人情，持论过高，俾下民不能仰而企，似亦非布帛粟菽之道。余如君可北面事臣，臣可南面临君；鞠躬尽瘁，不足为义；伯夷扣马，守夫妇之小谅；伊尹拘小义反太甲等处，疑义尚多。事关伦常大义，未敢轻事哓哓，请以质诸天下后世知言君子。

癸丑六月初二日黄岩喻长霖谨跋。

西力东渐，新说蜂起，君主民主之称，喧聒于耳，以为世及者君主也，公举者民主也。近日大势趋重民主，其实即君位传贤之意，此足见人心是非好恶之公，中外一理。然西人以总统为公仆，而吾国古先圣王之意，则以人君为民之父母，此义不同。夫父母之于子，寒为之衣，饥为之食。圣人谋国，富之教之，诚以为民父母，则薄海苍生皆吾赤子，必不忍使一夫不得其所，此真人君之职分也。西人目以公仆，意在防其专制，不知公仆性质决不足以付托万民生命财产之重。此理甚明，无待多赘。

吾国三代后专制世袭，君多民贼，臣多奴隶，所谓君不君臣不臣者，后先接踵。夫民贼更不逮公仆远甚，恶在其为父母也。吾故尝曰中国君臣之伦，二千年来废坏已甚，今方当议恢复之，不宜并其名而破除之也。且君者主也，君位传贤，民所公立，为民之主，原是民主。又君字本非甚尊，今世称人动曰某君，皆普通之例，尚非尊重之词。人主称君，对臣民言，犹主人称主，对宾客言。宾主、君臣、父子、兄弟、夫妇，皆名词也。古者天子称同姓诸侯谓之伯父，异姓诸侯谓之伯舅，矢谦矢慎，如家人戚族，毫无庞然自大之意。眇眇予末小子，余一人，孤寡不榖，固万不敢以巍巍大总统自命也。故明乎传贤之义，则天下之大，万民之众，独举一人为之父母，辛苦艰难，虽万倍黎庶而难副其实，稍有天良决不敢轻任也。不明乎传贤之义，则以一人肆然于民上，世袭专制固可争，大总统均之可争也。

惟传贤之理，万世不易，而传贤之法，一时难定。汉、唐专制在上，美、法专制在下，厥弊惟均。圣王有作，又恐河清之难俟。今姑求渐次可以进行之道，计惟由民公选，而由君定之。今之议院公举，亦略似周公询民之制。谓宜先由省会，每省各举十人，合二十二行省，共二百余人，汇送其名于国会。再由国会复选正副各十名，然后会商政府，昭告昊天上帝，择其最贤者一人，立以为君。或众咻不定，即于十人中枚卜以决之。因创始无善法，或亦不得已而求其次之一道也。此事蓄之鄙心，覃思十年，极深研几，难蕲甚善。诚以君仁莫不仁，君义莫不义，一正君而国定，此为至要，夫妇、父子各伦，其理皆一以贯之也。此书大义懔然，足令顽廉懦立，然明王不兴，而天下其孰能宗之？徒善徒法，均恐难行，感此即用怊然。姑附数语，略贡肤末，意有未尽，请俟他日。

长霖又记。

《大学衍义》讲授

北京大学图书馆藏纪念品，前北京大学学生存物，1941 年清理而得。

答姚生《大学》疑问

阅疑问，足见于鄙人所言，悉心体察，嘉慰良深。虽然，如生言治《大学衍义》者，于古今中外学术治术之是非得失异同，不必讲求实行，则《大学衍义》一门可废矣。何必虚设以困诸生？分科设《大学衍义》一门，正欲诸生讲求古今中外学术治术之是非得失异同，而实行之。

即以学术言，学术之大者无过伦理。西洋之伦理，主于平等兼爱；中国之伦理，则自亲亲以及仁民、爱物，各有差等。此日用当然之理，事事可精察而力行之，而生以为高耶？又以治术言，治术之大者无过王霸义利之辨。王霸义利，发念即分，此人心同然之理，时时可精察而力行之，而生以为远耶？君子之守，修其身而天下平，学术治术未尝在吾身之外。徇理则为尧、孔，徇欲则为桀、跖，去欲而不徇理，则为佛、老、耶、墨。存理遏欲，反身即是，人人可为，而生以为高远难行，不可企及耶？一言一动，学术治术存焉，患不行不患其难，随时精察，随事力行，此万世为学不易之道。固未尝责生尽取古今中外学术治术之书，限日而卒读，刻期而毕行。辑为《七略》，编为九通，何难之可言？

道者本也，文与艺末也。四书为七科之本，诸生自当奉以终身，以通习之四书为体，以分习之专门为用。生之专门在文，世固未有于道无得而能工于文者，则固宜亟求其本而讲之，四书明而文在其中矣。生谓非终身一业，所得必浅，则《大学》之设科，未尝不以《大学》为诸生终身之业也。鄙人未敢以高远难行之说误人，生以为高远难行，世固无有切近于身心、切近易行于一己身心之事者矣。

举武侯读书观大略，以救支离破碎无用之弊，诸生得如武侯亦可矣。讲《大学》者于明德、新民、格物古本补传，开卷即人人异说，无虑数十百家，将一从朱子之说，反求诸己，身体力行，为有益于身心耶？将尽取数十百家之说，一一考证而辨驳之，如毛奇龄《大学证文》所为，为有益于身心耶？时刻之促，科目之繁，诸生固自谢以为日不暇给，鄙人正为诸生设身处地而言。

大略非卤莽疏忽之谓，举其大者要者急者，精察力行，不为支离破碎无用之学，此则鄙人所谓大略也。《诗》三百，一言以蔽之，曰思无邪，此孔子读书观大略之法。尽信书则不如无书，吾于《武成》取二三策而已矣，此孟子读书观大略之法。班固《艺文志》之序六艺曰："古之学者耕且养，二年而通一艺，存其大体，玩经文而已，故用日少而蓄德多。"存其大体则观大略之谓也。武侯读书之法，则西汉经师之法、孔、孟之法。

生以为率学者日趋于卤莽疏忽，则古人当先执其咎。如生之言，必教学者为乾嘉支离破碎无用之学，而后不日趋于卤莽疏忽耶？今日人才之衰乏，风俗人心之沦亡，正由一二巨公提倡乾嘉破碎无用之学，败坏人才，荡灭风俗人心所致。大学开办伊始，固当引为前车之鉴，不当奉为前事之师。

训诂章句者，小学之事，非大学之事也。大学以讲求微言，身体力行为急。诸生能身体力行，观其大略已足；不能身体力行，则孔光不识进退字，张禹、匡衡不识刚正字，许敬宗不识忠孝字，戴圣、刘歆、扬雄、马融不识廉耻节义字，读破万卷，何益之有？为口耳之资，则说两字者，十余万言而不足；为身心之用，则行终身者，一言而有余。三年毕业，诸生能于《大学》一书，观其大略，身体力行，则中国生民之幸，国家之设是科为不虚矣。

诸生能由大略而进求之，博学详说，精义入神，进退百王，损益六艺，有志者任自为之，固非鄙人之所禁，鄙人未尝以武侯读书之法限诸生也。孔门立教，学《易》不外寡过，学《礼》不外立身，学《诗》不外专对从政，然则能立身、寡过、专对从政，谓之通经可也。不能立身、寡过、专对从政，则虽精如匡衡，博如马融，亦不可谓之通经矣。康成最称经学大师，而被袁绍所劫，不能死拒，彼于《中庸》国无道至死不变，《孟子》威武不屈之言，尚恨未能一观也。鄙人自反于四书固未能观其大略，生何言之易矣。

乾嘉诸儒动斥明儒空疏，明儒如杨、左、高、刘，其精忠大节可以立懦廉顽，兴起百世，无愧孔、孟之徒，固不必如惠、戴、段、王之支离破碎，而后谓之不空疏也。国家设科之意，固愿诸生为杨、左、高、刘，不愿诸生为惠、戴、段、王矣。

人之精力有限，专于小则不能及于大。武侯能佐昭烈以济三分之业，固于读书观大略见之。讲求学术治术、身体力行之说，生既以为高远难行；读书观大略之说，生又以为卤莽疏忽。不讲求学术治术，不观大略，则必如何而后可以为学耶？高远难行，卤莽疏忽，鄙人既未敢任其过，生所谓起既死之人心，救牯亡之正气者，鄙人亦未敢居其功矣。西文非鄙人所任，不当越俎代谋，生之言则持之有故，言之成理，已转达总监督矣。此答。

答任生《大学衍义》质疑

格物说的确精当，深用嘉慰。伦常性命之学，本也；地质天文、声光化电之学，末也。本末先后，《大学》已言之矣，固不可执本而废末，亦不可逐末而忘本。粹而王，驳而霸，荀子已有此言，非西山之说。鄙人以汤、武为驳，下文"其心虽未纯乎尧、舜之大道为公"一语，已解释明矣。孔子于《礼运》称尧、舜大同，汤、武小康；于《论语》称舜尽善，武未尽善；于《中庸》称舜德为圣人，武王则仅曰身不失天下之显名，显有分别。孔、孟生平俱未尝称汤、武为圣人。孔子称汤尤鲜，惟《易·革象传》称汤、武革命，顺乎天应乎人而已。汤、武学知利行，似尚未到成功则一地位。熟玩孔、孟之言，固未敢以汤、武与尧、舜并称为纯也。观《易传》以顺天应人赞汤、武之革命，则苏子瞻武王非圣人论，以放伐罪汤、武者，必非孔子之意矣。

昭烈、武侯偏安一隅，未尝有天下，纵横功利，自系就大概言之，并未斥及武侯，固不必以抹杀武侯为嫌。武侯出处虽正，观其手写申、韩以授后主，朱子谓其学也只是霸。子房出于黄老，武侯出于申、韩，所论至当。留侯纯以诈谋辅佐高帝，萧何尚有养民致贤之语，而留侯并无此。三代之治不可复，汉实为之，留侯不得不任其责，又未可与武侯并论也。邺侯亦子房之俦，于圣人之道皆概乎未有闻焉。富贵利达之徒，则又指下于纵横功利一等者而言，更不必疑。"亦皆纵横功利之士"，"亦"字下添一"率"字亦可，即从生之言矣。

答郁生《大学》、四书请益

阅请益书，气充词畅，独见其大，为之悚然嗟异。生所疑者，一曰读书观大略，古今中外学术治术是非得失异同，一一考求讲明，非但观大略可办，则疑鄙人所说之前后矛盾。一曰陆、王、六经皆注脚，摆落传注，流弊之极，至阳儒阴释，秕糠六经，则疑观大略一语之近于陆、王。一曰《大学》万世之书，四书七科之本，各科主课纷繁，外语费力尤甚，《大学》、四书二科，考试较易，可缓预备，无暇研及，则疑《大学》、四书二科特设之有名无实。一曰上堂讲授，详书黑版，勤恳者尚能濡笔记录，高明者不过寓目须臾，师弟之情不相感通，不如口讲指画，足以开张群听，使听者汗下，闻者心动，则疑用笔代口之无益。此数者皆持之有故，言之成理，则愿与生往复之。

"读书观大略"，"观大略"三字紧接"读书"之下，既读复观，"观"字明较"读"字更进一层，并非略一翻阅之谓，犹言读书理会大处耳。举武侯为法，教诸生理会大处，非禁诸生理会小处，但以大处为重为急，小处为轻为缓，鄙人固言未尝以武侯读书之法限诸生矣。今生增一"但"字，曰读书但观大略，则似以理会小处为禁，非鄙人之意。鄙人平日并未主张此语，实因有感于汉学之支离破碎，西学之逐本忘末，不过偶尔举示，正是对症发药，有为之言。假令今日陆、王盛行，鄙人必不举示此语。

武侯一生谨慎，岂有卤莽之弊？得生与姚生先后质问，乃悟武侯于此事确有实验。四库之书，浩如烟海，岂能尽读？举其大者，即如三通、廿一史，能毕读者有几？毕读而能熟记者更有几？若欲取三通、廿一史，字字毕读而考求之，句句熟记而讲明之，古今断无此人。即有此人，何裨于国？何济于世？吾人可立刻实验之法，惟有"理会大处"四字。此外空谈则可，试之实事便谬。

古今中外学术治术之是非得失异同，考求者考求其大处，讲明者讲明其大处。其小者有余力暇日，能考求讲明固善，不能考求讲明亦无害，鄙人之言并非前后矛盾。即如辨陆、王者，但当辨其认心为理之谬，固不必字字而议之；辟惠、戴者，但当辟其蔑理尊欲之悖，其一字一义动与朱子为难者，固不必一一与之辨也。生不以为然，盍亦取三通、廿一史而实验之可矣，无为空言以发难也。

朱子曰："学须先理会那大底，理会得大底了，将来那里面小底自然通透。今人却是理会那大底不得，只去搜寻里面小小节目。"朱子之言，正与武侯相合。且此语对于小学堂、中学堂言之，尚有流弊；对于大学诸生，正是正当道理。训诂章句，诸生固已于小学、中学考求讲明久矣。大学而习小学、中学之课程，则设一小学、中学足矣，何必复立此有名无实之大学哉？小学以讲求训诂章句为急，大学以讲求大义微言、身体力行为重，圣人复起，不易吾言。

陆、王之禅，在认心为理，不在摆落传注，注脚六经。尊信淆乱圣学之传注，违悖扶植人道之六经，岂可为学？以六经为注脚，则非法不言，非法不行，为圣为贤矣，何讥焉？孟子曰："尽信书则不如无书。"

明道先生以记诵博识为玩物丧志。伊川先生曰："经所以载道也，诵其言辞，解其训诂，而不及道，乃无用之糟粕耳。"又曰："今之学者有三弊：一溺于文章，二牵于训诂，三惑于异端。苟无此三者，必趋于道。"则亦未尝不摆落传注矣。朱子曰："读书已是第二义。人生道理合下完具，所以要读书者，盖是未曾经历见许多。圣人是经历见得许多，所以写在册上与人看。读书只是要见得许多道理。及理会得了，又皆是自家合下元有底，不是外面旋添得来。"则亦未尝不注脚六经矣。

陆、王正由不能理会大处，所以心性理气俱不能辨，以心为性，以气为理，遂入于禅。而生反以理会大处为陆、王之学，是以树艺五谷为不良，而忧其化为蒉稗也。禅学断嗜欲、弃名利，必非今人所能。今日士大夫醉生梦死，颠倒于嗜欲名利之中，断不虑其流为陆、王之禅。汉学、西学归于圣人之道难，陆、王反于圣人之道易。

教者在因时立言，学者贵心知其意。《大学》万世之书，四书七科之本，生既已知之矣，是固无重于《大学》、四书者。生则曰各科主课纷繁，外语费力尤甚，是与《大学》、四书果孰重孰轻？生乃曰《大学》、四书二科，考试较易，可缓预备，无暇研及，是以考试之难易为重轻，不以所学之本末为重轻。重其所轻，轻其所重，生之所预备者，特为一时考试之利害得失荣辱计，非为身心家国天下计。

生称鄙人亟亟于正人心、崇正学、辨王霸、明义利、定是非、判理欲，生之以考试难易为重轻，为一时利害得失荣辱计之心，义耶？利耶？是耶？非耶？理耶？欲耶？生亦扪心自问可矣。《大学》、四书二科，特设之有名无实与否，在诸生之心不在他人。听子静之讲义利而心动汗下者，必贤者也，有羞恶是非之心者也。无羞恶是非之心者，虽使孔子主讲，必不能动其心、下其汗。

生谓详书黑板，勤恳者尚能濡笔记录，高明者不过寓目须臾，则口讲指画，高明者亦将如飘风之过耳矣。详书黑版，勤恳者犹可记录，方言各处不同，口讲而彼不能了然于听，则并无从记录矣。写在黑版，则已成文而记录易；出于口讲，则自缀笔而记录难。琥珀吸芥，磁石引铁，气之同也。师弟之气相感通，而不在于言。薰莸各从其类，气同则千里一堂，气不同则觌面胡越。孔门之公伯寮，程门之邢恕，彼圣贤犹未能感通之也。

坦上老人，命子房取履纳履，以一二言之力，遂造就为王者师；诸葛武侯，日拜庞公于床下。豪杰之所为，固与众人异矣。今各学堂之学生，教以一区区起立之礼，犹以为多事焉。讲堂之上不能束身守礼，而望其修饬行谊于人所不见之地，难矣。邪正善恶，为君子为小人之气象，固可于讲堂之上一望而得之。

生固谬称鄙人为兴起之师矣。兴起之师，立懦廉顽，在行不在言。教育之道，太上以道德，其次以精神，其次以文章，其次以言语。闻圣人之风而顽廉懦立，鄙宽薄敦者，道德为之也。严师在座，肃然敛容，不敢有惰慢邪僻之气者，精神为之也。读《出师》、《陈情表》，而忠孝之心油然而生者，文章为之也。耳提面命，诲者谆谆，听者藐藐，风斯下矣。

以身教者从，以言教者讼。论其体则笔写口讲皆末也，论其用则笔写口讲互有短长，未可是彼非此。虽然，劝善规过，师弟之义，生勉我以正，敢不勉从生之言。自今以往，笔写口讲，其将参用之，听诸生之自择矣。孔子曰："予欲无言。"鄙人素不能言，亦不喜言，阅生书，甚为之感动，而不觉其言之喋喋，生其熟复之。

《〈大学衍义〉讲授》总指

君道不明于天下，诈力胜，道德微，而生民之祸亟。三代以上，以道德治天下，自天子以至于庶人皆能身体力行，修己及物，以尽其性。三纲正，九法立，百官得其人，万民安其业，君臣上下，各尽其职。三代以下，以诈力治天下，上以诈力施，下以诈力应，君骄臣谄，吏贪民病。当其盛时，百姓帖然受制而不敢动，非尊君亲上之名义，足以维系其心，迫于势，劫于威，憔悴倒悬于暴君污吏之虐政，侧目重足而无可如何。一旦有变，则揭竿负锄，叛者四起响应，以倾覆政府。君臣上下，交受其祸，四海疮痍，万民涂炭。其治也非真治，其乱也必大乱，数千年于兹矣。

大学之教，尊道德，黜诈力，孔门为万世立平天下之极则。尧、舜性乎此而粹，汤、武勉乎此而驳，汉之高光、唐之太宗、宋之艺祖、明之太祖，假乎此而背。汤、武伐暴救民，其心虽未纯乎尧、舜之大道为公，其所以修己治人，兢兢乎以义制事、以礼制心，敬胜怠、义胜欲，惕然常有检身不及之心，不敢须臾稍弛其戒谨恐惧。其见于设施措置，本末先后，必以天下生民为心，未尝尽出于一姓专制之私。

降至汉、唐、宋、明，其君率以诈力夺取天下，平日既无格致诚正修齐之学，而为之臣者亦皆纵横功利之士、富贵利达之徒。立法定制，徒以压制臣民，束缚其心思才力，以柔靡其气，变易其耳目，日夜以防其犯上作乱。而于斯民教养之方，田里蚕桑树畜之谋，礼乐射御书数水火兵农工虞医商之学，听民自为而未尝为之制。是以其民日愚日弱，自汉以来，中国世受外患而未尝有一日之安。

西山真氏《大学衍义》一书，当南宋垂亡之时，独能探本格致诚正修齐以告其君，使当时能用其言，则南宋可以复为三代。其言帝王致治之序、为学之本、明道术、辨人才、审治体、察民情、崇敬畏、戒逸欲、谨言行、正威仪，则万世人君所不易。其论重妃匹、严内治，不能据公理以正宦官宫妾旧俗相沿之失，持议未纯。邱仲深以汉、唐、宋、明苟且之制补《大学》，非西山之意；强赓廷采辑三代遗制以为之续，庶乎可为王者取法焉。《大学》万世之书，非万世可行之理不足陈，不宜拘于一家之言、一代之制也。

今地球各国并立，智钧力敌，霸术之精，轶乎桓、文，驾乎管、商，非有尧、舜之君，四岳、禹、皋、稷、契为之臣，必不能以道德战胜天下而定于一。天未绝我中国，必将有不世出之圣人应运而起，裁制古今，范围中西，以开万世之治。其下亦必有名世之英、先觉之器，以为之佐。自将相以至守令，其才力虽有大小不同，其纯乎天理，无毫发自私自利之念必无不同。方足以赞郅治而襄盛业，拨乱世而反之正，诸生皆有责焉。内圣外王，非异人任，诸生其及时讲求，以副朝廷兴学育才至意，无谓儒者无与于帝王之学也。震武衰且老矣，尚庶几与诸生勉之。

《〈大学衍义〉讲授》目次

天生民而立之君，以为民也。居其位者任其责，君无责任，君为虚位，名实背矣。天工人代，国之治乱安危，君实职之。君必先明乎责任之所存，而后兢兢业业，一日在位，不敢不尽一日之责。尧、舜、禹、汤、文、武，由此其选。自后世此义不明，为人主者沉湎盘游，骄奢淫逸，以君位为纵欲行乐之具，而生民之祸亟矣。故君道必以明责任为先，责任明而天下之事可次第而理也。述格致篇明责任第一。

孟子曰："天下之本在国，国之本在家，家之本在身。"周子曰："治天下者观于身。"孔子曰："其身正，不令而行；其身不正，虽令不从。"明为治之序，必先端本于身也。圣学所由与霸术异矣。述格致篇端治本第二。

存天理，尽人伦，帝王万世之常道。顺之则治，逆之则乱。安之者圣，勉之者贤，背之者为霸术，为曲学异端，为佞人。人主之学，不先辨乎此，则邪说奸言，纷然以入，乱亡至矣。述格致篇正学术第三。

君之责在为天下得人，非智足以辨是非邪正，心不蔽于物欲好恶，则知人其难，焉能得贤才而用之？穷理者，知人之本也；寡欲清心，则穷理之要矣。述格致篇辨人才第四。

敬者德之舆，人主一念之敬肆，而圣狂判、治乱分，戒惧慎独之功不可以须臾弛也。动静内外，敬以贯之。审几者省察之功，操存省察，真氏备矣。述诚正篇崇敬畏第五。

忧勤节俭生之途，骄奢淫逸死之道。天命无常，圣王兢兢尊居民上，逸欲一萌，而天下承风望旨，导以声色嗜好者，四面而至。一人纵欲，毒流四海，祸及累代，是自戕其身以戕天下后世也。孟子曰："今国家闲暇，及是时，般乐怠傲，是自求祸矣。"述诚正篇戒逸欲第六。

古者左史记事，右史记言。事为《春秋》，言为《尚书》。君举必书，所以慎言行也。人主一言一行，百姓趋之为风气，四邻觇之为举动，治乱安危胥于是出，一不慎而天下谋之畔之者至矣。帝王于此必兢兢焉，非法不言，非法不行，则行为世法，言为世则。述修身篇谨言行第七。

一国之治乱，一家之兴废，一身之祸福，死生寿夭，验于其威仪。威仪者，德之表也。诚中形外，盛德之至，必有可畏之威，可象之仪。君子观其威仪而知其德之盛衰，观其德而知其命之短长，治乱兴废祸福死生寿夭，于此决焉。《诗》所以言敬尔威仪也。不知居敬集义以立其本，而徒矫饰于容貌辞气之间，则亦末矣。述修身篇正威仪第八。

夫妇敌体，自天子达于庶人，一夫一妇，礼之正也。六宫、三夫人、九嫔、二十七世妇、八十一御妻，《礼记·昏义》之文，而真氏取之。此春秋之乱制，必非先王之制。郑康成谓女御八十一人当九夕，世妇二十七人当三夕，九嫔九人当一夕，三夫人当一夕，后当一夕者，隋杨广、金完颜亮之所未闻，郑氏以一言而启万世人主荒淫之祸，悖之甚矣。夫妇人伦之首，夫妇之伦不正，则君臣、父子无一而可也。一夫一妇，而后夫妇之伦正。述齐家篇正妃匹第九。

《易》家人之卦曰："男正位乎外，女正位乎内。男女正，天地之大义也。"宫闱预政，大义乱矣。古者冲主嗣位，则宰相摄政。母后当国，始于秦之芈后。沿及汉唐，垂为定制。司马光以儒者执政而不能改，高后之贤而不能去之。齐桓公葵邱之盟曰："毋使妇人预国事。"魏文帝诏曰："妇人与政，乱之本也。"其言至矣。述齐家篇正内外第十。

古者不忍刑余之人无以为生，于是有奄寺之制。后世宫刑既废，岁残数十百人，绝其人道，以给宫廷洒扫之役，忍心害理极矣。卒至盗弄威柄，浊乱朝纲，流毒天下，秦、汉、唐、明，覆辙相属。有圣人起，革千载之弊政，立百王之大法，毅然断而行之，天下归仁矣。述齐家篇去宦寺第十一。

天下之命悬于储君，储君之贤不肖，在谕教之得失。周公以德义传成王而周兴，赵高以刑法传胡亥而秦亡，法戒昭然。有天下者不惟宗社久长之计，妙选正人，辅导储君，保其身体，传之德义，导以教训，是举天下之命而绝之也。法圣智，鉴前车，慎简师傅，谕教急矣。述齐家篇谨谕教第十二。

宫闱预政，则外戚之祸起。汉之吕、王、梁、窦，晋之杨、贾，唐之武、韦，浊乱天下，覆辙昭然，垂戒万世。端本清源，宫闱正，外家守法矣。述齐家篇肃戚属第十三。

治天下者必有确然不易之规模，先定于中，然后施之有序，行之有成。有秦、隋、元之规模，有汉、唐、宋、明之规模，有夏、商、周之规模，有唐、虞之规模。为人主者欲为万世之计，必以唐、虞为法矣。述治平篇立规模第十四。

人主所与共治天下者，百官也。得其人则治，失其人则乱。自将相以至守令皆天位，非可以与私昵、及恶德。举之任之秩之考之之法，不可不讲矣。述治平篇正百官第十五。

天视自我民视，天听自我民听。民者，君之天也。居其位不尽其职，自绝于天矣。古者井田之制，计口授田，君之所以为民谋者，养生送死，无微不至。后世一切听民自为，而又多方以夺其生计，上既日夜疾视其民，而欲民之不疾视其上，此必无之理也。一夫一妇，不得其所，圣人耻之。知民心之无常，思所以固邦本而为惠养元元之计，必反求于先王之道矣。述治平篇厚民生第十六。

制国用者，三代以上为民，劳君以养民，故民富而国自足；三代以下为君，竭民以奉君，故民困而国亦贫。古者贤君之制国用，一身之奉不敢奢，万姓之计不敢吝。衣租食税，竭民膏血，晏然坐而享之，而不思所以为之计，必非仁者所忍。孟子曰："无政事，则财用不足。"明理财之在有善政也。《易》曰："节以制度，不伤财，不害民。"制国用之道尽矣。述治平篇制国用第十七。

教化行，中材为君子；教化废，中材为小人。三代以下重法律，三代以上重教化。法律之效，止于禁民不敢为恶；教化之效，则使民日迁善而不知。古者教民之道，必以身先之，上有好者，下必甚焉。上重节义廉耻，下必以节义廉耻应之；上用浮薄奔竞，下必以浮薄奔竞应之。感应之道，捷于影响，教化不可不慎也。述治平篇崇教化第十八。

天下之治乱，观于其礼乐。后世礼乐既废，故治日少而乱日多。然其治也，朝野上下，必犹知以犯礼义、耽声色为耻。及搢绅大夫荡法蔑理，流湎忘返，日夜倡优淫乐之娱，则大乱之作，不终日矣。坏国丧家亡人，必先去其礼乐。知礼乐之系于家国天下者至重，而思所以修明之，则宜亟讲于先王之制矣。述治平篇兴礼乐第十九。

治天下者，不得已而用刑罚，以济教化之穷，则立法宜慎，用人宜择，赦赎宜审，刑罚之中有教化焉。劝善惩恶，必思有以渐化恶者而为善，则刑罚之本旨也。述治平篇慎刑罚第二十。

先王尚德不尚兵，而德盛者兵必强。兵不足以服天下，非盛德立国之道。文事必兼武备，不能一战而可立国，古今未闻。夏少康、周宣王、汉光武之中兴，皆以百战济之。克诘戎兵，周公作训；张皇六师，召公入诰。圣人非弃德尚威，明武备之当素习也。守成之主多晏安，非奋扬武烈以振其气，则无以内折奸民逆乱之谋，外杜四裔窥伺之计。强国忘战必危，弱国忘战必亡。古者寓射于礼，寓干戈于乐，寓战阵于搜狩，而射御之事、干戚之舞，皆教之于学。将帅士卒皆由学出，入则讲道习艺，出则敌忾同仇。亲上死长，讲之熟矣。仁义之师，无敌天下，用斯道也。后世将不素择，兵不素练，仓卒有事，用无能之将，驱不教之兵，以当大敌，百战百败，不为南宋之始终不敢言战以亡其国不止。为人主者惕然于忘战之必危，思所以救弱图存，以兵立国于列强竞争之世，盍亦深观于先王之道矣。述治平篇严武备第二十一。

亡国之臣圣其君，亡国之君贤其臣。君骄臣谄，安其危而利其菑，乐其所以亡者，国未有不亡者也。丹朱慢游，禹以戒舜；殷受酗酒，周公以戒成王。舜之圣，成王之贤，禹与周公进戒如此，治之所以盛也。孟子曰："入则无法家拂士，出则无敌国外患者，国恒亡。"敌国外患不足为国存亡也，国之存亡在法家拂士。有法家拂士，无敌国外患亦存；

无法家拂士，有敌国外患亦亡。人主欲为救乱图存之计，其亦急求谠言而无疏斥法家拂士，以自速其亡矣。述治平篇戒盛满第二十二。

治必尧、舜则治成，学必孔子则学成。不法尧、舜、孔子，而取法乎其下，非有志者矣。尧、舜、孔子之道，其所以修诸己者，存天理，遏人欲，兢兢焉不敢须臾弛其戒惧慎独之心；其所以见诸用者，万物一体，必令天下无一人一物之不得其所。道不被于四海，泽不及于万物，圣人耻之。仁育义正，血气尊亲，天下大同，配天立极，以俟后之尧、舜、孔子。述治平篇成治功第二十三。

《大学》万世治平之书，非精义入神，莫窥底蕴。自维不学，荒落已久，温故知新，返己有惭，握管窥天，岂识高大？顾已勉承其乏，不敢不略述所闻，苟求塞责。格致、修、齐、治平诸篇，窃取西山，推阐会通，补所未及。治平诸篇，参用邱氏、强氏。义理无穷，不敢拘守一家之言，自隘见闻。暂定体例，取便讲授，或有未当，俟后更正。

真氏《大学衍义》，殚精十年，体大思精，有裨治道。末学晚进，中本无得，仓卒构思，迫促脱稿，岂能发明先圣先贤之意？谬误疏漏，必所不免，自知甚明。然讲义为体，本与诸生讨论，非属成书，订误补漏，有待随时。教学相长，礼有明训。诸生有见，亦当各言尔志，反覆辨论，写之札记，助我不逮。大雅君子，当不过责。

讲义非古，支离蔓衍，昔贤病之。古者言之不出，耻躬不逮。弃行尚言，累牍不休，未之前闻。孔门问答，备载《论语》。书绅请事，终身一言，未闻辞多为贵。两汉经师，执卷口授，存其大体，通经致用，用日少而畜德多。夸词无实，此风未开。房、魏渊源，出于河汾。世传《中说》，言简意该，追步《论语》。河汾以后，师道最著，无过安定。经义治事，皆务实用，不尚空言。

讲义之作，权舆两汉，盛于宋代。经筵进讲，非用授徒。程、朱门徒最盛，讲学问答之词见于语录。先生口说，弟子笔而记之，未闻有讲义之作。经筵之文，用之学校，起自宋末。告君授徒，名义不分，体制已乖。积习相沿，免俗未能，违己从众。浮文妨要，无裨身心，握笔汗颜，实深惭疚。所愿诸生切己体察，精思实践，力矫空言。因文明道，求为通才，择善而从，必有我师。道散习薄，徒资口耳，无蹈昔人所讥，异日坐言起行，不负所学。出则救时，处则传后，昌明圣道，企予望之。

明责任

《易·泰·象传》："天地交，泰。后以财成天地之道，辅相天地之宜，以左右民。"

按财成天地之道，辅相天地之宜，以左右民者，君之责任也。不能财成辅相以左右民，是弃其责任矣。弃其责任，不可一日立于民之上。礼乐刑政，圣人所以财成天地之道；春耕秋敛，高者种黍，下者种稻，圣人所以辅相天地之宜。曰以左右民，则凡斯民生聚教养之事，左右辅翼，皆君之职，非使其晏然高拱民上，以作威施虐于民也。为人主者欲变否而为泰，必深思于泰象之义矣。

《尚书·大禹谟》："罔违道以干百姓之誉，罔咈百姓以从己之欲。"

按违道以干百姓之誉者，共和政体之流弊；咈百姓以从己之欲者，独裁政体之流弊也。为术不同，同归于弃君之责任。道不可违，欲不可从，则君之所以自尽责任者也。为人主者，不可不深思于益之言矣。

《尚书·皋陶谟》："天叙有典，敕我五典五惇哉！天秩有礼，自我五礼有庸哉！同寅协恭和衷哉！天命有德，五服五章哉！天讨有罪，五刑五用哉！政事懋哉懋哉！天聪明，自我民聪明；天明畏，自我民明威。达于上下，敬哉有土！"

按君居天位，所职皆天之事。叙典秩礼，命德讨罪，必一出于天理之公，而不可以私意与于其间，此君之所以恪奉天职。民者君之天，君能尽职于民，则能尽职于天矣。有民社之责者，所当兢兢也。

《尚书·五子之歌》："民惟邦本，本固邦宁。"

按民者国之所以立，有民而后有国，有国而后有君。民惟邦本，则君必当为民曲计生养安全，以立其本，而后为不负君之责任。而繁法厚敛，纷纭骚扰，竭民膏血，以自绝其本，可乎？欲邦之宁，盍亦于民加之意矣。

《尚书·仲虺之诰》："惟天生民有欲，无主乃乱，惟天生聪明时乂。"

按君之责任，在使天下有治而无乱，以安生民，故必有聪明之德。昏庸尸位，是不能治天下，而适以乱天下也，必非天意矣。

《尚书·汤诰》："惟皇上帝，降衷于下民。若有恒性，克绥厥猷惟后。"

按人受天地之中以生，性无不善，而蔽于物欲，不能全其固有之性。兴学立教，为之礼乐刑政，以全其固有之性，顺而安之者，君之责也。君必使天下皆有以全其固有之性，而后克尽君责，则劳来匡直辅翼，不可一日不以师保万民为己任。汤之言，可谓深明君道者也。《汤诰》始言性，至孔、孟而性善之理，发明益详。《中庸》之言与此尤合：降衷者天命之性，若性者率性之道，绥猷者修道之教。朱子曰："天下莫尊于理，故以帝名之。"真氏曰："六经言性，始见于此。"伊尹谓："兹乃不义，习与性成。"又兼习而言，与此言降衷之性，亦互相发也。

《尚书·汤诰》："其尔万方有罪，在予一人；予一人有罪，无以尔万方。"

按君有治理万方之责，万方有罪，君失治理所致，罪无可辞矣。君有罪，为君者方当责己以谢万方，万方何与焉？此汤深明责任之言，非苟为虚辞以悦人矣。

《尚书·太甲下》："惟天无亲，克敬惟亲。民罔常怀，怀于有仁。鬼神无常享，享于克诚。天位艰哉！德惟治，否德乱。"

按有其德者居其位，天下之常道；无其德居其位，天常乱矣。君者神人之主，必敬德足以格天，仁德足以保民，诚德足以感鬼神，而后可尊居民上。既居民上，当思天位之艰，日夜兢兢，力求所以措天下于治安，不敢有须臾暇逸，则君之责也。彼以天位为安而坐享之者，徒乱天下耳，安望天下有一日之治哉？

《尚书·说命中》："明王奉若天道，建邦设都，树后王君公，承以大夫师长，不惟逸豫，惟以乱民。惟天聪明，惟圣时宪，惟臣钦若，惟民从乂。"

按天生民而立之君，辅之以诸侯卿大夫，非以天位为逸豫之资，所以治民也。民不能自治而受治于君，则凡所以为民兴利除害，遂其生养，尽其教化者，皆君之责矣。君能法天出治，一秉至公无私之心，则臣奉其令，民服其教，顺天者天下顺之，而天下治；不能法天出治，一秉至公无私，则逆天者天下逆之，而天下乱。

《尚书·泰誓上》："惟天地万物父母，惟人万物之灵。亶聪明，作元后，元后作民父母。"

《尚书·泰誓上》："天降下民，作之君，作之师，惟曰其助上帝。宠之四方，有罪无罪惟我在，天下曷敢有越厥志？"

按今、古文《尚书》与此小异，此从《孟子》。

《尚书·泰誓中》："天视自我民视，天听自我民听。百姓有过，在予一人。"

《尚书·泰誓下》："抚我则后，虐我则仇。"

按乾元资始，坤元资生，故天地为万物父母。天以阴阳五行化生万物，禀理受气，有偏全通塞之异，而人物分；有昏明清浊之异，而智愚贤不肖分。天于众人之中，择一贤且智者以为天地万物主，作民父母，则必宜有以尽父母斯民之实矣。父母之于子也，推燥居湿，保抱恬恃，疾痛疴痒，饥饱寒暖，婚嫁教训，无一事一刻不切于怀。子有不安，必为之废食忘寝，为人主者而能爱民如子，则谓之父母可也。受天之宠，而不能助天以生以养以教，不以天之聪明为聪明，而妄作聪明，以乱旧章；不以民之视听为视听，而寄其视听于私昵左右。有罪者尊之显之，无罪者斥之逐之，任四海之越志衡行，以为害于百姓，而莫敢谁何。椎剥民之脂膏以自恣，而不顾其生；屠割民之性命以自保，而不恤其死。率天下以败伦绝理，荡灭先王之道。知责人而不知罪己，君臣上下，昏昏扰扰，无一念及于民焉。此武王、孟子所谓寇仇者也。以寇仇而冒父母之名，天弃之矣。其能偃然久尸民上乎？武王之言，万世人主之律令也。祖伊之责纣曰："乃罪多，参在上，乃能责命于天？"呜呼！可不戒哉！

《论语·八佾》："子谓《韶》，尽美矣，又尽善也。谓《武》，尽美矣，未尽善也。"

按尽善之义，程子之说至矣。程子曰："五帝公天下，故与贤；三王家天下，故与子。论善之尽，则公而与贤，不易之道也。"《二程粹言》卷一

《论语·泰伯子》曰："巍巍乎，舜、禹之有天下也而不与焉。"

按朱子曰："不与，言不以位为乐也。"夫必有不以位为乐之心，而

后能公天下，此舜、禹立万世君道之极者。巡方以死，过门不入，汲汲皇皇，为天下不为一身，天下实被其赐矣。彼以位为乐者，骄奢淫逸，何所不至哉！

《大学》："为人君，止于仁。"

按视民如伤者，文王之仁也。为人君者能视民如伤，有不忍人之心，斯有不忍人之政，而天下治矣。

《大学》："与国人交，止于信。"

按信者立国之本，君无信不立，民无信不立，国无信不信不立。孔子谓食可去而信不可去；朱子谓在上者宁死而不失信于民，使民亦宁死而不失信于上，其言至矣。后之人君，动用朝三暮四之术以驭其民，上既挟诈以欺其下，下亦挟诈以欺其上，上下交相欺，固不待危亡之临，而国已不能复立矣。《易》曰："上下交而其志同。"欲通上下之志，其必以信为之本与。

《大学》："民之所好好之，民之所恶恶之，此之谓民之父母。"

《大学》："好人之所恶，恶人之所好，是谓拂人之性，菑必逮夫身。"

按民惟邦本，君为民立，以民之好恶为好恶者，君之责也。好民之所好，恶民之所恶，好恶同民，则为民之父母；好民之所恶，恶民之所好，好恶拂民，则为民之仇雠。《书》曰："抚我则后，虐我则仇。"民之仇雠而欲免于天下之戮，岂可得哉？

《孟子·梁惠王下》："齐宣王问曰：'汤放桀，武王伐纣，有诸？'孟子对曰：'于传有之。'曰：'臣弑其君，可乎？'曰：'贼仁者谓之贼，贼义者谓之残。残贼之人，谓之一夫。闻诛一夫纣矣，未闻弑君也。'"

按三纲君父并尊，君臣之伦与父子不同者，父子主恩，君臣主义。义则合，不义则离。君臣之义以为民也，有民然后有君臣，弃其民焉，君于何有？桀、纣残贼人道，自绝于民久矣。汤、武之诛桀、纣，诛其自绝于民也。乱臣贼子不诛，则天下无君；暴君昏主不诛，则天下无民。孔子作《春秋》而书弑君，所以惧乱臣贼子；赞《易》而称革命，所以儆暴君昏主。宣王不明君臣之义，而以弑君疑汤、武，惑之甚矣。

宋苏轼之告神宗曰："《书》称予临兆民，懔乎若朽索之驭六马。"

言天下莫危于人主也。聚则为君臣，散则为仇雠，聚散之间，不容毫厘。故天下归往谓之王，人各有心谓之独夫。为人君者慎无残贼人道，自绝于民，以致众叛亲离，而来天下之诛也。

《孟子·滕文公下》："为其杀是童子而征之，四海之内皆曰：非富天下也，为匹夫匹妇复仇也。"

按君为民主，必有为匹夫匹妇复仇之责。不能复仇，而反屠戮匹夫匹妇以谢仇人，冀长保其富有天下焉，是则汤之罪人矣。

《孟子·离娄上》："孟子曰：'规矩，方圆之至也；圣人，人伦之至也。欲为君尽君道，欲为臣尽臣道，二者皆法尧、舜而已矣。不以舜之所以事尧事君，不敬其君者也；不以尧之所以治民治民，贼其民者也。'"

按君道以尧为立极，臣道以舜为立极。为君者必以尧之所以治民治民，而后克尽君之责任；为臣者必以舜之所以事尧事君，而后克尽臣之责任。尧之所以治民，莫大乎传贤；舜之所以事尧，莫大乎举贤。孟子曰："尧以不得舜为己忧，舜以不得禹、皋陶为己忧。""为天下得人谓之仁。""以天下与人易，为天下得人难。"

《孟子·万章上》："万章曰：'尧以天下与舜，有诸？'孟子曰：'否。天子不能以天下与人。'"

按朱子曰：天下者天下之天下，非一人之私有故也。天下非一人私有，则立君当由天下之公，不当由一人之私明矣。秦、汉、魏、晋、唐、宋、元、明之君，吾惑焉，一宦竖拥而立之则君，一权奸拥而立之则君，一妃妾拥而立之则君。宦竖、权奸、妃妾而可以天下与人，宦竖、权奸、妃妾之私人而可以为天子，无怪乎君位之轻，争夺篡弑接迹于天下也。《周礼》秋官小司寇之职，掌外朝之政，以致万民而询焉：一曰询国危，二曰询国迁，三曰询立君。立君必询于万民，周公之制，其犹唐、虞之遗制与？

《孟子·尽心上》："桃应问曰：'舜为天子，皋陶为士，瞽瞍杀人，则如之何？'孟子曰：'执之而已矣。''然则舜不禁与？'曰：'夫舜恶得而禁之？夫有所受之也。''然则舜如之何？'曰：'舜视弃天下犹弃敝屣也。窃负而逃，遵海滨而处，终身欣然，乐而忘天下。'"

按舜为天子，皋陶为士，瞽瞍杀人，孟子谓皋陶必执、舜必逃者，非漫为无事实之空言以相答也。法者上下所共守，法行于下而不行于上，则为乱天下之法，非公天下之法矣。立法必自天子始，法之所在，臣不得私其君，子不得私其父。君杀人，臣不执法，不足以为皋陶；父杀人，子不避位，不足以为舜。议亲议贵，衰周之乱制，非周公之制也。周公果有是制，管叔之衅，曷不行之于兄以宥其一死哉？

《孟子·尽心下》："孟子曰：'民为贵，社稷次之，君为轻。'"

按天生民而立之君，君为民而设，非民为君而设也。《书》曰："民惟邦本。"故民为贵。《春秋左氏传》曰："君臣无常位，社稷无常奉。"故君为轻。为人君者明乎民贵君轻之义，则所以兢兢业业求自尽于民，以无负君之责任，必不容须臾自安矣。

《春秋左氏传》文公十三年："邾文公卜迁于绎。史曰：'利于民而不利于君。'邾子曰：'苟利于民，孤之利也。天生民而树之君，以利之也。民既利矣，孤必与焉。'左右曰：'命可长也，君何弗为？'邾子曰：'命在养民，死之短长时也。民苟利矣，迁也，吉莫如之。'遂迁于绎。五月，邾文公卒。君子曰：'知命。'"

按命在养民，至哉言矣。知及之，仁能守之，其尧、舜乎！降是汤、武已不能尽其道焉，又降是汉文帝、汉光武、唐太宗略得一二，又降是无足论矣。邾子之言，百世以俟圣人而不惑者也。君以民为命，故以万姓之利害为利害，不以一身之利害为利害；君以民为命，故以万姓之存亡为存亡，不以一家之存亡为存亡。

《春秋左氏传》襄公十四年："夫君，神之主而民之望也。若困民之主，匮神之祀，百姓绝望，社稷无主，将安用之？弗去何为？天生民而立之君，使司牧之，勿使失性。有君而为之贰，使师保之，勿使过度。自王以下，各有父兄子弟以补察其政。史为书，瞽为诗，工诵箴谏，大夫规诲，士传言，庶人谤，商旅于市，百工献艺。天之爱民甚矣，岂其使一人肆于民上，以从其淫，而弃天地之性？必不然矣。"

按司旷之论至矣。天生民而立之君，非使其肆于民上，骄奢淫逸，威福自恣，率贪官污吏以荼毒天下也。必有以安民之生，无一夫一妇不得其所，保民之性，俾克尽人道。无或即于放僻邪侈，以贼仁害义焉。

智有所不及，政有所阙，必慎简师保，博求忠言以自辅。使士大夫咸克尽其谏诤之责，国人皆得以所知朝夕箴规，而不敢以诽谤罪人，汲汲乎期日闻其过而改之焉。此君所以为神之主、民之望，天下不可一日而无君。不然如秦如隋如元，骄淫无道，竭民膏血以自奉，戕民生命以自恣，则天下皆将群起而讨之诛之灭之，其能偃然尸位民上乎？

《礼记·礼运》："大道之行也，天下为公。选贤与能，讲信修睦，故人不独亲其亲，不独子其子，使老有所终，壮有所用，幼有所长，矜寡孤独废疾者，皆有所养。男有分，女有归。货恶其弃于地也，不必藏于己；力恶其不出于身也，不必为己。是故谋闭而不兴，盗窃乱贼而不作，故外户而不闭，是谓大同。今大道既隐，天下为家，各亲其亲，各子其子，货力为己。大人世及以为礼，城郭沟池以为固。礼义以为纪，以正君臣，以笃父子，以睦兄弟，以和夫妇，以设制度，以立田里，以贤勇知，以功为己。故谋用是作，而兵由此起。禹、汤、文、武、成王、周公，由此其选也。如有不由此者，在势者去，众以为殃，是谓小康。"

按孔子分别帝王治道，未有详晰于此者。以尧、舜为大同，汤、武为小康，孔子之志为尧、舜，不为汤、武明矣。大同者治道之极则，为君而不能使天下进于大同，则君职未尽；为臣而不能辅其君，使天下进于大同，则臣职有亏。天下为公者，郑元曰："禅位授圣，不家之。"孔颖达曰："禅位授圣，谓尧授圣也；不家之者，谓不以天位为己家之有授子也。"天位尚不为己有，诸侯、公、卿、大夫之位，灼然与天下共之，故选贤与能。天下为家者，郑元曰："传位与子。"孔颖达曰："父传天位与子，是用天下为家也。"大人世及以为礼者，孔颖达曰："大人谓诸侯也；世及，诸侯传位自与家也。"五帝选贤与能，不言大人世及为礼；而三王云然者，明封建起于三王，不起于五帝。天位非天子所得私，舜必不以天位私其弟，以象为放者，殆得其实与？

《汉书·盖宽饶传》："五帝官天下，三王家天下。家以传子，官以传贤，四时之运，功成者去，不得其人，则不居其位。"[①]

柳子："吏者民之役，非以役民而已也。凡民之食于土者，出其十一佣乎吏，使司平于我也。今我受其直怠其事者，天下皆然。

① 此处下无按语，疑有脱漏。

岂惟怠之，又从而盗之。向使佣一夫于家，受若直，怠若事，又盗若货器，则必甚怒而黜罚之矣。以今天下多类此，而民莫敢肆其怒与黜罚者何哉？势不同也。势不同而理同，如吾民何？有违于理者，得不恐而畏乎！"

按西洋民主对于国民，自称公仆，殆即此义，知中外之见理同也。韩子曰："君者出令者也；臣者行君之令，而致之民者也；民者出粟米麻丝、作器皿、通货财以事其上者也。君不出令，则失其所以为君；臣不行君之令而致之民，则失其所以为臣；民不出粟米麻丝、作器皿、通货财以事其上，则诛。"不言君有治民之责，而言出令；不言臣有佐君治民之责，而言行君之令；不言民有自治之责，而言出粟米麻丝、作器皿、通货财以事其上。则臣民皆君奴隶，而民贵君轻、从道不从君之古义尽失。韩子之识，不逮柳子远矣。

程子曰："舜以天下授人，欲得如己者。商均非能如己耳，亦未尝有大恶。大抵五帝官天下，故择一人贤于天下者而授之；三王家天下，遂以与子。论其至理，治天下者当得天下最贤者一人，加诸众人之上，则是至公之法。"《二程遗书》卷十八

张子曰："为天地立心，为生民立命，为往圣继绝学，为万世开太平。"

按君以一人立天下之上，位至尊，故责至重，任至大。一念之私则天地之心绝，生民无以立命，往圣无以继绝学，万世无以开太平矣。天地之心不立，则上愧天地；生民之命不立，则下愧生民。往圣之绝学不继，则前愧往圣；万世之太平不开，则后愧万世。张子之言，非独为君言之也。责之重、任之大者君为先，德不足以先天下，学不足以先天下，才不足以先天下，而巍然南面立天下之上，则亦宜兢兢焉求所以副之矣。

以上明君之责任。

《尚书·说命下》："昔先正保衡作我先王，乃曰：'予弗克俾厥后惟尧、舜，其心愧耻，若挞于市。'一夫不获，则曰时予之辜。"

按天生民而立之君以为民，设之臣佐君以为民。君之所以任其臣，臣之所以责其君者，必兢兢焉以为民为急，民之外君臣无责任。尧、舜之道，在使民各得其所。各得其所者，男有分，女有归，壮有所用，幼有所长，老有所终，鳏寡孤独废疾者皆有所养。一男之无业，一女之无

归，一夫一妇之不得其所，则君为尸位，臣为溺职。自君相以至守令，不可一日立于民之上。挞市之耻，时予之辜，伊尹之所以日夜焦劳，终身不释也。死亡枕于野而不惨，娼妓满于市而不痛，老弱流离遍国中而不恤。食民之禄，受民之养，民之死生疾苦，曾不足以一动其心。嗟乎！彼偃然民上者，犹有人之道耶？

《论语·季氏》："陈力就列，不能者止。危而不持，颠而不扶，则将焉用彼相矣？"

按持危扶颠，不能则止者，人臣之大义。不能持危而反促其危，不能扶颠而反极之颠，亡国之臣遍天下。民所痛心疾首切齿，以为不可用者，而在上者必欲用之，则亦思孔子之言矣。

《孟子·离娄下》："禹思天下有溺者，由己溺之也；稷思天下有饥者，由己饥之也。是以如是其急也。"

按居其官者任其责，天下之通义也。禹不居治水之官，则不任治水之责，天下之溺可不问；居治水之官，则任治水之责，天下之溺皆由禹溺之矣。稷不居播谷之官，则不任播谷之责，天下之饥可不问；居播谷之官，则任播谷之责，天下之饥皆由稷饥之矣。举天下数万万赤子，日夜呼号，乞命于前，而谓居其官者能一息自安，是谈笑宴饮于同室斗争之时，必无人心者矣。三过其门而不入，义之所在，禹、稷虽欲不如是其急而不能也。孔子之贤禹、稷，其所以教天下万世之居民上者，必以禹、稷为法，意至深矣。

《孟子·万章下》："伊尹曰：'何事非君？何使非民？'治亦进，乱亦进，曰：'天之生斯民也，使先知觉后知，使先觉觉后觉。予，天民之先觉者也。予将以此道觉此民也。'思天下之民匹夫匹妇有不被尧、舜之泽者，若己推而纳之沟中，其自任以天下之重也。"

按天以五常之性赋人，而禀气不能无清浊昏明之异，故所知所觉有先后。以先知觉后知，以先觉觉后觉，人皆有责。其所处之位愈高，则其所负之责愈重。必使人人皆知有万物一体之义，老有所终，壮有所用，幼有所长，女有所归，鳏寡孤独废疾者皆有所养，而后为克尽其职。有一夫一妇之不得其所，则以道觉民必有所未尽，不能告无罪于天下，此则伊尹之所以自任。伊尹一出，而毅然以尧、舜之道，伐夏救民，变揖让，创征诛，天下所不敢任者，伊尹独起而任之。于夏为任罪，于民为任功，于尧、舜为任道，治亦进乱亦进者，伊尹固自信其道之足以拨乱而反治。不然，上不足以匡主，下不足以救民，偃然据乱世宰相之位，以营私植党为事，而生民之死亡疾苦不足以一动其心者，固伊尹之所羞矣。

《孟子·万章下》："君有大过则谏，反覆之而不听，则易位。"

按霍光易位而安汉，光之志为公非为私也。董卓、桓温之易位，则乱臣贼子而已矣。光知显之进毒以弑许后，不能声其罪而诛之，则公之中不免私焉，其赤族也宜哉。

《孟子·万章下》："君有过则谏，反覆之而不听，则去。"

按有过则谏，不听则去者，人臣之常道。后之人臣，能以去就争民生之利害，反覆之而不听，洁身以去者几人哉？

《孟子·告子下》："今之事君者曰，我能为君辟土地，充府库。今之所谓良臣，古之所谓民贼也。君不乡道，不志于仁，而求富之，是富桀也。我能为君约与国，战必克。今之所谓良臣，古之所谓民贼也。君不乡道，不志于仁，而求为之强战，是辅桀也。"

按君臣之义，为民而已矣。民心之外无臣道，民事之外无臣职。君无爱民之仁，而求为之富强，不富强其民，而富桀强桀。知有君而不知有民，其为民贼孰甚，宜孟子之痛心疾首而言之也。虽然，孟子之所谓民贼，辟土地，充府库，犹能富国者也；约与国，战必克，犹能强兵者也。竭民之膏血以富私家，而置国计于不问；戕民之性命以强仇敌，而弃兵事于不言，则欲求一孟子所谓民贼者而不可得。呜呼！使孟子而见之，当如何哉？

《孟子·尽心上》："公孙丑曰：'伊尹曰：予不狎于不顺，放太甲于桐，民大悦。太甲贤，又反之，民大悦。贤者之为人臣也，其君不贤，则固可放与？'孟子曰：'有伊尹之志则可，无伊尹之志则篡也。'"

按伊尹之志，行一不义，杀一不辜，得天下不为。非义非道，禄以天下弗顾，系马千驷弗视；非义非道，一介不以与人，一介不以取诸人之志也。有伊尹之志，而后可以相汤伐桀放太甲，天下不疑其篡，后世不议其逆；无伊尹之志，而欲效伊尹所为，是乱臣贼子而已矣。伊尹相汤伐桀，犹有能为之者，放君而能反其位，则古今一人而已。以伊尹之元圣，功盖天下，泽被生民，而其本必在于千驷、一介之不视不取。后之学者，取与不谨，廉耻不讲，气节不立，而欲望其有为于天下，必不可得矣。

伊尹放太甲，孟子谓有伊尹之志则可，无伊尹之志则篡。汤放桀，武王伐纣，我亦谓有汤、武之志则可，无汤、武之志则篡也。无伊尹之志则篡，孟子答公孙丑，所以立万世人臣不轨之防；诛一夫纣，孟子对齐宣王，所以垂万世人君无道之戒。君必有桀、纣之恶，然后为一夫；臣必有汤、武之仁，然后可以诛一夫。以热中富贵利达、群不逞之徒，而妄言汤、武革命，吾见其为乱臣贼子，杀其身以祸及天下也。

《春秋左氏传》襄公十四年："有君而为之贰，使师保之，勿使过度。"

按师保其君，勿使纵欲败度，肆于民上者，臣之责也。有师保其君之责，则宜求所以师保其君之道。道不足以整躬率物，而欲责以格君心之非，必不可得矣。

《春秋左氏传》襄公二十五年："君民者，岂以陵民？社稷是主。臣君者，岂为其口实？社稷是养。故君为社稷死则死之，为社稷亡则亡之。若为己死而为己亡，非其私昵，谁敢任之？"

按社稷为民而立，君死社稷，为民而死也。君为民死，则臣必有死君之责。贾谊曰："父兄之臣死宗庙，法度之臣死社稷，辅翼之臣死君上，守御捍敌之臣死城郭封疆。"

张子曰："朝廷以道学、政术为二事，此自古之可忧者。孔、孟可作，将推其所得而施诸天下邪？将以其所不为而强施之于天下与？君相以父母天下为王道，不能推父母之心于百姓，谓之王道可乎？所谓父母之心，非徒见于言，必须视四海之民如己之子。设使四海之内皆为己之子，则讲治之术必不为秦、汉之少恩，必不为五伯之假名。为朝廷言，人不足与适，政不足与间，能使吾君爱天下之人如赤子，则治德必日新，人之进者必良士。帝王之道，不必改途而成，学与政不殊心而得矣。"

以上明臣之责任。

端治本

《易》:"家人:利女贞。《彖》曰:家人,女正位乎内,男正位乎外。男女正,天地之大义也。家人有严君焉,父母之谓也。父父子子,兄兄弟弟,夫夫妇妇,而家道正。正家而天下定矣。《象》曰:风自火出,家人。君子以言有物而行有恒。初九:闲有家,悔亡。《象》曰:闲有家,志未变也。六二:无攸遂,在中馈,贞吉。《象》曰:六二之吉,顺以巽也。九三:家人嗃嗃,悔厉吉;妇子嘻嘻,终吝。《象》曰:家人嗃嗃,未失也;妇子嘻嘻,失家节也。六四:富家,大吉。《象》曰:富家大吉,顺在位也。九五:王假有家,勿恤吉。《象》曰:王假有家,交相爱也。上九:有孚威如,终吉。《象》曰:威如之吉,反身之谓也。"

按离下巽上为家人,内卦以六居二,阴得阴位,则女正位乎内;外卦以九居五,阳得阳位,则男正位乎外。利女贞者,欲先正乎内也。家人离,多由女之不正,故言男之正,必先以女正言之。家人之义,以内为主,女正则家正而天下定矣。女正位乎内,男正位乎外,内外者男女之定位,易之则乱。古者礼始于谨夫妇、为宫室、辨内外,故家人之义,必以闲有家为始。自秦芈后以母后当国,而男女内外之防始乱。沿及汉之吕后、唐之武氏,反逆天常,阴阳易位,中冓之羞,不可道矣。非有言物行恒之子,其孰能闲家反身,以获威如之吉乎?

《尚书·尧典》:"曰若稽古帝尧,曰放勋。钦明文思安安,允恭克让,光被四表,格于上下。克明俊德,以亲九族。九族既睦,平章百姓。百姓昭明,协和万邦。黎民于变时雍。"

按克明俊德,修身也;以亲九族,齐家也;平章百姓,治国也;协和万邦,于变时雍,平天下也。朱子曰:"此言尧推其德,自身及物,由近及远。"林之奇曰:"《大学》自格物致知,以至治国、平天下。《中庸》九经自修身尊贤,以至柔远人、怀诸侯。尧、舜之治天下,禹、皋陶之陈谟,其序正同。"黄度曰:"此《大学》本末先后之论也。凡今典籍之言道德者皆本此,故推以为道原。"夫以尧治天下之效,至于万邦协和,黎民于变时雍,而其本必在于明德以亲九族。亲亲而仁民,仁民而爱物,由本及末,万世不易之道也。

近日新学家之言，动以华盛顿上配尧、舜。华盛顿百战以立民主之国，亦庶乎有尧、舜公天下之心。而用平等自由之教以治其国，父子无亲，夫妇无别，长幼无序，本先绝矣，安望有协和时雍之化哉？宜乎权利党派、运动竞争、淫佚之风，祸延天下也。墨、耶之治术，固不可与圣贤治术同年并语矣。

《尚书·皋陶谟》："慎厥身，修思永。惇叙九族，庶明励翼，迩可远在兹。"

按《大学》以修身为本，《中庸》九经之序，首列修身，皆本于此。惇叙九族，亲亲也；庶明励翼，尊贤也；迩可远在兹，自家而推之国，自国而推之天下，由斯道也。林之奇曰："亲亲者，仁之本也；尊贤者，知之本也。人君之治天下，其极至于仁知不可胜用，而其原必本于亲亲尊贤，此帝王治术所以异于杂霸异学也。"黄度曰："皋陶之言，条理一贯，本末兼举，自后圣贤之言德行者，皆祖述之。"

《尚书·伊训》："立爱惟亲，立敬惟长，始于家邦，终于四海。"

按亲长者，爱敬之本，家国天下皆由此而推。西教平等，无亲无长，爱敬之本绝矣，将以何而推之天下国家也？无本而言宗教，则倒行逆施之宗教；无本而言伦理，则倒行逆施之伦理；无本而言政治，则倒行逆施之政治；无本而言法律，则倒行逆施之法律。吾圣人之政教伦法，皆自家族亲亲长长一本之义而推之，故放之四海而无不准。西洋以平等立教，弃家族而用社会，以绝其一本之义，宜其演而为伦理、政治、法律，无一不颠倒悖戾也。率天下以祸人道者，必墨翟、佛、耶平等之教矣。

《诗·大雅·思齐》："刑于寡妻，至于兄弟，以御于家邦。"

按此文王之身修而家齐国治，与《尧典》先后同揆矣。后妃之贤，文王之躬化也。治天下观于家，治家观于身。王化起自闺门，汉高祖、唐太宗能诛暴除乱，而闺门惭德皆不免焉。不能端本于身，而欲求复三代之治，安可得哉？

大学之道，在明明德，在亲民，在止于至善。知止而后有定，定而后能静，静而后能安，安而后能虑，虑而后能得。物有本末，事有终始，知所先后，则近道矣。古之欲明明德于天下者，先治其

国；欲治其国者，先齐其家；欲齐其家者，先修其身；欲修其身
者，先正其心；欲正其心者，先诚其意；欲诚其意者，先致其知。
致知在格物，物格而后知至，知至而后意诚，意诚而后心正，心正
而后身修，身修而后家齐，家齐而后国治，国治而后天下平。自天
子以至于庶人，壹是皆以修身为本，其本乱而末治者否矣。其所厚
者薄，而其所薄者厚，未之有也。

按《大学》三纲八目，为万世圣学之规矩准绳，背乎《大学》而为
霸学异学，则圣学之蟊贼。为霸学异学者，必附会圣学以济其说。学术
亡，而天下政教风俗人心随之，数千年于兹。拨乱世而反之正，必求其
本于《大学》矣。《大学》之教，其文《诗》、《书》、《礼》、《乐》、
《易》、《春秋》，其道君臣、父子、夫妇、长幼、朋友，其法博学、审
问、慎思、明辨、笃行。始于知止，终于能得，先知后行，次第昭然，
固不得以霸学异学乱之。

《大学》之明德，止至善之明德；《大学》之新民，止至善之新民；
止至善在于知。杨、墨、老、庄、佛、耶之宗教，知有明德，而不知有
止至善之明德，异学之明德，非《大学》之明德也；管、商、申、韩、
欧美之政法，知有新民，而不知有止至善之新民，霸学之新民，非《大
学》之新民也。

荀卿矫以偏僻，扬雄饰以浮华，许、郑杂以穿凿，王通附以功利，
杜、马衍以驳杂，苏轼乱以权诈，陆、王变以空寂。扬杜、马之风者，
顾炎武；嘘陆、王之焰者，李容、孙奇逢、黄宗羲；张许、郑之帜者，
惠栋、戴震、阮元。彼皆未尝用力格致，杂取霸学异学以为说，而明
德、新民、止至善之义，不明于天下久矣。

毛奇龄、段玉裁谓明明二字连读，明德不连读。明德连读，德已
明，何用复明？则《易象》君子以自昭明德，德已明，何用复昭耶？克
明峻德，《大学》本文，德已峻，何用复明？明德惟馨，予怀明德，禹
之明德远矣，皆明德连读。毛奇龄、段玉裁独未之见乎？明明德者，明
己之明德也；新民者，明己之明德以及人也。

王阳明谓明德必在于亲民，孙奇逢谓明德须在民上明，则儒者闭户
自修，不与人接，即不能明明德耶？《大学》明德、亲民并列，不曰明
明德在亲民，何弗思之甚矣！明明德者自新；明明德于天下者，自新以
新民。王阳明谓亲民宜从旧本，不当读亲为新。姚舜牧、颜元、李塨、
毛奇龄等皆附和之。如其说，则下文何以连引《汤盘》、《康诰》、《周

雅》日新、作新民、其命维新，以证新民之义，而无一言及于亲民？亲、新古通，《金滕》新迎可读新为亲，《大学》亲民独不可读亲为新耶？

《大学》以格致为入手之功，不由格致而入，必不可以语于《大学》之明德新民。舍格致而讲诚意、讲修身、讲知本，皆所谓无头学问也。学者不用力于格致，则理欲不分，是非邪正不辨，何能知至善所在？不知至善所在，诚正修齐治平，何能止于至善？其不率天下以入于霸学异学者几何？

朱子以穷理释格物，为《补传》以示学者从入之途。曰即凡天下之物，则内而身心意，外而家国天下，皆该焉矣。曰莫不因其已知之理而益穷之，以求至乎其极。则因其已知孝之理而益穷之，以求至乎孝之极；因其已知忠之理而益穷之，以求至乎忠之极；因其已知经学、文学、农学、工学、商学、政法学、天文、地质、物理学之理而益穷之，以求至乎经学、文学、农学、工学、商学、政法学、天文、地质、物理学之极。讲学读书，应事接物，随事考求，随时体察，日用之间，无一非物，即无一非格焉。由其说而入，上可以希圣希贤，下亦不至惑于歧趋，为功天下后世甚大，圣人复起，不易其言。世儒必舍康庄而自寻曲径，己不识路，及斥指路者之非，其亦惑矣。

王阳明曰："吾心之良知，即天理也。致吾心之天理于事事物物，则事事物物各得其理矣。致吾心之良知，致知也；事事物物各得其理，格物也。"知觉不可以为理，知觉气也，非理也。古无以知觉为理者，孟子以知爱知敬为良知，未尝以爱敬为良知也。阳明谓良知即天理，是认知觉为理。佛氏之本觉始觉，非孟子之良知也矣。以致吾心之良知为致知，事事物物各得其理为格物，是格物在致知，非致知在格物；知至而后物格，非物格而后知至矣。阳明以佛氏之见而讲《大学》，宜其颠倒悖戾也。

王阳明曰："不思善，不思恶时，认本来面目。本来面目，即吾圣门所谓良知。随物而格，是致知之功，即佛氏之常惺惺。"佛氏本来面目，果有爱亲之仁、敬长之义乎？佛氏之常惺惺，果有修齐治平之功乎？以禅宗之说释格致，《大学》变为佛学矣。王阳明曰："良知一也。以其妙用而言谓之神，以流行而言谓之气，以其凝聚而言谓之精。真阴之精，即真阳之气之母；真阳之气，即真阴之精之父。"以仙家之元精、元神、元气讲良知，《大学》变为仙学矣。王阳明曰："苏秦、张仪之智，也是圣人之资。后世事变文章，许多豪杰名家，只是学得仪、秦故智。仪、秦善揣摩人情，无一些不中人肯綮，故其说不能穷。仪、秦亦窥见得良知妙用。"良知本乎天理之自然，亲则知爱，长则知敬。仪、秦善揣摩人情，机械变诈，妻妇之道，良知之贼也。阳明以揣摩人情讲良知，《大学》变为纵横之学矣。

王阳明曰："无善无恶心之体，有善有恶意之动。知善知恶是良知，为善去恶是格物。"无善无恶，接利根人；为善去恶，引习心人。止至善者，《大学》之教也，阳明以无善无恶为本体，显叛《大学》之教。不得已而设为善去恶权法，以接引中根人，而非以是为究竟。本体既无善无恶，则有善皆足为本体之障，忠孝、礼义、廉耻皆障也。学者必一切扫除，而后可以复其本体之光明，此阳明一生宗旨。致良知者，致此无善无恶之良知，有一念著于善恶，即不得为良知。

顾端文曰："佛经三藏十二部，五千四百八十卷，一言以蔽之，曰无善无恶。"罗忠节曰："阳明《传习录》、《大学问》、《论学》诸书，一言以蔽之，曰无善无恶。"以仙、佛为体，以仪、秦为用，惑世诬民，贼圣道，祸人心，率天下以混合王、霸、儒、释、道而为一，流毒至今未艾。讲《大学》者，必黜绝其说而后可也。

黎立武谓《大学》以止至善为归，诚意为要；李经纶谓《大学》以诚意为本；李塨以诚意为《大学》入手之方；臧琳以诚意为《大学》所以成始成终。则《大学》言诚正是矣，何必复加以无用之格致？列格致于八目，毋乃赘耶？不明善而欲诚身，象山之先立其大，白沙之静中养出端倪，阳明之致良知，近溪之赤子良心，见罗之止修，念台之慎独，夏峰之默识心性本原，二曲之静坐观心，南畇之主静，未有不为禅学之归者也。

李塨以《大学》格物为《周礼》三物，孔子时规矩犹存，无庸再言，则圣贤著书立教，为天下后世，非为一时，岂可以当世所行而略之？且孔子既不再言，何以复列格物于八目？存其目而阙其义，是惑天下后世，非所以教天下后世也。《大学》之格物，亦非《周礼》乡三物六德、六行、六艺所能该。塨学出颜元，元本霸学，而塨复以毛奇龄邪说济之，变本加厉，谬妄益甚矣。

黎立武谓格物者，格其物有本末之物；致知者，致其知所先后之知。而毛奇龄、全祖望等力主之，非也。格物非仅格其本末之序，致知亦非仅知其先后之序。知所先后，《大学》本文，固第曰近道，未尝以为知之至也。李安溪据古本以知本为知至，则《大学》之教，本末兼举，三纲明德、新民并列，八目格致、诚正、修齐、治平并列，其未尝偏重知本明矣。固不得据古本，而即以知本为知至也。

司马温公以格物为捍御外物，则不知穷理未明，必有不当捍御而捍御，如陆、王之排斥程、朱者；当捍御而不捍御，如陆、王之归依禅宗者；自谓捍御而实不能捍御，如陆、王之以立大体、致良知自命，而所言所行日骛于功利权诈者。果有守道不移之捍御，则亦诚正之功，克己去欲，非格致之功也。

阮元以格物为至事实践，则《大学》之教，必先行而后知，先后倒置矣。儒者穷居一室，安得有国与天下供其至事实践，以明治平之理耶？穆孔晖引隋智颉《法华经》文句解《分别功德品》及《大庄严经论》之说以格量训格物，毛奇龄引《苍颉篇》以量度训格物，则不由学问思辨，何以格量量度？毛尚忠以等格训格物，则致知在等格，将作何解耶？世儒之说《大学》悖矣。

新学者流，悖尤甚焉。以格致诚正为私德隐德，以修齐治平为公德明德，则《大学》三纲不及格致诚正，有明德而无隐德。《大学》八目，何以出于三纲之外？格致诚正，修齐治平，明德隐德并列耶！不由格致诚正而可以明明德于天下，则《大学》八目次序，修齐治平必先格致诚正者谬矣。舍格致诚正而讲公德，吾见其为悖德逆德，未见其为公德也。圣人之学，内外本末，一以贯之。修身以上为精微，修身以下为粗迹，则内外本末，判为两截。此佛氏之教，非圣人之教矣。德一而已，以是修于己，即以是教于人，恶有明德隐德、公德私德之分哉？

朱子以虚灵不昧、具众理、应万事释明德，兼理气、合体用而言，至精至当。虚灵不昧，释氏所有；具众理、应万事，释氏所无。未闻朱子以元同净妙释明德也。谓朱子以元同净妙释明德，是并朱子《章句》而亦未见矣。程、朱之学以居敬、穷理、力行三者交修并进为主，未闻离格致而以正心诚意为宗也。以正心诚意为宗，此陆、王之谬说，固不得以诬程、朱矣。公理即率性之道，谓程、朱传性道而公理废，则公理在性道之外。此霸学异学之公理，非圣学之公理也。

孔子有经世之学，无出世之学。天地、阴阳、古今皆世也，世岂可出？佛氏出世，佛氏之惑也。谓格致诚正，出世之学，孔子与佛、老同；修齐治平，经世之学，孔子与佛、老异。则孔子与佛、老，末异本同，三教一原之说信矣。佛、老果有格致诚正之学？孔子之格致诚正，果与佛、老之清净寂灭同与？彼既无见于圣学之真，而欲混合霸学异学于圣学，以明圣道之大而无外，宜其言之悖也。

本乱而末治，桓文、汉唐、欧美之霸学是也，其治非真治也；薄所厚而厚所薄，墨翟、佛、耶之异学是也，其厚伪也。本末有序，厚薄有等，则尧、舜、孔、孟之学。学者其奉《大学》为规矩准绳，而毋惑于霸学异学焉，斯可矣。

> 《中庸》："凡为天下国家有九经，曰：修身也，尊贤也，亲亲也，敬大臣也，体群臣也，子庶民也，来百工也，柔远人也，怀诸侯也。修身则道立，尊贤则不惑，亲亲则诸父昆弟不怨，敬大臣则不眩，体群臣则士之报礼重，子庶民则百姓劝，来百工则财用足，柔远人则四方归之，怀诸侯则天下畏之。齐明盛服，非礼不动，所以修身也；去谗远色，贱货而贵德，所以劝贤也；尊其位，重其禄，同其好恶，所以劝亲亲也；官盛任使，所以劝大臣也；忠信重禄，所以劝士也；时使薄敛，所以劝百姓也；日省月试，既廪称事，所以劝百工也；送往迎来，嘉善而矜不能，所以柔远人也；继绝世，举废国，治乱持危，朝聘以时，厚往而薄来，所以怀诸侯也。凡为天下国家有九经，所以行之者一也。"

按文武之政，布在方策，九经是也。经者，其道有常而不可易，其序有条而不可紊。天下之本在国，国之本在家，家之本在身，故修身为先。修身以道，道者，君臣、父子、夫妇、昆弟、朋友之道。非齐明以一其内，盛服以肃其外，内外交养，内不动于非礼之念，外不动于非礼之行，则君臣、父子、夫妇、昆弟、朋友之道不立。修身本也，天下国家末也，本乱而末治者，未之有矣。治不本于修身，汉、唐、宋、明，霸者之治，非真治也。敬者修身之所以成始成终，非礼不动，身修而治本立矣。

《书》曰："能自得师者王。"不得师不能明道，则邪说奸言，得而惑之。是非邪正之不辨，身何以修？故次尊贤。贤者，天子之所师而不臣。先王之道无北面，北面尊师，古今通义，自天子达于庶人。汤之于伊尹，桓公之于管仲，皆学焉而后臣之。尊师之道，霸者之所不敢废，而三代以下，仅见汉明帝之于桓荣。亡国之君与役处，宜其治日少而乱日多也。理欲不并立，不去谗远色，贱货贵德而能尊贤者，未之前闻。艳妻煽处，佞人用事，计臣执权，则贤者不终日而作，亡国之君安所得贤者而师之友之也？为人主者，不可不亟讲所以劝贤之道矣。

身修而后家齐，齐家之道先亲亲。亲亲有道，以恩意接之，不以名器假之。天位天禄，天下之公器，人君不得而私。贤者才者，尊其位，重其禄；愚者不才者，同其好恶。五叔无官，先王未尝以禄位私诸父昆弟也。后世不明乎亲亲之道，假之以名器则害义，不接之以恩意则伤仁。其于诸父昆弟，非纵恣僭逾而不问，即禁锢诛夷而不恤。此后王之乱德，非先王之常经矣。

君相皆天所命以为民，三公之位，去天子一等耳。尊君卑臣，用暴秦之乱制，受跪对之辱，废坐论之礼，隔阔日远，猜忌横生。而责之以治文书、理案牍，贤者不得一日安其位，不肖者希荣固宠以终身。上之所以防下者愈密，下之所以罔上者愈巧，君臣挟诈以相接，亡国败家，无足怪矣。先王之道，劳于进贤，逸于任人；非其人不使居其位，得其人则致敬尽礼；不敢间之以小臣，辱之以细事，而使以道事君者得以自尽。此则君臣之所以交尽其道，大臣得人而国事定矣。自公、卿、大夫而下，皆士也。分卑则势隔而情不通，官小则禄薄无以养廉。忠信重禄，所以推诚相与，而恤其私也。后世古意尽失，上以奴隶处士，士以奴隶自处，趋利忘义，营私蔑公，无所不为。士之不劝，亦由遇士者非其道矣。

为民父母而不能子其民，则焉用君为？先王之于民，不敢尽其力，故不以非时使；不敢竭其财，故不以非道敛，所以尽为父母之道也。后世搜括之令日新，朘削之计百出，合古今中外聚敛之法，以并行于一国一时，而纷然尽其力、竭其财，是非特不能子其民，且仇其民矣。上仇其民，而欲民之不仇其上得乎？百姓之不劝于善，君之过，非民之过矣。

有省试以稽勤惰、程工拙，而食与事称。勤者工者，有以偿劳；惰者拙者，不能幸获。百工聚于其国，通功易事，器无不备，则财无不充，用无不赡。冬官考工之制既废，省试不行，食事不称；勤者工者无所劝，惰者拙者无所惩；朝不信道，工不信度，作无益以害有益；淫巧日出，斗奢竞靡，百工聚肆，适以竭民财而糜国用。是与先王劝工之道适相反矣。

送往者授以符节，使道路无虞；迎来者丰其委积，使困乏有赖；嘉善者因材器使，使人各效其长；矜不能者一视同仁，无求备于一人。此先王柔远之道也。迫于势所不得已，媚敌忘耻，奉仇雠以玉帛之礼，宠彝翟以宾师之位，而托于先王之柔远，是先王之罪人矣。先王以天下为一家，而未尝有利人土地、括人财用之心。继绝举废者，存其祀；治乱持危者，救其难；朝聘以时者，恤其力；厚往薄来者，不匮其财。天下畏之怀之以德，非威之以力也。要荒蛮貊，守礼奉法，国不异政，家不殊俗，血气尊亲，天下定一矣。

汉、唐、宋、明之君，德不足以及远，而以输金割地为苟延旦夕之方。贾谊曰："彝翟征令，主上之操；天子供贡，臣下之礼。足反居上，首顾居下，倒悬如此。"是以万里之国而畏天下，非天下畏之也。是将举二帝三王冠带礼义之天下，一朝而亡之，恶足与语先王之道哉！

孟子曰："爱人不亲，反其仁；治人不治，反其智；礼人不答，反其敬。行有不得者皆反求诸己，其身正而天下归之。"

按身者家国天下之本，不正身而欲正家国天下，未有能正者也。王者之政，求己不求人。爱人而不责人之不亲，治人而不责人之不治，礼人而不责人之不答，反其仁焉，反其智焉，反其敬焉，王者之政也。责人之不亲而爱人，责人之不治而治人，责人之不答而礼人，假于仁焉，假于智焉，假于敬焉，霸者之政也。不爱人而责人之不亲，不治人而责人之不治，不礼人而责人之不答，贼其仁焉，贼其智焉，贼其敬焉，亡国之政也。为王为霸为亡国，在人主之自择矣。孔子曰："苟正其身矣，于从政乎何有？不能正其身，如正人何？"孟子曰："守约而施博者，善道也。君子之守，修其身而天下平。"

孟子曰："君子之于物也，爱之而弗仁；于民也，仁之而弗亲。亲亲而仁民，仁民而爱物。"

按孔、孟言仁，有专言者，有偏言者。专言则亲亲、仁民、爱物，皆仁也；偏言则亲重于仁，仁重于爱。亲亲本也，本立道生。亲亲不能笃其本，仁民、爱物必不能尽其道。得其本，则推之有序，施之各当。杨氏曰："其分不同，故所施不能无差等，所谓理一而分殊者也。"理一分殊，圣人之教所以异于异学。理一故万物一体，而无杨氏为我之私；分殊故爱有差等，而无墨氏兼爱之弊。

圣人之教，本于亲亲。有父子即有兄弟，而敬长之义以起，尊贤之等由此而生，自一家以推之天下而无不通。佛氏众生平等，降其天亲以等于昆虫；耶氏父子平等，降其天亲以等于路人。视墨氏更变本加厉焉。西洋政治法律无一不原于耶教，故无一不颠倒悖戾。有圣人作，必归本亲亲，合五洲之道德风俗，以定于一，而后人道不至为禽兽矣。

《法言》："或问：何以治国？曰立政。何以立政？曰政之本身也，身立则政立矣。或曰：齐得夷吾而霸，仲尼曰小器。请问大器。曰：大器其犹规矩准绳乎？先自治而后治人之谓大器。"

按身者政之本，非明善诚身则身不立。不先自治而欲治人，未有能治者也。杨子之言，可谓知本矣。

《傅子》："立德之本，莫尚乎正心。心正而后身正，身正而后左右正，左右正而后朝廷正，朝廷正而后国家正，国家正而后天下正。天下不正，修之国家；国家不正，修之朝廷；朝廷不正，修之左右；左右不正，修之身；身不正，修之心。心者神明之主，万理之统也。所修弥近，所济弥远。夫有正心，必有正德。以正德临民，犹树表望影，不令而行。"

按傅子之言，与董子所谓正心以正朝廷，正朝廷以正百官，正百官以正万民，正万民以正四方者相表里。国家指一国而言，天下合四夷而言。朝廷者天下之本，人君者朝廷之本，而自内及外，左右实为之枢纽。人君能正其心，则便嬖邪佞不得而惑之，左右罔非正人，朝廷正而天下无不正矣。傅子以心为神明之主，万理之统，合理气而言之，所见尤精，非陆、王以知觉言心者可同日而语也。

程子曰："当世之务，所尤先者有三：一曰立志，二曰责任，三曰求贤。今虽纳嘉谋、陈善算，非君志先立，其能听而用之乎？君欲用之，非责任宰辅，其孰承而行之乎？此三者本也，制于事者用也。三者之中，复以立志为本。所谓立志者，至诚一心，以道自任，以圣人之训为必可信，先王之治为必可行。不狃滞于近规，不迁惑于众口，必期致天下如三代之世也。"

按君道必以立志为先，志不立则霸学异学得以乱之，必不能用力于格致诚正、修齐治平，以求臻乎治道之极。立志者，立必为圣人，必法唐、虞三代之志。笃信力行，不囿于流俗，不惑于邪说。

程子曰："治身齐家以至平天下者，治之道也。建立治纲，分正百职，顺天时以制事，至于创制立度，尽天下之事者，治之法也。圣人治天下之道，唯此二端。"

程子曰："先王之世，以道治天下，后世以法把持天下。"

按先王之法皆本于道，离道而言法，汉、唐、欧美之法，非先王之法也。今之言法者，一曰道德不能统括，而有法律，则法律在道德之外。毫厘千里之差，实由于此。一曰道德御善恶，法律定邪正，则道德、法律判而为二，善恶、邪正判而为二。邪正在善恶之外，道德之力不能分别邪正；善恶在邪正之外，法律之效不能裁制善恶。一曰道德治人之心情，法律治人之行为，则道德在行为之外，法律在心情之外。道德治内而不治外，必无此理。一曰道德损己利人，法律利己不损人，则法律皆由推己及人之道德而出，必无损己利己之殊。一曰道德无强迫制裁之力，法律有强迫制裁之功。道德劝人为善以化恶，故尚宽和；法律迫人为善以惩恶，故尚刑罚。则皆歧视道德、法律，而非事实。

道德者法律之源，道德无所不包，法律不过道德之一端，法律之知识皆从道德而生。法律之强迫制裁，即道德之强迫制裁，非有二也。教化者，道德中之仁；刑罚者，道德中之义；秩序者，道德中之礼；分别者，道德中之智；信赏必罚者，道德中之信；天下必无一法可出于道德之外。习惯、宗教、舆情、学说、外国法，凡法之不本于道德者，非法之法，皆不可以为法也。

权利者道德之贼，法律为保人之道德而设，非为保人之权利而设也。圣贤立言，以义为的，不言权利者，惧启天下争夺之心，以贼道德。而新学家反之，至于君臣、父子之间，而亦以权利义务对待为言，则真孟子所谓君臣、父子怀利以相接，上下交争，不夺不餍者，人道之去禽兽无几矣。倡此说者，真天下万世之罪人。彝翟之教，必不可以乱我先王之法也。名分义务，可以对待而言；权利义务，不可以对待而言也。名分者，名义上之所应得；义务者，名义上之所当行。《文选注》："分，谓己所当得也。"

法律之用，始于家而达于国。日本家族律云，一家之中有家长，属于其下者皆称家族。家长于家族，有监督扶养之权利义务；家族于家长，有服从并受其扶养之权利义务。彼所谓权利义务者，必易以名分义务而后可也。有监督之名分，必有扶养之义务；有服从之义务，必有受扶养之名分。自家而国，其道一也。君臣、父子各循其名分义务，而非有丝毫权利之见存，此先王之法所以道法合一，而万世无弊。孔子曰："名不正，则言不顺。"权利之名，名之至不正；权利之言，言之至不顺者。有王者起，修法订律，必自黜绝耶教平等之义、西学权利之说始矣。

　　程子曰："治道亦有从本而言，亦有从事而言。从本而言，惟是格君心之非，正心以正朝廷，正朝廷以正百官；若从事而言，不救则已，若救之必须变，大变则大益，小变则小益。”

按程子所谓变者，变汉、唐功利苟且之法，以复三代之法；非教人用彝变夏，并三纲五常而变之也。用彝变夏，大变则大乱，小变则小乱不举二帝三王冠带礼义之天下，一朝而亡之，必不止矣。

程子曰：“必有《关雎》、《麟趾》之意，然后可以行《周官》之法度。”

按《关雎》、《麟趾》之意本也，《周官》之法度末也。无其本而徒学其末，不为王莽，必为王安石。为人君者，可不求端其本哉？

程子曰：“君仁莫不仁，君义莫不义，天下之治乱，系乎人君仁不仁耳。离是而非，则生于其心，必害于其政，岂待乎作之于外哉？昔者孟子三见齐王而不言事，门人疑之。孟子曰：‘我先攻其邪心，然后天下之事可从而理也。’夫政事之失，用人之非，知者能更之，直者能谏之，然非心存焉，则一事之失救而正之，后之失者将不胜救矣。格其非心，使无不正，非大人其孰能之？”

按君心者天下之本，君心正，则天下之事必不能出于不正；君心不正，则天下之事必不能出于正，此自然之理。为君以正心为先，为臣以正君心为急。孟子曰：“大人者，正己而物正者也。”格心之大人，非伊、周、孔、孟不足以当之矣。

继善成性，此为万世言性之定论。孟子性善之说，便从此出。孟子虽说得精，终不如孔子之密。孟子只说得下面一截，孔子是把上面一截、下面一截都说了。继之者善，是就造化流行上说；成之者性，是就人物禀受上说。继之者善，是万物公共底；成之者性，是各人自家得底。继之者善，是天上落下雨来；成之者性，是雨落于池则为池水，雨落于盆则为盆水。继之者善，是水之流行；成之者性，是水止而成潭。譬如磨粉底磨，天地便是两片磨，中间一个磨心，只管旋转不已，那粉便四散撒出来。有粗底，有精底，磨下来的粉有精粗之不同，便是人之气质有精浊厚薄之不同。大哉乾元，万物资始，是继之者善；乾道变化，各正性命，是成之者性。

程子曰：“一阴一阳之谓道，此理固深说则无可说。阴阳非道也，所以阴阳者道。既曰气，则便有二。言开阖便是感，既二则便有感。所以开阖者道，开阖便是阴阳。”老子言虚生气非也。阴阳开阖，本无先后，不可道今日有阴，明日有阳。如人言形影，形影一时，不可言今日有形，明日有影，有则一齐俱有。朱子曰："阴阳气也，其理则所谓道。阴阳何以谓之道？当离合看。"穷理、尽性、至命，程子、张子二说不同。程子谓穷理便能尽性、至命，张子谓穷理、尽性、至命，三项各有工夫，各有见，而张子之言为密。①

正学术

《易·系辞上传》："一阴一阳之谓道。继之者善也，成之者性也。"

按一阴非道也，一阳非道也，有一阴必有一阳，有一阳必有一阴，阴阳合中，迭运不已，则道为之。程子曰："阴阳气也，所以阴阳者道。"朱子曰："阴阳迭运者气也，其理则所谓道。"理气不相离，亦不相杂。自其不离而言，则理即气，气即理，气外无理也；自其不杂而言，则理自理，气自气，理为气主。理至中，而气有偏全、厚薄、清浊之不同。

《易》有太极，是生两仪。两仪阴阳也，太极道也。形而上者谓之道，形而下者谓之器。器阴阳也，器中之理则道也。器非道，器之外无道；两仪非太极，两仪之外无太极；阴阳非道，阴阳之外无道。

道行于天而继续不息，则为善；善赋于人而凝成有主，则为性。善为道之所继，性为善之所成。继善成性，性恶有不善之理，恶有有善有恶、无善无恶、善恶混可以为善可以为不善之理。此孔子性善之说，上为伏羲、神农、黄帝、尧、舜、禹、汤、文、武、周公之所传，下为曾子、子思、孟子、周、程、张、朱之所出，必不可以霸学异学乱之。

明乎性善以为学，则道与学合一；明乎性善以立法，则道与法合一；明乎性善以穷经，则道与经合一；明乎性善以治文，则道与文合一；明乎性善以习艺，则道与艺合一。艺本于道，则黄帝之医、稷之农、益之虞、夔之乐、垂之工、羲和之历、端木子之商，皆道之所寄也。不本于道，则理学、训诂、经济、文章，皆道之贼。明乎性善，则知道矣。损益古今，范围中西，进退九流诸子百家，必以明性善知道为本。性善之说，本诸身，征诸庶民，考诸三王而不缪，建诸天地而不

---

① 以上两段的位置有疑问，似与下文相关，但原文如此。

悖，质诸鬼神而无疑，百世以俟圣人而不惑。孔子之道尽于此矣，必不能复持一说以易之矣。

《易·系辞上传》："成性存存，道义之门。"

按性者道义之所自出，存其本然已成之性，而能存之又存，不息不已，则道义出矣。道体也，义用也，合而言之，性也。性为道义之门，则性善明矣。有善有恶，无善无恶，善恶混可以为善、可以为不善，何以为道义之门哉？孟子之言不足以折服佛、老、荀、杨、陆、王，则亦折衷于孔子可矣。

《易·说卦传》："穷理尽性，以至于命。"

按在物为理，在人为性，在天为命。理也，性也，命也，一也。能穷理则能尽性矣，能尽性则能至命矣。穷理者，知之事；尽性者，行之事。为子知孝而知必致乎孝之极，为臣知忠而知必致乎忠之极，穷理也；为子行孝而行必造乎孝之极，为臣行忠而行必造乎忠之极，尽性也。穷理尽性，则范围天地而不过，以至于命矣。命即性，性即理，程、朱之说，实本孔子。凌廷堪谓圣学言礼不言理，而讥宋儒言理为释氏之学，则孔子亦释氏之学耶？

《中庸》："天命之谓性，率性之谓道，修道之谓教。"

按天以元亨利贞之德，化生万物，人得之而为仁义礼智。循其仁之性，则自父子之亲，以推于仁民爱物，皆仁之道；循其义之性，则自君臣之分，以至于敬长尊亲，皆义之道；循其礼之性，则自恭敬辞逊之节文，以达于安上治下，皆礼之道；循其智之性，则自是非邪正之分别，以及于开物成务，皆智之道。

圣人因其道之所在而为之品节，以立教于天下，使夫禀气之过不及者有所取中焉。辨其亲疏之杀，而使之各尽其情，则仁之教以立；别其贵贱之等，而使之各尽其分，则义之教以行；为之制度文为，使之有以守而不失，则礼之教以备；为之开导禁止，使之有以别而不差，则智之教以明。其所以为教者，固未尝有外乎人之所得乎天者，而强为之也。

天命之性，《汤诰》所谓惟皇上帝，降衷于下民也；率性之道，《汤诰》所谓若有恒性也；修道之教，《汤诰》所谓克绥厥猷惟后也。祖伊〈告〉纣不虞天性，不迪率典，则不能率性修道矣。汤以治而纣以乱，性道教之存亡，实天下治乱所系。子思忧异学霸学之贼性乱道叛教，而为天下万世发其蕴以立之准。远本诗书，近述孔子，其与佛氏以空寂为性，老氏以虚无为道，管、商、申、韩、杨、墨、佛、耶以刑名、功利、为我、兼爱、平等为教者，果孰是而孰非耶？惑者不察于天命之本然，弃其性所固有，叛孔子之教而去之，以自附于管、商、申、韩、杨、墨、佛、耶，率天下以祸仁义礼智焉，其亦弗思之甚矣。

《中庸》："喜怒哀乐之未发谓之中，发而皆中节，谓之和。"

按未发之旨不明于世久矣，为陆、王之学者不足道也。《语类》论未发者两条，一言："未发之中，未是论圣人，只是泛论众人亦有此，与圣人都一般。这里未有昏明。不然，是无大本，道理绝了。"一言："未发而不中者，此却是气质昏浊，为私欲所胜，客来为主。其未发时，只是块然如顽石相似，劈斫不开，发来便是那乖的。"据前一条，则是未发即中；据后一条，则是未发有不中者。

考《中庸》本文及程、朱之言，则以前一条所记为正。《中庸》："喜怒哀乐之未发谓之中，发而皆中节，谓之和。"发必中节乃谓之和，足见发有不和；未发直谓之中，则未发固无不中者，未发即中明矣。程子曰："只喜怒哀乐不发便是中。"又曰："喜怒哀乐未发，何尝不善？"朱子亦曰："未发之前，气不用事，所以有善而无恶。"此皆足以证明未发即中。

黄勉斋言："性虽为气质所杂，然其未发也，此心湛然，物欲不生，气虽偏而理自正，气虽昏而理自明，气虽有赢乏，而理无胜负。"阐论未发即中，最为明确。勉斋亲炙朱子，其言固非无据也。胡敬斋不加深考，反以勉斋为误言："偏浊之人未发之前已失其中，故已发不能和。不善之人亦有静时，其时物欲固未动，然气已昏，心已偏倚，理已塞，本体已亏。"并勉斋所引朱子未发气不用事，有善无恶之言而亦疑之。吴竹如从而附和其说，可谓不识大本甚矣。

未发性也，已发情也。情有善恶，而性无不善。未发有不中，则性有不善矣。人性之善也，不待尽性而后有性，恶待致中而后有中？敬斋讥荀、杨不知性，彼当战国、两汉之时，群言淆乱，性学久晦于天下，宜其知性之难也。敬斋生程、朱性学大明之后，所见尚如此，复何荀、杨之责哉？

孟子曰："人皆有不忍人之心。先王有不忍人之心，斯有不忍人之政。以不忍人之心，行不忍人之政，治天下可运于掌上。所以谓人皆有不忍人之心者,今人乍见孺子将入于井,皆有怵惕恻隐之心,非所以纳交于孺子之父母也,非所以要誉于乡党朋友也,非恶其声而然也。由是观之,无恻隐之心,非人也;无羞恶之心,非人也;无辞让之心,非人也;无是非之心,非人也。恻隐之心,仁之端也;羞恶之心,义之端也;辞让之心,礼之端也;是非之心,智之端也。人之有是四端也,犹其有四体也。有是四端而自谓不能者,自贼者也;谓其君不能者,贼其君也。凡有四端于我者,知皆扩而充之矣,若火之始然,泉之始达。苟能充之,足以保四海;苟不充之,不足以事父母。"

按天地之大德曰生,人得天地之德以生,而有好生之心。好生之心,人之所同具也。有是心则生,无是心则死。一心之生死,四海之生死系焉。天地以生物为心,凡天之所为,日月以照临之,雨露以润泽之,雷风以鼓动之,霜雪以坚凝之,阳舒阴敛,无在而非生物之心也。人得天地生物之心以为心,凡人之所为,衣食以养育之,礼义以教导之,爵赏以劝励之,刑罚以惩创之,刚柔并济,亦无在而非生物之心也。

不忍之心,不忍之政所由起,而非由外铄。先王之所以因心立政,为法于天下,可传于后世,不待察识而后知,扩充而后行者,以能全体此心而弗失也。学者之于此心,则必察识而扩充之。有位者察识而扩充之于政,无位者察识而扩充之于学。心之体用无不具,斯天之所以与我者无不尽。

心统性情,未发为性,已发为情。仁义礼智,性也;恻隐、羞恶、辞让、是非,情也。性虽寂然不动,而其中之条理弥满充实者,感于物而无不应。感于孺子入井,则仁之理即应,而有恻隐之心;感于呼尔蹴尔之箪食豆羹,则义之理即应,而有羞恶之心;感于朝廷乡党,则礼之理即应,而有辞让之心;感于妍媸美恶,则智之理即应,而有是非之心。有其条理具于中,必有其端绪见于外。穿窬而遇人,必无不羞恶之理;衣冠而揖我,必无不辞让之理。理之素具于中也。

此理之在人心,桀、纣不能无,盗跖不能灭,而不能察识而扩充之者,物欲蔽之也。蔽于物欲而误用其恻隐,则为姑息,为贪恋,为兼爱慈悲,而非仁;蔽于物欲而误用其羞恶,则为忌刻,为残忍,为饰非妒贤,而非义;蔽于物欲而误用其辞让,则为谀佞,为虚伪,为繁文末节,而非礼;蔽于物欲而误用其是非,则为权谋,为术数,为偏见曲学，而非智。彼误用其恻隐、羞恶、辞让、是非，未尝无恻隐、羞恶、辞让、是非也。仁义礼智，人固有之也。

孟子论恻隐、羞恶、辞让、是非，而必先以恻隐者。元为四德之首，春为四时之首，恻隐为四端之首，木为五行之首，仁为五常之首，喜为七情之首。仁可以包义礼智，恻隐可以包羞恶、辞让、是非也。春夏秋冬虽有四，而春之生气，实贯通周流乎四时；仁义礼智虽有四，而仁之生理，实贯通周流乎四端。故羞恶、辞让、是非，不得恻隐不生。春虽为四时之首，而非有夏之长、秋之收、冬之藏，则不能成其为春；仁虽为四端之首，而非有礼之节文、义之断制、智之分别，则不能全其为仁。故恻隐不得羞恶、辞让、是非不行。

四端始仁而终智者，贞下起元，非贞不能生元，非智不能生仁也。四端不言信者，五常之信，犹五行之土。土无定位，无专气，寄王于四季，而土于四行无所不贯，木金水火非土不生；信之于四端亦犹是也。察识四端者，致知之事；扩充四端者，力行之事。先王之所以能保四海者，以其于四端知无不明，行无不尽也。不能察识扩充以保其四端，日取先王之法令制度而更张之，蔑伦乱常，充塞仁义，贼君贼民，以自贼其身。人欲肆，天理灭，心已死矣，而犹曰将以保四海，吾见其四体之不保，举父母妻子而尽为奴隶也。悲夫！

《孟子》："告子曰：'性犹杞柳也，义犹杯棬也。以人性为人〔仁〕义，犹以杞柳为杯棬。'孟子曰：'子能顺杞柳之性而以为杯棬乎？将戕贼杞柳而后以为杯棬也？如将戕贼杞柳而以为杯棬，则亦将戕贼人以为仁义，与率天下之人而祸仁义者，必子之言夫！'"

按告子此言为荀子性恶之说所自出，其贼性以祸仁义甚矣。仁义生而有，杯棬非生而成。孩提之童，皆知爱亲，仁也；及其长也，皆知敬兄，义也。率性谓道，率之即是，何矫揉造作之有？告子之说已为孟子所辟，而荀子犹据其说以难孟子，惑之甚也！《荀子·性恶篇》："工人斵木而成器，器生于工人之伪，非故生于木之性也。圣人积思虑，习伪故，以生礼义而起法度。然则礼义法度者，是生于圣人之伪，非故生于人之性也。""檃栝之生，于〔为〕枸木也；绳墨之起，于〔为〕不直也；立君上，明礼义，为性恶也。"告子之说得荀子大明，而韩非、李斯之徒作矣。荀子上承告子，下启韩非、李斯，以成暴秦之祸，率天下以祸仁义。而后之儒者犹欲跻之圣人之徒，其亦弗思尔矣。

《孟子》："告子曰：'性犹湍水也，决诸东方则东流，决诸西方则西流。人性之无分于善不善也，犹水之无分于东西也。'孟子曰：'水信无分于东西，无分于上下乎？人性之善也，犹水之就下也。人无有不善，水无有不下。今夫水，搏而跃之可使过颡，激而行之可使在山，是岂水之性哉？其势则然也。人之可使为不善，其性亦犹是也。'"

按此杨子善恶混之说所自出。《法言·修身篇》："人之性也，善恶混。修其善则为善人，修其恶则为恶人。"杨子生孟子之后，不宗孟子之言性，而反有取于告子，甚矣其蔽也。水性下而可激之使上者，非水性之本然；人性善而可反之为恶者，非人性之本然。宋刘邵之诛也，谓臧质曰："覆载不容，丈人何为见哭？"唐柳灿临刑自詈曰："负国贼死宜矣。"彼未尝不明于君臣、父子之道，知之而动于恶者，人欲夺之耳。对娼妓而斥其淫，执穿窬而诟其盗，未有不怍于色、怒于言者，人性之善明矣。告子比性于湍水，是性无定体，而善恶可以随人所为，岂知性者哉？

《孟子》："告子曰：'生之谓性。'孟子曰：'生之谓性也，犹白之谓白与？'曰：'然。''白羽之白也，犹白雪之白。白雪之白，犹白玉之白与？'曰：'然。''然则犬之性犹牛之性，牛之性犹人之性与？'"

按此即佛氏作用是性之说。性者生之理，非生之气也。告子不知性之为理，而以气之能知觉运动者为性，混人物而一之，缪戾舛错，宜其见折于孟子而无辞以答也。人物之生，所禀于天之气，既有清浊之不同；所赋于天之理，亦有偏全之各异。理之异，由于气之不同。告子不辨其异同，而以白羽、白雪、白玉之白为一，则犬、牛、人将无异。性人物之所受于天者，知觉无灵蠢，运动无精粗，气同而理亦同。此佛氏心佛众生、浑然齐致之说，是且不知有气质之性之分，又乌知有义理之性之殊也？告子之言性也安矣。

《孟子》"告子曰：'食色，性也。仁，内也，非外也；义，外也，非内也。'孟子曰：'何以谓仁内义外也？'曰：'彼长而我长之，非有长于我也，犹彼白而我白之，从其白于外也，故谓之外也。'曰：'白马之白也，无以异于白人之白也。不识长马之长也，无以异于长人之长与？且谓长者义乎？长之者义乎？'曰：'吾弟则爱之，秦人之弟则不爱也，是以我为悦者也，故谓之内。长楚人之长，亦长吾之长，是以长为悦者也，故谓之外也。'曰：'耆秦人之炙，无以异于耆吾炙，夫物则亦有然者也，然则耆炙亦有外与？'"

按仁者心之德，爱之理。告子以食色言仁，其所谓仁者，知食之美而甘之，知色之美而悦之，爱非本于心之德，非吾所谓仁也。义者心之制，事之宜。告子以食色言义，其所谓义者，食之宜甘不宜甘，色之宜悦不宜悦，宜非出于心之制，非吾所谓义也。仁内则当用力于甘食悦色之仁，义外则不当求合于宜甘不宜甘、宜悦不宜悦之义，此告子之言率天下以祸仁义。西洋哲学之渊源曰爱，希望曰幸福，政治法律曰保障自由，则皆由告子食色为性、仁内义外之旨推衍而成。

以义制仁，内义而仁存；以仁废义，外义而仁亡。饮食男女，人之大欲存焉。有甘之悦之之仁，必有宜甘宜悦之义。义不离乎仁，而不可以义为外。孟子不斥告子不知仁，而斥其不知义者，告子不知当理之仁，正由其不知制事之义，义亡而仁不能独存也。仁内义外，告子取管子、墨子之言，以明义之非性，使人不以义而害食色，则凡可以得食色者，将无不为甘食悦色。邪正无择，是非无辨，其不率天下以为禽兽者几希。

《孟子》："公都子曰：'告子曰：性无善无不善也。'或曰：'性可以为善，可以为不善。是故文、武兴则民好善，幽、厉兴则民好暴。'或曰：'有性善，有性不善。是故以尧为君而有象，以瞽瞍为父而有舜，以纣为兄之子，且以为君，而有微子启、王子比干。'今曰性善，然则彼皆非与？孟子曰：'乃若其情，则可以为善矣，乃所谓善也。若夫为不善，非才之罪也。恻隐之心，人皆有之；羞恶之心，人皆有之；恭敬之心，人皆有之；是非之心，人皆有之。恻隐之心，仁也；羞恶之心，义也；恭敬之心，礼也；是非之心，智也。仁义礼智，非由外铄我也，我固有之也，弗思耳矣。故曰，求则得之，舍则失之。或相倍蓰而无算者，不能尽其才者也。《诗》曰：天生烝民，有物有则。民之秉彝，好是懿德。孔子曰：为此诗者，其知道乎！故有物必有则。民之秉彝也，故好是懿德。'"

按战国时百家纷然并起，其力足与孟子角立，而为古今中外异学言性者之大宗，则惟告子。告子之言性，上之为老、庄、杨、墨之所不能外，下之为荀、杨、戴震、阮元、循之所自出；外之为牟尼、达摩、耶苏、西洋哲学之所不能外，内之为苏轼、胡宏、陆九渊、王守仁之所自出。其言性而高之也，扫除善恶以出于天理之外，则高明者从而惑之，于是以学问思辨行为土苴，妙一明真空之说作，捐弃事物，掉弄精神，而名教纲常皆赘疣。其言性而卑之也，主张食色以入于人欲之中，则愚不肖者便而趋之，于是以亲义序别信为桎梏，平等自由之说起，纵恣婚姻，竞争权利，而礼义廉耻皆迂谈。其高者既足以乱圣贤之大道，修悟真空，而孔、曾、思、孟、程、朱之学术不能与之争；惑者遂以佛学为高于圣学，则性无善恶，生之谓性之流弊也。其卑者又足以投流俗之私心，提倡自由，而尧、舜、禹、汤、文、武之治法不能与之敌；昧者遂以西法为精于中法，则食色为性、仁内义外之流弊也。

举古今中外之学术治法，而皆为告子二说所推衍而成，无出告子范围之外者，告子之率天下以祸性也烈矣。孟子知天下后世必有因告子之言，而谈空以为高，纵欲以为快，叛人道而去之者，为之力辨知觉运动，人与物同者之不可以为性，以明性之有善无恶。别食色于性之外，使知以妄为真者非真；归仁义于性之中，使知以真为妄者非妄。则真空、自由之说不得复立；性之全体大用，昭揭日月；尧、舜、禹、汤、文、武、孔、曾、思、孟、程、朱之学术治法，出于人性之本然者，大明于天下。

不意世儒复起而乱之，荀氏曰性恶，杨氏曰性善恶混。则天命为性，人性之善本于天道之善；一阴一阳之谓道，继之者善，成之者性；孔子之言，荀氏将谓继恶成性，杨氏将谓继之者善恶混耶？苏氏曰："尧、舜、孔子，不得已而曰中曰一，未尝分善恶以言也。孟子道性善，而一与中支。"则继善成性，本于孔子，善故中，善故一。苏氏谓不可分善恶以言曰中曰一，将善恶混与？孟子道性善，明一与中之为性也，苏氏歧而二之惑矣。胡氏曰："凡人之生，粹然天地之心，道义全具，无适无莫，不可以善恶辨，不可以是非分。"则胡氏所谓道义者，善与恶与？是与非与？善恶混、是非杂与？道义为善而非恶，善恶恶可以不辨？道义有是而无非，是非恶可以不分？

陆氏曰："心即理也，恶能害心，善亦能害心。目能视，耳能听，鼻能知香，口能知味，心能思，手足能运动，焉用存诚主敬？"明善、存诚、主敬，圣人之所以复性也。陆氏恶其为心害而去之，认心为性，则心无邪正是非，而概以为理；认气为理，则气能知觉运动，而即以为性。心性理气之不辨，几何不率天下而禅也！

王氏曰："无善无恶心之体，有善有恶意之动，知善知恶是良知，为善去恶是格物。"心之体性也，性既无善，则意何以有善？知何以有善？无善何善之为？圣人止善明善择善积善之教，王氏一扫而空之。既无矣，而又使为之，是无食而使食也。王氏之学，变本加厉于象山，宗告子而显与孟子为敌，人心之惑于邪说也久矣。陆克谓人心如白纸，则王氏之见也，其与程子以心为谷种者何如哉？

戴氏曰："欲者人性之本然，当顺而导之，不当逆而制之。""圣学有欲，异学无欲。""程、朱理欲之辨，以理杀人，甚于申、韩以法杀人。"欲为人性之本然，则必纵欲而后可以复其本然之性；理为杀人之具，则必蔑理而后可以生人。顺而导之，则非率天下以行杨朱公妻公财之说，不足以极生人之欲也。《易》言窒欲。孟子言寡欲。天理人欲，《礼记》已明辨于先。六经四子之教皆杀人，杀人者非独程、朱矣。杨子云："由于情欲，入自禽门。"震欲率天下以尽入禽门，而变乱训诂以为之倡，震之惑也。禽而圣之，震之人而禽也。阮元以声色、臭味、血气、心知言性，焦循以食色、知觉言性，则皆附和戴震，祖告子以隐破孟子之说者。

圣人存理遏欲之教，至乾嘉汉学大变，而西学遂起而代圣学矣。甚哉告子之贻祸人道，而为古今中外异学之作俑也！由告子性无善恶之说，则佛氏之妙明真空造其极；由告子仁内义外之说，则墨氏、佛氏、耶氏之兼爱、平等得其宗；由告子食色为性之说，则杨氏之纵欲为我、西洋哲学之快乐自由畅其旨。告子以一身而集古今中外异学之大成，举吾中国圣人之道德伦常、礼乐刑政而尽坏之。孟子之辟杨、墨也，一二语而有余；其辨告子也，千百言而不足。则以杨、墨所见者浅，而告子所见者深也。

告子致谬之由，则以知有物而不知有则。孟子引《烝民》之诗，以明物则之不能相离。有耳目必有聪明之德，有父子必有慈孝之心。秉彝好德之良，人所同具，即形色而天性存焉。物必有则而物非则，则不可指物为则，认心为性，指气为理。告子所以失之毫厘差以千里者，正由认心为性、指气为理之误。孟子辨之至精且悉，而世儒尚惑于其说而不察，则亦三复《烝民》之诗而反之于心可矣。

人无恻隐之心，则何以睹死丧而生哀？人无羞恶之心，则何以受屈辱而怀忿？人无恭敬之心，则何以对尊长而起敬？人无是非之心，则何以见美恶而知辨？仁义礼智根于心，自内出非自外至，性之善也昭昭矣。性善而不能知其为善者不思也，性善而不能尽其为善者不求也。情者性之动，性善故情无不善；才者性之能，性善故才无不善。而不能尽其才，则不能尽其性。才虽有昏明强弱之不同，而加以学问克治之功，则无不可反而至于善，以复性之本。

世之自暴自弃者，不责己之不能尽其才，而辄归咎性之不善，则未知天下固未有不能爱亲敬长之人也。盗跖必不自言其为盗，淫妇必不自言其为淫。对父而淫其女而父不怒，对夫而淫其妻而夫不惭者，天下必无是人。而世之制法律者，必欲拂人心、逆天理、败彝伦，彼固未尝一反于其心所习之不善，非所性之不善也。易地而处，亲见其妻女之淫于人，而不拔刀以起者，必非人情矣。

世有伏羲，不能使鸟兽知有夫妇之别、父子之亲、君臣之义，而人能之者，人性之善也。天地以生物为心，人为天地所生，焉有性恶之理？为性恶之说者，非特诬人，亦诬天矣。孟子不辞好辨而反覆以与之争者，性善为天德王道所自出。惟性善，则君师赏善罚恶、抑邪正诬之道有所施。父可使之慈，子可使之孝；为君者可使法尧之所以治民，为臣者可使法舜之所以事君；而天下之事，可从而理，天地以位，人极以立。

不然，性既恶矣，善恶混矣，无善无恶矣，则凡不仁不义、无父无君、弑逆蒸报、篡夺残杀之事，何所不可为？而又何从而以性所本无之善责之？孟子所以断断力争此善之一字，而不能已于言者，为天地立心，为生民立命，为往圣继绝学，为万世开太平，而非杨、墨、告子、佛、老、耶、回、荀、杨、苏、胡、陆、王、戴、焦之所能知也。为学者而知此，庶乎其不迷于学；为治者而知此，庶乎其不谬于治矣。

孟子曰："鱼我所欲也，熊掌亦我所欲也，二者不可得兼，舍鱼而取熊掌者也。生亦我所欲也，义亦我所欲也，二者不可得兼，舍生而取义者也。生亦我所欲，所欲有甚于生者，故不为苟得也。死亦我所恶，所恶有甚于死者，故患有所不避也。如使人之所欲莫甚于生，则凡可以得生者何不用也？使人之所恶莫甚于死者，则凡可以避患者何不为也？由是则生而有不用也，由是则可以辟〔避〕患而有不为也，是故所欲有甚于生者，所恶有甚于死者。非独贤者有是心也，人皆有之，贤者能勿丧耳。一箪食，一豆羹，得之则生，弗得则死。呼尔而与之，行道之人弗受；蹴尔而与之，乞人不屑也；万钟则不辨礼义而受之，万钟于我何加焉？为〈宫室之美，妻妾之奉、所识穷乏者得我欤？向为身死而不受，今为宫室之美为之；向为身死而不受，今为妻妾之奉为之；向为身死而不受，今为所识穷乏者得我而为之。是〉亦不可以已乎？此之谓失其本心。"

按世人之心，知欲生恶死而已，焉知有义？知欲生，焉知所欲有甚于生？知恶死，焉知所恶有甚于死？知苟得辟患，焉知苟得有不用，避患有不为？营营而生，昏昏而死，百计千方以求济其欲，为万钟也，为美宫室、奉妻妾、所识穷乏者得我也。万钟所在，则礼义有所不顾；行道弗受者受，乞人不屑者屑；昏夜乞怜，白日骄人。分途以求万钟者百其名，专志以求万钟者一其心。

官吏士绅，兵农工商，所执之业不同，同于营万钟；经术文章，法政理化，所学之科不同，同于希万钟；立宪革命，共和专制，所倡之说不同，同于谋万钟。对国人则骄，对外族则逊，万钟得失之分也；见父师则傲，见贵显则谀，万钟有无之辨也。居官者万钟重，而纲常名教伦理轻；求学者万钟重，而道德礼义廉耻轻。人心之死久矣。执心死之人以谋国，则国无是非，国必亡；执心死之人以讲学，则学无邪正，学必坏。其心知有万钟而不知有国，知有万钟而不知有学也。丧其羞恶之心，以求千金百金十金者，则并不待万钟而始、不辨礼义而受也。

此非薄视世人，则试举一国之人，而使清夜扪心而自思之。居官者其诚心之所在，为国耶？为民耶？为道耶？为利禄耶？求学者其诚心之所在，为国耶？为民耶？为道耶？为利禄耶？父母妻子可欺，师友可欺，乡党朝廷可欺，一时之耳目可欺，万世之史册可欺，耿耿此心不可欺。举已死之心而生之，则必去其心万钟之心，以心乎礼义。人心之死，死于万钟。心有万钟则死，心无万钟则生。其所以心乎万钟者，为美宫室、奉妻妾、夸穷乏，则何以箪食豆羹，得之则生，弗得则死，呼尔蹴尔而与之，甘死而不受？是视宫室、妻妾、穷乏者重，而视身者轻，必非人之本心也。

危迫之际，天良见而死生轻；晏安之中，嗜欲深而利害重。世固有不能舍万钟而能舍生取义者，势之所迫，出于一时之激发，非出于平日之存养也。学者所以用力之方，莫若于辞受取舍之间，察识其本心之良而扩充之。自一念之义，以至于无念而不出于义；自一事之义，以至于无事而不出于义。则人欲净尽，天理流行，死生贵贱，贫富荣辱，有不足以动心者矣。

舍生取义，孟子为学者示以决择之方，非所论于圣贤也。圣贤有义之见，而无死生贵贱、贫富荣辱之见。义在生则生，义在死则死。见义不见死生，死生何择焉？世之欲生恶死者，固未尝一揆之于义也。义而死，死亦生；不义而生，生亦死。不能扩充其所欲有甚于生、所恶有甚于死之心，而汲汲焉惟取生舍义之是图，吾恐天时人事之相迫，欲生者有时而终不得生，恶死者有时而终不免于死，而徒留此靦然面目，为行道乞食之人所窃笑也。悲夫！

> 《孟子》："孟子曰：仁，人心也；义，人路也。舍其路而弗由，放其心而不知求，哀哉！人有鸡犬放，则知求之；有放心而不知求。学问之道无他，求其放心而已矣。"

按仁者心之德，仁义礼智皆具于心，而独以仁专心德之名者，仁统四端、兼五常。人所受于天之生理，人有是形以生，必有是生理。得此生理以为心，而行而宜之则为义，秩而序之则为礼，分别而是非之则为智，实行此仁义礼智则为信。五常四端，无非一仁所变化流行。仁者人之所以为心，仁则心生，不仁则心死。心如谷种，仁则谷种之生理。谷种坏，生理绝，何有种？人心坏，生理亡，何有心？存此生理而扩充之，则亲亲仁民爱物，天地万物皆吾一体；失此生理而绝灭之，则父子夫妇兄弟，权利竞争，人欲横流，一家秦越，何论天下？仁之存亡，心之生死所系也。

孟子指仁为心，不指心为仁者，理具于心，非由外铄。而心之知觉、意念、情志，有邪有正，有是有非，有善有恶，不得混指为理。此孟子之精言心理，圣学之所以异于诸子百家。释氏认心为性，陆、王认心为理，东西洋学者认知情意为心理，则皆有见于心之气，无见于心之理，其与孟子之旨谬以千里矣。

仁者人也，必仁而后可以为人，《中庸》之言切矣；仁人心也，必仁而后可以为人之心，《孟子》之言尤切。仁可以包义，人心可以包人路，孟子必继仁而兼言义，继人心而兼言人路者。理附气而行，气有清浊，则所见于仁者有明昧；气有厚薄，则所得于仁者有偏全。仁不得义，则无以为裁制之宜，酬酢万变而不失其正。立天之道阴与阳，立地之道柔与刚，立仁之道仁与义。仁义体用对待，有亲亲仁民爱物恻怛慈爱之仁，必有亲亲仁民爱物等杀裁制之义。有仁而无义，墨氏、佛氏、耶氏之兼爱平等，则并仁而失之矣。

仁为一身酬酢万变之主，而不可以斯须失；义为一身出入往来必由之路，而不可以须臾离。路在外而由之者在我，管子、告子、墨子义外之说妄也。义非外也,义外无路。离义而言路,曲学异学霸学,禽兽之路,非人路也。舍人路弗由而由禽兽之路,则宜其视放心曾鸡犬之不若矣。彼固知有身外之物,不知有身内之心也,人之失其本心也久矣。

古之学问,以求放心;今之学问,以放其心。古之学问,讲习讨论,玩索涵养,持守践行,扩充克治,皆所以求吾放失之仁。下学而上达,志气日以清明,义理日以昭著;天德修,王道备。今之学问,放荡礼法,沉迷利禄,驰逐风气,附会习俗。汉学、西学,支离破碎;诐邪淫遁,兼收并取,纷然杂进;教无宗旨,学无定论。几希之良,夜气所存,养之者一,梏之者百。一暴十寒,萌蘖何益?其甚者舍己之长,效人之短,珍人所弃;贵平等,尚自由,尊权利;谑浪笑傲,言不及义;坐无端容,行无正步;营营而趋,昏昏而居;尘芥礼义,土苴诗书。彼惟恐本心放失之不尽也。孔、孟求仁之学无责耳矣,则欲求知陆、王之犹知有心者而不可得。悲夫!

　　《孟子》:"公都子问曰:'钧是人也,或为大人,或为小人,何也?'孟子曰:'从其大体为大人,从其小体为小人。'曰:'钧是人也,或从其大体,或从其小体,何也?'曰:'耳目之官不思,而蔽于物。物交物,则引之而已矣。心之官则思,思则得之,不思则不得也。此天之所与我者,先立乎其大者,则其小者不能夺也。此为大人而已矣。'"

按《孟子》此章,实万世言心者之定论。六经四子所言,皆神明之心、义理之心,而未尝及形体之心。此以心之大体与耳目之小体对言,心之官与耳目之官对言,则其所言为形体之心,位乎中央者无疑也。形体之心,神明义理之所寓也。理非气无所附,气非质无所寄,神明义理,非形体之心无所寓。心譬则灯也,神明譬则灯之光也,义理譬则光之所照,物之精粗美恶毕见也。光不能离灯而自发,舍灯而求光,舍心而求神明义理,必不可得矣。

心之神明充布于五官四肢百骸,无所不在,而义理即存焉。犹然〔燃〕灯一室,而室中之所有无不毕照也。五官四肢百骸,无一不与心血脉贯通,而具知觉运动,皆心主之。耳聋则不辨五声,目盲则不辨五色,舌病则不辨五味,鼻塞则不辨香臭,手足痿痹则不辨痛痒者,五官四肢失其能力,气有所隔,而心不能通之也。五官四肢百骸,各有知觉运动,以听命于心。分之为五官四肢百骸之知觉运动,合之为一心之知觉运动。血脉所到之处,心之神明无不到焉。有触必觉,无感不通,固不待脑之转接而后知也。

脑者，五官四肢百骸之长，精髓聚焉，神明强弱之所系，而非能司神明者也。司神明者心，非脑明矣。记忆力之强弱关于脑，司记忆者不出于脑，金正希之言未得《素问》之旨也。《素问》言头为精明之府，脑为髓海。而论十二官，则曰心者君主之官，神明出焉。其分别心脑功用甚明。心司思虑，脑司记忆，一人之身焉得有二官？必不然矣。

自西人剽窃中国脑神旧说，而变本加厉，创为左右大中小脑之说，以分司知觉运动，其说至谬。知觉运动必不能截然判而为二，无知觉必无运动，有运动必有知觉，焉得强分左右大小？而惑者信之。中国之士大夫不能明辨是非，则亦各持一说以自迷，谓知觉运动在脑不在心者。新学小生耳食全无知识之言，不足辨者也。

谓脑司知觉，心司判决者，则判决岂在知觉之外？其说必不能自立。谓脑司外感，心司内应者，则惊雷猝至，突突跳动者，心耶？脑耶？扪心立辨矣。谓中国言心，西洋言脑，名异实同者，则西洋所言之脑在头部，中国所言之心在胸部，部位悬殊，焉得混而为一？谓西人未尝言知觉运动无与于心者，则西人生理学诸书具在，脑司知觉运动，心司循环血液，言之凿凿，即欲由为西人解，恐西人亦不受矣。谓心脑相通，知觉运动必由脑达心者，则思从囟从心，心脑相通，而后有思；听从耳从心，心耳相通，而后有听。推之五官四肢百骸，莫不皆然，脑焉得独专通心之功？

谓魂属心，魄属脑；魂主思虑计画，魄主记忆辨别。此屠梅君之说，历举朱子言魂魄者以为之证，其言似矣。吾以屠氏为未明魂魄之理也。魂者阳之神，魄者阴之神。阴主静，阳主动。五官四肢百骸，各有魂魄以为体用，而总司魂魄者心，不得以魂魄分属心脑。以耳目言，聪明魄也，其暖气流行，魂之为也；以口鼻言，嘘吸魂也，其知味知臭，魄之为也。以魂魄分属耳目口鼻且不可，焉得以魂魄分属心脑？心有魂而无魄，则不能记忆辨别，无是非之心非人矣，何其厚诬心之甚也！

群言淆乱质诸圣，吾中国圣人之言心至精，惑者不信圣人，而反信东西洋缪戾不通之心理学、生理学，以自诳诳人。弃五谷而求莨稗于海外，此真庄子所谓大愚不灵，大惑不解者也。盍亦三复孟子之言矣。孟子曰："心之官则思，思则得之，不思则不得。"得者得理也，理之得不得，在心之能思不能思。孔子曰："心之精神是谓圣。"心之所以为圣者思也。《书》曰："思曰睿，睿作圣。"思之所以作圣者理也。得理则圣，不得理则狂，得理不得理，而心之圣狂分焉。此圣人之言心必以理为主，而非释氏、陆、王、东西洋之言心理，知有气而不知有理也。

荀子曰："心者形之君，神明之主。"董子曰："心者气之君。"则犹专以气言。傅子曰："心者神明之主，万理之统。"张子曰："心统性情者也。"朱子曰："心者人之神明，所以具众理、应万事者也。"则合理气而言，深得圣人言心之旨。天之所以与我者，心为大。学者能敬以直内，先立乎其大，讲习、讨论、存养、省察、克复、践履、持守，无所不同其思，而使五官四肢百骸咸听命于义理之心焉，则庶乎其不为小人之归矣。

《孟子》："曹交问曰：'人皆可以为尧、舜，有诸？'孟子曰：'然。''交闻文王十尺，汤九尺，今交九尺四寸以长，食粟而已，如何则可？'曰：'奚有于是？亦为之而已矣。有人于此，力不能胜一匹雏，则为无力人矣；今日举百钧，则为有力人矣。然则举乌获之任，是亦为乌获而已矣。夫人岂以不胜为患哉？弗为耳。徐行后长者谓之弟，疾行先长者谓之不弟。夫徐行者，岂人所不能哉？所不为也。尧、舜之道，孝弟而已矣。子服尧之服，诵尧之言，行尧之行，是尧而已矣。子服桀之服，诵桀之言，行桀之行，是桀而已矣。'曰：'交得见于邹君，可以假馆，愿留而受业于门。'曰：'夫道若大路然，岂难知哉？人病不求耳。子归而求之，有余师。'"

按孟子之告曹交至矣。尧、舜之道未尝绝人也，人皆可以为尧、舜。人性善，故曰可；学问要，故曰为；可为不可为，在己不在人。道恶乎在？在心。道恶乎在？在家。道恶乎知？在求。学问思辨行，格致诚正修，皆求也。求之师，求之友，不若求之心；心不在道，师友之力不能强而入之也。求之国，求之天下，不若求之家；家庭之内不尽其道，施之国与天下者无当也。尧、舜之道，光乎四海，通于神明，而其本自孝弟始。尧之协和万邦，必本于亲九族；舜之四方风动，必本于克谐以孝。人人亲其亲、长其长，而天下平。尧、舜之道，孝弟之道，大同之道，非小康之道也，非霸道非强道非彝翟禽兽之道也。

孝者百行之基，万理之原。人受父母之生养教训以有身，身固父母所有，非己所有，则竭其身之所知所能以为报者，莫先父母；仁之实，事亲是也。由父母而推及同生之先后，则有兄弟；义之实，从兄是也。仁义莫大乎孝弟，而知之为智，节文之为礼，乐而舞蹈之为乐。人伦道德，由此而出，则皆由父母而生。由父母而推及本身之配匹，则有夫妇；由父母而上推自出，则有祖宗；由父母而旁推所属，下推所生，则有族党子姓。

立爱自亲，立敬自长。家有严君，君臣之义以起。家有家督，建官设长，义具是矣。男位乎外，女位乎内，家人定位，各司其职，不出家而为国之道立焉。国之原理起于家，起于社会者悖，起于契约者诬。积家而成国，天下之本在国，国之本在家，家之本在身。身所以为天下国家之本者孝，而弟即自孝首推焉。圣人之德无加于孝矣，亲亲而仁民，仁民而爱物，天下一家，万物一体，爱异国如同国，爱异类如同类，皆由孝而推。

孔子志在《春秋》，行在《孝经》。明孝为人道之本，范围天地，治天下者所莫能外也。五刑之属三千，罪莫大于不孝。不爱其亲而爱他人者，谓之悖德；不敬其亲而敬他人者，谓之悖礼。其所厚者薄，而其所薄者厚，未之有也。《大学》《孝经》，圣人发明大同之理，其所以兢兢于亲疏厚薄之等差者，为老、庄、墨翟、释、耶而言之也。圣人固知后世必有老、庄、墨翟、释、耶其人，倡兼爱平等以祸人道者，而预绝之。老氏薄孝，庄氏忘亲，墨氏兼爱，释氏出家，耶氏夷其父母兄弟姊妹于路人，非孝无亲，本先绝矣。宜其措之天下，无一而不倒行逆施。乱天下者，莫大乎此，而欲以救天下，惑之甚也。

墨氏、释氏、耶氏所操皆兼爱平等，而耶氏上本摩西，兼采释、墨，变本加厉，挟天子以令天下，为术尤黠而悍。耶稣曰："从我者子当与父疏，女当与母疏，妇当与姑疏。"人之仇敌在家人。耶稣有母与兄弟姊妹欲与语，人以告，耶稣曰："孰为我母与兄弟姊妹者？"指其门弟子曰："是皆我母与兄弟姊妹也。"门弟子有请归葬父者，耶稣曰："葬死人者有死人在，汝何往焉？"枭獍之性，虎狼之姿，彝伦灭，人道绝矣。

张牙舞爪以噬人，人畏其强也，则亦焚弃冠带，从而效之。尊其人曰圣人，美其教曰救世。服耶之服，诵耶之言，行耶之行。崇邪蔑正，悍然以叫呼于朝野上下曰：尧之服，孝弟之服，弱之服，顽固之服；尧之言，孝弟之言，弱之言，顽固之言；尧之行，孝弟之行，弱之行，顽固之行。耶之服，平等自由之服，强之服，文明之服；耶之言，平等自由之言，强之言，文明之言；耶之行，平等自由之行，强之行，文明之行。徐行后长，尧之道，弱之道，顽固之道；疾行先长，耶之道，强之道，文明之道。

处乡党，疾行以先父兄；居学校，疾行以先师长。语之以尧、舜，掩耳而走；告之以孝弟，裂眦而起。言无义，行无法，进退坐立无礼。桀与？跖与？耶与？禽兽与？禽兽而自居于人，己则不孝不弟，人道绝矣，而又欲率天下以共弃人道焉。父子争权，兄弟竞利；人头畜鸣，磨牙吮血；虎而冠，马而裾。安所得曹交者而与之谈尧、舜，讲孝弟哉？曹交事长之礼不至，犹知事长也；求道之心不笃，犹知求道也；假馆受业之志不诚，犹知尧、舜之可尊，孝弟之可贵，孟子之可师也。

今之士大夫弃大路、趋邪径，出自人门，入自禽门，非尧、舜，薄孝弟，毁孟子，傲师长，背道而驰者遍天下。古之人，古之人，曹交之言动衣冠已矣，吾不得而见之矣。孟子犹且不屑教诲焉，则使孟子生于今日，而亲见新学小生之高谈平等、侈语自由者，将如何哉？鸟兽不可与同群，非斯人之徒而谁与？人亦无以异于鸟兽。伏羲倡立人道以来，绵绵延延，数千年于兹矣，而竟为禽兽之道所夺，天与？人与？人而甘为禽兽也，则亦已矣；人而犹有父兄师长孝弟之理，未绝于心者，则吾愿与之读《孟子》曹交之章。

《孟子》："孟子曰：'尽其心者，知其性也。知其性，则知天矣。存其心，养其性，所以事天也。夭寿不贰，修身以俟之，所以立命也。'"

按心也性也，命也天也，一理也。自造化而言，谓之天；自赋与而言，谓之命；自禀受而言，谓之性；自具于人而言，谓之心。理出于天，赋于命，禀于性，具于心。心者一身之主，五官四肢之君，出令而无所受令。五官四肢，各有所司而不相能，是谓天官；心居于中，以治五官四肢，是谓天君。

耳欲声，目欲色，鼻欲芬香，口欲滋味，手足欲安佚，害于理则止。五官四肢，虽有欲不得擅行，必制于心。譬之官职，不得擅离，必制于君。块然方寸之地，而神明不测，具众理，应万事，统性情意志，兼未发已发。血脉所到之处，一毛一发，心之神明无不到焉。持者手，行者足，而所以持所以行者，心之神明有以通于手足，而使之持使之行也；视者目，听者耳，而所以视所以听者，心之神明有以通于耳目，而使之视使之听也；尝者口，嗅者鼻，而所以尝所以嗅者，心之神明有以通于口鼻，而使之尝使之嗅也。五官四肢无一不听命于心，以分司其职，而心之神明为之恻隐，为之裁制，为之节文，为之分别。

血脉之心，神明之心，义理之心，一而二、二而一也。理不能离神而立，神不能离气而立，气不能离质而立。灯必有膏油而后能发其光，心必有血脉而后能发其知。天无二天，形体之天，义理之天寓焉；命无二命，气数之命，义理之命寓焉；性无二性，气质之性，义理之性寓焉；心无二心，血脉之心，神明之心，义理之心寓焉。无形寓于有形，惑者不察，而谓无形之心不在方寸，则一人焉得有二心？

西人谓知觉运动在脑不在心，则必去心而验之，无害于知觉运动，其说方足以自立。不能去心以验，而谩言以自诳诳人，曰心无知觉运动，是不能欺三尺童子。利刃刺心，人立死，知觉运动立绝；利刃刺脑，人不遽死，犹能知觉运动。葛壮节公，刀劈其头去半，犹能仰登搏战；罗忠节公，炮中其脑，而危坐终日，神识不乱。如二公者，亦几于夭寿不贰者也。知觉运动果在脑乎？在心乎？

五经四书之言皆出圣人，圣人之聪明睿知，而不识一己之心，妄以脑之所能归之于心，指鹿为马，则亦焉用圣人？五经四书，可覆瓿矣。心为天君，五官四肢统焉。圣人不言脑而言心，心可以统脑，脑不可以统心。医家、道家之言脑，为治病养生而言，非学问所急也。学者不信圣言而信异说，并己心之有知无知，而亦必听命于人。痛哉，其何失心之至于此极也！

彼西人以外族殊教，不肯降心于吾圣人之言，固无足怪。操戈入室，窃吾脑说，而变为知觉运动在脑不在心，以破吾之心说；窃吾历法，而变为闰日不闰月，以破吾之历法；窃吾地图谈天家言，而变为日静地动，地亦行星，八星绕日，以破吾五纬七政、二气三光、阴静阳动、天尊地卑诸古义。六经不知天，圣人不知心，彼西人所以为此者，将欲去吾圣人之教而代之。剿除异己，定于一尊，耶教宗旨，意固有在。吾中国士大夫束发读圣人之书，非耶族耶种，而背德忘本，从仇雠以攻父母。幼哺母乳，长而吐弃，则诚不知何心。

人所以贯天人性命而一之者，恃有心耳。西人既举心而弃之，奚有于性？奚有于命？奚有于天？吾儒言心必归之性，言性必归之命，言命必归之天。天人一体，一呼一吸，人心无不与天命相通。日月之食，彗孛之见，天行失常，遇灾修省，迅雷风烈必变，圣人事天之精意存焉。西人一切扫而去之，不知心，故不知性；不知性，故不知命；不知命，故不知天。猖狂恣睢，倒行逆施，天地易位，阴阳倒置。君臣、父子、夫妇，平等自由，三纲灭，五伦绝，率人道而为禽兽，则皆心理不明之所致。

释氏认心为性，去性而言心，有见于人心，无见于道心；耶氏认脑为心，去心而言脑，则并无见于人心。释氏举灵魂而归之心，耶氏举灵魂而归之脑，则亦窃释氏之说而小变之。窃释氏之天堂地狱，而变为永赏永罚，以破释氏之轮回。窃取其说，而即别立一说以攻之，以掩其剽窃之迹，耶教惯技。圣人尽心尽性尽天，释氏逆心逆性逆天，耶氏灭心灭性灭天。释氏、耶氏亦有不动心于死生者，非能夭寿不贰也。彼以别有不生不灭之灵魂，欲求脱离生死之外，而区区之躯壳不足以动其心，有所利而为之。

吾儒尽其道而生，尽其道而死。一日未死，必有一日尽心知性之学；一日未死，必有一日存心养性之功；一日未死，必有一日修身立命之责。天也命也，性也心也，一以贯之理也。理外无天，理外无命，理外无性，理外无心。在五常则仁义礼智信；在五伦则父子有亲，君臣有义，夫妇有别，长幼有序，朋友有信；在三纲则君为臣纲，父为子纲，夫为妻纲。天德王道，尽于是矣。尽心知性者，物格知至；存心养性者，诚意正心；夭寿不贰，修身以俟者，仁以为己任，死而后已。

体无不统，用无不周，充极其量，毫发不遗，是谓尽心；理无不明，物无不格，表里精粗，毫发无疑，是谓知性；动静交修，气不逐物，惟危惟微，操而不舍，是谓存心；敬义夹持，事必循理，勿忘勿助，顺而不害，是谓养性；中立不移，修短之数，顺受其正，是谓立命；上达下学，至诚无息，心与天通，是谓知天；顾谓明命，夙夜战兢，全受全归，是谓事天。尽心知性知天，所以造其理；存心养性事天，所以履其事。知天而不以夭寿贰其心者，智之尽；事天而能修身以俟死者，仁之至。

此孟子精发《大学》、《中庸》之理，天人合一，知行并进，生安、学利、困勉之所不能外。朱子《章句》，曲尽其旨。阳明独倡异说，谓知天者圣人之事，事天者贤人之事，立命者困勉之事，而毛西河等附和之。则圣人有知而无行，贤人以下有行而无知；圣人有知天之学，而无事天立命之学，贤人以下有事天立命之学，而无知天之学。悖亦甚矣。

阳明阐达摩、慧能之传，有见于人心，无见于道心。杨敬仲之言下忽省此心，詹阜民之下楼忽觉澄莹，阳明之龙场恍若有悟，其所见者皆释氏之妙圆空寂，而非圣贤之所谓心；宜其以明心见性，为圣人造极之学也。蔡虚斋谓存心兼动静言，养性专指动而言；胡云峰谓存心所以养性，存心外别无养性之功。皆背于朱子，吾无取焉。学者苟能取孟子之言，潜心而熟玩之，则其于古今中外异端之说，有不难是非立辨者已。

《孟子》："孟子曰：'人之所不学而能者，其良能也；所不虑而知者，其良知也。孩提之童无不知爱其亲也〔者〕，及其长也，无不知敬其兄也。亲亲，仁也；敬长，义也。无他，达之天下也。'"

按吾闻哲学家讲良知良能矣，曰孩提开口而能吸乳，最初之良知良能食也，食以外无良知良能也；孩提张目而知视花，最初之良知良能色也，色以外无良知良能也。求良知于食色之外，是谓贼良知；求良能于食色之外，是谓贼良能。孩提之良知良能，有食色，无父母兄弟。舍食色而妄指后起者为良知良能，矫揉造作，制为礼法以困人，则人道之贼。

老氏去礼法而不能尽食色之性，释氏去礼法而并食色之性而去之，耶氏去礼法而不去食色，顺人道之自然，亲疏尊卑平等，父死无丧，妇奸无罪，知大道矣。荀氏知治之在于导欲，礼之起于作伪，而不敢去礼以导欲。言性恶而不知恶之名，由人妄造。陆氏知善恶皆害心。王氏知良知无善无恶，而不能直指食色为心，知食知色为良知，能食能色为良能，依违礼法之间，未足与语大道。尽食色之道者，莫若杨子；知食色之性者，莫若告子。杨子、告子而后，在中则李卓吾、戴东原，在西则柏拉图、边沁，其庶乎知道者与！

嗟乎！为是说者，是率人道而禽兽也。纵禽兽之欲以为道，吾不知之矣。吾将折以孟子之言，彼必有所不受，无已则即彼说而明之。彼言最初之良知良能，必以孩提为断，孩提固不能攫人之食而食，孩提固不知搂人之女而淫也。孩提之于食，命之食始食；孩提之于色，指之视始视。孩提最初之良知良能，有天理无人欲。彼恶矫揉造作，则何不守孩提最初之良知良能以终身，而必什百千万其方于食色，以矫揉造作于孩提知能之外也？

食色之知，有良者有不良者。孩提之爱敬，良知也；孩提之于食色，有天理无人欲，亦良知也。食色之能，有良者有不良者。孩提之爱敬，良能也；孩提之于食色，有天理无人欲，亦良能也。攫人之食而食，搂人之女而淫，是不良之知非良知，不良之能非良能矣。孩提有良知良能，无不良之知、不良之能，则恶得概以食色为良知良能，而诬孩提也。

孟子以爱敬明良知良能，彼犹得遁之于食色也。吾以食色明良知良能，彼将奚遁？守孩提之良知良能而不改，则人皆可以为尧、舜。彼不能守孩提本然之良，而以后起无极之人欲，梏亡其良知良能。孩提所不知不能之食色，而必欲知之能之，矫揉造作莫大焉。不此之咎，而咎圣人纯任自然之礼法为矫揉造作，是病狂而以不狂为狂也。圣人之礼法，本食色之宜以为之制，未尝教人断绝食色以为礼法也。礼法中之食色，可安可久；礼法外之食色，不夺不餍。

为食色计，伏羲、杨朱之道，孰得孰失与？吾神州在上古之时，榛榛狂狂，无夫妇，无父子，无君臣，平等自由，固亦无以异于今日之欧美。自伏羲始立人道，而夫夫妇妇、父父子子、君君臣臣，数千年相安以至于今。而以政刑不修，贤奸倒置，一旦为人所弱，不思所以反己自强，而用奸人妄说，变法改制，去人道以从禽兽之道。彼以所言所行，礼法不容，乱贼耻独为乱贼，彝翟耻独为彝翟，禽兽耻独为禽兽，则遂欲去圣人之礼法，率天下而同为乱贼禽兽彝翟，以快其一日之欲。彼特未之思耳，彼得恣意于饮食男女者，圣人之礼法尚存，人犹有所惮而不彼夺。礼法一废，则人将群起而夺之，彼又恶得保其饮食男女之欲也？

彼曰孩提之良知良能，有食色无父母兄弟，则以禽兽之心诬孩提，孩提必不受矣。易一母以乳哺母乳之婴儿，婴儿必号咷不受，则孩提良知良能，知有母不知有食；立一母一美妇人于前以呼婴儿，婴儿必投母怀，不投美妇人之怀，则孩提良知良能，知有母不知有色。痛哉人有良知良能而丧之也！

三年免于父母之怀，父母没，曾无三年衰绖苦块以报之。变服、食肉、饮酒、御内，贤者不能逾年，不肖者不能逾月。官游在外，必与妻妾俱，不与父母俱；珍羞在御，必与妻妾共，不与父母共。恋父母不如其恋利禄，慕父母不如其慕少艾。立一父一贵人于前，色必媚于贵人；立一母一丽姝于前，目必注于丽姝。嗟乎！有食色无父母兄弟，士大夫禽兽之心，乌得以拟我孩提哉！

孩提知有生我养我教我之父母而已，孩提知有生我养我教我之父母以及我兄弟而已，恶知有他？知爱知敬，孩提之良知；能爱能敬，孩提之良能。保守其孩提之良知良能，则为圣贤，为忠孝，为节义；梏灭其孩提之良知良能，则为乱贼，为彝翟，为禽兽。孩提之良知良能，爱亲也，敬兄也。爱亲仁之发，敬兄义之发。仁义者天下之达道，达之天下而不能达之乱贼，达之彝翟，达之禽兽。圣人不敢以乱贼、彝翟、禽兽待天下，则不敢舍仁义而道以乱贼、彝翟、禽兽平等自由之道。仁之实爱亲，义之实敬兄。爱亲之外无仁，敬兄之外无义。不爱其亲而爱他人者，悖于仁；不敬其兄而敬他人者，戾于义。

老、庄、杨、墨、佛、耶之智，则孩提之不若。圣人固以后世必有老、庄、杨、墨、佛、耶，率天下为孝弟祸，立言垂教必以孝弟为先。尧以舜孝弟而禅位，孔子以曾子孝而传道。司徒之教、司寇之法、宗伯之礼，必兢兢于是焉。孝弟为人最初之良知良能，孩提未知有夫妇之爱而先知有爱亲，未知有君臣之敬而先知有敬兄，未知有朋友之爱之敬而先知有爱亲敬兄。孝弟者人道之本，五常百行皆萌芽于是。而老、庄、杨、墨、佛、耶必举其萌芽而去之，以绝人道之本，此所以为人道大贼，而律以圣人非孝无亲之法，必诛无赦者。圣人之教，必不可与老、庄、杨、墨、佛、耶并立。

圣人以孝弟治天下，而为国者必以老、庄、杨、墨、佛、耶乱之。乱之以诐邪心理学，乱之以诬罔伦理学，乱之以纰缪法政学，乱之以偏蔽哲学，乱之于学校之中；乱之以悖逆新刑律，乱之于朝廷之上。则犹未已也，为穿凿训诂学以乱之，为附会考据学以乱之，为浮诞词章学以乱之。明之者一，乱之者百，学说纷纭百变，而无一非贼其良知良能焉。古之学校以明人伦，今之学校以乱人伦；古之学校以造就人才，今之学校以败坏人才。非无待而兴之豪杰，立足横流之中，其不随波以去者未有矣。

战国之世，秦以虿孝弟仁义而富强甲一时，杨朱、墨翟之言盈天下，固亦无以异于今日矣。天生孟子于群言淆乱之中，奋孤力以抗诸子百家，笔伐口诛，卒奏昌明圣道之绩。其立言垂教，必归本于孝弟，则列圣之心传，治天下者所不能外也。

孝为爱亲，弟为敬兄，爱亲敬兄，皆自仁义而出。人以仁义为非吾性固有，则何以有此爱亲敬长之心？孩提之于爱亲敬长，何以不学而能不虑而知？仁无他，爱是也；义无他，敬是也。爱敬不学而能，爱敬不虑而知，则仁义为吾性固有明矣。无仁何以有爱？无义何以有敬？爱敬已发之仁义也，仁义未发之爱敬也。

心如谷种，仁义，谷种之生意；良知良能，生意之萌芽。礼乐兵刑政教，经纶宇宙，则枝叶之条达畅茂，自苗而秀而实。有此良知良能，扩而充之，则尧、舜之治，周、孔之学，不外是矣。孩提之知能，不学不虑，而学以扩充其能，虑以增益其知，则学虑不可不讲；孩提之知能，不学不虑，而学以摧沮其能，虑以钩蔽其知，则学虑不可不慎。

《吕氏大学解》致良知之说，朱子已辨之。阳明窃取其言，以诳惑天下，人知致良知为王氏之学，而不知王氏实本于吕氏。吕氏、王氏，孟子之罪人，固不足以语于孟子之良知良能也。读《孟子》良知良能之章，而犹曰释迦、耶苏真圣人，平等自由可行者，其心已甘为禽兽，必不可复列于人类，孩提之童亦将唾而斥之矣。

补：

> 滕文公为世子，将之楚，过宋而见孟子。孟子道性善，言必称尧、舜。世子自楚反，复见孟子。孟子曰："世子疑吾言乎？夫道二〔一〕而已矣。成覵谓齐景公曰：'彼，丈夫也；我，丈夫也。吾何畏彼哉？'颜渊曰：'舜，何人也？予，何人也？有为者亦若是。'公明仪曰：'文王，我师也，周公岂欺我哉？'今滕，绝长补短，将五十里也，犹可以为善国。《书》曰：'若药不瞑眩，厥疾不瘳。'"

按道性善，称尧、舜，皆孟子立极之言。性善，理之极；尧、舜，人之极。知理之极，则不为邪说所摇，而能自立于群言淆乱之中；知人之极，则不安于苟且卑近，而足以有为于天下。孟子以告滕世子者告天下万世，七篇大指尽于此矣。性善言真理，尧、舜举其人以实之。惟性善故人皆可以为尧、舜，有尧、舜而性善益明。

性善之说，本于《书·汤诰》之降衷，《诗·蒸民》之秉彝，《易·系辞》之继善成性，《左传》刘康公之人受天地之中以生，《礼·中庸》之天命谓性，率性谓道。古人虽言性，而未尝明指性为善。明指性为善，自孟子始，扩前圣所未发，而有功于天下后世。立古今中外言性之极，以义理言性，不以气质言性，使人皆知变化气质以复其性。气质之性，可以为善，可以为不善；义理之性，有善无不善。喜怒哀乐，发于气而后有不善；性者未发之中，浑然仁义礼智信之理，夫焉有不善？

性兼理气，理气不相离，亦不相杂。义理之性，虽不能离气质而立，而其未发也，气不用事。气虽浊而理自清，气虽昏而理自明，气虽塞而理自通，气虽偏而理自正，气虽有强弱而理无胜负。理无不善，则性无不善。善而流于不善者，才也，情也；气之偏胜所为，非性也。性即理也，气有清浊、昏明、通塞、偏正、强弱之不同，而理则自尧、舜以至于涂人一也。禀于气者才，动于气者情。理为气帅，尽其才，节其情，皆可以复乎本然之性。而有下愚之不移者，理不帅气，自暴自弃，非性之罪也。孟子性善之说至矣。

天下之理，有一正者，必有一邪者起而与之敌。性善之说既立，则遂有性恶之说以反对性善，必欲举善而灭之。知其说之不可行，则变而为善恶混，为无善无恶。善恶混者，降善与恶平等，而使之善恶无分；无善无恶者，挤善与恶同归，而使之善恶俱亡。其深恶痛疾于善而必欲去之，不去善于性，不足以快其私，曲学异端，有同心焉。告子以杞柳喻性，性恶也。遁而为湍水，则性善恶混矣。又遁而为生之谓性，则性无善无恶矣。为说不同，而其欲去善于性之宗旨，无不同也。

荀氏、杨氏、王氏之说皆由告子出，而荀子之反对孟子道性善，称尧、舜也尤力。孟子道性善，荀子言性恶；孟子称尧、舜，荀子法后王。其言曰："人之性恶，其善者伪也。""今人之性，生而离其有〔朴〕，离其资，必失而丧之。""所谓性善者，不离其朴而美之，不离其资而利之也，人之性恶明矣。""凡人之欲为善者，为性恶也。"此非孟子道性善也。又曰："略法先王而不知其统，案往旧造说，谓之五行，甚僻远而无类，幽隐而无说，闭约而无解。"此非孟子称尧、舜也。

为荀氏学者，调和而曲为之说，曰：孟子言性善，欲人尽性而乐于善；荀子言性恶，欲人化性而勉于善。伪者为也，作为之为，非诈伪之伪也。孟、荀生于哀周之季，闵战国之暴，欲以王道救之。孟言先王，荀言后王，皆谓周王，与孔子从周之义不殊。夫必性善而后可以为善，有欲为善之心；性既恶矣，何善之为？焉得复有欲为善之心？善不出于性，而矫揉造作以为善，则善为伪非真明矣。钱大昕之言，何能为荀氏解？

荀氏法后王，法秦也。《强国篇》称秦不容口，则今日士大夫称西洋不容口之见。荀氏所欲法者，秦之道，恶知王道？其与孔子从周之义，霄壤悬绝矣。孔子祖述尧、舜，宪章文、武，从周之先王，不从后王。孔、孟法先王，皆法尧、舜，非法后王也。尧、舜之道，上之伏羲、神农、黄帝之所传，下之禹、汤、文、武之所出。伏羲本五行之理以定五伦，画八卦而人道始立，王道起于是矣。五行古教，实伏羲所首倡。荀氏不知五行之理，因以昧于五常之性，诬性为恶，则遂欲排五行而去之，以诋孟子之造说。此万世人道之罪人，而史迁以孟子与荀氏合传，齐尧、桀而并颜、跖，迁之悖甚矣。

陆贾《新语》云："先圣仰观天文，俯察地理，图画乾坤，以定人道，民始开悟，知有父子之亲、君臣之义、夫妇之道、长幼之序。于是百官立，王道乃生。"《白虎通》云："古之时未有三纲六纪，民人但知其母，不知其父。能覆前，不能覆后。卧之詓詓，起之吁吁。饥即求食，饱即弃余。茹毛饮血，而衣皮苇。于是伏羲仰观象于天，俯察法于地，因夫妇，正五行，始定人道。画八卦，以治下。"

五行倡于伏羲，神农、黄帝、颛顼、尧、舜、禹、汤、文、武，赓续而修明之，非孟子造说，昭然甚明。一阴一阳之谓道，继善成性。在天为元亨利贞，在人为仁义礼智。五行、性善，孟子实本于《易》。荀氏非孟子说五行、言性善，则并伏羲、文王、周公、孔子四圣之《易》而非之，非圣无法。焚书之策，李斯固有所受之矣。

荀氏法后王、非先王，则遂有汉、唐、宋、明之法秦，今日之法欧美；荀氏非五行，则遂有新学者流，以五行为禹之乱教；荀氏非性善，则遂有汉学家食色知觉为性、蔑理尊欲之谬说。秦、汉以来，中国之学术政教皆出荀卿，而伏羲、神农、黄帝、尧、舜、禹、汤、文、武、周公、孔、孟之道，扫地久矣。

《春秋繁露》云："性有善端，动之爱父母，善于禽兽，则谓之善，此孟子之性善；循三纲五纪，通八端之理，忠信而博爱，敦厚而好礼，乃可谓善，此圣人之善也。孟子下质于禽兽之所为，故曰善；吾上质于圣人之所为，故谓性未善。"董子误矣。性有善端，恶得谓性未善？圣人岂能有加于善之外？圣人与众人异者，圣人能因其善端之所发而扩充之，众人不能扩充其善端，非性有善不善之殊也。

韩子云："性之品有上中下三：上焉者，善而已矣；中焉者，可导而上下也；下焉者，恶而已矣。其所以为性者五：曰仁，曰义，曰礼，曰智，曰信。上之性，就学而愈明；下之性，畏威而寡罪。"韩子误矣。韩子既知仁义礼智信为性，仁义礼智信焉得恶？畏威而寡罪，性善明矣，焉得恶？

皇甫持止云："孟、荀皆一偏之论。"孟子合经而多益，合经何偏？偏又何能合经？杜牧之云："荀言人之性恶，比于二子，荀得多矣。"荀子所得多于孟子，则必天下之人有恶无善而后可也。司马温公云："孟子以为仁义礼智皆出乎性者也，然不知暴慢贪惑亦出乎性也。"暴慢贪惑动于欲，成于习，岂性之本然哉？孩提之童有暴慢贪惑乎？焉得以后起之私而诬性？

王介甫云："孟子以恻隐之心人皆有之，因以谓人之性无不善。如其说，必也怨毒忿戾之心人皆无之，然后可以言人之性无不善，而人果无之乎？"苏子由云："有恻隐之心而已乎？盖亦有忍人之心矣。有羞恶之心而已乎？盖亦有无耻之心矣。有辞让之心而已乎？盖亦有争夺之心矣。有是非之心而已乎？盖亦有蔽惑之心矣。今孟子则别之曰，此四者性也，彼四者非性也，以告于人而欲其信之，难矣。"怨毒、忿戾、忍人、无耻、争夺、蔽惑之心，气乎？理乎？孟子道性善，专指气中之理而言，未尝兼指气而言。彼不知性有理气之分，而妄执起于本心梏亡之后者为性，以驳孟子，悖矣。天命谓性，气拘物蔽之所为，非性也。人禀天地之性以为性，人性有善恶，则天地之性亦有善恶乎？

司马温公云："盗跖、庄蹻，讳闻其恶，有羞恶也。"则性善明矣。此与荀子言性恶，而谓涂之人可以为禹者同。彼虽欲力攻孟子性善之说，立异以求胜，而终不能不同于孟子。理之立极者，固不能别持一说以胜之也。

黄东发云："谓性为皆善，则自己而人，自古而今，自圣贤而众庶，皆不能不少殊。推禹、汤、文、武之圣，亦未见其尽与尧、舜为一。"性即理也，理安有古今、人己、圣贤、众庶之殊？尧、舜、禹、汤、文、武，其理一也。黄氏认气为性，以非孟子之性善，妄矣。

胡庚侯曰："孟子道性善云者，叹美之辞也，不与恶对。"胡仁仲曰："性也者，天地鬼神之奥也，善不足以尽之。"善不足以尽性，则必语性于善恶之外，此告子、释氏之见。胡氏不察于秉彝之实德，而妄认精神魂魄之至粗者以为性，遂谓天理人欲同体而异用，其惑甚矣。

焦理堂《性善解》，专主食色知觉言性；阮芸台《性命古训》，专主声色臭味、血气心知言性。食色知觉、声色臭味、血气心知，岂可为善？颜习斋谓孟子言性善，即孔子言〈性〉相近、习相远，语异而意同，则不知孔、孟所言之性，有指理指气之不同。李安溪谓孟子性善，已兼气质言，非专以天命言。陆桴亭谓性善只在气质，不当分义理、气质以言性。此皆未知善属义理，不属气质而妄言之也。

性分理气二训，孟子性善以理言，不以气言明矣。目视耳听者，气质之性；视听之必以正，性之义理也。吾自不出于正，而谓耳目之性不善，可乎？手持足行者，气质之性；持行之必以正，性之义理也。吾自不出于正，而谓乎足之性不善，可乎？吾欲孝则孝，吾欲弟则弟，吾欲忠则忠，吾欲信则信，孰得而沮之？孝弟忠信，义理之性也。吾自不孝不弟不忠不信，而谓吾之性不善，可乎？为是说者，非但诬人，亦自诬其性矣。

性外无道，道外无性。古今中外无二性，古今中外无二道。吾之性，尧、舜、文王之性也，无二性也。吾欲尧则尧，何畏于尧？吾欲舜则舜，何遽不能为舜？吾欲文王则文王，何遽不能师文王？吾之不为尧、舜、文王，不为也，非性之不能也。性固有可为尧、舜、文王者在也。人必如尧、舜，而后克尽其性之分，充其善之量；不能为尧、舜，则终于性之分有亏，善之量有歉。

天赋吾以尧、舜之性，吾不能为尧、舜，而为桓、文、高、光、管、萧、房、杜，则皆负吾天赋之性。射必志于鹄，学必志于尧、舜。尧、舜者，人道之鹄也。知尧、舜之必可为，而吾必有可为尧、舜之性，则去恶必力，为善必果。勇猛奋发，人一己百，人十己千，不造于尧、舜之域不已。博学、审问、慎思、明辨、笃行，格致、诚正、修齐、治平，皆所以尽吾性之分，充吾善之量。

治身治国一也。质无智愚，不安于质之愚，必以圣人为志，则愚可明；势无强弱，不安于势之弱，必以至治为期，则弱可强。滕以五十里之国，而犹可以为善，孟子非虚言矣。不师尧、舜，不师文王，不师孟子之言道性善，称尧、舜，而惟荀子法后王之师。朝下一令曰变法自强，暮下一令曰变法自强，举伏羲、神农、黄帝、尧、舜、禹、汤、文、武、周公、孔子之伦教学术政治，而尽变之。吾见其举四万里之国，拱手以听分割于人，不为善国而将为汉、唐、宋、明亡国之续也。呜呼！

> 程子曰："性即理也。天下之理，原其所自，未有不善。喜怒哀乐未发，何尝不善？发而中节，即无往而不善；发不中节，然后为不善。故凡言善恶，皆先善而后恶；言吉凶，皆先吉而后凶；言是非，皆先是而后非。"

按性即理也，在心为性，在事为理。喜怒哀乐情也，其未发则性也。未发之前，气不用事，所以有善而无恶。天地自然之理，其初未有不善。人之初念，发于自然，本无不善，转念为利害所动，则为恶。知性本善而恶起于习，不出于性明矣。善恶、吉凶、是非，先善后恶，先吉后凶，先是后非，程子举语言之先后自然以明其理。邪正、曲直、灾祥，颠倒其辞，取便语言，则非天地自然之理，固不足以难程子也。蔡虚斋之言，泥矣。

> 程子曰："喜怒哀乐之未发谓之中，中也者言寂然不动者也，故曰天下之大本。发而皆中节谓之和，和也者言感而遂通者也，故曰天下之达道。"

按寂然不动即未发之中，程子所言甚明。张南轩谓伊川此处有小差，所谓喜怒哀乐之中，言众人之常性；寂然不动者，圣人之道心。误矣。道心指已发言，非未发也。不动即未发，何得判而为二？南轩既知众人皆有未发之中，所见远出胡敬斋、吴竹如之上。而又以寂然不动专属之圣人，则未免明于此而昧于彼矣。朱子谓寂然不动，众人皆有是心，至感而遂通，惟圣人能之。其言足以正南轩之失。

朱子曰："中，性也，寂然不动，言其体则然也；和，情也，感而遂通，言其用则然也。""中和，以情性言，寂感，以心言。中和，盖所以为寂感也。"未发已发，程、朱皆分动静二时言之。阳明谓未发是发之主宰，即发而有未发者在，不可以二时言。此亦朱子旧说。朱子旧说曰："日用之间，凡感之而通，触之而觉，盖有浑然全体应物而不穷者。虽一日之间，万起万灭，而其寂然之本体则未尝不寂然也。"是即阳明无已发未发之说也。朱子后觉其非，故《章句》、《或问》皆不用是说。而阳明犹自谓独得之秘，谬亦甚矣。

程子谓喜怒哀乐未发，是言在中之义。朱子谓如处室中，东西南北，未有定向，发明在中之义至精。此时固不偏于喜怒哀乐，而仁义礼智之理，浑然在中，未有分别。程子所谓静中有物，朱子所谓至静之时，但有能知觉者，而未有所知觉，则《中庸》未发之中也。未发无不中，而既发有中节不中节之殊。中节者发于天命之性，不中节者发于气质之偏。当喜而喜，当怒而怒，而无过不及之差，则《中庸》中节之和也。

中属未发，和属已发。程子谓既思即是已发，涵养于未发之前则可，求中于未发之前则不可，于未发已发界限，剖析极精。李延平观未发气象，正犯程子所戒观即已发，安所得未发而观之？朱子所以虽从学延平，而不取延平之说。白沙静中养出端倪，阳明致良知，则慧能不思善、不思恶，认取本来面目宗旨，与《中庸》未发之中，谬以千里。刘念台以未发属动，已发属静，所见至谬。艾千子谓戒惧慎独后方有中和，则亦将谓修道后方有天命之性乎？其惑甚矣。

中和之德，人所同具，而能致不能致，则圣人众人分焉。大本达道，原于天命，固不待戒惧慎独而后有中和；而非戒惧慎独，则不能推极中和之德。大本有所不立，达道有所不行，此子思推论道之源流体用，而必终之以致中和。戒惧慎独，则致中和之实功；天地位，万物育，则致中和之明效也。

朱子曰："吾之心正，则天地之心亦正；吾之气顺，则天地之气亦顺。"其言至矣。天地万物，本吾一体，有此功必有此效，不以穷达而异也。致中和于一身，则位育之效见于一身；致中和于一家，则位育之效见于一家；致中和于天下，则位育之效见于天下。穷而在下，天下虽乱，吾身之天地万物，固不害其为安泰也。圣哲之异于凡民，岂必待遭时而后见哉？

新学小生终日奔走利禄，本无须臾正心之功。而讥朱子正心为谵言，则改朱子吾之心正天地之心亦正，为吾心正而天下正，以便肆其毒詈，瞑目丧心，公理绝矣。彼于《大学》之心正而后身修家齐国治天下平，《论语》之正身正人，《孟子》之正己物正，尚未一读，固宜其斥朱子为倒置。昧者反从而称之，曰有新思想，天下果有理外之思想乎？吾见其相率为狂为惑，不尽梏灭其中和之本心而不止也。噫！

程子曰："心一也，有指体而言者，寂然不动是也；有指用而言者，感而遂通天下之故是也。惟观其所见何如耳。"

按心统性情，性是静，情是动；静是体，动是用。心则兼动静体用而言，程子之语精矣。

《白虎通》："情者静也。"《广雅释诂》："情静也。"皆无见于性情而妄言之也。

程子曰："四德之元，犹五常之仁。偏言则一事，专言则包四者。"

按元者善之长，亨利贞皆自元而出，故包四者。偏言之仁，即专言之仁，非有二也，随人所指而言之耳。朱子曰："仁乃天地生物之心而在人者，故特为众善之长，虽列于四者之目，而四者不能外焉。"所谓专言之则包四者，亦是指生物之心而言；非别有包四者之仁，而又别有主一事之仁也。惟是即此一事便包四者，此则仁之所以为妙也。

程子曰："性者自然完具，信只是有此者也。故四端不言信。"

按信者真实无妄之谓，实有此仁义礼智，即信也。故四端不言信，而信自在其中。

程子曰："天所赋为命，物所受为性。"

按在天为命，在人为性，其理一也。朱子曰："命犹诰敕，性犹职任。天以此理命于人，人禀受此理则谓之性。"

程子曰："在物为理，处物为义。"

按理在物，而处物之义在心。告子外义，其不知义甚矣。朱子曰："凡物皆有理，理不外乎事物之间，是非可否，处之得宜所谓义也。"

程子曰："性出于天，才出于气。气清则才清，气浊则才浊。才则有善有不善，性则无不善。"

按孟子谓才无不善，程子谓才有善有不善。孟子专指其禀于性者而言，程子专指其发于气者而言。张子所谓气质之性也，气亦出于天，而阴阳有偏胜，不能无过不及之差，则遂有昏明强弱之不同。理形而上者，气形而下者，理气既分，理不胜气，义理之性遂为气质所蔽。学者能使理为气主，以义理变化其气质，则无不可复于善矣。

张子曰："心统性情者也。"

按性者心之体，情者心之用。仁义礼智，性也，而根于心；恻隐、羞恶、辞让、是非，情也，而发于心。心统性情，张子之言，确不可易。胡五峰曰："性立天下之有，情效天下之动。"心妙性情之德，其亦有得于横渠之旨矣。

张子曰："形而后有气质之性，善反之则天地之性存焉。故气质之性，君子有弗性者焉。"

按义理之性，纯粹至善，而气质有偏正、清浊、纯驳、昏明、强弱、厚薄之不齐。以义理为主，而使气质听命于义理，不为气禀所拘焉，则所谓善反者也。学问思辨行，皆反之之道矣。

朱子曰："性者心之理，情者心之动，心者性情之主。"

按心统性情，故言心之体用，必合性情而言。静而为性，而寂然不动之中，有主乎其静者焉；动而为情，而感而遂通之际，有主乎其动者焉。贯动静而无不在，则皆心之神明所为也。故心为性情之主。

朱子曰："生之理谓性。"

按生非性，而生之理谓性，则告子生之谓性，其误不待辨而明矣。《春秋繁露》性者质也，《白虎通》性者生也，《礼记》郑注性之言生也，《广雅释诂》性质也，皆告子之谬说，无见于性也。

朱子曰："心以理言，情乃发用处，心即管摄性情者也。故程子曰，有指体而言者，寂然不动是也，此言性也；有指用而言者，感而遂通是也，此言情也。"

按静是性，动是情；未发是性，已发是情。贯动静、未发已发，而为之主宰者心。静之主宰，未发之主宰，心也，心之体也；动之主宰，已发之主宰，心也，心之用也。心之体，性也，五常是也，仁义礼智根于心也；心之用，情也，七情四端是也。喜怒哀惧爱恶欲，人心也，情之发于气者也；恻隐、羞恶、辞让、是非，道心也，情之发于理者也。分之有性有情，有体有用，有动有静，有未发有已发；合之则皆属乎心。

朱子曰："心者人之神明，所以具众理而应万事者也。"

按心一也，自其神明不测而言，则谓之心；自其具众理而言，则谓之性；自其应万事而言，则谓之情。实则皆就一心而分析言之耳，非有二也。

朱子曰："所觉者心之理也，能觉者气之灵也。"

按知觉气之灵，非理也。在心能思，在目能视，在耳能听，在口能尝，在鼻能嗅，在手能持，在足能行，皆气之灵，非理也。知觉与理合，则为道心；知觉与理分，则为人心。喜怒哀乐，人心也。喜怒哀乐得其正，则人心即道心，理气合一矣。学者日用言动之间，必以理为主，而使气之灵者常听命于理，所觉必出于理而不出于欲，无为得失利害好恶之私所夺焉，则庶乎有以保其本心也。

朱子曰："心之理是太极，心之动静是阴阳。"

按太极、阴阳，一而二，二而一者也。太极，理也，形而上者也；阴阳，气也，形而下者也。理无形，气有迹。气有动静，而气所载之理因之。动有动之理，静有静之理。理不杂乎气，亦不离乎气。自天而言，则上天之载，无声无臭，太极也；动而生阳，静而生阴，一动一静，互为其根，动静阴阳也。自人而言，则天命之谓性，太极也；寂然不动，感而遂通，动静阴阳也。天人一以贯之也。

程子曰："上天之载，无声无臭。其体则谓之易，其理则谓之道，其用则谓之神，其命于人则谓之性。率性则谓之道，脩道则谓之教。"朱子曰："太极者本然之妙也，动静者所乘之机也。自其著者而观之，则动静不同时，阴阳不同位，而太极无不在焉；自其微者而观之，则冲漠无朕，而动静阴阳之理已具。推之于前，而不见其始之合；引之于后，而不见其终之离也。动静无端，阴阳无始，非知道者孰能识之？"程子、朱子之言，至矣尽矣。学者苟能潜心熟玩而有得焉，则于五经四书身心性命之旨，洞然无疑。而禅学、汉学、西学浅陋诡异之说，有不足以动其心者也。

朱子曰："心者，气之精爽。"

按气之精者为神。心，人之神也。五官四肢百骸皆心所在，而方寸之地，独以心名。方寸之地，神明升降之舍。人有病心者，舍不宁也。五脏之心，实有其物；神明之心，无质无形。五脏之心受病，而神明亦为之昏乱。神不能离气而存，气不能离质而立也。五行在天为五纬，在人为五脏。心属火而兼具五行之理者，光明动耀，无物不照，火之性则然也。心之理，形而上也；心之气，形而下也。心在形上形下之间。知情意，气也，形而下也；知情意之发于正者，理也，形而上也。形上形下，以理气分，不以未发已发分。

日本服部宇之吉以心理学教京师大学，其言曰：知情意三者，均为心之发动作用。综此三类之作用，谓之曰心。是即心理学所谓心之义。论心之本体，自另有形而上学；心理学与物理学、化学等，同为形而下学。彼以心理为形而下，而专指未发之本体为形而上，则是道常弃于无用之地，而已发必不能有理。彼又何以以心理学名知情意也？扣盘扪烛之见，宜其讲心理学支离万言，而无一语之合于理也。

东西洋学者未闻圣人之道，固不足怪。曾文正夙从唐恪慎、倭文端、吴竹如游，其论学以一阳初动为未发之中、寂然不动之体。于《易》寂感、《中庸》中和之旨，茫无所见。功名之念迫于中，终其身未尝有一日之反心体验，则其不知心之孰为未发而孰为已发，宜也。

心之官则思，思不止乎礼义，则为失官。梁启超以慎思、近思、思不出位，为锢蔽中国思想祸本。而新学小生拾其唾余，读思无邪为思无涯。国学阐耶教费隐之传，讲师授夫妇交合之道；造端夫妇，致谨衽席也，非皆男女媾精之谓。吕氏谬说，亵经侮圣悖甚。男女同姓为婚，诬蠛夏殷；周道然也，对夷狄言，犹今日言清律、西律也。孔疏解为周道异殷，至谬。壮者昼居于内，杜撰训诂；将使人人淫恣狂惑，孔、耶合一，而后为能维礼教，保家族。经义扫地，谬种流传，呜呼痛矣！

朱子曰："性者即天理也，万物禀而受之，无一理之不具。心者一身之主宰，意者心之所发，情者心之所动，志者心之所之，比于情、意尤重。气者即吾之血气而充乎体者也，比于他，则有形器而较粗者也。"

按心统性情，有性而后有情，有情而后有意，有意而后有志。好善恶恶，情也；好善而必欲为之，恶恶而必欲去之，意也；为善去恶之心，一定而不可夺，志也。志者向前直行，意者经营谋画。志直而意曲，志刚而意柔，志阳而意阴。志意念皆心之所发，而属于情者也。刘念台以意为心之所存，误矣。

> 朱子曰："心譬水也，性水之理也。性所以立乎水之静，情所以行乎水之动，欲则水之流而至于滥也。才者水之气力，所以能流者。流有急有缓，则是才之不同。伊川谓性禀于天，才禀于气是也。"

按主宰谓心，义理谓性，感触谓情，能力谓才，嗜好谓欲。天命之性即理，理有定而心与情与才，皆属乎气。气有清浊、昏明、强弱之不同，而心与情与才因之，所发不能无殊。心本善而可以不善，情与才本善而亦可以不善。形而上者理，理无不善；形而下者气，气可以为善，可以为不善。执刀拒贼者此手，执刀杀人者亦此手。省察克治之功，学者所不可须臾驰也。程子曰："其体则谓之易，其理则谓之道，其用则谓之神。"易心也，道性也，神情也，此天地之心性情。人之心性情能与天地相似，则天人合一，人也而天矣。

> 朱子曰："仁义礼智，既知得界限分晓，又须知四者之中，仁义是个对立底关键。盖仁仁也，而礼则仁之著；义义也，而智则义之藏。犹春夏秋冬，虽为四时，然春夏皆阳之属也，秋冬皆阴之属也。故曰：立天之道，曰阴与阳；立地之道，曰柔与刚；立人之道，曰仁与义。是知天地之道，不两则不能以立。故端虽有四，而立之者则两耳。仁义虽对立而成两，然仁实贯通乎四者之中。盖偏言则一事，专言则包四者。故仁者仁之本体，礼者仁之节文，义者仁之断制，智者仁之分别。犹春夏秋冬虽不同，而同出乎春。春则春之生也，夏则春之长也，秋则春之成也，冬则春之藏也。自四而两，自两而一，则统之有宗，会之有元矣。故曰五行一阴阳，阴阳一太极，是天地之理固然也。仁包四端，而智居四端之末者，盖冬者藏也，所以始万物而终万物者也。智有藏之义焉，有终始之义

焉，盖恻隐、羞恶、恭敬是三者皆有可为之事，而智则无事，但分别其为是为非尔，是以谓之藏也。又恻隐、羞恶、恭敬，皆是一面底道理，而是非则有两面。既别其所是，又别其所非，是终始万物之象。故仁为四端之首，而智则能成始成终。犹元虽四德之长，然元不生于元，而生于贞。盖由天地之化，不翕聚则不能发散，理固然也。仁智交际之间，乃万化之机轴。此理循环不穷，吻合无间，程子所谓动静无端，阴阳无始者此也。"

按仁义礼智，分而言之，各有界限。仁木，礼火，义金，智水。春仁也，夏礼也，秋义也，冬智也。仁是温和冲粹，礼是宣著发挥，义是肃杀果断，智是收藏凝敛。合而言之，互相贯通。言仁可以包礼义智，仁者人之生理，得此生理以有生，然后有礼义智。以先后言，仁最先；以大小言，仁为大。礼义智皆自仁而出。春夏秋冬不同，同为生理所流行。春则生理之生也，夏则生理之长也，秋则生理之成，冬则生理之藏也。言仁义可以包礼智，仁义为阴阳之对待，仁属阳而礼从之，义属阴而智从之。春夏是阳，秋冬是阴。春作夏长，仁也；秋敛冬藏，义也。

五经四书中专言仁者，包四端也。言仁义而不言礼智者，仁包礼，义包智。智所以成始而成终，非贞不能生元，仁可以统四端，智亦可以统四端也。四端不言信，信是诚实此四者。实有此仁，实有此义，实有此礼智，则信在其中矣。五常之有信，如五行之有土。五行非土不生，而土于四时各寄王十八日，或谓王于戊己，而未尝有定位也。

元亨利贞，天之四德；仁义礼智，人之四端。以一岁言，则春为元为仁，夏为亨为礼，秋为利为义，冬为贞为智。以一日言，则朝气清明，为元为仁；午气炎热，为亨为礼；暮气阴凉，为利为义；夜气静寂，为贞为智。四端四德，循环无穷。学者能随时随事，精察而默体之于心，则于道也思过半矣。

朱子曰："仁者心之德，爱之理。"

按心，气也；仁，理也；心非仁，心之德是仁。爱，情也；仁，性也；爱非仁，爱之理是仁。仁者百行万善之本，百行万善总于五常，五常又总于仁。仁主爱而爱莫大于爱亲，故求仁必自孝始。所以孔门多问孝，而夫子为曾子陈《孝经》。此圣人亲亲仁民爱物之仁，异于墨氏、释氏、耶氏之爱无差等。而非有断制之义、节文之礼、分别之智，必不能全其为仁也。夏长、秋成、冬藏，皆春气所流行；礼履、义宜、智知，皆仁道所贯注。仁为体，而礼义智为用。仁本温和，其发于用，必断制、节文、分别三者，合而后成仁。事定而三者皆退，蔼然复其温和之常。

人之所以为人，得天地生物之理以为理，得天地生物之气以为气。理无迹而气可见，天地生物之气，蔼然温和，众人不能有此者，私欲累之也。克己复礼，则人欲尽而天理行。蔼然温和天地之生意，洋溢于中，发见于外，礼义智皆自此出。元统四德，仁包五常，喜居七情之首。孔子告门弟子求仁之说不同，其意一也。人能知天地所以生我之心，则知我之心。仁者心之德，爱之理，朱子之言，圣人复起不易矣。

朱子曰："义者心之制，事之宜。"

按制事之宜者心，则义非外明矣。仁属阳，主舒；义属阴，主敛。仁体柔而用刚，义体刚而用柔，阴阳互藏其宅也。仁义对言，则仁为体，义为用；仁义分言，则仁有仁之体用，义有义之体用。仁之体静，而其用流行不穷；义之用动，而其体各止其所。春生为仁，温和之气，仁也，而亲亲仁民，亲疏之等，必裁以义；秋杀为义，肃杀之气，义也，而诛残除暴，兵刑之用，必本于仁。仁而不裁义，则为释、耶之仁；义而不本于仁，则为桓、文之义。

以上论天性人心之善。

元亨利贞天之德，布于五行，运于四时。元为木，为春之生；亨为火，为夏之长；利为金，为秋之收；贞为水，为冬之藏。人之生也，得元之德以为仁，得亨之德以为礼，得利贞之德以为义智。仁义礼智，性也；感于物而动，则为情。喜、乐、怒、哀、爱、欲、恶、惧，情之发于气者也，人心也；恻隐、羞恶、辞让、是非，情之发于理者也，道心也。道心寓于人心，而善持心者，必使人心之动皆本于道心。

动于恻隐，则仁发而为爱，喜皆仁也；动于羞恶，则义发而为恶，怒皆义也；动于辞让，则礼发而为欲，乐皆礼也；动于是非，则智发而为惧，哀皆智也。仁义礼智迭运，而仁道欲其常行；爱欲恶惧丛生，而爱心欲其常在；喜乐怒哀杂发，而喜气欲其常流。

爱统欲恶惧，而惧亦统爱欲恶。发于情而能制爱恶欲情之过者，惧也。爱而能惧，则爱不敢过，而爱止于仁矣；欲而能惧，则欲不敢过，而欲止于礼矣；恶而能惧，则恶不敢过，而恶止于义矣。喜统乐怒哀，而哀亦能统喜乐怒。发于情而能节喜乐怒情之过者，哀也。喜不忘哀，则喜不敢过，而仁行于喜矣；乐不忘哀，则乐不敢过，而礼行于乐矣；怒不忘哀，则怒不敢过，而义行于怒矣。

德慧术智，存乎疢疾，智之情生于惧也；以羊易牛，不忍觳觫，智之情生于哀也。溺情而思失身之辱，则惧以克爱矣；快意而思败度之羞，则惧以遏欲矣；嫉人而思反尔之戒，则惧以平恶矣。惧之能制爱欲恶而使之中也。闻捷而念锋镝之惨，则哀以抑喜矣；听乐而念死丧之戚，则哀以止乐矣；诛罪而念刀锯之痛，则哀以杀怒矣。哀之能节喜乐怒而使之和也。

天下之由乱而治也，其君臣上下必有哀痛忧惧之心，故哀生惧、惧生喜者，治之象；天下之由治而乱也，其君臣上下必多骄喜逸乐之念，故喜生乐、乐生哀者，乱之象。喜者生气之始，而生气之终而复始，在哀与惧。哀惧皆介于人心道心之间，而由人心以入道心，则惧尤要矣。《易》曰："惧以终始，其要无咎。"而《中庸》言圣神功化，极于中和位育，必先之以戒惧慎独，有以哉！

《易·坤·文言传》："地道也，妻道也，臣道也。地道无成而代有终也。"

《易·说卦传》："乾为天为君为父。"

《易·系辞传》："天尊地卑，乾坤定矣。"

按乾为天为君为父，则坤为地为臣为子；坤为地为妻为臣，则乾为天为夫为君。天尊地卑，则夫尊妻卑，父尊子卑，君尊臣卑，此天地自然之理。伏羲画卦，三纲已立，而孔子复互言以发明其旨。中土文明，莫大乎此，惑者必自举数千年文明弃之，以从彝翟君臣、父子、夫妇平等之俗，率人道而为禽兽何哉？

《易·序卦传》："有天地然后有万物，有万物然后有男女，有男女然后有夫妇，有夫妇然后有父子，有父子然后有君臣，有君臣然后有上下，有上下然后礼义有所错。"

按五伦莫先夫妇，未有夫妇之伦不正，而君臣、父子之道能立，上下礼义可错者也。西俗婚姻自由，夫妇之伦先乱，故君臣、父子皆失其道，上下礼义无错。彼未闻圣人之道，无足怪也；以数千年文明古国，而反效野蛮所为，惑之甚矣。人受天地之中，秉阴阳五行之秀以生，与物殊绝。人类初生以气化，必非由物类而变，此人所以为天地之心。西洋讲人种学者，不自知人为万物之灵，妄谓由猿猴进化而成。彼习于禽兽之聚麀，固宜其奉禽兽为鼻祖。而中国学者亦从而附和之，甘弃其神明之祖而祖猿猴，自附于禽兽末孙而不辞。呜呼！可哀也已！

《尚书·尧典》："帝曰：契，百姓不亲，五品不逊，汝作司徒，敬敷五教，在宽。"

按五品：父子、君臣、夫妇、长幼、朋友五者之名位等级也。五教：父子有亲，君臣有义，夫妇有别，长幼有序，朋友有信，以五者当然之理而为教令也。圣贤于事无所不敬，而此又事之大者，故特以敬言之。尧使契为司徒，以典五教，而舜又申命契，圣人之重人伦也。五教即五典，五典达于天下，故孔子以君臣、父子、夫妇、昆弟、朋友五者为天下之达道。

孔子之学，传之孟子，必不容于五伦有异同。孟子纪述尧、舜人伦之教，必不至无据而妄言之也。自《春秋左氏传》以父义、母慈、兄友、弟恭、子孝为五教，而郑元、孔颖达据其说以释《尚书》。于是尧、舜五教，有父子、兄弟，而无君臣、夫妇、朋友。五伦去其三，君臣、夫妇、朋友不列司徒之教，而人道亡矣。

尧、舜而伦教未完，何以为尧、舜？孟子而《尧典》未解，何以为孟子？朱子据孟子，以五达道为五教，万世定理，无可疑也。学者不信朱子而推郑、孔之信，斥孟子之说不合经，将使尧、舜五教为灭伦者之作俑。君臣、夫妇、朋友不得列于五伦，则何恶于君臣、夫妇、朋友？必曲说尧、舜五教，以力排三者而去之也。

古人言不一端，兄弟、长幼并举，则兄弟、长幼名义各殊，《王制》七教、《礼运》十义之兄弟、长幼是也。长幼偏举，则长幼可以该兄弟，《祭统》十伦之长幼是也。孔子言昆弟而不言长幼，孟子言长幼而不言兄弟，长幼即兄弟，非有二也。毛奇龄谓长幼有序，非兄弟有序，长幼以官府僚属、乡党齿序言，并非兄弟。则尧、舜之道，孝弟为先，孟子纪述契教，岂有略兄弟不言，而反言官府僚属、乡党者哉？《祭统》"昭与昭齿，穆与穆齿，长幼有序"，未尝不言兄弟也，恶得以诬孟子？

王闿运曰：釐降二女，□也，孟子误解二女为尧女。毛奇龄曰：孟子以战国人所传伦类异名，推记契教不必合。孟子生数十年前不能知，而毛奇龄、王闿运生数千年后，反能知之，说经而狂妄至此。此真经学之贼，不率天下而为无忌惮之小人不止也。

《中庸》："天下之达道五，所以行之者三：曰君臣也，父子也，

> 夫妇也，昆弟也，朋友之交也，五者天下之达道也；知仁勇三者，天下之达德也，所以行之者一也。"

按五教五典，《虞书》未尝明著其目，后人因得以意妄言，故孔子于告哀公明著其目言之。皋陶曰天叙有典，是言天命之性不离此五者也；舜曰敬敷五教，是言修道之教不离此五者也；孔子曰达道，是言率性之道不离此五者也。五伦之目，孔子言之于前，孟子述之于后，大义仅存，学者犹有所依据以拒辟邪说，此万世人道之幸。使无《中庸》、《孟子》，则五伦亦可任人以意变更，而人道之亡不待耶教西律之行也。

孟子自教而言，故先父子；孔子自政而言，故先君臣。孔子不言亲义序别信者，有物有则，道之一字固足以该之也。达道天下古今所共由之路，达德天下古今所同得之理。知以知之，仁以体之，勇以勉之，一于诚而不息，则达道以行。达道本于达德，达德又本于诚，诚者达道达德之本，而一贯乎达道达德者也。

道之所在，有可知有不可知，有可行有不可行，可谓之道而不可谓之达道。君臣、父子、夫妇、昆弟、朋友，无古今，无中外，无智愚、贤不肖，无盗贼、彝翟、野蛮，无儒、墨、名、法、道、佛、耶、回，无此五者，必不能一日立于天地。故曰天下之达道，有偏有全，有邪有正，有真有伪，则圣学之所以异于异端，统五洲而一之，必吾圣人五达道之教矣。列强并立，混合五洲者，必能以知仁勇实行五达道之主。请悬吾言以验之。

> 《孟子·滕文公上》："人之有道也，饱食、暖衣、逸居而无教，则近于禽兽。圣人有忧之，使契为司徒，教以人伦，父子有亲，君臣有义，夫妇有别，长幼有序，朋友有信。"

按尧、舜五教，春秋时已纷纭异说，观《左氏传》所载史克之言可知。使无孟子为之纪述发明，则五教为天下裂而人道之亡久矣。经传论人伦之道非一，而各以一言而尽其要，则未有如孟子者。此伏羲、神农、黄帝、尧、舜、禹、汤、文、武、周公、孔子相传之微言大义，得孟子而仅存者也。韩子谓孟子功不在禹下，吾谓孟子功不在伏羲下矣。

人之有道则皆有秉彝之性，而无教则近于禽兽者，本然固有之良，拘于气禀，蔽于物欲，非教无以复其初也。有父子必有亲，而父子不尽其亲之道；有君臣必有义，而君臣不尽其义之道；有夫妇必有别，而夫妇不尽其别之道；有长幼必有序，而长幼不尽其序之道；有朋友必有信，而朋友不尽其信之道。则人道已为禽兽。不待纵恣黩乱，如西俗所为，而后为近于禽兽也。

亲义序别信，教者因人性所固有，理其绪而分之，比其类而合之，而使之各尽其道，无过不及之差，则人道以立。亲者各尽其慈孝之则，父子言权利非慈；义者各尽其责任之宜，君臣言权利非义；别者各尽其内外之分，夫妇言权利非别；序者各尽其先后之礼，兄弟言权利非序；信者各尽其辅助之实，朋友言权利非信。

朋友非有名义可以相统属，而列于五伦者，朋友切确扶持之义，贯父子、君臣、夫妇、兄弟而无所不在。父子、君臣、夫妇、兄弟之所不及，而朋友可以济之。在五行为土之寄王四时，故其德主信。五行非土不成，五常非信不立，五伦非朋友不济。此圣人所以以朋友殿五伦，而其重与父子、君臣、夫妇、兄弟等也。孟子之言为万世立人道，而使五伦不为邪说所乱，与《中庸》孔子之言同功。孔、孟并称，泃无愧矣。

《仪礼·斩衰章》："父，传曰：为父何以斩衰也？父至尊也。诸侯为天子，传曰：天子至尊也。君，传曰：君至尊也。妻为夫，传曰：夫至尊也。妾为君，传曰：君至尊也。"

按丧服惟诸侯为天子，臣为君，子为父，妻妾为夫，皆斩衰三年，而母且不与焉。父至尊，君至尊，夫至尊，则君、父、夫为三纲明矣。天无二日，民无二王，家无二主。国必统于一尊，而后国可立；家必统于一尊，而后家可正。此万世之天经地义，必不容以邪说乱之也。昧者惑于平等自由，以三纲为出于纬书，圣人所不道，则亦未尝一读《仪礼·丧服传》矣。

《礼记·哀公问》："公曰：敢问为政如之何？孔子对曰：夫妇别，父子亲，君臣严。三者正，则庶物从之矣。"

按问政而以夫妇别、父子亲、君臣严三者正为对者，举三纲而言也。三纲虽见《礼纬含文嘉》，而其义已具于《礼经》，实古圣相传之微言大训，固不得以纬书妖妄并三纲而斥之矣。

《礼记·昏义》："男女有别，而后夫妇有义；夫妇有义，而后父子有亲；父子有亲，而后君臣有正。"

按夫妇、父子、君臣三者，人道之纲，而夫妇又为三纲之首，未有夫妇之伦不正而三纲可立者也。彝翟之所以无人道，实由夫妇一伦先失其道。父子有亲，君臣有正，必归本于夫妇有义。圣人之言，实万世之龟鉴矣。

>《白虎通》："三纲六纪，三纲者何谓也？谓君臣、父子、夫妇也。六纪者，谓诸父、兄弟、族人、诸舅、师长、朋友也。故君为臣纲，父为子纲，夫为妻纲。何谓纲纪？纲者张也，纪者理也。大者为纲，小者为纪，所以疆理上下，整齐人道也。人皆怀五常之性，有亲爱之心，是以纪纲万化，若罗纲之有纪纲而万目张也。"

按真西山谓三纲之说，始见于《白虎通》。《礼记正义》引《礼纬含文嘉》有三纲之言，《春秋繁露·深察名号》"循三纲五纪"，《汉书·谷永传》"勤三纲之严"，《太元·永次·五》"三纲得于中极，天永厥福"，马融注《论语》"所因，谓三纲五常"，其义古矣。何启谓三纲二字不见于经，第出《礼纬》。自董子言之，《白虎通》引之，马融注之，朱子述之，由是君可以无罪而杀臣，父可以无罪而杀子，夫可以无罪而杀妻。举凡勇威怯，众暴寡，贵陵贱，富欺贫，莫不由此二字而推。启之言悖之甚矣。

经虽无三纲二字明文，而三纲之义实具于经。《周易·文言》、《说卦》、《仪礼·丧服》、《礼记·昏义》、《哀公问》，则又言三纲之最显者。父为子纲，故士冠礼，将冠者不曰主人，而其父为主人；夫为妻纲，故士昏礼，将昏者为主人，而其父不曰主人；君为臣纲，故燕礼，君不曰主人，而宰夫为主人。经之言三纲者，彰彰如是，必以无三纲二字明文而诋之，则六经亦无五伦二字明文，将并五伦而废之乎？废三纲，灭五伦，几何不率天下而禽兽也？

臣必统于君，子必统于父，妻必统于夫。君、父、夫所以为臣、子、妻之纲者，君为臣之表率，父为子之表率，夫为妻之表率。责君、父、夫以表率其臣、子、妻，非教君、父、夫以压制其臣、子、妻也。君杀臣，父杀子，夫杀妻，归咎三纲；则臣弑君，子弑父，妻弑夫，焉所归咎乎？启不责臣、子、妻之弑君、弑父、弑夫，而专举君、父、夫之杀臣、杀子、杀妻为口实，以为三纲实阶之厉，何其立论之不平也！

君臣、父子、夫妇平等，此东西洋之所不能实行，必刺一二西律之近于平等者以改中律，大乱之道也。君主无责任，人民有监督朝廷之权，则无君；亲权有年限，子孙无违犯教令之罪，则无父；处女、孀妇奸淫自由，直系尊亲族无管束控告之权，则无父无夫。无君、无父、无夫，人道绝矣。据法国、日本律：杀尊亲属者处死刑。俄国律：欺辱父母直系亲属，及奸占无夫妇女者，并剥夺公权，发边安插，或交局习艺。德国律：亲属相奸者，分别惩役禁锢。此皆天理民彝之未尽泯灭，西律亦未尝无维持伦教之条。今必去其合者而专取其背者而用之，率天下以无君无父无夫，为废三纲、灭五伦者劝，吾不知其果何心也。

《礼记·大传》："立权度量，考文章，改正朔，易服色，殊徽号，异器械，别衣服，此其所得与民变格者也。其不可得变革者则有矣，亲亲也，尊尊也，长长也，男女有别，此其不可得与民变革者也。"德国法科进士赫善心氏谓中国万不可自弃其文明之礼教以迁就外人，至哉其言！人同此心，心同此理。中外之所以异者，异于其宗教习惯，而非其心理之本然。外人尚为吾中国爱惜礼教，而吾中国臣民必欲举伏羲以来圣帝明王兢兢保守之三纲五伦，废之灭之而后快，如何启者且举国皆是焉。吾恐中国废之灭之，他日将有外人入主中国而修之复之也。呜呼！

以上论天理人伦之正。总论三纲五伦。

《易》："家人，利女贞。彖曰：家人，女正位乎内，男正位乎外。男女正，天地之大义也。"

按礼始于谨夫妇，为宫室，以辨内外。女正位乎内，男正位乎外，夫妇有别，即男女有别也。有别不得作二解，新学家以匹偶不乱为有别，则男女有别作何解乎？夫妇各谨其男女内外之别，匹偶自不至乱；男女内外无别，必无匹偶不乱之理。东西洋之风俗可鉴也。新学家好为异说以驳程、朱，而不顾义理之不安，妄亦甚矣。

《易·小畜》："九三：舆说辐，夫妻反目。象曰：夫妻反目，不能正室也。"

按三虽阳刚，而昵于六四不正之阴，为其系畜而不能进，至于说辐反目。非四能制三，三刚而不中，自制于四也。阳宜制阴，而反为阴所制，则其不能正室甚矣。世未有夫不失道，而妻能制之者。夫正位乎外，妻正位乎内，闺门之内，肃若朝廷，焉有说辐反目之占哉？夫惟夫不自处于正，而后妻得乘夫宠惑以制夫。如隋文帝之于独孤，唐高宗之于武后，肃宗之于张良娣，宋光宗之于李后，亡国败家，莫不由是也。可不戒哉？

《易》："归妹：征凶，无攸利。象曰：归妹，天地之大义也。天地不交，而万物不兴，归妹人之终始也。说以动，所归妹也。征凶，位不当也。无攸利，柔乘刚也。"

按阴阳交感，男女配合，归妹者天地之大义。天地不交，则生理绝；男女不交，则人道息。女子之归，子道于是终，母道于是始。归妹本无不吉，而征凶无攸利者，兑以少女而从震之长男，其情又为以说而动。男女之相从，正则吉。二四以阳居阴，三五以阴居阳，有男以不正从女，女以不正从男之象。位不当而失男女之正，故征凶。夫妇之相与，顺则利。上卦以六五乘九四，下卦以六三乘九二，有夫屈于妇，妇制其夫之象。柔乘刚而悖夫妇之顺，故无攸利。

象辞唯临与井言凶，否与剥言不利。言凶者未尝言不利，言不利者未尝言凶。未有既曰征凶，又曰无攸利。如归妹者，男女有尊卑之序，夫妇有唱随之义，此常理也，如恒是也。不由其常，恣情纵欲，唯说是动，则夫妇渎乱。男牵欲而失其刚，妇狃说而忘其顺，如归妹是也。阴阳交感，男女配合，人道之常。从欲而流，不由义理，则淫邪无所不至，伤身败德，人道绝矣。夫妇人道之始，说不以正，则人道变为禽兽。

归妹：征凶，无攸利。其凶为六十四卦所未有，圣人之所以垂戒至深。伏羲始定人道，而作《易》于咸、恒、渐、归妹，皆言男女之情、夫妇之义。咸止而说，则说不迁；恒巽而动，则动有常；渐止而巽，则巽以正。其占皆吉。而归妹独征凶、无攸利者，说以动而不止，柔乘刚而不巽也。

彝翟婚姻自由，此正归妹之说以动、柔乘刚，于咸、恒、渐利贞之义皆悖，圣人所深戒。女承筐，无实；士刲羊，无血。婚姻自由，女不奉祭，士不承先，彝翟有男女而无夫妇，有夫妇而无宗庙，圣人已于归妹见之矣。婚姻之礼，人禽之所以判，华夷之所以分，人道莫先乎此，而圣人于此尤兢兢焉。彼恣其一时之情欲，必欲提倡彝俗以乱圣人之人道者，亦独何哉？

《周礼·地官》："媒氏掌万民之判。凡男女自成名以上，皆书年月日名焉。令男三十而娶，女二十而嫁。"

按男三十而娶，女二十而嫁，礼之正也。《礼记·曲礼》："三十曰壮有室。"《内则》："三十而有室，始理男事。女子十五笄，二十而嫁。有故，二十三而嫁。"《大戴礼记·本命》："中古男三十而娶，女二十而嫁，合于中节。太古男五十而有室，女三十而嫁。"《尚书大传》："孔子

曰：'男三十而娶，女二十而嫁。通于织纴纺绩之事，黼黻文章之美。'
不若是，则上无以孝于舅姑，而下无以事夫养子。"《春秋》文公十二年
《穀梁传》："男子二十而冠，冠而列丈夫，三十而娶。女子十五而许嫁，
二十而嫁。"然则《周礼》嫁娶之制，为古正礼明矣。

王肃以三十、二十言其极，男十六可娶，女十四可嫁，非也。《春
秋外传》："越王句践蕃育人民，以速报吴，故男二十而娶，女子十七而
嫁。"足明正礼男不二十娶，女不十七嫁矣。《家语》："鲁哀公问于孔
子：男子十六精通，女子十四而化，是则可以生人矣。闻礼，男三十而
有室，女二十而有夫，岂不晚哉？孔子曰：夫礼言其极，亦不是过。男
子二十而冠，有为人父之端。女子十五许嫁，有适人之道。于此以往，
则自昏矣。"此与《尚书大传》孔子之言不合，当以《大传》为据而变
通之可也。

《白虎通》："男三十而娶，女二十而嫁，阳数奇阴数偶，男长女幼
者，阳舒阴促。男三十，筋骨坚强，任为人父。女二十，肌肤充盛，任
为人母。合为五十，应大衍之数，生万物也。"班固之言最得礼意，谓
应大衍之数则凿矣。令即下文不用令之令。王闿运说：令，乡吏也。则
下文若无故而不用令者罚之，当作何解？成名，郑司农谓子生三月父名
之是也。王闿运说成名，已问名成昏事也。媒氏不主民册，不宜书三月
小儿之名。媒氏不知男女之年月日名，何以仲春会男女之数，令男三十
而娶，女二十而嫁？解成名为问名成昏事，不辞甚矣。判即婚书，男女
两家各得其一者也。《秋官·朝士》："凡有责者，有判书以治，则听。"
注：判，半分而合者。媒氏万民之判，朝士有责之判，事虽异而名则
同矣。

> 《春秋》僖公二十三年《左氏传》："男女同姓，其生不蕃。"
> 《礼记·曲礼上》："取妻不取同姓。"
> 《礼记·郊特牲》："取于异姓，所以附远厚别也。"
> 《礼记·大传》："其庶姓别于上，而戚单于下，昏姻可以通乎？
> 系之以姓而弗别，缀之以食而弗殊，虽百世而昏姻不通者，周道
> 然也。"

按男女辨姓，礼之大司，违礼而娶，古人所戒。《晋语》："同姓不
昏，惧不殖也。"司空季子之言。《春秋左氏传》："内官不及同姓，其生
不殖。美先尽矣，则相生疾。"子产之言。《白虎通》曰："不娶同姓者，
重人伦，防淫佚，耻与禽兽同也。"其述圣人制礼之意严矣。人皇始有

夫妇之教，伏羲制嫁娶，以俪皮为礼。人道已立，必无同姓为昏之礼。娶妻必告父母，五帝之前已然，明六礼非始于周。殷因夏礼，周因殷礼，孔子所言甚明。周道即夏、殷之道，焉可诬也！

孔冲远谓周道异于殷，夏、殷同姓为婚。孔氏据何经典？杜佑《通典》，附和孔说，益不足据。晋刘煆妄称尧妻舜女，其代不远，自饰联婚刘畴之丑，诬圣乱经，人理绝矣。郑元注《礼》，以娶同姓为近禽兽。元之高弟王伯舆，为子娶王处道女。苟欲藉口，违礼之行，何代蔑有？无庸远诬夏、殷。必据经以断，则夏、殷同姓为婚，经无明文，不当称引无稽之言。

春秋讳娶同姓。何休曰："为同宗共祖，乱人伦，与禽兽无别也。"中外之亲，姑舅姨之子，视同姓尤近。《白虎通》："外属小功已上，亦不得娶也。故《春秋传》曰：讥娶母党也。"外属凡与母有服者，皆不得娶，岂特小功以上哉？袁准《正论》："中外之亲，近于同姓，同姓且犹不可，而况中外之亲乎！古人以为无疑，故不制也。今以古之不言，因谓之可婚，此不知礼者也。"准之论正矣。

西洋昏制，父族母族之亲，凡在七等以内，皆不为昏。西洋昏娶，不避同姓，未改彝俗。而父族母族七等以内，姑舅姨之子女无相为婚者，则于礼意犹未尽泯。议者不知舍短取长，以礼为衡，反取西洋敝俗，曲说以附会古人，而不顾其理之不安焉，惑之甚也。

　　《礼记·曲礼上》："男女非有行媒，不相知名；非受币，不交不亲。故日月以告君，斋戒以告鬼神，为酒食以召乡党僚友，以厚其别也。"

按男女非问名不得相知，非行聘不得交亲，告君、告鬼神、告乡党僚友，皆所以厚男女之别也。以此坊民，犹有婚姻自由以乱先王之礼者。媒氏必书日月以告君，谨人伦之始也。嫁娶时日，郑元主仲春。王肃以为始于季秋，止于仲春。束晳谓不限时月，杜佑《通典》从之。庾蔚之以王为优是也，而束晳之议亦当兼用。卜日者必先秋冬而后及于四时，庶乎不失礼矣。郑元所据者，《周礼·地官·媒氏》："仲春之月，令会男女。"会者会计其数，非会合其人也。如元所言，先王必无此悖乱之制矣。

　　《礼记·经解》："昏姻之礼，所以明男女之别也。故昏姻之礼废，则夫妇之道苦，而淫僻之罪多矣。"

　　按昏姻之礼，所以成夫妇之道，而使之远于淫僻也。昏姻礼废，则淫僻多，合易轻绝。夫不夫，妇不妇，夫妇道苦，大乱作矣。读二《南》之诗，昏姻以时，男女以正，化行俗美，室家和平，莫非行礼之效。及观《郑》《卫》诸风，桑中洧外，采唐赠芍，浸以成俗。而《习习谷风》、《氓之蚩蚩》诸篇作焉，人伦道丧，夫妇仳离，而卫灭于狄矣。

　　秦、汉以来，礼教久废。降至近世，渐染彝风，昏姻自由。夫妇之道有难言者，非有守礼之君子躬行倡率于上，又乌知其势之所止哉？昏礼兴废，小之一家之苦乐，大之一国之存亡。识者观东西洋淫风之流行，而知其大乱之作必不远矣。圣人存《郑》《卫》诸风，其所以为天下万世戒者，至深切也。王化始于夫妇，闺门之内，雍容肃穆，而大同之治基焉。《易》曰："正其本，万物理，失之毫厘，谬以千里。"故君子慎始也。《春秋》之元，《诗》之《关雎》，《礼》之冠昏，《易》之乾坤，皆慎始敬终云尔。圣人以昏礼为万世之始，而明伦立教必于是兢兢，有以夫。

　　以上总论夫妇之道。

　　《易》："咸：亨，利贞，取女吉。"

　　按咸感也，亨通也，贞正也。感则通，感非其正，夫妇不以礼合，君臣不以道合，朋友不以义合，终必至于睽离。故曰亨利贞，男下女，感之以正也。女以贞为主，男不下女而女从之，非贞也，不可取矣。艮为少男，兑为少女，二少相感，止而说。艮为感主，艮止则感之专，兑说则应之诚。艮下兑上，男下女，昏姻之礼，尽于是矣。乾坤以二老对立，咸以二少合体，而列上下经之首，有以哉！

　　《诗·齐风·南山》："娶妻如之何？必告父母。"
　　《诗·齐风·南山》："娶妻如之何？匪媒不得。"
　　《孟子·离娄上》："孟子曰：不孝有三，无后为大。舜不告而娶，为无后也，君子以为犹告也。"

　　按娶妻必告父母，礼也。舜不告而娶，礼之权也。孝子从义不从父，父母非有瞽瞍之顽嚚，而昏姻自由，动以舜为藉口者，是则舜之罪人矣。

　　《荀子·大略篇》："霜降逆女，冰泮杀内，十日一御。"

按道存乎饮食男女之间，而溺于流者，不知其精。逆女必顺乎时，御内必有其节，君子之谨于色也。《春秋繁露》之言，可与荀子相发明。董子曰："天之道，向秋冬而阴来，向春夏而阴去。是故古之人霜降而迎女，冰泮而杀内，与阴俱近，与阳俱远也。天地之气，不致盛满，不交阴阳。是故君子甚爱气而谨游于房，以体天也。""君子治身，不敢违天。是故始壮十日而一游于房，中年者倍始壮，始衰者倍中年，中衰者倍始衰，大衰者以月当始壮之日，而上与天地同节矣。"

胡子知言："夫妇之道，人丑之者，以淫欲为事也；圣人安之者，以保合为义也。接而知有礼焉，交而知有道焉，唯敬者为能守而勿失也。语曰乐而不淫，则得性命之正矣。"

按夫妇之道主乎爱敬，而尤以敬为主。夫之道在敬身以帅妇，妇之道在敬身以承夫。燕寝衽席之私，而天命行乎其中，一念不敬，天命绝矣。戒惧慎独之功，所以不可须臾弛也。恣情纵欲，则其去禽兽几何哉？

以上论夫道。

《易·恒》："六五：恒其德，贞。妇人吉，夫子凶。象曰：妇人贞吉，从一而终也。夫子制义，从妇凶也。"

按震上巽下为恒，男在女上，男尊女卑。男动于外，女顺于内，夫妇居室之象。咸以男下女以成家，恒则男女各正其位，而家道正矣。五以柔中而应二之刚中，柔之正也。以顺为正，在妇人则得其阴柔之正，故吉；在夫子则失其阳刚之正，故凶。五君位而不以君道言者，顺从之义，不可以为君道也。夫从妇，则失其为夫；君从臣，则失其为君；中国从彝翟，则失其为中国。从一而终者，妇人之道，非夫子之道也。

《诗·国风·柏舟序》："《柏舟》，共姜自誓也。卫世子共伯蚤死，其妻守义。父母欲夺而嫁之，誓而弗许，故作诗以绝之。"

按夫子删《诗》，而以《柏舟》冠《鄘风》，明妇人从一而终之义，所以表扬贞节而存人道于将亡也。共伯蚤死，序文甚明，《史记》以杀兄诬圣善之武公，固不足信。王闿运谓见杀于母，更属凿空妄说。父母欲夺其志，亦事之常。王闿运谓诸侯之女，何必夺嫁，以乡曲细民所行测之耳，则王莽以天子而欲夺孝平皇后之志，莽岂乡曲细民哉？

《管子·形势解第十六》："妇人之求夫家也，必用媒而后家事成。求夫家而不用媒，则丑耻而人不信也。故曰：自媒之女，丑而不信。"

按知自媒之丑，则可以为女矣。自媒之士，必无贞士；自媒之女，必无贞女。世之为女者，其无以一时之情欲而贻终身之丑也。

《史记·田单列传》："贞女不更二夫。"

按贞女不更二夫，则贞士可知。一夫一妇，人道之正。男之再娶，女之再嫁，程子、张子皆不以为然。而圣人制礼，妇必从夫，承家之义在夫不在妇，则以宗祧之重，而无子得再娶，礼之所以通其变也。男有子再娶，女无夫再嫁，均不得藉口矣。

以上论妇道。

补：

《礼记·昏义》："天子听男教，后听女顺；天子理阳道，后治阴德；天子听外治，后听内职。教顺成俗，外内和顺，国家理治，此之谓盛德。"

按男正位乎外，女正位乎内，内外者男女之定位，易之则乱。有家者夫听家之外治，妻听家之内治；有国者君听国之外治，后听国之内治。外治明章男教也，内治明章妇顺也。阳道治外，男以正家；阴德治内，女以宜室。男女各正其位，而天下治。男用妇言，女干国政，则男女易位，而天下乱。懿厥哲妇，为枭为鸱；牝鸡之晨，惟家之索。阴居阳位，女夺男权，小则凶于一家，大则祸及天下。

西洋女主之制，以女治男，逆莫大焉。穆勒、斯宾塞生长女主之国，不能据大义以正敝俗，而汲汲焉惟女权之倡，以取媚妇人。中国士大夫乃亦从而和之，不言人道，而言人权；不言民义，而言民权；不言女德，而言女权。用彝变夏，至有欲破除夫妇之制，以昏姻自由为天职者，中国男女之伦将自此而不可问矣。变敝俗而进以唐、虞五伦之教，则男外女内，《易·家人》之义，《礼记·昏义》之言，万世所不易也已。

"姤，女壮，勿用取女。"

按姤以一阴而遇五阳，女下于男，则女德不贞而壮之甚矣。勿用取女，阴必伤阳也。咸所以取女吉者，以男下女，得昏姻之正也。若蒙之六三，以阴而先求阳，则其行不顺，故亦曰勿用取女。夫妇之道谨于始，汉成帝之于飞燕，唐高宗之于武曌，唐元宗之于太真，一念之迷，卒致殒身丧国。可不戒哉？

"渐，女归吉，利贞。"

按艮男在下，巽女在上。男下女，止而巽，有女归以渐之象。六礼不备不成昏，渐也。礼义廉耻之重，无大于女归者。昏姻自由，则礼义廉耻亡，而人道绝矣。利贞者，正则吉，不正则凶。胡云峰曰："咸取女吉，取者之占也；渐女归吉，嫁者之占也。皆以贞艮为主。艮止也，止而悦，则其感也以正，是为取女之吉；止而巽，则其进也以正，是为女归之吉。"

《春秋》襄公三十年："五月甲午，宋灾。宋伯姬卒。"

按伯姬恪守妇礼，至死不渝，可谓贤矣。《春秋》笔其事最详，圣人之意可见。《穀梁传》曰："妇人以贞为行者也，伯姬之妇道尽矣。详其事，贤伯姬也。"得圣人之意矣。《公羊传》亦以为贤之。左氏乃谓其女而不妇，则必蔑礼偷生，而后可以为妇与？甚哉左氏之悖也！

以上论天理人伦之正一：夫妇之道。

《大学》："为人子止于孝，为人父止于慈。"

按父慈子孝，人心自然之理。石碏以父慈子孝列于六顺，史克以父义母慈子孝列于五教。而晏婴言父慈而教，子孝而箴，其义尤备。父慈而不能教，则败其子；子孝而不能箴，则陷父于不义。故为父者必能教而后可谓之慈，为子者必能箴而后可谓之孝也。平等自由，父子至亲而为路人，有人心者必不忍于此矣。

《孝经》："父子之道，天性也，君臣之义也。父母生之，续莫大焉；君亲临之，厚莫重焉。故不爱其亲而爱他人者，谓之悖德；不敬其亲而敬他人者，谓之悖礼。"

按父子天性，固结而不可解。父尊子卑，君臣之义具焉。继续莫大乎父子，恩义莫重乎君亲。不爱敬其亲而爱敬他人，墨翟、释迦、耶稣之兼爱平等，天性绝矣。其不率人道而为禽兽者几何哉？

《孟子·公孙丑下》："内则父子，外则君臣，人之大伦也。父子主恩，君臣主敬。"

按君臣以义，故主敬；父子以仁，故主恩。父子之爱，天性也。父虽不慈，而子爱亲之心必不能自已；子虽不孝，而父爱子之心亦不能自释。天合之亲，非人合可比也。三纲五伦，论先后则莫先夫妇，而君臣、父子皆后；论轻重则莫重父子，而君臣、夫妇皆轻。

以上总论父子之道。

《论语·宪问》："爱之，能勿劳乎？"

按爱而勿劳，此姑息之爱，非所以为爱也。劳以成其爱，则其为爱也深；爱以用其劳，则其为劳也当。子有贤不肖，而父母之用心无贤不肖之分也。为父母者不可不知爱之之必劳，为子者不可不知劳之之实爱也。

《礼记·内则》："子生，男子设弧于门左，女子设帨于门右。三日始负子，男射女否。"

按设弧门左，设帨门右，所以表男女也。弧矢男事，示有事于外也；帨巾女事，示有事于内也。负者背负，抱之于怀亦得曰负者，通词也。

《礼记·内则》："择于诸母与可者，必求其宽裕慈惠、温良恭敬、慎而寡言者，使为子师。子能食食，教以右手。能言，男唯女俞。男鞶革，女鞶丝。六年教之数与方名。七年男女不同席，不共食。八年出入门户及即席饮食，必后长者，始教之让。九年教之数日。十年出就外傅，居宿于外，学书计，衣不帛襦袴，礼帅初，朝夕学幼仪，请肆简谅。十有三年学乐，诵《诗》，舞《勺》，成童舞《象》，学射御。二十而冠，始学《礼》，可以衣裘帛，舞《大夏》，惇行孝弟，博学不教，内而不出。三十而有室，始理男事，博学无方，孙友视志。四十始仕，方物出谋发虑，道合则服从，不可则去。五十命为大夫，服官政。七十致事。凡男拜尚左手。女子十年不出，姆教婉娩听从，执麻枲，治丝茧，织纴组紃，学女事以共衣服。观于祭祀，纳酒浆笾豆菹醢，礼相助奠。十有五年而笄，二十而嫁，有故二十三年而嫁。凡女拜尚右手。"

按择于诸母与可者，诸母众妾也，可者虽非众妾，而可为子师者也。郑氏谓此人君养子之礼是也。士大夫之家必无诸母，妻自食乳之可也。古今帝王师儒得力于母教者多，得力于诸母者鲜。宽裕慈惠，温良恭敬，必不易得之于诸母也。礼文未可拘矣。

唯应之速，俞应之缓。男唯女俞，刚柔之义也。鞶，大带也。男用革，女用丝，亦刚柔之义也。方，板也。名，字也。书字于板，使识之也。《仪礼·聘礼》："百名以上书于策，不及百名书于方。"男女不同席，不共食，教之有别也。男女无别，教无施矣。出入门户后长者，行之让也；就席后长者，坐之让也；饮食后长者，食之让也。此古家庭幼稚之教，今大学所未能矣。人才不古若，而国之衰也宜哉！数，计也。日谓朔望与六甲也。

以上兼男女言。

凡生男女，自孩提以至长大，皆当随时施教。而教从母始，乳母之教，所系尤切。乳母有贤否，而所乳子性行以肖焉。母不能自乳，不得已而求乳母，必择其宽裕慈惠、温良恭敬，而又谨慎寡言者，使为子师。则朝夕薰染，子之所习者，有正无邪，有善无恶矣。自能食能言，而应对之声，鞶带之用，为之分别刚柔，顺其天性而导之。六岁则智识渐开，教之数目方名。七岁则男女有别，教之异坐异食。八岁则当入小学，有事师事长之道，教以逊让之礼。九岁则智识渐进，教以朔望干支之时日。

古人生子，自襁褓中已得其养，而其所以教之者，与年俱进，无一非育德之本、养正之基也。外傅，教学之师也。书谓六书，计谓九数。襦，短衣；袴，胫衣。不用帛者，为文温且防奢靡也。礼帅初，帅，循也。孝亲、敬长、尊师，遵循先王之礼，不敢变于异说也。幼仪，孝亲、敬长、尊师之仪，朝夕学之，所以养其德性也。

今何如哉？家庭之教不可见，则观于学校可矣。先生登堂，弟子不起立；先生出，弟子争先；遭先生于道，弟子不正立拱手；平等自由，先王之礼尽矣。无礼者必不能自立，吾见其抗行于先生，不旋踵而奴隶于外人也。寡廉鲜耻之教者，则严事弟子，而兄之长之先生之焉。古之学校以明伦，今之学校以灭伦，必欲去亡图存，则必复先正之礼而后可也。

请肄简谅：请，请于师；肄，习于己；简，要而不烦；谅，实而不虚。今之学科烦也虚也，要者实者百不得一也。乐，金石丝竹匏土革木八音。《勺》美武王之诗，《周颂·酌》也。舞《勺》者，歌《勺》为节，执籥以舞，文舞也。成童，十五以上。《象》美文王之诗，《周颂·维清》也。舞《象》者，歌《象》为节，执干以舞，武舞也。教童子必以舞者，强其体也。射五射，御五御，古之学者无不知射御也。

今之乐，彝翟淫靡之风琴；今之舞，彝翟游戏之体操。琴瑟、钟磬、干戈、刀剑，中国之古法，未尝过问也。日本武士道之剑技，则前明乞师复仇之遗臣所传，日本至今实之也。《礼》吉、凶、军、宾、嘉五礼，《大夏》禹乐，备文武者也。孝弟，人伦之本。不教，不为师以教人也。内而不出，蓄其德而不暴于外也。三十有室，三十始娶也。男事，受田给役之事也。

方，常也。博学无常，惟善是师。逊，顺也。顺于友，必视其所志。志于道义，可友；志于利禄，不可友。方物，制物之宜也。《易》曰："义以方外。"方物出谋，则谋不过物；方物发虑，则虑不过物。仕者不求合于君而求合道，服从道不服从君，道所不可则去。王闿运以仕方物为句，谓事其所常事，迂曲不通甚矣。服官政，统一官之政。致事，致其事于君而告老也。

以上专言男子之事。

今之学者，五礼不能举其名。父子争权，长幼平等。不博而教，不内而出。二十抱子，则以运动奔走为事。喜新厌故，浮慕无常，惟异是师。逊友视志，志利禄者友，志道德者仇。违己殉物，不求合于道而求合权贵，不求合于道而求合彝翟。利之所在，服从权贵可也，服从彝翟可也。服从利不服从道，道之可不可不问也。壮而求官，老而尸位，举国皆是矣。始由家庭之教不先，终由学校之教不立。教者惟利是营，教无宗旨；学者惟利是趋，学无定志。举一国之人才而败坏之，蹂躏之，以日促国之亡，可哀也已！

世之有教育责者，而犹未忘去亡图存也，则宜亟复先王之制矣。舍先王之礼乐而可以言教者，吾未之闻也。古者男子八岁入小学，已就外傅矣。十岁始居宿于外，朝夕就诲。襁褓即谨于求乳母，则就傅之时必择道德之严师，不就利禄之师以败其子也决矣。不学六书则不识字，不学九数则不识算。六艺之学必先书计者，取其切于日用也。衣必用布，礼必帅初。请于师，习于己，必求其要者实者。讲经义而不知正心修身，则非要；讲科学而不能开物成务，则无实。

十有三年，学乐，诵《诗》，舞《勺》。弦歌以养其耳，《诗》以养其性情，舞以养其气血，则非僻邪侈之心无自而入。而德性之涵养既深，气质之变化自易也。十有五年，舞《象》，学射御。程子曰："舞中节，射中鹄，御中度，皆诚也。"古者教以射、御、《象》、《勺》，所以教人存诚，非徒角技争胜也。

二十弱冠则学成人之礼，衣备裘帛，乐兼文武，与幼异矣。夫自八年教逊让，十年学幼仪，其于孝弟之道已无不知。至二十而益加以笃行，于凡事亲从兄当然之礼，一言一动必力求实践，而不敢有造次须臾之苟。博学不教，惧误人；内蓄不出，恐骛外。文行交修，阒然下学。如是者十年，则德性坚定，可以授室自立，始理男子之事。学无常师，惟善是从；友必观志，惟益是取。如是者又十年，人伦物理既明，则出而行其所学。

出谋发虑，必制以事物之宜，而不敢有背于义。以道事君，合则留，不合则去。去就进退之间，道之所在，不敢苟也。五十德盛望重，统一官之政。七十血气既衰，则致事于君，而退教于乡学国学矣。古之教者必以致仕之卿大夫，或高尚不仕之士，在官者不得与焉。官不兼师，戒近利也；官而兼师，师道辱矣。

夫古人自初生以至垂老，七十年中，无一日一时之非学。有小学以立大学之始基，有大学以收小学之成功。学校家庭，教无不备。其俗之美则民皆知义，其材之盛则官无失职，其为法之永而入人之深，则中才可以守衰世不能乱。先王之制具在，有王者起必能举而措之，未可望于今日因循苟且之士大夫矣。

姆女师，教女子必以女师，古之道也。男女有别，女子而使男师教之，是娼妓其女也。率天下而溃男女之防者，必今日之女学矣。婉，言语之柔顺；娩，容貌之柔顺。执麻枲，绩事也；治丝茧，蚕事也。织，治布帛之总名也；纴，机缕也；组紃属，其小者以为冕缨；紃，圜采也。礼相助奠，礼则相奠则助也。有故，父母之丧也，二十三年而嫁。三年之丧，不除不嫁。父母相继死丧，则二十六年而嫁，《礼》举一以为例也。王闿运谓二十三年而嫁，嫁之极限，虽丧亦嫁，悖之甚也。

以上专言女子之事。

九岁以前，家庭之教，男女所同也。十岁则女子不出闺门，必择老成有德之妇为之师，教之以女德女工。女德之美者，莫如柔顺而无违；女工之善者，莫如蚕绩以供衣服之用。皆姆教所当详。而妇人主中馈，承祭祀，必当观察熟习于礼教，纳酒浆笾豆菹醢，相母嫂而助之奠。古之女学始于女德，中于女工，终于祭祀，妇道尽矣。果能率此以教其女，女岂有不贞不贤者哉？

今之言女学者吾惑焉：女德不讲，女工不治，祭祀不相；延男师，倡女权，讲平等自由；淫靡之新声习于耳，奢丽之淫巧习于目，荒谬之邪说习于口。举中国之女学，而皆将化为桑间濮上焉。先王之教，扫地尽矣。有教育之责者宜亦思所以变计，无使东西洋男女无别淫佚之风，浸淫中土，以溃人道之防也。

《礼记·曲礼》："幼子常视毋诳。立必正方。不倾听。"

按视，今示字。正方，正向一方。倾听，侧耳以听。幼子天性未漓，镕金陶土，视乎模范。视以诚则诚，视以伪则伪，视以正则正，视以邪则邪，模范不可不慎也。常视毋诳者，直内之道；立必正方不倾听者，方外之道。圣学在于蒙养，忠信之基自幼已立，正大之气自幼已具，古人所以正蒙养者至矣。今之教幼子者以诳为能，以倾听为慧，以侧立为无伤；导之以伪，教之以邪，渐染恶习；言语不信，举止不端，幼而已然。无怪乎人心风俗日漓而人才衰乏，有江河日下之势也。

《列女传》："古者妇人妊子，寝不侧，坐不边，立不跸，不食邪味，割不正不食，席不正不坐，目不视邪色，耳不听淫声，夜则令瞽诵诗，道正事。如此则生子形容端正，才过人矣。"

按妊，有身。侧、边，偏也。跸，偏任一足。诗如二《南》之类，房中乐歌也。瞽诵诗则有以感其和平，道正事则有以闲其情欲。此古人胎教之法，寝食坐立，视听言动，必出于正，有不正者必慎防之。父母之教贵于豫，胎教则教之最豫者。人当妊娠之初，邪正善恶，惟视所感。感于正则善，感于邪则恶。以天命之性言之，纯粹至善，本无有异；以气质之性言之，不能无清浊美恶之殊。清则智，而浊则愚；美则贤，而恶则不肖。

妊娠之中，感化至速。子在母腹，母呼亦呼，母吸亦吸，感以正气则化于正，感以邪气则化于邪。先天之变化捷于影响，一寝一食，一立一坐，一视一听，实清浊美恶之机栝，智愚贤否之根柢。妊子者能于寝食坐立、视听言动之间，无不自持以正，则外邪不入，内邪不起，生子自无不贤且智之理。子之智愚贤不肖，人皆委之于天，而不知实皆人之所为，非天之所为。一念之正，愚不肖可以生贤智；一念之邪，贤智可以生愚不肖。古人所以兢兢于胎教也。

然母之胎教虽重，而坤元资生，乾元资始。使为父者一有邪心，交不以礼，接不以道，则受气之始，已失其正。种莨稗而望生嘉谷，土田虽良，必无是理。胎教重矣，立于胎教之先者，则父道所系尤重。为父者能自持其心，使无造次须臾之不出于正，而后可以承先启后。国民之教育，必先责之父母矣。西洋昏因〔姻〕自由，其合也多不以正，而断断焉胎教之讲，乱其本而治其末，则何益矣。然西洋贤智迭生，未始非发明胎教之功也。吾中夏以数千年文明古国，及举胎教而废之，亦独何哉？

以上论父道母道。

《易·蛊》："初六：干父之蛊，有子考无咎，厉终吉。象曰：干父之蛊，意承考也。"

按蛊者前人已坏之绪，干者饬治而振起之。干父之蛊，不承其事而承其意，善继父之志者也。知危能戒，则终吉；不戒而骄，蛊将益甚，恶能反凶为吉哉？宋之亡，哲宗、徽宗不知干蛊之义也。唐之元宗、宪宗知干蛊矣，勤于始，怠于终，终以有咎，干蛊之难也。周宣、汉光，庶乎近之。

《易·蛊》："九二：干母之蛊，不可贞。象曰：干母之蛊，得中道也。"

按贞者事之干，九二干蛊，而戒之曰不可贞者，以二之刚承五之柔而治其坏，当巽以入之，不可固守其刚以为正也。母性多柔，固守其刚，则伤恩害义，非中道矣。五为君位，而以母言者，母者阴之尊称。《晋》六二称王母，《小过》六二称遇其妣皆是也。六五以阴柔为一卦之主，妇人乱政而子能正之，则干蛊之义。人君之事母后，固不可不明此义。以阳刚之臣而事柔弱之君，则亦当从容将顺，巽以入之，而不可固守其刚以失中也。

《论语·学而》："事父母能竭其力。"

按竭力者，竭其力之所当为与所能为，而无有不尽。人子之力，受之父母，父母之于子既竭其力矣。为人子者赖父母之保抱怗恃，以有此力，而不能为父母竭之，则亦焉贵有子哉？子有力而父母老矣，用力于妻子之日长，尽力于父母之日短。有父母而不能竭力，他日将有欲竭力于父母而不得之痛也。

《论语·为政》："生事之以礼，死葬之以礼，祭之以礼。"

按礼者天之所秩，王之所制，当为而不为，不当为而为，皆非所以事亲也。生事葬祭，自始至终，一于礼而不苟，则其尊亲也至矣。三者有一不合于礼，则将贻无穷之悔。子心所不安，即亲心所不安，其为不孝孰大焉。可不戒哉？

《论语·为政》："父母唯其疾之忧。"

按父母爱子之心，无所不至，而所忧以疾为最切，则人子所以体父母之心者，必以谨疾为要。谨疾必以守身为本，不能守身必不能谨疾。世之足以致疾者多矣，风雨寒暑，疾在六气，喜怒哀乐，疾在七情。为子者不敢以父母之遗体行殆，身体发肤，受之父母，一举足而不敢忘父母，一出言而不敢忘父母。全受全归，不亏体，不辱亲，斯为能守身；能守身，斯不至以疾贻父母忧。父母忧子之疾，惟忧其不能守身也。新学者流，弱者呈身权门，强者流血原野，所行不同；而不能守身，辱父母遗体，以贻父母之忧则同。其亦昧于圣人之教矣。

《论语·里仁》："事父母几谏，见志不从，又敬不违，劳而不怨。"

按几，微也。微谏所谓父母有过，下气怡色柔声以谏也。见志不从，又敬不违，所谓谏若不入，起敬起孝，悦则复谏也。劳而不怨，所谓与其得罪于乡党州闾，宁熟谏。父母怒不悦，而挞之流血，不敢疾怨，起敬起孝也。朱子谓与《内则》之言相表里是矣。

劳而不怨者，皇侃曰："谏又不从，或至十至百，不敢辞己之劳，以怨于亲也。"吕伯恭曰："救父母于无过之地，左右前后，千方百计，尽其心力，形神俱瘁，不敢有怨。子身父母之身，尽身以救正，何怨也？"王引之据《淮南·精神篇》高诱注："劳，忧也。"训劳为忧，失其义矣。

人子之事父母，爱敬以外无二道焉。父母有过，家庭之谏尚须委曲将顺，不敢稍近切直，以伤父母之心。则岂有告亲于官，干名犯义之事，而忍出之于人子者哉？《新刑律》："父母滥用亲权，危及子之财产者，审判厅得宣告其亲权之丧失。"是率天下而灭绝人道也。嗟乎！彼独非父母所生哉？

《中庸》："武王、周公，其达孝矣乎！夫孝者，善继人之志，善述人之事者也。践其位，行其礼，奏其乐，敬其所尊，爱其所亲，事死如事生，事亡如事存，孝之至也。"

按继志者，事之未成则有志，继则续而成之；述事者，志之已行则为事，述则循而行之。践其位者，践先王之位；行其礼者，行先王之礼；奏其乐者，奏先王之乐；敬其所尊者，敬先王之所尊；爱其所亲者，爱先王之所亲；事死如事生，事亡如事存者，先王虽死而事之如生，先王虽亡而事之如存。此皆孝子善继述之事。

《中庸》虽为武王、周公而言，而凡为子者皆不可以不知也。拔本塞源，裂冠毁冕。有耻而不知雪，有国而不能保，有法而不肯守。父子平等则无尊，父子均权则无亲。亲权丧失，则虽生实死，虽存实亡。悲夫！武王、周公可作，必不能一日忍于此矣。

《孟子·离娄上》："事孰为大？事亲为大。守孰为大？守身为大。不失其身而能事其亲者，吾闻之矣；失其身而能事其亲者，吾未之闻也。孰不为事？事亲，事之本也。孰不为守？守身，守之本也。"

按亲者身之自出，身者亲之所遗，理本无二，故事亲必自守身始。一失其身，则亏体辱亲，虽日用三牲之养亦不足以为孝矣。复何事亲之可言哉？事君事长皆事也，必以事亲为本，事亲孝则忠可移于君，顺可移于长；守家守国守天下皆守也，必以守身为本，身正则家齐国治，而天下平。父子路人而高谈忠君爱国，名节扫地而侈语齐家治国平天下，其本乱而末治者未之有也。有亲而不能事，孰复能事？有身而不能守，孰复能守？至哉孟子之言！新学者流，所当三复书绅矣。

《孟子·离娄上》："天下大悦而将归己，视天下悦而归己，犹草芥也，惟舜为然。不得乎亲不可以为人，不顺乎亲不可以为子。舜尽事亲之道而瞽瞍底豫，瞽瞍底豫而天下化，瞽瞍底豫而天下之为父子者定，此之谓大孝。"

按孝子之心，知有亲而不知有天下，天下大悦而归己，固未尝以一置于心。不得乎亲，则不能承亲之欢，一日不可自齿于子；不顺乎亲，则不能论亲于道，一日不可自列于人。得亲顺亲之外，无一物足以间其心。父母重而天下轻，举四海之富、天子之贵，而不以易吾得亲顺亲之念，舜之所以为大孝也。舜尽事亲之道而瞽瞍底豫，天下岂有不可事之亲哉？舜能尽其子之孝，而天下之为子者皆化于孝；舜能感其父使慈，而天下之为父者皆化于慈。父慈子孝，各止其所，而天下之为父子者定。

舜之大孝，负罪引慝，舜惟见己之不是，不见父母之不是也。昔罗仲素论此曰："只为天下无不是之父母。"陈了翁闻而善之曰："唯如此而后天下之为父子者定。"乱臣贼子其忍而出于弑父弑君者，惟见父母之不是，不见己之不是也。尧、舜、孔、孟作，而天下之为父子者定；墨翟、释迦、耶稣作，而天下之为父子者乱。圣人复起，必有以正之矣。

《孟子·离娄下》："世俗所谓不孝者五：惰其四支，不顾父母之养，一不孝也；博弈好饮酒，不顾父母之养，二不孝也；好货财，私妻子，不顾父母之养，三不孝也；从耳目之欲，以为父母戮，四不孝也；好勇斗狠，以危父母，五不孝也。"

按此列言不孝之目，以儆人子。五者皆世俗所易犯，而为人子者不可以不自省也。今之为新学者，吾见之矣。惰其四支，不务恒业，则曰远大；博弈好饮，废时耗财，则曰通达；好货财，私妻子，则曰权限；纵欲无度，荡检逾闲，则曰文明；好勇斗很，闯不畏死，则曰侠烈。弃其父母不顾，奔走运动。讲立宪者，植党争权；倡革命者，犯上作乱。亡身及亲，有子而徒为父母戮，则亦焉贵有子矣。杜渐防微，以范围子弟，非为父母师长者之责哉？

《孟子·万章上》："万章问曰：'舜往于田，号泣于旻天，何为其号泣也？'孟子曰：'怨慕也。'万章曰：'父母爱之，喜而不忘；父母恶之，劳而不怨。然则舜怨乎？'曰：'长息问于公明高曰：舜往于田，则吾既得闻命矣；号泣于旻天，于父母，则吾不知也。公明高曰：是非尔所知也。夫公明高以孝子之心，为不若是恝，我竭力耕田，共为子职而已矣，父母之不我爱，于我何哉？帝使其子九男二女，百官牛羊仓廪备，以事舜于畎亩之中，天下之士多就之者，帝将胥天下而迁之焉。为不顺于父母，如穷人无所归。天下之士悦之，人之所欲也，而不足以解忧；好色，人之所欲，妻帝之二女，而不足以解忧；富，人之所欲，富有天下，而不足以解忧；贵，人之所欲，贵为天子，而不足以解忧。人悦之、好色、富贵，无足以解忧者，惟顺于父母可以解忧。人少，则慕父母；知好色，则慕少艾；有妻子，则慕妻子；仕则慕君，不得于君则热中。大孝终身慕父母。五十而慕者，予于大舜见之矣。'"

按恝，《说文》作㤂，恝、㤂古今字。《吕览》言尧十子，此九男，丹朱适子不在列。赵注以九男为一朱八庶，非也。二女《书》有明文，《孟子》、《史记》所言并同，必不至误读《尧典》。《檀弓》舜葬苍梧，三妃未从，三妃盖二妃之误。郑注：帝喾立四妃，象后妃四星。其一明者为正妃，余三小者为次妃。帝尧因焉。至舜不告而娶，不立正妃，但三妃而已，谓之三夫人。《离骚》所歌湘夫人，舜妃也。其说甚凿。

孔疏引《帝王世纪》，舜三妃，长妃娥皇，无子；次女英，生商均；次癸比，生二女，宵明、烛光，以附会郑注尤妄。《离骚》所歌湘君湘夫人，盖湘水之神，并非尧女。《山海经》、刘向、郑元、王逸、韩愈之言，均不足信。《记》言舜葬苍梧，三妃不从，明三妃生不从征，死不从葬。舜葬苍梧，则与《书》不合，实未可据。司马温公、张文潜之诗，所驳当矣。固不第以二女为三妃为误也。

少艾，朱子以艾为美好，是也。《楚辞·少司命》幼艾，指女色；《国策》幼艾，指男色。皆谓美好。季氏《示儿编》，程氏《考古篇》，谓经传无以艾为美好之说，妄也。热中，躁急心热，朱子所注当矣。《素问·腹中论》有热中消中之文，孟子盖借病之热中，以形容失意于君者也。

父母重，则情欲、妻子、功名富贵轻；情欲、妻子、功名富贵重，则父母轻。人子受生于父母，不能食而父母食之，不能衣而父母衣之，不能行而父母保抱提携之。时其寒暖，察其饥饱。父母爱子之心，无一物足以夺之，恩莫大，义莫亲矣。当其孩提，依依膝下，一啼一笑，惟父母是恋。父母之外，固亦不知有情欲、妻子、功名富贵之可慕也。及身渐长，而慕父母之心，忽焉夺于情欲，夺于妻子，夺于富贵功名。生我养我教我，吾身所自出之父母，吾视之可有可无，反不得比于少艾、妻子、君焉。必非吾孩提之本心矣。

舜之心，终身一孩提之心也。父母重，而天下之物皆轻。时而贫贱，极天下之至苦，不足以变其事亲之心；时而富贵，极天下之至乐，不足以易其事亲之心。历山耕田，呼天号泣者，此心惟慕父母也；九男二女，百官奉养，如穷人无所归者，此心惟慕父母也。时有老壮，境有顺逆，而慕父母之心，百折而不移。身有尽，而慕父母之心无尽；身有穷，而慕父母之心无穷。嗟乎！舜为人子，吾独非人子与？舜有父母，吾独无父母与？舜之身为父母所生，吾之身独非父母所生与？

舜慕父母，终身如一日，而吾慕父母之心，乃不能不夺于情欲，夺于妻子，夺于富贵功名。舜人也，我亦人也。人皆可以为尧、舜，吾不能学舜之圣，吾何不能学舜之慕父母？舜之富贵功名，非吾所能必；舜之慕父母，反身即是。吾以舜之慕父母者，慕吾父母，孰得而阻之？大人者，不失其赤子之心者也。吾孩提之心，固一舜之心矣。舜能守而不失，而吾失之焉。吾不能守吾孩提之心以慕父母，而高语道德学问，则道德学问皆伪也。道德学问不用之于吾亲，而何用焉？

墨翟、释迦、耶稣，不爱其亲而爱他人，不敬其亲而敬他人，倒行逆施，返之于心果安与？人亦不自思耳。吾试一追念呱呱怀抱时，少艾何在？妻子何在？君何在？时而号寒，时而啼饥，时而疾痛疴痒，少艾为之食，为之衣，为之保抱提携与？妻子为之食，为之衣，为之保抱提携与？君为之食，为之衣，为之保抱提携与？吾赖父母生我养我教我，以有此身，此时固未尝有少艾、有妻子、有君。吾身既长，而父母老矣，竭吾心力以报罔极之恩，亦无几时。而事往情迁，孺慕之心□□，知有少艾而不知有父母，知有妻子而不知父母，知有君而不知有父母。是诚何心也？

吾知一念吾孩提依依膝下之时，必有泣下沾襟而不能自已者。一衣而念父母，则一日不能安于轻暖；一食而念父母，则一日不能安于肥甘；一言一动而念父母，则一日不能安于笑谈嬉游。拥少艾而念父母，则一日不能安于欢娱；对妻子而念父母，则一日不能安于寝居；立朝廷而念父母，则一日不能安于驰驱。父母存而承欢，则一日不忍失于温情；父母亡而居丧，则一日不忍去于苫块；父母没而追祭，则一日不忍离于几筵。

父母之没者已矣，起父母于九原，而欲依依膝下，一望亲颜，再承须臾菽水之欢，不可得矣。妻子立于前，少艾侍于左右，君侧席虚位于上，无救吾终天之痛矣。父母之存者，则犹可以汲汲自致其孺慕，而无贻后日无穷之悔焉。立身行道扬名，无亏体，无辱亲，使父母不虚生此子，则固无间存没而皆可以自尽者。吾愿世之为人子者，三复终身慕父母之舜，而一自问其心也。

《礼记·曲礼上》：“凡为人子之礼，冬温而夏清，昏定而晨省。出必告，反必面。所游必有常，所习必有业。恒言不称老。居不主奥，坐不中席，行不中道，立不中门。听于无声，视于无形。不登高，不临渊。不苟訾，不苟笑。父母存，不许友以死。父之仇，弗与共天。”

按为人子者当曲体父母之心，不可一时一事有忽；一时一事有忽，则父母隐受其苦而子不知。冬寒则恐其冷，必多方以致其暖；夏暑则惧其热，必多方以致其凉。昏则安定其衽席，晨则省问其安否。言冬夏者，举寒暑以概四时；言晨昏者，举朝夕以概一日。出必告者，禀命而行，使亲知所往；反必面者，报命而退，使亲知已归。为亲者无一念而忘其子，故有倚门倚闾之望；为子者无一念而忘其亲，故有出告反面之礼。

游必有常者，身不他往，虑贻亲之忧；习有正业者，心不妄用，惧失亲之望。恒言不称老者，嫌其尊同于父母。且恐父母闻之，而念子之已老，叹己之益衰也。室西南隅为奥，尊者所居也。一席四人，则席端为上；独坐则席中为尊。中道中于道，中门中于门，尊者所处，人子不敢当之也。亲虽未言，而子常审听，若亲之有言，恐言而不及闻也；亲虽未动，而子常谛视，若亲之有动，恐动而不及见也。一举足而不敢忘父母，登高临深，深惧蹈危；一启口而不敢忘父母，苟訾苟笑惧招辱。

亲在而许友以死，非为友报仇也。朋友有患难相死之义，亲在而许友以死，重友忘亲，非人子所敢出矣。聂政曰：“老母在，政身未敢许人。”其知礼与？亲没而仍践前诺，死不当死，是亦可以已矣。惜哉！政终不知礼也。徐庶之母被执，先主欲留之，庶指其心曰：“方寸乱矣。”卒辞先主，奉母以终其身。孝哉庶乎，可以无憾于为子矣。父者子之天，杀己之天，与共戴天，非孝也。王裒有志不得报，稽绍不报而又事之，荡阴之死于仇，忠于父逆，叛其死父而死仇雠，人道绝矣，是固裒之罪人也。

《礼记·曲礼上》：“父前子名。”

按对至尊，无大小，皆相名。不敢以平等之礼施于至尊也。

《礼记·曲礼上》：“父母有疾，冠者不栉，行不翔，言不惰，琴瑟不御，食肉不至变味，饮酒不至变貌，笑不至矧，怒不至詈。疾止复故。”

按栉，梳发也。翔，张拱而行也。惰，戏慢也。御，用也。齿本曰矧，大笑则见。詈，骂也。孝子事亲，病则致其忧。不栉，忧不为饰也；不翔，忧不为容也；不惰，忧不为谑也；不御，忧不为乐也；不变味不变貌，忧不多食不多饮也。喜甚则笑而见矧，怒甚则詈。孝子之心，无一念一刻不注于父母。父母之疾之外，固不知有可喜可怒之事，何有于笑至矧、怒至詈哉？心有专注者，必无他属。复故，复常也。疾止则忧解，故复常。

《礼记·曲礼下》：“君子已孤不更名。已孤暴贵，不为父作谥。”

按名者，父之所作。父没而更名，是背其父也。弃本忘源，人子之心必有所不忍矣。死而谥，周之过制也。古者生无爵死无谥，尧、舜、禹、汤未闻有谥也。智愚、贤不肖、善恶之分，在生前之行，不在死后之谥。贤智者不以恶谥而减其善，愚不肖者不以美谥而减其恶。欺天罔人，法当谥者，君子且有所不欲为。况法不当谥，而为之子者追为之谥哉！

子加父谥僭，父受子谥耻。父无善而子称以善，父有恶而子讳其恶，父无德无位而子越礼以为之谥诬。舜不谥瞍，禹不谥鲧，舜、禹之孝不以是而损也。后世有天下者必藉口武周，武周之圣，孰与尧、舜、禹、汤？不学尧、舜、禹、汤而学武、周，其亦昧于因革损益之宜矣。为君必追王其父，为臣必请封其父，为达官贵人必营求请托，崇祀其父于乡贤名宦，列传其父于国史。嗟乎！是固礼之所深斥也。

《礼记·曲礼下》：“君子虽贫，不粥祭器；虽寒，不衣祭服；为宫室，不斩于丘木。”

按粥，卖也。丘，墓也。祭器祭服，祀先所重，粥之衣之，不敬莫大焉。为生者宫室，至斩伐于祖宗丘墓之木，则尤悖义之甚。君子宁困其身而不敢慢其先，孝敬之至也。

《礼记·曲礼下》：“子之事亲也，三谏而不听，则号泣而随之。”

按三谏不听，号泣以随，冀以感动亲心，谅子之诚而改之也。君臣主义，父子主恩。三谏不听则逃者，事君之义，不可施之于事亲。父子天性，无所逃于天地之间，惧亲过之将成，而忧痛迫切。陷亲于恶不忍，激亲之怒不敢，不得已而为婴儿啼焉。庶几见怜于亲，而幸得亲心之一悟也。几谏，谏亲之常；号泣，谏亲之变。为人子者，宜思所以善处常变之间，而毋疾痛疴痒之不相关，以秦越其亲哉！

《礼记·曲礼下》："亲有疾饮药，子先尝之。医不三世，不服其药。"

按药之气味多恶，宜先尝以度其所堪，且防毒。医至三世，则视证多而用药熟，庶免误投之害。经之所言道其常，世固有非世传而专精自得者，又不必拘于三世之说也。此教人子以侍疾求医用药之道。许世子止不明乎此，卒被首恶之名。疾者夫子所慎，季康子馈药，未达则不敢尝。圣人之致谨于身如此，岂有于君父之疾而可忽哉？

《传》曰：许悼公疟，饮世子止之药而卒。止不择医而轻用其药，药不先尝而误进于君，《胡传》以为止有忽君父之心。履霜坚冰，《春秋》所谨。书许世子止弑其君买，立万世乱臣贼子之防也。止以不择医不尝药而书弑，除恶于微，《春秋》之义严矣。唐肃宗听李辅国、张后之谋，劫迁元宗于西内；宋光宗制于李后，不问孝宗之疾；致元宗、孝宗愤郁以崩。其罪什百于止，律以《春秋》之义，若肃宗、光宗者，必正其弑逆之罪而后可也。

《礼记·檀弓上》："事亲有隐而无犯，左右就养无方，服勤至死，致丧三年。"

按隐谓不扬亲之过。《论语》曰："子为父隐。"犯，犯颜以谏也。《论语》曰："事父母几谏。"左右就养无方，或左或右，就而奉事其亲，无一定之方也。服勤，服任劳苦之事，言至死则勤无时或已矣。致丧，极其哀毁之节也。三年之内，寝苦枕块，不食肉，不饮酒，不御内，不脱衰绖，此则人人所当自尽者。

子生三年，然后免于父母之怀，而曾无三年之爱于父母。父母坟土未干，而衣冠、饮食、寝处如常。有三年之名，无期功之实。寝苦枕块于地，衰绖哭泣，三年之丧，致丧三月者，且百不得一。去苦块而床，去衰绖而白衣冠，去白而元而皂，食肉、饮酒、御内，晏然不知有亲丧之在身，则通国皆是焉。丧礼废，而耶、墨平等短丧之说，得入而夺之。呜呼！人心之死也久矣。

《礼记·檀弓下》："高子皋之执亲之丧也，泣血三年，未尝见齿，君子以为难。"

按泣血，不哭而目常有泪，如血之出也。人大笑则齿本见，微笑则齿见。三年而未尝微笑，则其哀痛迫切，三年如一日矣。夫人不幸，而朝夕依依相守之父母，忽焉以没。甘皆在前，不能起父母而一尝；轻暖在侧，不能起父母而一御。呼天抢地，孰能无哀痛之心？夺于妻子，移于朋友，分于仕宦，久之而哀痛渐衰，又久之而哀痛遂忘。君子以高子为难，信乎其难矣。虽然，天下受父母罔极之恩者，独一高子也哉？

《礼记·檀弓下》："子路曰：'伤哉贫也！生无以为养，死无以为礼也。'孔子曰：'啜菽饮水尽其欢，斯之为孝；敛手足形，还葬而无椁，称其财，斯之谓礼。'"

按啜菽，煮菽为粥而啜之；饮水，更无余物可饮也。事亲称家之有无，孝子之道，不在禄养而在养志。干谒奔走，以谋一官，屈膝贵人之门，染指非义之财，则其亏体辱亲也大矣。虽日用三牲之养，恶足为孝哉？孟子称不孝有三，赵注以家贫亲老不为禄仕居其一，此后人不达大义而妄为之说，非古训也。建官设吏为天下，非为一人之私。颜子箪瓢乐道，子路菽水承欢，二子之孝未闻以是而损也。世之热中富贵者，动以家贫禄养为藉口，则亦正以孔子之言可矣。

《礼记·内则》："子甚宜其妻，父母不悦，出。子不宜其妻，父母曰：'是善事我。'子行夫妇之礼焉，没身不衰。"

按孝子之心，知有父母而不知有己。妻之贤否，必以父母之说不说为断，而子之宜不宜不与焉。父母说而子不宜，必反己以求其妻，所以能顺于父母之善；子甚宜而父母不说，必反己以察其妻，所以不能顺于父母之咎。父母无不爱其子，即无不爱其子之妻。父母之所甚爱而至于不悦，此必有自取之道。为子者，闺房之中，衽席之上，必当多方以教之，竭诚以感之，必不得已而后遵礼以出之焉。父母无不慈之失，子无轻出其妻之悔，则孝子事亲之道也。

《礼记·内则》："父母虽没，将为善，思贻父母令名，必果；将为不善，思贻父母羞辱，必不果。"

按身者父母之遗体，人子一身之善恶，而父母荣辱系焉。为善不决，去恶不勇，人之常情也。一念为善，而父母实受其荣，则为善必决；一念为恶，而父母实受其辱，则去恶必勇。父母之荣辱，在子之善恶，不在子之贵贱。汲汲焉奔走权门，诳诱乡闾，谋取一官一职，蝇营狗苟，无所不至，而自以为荣者，其辱亲甚矣。天下岂有不能守身之孝子哉？

《礼记·内则》："子妇无私货，无私畜，无私器，不敢私假，不敢私与。"

按一家之财，必统于尊者，而不可以有私。子者父母所生，妇者父母所娶以配子。身体肤发受之父母，父母在，不敢有其身，奚有于身外之财？子无私，妇安敢有私？未有有私而能正其家者，《礼经》之垂教严矣。母取箕帚，立而谇语，秦之所以亡也。不法《礼经》，而惟亡秦敝俗之法，悍然定一父母危及其子财产之律，以告于天下。呜呼！其尚有人道也哉？

《礼记·内则》："曾子曰：'孝子之养老也，乐其心不违其志，乐其耳目，安其寝处，以其饮食忠养之。是故父母之所爱亦爱之，父母之所敬亦敬之，至于犬马尽然，而况于人乎！'"

按养老，养亲之老也。亲而老，则人子为养之日无多矣，汲汲焉惟恐不及。多方以娱悦其心，而不可使之忧；先意以承顺其志，而不可使之逆。有所问，必怡声以悦其耳；有所进，必柔色以悦其目。昏定以安其寝，晨省以安其处。一饮一食，必默窥亲之所欲，尽心以养，而不敢拂其志。父母所爱亦爱，必推其爱父母者，以爱父母所爱之兄弟；父母所敬亦敬，必推其敬父母者，以敬父母所敬之亲贤。推而至于犬马皆然，则庶乎可谓不违其志者也。晋武帝不念太后之言，而疏齐王攸；唐高宗不念太宗之言，而杀长孙无忌；宋太宗不念太后之言，而杀廷美、德昭。呜呼！是固《礼经》之罪人矣。

《礼记·杂记下》："孔子曰：少连、大连善居丧，三日不怠，三月不解，期悲哀，三年忧。东夷之子也。"

按三日亲始死之时，不怠谓哀痛之切，虽不食而能自力以致其礼也。三月亲丧未葬，不解谓朝夕奠及哀至则哭之类。期悲哀谓练以内朝夕哭之属。三年忧谓丧服未除，常自憔悴忧戚。二子居丧如此，可谓夷狄而进于中国矣。今之短丧平等，中国而入于夷狄者，果何心哉？

《礼记·祭义》："霜露既降，君子履之，必有凄怆之心，非其寒之谓也。春，雨露既濡，君子履之，必有怵惕之心，如将见之。"

按君子之于亲也，终身弗忘，气序变迁，目有所见，则心有所感。

秋至则万物枯瘁，君子履霜露，而有凄怆之心，悲亲之与物俱往，而非
为寒也；春至则万物发生，君子履雨露，而有怵惕之心，思亲之与物俱
来，而非为暖也。君子感时念亲，有不知其然而然者，而春秋之祭，由
此起焉。报本追远，圣人之教所以异于彝翟也。弃其一本之亲不祀，而
谄非其鬼，佛、老、耶、回，淫祠遍天下，中国之为彝翟也久矣。

《礼记·祭义》："致齐于内，散齐于外。齐之日，思其居处，
思其笑语，思其志意，思其所乐，思其所嗜。齐三日，乃见其所为
齐者。祭之日，入室，优然必有见乎其位；周还出户，肃然必有闻
乎其容声；出户而听，忾然必有闻乎其叹息之声。是故先王之孝
也，色不忘乎目，声不绝乎耳，心志嗜欲不忘乎心。致爱则存，致
悫则著。著存不忘乎心，夫安得不敬乎？君子生则敬养，死则敬
享，思终身弗辱也。"

按散齐七日，不饮酒，不茹荤，犹接事物，未就齐所也，故曰于
外；致齐三日，则不接事物，专致其湛然纯一之诚以交于神明，故曰于
内。祭以报本，不极其诚敬，何以与神明相通？致齐散齐，所思者先居
处笑语，而后志意乐嗜，由粗及精也。此散齐七日之礼。及致齐三日，
则恍惚如见亲之立于前，而承其色笑焉。祭而入庙，优然如见亲之在于
其位。周旋出户，荐俎献爵之时，行步周旋之间，肃然如闻亲之容止声
音。祭毕而出，忾然如闻亲叹息之声。

先王之孝也，亲之容色不忘乎目，亲之声音不忘乎耳，亲之心志嗜
欲不忘乎心。致极其爱，则若亲之存；致极其悫，则若亲之著。洋洋乎
如在其上，如在其左右。非仁孝诚敬之至，恶能有此？人子之于亲也，
有仁孝诚敬之心，则亲没亦存；无仁孝诚敬之心，则亲存亦亡。为人子
者而不忍亲之亡，则必生死致其敬焉。生而养必以敬，死而享亦必以
敬。生事死祭，无一时一念不有亲在其心焉，则亏体辱亲之事，必有所
不敢为矣。大孝终身慕父母，故大孝终身弗辱。

《礼记·祭义》："君子有终身之丧，忌日之谓也。忌日不用，
非不祥也。言夫日，志有所至，而不敢尽其私也。"

按忌日不举事，非以是日为不祥而避之也。亲亡之日，志于悲痛，
必极其至，不能复尽心于私以营他事也。君子有终制之丧，有终身之
丧。终制之丧，三年是也；终身之丧，忌日是也。忌日以丧礼处之，黪
布素服以居，不饮酒，不食肉，不御内，哀至则哭，此古今之通礼。后

世礼教废弛，风俗日薄。士大夫既不能守礼于三年，又不能尽礼于一日。遇亲亡之日，欢笑宴饮，晏然如平时。具文虚饰，不过陈馔一享。而又或延僧道，作佛事，弃其亲于异类，而辱之地下焉。呜呼！可悲也已！

《礼记·祭义》："唯圣人为能飨帝，孝子为能飨亲。"

按祭者之精神，必能与所祭之精神相感通，而后能使之飨。圣人之心与天无间，故天虽远，而能于祭时致天神之飨；孝子之心与亲无间，故亲虽没，而能于祭时致祖宗之飨。不然不仁不孝，自绝于天于亲久矣，安能以一时荐献之具文，感格天亲而使之飨哉？

《礼记·祭义》："文王之祭也，事死者如事生，思死者如不欲生。忌日必哀，称讳如见亲，祀之忠也。"

按思死者如不欲生，言思亲之深也。忠，诚也。祀之忠，言祀之诚也。处忌日者，必如文王而后为能尽其礼。申屠蟠忌日哀戚，辄三日不食；朱子遇讳日，必举家蔬食，白绢衫带黪巾以居。其庶乎得礼意与？唐宋之世，士大夫遇忌日，率多斋居谢客，不预人事，而朝廷亦有给假之令。唐礼部尚书知政事祝钦明，以匿忌日，为御史中丞萧至忠所劾贬官。将作监元亘当摄太尉，享昭德皇后庙，以私忌日辞摄祭。而真西山《读书记》，亦言前世名家嫁女，其箧中必有墨衰一称，以为忌日慰舅姑之服。其时严于忌日如此。

明郑克敬受知太祖，擢监察御史，尝奉使复命，赐燕不饮食。太祖诘其故，对曰："今日臣父忌日，不忍食肉饮酒。"太祖曰："尊者赐，少者贱者不敢辞，况君命乎！"克敬正色对曰："臣闻有父子，而后有君臣。"太祖悦其言，赐之钞。如克敬者，可谓知礼矣。近世礼废俗薄，居官者既无给假之令，又不自请假，晏然自同于平时。而有教育之责者，觍颜而登讲堂，曾无哀戚之容以表率学生焉。求忠臣必于孝子之门，士大夫之薄于其亲如此，而欲责以忠君爱国也难矣哉！

《礼记·祭义》："孝子之有深爱者，必有和气；有和气者，必有愉色；有愉色者，必有婉容。孝子如执玉，如奉盈，洞洞属属然，如弗胜，如将失之。严威俨恪，非所以事亲也，成人之道也。"

按洞洞属属，婉顺貌，见《淮南·氾论》注；洞洞，警肃也，属属，专谨也，见《汉书·谷永传》注。均不若《广雅》训敬为当。子于父母，一体所分，故至爱根心，固结而不可解。有爱心存于中者，必有和气发于外；有和气则见于面者，必有愉悦之色；有愉色则形于貌者，必有婉顺之容。

爱者心也，心动则气随之，气形则色随之，色见则容随之。和也，愉也，婉也，皆爱心所发也。爱至则敬自生，执玉者惟恐其坠，奉盈者惟恐其倾。所执虽轻，如至重而不能胜；所奉虽正，如欹侧而将或失。敬之至，爱之至也。孝子之敬，有深爱存焉。严威俨恪，成人临下之敬，非孝子事亲之敬也。孝子之心，终身一孺子而已矣。

《礼记·祭义》："君子反古复始，不忘其所由生也，是以致其敬，发其情，竭力从事，以报其亲，不敢弗尽也。"

按圣人不忘其所由生，而后制为祭礼，以达人心之同然。报本思源，非独人有是心也。乌能反哺，豺知追祭，鸟兽皆有是心。老、庄、墨翟、耶、佛之智，则曾鸟兽之不若也，可哀也哉！

《礼记·祭义》："曾子曰：'孝有三：大孝尊亲，其次弗辱，其下能养。'公明仪问于曾子曰：'夫子可以为孝乎？'曾子曰：'是何言与！是何言与！君子之所为孝者，先意承志，谕父母于道。参，直养者也，安能为孝乎？'"

按大孝尊亲，立身行道，扬名于后世，以显父母也。其次弗辱，不遗父母恶名也。其下能养，竭力耕田以供子职也。孝之大小，在道德不在禄位。尧、舜之孝，不以有位而加；孔子之孝，不以无位而损。匹夫而立身行道，显扬万世，大孝尊亲，生民以来未有过于孔子者也。曾子抑亦其次。曾元区区口体是养，孝斯下至。先亲意之将发，承亲志之欲行，而开说晓譬，陈善闭邪，引之当道，不使亲过既成而后谏。此大孝之事，曾子盖庶几焉。而犹慊然不敢自居，孝子之心未有自以为孝者也。事亲者若曾子亦可矣。

《礼记·祭义》："曾子曰：'身也者，父母之遗体也。行父母之遗体，敢不敬乎？居处不庄非孝也，事君不忠非孝也，莅官不敬非孝也，朋友不信非孝也，战阵无勇非孝也。五者不遂，灾及其亲，敢不敬乎？'"

按子身父母之身，一有不敬，辱其身是辱父母矣。居处不庄，则傲惰必至于败德；事君不忠，则奸邪必至于误国；莅官不敬，则贪鄙必至于殃民；朋友不信，则诈伪必至于贼交；战阵无勇，则怯懦必至于丧师。受身父母，不能全受全归，而贻父母以恶名。小则腾笑一时，大则遗臭百代，父母亦焉贵有此子乎？此曾子所以深戒世之为人子者。

吾圣贤之言孝如此，非孝无亲，无家族即无国家。新学者流谓不破家族，国家主义不能成立；家之慈父孝子，国之贪官污吏。悖哉言乎！事君不忠非孝，莅官不敬非孝，战阵无勇非孝。贪官污吏，在国为不忠，在子即为不孝，在父即为不慈。此吾圣贤之言孝，安得如新学家之言？为此说者，枭獍性成，自知不齿于家族，惧世人执圣经贤传以相绳，则遂举家族而破之，以绝言孝者之根。无所藉口，则曰国家主义。嗟乎！是不知吾圣贤所谓孝者固国家主义之本，而非新学家所得任意妄说也。

美之家产法，法之新家产法案，方注重维持家族制度。法路布列氏之家制复兴论，竭力主张家族制度。瑞士新民法，起草者为夫伯尔博士，力倡家族制度之宜维持。而吾国讲新学者，反扬欧美耶教将死之灰，破坏家族，拔本塞源，以反对孔教。己则非孝无亲，而并欲以法律迫国人不得复有其亲焉。此禽兽之灵者所不忍，其必率天下尽为枭獍而后可也。

《礼记·祭义》："曾子曰：'树木以时伐焉，禽兽以时杀焉。夫子曰：断一树杀一兽，不以其时，非孝也。'"

按孝之为道，始于亲亲，中于仁民，终于爱物。断树杀兽不以时非孝，孝道之广也。为人子者而知此义，则其于物也，必兢兢焉取之有时，用之有节，而不敢暴殄天物，以伤吾仁孝之心。物犹如此，而况同气之亲，同类之民，其可不思所以推吾孝以亲之而仁之？

晋士蒍教献公以翦除宗族，尽杀群公子；秦赵高导二世以严刑刻法，诛戮大臣诸公子；宋王安石辅神宗以新法聚敛，扰乱天下。其所残毒者，视一树一兽，什佰千万亿兆而无算焉。此实不孝之尤，后之谋人家国天下者，其深思圣人之训，毋效尤宋王安石而又甚焉。祸世毒民，不孝之罪，上通于天，出尔反尔，将不旋踵而受诛夷之惨也。

《礼记·祭义》："乐正子春下堂而伤其足，数月不出，犹有忧色。门弟子曰：'夫子之足瘳〔瘳〕矣，数月不出，犹有忧色，何也？'乐正子春曰：'善如尔之问也！善如尔之问也！吾闻诸曾子，曾子闻诸夫子曰：天之所生，地之所养，无人为大。父母全而生子，子全而归之，可谓孝矣。不亏其体，不辱其身，可谓全矣。故君子顷步而弗敢忘孝也。今予忘孝之道，予是以有忧色也。壹举足而不敢忘父母，壹出言而不敢忘父母。壹举足而不敢忘父母，是故道而不径，舟而不游，不敢以先父母之遗体行殆；壹出言而不敢忘父母，是故恶言不出于口，忿言不反于身。不辱其身，不羞其亲，可谓孝矣。'"

按天以阴阳五行之气，化生万物；地以山川原隰之产，育养万物。而人为万物之灵，天生地养，无若人之大者。具仁义礼智之性，备阴阳刚柔之德，五常四端，父母既全而生之矣，子必全而归之。不亏其体，所以全归其形；不辱其身，所以全归其德。

一举足曰顷，再举足曰步。径，邪路也；游，浮水也。道而不径，不敢以父母之遗体，趋于邪僻；舟而不游，不敢以父母之遗体，蹈于危险。己之恶言，不出于口；人之忿言，不反于身。忿言不反，故不辱其身；不辱其身，故不羞其亲。

乐正子春学于曾子，凤闻身体肤发受之父母，不敢毁伤之训。其所以临深履薄，凤夜战兢以守之者，非一日矣。一旦下堂而伤其足，即深自刻责如此，并以戒其门人。凛乎有亏体辱亲之惧，可谓笃守师训。

今之留学而归，挟其一知半解，日事运动竞争，黠则屈膝显贵，悍则膏身斧锧。背德忘本，攘夺非义之财，觊觎非分之望。其亏体辱亲之罪，为何如哉？乐正子春之所谓全归，全其德而归，非全其形而归也。德全则形自全。全其德而归，在尽道而死，不在考终而死。尽道而死，则饿而死，劳而死，困苦而死，直言敢谏而死，鞠躬尽瘁而死，托孤寄命而死，伏节守义而死，捐躯报国、同仇敌忾、断头决腹、残手足裂肢体而死，皆全归也。

吾分科而有是人，烈烈天壤，赫赫史册，则分科之设为不虚矣。不然嗜利无耻，偷生失节，蝇营狗苟，人而生，兽而归，保首领于牖下，受唾骂于国人。此正乐正子春所谓亏体辱亲者也，何全归之有？

《礼记·哀公问》："仁人之事亲也如事天，事天如事亲。"

按天者子之亲，亲者子之天。罔极之思，天也，亲也，一也。天亲之外无与参。惟天配亲，惟亲配天，事天事亲，必无二道。事亲如事天，亲也而尊之，践形尽性，不敢有一事之辱亲；事天如事亲，尊也而亲之，先意承志，不敢有一念之违天。荷天之宠，父母爱之，喜而不忘；敬天之怒，父母恶之，惧而不怨。赋受全归，无忝所生，事亲无一而非事天也；妖寿不贰，顺受其正，事天无一而非事亲也。顺亲者必不敢逆天，敬天者必不敢慢亲。天之孝子仁人，亲之孝子仁人也。老、庄、墨翟、释迦、耶稣之徒，拔本塞源，自绝于亲久矣，其能不为天之所绝哉？率天下而为天之乱臣、亲之贼子者，必老、庄、墨翟、释迦、耶稣之徒也。

《礼记·坊记》："父母在，不敢有其身，不敢私其财，示民有上下也。父母在，馈献不及车马，示民不敢专也。以此坊民，民犹忘其亲。"

按身体肤发受之父母，子不敢有身，安敢有财？家事统于一尊，父母在，为子者必无不由父命而可以专制财产之理。不由父命而可以专制财产，是率天下而逆也。圣人之言，为后世防严矣。子壮出分，耰锄德色，箕帚诟语，暴秦秕政，亡不旋踵。立法者不鉴于秦而又甚之，明定法律，正告天下，决裂名教，削夺亲权。听一二忌亲小人，以溃圣人之坊，亡秦之祸必有受之者矣。

《礼记·间传》："斩衰三日不食，齐衰二日不食。故父母之丧，既殡食粥，朝一溢米，暮一溢米。齐衰之丧，疏食水饮，不食菜果。父母之丧，既虞卒哭，疏食水饮，不食菜果。期而小祥，食菜果。又期而大祥，有醯酱。中月而禫，禫而饮醴酒。始饮酒者先饮醴酒，始食肉者先食干肉。"

按满手曰溢，王肃、刘逵、袁准、孔伦、葛洪之说，并同《小尔雅·广量》一手之盛谓之溢。杨梧曰溢，一手所握也，其说是矣。郑注以二十两为一溢，非也。据郑说朝暮各一溢，为米二升有奇，古升当今三合，为米六合有奇。此常人一日之食，创巨痛深之际，岂能堪此？不思甚矣。

齐衰二日不食，为居高祖父母、曾祖父母、祖父母、伯叔父母之丧者而言，非谓居母丧也。父母之丧，斩衰齐衰，服有异而哀不得有异。斩衰三日不食，举父以概母，通父母之丧而言，非别于母丧而言也。殡、虞、卒哭、练、祥、禫，父母之丧，哀之发于饮食者皆无异始死，不得有异也。

食旨不甘，闻乐不乐，居处不安，吾夫子万世之教。始死不食，既殡食粥不食疏食，既虞食疏食不食菜果，既练食菜果不食醯酱，既祥食醢酱不食肉饮酒，禫而后饮酒食肉。此非强制而不食也，哀痛之心迫于中，甘旨在前，一念吾亲而即有凄然食不下咽者。哀递杀而饮食递变，使不至以死伤生。贤者不敢过，而不肖者不敢不勉，为礼所以因人情而为之制也。曾子执亲之丧，水浆不食口者七日；乐正子春之母死，五日而不食；顾欢母亡，水浆不入口七日；房玄龄父丧，勺饮不入口五日；徐积母丧，水浆不入口七日。彼诸贤非勉而为此，婴儿中道而失其母，号啕哭泣，必不能骤强以乳矣。

汉、唐、宋、明以下，礼坏乐崩，而笃守丧礼之君子，代不乏人。今之士大夫未殡而粥而食，未虞而菜果而醢酱，未练而食肉饮酒，晏然不知有亲丧之在身者，举国皆是焉。嗟乎！礼文之为虚设也久矣！宜耶教无父之说一倡，而天下靡然从之也。

《礼记·间传》："父母之丧，居倚庐，寝苫枕块，不脱绖带。既虞卒哭，柱楣翦屏，苄翦不纳。期而小祥，居垩室，寝有席。又期而大祥，居复寝。中月而禫，禫而床。"

按倚庐，倚木为庐于中门之外也。寝苫，编藁而寝。枕块，取土而枕。翦屏，翦去户旁两屏之余草。柱楣，楣下施柱，夹户两旁。苄翦不纳，编苄翦头，头不内纳。《仪礼·丧服传》言既虞寝有席，与此不同，当以《间传》为正。倚庐之制，不必尽拘。寝苫枕块于地，不脱哀绖，则万世不易之礼，自天子达于庶人者也。三年之丧，去苫块而床，去衰绖而变服以出，则名虽三年，而实无一日之居丧焉。有人心者，必不忍于此矣。

《礼记·间传》："斩衰三升，既虞卒哭，受以成布六升、冠七升；为母疏衰四升，受以成布七升、冠八升。去麻服葛，葛带三重。期而小祥，练冠缥缘，要绖不除。又期而大祥，素缟麻衣。中月而禫，禫而纤，无所不佩。"

按先王因情制礼，哀有重轻，而服之精粗以殊。创巨者痛深，三年之丧，哀之至重；斩衰三升、冠六升，齐衰四升、冠七升，服之至粗者。服必称情，初丧哀痛迫切之情，必不可以历三年之久，故受之以卒哭，受之以练、祥、禫。

夫自始死：男子为父母笄纚、徒跣、去冠履；妇人布深衣缟总，为父去笄而纚，为母骨笄而纚，吉屦无绚。小敛：为父，男子袒括发，绞带，苴首绖、要绖；妇人麻鬠，苴首绖、要绖。为母，男子免布带，牡麻首绖、要绖；妇人布髽，牡麻首绖、要绖。三日成服：为父，男子竹杖，苴首绖、要绖，绞带，冠绳缨，斩衰裳不缉，菅屦，居倚庐，寝苫枕块；妇人竹杖，苴首绖、要绖，布总，箭笄，斩衰不缉。为母，男子桐杖，牡麻首绖、要绖，布带，冠布缨，齐衰裳，蒯屦，居倚庐，寝苫枕块；妇人桐杖，牡麻首绖、要绖，布总，榛笄，齐衰。卒哭：男子衰杖，葛首绖、要绖，绞带；妇人衰杖，葛绖而麻带。期而小祥：男子练冠功衰，杖，绳屦无绚，居垩室，葛要绖，除首绖、绞带；妇人衰杖，除带。再期而大祥：男子、妇人皆除衰杖，男子除要绖，素衣缟冠，白屦无绚。中月而禫：禫而床，元端以居。吉祭：无所不佩。

三年之中，服之所以屡变者，非故为繁也。哀以渐杀，服以渐变。受服之制，有繁而不可杀者。先王因人情、本天理，以立为中制，使人人皆得以自尽。贤者不敢过哀以灭性，不肖者不敢任性以忘哀。此固达之四海，推诸万世而可行。

中国之所以异于彝翟，尧、舜、禹、汤、文、武、周公、孔子之所以异于佛、老、耶、回，莫大乎丧礼。自周衰礼废，素冠之刺已见于《诗》。鲁庄公之丧，既葬，绖不入库门。士、大夫既卒哭，麻不入。晋文公之丧，襄公墨绖从戎。晋定公之丧，赵鞅降三年为期。宰予以圣门高弟，而以期为安。齐宣王欲短丧。聂政母死，已葬即除服。滕文公行三年之丧，父兄百官皆不欲。

逮汉文更制，以日易月，古礼尽废。翟方进后母终，既葬三十六日，除服，起视事。后汉赵憙、耿恭、桓焉、张酺等，皆奉诏释服。自是夺情起复，习以为常。晋武锐意复古，摇于杜预邪说，卒不能定。至唐始令斩衰三年、齐衰三年者，并解官。五代法制尽隳，宋初始议革申送选人，断自百日卒哭之制。明洪武初，始令奔丧者不待报而行。天顺间奏罢夺情起用之制，法令始一。

而本朝因之，然其所谓守制三年者，亦特其名，而实未尝有以衰绖终三年者焉。司马温公之葬后常服，朱子之墨衰，陆清献公之白冠袍，则贤者而亦不免变礼从俗。至于今日，士大夫能以白冠袍终丧者，已属仅见，变白而灰而元而皂者，则举世皆是。丧礼废而耶教乘间以入，士大夫之失其本心也非一日矣。

《礼记·三年问》："三年之丧何也？曰：称情而立文，因以饰群，别亲疏贵贱之节，而弗可损益也。故曰：无易之道也。创巨者其日久，痛甚者其愈迟，三年者，称情而立文，所以为至痛极也。

斩衰苴杖，居倚庐，食粥，寝苫枕块，所以为至痛饰也。将由夫患邪淫之人与？则彼朝死而夕忘之，然而从之则是曾鸟兽之不若也，夫焉能相与群居而不乱乎？将由夫修饰之君子与？则三年之丧，二十五月而毕，若驷之过隙，然而遂之，则是无穷也。故先王焉为之立中制节，壹使足以成文理，则释之矣。然则何以至期也？曰：至亲以期断。是何也？曰：天地则已易矣，四时则已变矣，其在天地之中者，莫不更始焉，以是象之也。然则何以三年也？曰：加隆焉尔也，焉使倍之，故再期也。由九月以下何也？曰：焉使弗及也。故三年以为隆，缌小功以为杀，期九月以为间。上取象于天，下取法于地，中取则于人，人之所以群居和壹之理尽矣。故三年之丧，人道之至文者也，夫是之谓至隆。是百王之所同，古今之所壹也，未有知其所由来者也。孔子曰：子生三年，然后免于父母之怀；夫三年之丧，天下之达丧也。"

按古者丧期无数，未尝有三年之制也。后世渐文，制为父母之丧三年。上推父母所自出，下推父母之所生，旁推父母之同宗，于是以三为五，以五为九，上杀下杀旁杀，而有五服之制。丧有文有实，斩、齐、功、缌文也，不饮酒、不食肉、不御内、不服官实也。有其服，有其实，是为情文相称；有其服，无其实，情不称文，则与不服等。

然以其无实，而遂欲并服去之，是又与于无实之甚者也。无实而尚有其服，则犹可以望其触物兴衰，顾名思义。因文以勉其实，几希恻隐羞恶之良，必未至于尽泯也。并服而去之，则悍然安于彝翟禽兽矣。世未有斩焉衰经在身，饮酒、食肉、御内、服官，晏然一切自同于常人而不愧者。饮酒、食肉、御内、服官，必先变其服。文者实之所赖以存，文去而实随之，则恶可以一人一时之无实而并去其文也？

嗟乎！丧礼之废也久矣。自宰予以圣门四科之选，已有短丧之问。孔子痛斥其不仁，曰："三年之丧，天下通丧。子生三年，然后免于父母之怀。"则三年之丧，固人子之所以自尽。予之言曰："旧谷既没，新谷既升，钻燧改火，期可已矣。"所言与《三年问》天地已易，四时已变之旨相同。而孔子非之，则至亲不可以期断明甚。《三年问》谓至亲以期断，而以三年为加隆，则是以宰予之见而释丧礼，其悖于孔子也大矣。《三年问》采自荀子，未可尽据。其言有知之属，莫不知爱其类，则痛哉言乎！有人心者未有不读之流涕者也。

《礼经》变乱于春秋战国，毁于秦，掇拾于汉儒，已非尽周公、孔子之旧。其可疑者，父斩母齐，曰不贰斩，则君父何以贰斩？君斩，君之妻齐是矣，则高曾祖父何以不从父斩，而从母齐？女子适人者降服父母，而服夫斩，是重人合而轻天合。士庶之女降服父母，而天子、诸侯之女不降，是父母以贵贱而分重轻，与《中庸》父母之丧无贵贱之义悖矣。

为人后者，为所后父母三年，而为父母期，是与女子适人者同。父母生我养我，罔极之恩，而可以降，人道灭矣。父在为母期，曰至尊在，不敢申其私尊，则齐衰三年固未尝有与父敌尊之嫌，何为而必屈之以期也？庶子为父后者为其母缌，而为适母、继母、慈母齐衰三年，是生我者不得比于适母，并不得比于继母、慈母也。禽兽知母而不知父，是并禽兽之不如矣。

三年之丧，有谓二十五月而毕者，则《公羊传》、荀子之说，而王肃主之；有谓二十七月而禫者，则戴德之说，而郑元主之。朱子、万斯同、顾炎武皆以王肃为然，而张子则从郑元。元说是也。《杂记》："期之丧，十一月而练，十三月而祥，十五月而禫。"期丧必间月而禫，禫、祥异月，则三年之丧可知。不得以中月而禫为月中而禫，禫、祥同月，如王肃之说明矣。

《丧服小记》："亡则中一以上而祔。"释中为间，郑氏固非无据也。朱子谓郑说与《檀弓》不合，则《檀弓》"祥而缟，是月禫，徙月乐"，自有正解。陈用之曰："是月之云，乃发下文，非蒙上文也，犹言子于是日哭则不歌也。徙月乐者，即孟献子禫悬而不乐，逾月吉祭乃作乐之说也。"陈氏之说当矣。

唐王元感谓三年之丧宜三十六月，张柬之历引汉、晋诸儒之说以驳之，而以王肃主二十五月为不刊之典。近世沈尧中、方东树等复力申王元感旧说，以驳荀卿、《戴记》，而方氏所执尤坚。经无明文可据，则亦姑存其说，以备后人之参考可也。二十七月之丧，载于《记》，著于令，考定于诸儒，尚无人能行，则又何论三十六月之丧？

墨翟以短丧诬大禹，杜预以短丧诬高宗，则并二十五月、二十七月之丧而去之。悖礼蔑伦，不惮妄托古人以便其私，丧礼之废非一朝一夕之故矣。自耶教平等之说入，剥夺亲权，昌言无忌，则生存之父母且夷于路人，而欲望身为已死之父母制服居丧，忍于生而不忍于死，天下必无是人也。此固吾中华开辟以来人道未有。

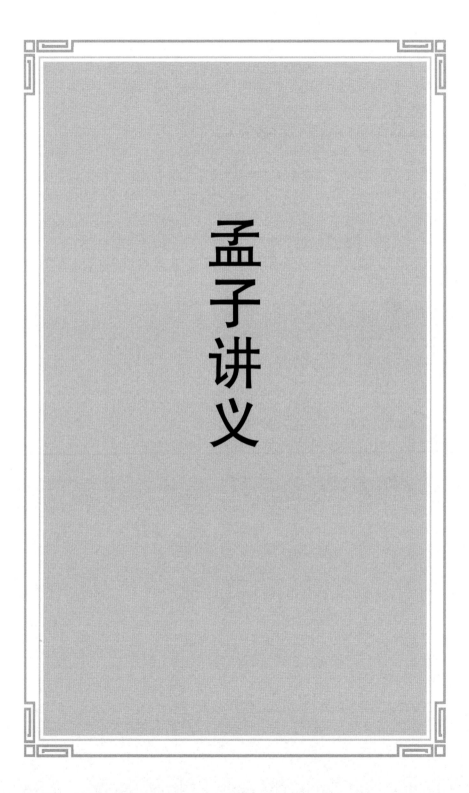

孟子讲义

据 1921 年开封新民社石印影印本。

《孟子讲义》序

　　存圣道于将亡，遏邪说之横流，继《孟子》七篇而作者，唐有韩子之《原道》，宋有周子之《通书》、程子之《颜子好学论》、朱子之《〈大学〉、〈中庸〉章句序》。朱子殁，讲理学者以俚言俗语为高，矜考据者以单辞碎义为博，务词章者以藻思丽语为工。道丧文敝，七百有余年。西学入而用戎乱华，姗笑经典，荡灭国粹，举五千年先圣先王，千百什一仅存之冠裳、律历、礼乐、政教，一扫以尽，圣道几乎绝矣。

　　天未丧斯文，而《孟子讲义》作。笔伐舌诛，大者炳揭日星，小者明析毫芒。吐辞而天维立，挥翰而人纪存。其距聃、翟，黜庄、列，辟佛、耶，辨管、商、申、韩、苏、张、孙、吴、荀、杨、许、郑、陆、王、惠、戴，先儒犹有能言之者。至于以告子为开禅学、西学之先，杨子之纵欲灭伦，为西说公妻公财所自出，则发二千余年所未发。程、朱以杨氏为学义而过，亦未深考于杨氏之说也。

　　嗟乎！为我兼爱之说横而七篇作，平等自由之风恣而《孟子讲义》成。予小子三复是书，而叹剥复之交，名世笃生，天之非无意斯文也。后有君子，其亦可以奋然而起矣。

　　己未九月男成吉谨序。

《孟子讲义》卷上

莅学演说

分科大学是中国第一等的大学堂，诸生到这里来，总要做第一等的大人物，方不负这第一等的大学堂。要做第一等的大人物，总要从幼小所读的四书做起，把四书一字一句都体贴到自己身上来。讲一字做一字，讲一句做一句。讲到仁，便要实力去做那仁字的工夫；讲到义，便要实力去做那义字的工夫；讲到行己有耻，便要实力去做那行己有耻的工夫。一言一动把四书放在心里，刻刻考察我所行的是合四书上的道理、不合四书上的道理，这才算是身体力行。不是将四书讲义看过一篇，便算了事。

第一关是要打破利害两字。凡事到前，一刀两断，把义利两字分别得清清楚楚，斩钉截铁。只晓得有是非，不晓得有利害。是的便是义上应该做的，就是刀锯在前，鼎镬在后，也是要做的；非的便是义上不应该做的，就是唾手可得，万钟千驷，我是万不做的。能打破了利害这一关，晓得礼义廉耻重于身家性命，死生、得失、毁誉一概不足动我的心，这才叫做真有普通知识呢。不是将经学、历史与地理化、算学各讲义看过一遍，便算有普通知识了。有了那晓得礼义廉耻重于身家性命普通知识，说是叫他做官，他便能不要钱；说是叫他带兵，他便能不怕死。我中国有了这样数百学生，分布在内外，担任国事，便立刻可以富强起来。

日本学西法在我们中国之后，何以他们做一件便有一件的成效这样的强？我们中国讲了西法数十年，又办了学堂十余载，并没有一点成效。这是什么缘故呢？看起来总由于人心不好。人心要好，无论讲什么学问总是有用的；人心要不好，无论讲什么学问总是没用的。他的终日用心，自早奔走运动到晚，总在升官发财上著想，那里有国计民生四字到他心上来？这样的人就是有了十分专门科学的本领，也不过只知道为自己做官弄钱，结党营私，保守自己的饭碗，于全国的人民有何好处？现在中国的人都是这个样子，那里还有一点人心？实在看著要痛哭流涕。

人心这样的不好，也非一朝一夕养成的。究其原因，一由于政事做成的，一由于学说做成的。在政事这一面，是那在上的崇奖浮薄，痛恶气节，所引用的无非一班奔竞无耻的人。稍有气骨的便要百计去了他，那里还有人肯讲礼义廉耻，去招政界的不高兴！在学说这一面，是从乾嘉以后专讲汉学，不讲操守；同光以来又专讲西学，不讲品行。只要把汉学西学挂了招牌出来，就是荡检逾闲，无所不为，也无人责备他。反要把那躬行实践的儒者，已往的是千方的攻击，现在的又百计的排挤。那里还有人肯讲礼义廉耻，去惹学界的不喜欢！两面夹攻，把社会的礼义廉耻都消灭干净了，国事那有不坏之理？

现在要想挽回人心，在政事这一面自有那在上的负了责任，在学说这一面便要从我们学堂里提倡起来。这一部四书的道理，就是挽回人心的大根本。要想把四书的道理输入众人心里，先要把四书的道理输入自己心里。把那一片世俗卑鄙龌龊、升官发财无耻的念头斩除干净。我自己的心先好了，方能挽回人家的心。这个责任总望诸生竭力担任，替我们中国下一个好种子，做一个好样子。有了好种子，自然会发生出无边的好学问；有了好样子，自然会传布出无数的好人品。把中国的人心就渐渐转移过来了，那时候我中国才有希望了。这是救国的上策。这学堂便是替我中国预备了数百万百战百胜无形的生力军了。朝廷要把四书命诸生通习，便是这个道理。

震武因那一天上堂讲授，南北口音不同，恐诸生尚有听未明白的；兼时刻甚促，不能尽写在黑板上。因此仍用白话写了出来，再与诸生讨论一番。总想与诸生竭力勉励，不孤〔辜〕负了这中国第一大学堂名目。诸生以为何如？

勉　言

震武承乏分科大学，以一日之长，得与诸生相切磋。大学总监督刘公，以四书纲领群经，包孕万理，咨部请于朝。特记〔设〕四书为分科大学通习课，命震武为之主讲。自维简陋，诸生束发从师，四书大义，闻之熟矣。奚待震武之言？震武所见固不能有加于诸生，而既任其责，则不敢不进诸生而勉之。

大学之设是课，非为耸人观听、涂饰耳目之具。自西学东渐，百家九流，异说蜂起，纷然殽乱，学绝道丧。剥极思复，将以昌明孔、曾、思、孟之传，责之诸生。所望于诸生者，不惟训诂、考据、记诵，必身体力行，有以存人道于将亡，续圣学于既绝。光大斯文，施及五洲。孔子之道，日月中天，血气尊亲，惟诸生是赖。

今京省学堂开办已十余年，而考其成绩，浮嚣日甚。风尚所趋，弃本逐末。修身伦理，仅立空名，未闻实事。气节不讲，行谊不修。循是以往，必致学术沦亡，人才衰绝。道揆法守，风俗人心，扫地俱尽，何以立国？朝廷特设是课以救其弊，将使诸生于明德新民之旨、明善诚身之义、克己复礼之方、知言养气之要，孜孜焉身体力行，为各校倡。上以抗迹圣贤，次不失为束身寡过之士。

大学通习之课，不用他经而独用四书，明四书为各科之权衡，意至深也。诸生彬彬好学，守先待后，肃然讲堂之上。孔、曾、思、孟，实式凭之。讲四书而不能实行，非先圣先贤垂教之心。为新学者方唾弃四书，诸生不能发愤兴起，一明四书之用，令彼得以实其言焉。世将以为孔、曾、思、孟之学果赘疣骈枝者，取诮中外，贻笑全球。诸生为卫道传经而来，志不自立，而获畔道灭经之效，必非诸生所安。

诸生毋以四书为迂阔，不切于事也。明之天地人物，幽之阴阳鬼神，内之身心性命，外之家国天下，天德王道尽于四书焉。进退古今，损益中西，非四书无所取衷。明辨以言，一字一义必反身自问，吾能是吾无愧是乎？有诸己而后求诸人，无诸己而后非诸人，此教者之责也。屏息以听，一字一义必抚心自反，吾能是吾无愧是乎？服膺勿失，书绅不忘，此受教者之责也。

教习之所以勉诸生，诸生之所以自勉，不在空言而在实行。以四书为学生立身之天则，达则与民由之，穷则独行其道。富贵不淫，贫贱不移，威武不屈。为天民，为大人，为舍生取义之贤者，为杀身成仁之志士，为见利思义、见危授命之成人。使天下尊诸生，以尊四书，尊孔、曾、思、孟，尊中国，尊朝廷。诸生之荣，中国之荣，朝廷之荣，先圣先贤之荣，教习之荣也。以四书为学堂循例之具文，放僻邪侈，无所不为。为墦间，为垄断，为胁肩谄笑，为机械变诈，为患得患失之鄙夫，为同流合污之乡愿。使天下薄诸生以薄四书，薄孔、曾、思、孟，薄中国，薄朝廷。诸生之辱，中国之辱，朝廷之辱，先圣先贤之辱，教习之辱也。

教习以一身系诸生荣辱，任大责重，中外注目。道之兴废，国之存亡，将于是乎卜之。惴惴焉惧自误以误诸生，为先圣先贤羞，逡巡却顾，不敢应命。去冬电辞函辞，今春以事赴京师，复面缴聘币约书以辞，而辞曰不获命，则暂任以俟别延贤者而告退焉。一日在校不敢不尽一日之责，愿以平昔所闻于师友者，与诸生共勉之。诸生其亦有以启予？

述四书源流

朱子以《大学》、《论语》、《孟子》、《中庸》，编为四书。元用以取士，著为令甲。而明及国朝因之，《明史·艺文志》、国朝《四库提要》，均别立四书一门。四书之称久矣。自汉文帝时，《论语》、《孟子》已同置博士。宋元祐中，即以试士。而《论语》有魏何晏注，梁皇侃、宋邢昺疏。《孟子》有汉赵岐注、宋孙奭音义。《汉书·艺文志》有《中庸说》二篇，《隋书·经籍志》有戴仲若《中庸传》二卷、梁武帝《中庸讲疏》一卷。陈氏《书录解题》有司马光《大学广义》一卷、《中庸广义》一卷。宋仁宗以《大学》赐进士王拱宸等，范文正公以《中庸》授张子。是皆先程、朱而表章《论语》、《孟子》、《大学》、《中庸》者。程子以《大学》为孔氏遗书，朱子断为出于曾子。郑《目录》以《中庸》为子思所作。柳子厚称《论语》成于曾氏之徒，视郑康成谓仲弓、游、夏所撰者可信。《孟子》七篇则司马迁以为孟子自作，朱子从之。而韩退之谓万章、公孙丑之徒为之者，殆非定论。

《论语》始于言学，终于叙述帝王之治；《孟子》始于辨义利，终于叙述尧、舜、汤、文、孔子见知闻知之传；《大学》始于格致，终于治国平天下；《中庸》始于慎独，终于笃恭而天下平。内圣外王，一以贯之。孔子之道在六经，六经之蕴具四书。曾子、子思、孟子衍其绪，周子、程子、朱子得其传。此万世之公言，非一人之私言。

而为四书之学者，务与朱子立异，于《大学》欲去补传，复古本。则黎立武、董槐、叶梦鼎、车清臣、方孝孺、王守仁、李塨、李光地、杨名时，于《论》、《孟》欲删集注。则黄震、顾炎武，于《中庸》别为章段。则黎立武、廖纪、李光地、朱彝尊《经义考》，于四书前立《论语》、《孟子》二类。黄虞稷《千顷堂书目》，凡说《大学》、《中庸》者，皆附于《礼》，已隐然有废四书之意矣。毛奇龄《四书改错》、戴震《孟子字义疏证》，用其偏见诐辞，竭力攻击。谢济世至有请废朱子《章句》之奏。万口一舌，必使朱子之书，不得复立于学官而后快。

叶酉以《中庸》为汉儒伪作，崔述以《论语》后十篇为伪，汪中以《大学》为非至德要道之书。风气所趋，变本加厉，摇笔鼓舌，上及于经。近日一二记丑言伪之士，则遂伪六经，斥孔子，废三纲，灭五伦。信口妄言，离经畔道，大决藩篱，无复顾忌。邪说滔天，于斯极矣。横流所被，不可复止，惧有圣学沦亡，人道灭绝之祸。本实先拨，我中国将不能立国。

今大学注重四书，固将藉是以明学术、正人心，使新学晚进皆得与闻大义，亹勉人纪，笃守天常，蔚为有用之才。无令僻儒诡士，得以惑世诬民。乘舟而迷者，见斗极则悟。四书，义理之斗极也。天地未毁，人类犹存，四书之道必不能废。国朝以孔子之教、朱子之学立国，学校科举，制异理同，遵守朱注，功令昭垂，百世不易。分科通习，事非创举，实遵旧制。经正民兴，邪慝不作，是在诸生之勉力自任尔。

述 孟

继孔子而起，以绍尧、舜、禹、汤、文、武之传，举战国申、商、孙、吴、苏、张、杨、墨、告子刑名法术、权谋变诈、纵横捭阖、为我兼爱、性无善无不善之说，一扫而尽之，使孔子之道焕然复明于世，则孟子之功为大。

孟子之学，出于子思，子思受业于曾子。其学以尚气节、重道义、轻富贵、薄王侯为立身之本，严辨于出处进退、取与辞受之间，而极其功于尽心知性、知言养气、尊王贱霸、崇仁义、黜功利、存天理、遏人欲。道性善，发前圣所未发。非尧、舜之道不陈于君，非周、孔之学不行于身。抗礼万乘之君，脱屣十万之禄。其严气正性，高行厉辞，足以廉顽立懦，振薄式靡。百世而下，读其书如见其人。

曾子曰："晋楚之富不可及也。彼以其富，我以吾仁；彼以其爵，我以吾义，吾何慊乎哉？"子思曰："事之云乎，岂曰友之云乎？"孟子曰："说大人则藐之，勿视其巍巍然。在彼者皆曰我所不为也，在我者皆古之制也，吾何畏彼哉?"三子之言，三子立身之本也。其视当世诸侯王，曾不足以动其一顾。士必有轻外重内、高尚卓立之志，而后可以入道。诸生欲学孟子之道，必先立孟子之志。

战国之时，谋诈用，而仁义路塞。一时游士，偷为一切苟且之计，以干时窃位，哗众取荣。孟子辙环齐、梁、滕、宋，所至龃龉，屹然独立横流之中，卒不肯少贬其志以求合。今之世亦战国也，诸生试设身与孟子易地而处，其自处当如何矣? 守志不屈，则穷困终身；枉道求合，则名节扫地。妻妾之奉、宫室车马之美、声色之娱，一日快意，举我本心而尽弃之，清夜怀惭，终身抱疚。为彼为此，孰得孰失，诸生必能三复孟子之言而早自决矣。

孟子既不遇于时，著书七篇以教后世。为之注者数家，而赵注独传。至朱子集注出，而孟氏之学益明。知孟子者，唐则韩子，宋则程子、张子、朱子。荀卿、王充、司马温公、李泰伯之非孟刺孟疑孟，余允文之尊孟，皆无足为孟子重轻。陆子静之先立其大；王伯安之致良知，以禅学附会孟子；戴东原之灭理尊欲，以俗学穿凿孟子。是皆孟子之罪人也。孔子之道非孟子不著，孟子之道非程子、朱子不尊。

孟子之书，继乎六艺，光乎三圣；拯一时之溺，开万世之蒙。其言皆与《论语》、《大学》、《中庸》相表里。不读《孟子》，不能读《论语》、《大学》、《中庸》。四书讲授之次第，先《孟子》，次《论语》，次《大学》、《中庸》。韩子曰："求观圣人之道者，必自孟子始。"今窃取于韩子之言。

述孟子通五经

孟子通五经、学孔子，而证以五经、孔子之言，若合符节。《汤诰》曰："惟皇上帝，降衷于下民，若有恒性。"《蒸民》之诗曰："天生蒸民，有物有则。民之秉彝，好是懿德。"《易》曰："继之者善，成之者性。"《刘康公》曰："民受天地之中以生。"《中庸》曰："天命之谓性，率性之谓道。"此皆言义理之性，则孟子性善之说所自出。《召诰》曰"节性"，《王制》曰"修六礼以节民性"，《论语》曰"性相近"，此皆言气质之性，则孟子动心忍性，形色天性，君子不谓性之说所自出。

《易》曰："立人之道曰仁与义。"则孟子仁义之说所自出。《大禹谟》曰"惟精"，《易》曰"穷理"，《论语》曰"博学于文"，《大学》曰

"格物致知",《中庸》曰"明善",曰"博学、审问、慎思、明辨",此皆致知之事,则孟子知言之说所自出。《大禹谟》曰"惟一易",曰"闲邪存其诚",《论语》曰"约之以礼",《大学》曰"诚意正心",《中庸》曰"笃行",曰"诚身",曰"择善固执",此皆力行之事,则孟子养气之说所自出。《论语》曰:"放于利而行,多怨。"曰:"君子喻于义,小人喻于利。"《大学》曰:"国不以利为利,以义为利。"则孟子不言利之说所自出。《五子之歌》曰"民惟邦本",则孟子民贵君轻之说所自出。

性无有不善,喜怒哀乐之未发谓之中也。恻隐之心,仁之端;羞恶之心,义之端;辞让之心,礼之端;是非之心,智之端;发而皆中节谓之和也。诐辞知其所蔽,淫辞知其所陷,邪辞知其所离,遁辞知其所穷,知者不惑也。不动心,勇者不惧也。舍生取义,有杀身以成仁也。非其有而取之非义,见得思义也。周于德者邪世不能乱,岁寒然后知松柏之后凋也。强恕而行,求仁莫近焉,忠恕违道不远也。天下之生久矣,一治一乱,《易》剥复否泰、阴阳盛衰之理也。辟杨、墨,辨告子,斥许行,《春秋》讨乱贼之义也。阐子思天道人道之传,以思诚示学者入德之方;述孔子乡愿乱德之言,以反经立万世名教之防。孔子尊周而孟子教齐、梁以王者,战国之世,七雄并立,周室已不可为,而天下之生民必不可以不救,此孔、孟易地皆然者也。

善学孔子者,莫如孟子。孔子小管仲,而孟子卑之;孔子大尧、舜,而孟子言必称之;孔子以顺天应人赞汤、武,而孟子称汤、武诛一夫,未闻弑君。其论世知人同也。孔子周流列国,孟子辙环齐、梁、滕、宋,其汲汲于行道同也。季桓子三日不朝,而孔子行;齐宣王托疾以召,孟子致为臣而归。其难进易退,不枉道以求合同也。孔子以道之行废归之命,而曰:"公伯寮其如命何?"孟子以遇不遇归之天,而曰:"臧氏之子焉能使予不遇哉?"其乐天知命同也。

当战国之时,杨、墨无父无君之言盈天下,使无孟子辞而辟之,则邪说横流,仁义充塞,而人道几乎息矣。先儒谓世无孔子,则人不知有尧、舜。嗟乎!世无孟子,则人亦安知有孔子哉?颜子之时有孔子在,则箪瓢自乐,不出陋巷可也。孟子之时,孔子没百有余岁矣,学绝道丧,孟子不起而自任,则谁任之?使颜子生于孟子之世,吾知其必不默尔而息也。颜、孟气象不同,则亦所处之时为之,非造诣之有浅深矣。

赵氏曰:"孟子通五经,尤长于《诗》、《书》。"程子曰:"可以仕则仕,可以止则止,可以久则久,可以速则速,孔子也。孔子,圣之时者也。知《易》者，莫如孟子。""王者之迹熄而《诗》亡，《诗》亡然后《春秋》作。春秋无义战。春秋，天子之事也。知《春秋》者，莫如孟子。"薛敬轩曰："天之生物也一本。知《易》者，莫如孟子。"阎百诗曰："观礼与食色轻重之辨，知《礼》者，莫如孟子。"诸儒之论至矣。

皮日休曰："《孟子》之文，继乎六艺，光乎百代，真圣人之微旨也。世以汤、武为逆取，杨、墨为达智者，其不读《孟子》矣。"刺孟疑孟诋孟之作，先儒已辞而辟之。近日复有拾其说以攻孟子者，谢墉以孟子言性善、荀子言性恶，同属偏论；纪昀谓荀卿非孟子，犹朱、陆之相非不足讶；汪中谓墨子诬孔子，犹孟子诬墨子。孟子之学，论定已久，而僻儒必欲取而乱之，夷孟子于杨、墨、荀子之列，则不知其何心也。

戴震之说孟子曰："理存于欲。""圣学有欲，异学无欲。""理欲之辨，为忍而残杀之具。""程、朱以理杀人，甚于申、韩以法杀人。"则举孟子存理遏欲之教，一扫而灭之。离经畔道，邪诐已甚，非徒王充刺孟、晁说之诋孟之比，而妄者顾推以为一代大儒焉。孟子曰："上无礼，下无学，贼民兴，丧无日矣。"学术邪而人心亡，盗贼裔翟之祸，非一朝一夕之故也。悲夫！

辟利篇

天下之乱起于争，争起于欲利。物我角立，而利心生，有利者必有害者。于是乎争有家庭之争，有社会之争，有政府之争，有种族国际之争。大争则大乱，小争则小乱；近者衅构数十年，远者祸延数百世。圣人以天地万物为一体，无内外，无彼此，皆欲有以生养而安全之，使天地万物各得其所。其体在仁，其用在义。仁义之性，圣愚所同具，利心起而梏之。恻隐微而仁之体亏，廉耻消而义之用亡。

圣人立教，以复其性，使人人皆知有天地万物一体之仁，各得其所之义。择其贤者能者，而与之共任天下之事。其德与才足以称其职，则终身一官而不徙。用人者不以崇卑为重轻，效用者不以贵贱为荣辱。其心惟在于同力协谋，分任合作，以成天下之务，未尝计及于一身利害之私。其在下者，则农以力田，工以成器，商以通有无。百官得其人，四民尽其职。君焦心于上，而不以宫府为尊；民勤力于下，而不以田野为贱。各效其能以为国，视人如己，视国如家，视天下如一人。知有当尽之责任，不知有可争之权利。大道为公，于斯盛矣。

自仁义息而功利之说起，在上者相尚以富强诈谋，在下者相炫以声华利禄。利之所在，内则父子喋血，兄弟剚刃，君臣倒戈以争；外则盗贼揭竿，裔翟抗命，党会伏尸以争。起于春秋，盛于战国，极于汉、唐、宋、明。人欲肆而天理灭，昏昏扰扰，醉生梦死。游庠序则羡科第之荣，居郡县则思督抚之尊，任部院则望宰辅之重。一身而兼数差，一日而治数职。朝典礼而暮司刑，夕治兵而晨掌学。任禹、皋、稷、契之所不能任，兼夷、夔、垂、益之所不能兼。经学适以文其奸，科学适以济其贪，异域方言之学适以肆其毒。举朝野上下，持论万殊，其称名借号，未尝不曰兴教育，保治安，整军经武，通商惠工，谋地方公益。而究其目之所营、心之所注、手足之所经画，则无非朘民之膏血，括人之金钱。

天下之治乱，观于人心。唐、虞之人心，有义无利；夏、商、周之人心，义胜利；汉、唐、宋、明之人心，利胜义；今日之人心，有利无义。仁义治之源，而利者乱之本。有利无义，则乱本成，治源塞矣。圣学言义不言利，所以遏乱之本，而昧者必欲反之，变本加厉。权利张，人心亡，圣学绝。自吾六经之训言之，国家有收税之义，即有保护人民之义；人民有纳税之义，即有参预政事之义。二者皆尽乎义之当然，而非有所利于其间。自霸学家造为权利义务对待之说，于是国家之收税，人民之参政，皆视以为上下权利所存，互相钳制，而君民一体之义绝矣。

日本之所讲者西洋之霸术，未尝深究吾圣人精义入神之学，其为是名称固不足怪。而中国讲法政者不能确加审定，亦沿而用之，惑之甚矣。人心之趋利，若水之赴壑，圣人严为之防，犹惧不能止其泛滥之势。而况昌言以教天下，则朝野上下，汲汲焉惟日夜权利之争，而君臣、父子之伦，礼义廉耻人道之防，有所不暇顾者，无足怪也。

战国之时，尚利之风盛，而仁义充塞，固亦无异于今日矣。孟子尊王道、黜霸功，七篇之书必以辟利为首者，非故为迂阔之谈以拂天下之欲也。利为乱之所由生，不绝其乱本，则天下之乱不止。士不去其利心，不可与为学；民不去其利心，不可与为治。上下交征利，而国危矣。后义先利，不夺不餍，孟子痛心疾首而道之。有国有家者，盍三复于孟子之言？

往见篇

一见而出处进退去就之义立，守之于己者严，则身之用舍操之于人者无足问。何也？君子之仕，为行道也。道之存亡，观于其出处进退去就。合于义则身舍而道存，离于义则身用而道亡。君子之身，道存与存，道亡与亡。一时之用舍，固不足以为道存亡，而非守身不能守道，则出处进退去就之义，不可以不讲矣。

古者君臣男女之交，男下女，君下臣。贤者在国，则君有就见之礼，在外则君有往聘之礼。礼不先而轻身往见焉，士未有不正己而能正天下者也。齐宣王托疾以召孟子，而孟子不见者，君无召宾师之礼。宣王不能敬德重道，北面尊师，而欲以万乘骄人臣视孟子焉，礼貌衰而孟子之去决矣。枉尺直寻，一见可以王霸，而孟子有弗为者，非矫也。君子以身殉道，不以道殉人。储子得至平陆，则孟子不见不为亢；季子不得至邹，则孟子往见不为卑。见不见之间，审之于义而已。往役义，往见不义，孟子为在国者言之也。不在其国，则君不能弃其宗庙社稷之守，越国而见人。君以礼聘而往焉，亦义之所许矣。不聘而往，则失己；聘而不往，则绝人为善。

逾垣闭门，贤者之高节，非圣人之中道。孔子周流列国，列国诸侯非以礼先则不见，君子之自重当如此也。仆仆奔走王侯之廷，而不待其礼之先，则天下贤人君子皆将鄙而弃之矣。孟子愿学孔子，而于不见诸侯之义，守之至严。非惠王卑礼厚币以先之，则孟子亦安肯千里而至，为惠王明仁义、陈王道乎？刘先主三顾草庐，而诸葛武侯始出。君非有尊信不移之诚，必不足与有为。孟子而后，得出处之王者，未有如武侯者也。文中子陈十二策以干隋文帝，不待其问而往告焉。贬道以求售，而欲道之行，难矣哉！

适梁篇

有志在一身之出处，有志在一国之出处，有志在天下之出处，有志在万世之出处。张禹、孔光，志在一身者也；萧、曹、房、杜，志在一国者也；董子、诸葛武侯、文中子，志在天下者也。进乎天下而为万世，必万世治乱存亡之所系，而一姓之存亡、一时之治乱不足以言，则尧、舜、禹、皋、稷、契、汤、武、伊、周、孔子而后，吾于孟子见之矣。

当是时，秦、楚、韩、赵、齐、燕皆卑礼厚币以招天下之士，孟子不之秦、楚、韩、赵、燕，不先之齐而之梁者何也？梁首当秦冲，去安邑河山之险而徙都大梁，其势盖岌岌不可终日矣。梁不足以蔽山东诸侯，则山东诸侯必折而入于秦。秦有囊括宇内、席卷天下之势，秦用戎翟遗俗，先诈力，后仁义，一朝得志，必尽举先王之道废之。夫以数千年圣贤代兴，赓续修明，学校井田、选举官秩、师旅赋役、刑法教化之制，礼乐诗书六艺之文，不幸尽废于秦，则后之宰天下者无所据以为治。因陋就简，蹈弊袭谬，百家之说，纷然殽乱，莫知适从。必举中国之人心风俗尽败坏于苟且之政，而为远方殊族异类所制者，势也。

孟子知战国大势，非守先王之道不能开万世治平，非拒秦不能守先王之道，非兴梁以蔽山东诸侯不能拒秦。故一出而欲兴梁以拒秦，拒秦以守先王之道，守先王之道以开万世治平。使惠王举国以授孟子，则省刑薄赋，兴学制产，施仁政于民，不十年可以制海内，抚四彝，伐暴除残，取虎狼之秦，而诛其君、吊其民。秦必不能荡灭先王之制，焚毁六经之书，而二帝三王，冠带礼义之天下，世为万国所宗。文明进化，千载日新，尧、舜大道为公之治，于今日月中天矣。乃惠王既不能用孟子，甘心割地事秦，秦卒灭梁，梁灭而燕、赵、齐、楚从之。卒使先王之道，荡然扫地无存，泯泯棼棼，以迄于今也。岂非天哉？

嗟乎！有其遇者无其道，有其道者无其遇。继孟子而起，任万世治乱存亡之责者，将在后之学者。不知当务之急，明辨于王霸义利，正人心，息邪说，以成孟子未竟之志。而汲汲焉舍本逐末，弃道而尚艺，贱德而贵技，使先王之道终不可复。是则孟子之罪人也。

仁义篇

《皋陶谟》始言义，《仲虺之诰》始言仁。仁义并言，始于《易》之《系辞》。立人之道，曰仁与义。仁义者，人道之所以立也。祸仁义，则人道不立。率天下之人而祸仁义者，莫大于言利矣。《孟子》七篇，有专言仁者，仁者人也，合而言之道也，是也；有并言仁义者，仁人心也，义人路也，是也；有总言仁义礼智者，恻隐之心仁也，羞恶之心义也，恭敬之心礼也，是非之心智也，仁义礼智非由外铄我也，是也。其所以教人察识其良心，操存而扩充之者，必仁义并举焉，明仁义为人心之所同有也。

仁于四德为元，五行为木，四时为春；礼于四德为亨，五行为火，四时为夏；义于四德为利，五行为金，四时为秋；智于四德为贞，五行为水，四时为冬。春者万物之始，秋者万物之成。春生秋杀，万物始于春而成于秋，故举春秋可以统四时。仁育义正，五常始于仁而成于义，故举仁义可以统五常。合之则仁体也，义用也；分之则仁义各有体用焉。

仁者，心之德，爱之理。心之德体也，心非仁，离心无仁矣；爱之理用也，爱非仁，离爱无仁矣。义者，心之制，事之宜。心之制体也，心非义，离心无义矣；事之宜用也，事非义，离事无义矣。仁不能离义而立。仁主于爱，爱之理仁也，爱之等义也。爱无等则义失而仁亡矣。爱之过则为贪欲，为沉溺，为系恋。故仁必裁之以义。

所欲有甚于生，所恶有甚于死，而后利不足以夺之。行一不义，杀一不辜，得天下不为，则仁义之极功矣。人皆有无欲害人之心，无欲害人者仁也，而有时不免利己以损人，是谓不能充其仁；人皆有无为穿窬之心，无为穿窬者义也，而有时不免取非其有，是谓不能充其义。利心起而仁义充塞，仁义充塞则人道化为禽兽矣。孟子不得不严为之防，以存万世之人道。以仁辟利者，从治之方；以义辟利者，正治之法。仁义明，人道立矣。

孟子所以功在万世，而世儒叛之，异端乱之。许氏以二人为仁，郑氏以人偶为仁，是不知仁之体。告子谓仁内义外，是不知仁义之皆内。老子谓大道废，有仁义，是不知仁义之为道。仁莫大于父子之亲，以兼爱无父贼仁者，有墨氏之学，而佛氏、耶氏近之；义莫大于君臣之分，以为我无君贼义者，有杨氏之学，而老子、庄子似之。

同乐篇

贤者忧，不贤者乐；贤者乐，不贤者忧。贤者惟忧之事，则去忧而乐矣；不贤者惟乐之事，则去乐而忧矣。贤者忧天下之忧，贤者忧，天下之乐也；不贤者乐一人之乐，不贤者乐，天下之忧也。天下忧，一人乐，民皆痛心疾首以仇视一人，而忧立至矣。

上有高台深池，民不得庇风雨；上有珍禽奇兽，民不得饱妻子。民能甘乎？高台之石，民之骨也；深池之水，民之血也；珍禽之啄，民之脂也；奇兽之食，民之膏也。彼昏不知，方且比德于天，拟尊于日，威福自专。厚赋重敛以扰之，严刑峻法以迫之。怨毒积于万姓，咒诅遍于四海。环视而合纵，一呼而响应，则负锄揭竿、制挺倒戈之民，蜂屯蚁聚，勃然裂眦并起。戍卒叫，秦庙墟；群盗呼，隋宫沼；流贼啸，明社屋。始也民死于君，死于官，死于吏，上刃刈其下，剥肤椎髓，肉尽而骨枯；终也君死于民，官死于民，吏死于民，下刃交其上，攒矛集矢，头断而足分。出尔反尔，循环转瞬，上下交相屠戮，刲割贼杀以尽，则独乐为祸天下之烈。嗟乎！一人之心，天下人之心也。

一堂饮酒，有一涕泣向隅者，则合座不欢。子女饥而我独饱，伯叔饥而我独饱，兄弟姊妹饥而我独饱，则我且食不下咽。上自君相，下至守令，凡位乎民上者，有子女吾民者焉？有伯叔吾民者焉？有兄弟姊妹吾民者焉？一堂同处，而坐视其涕泣向隅，安乎？游乎上都，观于通衢；骏马华车，风驰电掣；贵人坐中，俊仆侍侧；顾盼自雄，心骄意得。自贤者观之，皆触目伤心者也。危亡临身，忧将无及，乐欲何为？一宴之费，上农一岁之获；一器之饰，中人千金之产。日夜征逐于倡优，内外醲恣于声色。饿莩枕道而不见，饥民啼野而不闻，敌国外患环榻而不知。彼其心之死久矣。

聚死人以谋国，不率天下以同归于死不止。歌无愁之曲，咏且乐之诗，国之形未亡而神已先亡矣。恃其不亡而乐之者，古今一桀也；知其必亡而乐之者，百桀千桀亿万桀而无算焉。彼幸灾利祸者已矣，无辜之民奈何？则不得不痛哭流涕，延颈于与民同乐之贤者，以救斯民。同乐奈何？则实行仁政。仁政奈何？则推己及人。上有宫室苑囿之乐，则必为民奠宅居；上有妃嫔妾御之乐，则必为民保室家；上有府库积仓之乐，则必为民筹盖藏；上有轻暖肥甘之乐，则必为民足衣食。有文王，必有文王与民同乐之仁政。不行仁政，而徒举台池鸟兽公之于民曰吾将师文王，则亦一桀而已。吾见他人入室，将据其台池鸟兽而乐之也。

王道篇

井田、学校废，而王道绝。王道始于养，终于教。井田废，民无养；学校废，民无教。民不能相资以养，而夺其养者十焉百焉千焉；民不能相率以教，而乱其教者十焉百焉千焉。君养民，先王之政；民养君，后世之制。上不能制产授田，而赋民自置之田以为养。衣租食税，事出无名，暴征横敛，百计朘削。费用无节，仓库无蓄，兴作无常，山泽无禁，树蓄无制，荒札无备。移民移粟，使民弃其室家，迁徙靡定，老弱沟壑，少壮流离。疠疫兵燹，更起迭作，生者一，死者十。养生丧死无资，则皆由井田之废。井田废，则杀民之身。

民同教，先王之政；民异教，后世之制。上无德位兼备之圣人，而一代之政治法令，不足以垂教示后。于是乎一国之中，人百其师，师百其教，异端出，处士横，邪说恣，正学微。管、商、孙、吴、申、韩、苏、张、杨、墨、老、庄、告子、荀、杨、陆、王、惠、戴、佛氏、耶、回之言盈天下，则皆由学校之废。学校废，则杀民之心。

天生民而立之君，辅之以卿大夫，畀之以教养之责，而不能实行教养，则君为尸位，官为具臣，天职废矣。汉之文帝、唐之太宗、宋之仁宗，有志养民矣，而不能复先王之政以为养；汉之光武、明帝、章帝，有志教民矣，而不能复先王之政以为教。术止于功利，效极于富强，则不能复井田、学校为之。井田、学校者，王政之本也。井田不复，天下无养民之政；学校不复，天下无教民之政。

天下之乱生于争，争生于贫富不均。富者田连阡陌，贫者家无立椎〔锥〕。贫相轧，富相耀，贫富相欺相妒。兼并成风，弱肉强食。怨毒之积，郁久必发，而大乱生。胜、广、黄巢、张、李，一呼而响应，四起而蜂聚，则皆激于贫富不均而起。社会党之学说，蔓延于西洋，流布于中国，将有贫富革命之祸。故先王之井田不复，则乱不止。

天下无伦常，则逆心萌，而乱端起。圣人之教，原于天命，本于人心，顺之至矣。一变而为九流，再变而为百家。功利昌，仁义微；权谋盛，道德衰。刑名、法术、纵横炽，治术乱；训诂、词章、记诵繁，大义湮。性恶、善恶混、无善无恶争，性学晦；为我、兼爱、清净、寂灭、平等起，彝伦绝，强权张，天理亡。庠序之教不谨，孝弟之义不申，异说皆得而惑之。新学小生不辨是非，各本其所受于师之学说，以立身教人。近则为害一身，远则为害天下后世。故先王之学校不复，则治不兴。

守先王之道，以开万世治平者孟子。孟子以不违农时，数罟不入，斧斤以时，为王道之始者。三者顺天时，因地利，霸者之所能，非圣人所以裁成天下之道，辅相天地之宜。裁成辅相在井田、学校，则惟王者能之。王霸之分，分于此矣。齐、梁之君既不能用孟子之言，而汉、唐、宋、明贤君谊辟，亦卒无有能行之者。则岂吾中国数千年圣人所赓续修明，学校、井田之良法，将遂泯灭终古，必无复行之日耶？天意未绝斯民，吾知必有不世出之圣人，得位乘时，挈叔季之天下，以还尧、舜、禹、汤、文、武之旧者。孟子之言不行于一时，必行于万世，吾将操券以俟之。

父母篇

天地之性人为贵，父母必贵其子命于天矣。贵者天也，贵贱无定者人。贵于盛世，贱于衰世；贵于治世，贱于乱世；贵于强国兴国，贱于弱国亡国；贵于圣主贤臣，贱于暴君污吏。贱人于是乎杀人而不恤，杀以赋税，杀以刑法，杀以教育，杀以苛条乱章，杀以水旱、螟蝗、疾疫、兵燹，则民为草芥，君为刀斧。贱人于是乎食人而不惨，率贪官猾吏以食人，率奸胥蠹役以食人，率骄兵悍将以食人，率邪绅佞士以食人，率优伶、倡妓、僧道、盗贼、彝翟以食人，率虎豹熊犀狮象豺狼麋鹿犬马以食人，则民为鱼肉，君为鼎俎。

巍然南面民上者，彼固号为民父母者也。为民父母，而杀其子、食其子，忍乎？生养教者，父母之责。不能生之养之教之，夺其生，促之死；夺其养，驱之饥寒；夺其教，迫之犯上作乱。君实无良，而犹不知罪己。一夫抗命，动举一邑一乡一族，草薙而禽狝之。吾见其为贪官猾吏、骄兵悍将、奸胥蠹役、邪绅佞士、优伶倡妓僧道之父母，盗贼彝翟之父母，虎豹熊犀狮象豺狼麋鹿犬马之父母，未见其为民之父母也。寇仇而冒父母之名，寄居民上，以号令杀人食人者，纵横肆毒于天下。以暴治仁，以昏治明，以贪治廉，以愚治智，以不肖治贤，以恶治善，以小人治君子，是非倒植，邪正易位。大乱迭作，四海涂炭，万姓疮痍，民不聊生，人无噍类，君子未尝不欢息痛恨于不仁者之作俑也。

孔子曰："始作俑者，其无后乎！"古者衣薪举蒉之初，义起于掩骼，礼尽于埋藏。葬埋不已，而至于用器；用器不已，而至于作俑。不仁之端一开，文明日进，道德日退，机巧日新，杀戮日繁，胥天下而变为杀人食人之天下。老、庄欲反之于太古无事，而太古无事卒不可反；杨、墨、佛、耶欲救之以为我兼爱平等，而为我兼爱平等必不能行；欧美无政府党，欲率天下尽去其政府，而政府必不可去。纷纷扰扰，万方一辙，上无宁宇，下无安土，则皆不仁之君有以启之。

彼不仁者，何乐于是？杀人者人亦杀之，食人者人亦食之；杀人父兄子弟者，人亦杀其父兄子弟；食人父兄子弟者，人亦食其父兄子弟。天道循环，反掌之间。秦、汉、魏、晋、六朝、唐、宋、元、明之君，近则祸及其身，远则祸及子孙，絷缚刲割，屠戮覆灭之惨，无一姓得免者。贵为天子，不得为匹夫；富有四海，不得容一身。彼不仁者纵不为民计，独不为一身一家计耶？嗟乎！虐政惨于兵，苛法猛于兽，暴君污吏专制之报必无后。

曾子曰："戒之戒之！出乎尔者，反乎尔者也。"如惠王者，可以鉴矣。惠王以土地之故，糜烂其民，并其所爱子弟殉之，创深痛巨。得一孟子而不能用，卒至身死国灭，为天下笑。后之为民父母者，毋以不仁率天下而为惠王之续也。

无敌篇

以暴遇暴则敌，以霸遇霸则敌，以仁遇仁则敌，以仁制暴、以仁制霸则无敌。蚩尤不敌黄帝，九黎不敌颛顼，三苗不敌尧、舜，桀、纣不敌汤、武，理也，亦势也。仁者有不忍人之心，必有不忍人之政。严刑苛罚，忍于杀人；厚税重敛，忍于取人。则不忍人之心绝。斩艾狋薙，断人肢体以为威；劓刖椓黥，残人肢体以为能；鞭朴箠笞，伤人肢体以为快；桁杨桎梏，苦人肢体以为乐。仁者必有所不忍。水陆珍羞，饱人膏血以为旨；绮绣珠玉，被人膏血以为美；宫室苑囿，筑人膏血以为壮；嫔御妓乐，吸人膏血以为艳。仁者必有所不忍。

充不忍人之心，不得已而有刑罚，刑罚则教化也，不敢妄罪一人；充不忍人之心，不得已而有税敛，税敛则抚字也，不敢妄用一财。则王政之本立矣。一人宵衣旰食于上，百僚卧薪尝胆于下。进君子，退小人。贤者在位，能者在职。罪躬责己，吊死问孤，涕泣下诏，以慰疮痍疾痛之民；整军经武，通商惠工，忧勤图治，力振委靡废弛之气。正经界，制恒产，则国无游民；谨庠序，一道德，则士无异学。入事父兄，曲尽孝弟之常经；出事长上，恪守尊亲之大义。亲爱有等，则笃近而举远；物我一体，则一视而同仁。老有所终，壮有所用，幼有所长，鳏寡孤独废疾有所养，男有分，女有归。

上以礼义廉耻遇其下，下以礼义廉耻报其上。国尔忘家，公尔忘私。利不苟就，害不苟避。有事则敌忾同仇，一国皆兵。公卿死宗社，百官死朝廷，将帅死封疆，士卒死营阵，牧令死城守，掾史死官府。子死父，妇死夫，弟死兄，幼死长，仆死主，师弟朋友各相死。有进死，无退生；有战死，无降生。徒手可以搏枪炮，赤身可以赴汤火。万人一心，万心一力。无事则士修学问行谊，农讲树艺畜牧，工习技能艺术，商通贸易有无。物究其理，人尽其职。举天下如一人之身，耳目手足心思，各相为用；疾痛疴痒呼吸，感通自然。而无物我之间，彼此之殊。

彼以捐税之重，兴作之繁，骄奢淫逸之成风，贫富之不均，劳逸苦乐之悬殊，冻饿乞丐者遍国中。无田无产，社会怨毒之民，人人欲刜刃倒戈于其君。而我一视同仁之大义，既有以深服其心；制产授田之良法，又使之各得其所。率欢欣鼓舞之民，取彼恃强不义为暴于天下者，执而戮之。诛其君，吊其民，彼有不箪食壶浆、扶老携幼以迎王师者，吾不信也。

公子无忌率五国之师，一举而败秦兵于河外，直追至函谷关，秦兵不敢出关者五年。况以孟子仁义节制无敌之师，而谓不能举封豕长蛇虎狼之秦而荡平之，必无此理矣。义声所布，天下望岁，西指则秦、韩挥戈而服，南略则楚、越望风而降，东向北顾，则齐、燕、赵传檄而定。中天下而立，定四海之民，揖让唐、虞，损益商、周，则五帝不足六，三王不足四也。

惠王不知出此，仁政不施，教化不修，内无贤臣，外无良将。而挑衅强邻，驱不教之民，用无能之将，以与之战。一战而桂陵败，再战而马陵破，三战而河西失。国辱地削，兵败子死，将举国为之囚虏，创巨痛深。得一名世亚圣之才，不能北面受学，奉国以从。惠王卒，而孟子亦遂去梁。数千年之天下，遂为专制、焚坑、兼并、弱肉强食之天下，而二帝三王之遗民尽矣。呜呼！岂独梁之不幸哉？

定一篇

立千百世以上，观千百世以下，天不变，道亦不变。天下之由治而乱，由合而分。其君臣上下，必日夜昏偢淫逸之趋，严刑峻法，厚赋重敛，以芟夷斩艾其民。民亦化于上之所为，犯上作乱，肆行无忌，盗贼并作，裔翟交争。力与力角，而强弱分。弱者与强者遇，弱者之力必不足以敌强者也，则弱并于强，而弱者尽，强者起。强者与强者遇，力相敌而不足以相胜，则强与强相持。强与强相持，时愈久，祸愈烈，杀人愈众。其间有能胜列强而首出者，其所为必有二三策之深合人心。得策多者，其治长，其合久焉；得策少者，其治短，其合暂焉。长短久暂之数，必视其德，非可以力征经营矣。

人之生也，受气于天，受形于地。一父母之子，义本一体，而自间以物我之私，则自物我而日隔日远，遂有国土之分、种族之分、宗教之分。人与人角立，族与族角立，国与国角立，教与教角立，而胜心生。胜心既生，竞权夺利，不胜不止，则战争无穷之祸以起。其始由于物我一念之私，其终遂祸延数十百年，杀人至数十万数百万数千万而未已。

绝其祸所由起，必导以人心之同然。人人皆以万物一体为心，去其有我之见者存，而后隔者通，远者近，天下之势可自分而合。以一家为一体，得一家之心者，必能合一家而为一人；以一国为一体，得一国之心者，必能合一国而为一人；以天下为一体，得天下之心者，必能合天下而为一人。举天下国土、种族、宗教之殊，而能使之合于我而为一，则非天下之至仁者不能矣。

天下大势所趋，圣人不能违，而圣人所以异于众人者，势之将来，必有以逆其势而预为之制，使不至于泛滥溃决而无所止；势之已兆，必能顺其势而导之。吾立一法于此，而使天下之大势将由乱而治，由分而合者，必不能出吾范围之外，则天下可计日而定。世之为国者不审于大势所趋，力求所以定天下之计，而汲汲焉摹效人已陈之政策。举其三纲、五伦、风俗、政教、法律而尽弃之，以求合于人，人之力未足以亡我，而我先自亡焉。吾见其举天下而拱手以授人，未见其能定天下而一之也。

井田篇

立君、建官、设吏，将以养民乎？将听民之自养，衣租食税，尸位于上乎？听民之自养，衣租食税，尸位于上，则立君、建官、设吏何为？将以养民，必求所以养之之道矣。一邑之中，一家而拥田万亩者有焉，千亩者有焉，百亩者有焉，数千亩、数百亩、数十亩者有焉。家无一亩之地者，十之七八，饥寒死亡迫于身，奚暇治礼义、讲廉耻？举饥寒死亡之民，而不思为之所，则地方自治、教育普及，一切政令，举可废矣。何也？不恤其死而责以自治，责以教育，势不能也。

立君、建官、设吏，食民之禄，其所为者，徒以驱民于死，不能救民以生，则不若无君无官无吏之愈矣。无君无官无吏，民死；有君有官有吏，民亦死。无君无官无吏，民之死死于己，无责也。有君有官有吏，民之死死于君、死于官、死于吏。尊一人于民上以致民死，焉得无责乎？君厌珍羞，民不得食秕稗以死；官薄肥甘，民不得饱糟糠以死；吏贱粱肉，民不得茹藜藿以死。怨毒积而不伸，愁苦郁而无告，老、庄、杨、墨、佛、耶、无政府党之说，恶得不纷然起矣？

老、庄、杨、墨、佛、耶、无政府党之说而可行则已，老、庄、杨、墨、佛、耶、无政府党之说不可行，则固宜为之计焉。议某事，则掷款数千兆数百兆而不惜；举某政，则糜钱数千万数百万而不吝。语以为民制田里、建庐舍、兴树畜，则曰无财。颁某法，则刻日变制度、改官府而不疑；兴某工，则违众夷城郭、毁庐墓而不顾。语以为民制田里、建庐舍、兴树畜，则曰扰民。是何敢于杀人而不敢于生人，敢食砒鸩而不敢食五谷也？士大夫以势为是非，不以理为是非久矣。

井田出于欧美强国，则虽尧、舜所斥，孔、孟所非，吾知朝野上下必竭力纷纭以从事。即有执尧、舜、孔、孟之言以正之者，彼亦悍然有所不顾矣。以强弱为是非者，有人之是非，无己之是非也。井田之制，仁至义尽。唐太宗谓不井田，不能行周公之道，非太宗之智不足以知此。而房、魏非名世之才，卒莫能实行。宋之程子、张子、朱子，皆有意复井田，张子持之尤力。西铭万物一体之学，所见者精，宜其所守者笃矣。

苏洵以纵横余术，首倡邪说。叶適、马贵与之徒，起而和之。洵曰："行井田，必塞溪壑、平涧谷、夷丘陵、破坟墓。"则安得此不祥无实之言？为井田者，方当导溪使流，浚涧使通，因丘陵，保坟墓。塞之平之，夷之破之，洵所见者，谁氏井田之制耶？洵曰："行井田，必坏庐舍、徙城郭、易疆陇。"则有利于民，坏之徙之易之何损？无利于民，仍之何益？洵曰："井田成，民已死。"则王者立法，为天下万世，非为一时。如洵之言，则黄帝不当制井田，夏禹不当尽力沟洫也。黄帝、夏禹之智，不及洵矣。

叶適、马贵与曰："封建、井田相表里，封建废，井田不能独行。"为是说者，封建、井田是非且不辨，恶知井田之可行不可行？封建以愚治智，以不肖治贤，专制世袭，逆天理，背人心，三代之弊制，有圣人起所必废者也。柳子厚之论，百世以俟圣人而不惑矣。井田举天下之土地人民，而均之平之，使不至于贫富悬殊。廉者不得独贫，贪者不得独富。顺天理，合人心，三代之良法，有圣人起所必行者也。叶适、马贵与粪稗菽粟之不分，辄指菽粟而斥之曰，是不可独食，则闭目而言黑白矣。

马贵与曰："复井田，必强夺民田以招怨。"复井田者，果出于强夺耶？均天下之田而出于强夺，则与盗贼何异？贵与不知均田之自有其道，而辄用私见断而斥之，多见其妄也。苏洵、叶适、马贵与所讲者，皆功利之术，彼岂足以知二帝三王天下为公之心？后之学者不信黄帝、尧、舜、禹、汤、文、武、周公、孔、孟、程、张、朱子，而惟苏洵、叶适、马贵与之信，亦惑矣。纪昀纂《四库提要》，竭力排斥宋、明诸儒之议复井田者，挟朝廷以钳天下之口，则近日曲学阿世之士，其望风降服也固宜。

议者曰：井田必行公田，公田行，非民抗官，则官毒民。则应之曰：助有公田，贡无公田，损益因革视其时，何必助？议者曰：井田必复沟洫，沟洫立，是弃地无用矣。则应之曰：沟洫正经界、止侵争、时蓄泄、备旱潦，用之大者。有沟洫，一亩可得数亩之利；无沟洫，数亩不得一亩之利。关中沃野千里，古称天府之国，沟洫一废，尽成瘠土矣。议者曰：沟洫立，人将阴据自私。则应之曰：立一法，必生一弊。利害相权，利取其大，害取其轻，世无因弊废法之理。今之督抚守令，无不阴据自私者，曷不举督抚守令废之耶？

议者曰：贫富之不齐，势也，何必均？则应之曰：家有百亩之田而生十子，其三子者据而有之，其七子者冻饿垂毙焉。为父母者坐视其死与？抑将起而均之与？议者曰：田少人多，人日增，田不给，均之何益？则应之曰：一家数口而得米数升，为家长者听其强食弱饿与？抑均而食之与？均食而死，死于天；强食弱饿而死，死于人。

议者曰：计人授田，岁有受田之人，无所取给，岁必均田。则应之曰：均田者三十五十年而一均，必无岁均之理。举二十二省之田，四万万之人，去其官吏工商，合计而均分之。留其余以为闲田，备每岁成丁受田之需。岁有受田之人，岁亦必有还田之人，还受相当。不足则取于闲田，奚虞不给？议者曰：田有肥瘠，受田之时，强者必得肥，弱者必得瘠。则应之曰：瘠田所受之数倍肥田，强者固无所施其弊。官吏贤，不以强弱而异；官吏不肖，不用贤而用不肖。谁之责也？以不肖之官吏而废法，则天下之法皆可废矣。

议者曰：勤惰不一，智愚不齐，举田以畀愚弱何益？则应之曰：父母为子析产，将举其产而尽以畀之勤者智者，惰者愚者则听其饿而死与？建官设吏，将以教惰者而使之勤，教愚者而使之智也。不责上之无教，而忧民之不良，则亦焉用官吏矣？议者曰：行井田必假手官吏，以今日之官吏而行井田，不乱天下不止。则应之曰：今日之政府，果能不发一令、不行一政耶？官吏贤，则井田固可行；官吏不肖，则一切政令皆足乱天下。岂独井田？行井田乱，不行井田亦乱。不求所以进贤退不肖，而惟畏良法如鸩毒，非知本之论矣。

议者曰：古者分土而治，地狭民寡，行井田易；后世统一天下，地广民众，行井田难。则应之曰：分国为省，分省为府，分府为县，分县为乡。省有督抚司道，府有守，县有令，乡有吏。画疆析境，分土而治，古今何殊？亲其事，子其民，在得人不在郡县、封建。令行禁止，封建不若郡县之易。郡县可以择人，封建不能易主。议者曰：官如传舍，吏如虎狼，授田归田，弊必百出。则应之曰：官之迁调无定，吏之舞文弄法，孰使之耶？不讲久任之法，去弊之道，惟曰无动为大，是忧工匠之不良而露处终身，不敢筑室以居矣。

议者曰：地势所限，受田百里之外，离析骨肉，奔走道路，败教伤化。则应之曰：受田百里之外，必移居百里之外矣。安有弃其父母妻子，一人往耕哉？饥寒流离之民，弃父母、鬻妻子者遍天下，败教伤化，无人过问。井田所必无之事，顾逆设以加诘难，则何恕以论兼并，刻以绳井田耶？

议者曰：治水浚畎浍，禹际怀襄之变则善因。承平日久，停耕耨，事畚锸，征召纷纭，疲民召乱，何异秦筑长城，元治决河？则应之曰：黄帝制井田，亦际怀襄之变耶？禹善因，黄帝不善因矣。沟洫之制，治以农隙，何害耕耨？地方水利，地方自治，何至纷纭？水旱偏灾，无岁蔑有，用工代赈，其术多矣，何至疲民？秦筑长城，元治决河，果为民与？征调天下之民，聚之一处，以治一河一城，制井田者果有是与？后世苟且之政，无一不足召乱，不此之虑而虑井田，则亦过矣。

议者曰：婚嫁太早，生齿日繁。一夫所出，五十年而孳者十，又五十年而孳者百，二百年之后，地从何出？田从何给？则应之曰：百家之里，饥寒所迫，死于法，死于兵，死于疾疫，死于沟壑，死于道路，五十年而存者十，又五十年而存者一，在上者亦知之耶？不虑百年以内不均之必死，而虑百年以外均之之生，生之无田可给，是病者忧死而先绝食以待，惑亦甚矣。

议者曰：毁田以为沟洫，利在异日，害在目前，利在众人，害在一己，民必不肯捐私产为公地，沮挠必多。则应之曰：沟洫非一田可为，毁田之害必非一人独受。沟洫之利，朝成夕效，何待异日？毁田一时之害，沟洫百世之利，民岂无知？沮挠何生？近年民苦水旱，富者捐赀，贫者捐工，告官戒众，掘田开湖，两浙东西，岁不绝书。南民岂必尽智？北民岂必尽愚？沟洫修，吴越瘠土化膏腴；沟洫废，燕秦沃壤变硗瘠。贪小利，忘大害，非所望于北方士大夫矣。

议者曰：坚土可沟洫，松土不可沟洫，岁修则劳民，工筑则伤财，不若听民自为。则应之曰：听民自为，必官为之劝导提倡矣。南方有沟洫于沙石之上，用灰土以筑底者；有田于沙石之上，取肥土以培壅者；有为浮沙所淤，通力合作以去之者。岁修而民不辞劳，工筑而财不至伤，以四时农隙为之也。南方可为，北方无不可为。劳民伤财，虑亦过矣。

议者曰：井田所经，必迁庐舍、毁坟墓，焚巢犁穴之惨，民何能忍？则应之曰：铁路所经，迁庐舍、毁坟墓以数十万计，焚巢犁穴。能忍铁路，独不能忍井田耶？井田有保坟墓，必无毁坟墓之理。因民庐舍而为之制，可井者师古人之法，不可井者师古人之意。其不得已而迁徙者，必使民有如归之乐。苏氏所论，必非事实矣。

议者曰：井田之法，寓兵于农。兵农既分，十民不足养一兵，数井不足购一炮。海军、陆军，常备、续备诸军，需款方殷，十一之税必不给。则应之曰：合一国之财用而统计之，量入为出，省浮费，杜中饱，裁冗员，去杂捐。十一之税，有余则减，不足则增，何必拘寓兵于农？民力可及责之民，民力不及责之官。议者曰：三十税一，行之既久，骤改十一，民必怨。则应之曰：各省之税，重者十一，轻者百一，三十税一，非定制也。增之减之，视田上下，民何怨焉？议者曰：国家赋用，岁有常经。还田者已交，受田者未获，赋责何人？则应之曰：兼并之世，田无还受，岂无买卖？有买卖则赋责买户，有还授则赋责受户。田不虚悬，户不潜逃，何虑无赋？

议者曰：八家同井，同力合作，智者难以独异，愚者习于苟安，锢知识，阻进步。则应之曰：学问之道，专则精，兼则疏。四民既分，农不能兼营工商，智者别无可事，聪明才力必专于农。倍获之愿，智愚岂异？智者既倡，愚必乐从。八家同井，利害与共，同力合作。古法西法，互相讲求，实行试验，农学新理发明必多，奚阻进步？议者曰：古重农，有田者富；今重工商，工商无田亦可富。农行井田，工商听其居积，民必舍农而趋工商。则应之曰：农之佃田者遍国中，工商富，佃田贫，人知之矣。民何不舍农而趋工商？无田则佃人田而不趋工商，有田则舍其田而工商之趋，必非人情矣。

议者曰：古制相因而成，官制、军制、婚制、葬制、莱制、封建、揖让，有一不复，井田必无可复之理。则应之曰：井田本也，井田复，其余自可次第而复；井田不复，官制、军制、婚制、葬制、揖让，必无可复之理。莱制井田一端，不得分立井田之外。莱者农人树艺草木之地，非休息不耕之地。培养地力之道多端，一年一种，必不至伤地力。如郑注所言，则一年之中，田土荒，地利废，中国之田去其半矣。嫁娶太早，则生不蕃。三十而娶，二十而嫁，媒氏之制，蕃其生也。惧地少人多，而为制以禁其蕃殖，非先王之用心矣。

封建私也，井田公也，公私不并立，封建、井田不并行。三代行井田，不能行揖让，曷不并井田废之耶？揖让非一蹴可几，井田之制，所以教揖让；不复井田，揖让道绝矣。古制有是有非，其是者行之，有先有后。不问是非，不别先后，必一一尽举而复之，曰不得独复其一，是必罗列庶羞百味而后可食，千门万户之制有一不备则不可居也，必枵腹露处以死矣。

议者曰：贫者受田，急则售于富者。富者无田之名，有田之实；贫者有田之名，无田之实。则应之曰：井田之法禁买卖，违者终身不得受田。贫者违法以卖，富者违法以买，人得持其短长，有终身失田之虞，必不为矣。井田既行，则地方自治，教育普及，俱可实行。贫者必不使之失业卖田，富者必不至于违法买田。

议者曰：田之肥瘠不等，受田多则瘠田亦可足食，受田少则瘠田不能充饥。则应之曰：田之肥瘠视水利，水利修则瘠田亦肥，水利废则肥田亦瘠。田之瘠者，岁得谷亩二三石；田之肥者，岁得谷亩五六石。肥田人受十亩，瘠田人受二十亩。稻麦之外，加以杂粮，则八口之家有余食矣。周之百亩，当今二十五亩有奇；夏之五十亩，当今十二亩有奇。受田多寡，古亦不同，计口均田而为之制，无忧不足矣。

议者曰：铁轨纵横，田不能井。则应之曰：古亦未尝无车轨，不能以车轨而去井田，安能以铁轨而废井田？议者曰：教产混杂，界线侵占，窒碍实多。则应之曰：因事制宜，量力审处，必有其道，固难预言。议者曰：路矿工厂，日役万人，井田之法，农隙用民，必不便。则应之曰：路矿工厂，所用皆工，工不受田，何用农隙？议者曰：兵不习农，退伍授田，必不能耕。则应之曰：兵以习劳为主。禹、稷躬稼，武侯躬耕。北方学者远则郑玄、石介，近则颜元，皆能胼胝为农。帝王将相师儒之所能者，而兵不能，则兵亦不可用矣。

议者曰：西洋不行井田，何以富强？则应之曰：欧美社会党、无政府党遍国中，伺隙而动，必有贫富革命之祸。一时之富强，未可遂据以尊霸术、薄王道也。

议者曰：新莽何以行井田而乱？则应之曰：莽未尝行井田也。井田必有沟洫之制，莽不治沟洫，而以均田为井田，谬之甚矣。莽之狂愚，行均田乱，行井田亦乱。魏、唐以均田而治，莽以均田而乱，乱亦不得归咎均田。行法者不得其人，而以咎法亦过矣。议者曰：法必易简则可久，井田非易简之法。杨炎两税久而不变者，得易简之道。则应之曰：井田行，官吏士农工商，有土地税而无口税、物产税、杂税，易简莫大焉。杨炎两税，苟且之法，以苟且为易简，非所知矣。女闾之法、捐纳之法、保甲科举之法，曷尝不久，果有合于易简之道耶？

议者曰：张子锐意欲复井田，至欲率学者为之，此即井田所以不可行之故，张子或未能知。则应之曰：张子所不能知，后人学识果出张子上耶？张子既不得位，不率学者为之，则率何人以为？以不忍人之心，行不忍人之政，天下必无不可为之事，观于魏孝文之行均田可见矣。张子果能得位以行井田，其成效必远过魏孝文，必不至为王安石之新法。西铭万物一体之学，固足以立其本矣。

议者曰：青苗、社仓，法同而利害异者。朱子之行社仓，任事之人皆其门生故旧，非门生故旧必不可行。井田亦然。则应之曰：法是，天下可行；法非，妻子不能行。李绂《青苗、社仓议》，不问法之是非，而徒以行法得人不得人为言，偏见非通论也。青苗、社仓，皆非王者平天下之政，不可以例井田。论其利害，则社仓不无小补，青苗只有大害。李绂之为是议，徒欲左袒荆公，以诋朱子。学者不辨其意之所在，而反奉谬说为至言，可叹甚矣。

议者曰：天下皆君子，井田可不行；天下皆小人，井田不可行。则应之曰：以君子待天下，天下皆君子；以小人待天下，天下皆小人。公财产者必君子，必利行井田；私财产者必小人，必不利行井田。以君子待天下，井田必可行；以小人待天下，井田不可行。王者有新民之责，有平天下之责，不能化小人而为君子，则何新民、平天下？魏文贞之折封德彝曰："五帝三王，不易人而理。行帝道则帝，行王道则王，在所以理之之道。三代以下，人渐浇讹，王道不可复行，则今日人何不悉化鬼魅耶？"

议者曰：在上者有志乎民，则省刑薄敛皆可为；在下者有志乎民，则社仓农学皆可讲。何为发大难，创高论，以行井田？则应之曰：在上者不行井田，而言省刑薄敛，则省刑薄敛可以救一时，不可以均天下平天下；在下者不讲井田，而言社仓农学，则社仓农学可以救一乡，不可以均天下平天下。孔、孟瘏口焦舌之所讲者，均与平。后人必力持兼并之说以反之，是孔、孟所讲皆无用之学，四书五经可废矣。孔子而后，孟子之道，唐太宗之才，程子、张子、朱子之学，固天下之所望以为不可及，彼皆有志于行井田。而为苏洵、叶適、马贵与之说者，必谓其不可行，则为苏洵、叶適、马贵与之说者之道之才之学，有过于孟子、唐太宗、程子、张子、朱子者耶？汉、唐、宋、明非有发大难，创高论，以行井田之人，何为而亡也？天下之亡，必不亡于行井田；行井田者，必不亡天下。悬吾说以质之万世可矣。

议者曰：井田废，兼并行，始于春秋，不始商鞅。孟子去古近，复之易。今去古远，夺富民之田以养贫民，不仁已甚。处数千年后，持不可复之法以必其行，秦皇、汉武不能。则应之曰：法非虽近不当复，法是虽远亦当复。如其说，复井田者夺富民之田，以养贫民，不仁已甚；则孟子策齐、策梁、策滕，必复井田，毋乃首为不仁之甚者耶？魏孝文未尝有秦皇、汉武专制之威，均田之制处千余年后，持不可复之法以必其行，何以能之？令出而民乐从，法立而数百年享其利，必有说以处此矣。议者不知裒多益寡，抑强扶弱，为王者平天下之大道，而遽以不仁斥之。然则必以兼并令天下，率天下弱肉强食，而后谓之仁耶？

议者曰：富民受田则不能耕，不受田则不能工商，一家八口必饿以死，为父母者忍乎？则应之曰：一家十子，七子者胼胝力农，其三子者坐而食焉，为父母者忍耶？王者平天下之道，在使四民各举其业，必无率天下以养游惰之理。一夫不农不工不商，必有受其害者。驱富民执一业，以自效于社会，而不使其游惰终身，非行井田不可矣。

议者曰：田亩有籍，户口无册，计口授田，清查甚难。则应之曰：不行井田，即不清查户口耶？清查户口，民部之要政，不在井田之行不行。不求所以实行清查之法，而因其难而诿之。挟苟且之见以从事者，天下必无可为之事矣。

议者曰：周、孔生于今日，斟酌古今，权衡中外，必别有平天下之术。取破碎不完之井田，强天下以必从，移江河以之山，必无可行之理。则应之曰：井田者帝德王道之本，周、孔生于今日，舍井田必无平天下之术。群言淆乱折诸圣，孟子之所必欲行者，而悍然斥以为不可行，是必悍然自信其智高于孟子而后可也。移江河以之山，周公且先我而为之矣。

议者曰：商鞅之废井田，势之所趋。逆势而行，拿破仑不能。圣人有顺势而行，无逆势而行。则应之曰：逆理逆势者，拿破仑之图混一；顺势逆理者，商鞅之开阡陌；逆势顺理者，孟子之复井田。天下有逆理顺势之奸雄，必无逆理顺势之圣人。势与理顺，圣人顺理以顺势；势与理逆，圣人逆势以顺理。井田之制，合于古今中外天下万世人心之同然，先王平天下至理之所在，社会党大势之所趋，吾固顺以导之，非逆以制之矣。

议者曰：井田宜于封建之世，不宜于郡县之世；宜于土旷人稀之世，不宜于人众地狭之世；宜于大乱初平之世，不宜于承平既久之世；宜于闭关自守之世，不宜于中外通商之世。则应之曰：井田宜于郡县，陈生瀛之说无以易矣。土旷人稀，兼并之害小；人众地狭，兼并之害大。人众地狭，有兼并者，必有不得田者，一家兼并，百家饥寒。人众地狭之世，井田之行，急于土旷人稀之世。大乱初平，挟兵威，用专制，克一县则收一县土地为国有，克一府则收一府土地为国有，克一省则收一省土地为国有。雷厉风行，无施不可，不数年而井田之制定矣。则将听其弱肉强食，以俟大乱之起而后行之。大乱起，人民尽，井田行，不为人民计而为行井田计，则非先王爱民之意也。

均田可行于魏孝文、唐太宗，井田必无不可行于今日。宰相得其人，督抚守令得其人，朝廷之政教号令足以取信于天下，承平之世必无不可矣。闭关自守之世，行井田足以弭乱；中外通商之世，行井田可以救亡。立国各有其本，中国以农立国，外洋以商立国，不急求己所以立国之本，而欲专恃工商以与人角逐，未得竞争之利，先得奢淫之害。人无独立之志，人必靡；国无独立之性，国必亡。弃己之长，师人之长，安能制人？圣人之礼法刑政，固欲以挽回天下后世，非徒为一时之谋。不能挽回天下，而反自弃其礼法刑政以同化于人，则亡国之道也。中外通商之世，井田所系于国者尤重矣。

议者曰：井田之制师其意，何必泥其法？则应之曰：贡、助、彻之异，五十亩、七十亩、百亩之殊。井邑、邱甸、县都之分，井田之法可变者也；均也，平也，井田之意不可变者也。舍均平而言得井田之意，吾不知之矣。

然则世儒之所以纷纭诘难井田者，其说皆不足以自立，则其所以行之者将如何？曰：法必简，制必一。助法繁，贡法简，则用贡。乡遂贡，都鄙助，制不一矣，则乡遂、都鄙皆贡。王公官吏受宅地墓地，受禄不受田，王公官吏各有专职，不得分力于耕。农受田，受宅地墓地。工商受宅地市地墓地，不受田。一人不能二业，士兼农者听。士无治生之业，士而农，古之制矣。奴婢不受田，奴婢非公理，法所必禁。北魏之制，奴婢受田，非古矣。鳏寡孤独废疾不受田，力不任耕也。二十受田，六十归田，古之制。

古之百亩，当今二十五亩有奇。上田一夫十五亩，中田一夫二十亩，下田一夫三十亩，则亦可矣。其有增减，则俟合计天下户口田亩之数。什一而税，轻之重之，视国用。宅地之税视田倍焉，市地之税视宅地一倍再倍三倍焉。土地税外，一切杂税皆捐之。国有一税无二税，则贪官污吏之弊绝矣。因地制宜，地不必井，井不必方。田之在民者，参用北魏、初唐之法以均之。梁生鼎元、张生念祖、林生梗柟、段生洙、德生馨之说。

在上者必自审其大公至诚之心，足以取信于朝野，颁其法于数年之前。为之择良守令以得民和，简贤乡吏以达民隐。复古比闾族党之制，以周知民之众寡、年之老幼、田之上下，以为施行井田之本。调查户口以周知天下耕者之数，测量田亩以周知天下可耕之地。徐生道政之说。尽力于沟洫川浍。岁于农隙，课各地方自治，以立井田之基。陈生焯、黄生潘、张生念祖、黄生步琼、段生洙、蒋生麿振、宣生澍甘之说。试行于东三省、蒙古、西藏。徐生道政、赵生良箴、陈生作霖、黄生式渔之说。以一隅为天下倡，行之以渐，持之以恒。徐生道政之说。

王者以万世为量，不求一时之功；圣人以四海为心，不急一日之利。创其端以俟后有圣君贤相，赓续而成之。而尤以在上者发政施仁，在下者笃学明道，去文崇实，黄生潘之说。贵义贱利，李生毓岱之说。正人心，固民气，陈生瀛之说。为之本。大乱之极，大治生焉，王生平仲之说。则以一井田而开五洲大同之治，任生钟澍、徐生道政、李生焌之说。可操券而俟也。天生民而立之君，建官设吏，付之以平天下之责，非使其晏然民上，以坐视民之死。吾固知井田不能骤行于功利苟且成俗之日，而不能别筹一良法以平天下，则不敢苟为曲学阿世之言，以祸天下万世者，固后死者之所以对于先圣先贤矣。

工商不受田，用窦生维藩之说。

保民篇一

天生民而立之君，以保民也。君人者将万世之民是保，不能万世而一世，不能天下而一国，非天立君之意矣。虽然，保一世者，其心必兢兢焉在万世；保一国者，必兢兢焉在天下。有保万世之心，而后能保一世；有保天下之心，而后能保一国也。保一国者渺乎小矣，为民筹教养、计安全，保一国者，必恻然有保天下之心焉。无保天下之心，而欲保一国，则且妻子不保也。

保民篇二

霸者保国，王者保民，王者尚矣。王者之所以苦志悴力，日夜焦劳以图之者，汲汲乎惟民生疾苦之问，不敢有一念之不出于民也。霸者既无爱民之心，而欲取民之财以富其国，藉民之力以强其国，则不得不取策之可以立致富强者，而因民以图之。其心固未尝有一念为民，其日夜所经营而规画者，则惟富强是务。必欲举天下而臣妾之，以求逞其一日之欲，轻暖、肥甘、采色、声音、便嬖，无一不足于己而后快焉。

彼能长保此轻暖、肥甘、采色、声音、便嬖而无后灾，则计亦得矣。乃吾观于齐桓身死，骨肉未寒，而易牙乱，宋师入，长子死。以霸者至高之术，而不能保其妻子。不能保民而惟保国之谋，则未有不为齐桓之续者也。为人主者不齐桓是鉴，而反有甚慕乎齐桓所为，则不惟甘心于弃其民，以快一日之欲，而亦甘心弃其家国妻子矣。嗟乎！一日之欲诚快也，则亦一念身死，家国妻子不保之一日也。况乎求快一日之欲，而有不可必得者哉！

保民篇三

人必有不能自已之心，而术以生。霸者汲汲乎求一日之富强，以快其私也，而权谋智计起焉。权谋智计，术也。圣人之术，生于爱民之仁；彼不生于仁，而生于欲。圣人用之以生人者，霸者用之以杀人，灭人之国，夺人之财。诈与愚遇，而霸者胜焉。霸者之术而遇圣人，则其术立穷矣。

圣人之术，保天下者也。匹夫匹妇保其家，其余泽犹能及于数世，令子孙得蒙安全之利焉。圣人以天下之力，保天下之民，而不能如匹夫匹妇之保其家，则圣人之所日夜抱疚也。睹民之流于饥寒，而恻然生其不忍焉，则必为之制田里以养之；见民之入于邪僻，而蹙然生其不安焉，则必为之设庠序以教之。迫于不能自已之心，必〈求〉所以达之而术生，术生而后不能自已之心得达焉。

异哉齐王之心也！不民之保，而惟牛之保；保牛有术，而保民无术焉。是岂保牛之心迫于不自已，而保民之心有可以已者耶？则何爱民之不若其爱兽矣。

保民篇四

肥甘、轻暖、采色、声音、便嬖之蛊惑其心者，日夜纷至于前，卒然天理所发，有一念恻隐是非之萌，则朝臣游士挟其功利苟且之见，沮挠蜂起。道孔子之所不道，举孔子所道者力排而痛斥之，必使黄帝、尧、舜、禹、汤、文、武、周公之制，不得一日复行于世而后已。嗟乎！黄帝、尧、舜、禹、汤、文、武、周公之制，果不若桓文耶？为是说者，其恻隐是非之心渐灭久矣。

吾心者万物之权度，理义者吾心之权度。功利苟且之见，充塞其心，则安有权度哉？天之生人也，固未尝不尽人而畀以本然之权度。彼既梏亡其心，而犹曰吾心即权度，则将以功利苟且为权度耶？齐王不忍觳觫之牛，思有以全其仁，而为以羊易牛之术，固亦未尝无权度矣。乃独于民而昧之，则何工于保牛，而拙于保民也？牛则引之于生，人则陷之于死，好生恶死者人物之所同，牛欲生而谓人欲死，必非人情矣。

充吾保牛之心以保民，则其道莫先制产授田。制产授田，黄帝、尧、舜、禹、汤、文、武、周公之制，孟子一生之所讲求者。其必不忍自负素志，苟为曲学阿世之言，以贻祸天下后世明矣。商鞅方以开阡陌、废井田，致秦富强，赫然震耀天下之庸耳俗目，以为管仲复出。孟子顾欲力反所为，以追复黄帝、尧、舜、禹、汤、文、武、周公之制，不用于梁，而犹望齐之用之，吾知其难也。

嗟乎！民之憔悴于虐政数千年矣。商鞅贻祸之烈，固天下所共受。举孟子井田之说以告天下，天下犹哗然笑以为迂，无惑乎当时之迂之也。匹夫而权子母之利，一日而得数金，则津津而道之。语以陶朱、猗顿之术，有骇而走耳。黄帝、尧、舜、禹、汤、文、武、周公之制，非得黄帝、尧、舜、禹、汤、文、武、周公之心者，不知其大而精也。彼既不知其大而精矣，则其迂之也固宜。

保民篇五

有一说焉，不能入人之心而动之，则其说不行。庸俗之情，动之以势易，动之以理难。吾之为说，重理而不重势。吾不能因吾说之不足动人，而别为一说焉动之，以负吾之初心。则将据理以正告于彼，而吾所谓理者，皆彼所恶闻而厌听。吾之说未出口，而彼已有昏然欲卧之色。彼纵不面吾非焉，退而考其所为，固已与吾之说背而驰，则吾之说立穷。

善为说者，不以吾之说强人。彼有问焉，吾出一言以折之，吾即引而进之，而使彼自转而入于吾之说中。吾指一事以证明其心，彼方欣然以受，吾出一言以难之，吾复随而解之。吾不必强之以理，而彼自恍然于吾所言之理，实出于彼之心而非诬。彼既知吾说之皆自彼心忖度而出，必深悦于吾说而不吾非。然吾之为说，非徒欲彼悦焉而已，固将使彼笃信而实行之；而彼平日所为，皆与吾说扞格而不相入。彼必不肯捐嗜欲、弃名利，以从吾说，而天下固有可以不废嗜欲、不失名利之治术学术焉？彼固不必吾说之从，则吾之说又穷。

孟子以保民说齐宣王，一言而王为之笑，为之悦，为之笑而不言，为之讶其已甚，为之惮不能进。其为说之工，足以鼓舞齐王，使之忽笑忽啼而不自知，此苏、张之所不能。苏、张所挟者势，孟子所挟者理，难易殊也。三代以下，格心之术未有善于孟子者矣。孟子能动齐王之心，卒不能使齐王从其言，则天下固未有必行之说。无伊尹、周公之权，而欲使其君为太甲、成王，必不可得矣。

嗟乎！孟子以德行、言语、政事、文学、亚圣之才，倡道战国。上不能取信于君，下不能取信于人，辙环齐、梁、滕、宋，所至龃龉。尊其道而从之讲论者，独公孙丑、万章、乐正子数人耳。而杨朱、墨翟之徒，纷然盈天下。正学难行，邪说易惑，世风所趋，非一人能为力矣。孟子往矣，后之儒者无孟子之才，而欲倡道功利横行之日。奋孤力，以排百家、抗众口，责人捐嗜欲、弃名利而从之，其不丛谤集忌以危其身者幸也。

保民篇六

治天下莫善于推。亲亲而仁民，仁民而爱物，由近及远，自易及难者，推之道也。推吾爱亲之心，以及天下，而有养老之典；推吾慈幼之心，以及天下，而有恤孤之政。推吾事死如生、事亡如存之心，以及天下，而有祭礼；推吾食肯不甘、闻乐不乐、居处不安之心，以及天下，而有丧制；推吾教子义方之心，以及天下，而有学校；推吾兄弟均财之心，以及天下，而有井田。推吾亲爱尊敬无等、有隐无犯之心，以及天下，而子殴父必死；推吾爱其姊妹妻女洁不容污之心，以及天下，而强奸者必杀。推吾不忍配偶骨肉一本之心，以及天下，而同姓不得为婚；推吾尊君亲上之心，以及天下，而大逆不道必诛。推吾父子兄弟秩然尊卑有分、长幼有序、内外有别之心，以及天下，而不敢以平等之教，绝天理，灭人伦。爱父母以及兄弟、姊妹、妻子，爱一家以及一乡，爱一国以及天下。圣人天下一家，中国一人，皆自亲亲一本之义推之。而其理极于天地万物一体，而无不通。

墨氏、佛氏、耶氏，等其父母于路人，本先绝矣，则将以何而推？墨氏、佛氏、耶氏平等之爱，伪也非诚也。天下有一本之爱，必无二本之爱。西洋以耶教立国，大本既绝，故其见于政事法律者，无一非颠倒悖戾。非孝者无亲，要君者无上，非圣人者无法。绝天理，灭人伦，率天下为禽兽，以祸万世之人道。而吾震于其一日富强，乃欲尽去吾人道以从之，弃五谷而食砒鸩，未有不立死者也。西铭明理一分殊，所以辟平等兼爱之谬者至精。昧者不知平等兼爱为祸于世之烈，反以西铭为出于耶教焉。呜呼！士大夫之惑也久矣。

黜霸篇

霸术行，王道绝。霸术者，王道之蟊贼，不黜霸术则王道不明。仲尼之徒不道桓文，孔子小管仲，孟子罪五霸，其心一也。黜霸尊王者，正万世之治术；以王说齐、梁者，救一时之生民。李觏曰："五霸率诸侯事天子，孟子劝诸侯为天子。孟子，五霸之罪人也。"五霸以力假仁，挟天子以令诸侯，安能事天子？天生民而立之君，君为民设，非民为君设也。天子者代天治民之位，不能代天治民，则不居其位。得众得国，失众失国，惟命不常。《大学》之言，《康诰》之训，古今通义。圣贤立教，必令诸侯惟天子之事，而置生民于不问，则暴君昏主接迹天下，而人类尽矣。孟子为五霸罪人，汤、武伐暴救民，不能率诸侯以事桀、纣，汤、武亦五霸罪人与？程子曰："王者，天下之义主。圣贤亦何心哉？视天命之改与未改耳。"其言至矣。

李觏曰："文王事纣，伊尹就桀。周显王未闻有桀、纣之恶，而齐、梁不事，孟子不就。孟子之欲为佐命，何其躁也！"郑厚叔曰："孔子生而周尊，孟子生而周绝。"战国之时，周室号令不行于天下，此周之自绝，非孟子绝之也。文王之时，纣恶犹未稔也，使文王当武王之时，牧野之师不待武王矣。朱子曰："文王如必终守臣节，则三分天下，亦不当有其二。"伊尹就桀，汤举之也。孟子无举之者，安能就周？孔子仕鲁仕齐仕卫，而未尝仕周，见楚昭王而未尝见周灵王，则李觏亦将以责孟子者责孔子矣。圣人之心为天下生民，未尝有为周为齐为鲁之见也。

朱子曰："孔子尊周，孟子不尊周，如冬裘夏葛之各适其时。周以失道浸微浸灭，孔子作《春秋》，贬天子以达王事，二百四十二年之间，已不一书。至于显王，天下不知有周，人心离而天命改久矣。有王者作，不待灭周而后天下定于一也。圣人心与天同，岂其恋恋于已废之衰周，而使斯人坐蒙其祸无已哉！"朱子之言，天下万世之公言。李觏、郑厚叔之妄，不待辨而明矣。

李觏曰："孔子之道，君君臣臣；孟子之道，人皆可以为君。天下无王霸，言伪而辨者不杀。孙、吴之智，苏、张之诈，孟子之仁义，其乱天下一也。"郑厚叔曰："孟子履周之地，食周之粟，常有无周之心。挟仲尼以欺天下，孔、孟并称不伦，宁从汉儒曰孔、墨。"仁，人心也；义，人路也。孟子言仁义，使天下各得其心之同然。以仁义治民，欲为君者尽君道；以仁义事君，欲为臣者尽臣道。君君臣臣，得孔子之道，莫如孟子。孟子说诸侯行王道以救民，能行王道，则其德自足以君天下，固未尝谓人皆可君。天下者，天下人之天下，非周所得而私。周不能号令七国以治其民，其失君道久矣。孟子以仁义为天下万世立君道臣道，果何害于天下？必与孙、吴、苏、张同类并讥，以墨配孔，不以孟配孔，此所谓虽欲自绝，何伤于日月者矣。

李觏曰："子哙不得与人燕，子之不得受燕于子哙，固知有周室矣。天之所废，必若桀、纣，周室其为桀、纣乎？家家可以行王道，人人可以为汤、武，则六尺之孤谁托？孟子不仁甚矣。"仁者以天下生民为心，战国之世，生民涂炭极矣。不教诸侯救民，而教之服事衰周，果仁者所为耶？子哙不得与人燕，子之不得受燕者，子哙、子之皆非其人，非谓必当奉命衰周也。周无赏罚之权久矣。天禄天位，受之先王，则受之于天。得其人，则尧可以天下与舜，舜可以受尧之天下；不得其人，则子哙不得与人燕，子之不得受燕于子哙。

周虽无桀、纣之恶，而失道微弱，自绝于天，非孟子能违天兴之也。王道者，尧、舜、禹、汤、文、武、周公、孔子所传之道。由周公而上，上而为君；由周公而下，下而为臣。家家王道，天下治矣，何不可焉？汤、武遇尧、舜之主，则亦在九官群后之列，思日赞襄矣。行一不义，杀一不辜，得天下不为，汤、武、伊、周之所同也。汤、武、伊、周，易地皆然。人人汤、武，则六尺之孤，安如泰山，曾谓汤、武而不能为伊、周所为乎？李觏所尊者霸术，恶足以知王道之大，识汤、武之正哉？

李觏曰："今之学者，是孟子而非六经，乐王道而忘天子。天下无孟子可也，不可无六经；天下无王道可也，不可无天子。"李氏之言妄矣。天下既不可无六经，即不可无孟子；天下既不可无天子，即不可无王道。有六经而无孟子，则杨、墨托大道以变乱仁义，而学术之患深；有天子而无王道，则桀、纣据天位以残贼仁义，而生民之祸亟。朱子曰："六经，舟也；孟子，运舟之人也。天子，吏师也；王道，吏师之法也。"舟无人，吏师无法，将焉用之？

李觏曰："首止之会，尊王世子。洮之盟，尊王人。美哉齐桓，深知君臣之礼，使孟子谋之，则桓公偃然天子之位矣。桓公、管仲之功，而孟子非之。见人之斗者而笑曰：胡不因而杀之，货可得也。虽然，他人之斗者可耳。桓公、管仲之于周，救父祖也。"桓公、管仲果能救父祖之斗耶？救父祖之斗，而私其货以为子舍之藏。庭燎之百，三归之建，反坫、树塞之设，则且以子孙而僭父祖矣。救父祖之斗而不以诚，此孟子所以罪齐桓、管仲也。尊王世子、王人者，挟天子以令诸侯之故智，非能诚心尊王也。春秋战国，时有不同，孟子处春秋之时，必说诸侯行王道以辅周室，必不说诸侯行王道以废周室矣。幸父祖之斗而因以为利者，霸术也，斗必不止，非王道不能救父祖之斗。

李觏曰："衣裳之会十有一，《春秋》也，非仲尼修乎？《木瓜》，《卫风》也，非仲尼删乎？正而不谲，鲁语也，非仲尼言乎？仲尼亟言之，其徒虽不道，无歉也。使齐桓有终，管仲不侈，则文王、太公何恶焉？"朱子曰："《春秋》序桓绩，《论语》称桓功，《卫风》录《木瓜》，所谓彼善于此，非以桓公为可法也。李氏诋孟子而甚畏齐桓，尊管仲至以文王、太公比之，颠倒甚矣。不知王道之大，睹功利而骇然失据以惊。"宜其言之悖也。

嗟乎！霸术行而王道绝，数千年于兹矣。幸而有一孟子焉，昌言于战国功利横行之日，尊之黜之，别黑白而定是非。后之学者犹有所依据以为说，王者复作，可反手而措之治。此孟子所以功在万世，而世儒必悍然力起而攻之，使大义微言，不得一日复明于天下。悲哉！其本心泯灭尽矣。虽然，孟子之言为万世，非为一时。秦、汉以来，君相经营于上，师儒讲论于下，张皇补苴，不出霸术之藩篱，固未有能真知王道而行之者。则其诋斥孟子，而以桓文、管仲为不可及，固无怪也。

好乐篇

乐有古今，而民好生恶死之心无古今。饥寒疾痛呻吟之民，填沟壑，散四方，弃父母、兄弟、妻子。不引君于善，亟进所以与民同乐之道，断断焉执乐之古今而与之辨，则何其不知当务之急也！孟子固未尝谓古乐不当复也，好独乐而不好同乐，则古乐今乐一矣。古乐无济于生，今乐何救于死？舞《韶》、《夏》于桀、纣之廷，民之惨然不乐固也；奏《郑》、《卫》于秦、隋之朝，民顾乐耶？

王者与民同乐，必有制田里、教树畜，使民各得其所之实政，非可以空言市。君有钟鼓，民不得有兄弟之埙篪；君有管籥，民不得有夫妇之琴瑟；君有车马羽旄，民不得有桑麻之鸡犬、蚕绩之玄黄。贪官污吏数万，盗权作威于上；乡愿鄙夫数十万，挟势播毒于下。椎剥闾阎之脂膏，宰割元元之血肉。虎视而鲸吞，瓜分而豆剖。一人抗命，则刻日移师，草薙禽狝而兽屠之。祸及一邑，冤号惨哭之声遍国中。如是而曰，吾好古乐，则古乐必不足以疗民疾首蹙额之苦；如是而曰，吾好今乐，则今乐必不足以动民欣然相告之喜。乐之古今，固无与于民之死生。

而好古乐者多贤君，好今乐者多昏主。今乐之道淫长欲，召愁敛怨，古乐必无是焉。亡国之音出于今乐，必不出于古乐，上下数千百年，可符合券质，目验而定也。用《韶》放《郑》，孔子之论乐严矣。孟子之意，岂与孔子殊哉？急于救一时之民，缓于辨百世之乐，先养后教，将必有进于是者。损益古乐，以正今乐之失，而非以是为定论焉。

惑者不解，辄曰乐无古今、无中外。则且弃《韶》、《夏》而进《郑》、《卫》，弃《郑》、《卫》而进侏离，彝翟淫靡、噍杀、流僻之音，遍于痒序学校。为师儒者，曾不能出一言以正之，诘之以成均之乐，则曰有待有待。举朝野上下，昏然日夜倡优淫乐之趋，固未尝曰有待；用彝翟之乐，以变中乐，固未尝曰有待焉。嗟乎！民之颠连困苦死亡于虐政者，如水益深，如火益热，岌岌乎有不可终日之势矣。不取孟子与民同乐之说，而惟取孟子之论乐者，变本加厉以藉口，此则孟子之所不及料也。

交邻篇

王者以安民为心，而不恃乎交邻。事大事小，皆所以安民也，安民外无交邻之道焉。有万物一体之仁，而后可以事小。以姑息为仁，而不顾养乱以残民者，仁之贼。有达权应变之智，而后可以事大。以屈辱为智，而不知自强以立国者，智之贼。有诛残除暴之勇，而后可以事大事小。以攻夺为勇，而不能拨乱以反治者，勇之贼。

天生民而立之君，将责之以安民。吾汲汲焉求所以安民之道，而恻然不忍谓之仁，灼然不惑谓之智，毅然不惧谓之勇。仁以为质，智以济之，勇以决之，而后可以安天下之民。乐天者乐民之安，畏天者畏民之不安。本吾安民之心，而对于国则有保国之道，对于天下则有保天下之道，对于邻则有事大事小交邻之道。

事小而民有不欲，则征之为仁，事之为不仁；事大而民有不欲，则伐之为智，事之为不智；事大事小而民有不欲，则征之伐之为勇，事之为不勇。汤事葛仁也，汤征葛亦仁；句践事吴智也，句践灭吴亦智；武王伐纣勇也，文王事纣，而伐密救阮亦勇。汤之仁，勇者智者之仁；太王之智，勇者仁者之智；文武之勇，仁者智者之勇。在上者非智仁勇，不能安天下之民。宋仁宗之事西夏，妇孺之仁，非仁也；宋高宗之事女真，奴隶之智，非智也；秦始皇、元世祖之混一，项羽、拿破仑之图霸，盗贼之勇，非勇也。智仁勇三达德，以安民为大；不能安民，不足为智仁勇。

一怒而安天下之民，黄帝、尧、舜、禹、汤、文、武其选也。华盛顿庶矣，吾惜其能作之君，而不能作之师也。用兼爱平等自由之教以治其国，父子无亲，夫妇无别，而人道绝矣。虽然，华盛顿百战抗英，以立民主之国，而不居其功，非智仁勇不能。维廉挫法以报仇雪耻，抑亦其次。维廉，德之句践也。

孟子羞称五霸，论交邻而独有取于句践。句践事吴，卧薪尝胆二十年，卒沼吴以霸天下。不法句践之卧薪尝胆，举朝野上下，昏然日夜，骄奢淫逸之趋。弭兵长寇，灭耻忘战。朝下割地之令以议和，暮下输金之诏以定约，而曰交邻有道，是直举天下之民，以臣妾于仇雠。国之不保，邻何有焉？吾恐其将欲求为宋之高宗而不可得也。

砭疾篇

举朝野内外上下，王侯将相，官吏士民，无贵贱无长幼，无智愚贤不肖，昏然若梦，茫然若迷。弃其国，忘其家，失其心，营营于货，恋恋于色，观者皆决其疾之不起。有良医焉，为之进以方、投以药，霍然可以立起，此疾者之所祷祀以求。彼昏不悟，以为是不察于脉，不辨于证者之妄言。良医退、庸医进，屏稻粱、服砒石，却参苓、进硝黄，升其强阳、剥其真阴、竭其元气，百脉枯槁、四肢痿痹，死期至矣。仇者贺，亲者吊，彼方佭然自得，以为寿命方长，闻痛哭流涕之言，而斥其狂也。和、缓谢而去，扁鹊骇而走矣。贤哉齐王，犹知好货好色之为疾也。疾者遍天下，千万亿兆之中，而知其为疾者独一齐王痛矣，犹有一齐王知其为疾焉幸矣。

虽然，王之好货好色，果何如也？居有积仓，行有裹粮，好货而与百姓同之，公刘之好货，疾也而德矣；内无怨女，外无旷夫，好色而与百姓同之，太王之好色，疾也而德矣。王好货，王有府库仓廪，而民不得饱糟糠；王好色，王有嫔嫱妃御，而民不得保妻子。王之心安乎？王不安而推己以及人，分田制产，养老慈幼，任贤使能，生聚教训，使民皆得欢然有室家温饱之乐焉，则王之疾可以立愈，公刘、太王再见于今日矣。而王固不能也。

夫以士大夫生长草野，耳所闻者贪官污吏之凶德，目所见者贪官污吏之淫威，身所受者贪官污吏之虐政。少壮膏斧钺，老弱填沟壑，妇孺号道路，彼未尝不日夜拊心而切齿也。一旦服官莅政，则以所身受目击耳闻于贪官污吏者，施之于民，曾不一念其夙昔之痛焉。彼自束发受书，其所设心注意而艳慕者，唯田园资产之富，佳人冶窈之选。好恶之背而驰，已非一朝一夕。纵欲于平日，而望其循理于居官，必不可得矣。

好货好色，习以成性，万人一心，四海一德。礼乐兵刑，用人理财，通商劝工，兴学立教，无一非假名以济其私，而百姓受其毒焉。则欲使生于深宫之中，长于保傅之手者，克士大夫所不能克之欲，循士大夫所不能循之理，举好恶而与百姓同之。行仁义，黜功利，挈叔季学术政教、风俗人心，以还之三代，此非有文王之德不能，必不可以望之齐王。

嗟乎！天下之入于虎狼之西戎也决矣。死病无良医，齐王之疾死疾也，非孟子所能救也。孟子不能救齐王，而犹望天下后世之为齐王者，用其方以救之焉。彼曲学阿世之徒，不知孟子之陈善闭邪，引君当道，日以声色货利导其君。而藉口孟子，顾薄程、朱正心诚意之论为迂阔焉，是则孟子之罪人矣。

进贤篇

进退生杀一人，而国之存亡、民之死生、天下之安危系焉。以左右之好恶为凭，则桓魋以害孔子，臧仓以沮孟子，石显、樊丰以杀萧望之、杨震、王守澄，以荐李训、郑注。以诸大夫之好恶为凭，则放齐称丹朱之明，驩兜美共工之功，苏轼、胡纮斥程子、朱子之奸。以国人之好恶为凭，则天下为王莽上书颂德者四十八万人。

国君进贤，不能不兼听左右、诸大夫、国人。听于左右，所举必李训、郑注矣；听于诸大夫，所举必丹朱、共工矣；听于国人，所举必王莽矣。国人之公，而名愈公者，实愈私焉，所举愈悖焉。彼稍知礼仪廉耻者，必不屑枉己屈身，请托左右，干谒诸大夫，要结国人以求举矣。为君为相，为公卿大夫，为乡里郡国之长者，必丹朱、共工、王莽、李训、郑注，而孔、孟、程、朱必不能与选。将使圣贤生于天下，世终不得蒙一日之泽焉，则生人之祸亟矣。

父母爱子之心至矣，其子昏然弃菽粟而食砒鸩，则听之乎？禁之乎？为民父母者壹听于民而不之察焉，是任其子之弃菽粟而食砒鸩也。

孔子曰："乡人皆好之，未可也；乡人皆恶之，未可也。""众好之，必察焉；众恶之，必察焉。""乡愿，德之贼也。"其知之矣。乡举里选，行之于先王，而先王之法不能有利而无弊；廷推公举，行之于后王，而后王之法不能有利而无害。

王者之治天下，不恃法而恃心，兢兢业业，有不得已之心，而后有不得已之政。不得已于用人而进贤，其进贤也好民之所好，而非有私好于一人；不得已于杀人而除奸，其除奸也恶民之所恶，而非有私恶于一人。民之好恶，公与私与？则必慎以察之，吾从民之公，而不从民之私。进退生杀，必上本于天命天讨，下合于人心，然后可以为民父母焉。

国与〔于〕天地，必有与立。率天下以消灭礼义廉耻，进小人，退君子，而曰可以立国者，未之有矣。权利者，君子之所避，小人之所争；党会者，君子之所恶，小人之所趋；运动竞争者，君子之所羞，小人之所工。以得票多寡为优劣，必有耻之君子劣败，而无耻之小人优胜焉。西洋投票公举之弊久矣，惑者不察而概以施之中国，吾见国会开而王莽之徒接迹于乡里郡国天下也。

守学篇

可贵可贱，可富可贫，可生可杀，而不可夺吾之所学。悬一令焉，曰舍汝所学，而从我则贵，不从则贱，君子有不从而贱，无从而贵；悬一令焉，曰舍汝所学，而从我则富，不从则贫，君子有不从而贫，无从而富；悬一令焉，曰舍汝所学，而从我则生，不从则死，君子有不从而死，无从而生。

吾之所学，居天下之广居，立天下之正位，行天下之大道，为天地立心，为生民立命，为往圣继绝学，为万世开太平。考诸三王而不缪，建诸天地而不悖，质诸鬼神而无疑，百世以俟圣人而不惑。得志与民由之，不得志独行其道。万钟在前，千驷在后，不能易吾之所学；泥涂在前，沟壑在后，不能改吾之所学；刀锯在前，鼎镬在后，不能变吾之所学。九重之威不能屈，百家之说不能移，万国之势不能动。

天有常道，地有常理，君子有常行。天不为人之恶寒暑，而变其寒暑；地不为人之恶广远，而变其广远；君子不为人之恶正直，而变其正直。被褐衣桓非贱也，吾学自贵；啜菽饮水非贫也，吾学自富；断脰决腹非死也,吾学自生。吾之所学,自有不贱不贫不死者存,而非世之所能贱能贫能死。

乃今之为学者,吾惑焉。孔、孟、程、朱之学,固束发所受于师者也。朝闻时所尚者词章,则汲汲焉改辙以从事于词章;暮闻时所尚者考据,则汲汲焉改辙以从事于考据。朝闻时所尚者汉学,则汲汲焉改辙以从事于汉学;暮闻时所尚者西法,则汲汲焉改辙以从事于西法。利之所在,一日百变其术而不耻。彼所学者,妾妇从人之学,非守己之学。时而机械变诈,则机械变诈;时而胁肩谄笑,则胁肩谄笑;时而墦间垄断,则墦间垄断;时而吮痈舐痔,则吮痈舐痔。举一身之心思材力聪明,以听命于时。爱憎、好恶、毁誉、是非、可否、趋舍、从违,一随风气为转移,而绝无天赋自主之权焉。彼且以守正者为迂为狂为妄,而笑之也。

吾所学者兴国之学,彼所学者亡国之学。亡国之学不容于兴国,兴国之学不容于亡国。道德仁义礼乐者,兴国之所急,而非亡国之所需也。方枘而圆凿,必不能入矣。惑者不察,乃欲使孟子舍其所学以从之焉。嗟乎!使孟子而舍其所学以从之,则孟子亦商鞅、李斯也。枉尺而直寻,得天下不为,孔、孟、程、朱之学,固异乎商鞅、李斯功利之学矣。商鞅、李斯,战国之贱工也;孟子,战国之大匠也。宣王得大匠不能用,卒使二帝三王、衣冠文物之天下,破坏于贱工之手,而生民不得一日之安焉。悲夫!

效死篇

国可亡不可辱,兴亡国家之常理。亡非辱也,不能一战而亡则辱;亡非辱也,不能一守而亡则辱;亡非辱也,不能一死而亡则辱。有必死之心而后可以战,有必死之心而后可以守,有必死之心而后可以亡中图存,死中求生。死而义,死贤于生;亡而义,亡愈于存;存而辱,存不如亡。

太王事狄,太王将缓狄以迁国,非以事狄为长策也;句践事吴,句践将豢吴以复仇,非以事吴为长策也。滕介于齐、楚,事齐则不免于楚,事楚则不免于齐,兼事齐、楚,则财有尽,而齐、楚之欲无穷,终不免于齐、楚之虎视鲸吞焉。汤以七十里而兴,文王以百里而王,彼无强大之逼处,可以从容展布,发政施仁也。滕以区区截长补短五十里之地，而欲效汤、文所为，则齐、楚一举而灭之矣。为太王则无其地，为汤、文则无其时，为句践则无其力。文公虽举国以授孟子，孟子亦不能一朝而使之强焉。

正其谊不谋其利，明其道不计其功，圣贤之处事变，问是非不问利害。徼幸以图存，而不顾天理人心之所安者，后世苟且之谋，非圣贤之道也。为滕计者，兴学校以养人材，行井田以固人心；教之以孝弟忠信，导之以礼义廉耻。卧薪尝胆，发愤自强，君民一体，上下一心，固结而不可解。修德行仁，二十年之后，邻国之民仰之若父母，尊之若神明，归之若流水，则齐、楚亦将有所畏而不敢动，而王业成矣。

不幸未及数年，而齐、楚恶而伐之，不得已而与之一战。则将死鼓，御死辔，百吏死职，士大夫死行列，公卿死朝廷，君死社稷。胜则一战可以立国，败则与国俱亡。存亡听之于天，战守尽其在人。战而亡，固胜于不战而亡；守而亡，固胜于不守而亡；效死而亡，固胜于亡而不死。可以战而不战，可以守而不守，可以死而不死，必待不能一战、不能一守而亡。亡而后死，刲割而死，淫掠而死，縶缚而死，囚奴而死，为亡国之君、为亡国之臣、为亡国之民而死，则生亦辱，死亦辱。

嗟乎！迁无地，守无险，战无民，滕之势至难矣。天下之非滕而自处于滕者，地之广万倍于滕，民之众万倍于滕。有可迁之地，有可用之时，有可为之力。以数万里之国，而畏千里万里之国；以数万万之民，而畏数千数万之民。以大事小，以众事寡。括万姓之脂膏，竭九州之财力，以奉之仇雠。开门揖盗，而不肯一战一守。有进以战守之策者，辄曰是迂儒，是书生。拥数万万之地，数万万之民，拱手而坐以待亡。刲割、淫掠、縶缚、囚奴，亡国之惨在旦夕，而上下犹晏然无恐焉。吾见齐、楚、狄人分割土地之祸立至，不能效死于前，不能不驱死于后，生民之涂炭什百千万于战国也。呜呼！

《孟子讲义》卷下

知言篇上

孔子没而微言绝，百家之说蜂起，诐淫邪遁，纷然淆乱。学者无知言之功，不能辨其邪正是非，则终身惑于歧途，圣人之道终不得其门而入。百家皆祖老子，老子之学为长生，为方药，为阴谋，为刑名惨刻，为纵横捭阖，为符咒幻术，为放荡，为清谈，为禅宗寂灭。欲辨百家，先辨老子。

老子曰："反者道之动，弱者道之用。""将欲翕之，必固张之。将欲夺之，必固与之。""以正治国，以奇用兵，以无事取天下。""天下之至柔，驰骋天下之至坚。"圣人之学，刚柔动静，各尽其道，循天理之正而无私，未尝倚于一偏。老氏之学，以柔制刚，以阴制阳，以静制动。柔而至忍，阴而至险，静而至毒，弱之极一反至强。阴谋之术，申、韩、孙、吴、苏、张所自出，范蠡以取吴，张良以灭项，司马懿以篡魏。

老子曰："大道废，有仁义。""失道而后德，失德而后仁，失仁而后义，失义而后礼。""礼者忠信之薄，乱之首。"圣人之学，道德仁义礼合于一；老氏之学，道德仁义礼裂为五。以事物为粗迹，以玄虚为妙用，庄周、列御寇以哗世，何晏、阮籍、王衍以亡国。

老子曰："古之善为道者，非以明民，将以愚之。民之难治，以其智多。"新民圣人之学，愚民老子之术。秦以愚黔首，而乱天下。

老子曰："圣人欲上人，以其言下之。欲先人，以其身后之。"圣人谦让出于诚，老氏谦让出于诈。班固以道家为合于尧之克让、《易》之谦谦，误矣。班氏恶知尧、孔、老子？

老子曰："天下万物生于有，有生于无。"有故能生，既无矣，何生？《诗》言无声无臭，《易》言无方无体，非无也。无其形，有其理，无而至有。圣人以有无为一，老氏以有无为二。

老子曰："无为民自化，好静民自正，无事民自富，无欲民自朴。"为治而一切因民自然，则礼乐刑政皆多事矣。曹参、汉文用其道以治汉，而三代之治，遂不可复。

老子曰："道生一，一生二，二生三。"《易》有太极，是生两仪。太极一也，道固一矣。何一之生两仪、生四象，二生四，未闻二生三，老氏焉知道？

老子曰："天地不仁，以万物为刍狗；圣人不仁，以百姓为刍狗。"天地以生物为心，圣人以爱民为心，至仁莫若天地圣人。老氏以至仁为不仁，悖之甚矣。刍狗万物百姓者老氏，非天地圣人。

老子曰："不尚贤，使民不争。"圣人以尊贤为教，而老氏反之，其启争甚矣。

老子曰："绝圣弃智，民利百倍；绝仁弃义，民复孝慈。"圣智以利民，绝圣弃智，民何利焉？孝慈者仁义之实，绝仁弃义，孝慈何有？

老子曰："三十辐共一毂，当其无，有车之用。埏埴以为器，当其无，有器之用。凿户牖以为室，当其无，有室之用。有之以为利，无之以为用。"无其物有其用，物之理；有其物有其用，物之形。轮毂备而后有车，埏埴备而后有器，户牖备而后有室，仁义备而后有道。老氏去仁义以为道，是去轮毂以为车，去埏埴以为器，去户牖以为室也，必无道之用矣。

老子曰："善人不善人之师，不善人善人之资。"善人而以不善人为资，不善孰甚！见不贤而内自省，圣人之言至矣。老氏自私自利之见，恶足以语于圣人？

老子曰："谷神不死是谓玄牝。玄牝之门是谓天地根。绵绵若存，用之不勤。"长生久视之道，丹经方士所自出，栾大、柳泌、林灵素以诳主，张道陵、魏伯阳、葛洪以惑民。

老子曰："有物混成，先天地生。寂兮寥兮，独立而不改，周行而不殆，可以为天下母。吾不知其名，字之曰道。强为之名曰大。"此禅宗寂灭所自出。所谓有物先天地，无形本寂寥，能为万象主，不逐四时凋，释氏用以立教，而惑学士大夫。

老子曰："致虚极，守静笃。"虚静，老氏之体也。"坚强死之徒，柔弱生之徒。""弱胜强，柔胜刚。天下莫不知莫能行。"柔弱，老氏之用也。邵康节谓老子得《易》之体，孟子得《易》之用，非也。孟子体用皆《易》，老子以虚静柔弱为体用，恶知《易》之体用？

孔、老并起于春秋，孔子之学得孟子而尊，老子之学得庄周而张。周于学无所不窥，而皆归本老氏，则宜继老氏而辨之。

庄子曰："为善无近名，为恶无近刑。缘督以为经。"督者，中也。循善恶之中而行之，善不被名，恶不犯刑，善恶皆可为，则圣人之为善去恶至愚。乡原〔愿〕用斯术以欺世盗名者遍天下，周实乡原〔愿〕之尤矣。

庄子曰："圣人不死，大盗不止。剖斗折衡，而民不争。"尧、舜、禹、汤、文、武之世奚盗？盗生于圣人之不作，不生于圣人。盗圣人之法，盗之罪，非圣人之罪也。桀、纣末孙之恶，可归罪禹、汤乎？天地生盗，圣人不生盗。盗跖、陈恒，盗天地之气以生，天地当先任其罪矣。礼乐刑政以止争，非以启争。剖斗折衡，争益无救，周之悖孰甚焉。

庄子曰："伯乐善治马，失马之性。陶者匠者善治埴木，失埴木之性。"是率天下之马、天下之埴木，而弃于无用也。伯乐治马，顺马之性，非逆马之性；陶匠治埴木，顺埴木之性，非逆埴木之性。废伯乐则废马，废陶匠则废埴木。织麻而衣者曰失麻之性，刈稻而食者曰失稻之性，天下无衣食，而人类绝矣。

庄子曰："无为而尊者，天道也；有为而累者，人道也。"日月雷霆，风雨霜雪，天道未尝无为。礼乐刑政教化，圣人本天而行，未尝有为而累。天人一理，周以荡灭理法，任其自然为无为，是天道之贼也，恶知天道！

庄子曰："伯夷死名于首阳，盗跖死利于东陵。所死不同，其于残生伤性均也。"周之惑甚矣。伯夷尽其道而死，死道非死名也，全性命之正，何伤残之有？周以卮言哗世而取名，此真死名，与盗跖之死利一矣。周不自反，而诬伯夷乎？

庄子曰："誉尧非桀，不如两忘。"是非之心，人皆有之。誉尧非桀，是非之心也。无是非之心，周不自处于人矣。

庄子曰："招仁义以挠天下，而易其性。"是仁义在性之外，其不识性甚矣。

庄子曰："至仁无亲。"是必夷其亲以等于路人而后可，墨、佛、耶之道，周已兼而有之。虎狼有亲，至仁无亲，则虎狼将仁于至仁。

庄子曰："至仁尚矣，孝不足以言之。"仁者孝之所推，非孝何仁？不能尽孝之量，恶能尽仁之量？离孝而言仁，仁之贼也。周之识，虎狼之不如。

庄子曰："实而不知以为忠，当而不知以为信。"忠者实，信者当。不以实为忠、当为信，庄子之不知忠信也。

庄子曰："身非汝有，是天地之委形也，恶得有道？"则天地为谁之委形？身非人有，形亦非天地有，果谁有耶？有无至实，不可以妄言。有天地必有形，有人必有身，有身必有道。形者天地之有，身者人之有，道者身之有。周恶得以小辨乱天道！

庄子曰："千岁厌世，去而上仙，乘彼白云，至于帝乡。"惑哉周也！天下岂有仙哉？有生必有死，天道也。长生不死，是无天道矣。佛曰净土，仙曰帝乡，幻想之言，恶有实哉？

庄子曰："道无所不在，在蝼蚁，在稊稗，在瓦甓，在屎溺。"此释氏如何是佛，乾矢橛之说所自出。道固无所不在，屎溺在厕道也，屎溺在庭道乎？

庄子曰："秋毫大，泰山小。殇子寿，彭祖夭。"芥子须弥，阎浮枣叶，释氏之言有本矣。秋毫、泰山，大小有定形；殇子、彭祖，寿夭有定数。恶得而乱之？大小、寿夭可齐，则亲疏、尊卑、是非、善恶可泯，大乱之道也。

庄子曰："鲁有兀者叔山无趾，踵见仲尼。仲尼曰：子不谨前，今来何及矣！无趾曰：吾唯不知务而轻用吾身，吾是以亡足。今吾来也，犹有尊足者存，吾是以务全之也。"截指竖指，尊指者存，断臂求法，务全尊臂，释氏之说本于庄、列信矣。孟子所谓养其大体者，养其仁义之心；庄子所谓尊足者存，尊其清净之道也。

庄子曰："有人之形，无人之情。"释氏之教，形情两忘，善恶胥泯。五波罗密已究竟，而般若波罗密在其中矣。圣人教人正其情，未尝教人灭情。有形无情，人而木石矣，何以为人？

庄子曰："浸假而化予之左臂以为鸡，予因以求时夜；浸假而化予之右臂以为弹，予因以求鸮炙；浸假而化予之尻以为轮，以神为马，予因而乘之，岂更驾哉！"此释子静坐存想，观白骨之法。神与形离，超然无所往而不可矣。圣人践形之道，彼异端恶足以知之？

释氏剽窃老、庄以高其说，傅弈、宋祈〔祁〕已有定论。其所剽窃者，实庄、列为多。列子稍前于庄生，庄生著书颇捃摭其语，而加以荒唐谬悠自恣。太史公称周"作《渔父》、《盗跖》、《胠箧》，诋訾孔子之徒，以明老子之术"，周固小人无忌惮之尤。诛异端者，必先庄生而次列子也。

《列子》："精神入其门，骨骸反其根，我尚何存？"此释氏四大各离，今者妄身当在何处之说。"视人如豕，视吾如人。"此释氏吾手何如佛手，吾脚何如佛脚之说。季咸之相壶子，壶子所谓示以地文、天壤、太冲莫朕、未始出吾宗者，则华严之于一公，普寂之于柳中庸，诜禅师之于日照三藏，皆点窜其说，以诳耀世人。而生生形形化化等语，释氏多所袭用。

庄、列上承道家，下开宗门，决无可疑。杨、墨、告子，孟子所已辨；老子、庄、列，孟子所未及。其树敌圣道，而为异端之魁一也。则继庄、列而进辨杨、墨、告子，以发明孟子未尽之意。

杨朱学老子而肆者也。老子以清净寡欲为宗，杨朱以放荡纵欲为主。拔一毛而利天下不为，不以天下易一己之欲也。西洋快乐派所自出，而清谈家弃礼任情，汉学家蔑理尊欲。近之世儒以杨氏为学义而过，误矣。朱之为我纵欲耳，恶知义？

杨朱曰："丰屋美服，厚味姣色，有此四者，何求于外？有此而求外者，无厌之性。"无此四者，朱必日夜不怡，无所不为以求之明矣。世之辱身枉己，误国殃民，皆为无此四者而求也，奚独朱？人人求丰屋美服，厚味姣色，则天下安所取给？不能遍给人人之欲，必起而争，朱亦焉能安其为我？朱之道，天下惟朱一人可耳。天下非朱一人，朱之道立穷。丰屋美服，厚味姣色，得之何益？失之何损？而欲得此四者，不能不出于求，则已为终身莫大之辱。对丰屋美服、厚味姣色，而回思其昏夜乞怜之态，朱不外愧于人，独不内愧于心耶？痛哉今日为朱之道者遍天下也！

杨朱曰："舜，天人之穷毒者也；禹，天人之忧苦者也；周公，天人之危惧者也；孔子，天民之遑遽者也。四圣虽美之所归，苦以至终，同归于死矣。桀，天民之逸荡者也；纣，天民之放纵者也。二凶虽恶之所归，乐以至终，亦同归于死矣。"朱悲舜、禹、周、孔之苦，而羡桀、纣之乐，朱固以桀、纣智，舜、禹、周、孔愚。朱所自为者，必在桀、纣，而不在舜、禹、周、孔。

则且以问桀、纣，身放南巢，头悬太白之日，苦也乐耶？舜、禹、周、孔，考终而死，桀放而死，纣诛而死，死固不同矣。舜、禹、周、孔，仰不愧天，俯不怍人，乐莫大焉。桀、纣众畔亲离，当其生时，已日怀死亡之忧矣，何乐之有？朱将率天下以为桀、纣，举桀、纣以立为我之极则。不能人皆帝王，挟九重之势以济其欲。一桀不能，天下皆桀；一纣不能，天下皆纣。朱之道必不能达于天下矣。

杨朱曰："原宪窭于鲁，子贡殖于卫。原宪之窭捐生，子贡之殖累身。""窭亦不可，殖亦不可。""善乐生者不窭，善逸身者不殖。"道之所在，窭亦可，殖亦可。窭而道，窭何捐生？殖而道，殖何累身？原宪贫而乐道，未尝以窭捐生；子贡富而好礼，未尝以殖累身也。窭殖各以其道，窭则不殖，殖则不窭。朱欲中立于不殖不窭，恶乎能？

杨朱曰："养生者，肆之而已，勿壅勿阏。恣耳之所欲听，恣目之所欲视，恣鼻之所欲向，恣口之所欲言，恣体之所欲安，恣意之所欲行。耳之所欲闻者音声，而不得听，谓之阏聪；目之所欲见者美色，而不得视，谓之阏明；鼻之所欲向者椒兰，而不得嗅，谓之阏颤；口之所欲道者是非，而不得言，谓之阏智；体之所欲安者美厚，而不得从，谓之阏适；意之所欲为者放逸，而不得行，谓之阏性。凡此诸阏，废虐之主。去废虐之主，熙熙然以俟死，一日、一月、一年、十年，吾所谓养。拘此废虐之主，录而不舍，戚戚然以至久生，百年、千年、万年，非吾所谓养。"

老子以清静寡欲为养生，杨朱以放荡纵欲为养生。杨朱，老子之罪人也。老子曰："五色令人目盲，五音令人耳聋。"朱并老子而叛之矣。朱谓："口所欲道者是非，而不得言，谓之阏智。"朱又恶知是非？朱知是非，必不恣耳之所欲听、目之所欲视、鼻之所欲向、口之所欲言、体之所欲安、意之所欲行。耳目口鼻体意之欲有道焉，违道而求济其欲，则颠倒是非，意失其性，耳失其听，目失其明，口失其智。朱之道，废道虐性之道。朱以为去废虐之主，吾以为就废虐之主也。去心安理得之道，而就废虐，恣则戕生；求恣而不得，则苦身。寡欲而静何戚戚，纵欲而驰何熙熙。人甘刍豢，犬嗜粪秽，朱之性非人之性，吾不知之矣。

杨朱曰："百年，寿之大齐，得百年者千无一焉。设有一者，孩抱以逮昏老，几居其半矣。夜眠之所弭，昼觉之所遗，又几居其半矣。痛疾哀苦，亡失忧惧，又几居其半矣。量十数年之中，逌然而自得，亡介焉之虑者，亦亡一时之中尔。则人之生也奚为哉？奚乐哉？为美厚尔，为声色尔。而美厚复不可常厌足，声色不可常玩闻。乃复为刑赏之所禁劝，名法之所进退；遑遑尔竞一时之虚誉，规死后之余荣；偬偬尔慎耳目之观听，惜身意之是非；徒失当年之至乐，不能自肆于一时。重囚累梏，何以异哉？"

嗟乎！朱何弗思之甚也！为刑赏所禁劝，名法所进退，而后勉于善者多，敢于为恶者少。朱得以独肆其恶，恣美厚，纵声色，不顾刑赏，不畏名法，则人将群起而夺之，朱恶得以有美厚声色？人生数十寒暑，美厚声色不过一时之乐，朱既知之矣。过此一时，美厚声色俱归无有。心之所存，脑之所记，贪谋美厚声色污邪之行，卑求美厚声色龌龊之态。悔不可追，愧无所容，将有须臾不能自安之势，则何为以终身之苦易一时之乐耶？生前虚誉，死后浮荣，君子不计，而必求生死之可安。有愧于生，生而不安；有愧于死，死而不安。

重囚累梏孰甚焉？朱日置其身于重囚累梏，扰扰焉心为形役而不悟，而笑超然美厚声色之外者为重囚累梏，何其惑也！美厚声色，身外之物，为刑赏所禁劝、名法所进退而不为，固犹愈于不顾刑赏、不畏名法而为之。彼犹有羞恶是非之心焉。人之所以异于禽兽者，为能以道克欲耳。肆其心之所为，而不能以道自克，则其去禽兽也无几矣。岁月之不留，义理之无穷，吾专心并力以一于道，犹惧其未及，复何暇美厚声色之求？彼朱者必欲率天下以去道纵欲，而效禽兽之所为，独何心耶？

杨朱曰："伯夷非亡欲，矜清之邮，以放饿死。展季非亡情，矜贞之邮，以放寡宗。"伯夷之清，性而清，非矜也，何声色美厚之欲？展季之贞，性而贞，非矜也，何声色美厚之情？朱以禽兽之心度圣贤，惑矣。

杨朱曰："万物所异者生也，所同者死也。生则有贤愚贵贱，是所异也；死则有臭腐消灭，是所同也。万物齐生齐死，齐贤齐愚，齐贵齐贱。十年亦死，百年亦死；仁圣亦死，凶愚亦死。生则尧、舜，死则腐骨；生则桀、纣，死则腐骨。腐骨一矣，孰知其异？且趣当生，奚遑死后？"朱率天下以为桀、纣，而笑尧、舜之愚，极其论于尧、舜、桀、纣，同为腐骨。则尧、舜之腐骨，天下尊之敬之；桀、纣之腐骨，天下贱之弃之。腐骨不一矣。死后之荣辱，不足以动杨朱。则尧、舜之生，天下尊之敬之；桀、纣之生，天下贱之弃之。尧、舜、桀、纣，死亦异，生亦异。生前之毁誉，不足以动杨朱。则尧、舜有妻子、宫室、舆服之乐，桀、纣妻子为人所戮，宫室为人所夺，舆服为人所据，窜而死，燔而死，苦莫大焉。朱所趋者当生也，尧、舜当生之乐如彼，桀、纣当生之苦如此，何去何从？

十年亦死，百年亦死。死矣，声色美厚，俱归无有。尧、舜所有，万世仁圣之名；桀、纣所有，万世凶愚之名。生能保其声色美厚，死后恶名，固其不计；不能保其声色美厚，而空负死后之恶名，则何所取而为此耶？朱必是桀、纣，非尧、舜，甘为凶愚而不辞。大愚者不灵，大惑者不解，朱之谓矣。

杨朱曰："人肖天地之类，怀五常之性，有生之最灵者人也。人者，爪牙不足以供守卫，肌肤不足以自捍御，趋走不足以逃利害，无毛羽以御寒暑，必将资物以为养性，任智而不恃力。故智之所贵，存我为贵；力之所贱，侵物为贱。然身非我有也，既生，不得不全之；物非我有也，既有，不得而去之。身固生之主，物亦养之主。虽全生身，不可有其身；虽不去物，不可有其物。有其物，有其身，是横私天下之身，横私天下之物。〈不横私天下之身，不横私天下物者，〉其惟圣人乎！公天下之身，公天下之物，其惟至人矣！"

尧、舜大道为公，朱之所斥。朱所尚者纵欲，公天下之身，公天下之物，纵欲之极也。存我为贵者，存我之欲；侵物为贱者，侵物之欲。欲必公之，不得不全者全其欲，不得而去者不去其欲。不有其身者公其身，不有其物者公其物。父子有亲，夫妇有别，室家有分。有其身横私天下之身，有其物横私天下之物，朱所以深恶圣人也。

公天下之身，男女不私有其身；公天下之物，人民不私有其物。西洋柏拉图公妻公财之说所自出，康、梁窃其说以诳诱天下。求恣意声色美厚而不得，则倡天下公妻公财，而后可以极声色美厚之欲。人有天地之类，怀五常之性，有生最灵。叛天地，灭五常，以自处于禽兽，灵性绝矣。痛哉朱之率天下而为禽兽也！西洋学术宗教，一杨一墨为之祖。学者幸生中国圣人之邦，不信孔、孟，而用彝变夏，惟杨、墨之尊，惑亦甚矣。

孟孙阳问杨子曰："有人于此，贵生爱身，以蕲不死，可乎？"曰："理无不死。""以蕲久生，可乎？"曰："理无久生。生非贵之所能存，身非爱之所能厚。且久生奚为？五情好恶，古犹今也；四体安危，古犹今也；世事苦乐，古犹今也；变易治乱，古犹今也。既闻之矣，既见之矣，既更之矣，百年犹厌其多，况人生之苦也乎？"孟孙阳曰："若然，速亡愈于久生；则践锋刃，入汤火，得所志矣。"杨子曰："不然。既生，则废而任之，究其所欲，以俟于死。将死，则废而任之，究其所之，以放于尽。无不废，无不任，何遽迟速于其间乎？"朱之说，东西厌世派所自出。凡为是派者，皆求恣声色美厚，不得而遁，以归于厌世者也。废而任之，则释氏贵舍生而不贵贼生之教矣。

杨朱曰："实无名，名无实；名者，伪而已矣。尧、舜伪以天下让许由、善卷，而不失天下，享祚百年。伯夷、叔齐实以孤竹君让而终亡其国，饿死于首阳之山。"尧、舜以天下让许由、善卷，未尝伪也。许由、善卷不受，固不能强使受之。尧未尝不实以天下让舜，舜未尝不实以天下让禹也。天下称夷、齐之让，称其实也；称尧、舜之让，亦称其实也。何伪之有？名必有实，实必有名，名岂可以伪为哉？

杨朱曰："太古之事灭矣，孰志之哉？三皇之事若存若亡，五帝之事若觉若梦，三王之事或隐或显，亿不识一。当身之事或闻或见，万不识一。目前之事或存或废，千不识一。太古至于今日，年数固不可胜纪。伏羲已来三十余万岁，贤愚好丑，成败是非，无不消灭，但迟速之间尔。矜一时之毁誉，以焦苦其神形，要死后数百年中余名，岂足润枯骨？何生之乐哉？"

人有仁义礼智之心，所安循理，所不安纵欲。存理去欲，正以求形神之安，非以要名，何有焦苦？贤愚好丑、成败是非之事有消灭，贤愚好丑、成败是非之理无消灭。毁誉可忘，理不可泯。循理甚乐，纵欲甚苦。循理不与誉期而誉至，纵欲不与毁期而毁至。吾必求毁避誉，以日纵于欲焉？善名不足以润枯骨，恶名岂足以泽枯骨哉？

杨朱曰："鬻子曰：'去名者无忧。'老子曰：'名者实之宾。'而悠悠者趋名不已。名固不可去，名固不可宾耶？今有名则尊荣，亡名则卑辱；尊荣则逸乐，卑辱则忧苦。忧苦，犯性者也；逸乐，顺性者也。斯实之所系矣。名胡可去？名胡可宾？但恶夫守名而累实。守名而累实，将恤危亡之不救，岂徒逸乐忧苦之间哉？"

君子之道，行其心之所安，非以趋名也。尊卑荣辱，在心不在名。循理则尊荣，纵欲则卑辱。循理甚乐，富亦乐贫亦乐，贵亦乐贱亦乐，生亦乐死亦乐，顺性孰甚？纵欲甚苦，富亦苦贫亦苦，贵亦苦贱亦苦，生亦苦死亦苦，犯性孰甚？朱以循理为苦，苦非所苦；朱以纵欲为乐，乐非所乐。实至名归，君子之名；君子之实，实副其名。朱为逸乐而求尊荣，为尊荣而求名，名非其实，实非其名。其所以为名者已伪，名实相乖，扰扰焉冰炭于方寸，必无须臾之得安也。宜其以生为苦矣。

杨朱曰："忠不足以安君，适足以危身；义不足以利物，适足以害生。安上不由于忠，而忠名灭焉；利物不由于义，而义名绝焉。"不由于忠，何以安上？忠名灭而上危。不由于义，何以利物？义名绝而物争。忠不足以安君，以忠事君者愚；义不足以利物，以义利物者迂。无君而充塞仁义，必朱之言矣。

杨朱曰："太古之人，知生之暂来，知死之暂往。"暂往必复来，暂来必复往，此轮回之说所自出。列子载林类之言曰："死之与生，一往一反。死于是者，安知不生于彼？"其即杨氏之意与？杨氏、释氏以生为苦同，废而任其生死同，举贤愚、善恶、是非而空之同，宜其所见之惑矣。

杨朱曰："生民之不得休息为四事：一为寿，二为名，三为位，四为货。有此四者，畏鬼畏人，畏威畏刑，此之谓遁人也。可杀可活，制命在外。不逆命，何羡寿？不矜贵，何羡名？不要势，何羡位？不贪富，何羡货？此之谓顺民也。天下无对，制命在内。"杨朱见梁王，言治天下如运诸掌，朱治天下必使天下为顺民，不使天下为遁人。一为寿，必举死生而空之；二为名，必举善恶而齐之；三为位，必举贵贱而平之；四为货，必举贫富而均之。空死生则无命可逆，无寿可羡，鬼人一，何畏鬼？齐善恶则无贵可矜，无名可羡，人我泯，何畏人？平贵贱则无势可要，无位可羡，威福绝，何畏威？均贫富则无富可贪，无货可羡，刑赏灭，何畏刑？

天下有君，则有圣人之道，有死生，有善恶，有贵贱，有贫富，可杀可活，制命在外；天下无君，则无圣人之道，无死生，无善恶，无贵贱，无贫富，天下无对，制命在内。有死生、善恶、贵贱、贫富则有对，无死生、善恶、贵贱、贫富则无对。朱之道，释氏之道，西洋社会党之道也。释氏倡之以保其灵魂，社会党倡之以快其欲性，而朱兼之。无君之说，朱实首倡。朱必以无君倡天下者，有君不能恣所欲为，必无君而后可公天下之身，公天下之物，以纵其欲也。朱所尊者声色美厚，朱所贵者桀、纣，朱所贱者尧、舜、周、孔。世儒以不羡名位、不羡货利，称朱之为我，而议孟子斥朱无君者为过，其不识朱甚矣。

杨朱曰："伯成子高不以一毫利物，舍国而隐耕。大禹不以一身自利，一体偏枯。古之人损一毫利天下不与也，悉天下奉一身不取也。人人不损一毫，人人不利天下，天下治矣。"禽子问杨朱曰："去子体之一毛以济一世，汝为之乎？"杨子曰："世固非一毛之所济。"禽子曰："假济，为之乎？"杨子弗应。禽子出，语孟孙阳。孟孙阳曰："子不达夫子之心，吾请言之。有侵若肌肤获万金者，若为之乎？"曰："为之。"孟孙阳曰："有断若一节得一国，子为之乎？"禽子默然有间。孟孙阳曰："一毛微于肌肤，肌肤微于一节省矣。然则积一毛以成肌肤，积肌肤以成一节，一毛固一体万分中之一物，奈何轻之乎？"禽子曰："吾不能所以答子。然则以子之言问老聃、关尹，则子言当矣；以吾言问大禹、墨翟，则吾言当矣。"

甚哉禽子见道之不明！禹、墨并称，禽子之不知禹也。不知禹之所以是，恶知杨朱、墨翟之所以非？不知杨朱之所以非，恶能折禽子？禽子所问于杨子者，济一世，非欲获万金、得一国也。济一世者公，获万金、得一国者私。公则杀一身济一世，断一节济一国，有所必为，无论一毫；私则损一毫得一国，损一毫得天下，有所不为，无论万金。孟孙阳所答非所问，禽子不能折其非，而贸然承之，宜其辞之穷矣。孟孙阳之答，遁辞也。

杨朱之道，禽兽之道，非人之道也。恶可以人而去其人道，恣于饮食牝牡之欲，以效禽兽所为哉？朱曰公天下之身，曰损一毫利天下不与，悉天下奉一身不取，非矛盾也。男公其身于天下之女，女公其身于天下之男，人人各得其欲，则人人不损一毫。非悉天下奉一身，人人交易其欲，则人人不利天下，非利天下损一毫。

西洋宪法，权利、义务互相对待，有一权利必有一义务，有一义务必有一权利。君臣、父子、夫妇皆挟权利以相接，而无权利之义务，君不能得之于臣，父不能得之于子，夫不能得之于妇。则杨氏为我，拔一毛而利天下不为之道。其骄奢淫逸，举国惟快乐幸福是谋，皆宗法杨氏。公妻有其实而未立其名，公财有其名而未臻其实，则于杨氏之道犹有未尽，彼终不能尽弃人道以从杨氏之道也。

杨氏之道，辟于孟子，行于西洋。人知西洋宪法，君民平等，出于墨氏，恶知西洋宪法之精意皆出于杨氏哉？战国之世，梁果用朱，则中国已为西洋久矣，不待今日而始变于西洋也。杨朱为我之道，湮没数千年而不著，世儒以朱为学义而过，固不足以知朱。吾为之摘其微，抉其隐，疏通而证明之，发数千年未发之覆。新学者流，必将扼腕而恨杨朱之道不用于战国，不恨孟子之不用也。

墨翟曰："孔子穷于蔡、陈之间，藜羹不糁。十日，子路为烹豚，孔子不问肉之所由来而食；褫人衣以酤酒，孔子不问酒之所由来而饮。哀公迎孔子，席不端弗坐，割不正弗食。夫饥则不辞妄取以活身，饱则伪行以自饰。污邪诈伪，孰大于此?"嗟乎! 以孔子之廉洁忠信，而可以诋之为污邪诈伪，则天下复安有是非? 藜羹不糁，何豚何酒? 豚可烹，酒可酤，何穷? 岂有以仲子之义而盗人之豚以为食，剥人之衣以为饮? 孔子之圣，不问其酒食之所从来，守正于平时，改节于穷约者哉? 天下必不信翟之言矣。

墨翟曰:"孔子怒景公不封己，树鸱夷子皮于田常之门，以乱齐。"常弑简公，孔子沐浴请讨。树人于常以乱齐，则简公之弑，孔子所愿也，何请讨为?

墨翟曰:"孔子为鲁司寇，舍公家而奉季孙。"冉求聚敛以附益季孙，孔子曰:"非吾徒也。小子鸣鼓而攻之，可也。"孔子之恶季孙甚矣。桓子受齐女乐，而孔子行，未闻孔子曲附季孙也。

墨翟曰:"齐景公问晏子以孔子，晏子不对。公曰:'以孔子语寡人者众矣，俱以为贤人，今子不对何也?'晏子曰:'婴闻孔子之荆，知白公谋，而奉之以石乞。劝下乱上，教臣弑君，非圣贤之行也。'"孔鲋曰:"夫子应楚昭王之聘，不用而反，周旋乎陈、宋、齐、卫。昭王卒，惠王立。十年，令尹子西召王孙胜为白公，时鲁哀公十五年。夫子自卫反鲁，居五年矣。白公立一年作乱，乱作在哀公十六年秋，夫子已卒十旬矣。墨子虽欲造言谤圣，如年世不相值何?"

墨翟曰:"齐景公欲以尼谿封孔子。晏子曰:'不可。夫儒倨傲而自顺，崇丧遂哀，繁礼盛仪。其道不可以治国，其学不可以导众。'"翟托晏子之言，以非孔子。而晏桓子之丧，晏子粗衰斩，苴绖带，杖，菅履，食粥，居庐，寝苫枕草，未尝不崇丧。晏子之告景公，谓无礼而能治国家，婴未之闻，未尝不尊礼。晏子于儒之道虽未尽，固非短丧恶礼，自处于儒之外。翟之诬晏子甚矣。

墨翟曰:"孔子徒属弟子，皆效孔子。子贡、季路辅孔悝以乱卫，阳虎乱鲁，佛肸以中牟畔，漆雕开刑残。"卫之乱，灵公所为，固非子贡、季路所为。阳虎欲见孔子，孔子不见，何弟子之有? 佛肸以中牟畔，召孔子，未闻为孔子弟子也。漆雕刑残，刑非其罪，何伤? 翟非儒，不能明儒之所以非，而徒造言以非之，则下愚所为。其不及老聃、庄周、列御寇远矣。

墨翟与程子辩，称于孔子。程子曰:"非儒，何故称于孔子?"墨翟曰:"是亦当而不可易者也。今鸟闻热旱之忧则高，鱼闻热旱之忧则下，当此，虽禹、汤为之谋，必不能易矣。鸟鱼可谓愚矣，禹、汤犹云因焉。"今翟曾无称于孔子乎？翟称孔子不可易，是非之心犹有几希者存。而一闻诘难，强辞以辨，至比孔子于鱼鸟之愚，而自比禹、汤，翟之狂妄甚矣。翟非儒，而终不能不称孔子之是，世之学儒者顾欲挟翟以非孔子，亦见其愚也。

墨翟谓程子曰："儒之道足以丧天下者四政焉。儒以天为不明，以鬼为不神，此足以丧天下。厚葬久丧，重为棺椁，多为衣衾，送死若徙，三年哭泣，扶后起，杖后行，耳无闻，目无见，此足以丧天下。弦歌鼓舞，习为声乐，此足以丧天下。以命为有，贫富寿夭、治乱安危有极矣，不可损益也。为上者行之，必不听治；为下者行之，必不从事。此足以丧天下。"

顾谍天之明命，儒未尝以天为不明。事死如生，事亡如存，儒未尝以鬼为不神。丧具称家之有无，儒未尝必于厚。三年之丧，称情以立文，立中制节，不得为文。棺椁、衣衾、送死，称其财。丧不虑居，儒未尝以丧毁家。三年之丧达于上下者，衰绖、苴块之制，不饮酒、不食肉、不内寝之礼。百官备，百物具，不言而事行者，扶而起；言而后事行者，杖而起；身自执事而后行者，面垢而已。儒未尝以哀废事，执一说以强天下。丧不以饥废事，不以饱忘哀。视不明，听不聪，行不正，不知哀，君子病之。儒未尝以耳无闻、目无见为居丧之礼。平忿淡欲，宣化陶情，乐之裨于天下至大，儒未尝以繁费厚敛为乐。贫富寿夭听诸天，治乱安危责诸己，儒未尝妄求贫富寿夭不可知之数于天，儒未尝不力任治乱安危当自尽之责于己。翟本不知儒，所非于儒者皆非儒之道，其不足以难儒明矣。

墨翟曰："尧、舜茅茨，以为礼，以为乐。汤有《濩》，武王有《象》，成王有《驺虞》。成王治天下不若武王，武王治天下不若成汤，成汤治天下不若尧、舜。乐逾繁，治逾寡。"礼乐治天下之大法，古今恶有废乐以为治者哉？翟妄称尧、舜，尧、舜固未尝废乐也。翟非乐则并尧、舜而非之矣，非其乐而称其人何为？翟以乐薄汤、武，是必尧、舜无乐而后可。尧有《咸池》，舜有《大韶》，禹有《大夏》，汤有《大濩》，武有《大武》，未闻汤、武有乐，尧、舜无乐也。而《濩》、《武》之盛，必不及《咸》、《韶》。治之盛衰视其乐，乐逾美，治逾盛，则汤、武之治不及尧、舜，恶得以咎乐哉？翟非乐，乐终不可废。徒令人用翟言以菲薄古乐，卒使《咸池》、《韶》、《夏》、《濩》、《武》，荡然无存，妖淫愁怨之声，日出不止。学者虽欲考求古乐而无从焉，翟之害大矣。

墨翟曰:"三年之丧,败男女之交。"夫血气有知之属,莫不知爱其类。今大鸟兽失其群,越月逾时必反。巡其故乡,翔回鸣号焉,踯躅焉,然后乃能去之。小者至于燕雀,犹必有啁噍之顷焉,而后能去。鸟兽尚思其种类,而况于人!三年之丧,百王所同也。子生三年,然后免于父母之怀。人子哀慕之情,三年一瞬耳。翟曾无三年之爱于父母,亟亟焉求合男女之交,必欲率天下朝死夕忘以为快,不能为父母忍欲三年焉,此真鸟兽之不若矣。

公孟子曰:"三年之丧,学吾之慕父母。"墨翟曰:"夫婴儿子之知,独慕父母而已,父母不可得也,然号而不止,此其故何也?即愚之至也。然则儒者之知,岂有以贤于婴儿子哉?"夫人子之爱父母,本于天性,何分长幼?儒者之知,诚不能有加于婴儿。失父母而号不止,儒者亦不失其赤子之心耳。翟必率天下忘亲蔑哀以为智,翟固自谓贤于婴儿矣,曾不若鸟兽之犹知爱其种类也。

墨翟曰:"以其言非吾言者,是犹以卵投石也。尽天下之卵,其石犹是也,不可毁也。"翟之狂妄自夸甚矣。《论衡》云:"墨家之议,自违其术。其薄葬而又右鬼,死者审有知,而薄葬之,是怒死人也。"此王充之以其言非翟之言,翟将何辞以对?孰石孰卵耶?翟思以其说争胜天下,且不免自背其亲,恶足以胜孔子?

朱之贻祸人道,莫大乎纵欲为我;翟之贻祸人道,莫大乎短丧兼爱。孟子以无君斥朱,无父斥翟,确乎百世以俟圣人而不易。战国以来,幸而孔子之道犹未尽变于杨、墨者,孟子息邪说之功耳。立战国以观今日,处士横议,邪说诬民,充塞仁义,孟子之言若烛照数计而龟卜也。孟子往矣,而杨、墨之势什百千万于战国。其所以贻祸人道,与孔子为敌者,日出而不已,则生民之祸必将什百千万于战国,而人道化为禽兽夷狄必不远矣。吾今而知孟子之功不在尧、舜下也,使无孟子,则今日何所据以辟杨、墨哉?

杨、墨乱教,告子乱性。杨、墨之为害也显,告子之为害也隐。告子,禅宗也。"不得于言,勿求于心。"儒者之穷理,求之于语言文字妄也,外其言而心自明。"不得于心,勿求于气。"儒者之集义,求之于廉耻气节伪也,外其气而心自定。外言外气,外义也。外义而心之昭昭灵灵者,澄然空矣。性无善无不善,空其心之体;不得于言,勿求于心,不得于心,勿求于气,空其心之用。体用俱空,心不动矣。

食色性也,动意则乖,拟心则差,遇食而甘,遇色而悦,情障也,仁也非空也，仁非性也。食辨其孰可甘，色辨其孰可悦，理障也，义也非空也，义非性也。告子之所谓性，空而已矣，空则孰能动之？富贵不淫，贫贱不移，威武不屈，孟子之不动心也。无富贵，无贫贱，无威武，告子之不动心也。

告子以生之谓性，而取喻于杞柳杯棬也，即佛氏作用是性等说也。充斯说也，虽一切不碍可也，所谓狗子亦有佛性是也。告子以性为无善无不善，而取喻于湍水也，即佛氏无净无垢、非空非色等说也。充斯说也，虽一切无著可也，所谓圆顿大解脱是也。告子之不得于言与心，勿求于心与气也，即佛氏语言道断、心思路绝等说也。充斯说也，虽一切断灭可也，所谓不起丝毫现在心，无相光中常自在是也。告子之为禅宗信矣。

朱子曰："象山，宋之告子。"熊文端公曰："姚江，明之告子也。"孟子辟杨、墨，则举西洋哲学、宗教、宪法、社会党而尽辟之；辟告子，则举佛学、禅学、陆、王而尽辟之。大哉孟子之功！

知言篇中

仲尼没，而大义微言绝。百家九流，蜂起战国，孟子辞而辟之。"善战者服上刑，连诸侯者次之，辟草莱、任土地者次之。""率土地而食人肉，罪不容于死。""以顺为正者，妾妇之道。""治天下，不可耕。"且为距兵家、农家、纵横家也。"及陷于罪，然后从而刑之，是罔民也。""焉有仁人在位，罔民而可为？""戒之戒之！出乎尔者，反乎尔者也。"距法家也。白马、白羽之辨，距名家也。"天时不如地利。"距阴阳家也。"道一而已。"距杂家也。"齐东野人之语，非君子之言。"距小说家也。法家出于理官，名家出于礼官，农家出于农官，杂家出于议官，兵家出于司马之官，阴阳家出于羲和之官，纵横家出于行人之官，小说家出于稗官，孟子必严而距之者，为其假托先王以乱真也。

孟子倡道战国，称仁义，宗尧、舜、孔子，以折异端，所以存人道于万世，非与诸家争一日之短长。前乎孟子而邪说诬民者，吾得以孟子之言正之；后乎孟子而淫辞叛道者，吾得以孟子之言拒之。杨、墨、告子，孟子之辨严矣。则吾将本孟子以辨申、商、韩非、荀、杨、王通、苏轼、陆、王、惠、戴，而兼及于诸儒。使学者毋为所惑，以发明孟子之意焉。

申不害曰："名者，天地之纲，圣人之符。张天地之网，用圣人之符，则万物之情无所逃矣。故善为主者，倚于愚，立于不盈，设于不敢，藏于无事，窜端匿迹，示天下无为，是以近者亲之，远者怀之。示人有余者，人夺之；示人不足者，人与之。刚者折，危者覆，动者摇，静者安。名自正也，事自定也。是以有道者，自名而正之，随事而定之。"窜端匿迹，老氏机械变诈之术。圣人以名教治天下，而名为实符；申不害以名法御天下，而名为实祸。

申不害曰："慎而言也，人且知女；慎而行也，人且随女。而有知见也，人且匿女；而无知见也，人且意女。女有知也，人且藏女；女无知也，人且行女。故曰：惟无为可以规之。"圣人之无为，行其所无事也；申不害之无为，则窜端匿迹，务为不可测以欺天下。天子称朕，固不闻声，赵高用其说以诳二世而亡秦。

魏之围邯郸，申不害始合于韩王。王问申子曰："吾谁与而可对？"曰："臣请深维而苦思之。"乃微谓赵卓、韩晁曰："子皆国之辨士也。夫为人臣者，言不必用，尽忠而已矣。"二人各进议于王以事。微观王之所说，以言于王，王大悦之。申不害之术，鄙夫迎合之术也。申子请仕其从兄官，昭侯不许也。申子有怒色。昭侯曰："子尝教寡人循功劳，视次第。今求此，我将奚听乎？"申子避舍请罪。申不害之行，鄙夫龌龊之行也。尊君卑臣，君臣之义绝；崇上抑下，上下之情乖。秦、汉、唐、宋、元、明，亡国败家相随属，而使唐、虞、三代君民一体之治，卒不可复者，申不害之流毒也。

鬼谷子者，苏秦之寓名。鬼谷子云，欲闻反默，欲张反敛，欲高反下，欲取反与，老子之术也。世之小人不读鬼谷之书，而飞钳捭阖，动与鬼谷合符，邪说之中于人心也久矣。

商鞅曰："民不贵学则愚，愚则无外交，国安不殆？"老子愚民之术，鞅用之以燔诗书而亡秦。商鞅曰："以良民治，必乱至削；以奸民治，必治至强。"以奸待良，鞅之不仁甚矣。商鞅曰："行刑重其轻者，轻其重者。""重刑而连其罪。"刑不问法，重者轻，轻者重，重而连之，天下无当罪之刑矣。商鞅曰："王者刑九赏一。""刑用于将过，赏施于告奸。"求过不求善，有过而无善，是举天下皆可刑之人，刑十而赏无一矣。痛哉！斯民何辜，而遭鞅之荼毒也！

商鞅曰："国有礼、有乐、有《诗》、有《书》、有善、有脩、有孝、有悌、有廉、有辩。国有十者，上无使战，必削至亡；国无十者，上有使战，必兴至王。""六虱：曰礼、乐；曰《诗》、《书》；曰脩善，曰孝悌；曰诚信，曰贞廉；曰仁、义；曰非兵，曰羞战。国有十二者，上无使农战，必贫至削。"鞅以虎狼枭獍之性，虱礼、乐、《诗》、《书》、脩善、孝悌、诚信、贞廉、仁、义，无圣无法，无父无君，无亲无长，其自绝于人类也久矣。亡秦覆辙，昭然史册，不鉴于秦而又甚之。

平等、自由、权利、运动、竞争，用彝变夏，礼、乐、《诗》、《书》、脩善、孝悌、诚信、贞廉、仁义，荡然扫地无存。著书立说，更法改令，斥礼法纲常为亡国灭种之原，鞅之道大行于世矣。非兵、羞战，则又鞅所不为；国无力而行知巧者必亡，鞅亦戒之矣。弃鞅之美，袭鞅之恶，祸之什佰千万亡秦也决矣。士大夫聚朋蹙额而言，动曰亡国灭种，礼义不亡何亡国？廉耻不灭何灭种？不自责其礼义之亡、廉耻之灭，亟求所以存之，而哓哓然诵言以诳人，曰亡国灭种，吾不知之矣。

韩非、李斯皆荀卿弟子，以卿之学乱天下，而非之为说尤精。申子之书号曰术，商鞅之书号曰法。商鞅有法而无术，申子有术而无法，而非兼之。术者舞小智以御群臣，故曰："道在不可见，用在不可知。"法者执严刑以制百姓，故曰："爱多则法不立，威寡则下侵上。"行刑重，其轻者弃灰断手。商君之法而托于殷，罪无轻重，而犯者必死。重罪死，轻罪亦死，等死耳，则民宁犯重罪以死，不犯轻罪以死矣。失期亦死，举大计亦死，陈胜、吴广所以亡秦也。

老子曰："民不畏死，奈何以死惧之？"非学老氏之学，而犯老氏所戒，秦之亡也，非与有力焉。君子爱其亲以及人之亲，爱其国以及人之国，非一出而即欲覆其宗国，背本不仁甚矣。宜其作《说难》，而卒死于说也。君子之为说也，不忧说之不合于人，而忧说之不合于道。夫为说而惟不合于人之忧，则亦何所不至矣。

李斯《论督责书》引申子曰："有天下而不恣睢，命之曰以天下为桎梏。"引韩子曰："慈母有败子，而严家无格隶。"引商君之法，刑弃灰于道者。引韩子曰："布帛寻常，庸人不释；铄金百镒，盗跖不搏。"而断之曰："灭仁义之涂，困烈士之行，塞聪掩明，独行恣睢之心而莫之敢逆。然后可谓能明申、韩之术，而修商君之法。"商君、申、韩之说，得李斯大行而秦亡矣。

继善成性，孔子性善之说，孟子本之。荀况叛孔子，而倡言性恶，以诬天下万世之人。性有恶而无善，其为天下万世人道之罪人也决矣。不知性，焉知礼？不知礼，焉知学？荀子曰："学不可以已。青取之于蓝而青于蓝，冰出于水而寒于水。"其所谓学者，非求复其天命之性，求胜人也。况遍诋游、夏、思、孟以求胜，可谓学乎？

李斯废先王之道，焚百家之言，以自是其所见，况之教也。韩非、李斯皆学于况，其施于天下何如哉？况之言治本申子，言性本告子。性恶，杞柳之说也；礼伪，义外之说也。况传告子、申子之学，不传孔子之学明矣。其称述孔子者，陆、王传达摩、慧能，而自托于孔子之故智。达摩、慧能之说，必以孔子之言文之也。

孔、孟皆法先王，而荀子法后王。司马迁曰："法后王者，以其近己而俗变相类，议卑而易行也。"汉法秦，唐法汉，宋、明法唐，而唐、虞、三代之治不可复，则皆荀卿之教矣。荀卿非十二子，而不及申、商，况之学，阳儒阴法之学也。

五行出于天道之自然。河出图，洛出书，圣人则之。伏羲则图以画卦，禹则书以陈畴。八卦九畴，表里经纬，理本一贯。天一、地二、天三、地四、天五者，五行之生数；地六、天七、地八、天九、地十者，五行之成数。天数五，地数五，五位相得而各有合。五行之理，孔子《系易》备矣。

荀卿叛孔子，而以案往旧造说，谓之五行，为子思、孟子罪。不识五行之理，因以昧于五常，妄为性恶之说。新学者流，则遂变本加厉，祖荀而祧孔，追原《洪范》，诋五行为禹之乱教，以附会之。则天有五气，地有五方，人有五伦，五行自然之数，非禹以私意为之也。木正、火正、金正、水正、土正，颛顼已设五官，五行之教，非始于禹。文王不用五行，《周礼》何以有五帝之祀？《易》于五行，有通贯无牴牾，固非新学小生所知。为是说者，徒习闻于希腊地水火风之语，遂欲排中夏五行最古之义而去之。使六经、周、孔旧教不得复立，拔本塞源，荀卿之流毒大矣。

荀子曰："盗名不如盗货。田仲、史鳅不如盗。"田仲盗矣，史鳅亦盗乎？孔子称鳅之直，而况以盗诋之，况之悖孔子甚矣。荀子曰："君子之求利也略。"荀子谬矣。君子恶有求利之心？求利恶足以为君子？孔子称周公身贵而愈恭，家富而愈俭，胜敌而愈戒，而荀子非之。将谓周公贵而骄，富而侈，胜而怠耶？负扆而立，诸侯趋走，周公未尝以自骄，恶得谓之不恭？立七十一国，姬姓过半，周公未尝以自侈，恶得谓之不俭？定革息兵，外关不闭，周公未尝以自怠，恶得谓之不戒？荀子妄矣。诗书，礼义之所出。荀卿隆礼义，杀诗书，其为礼义诗书之蟊贼也大矣。伏生删百篇而为二十九者，荀卿之说有以启之也。

荀子曰："水火有气而无生，草木有生而无知，禽兽有知而无义，人有气、有生、有知，亦且有义。"是与性恶之说矛盾矣。性恶，恶得有义？荀子曰："凡语治而待去欲者，无以道欲而困于有欲者也。凡语治而待寡欲者，无以节欲而困于多欲者也。"心之所可中理，欲虽多，奚伤于治？心之所可失理，欲虽寡，奚止于乱？理欲不并立，多欲之心，焉能中理？寡欲之心，焉得失理？去欲寡欲，孔、孟之言，非宋墨之言也，而况非之。惩忿窒欲，孔子非教人以去欲耶？养心莫善于寡欲，孟子非教人以寡欲耶？况叛孔、孟而以导欲为教，上为杨朱、告子之所传，下为戴震、焦循所自出。新学者流，喜其说之便于己私，则遂巍然跻之尼山之上，称荀卿学过孔氏，以沟通于西洋哲学矣。

荀子曰："人之性恶，其善者伪也。"性恶何以能为善？虎豹不能为善而人能之，人之性善明矣。荀子曰："涂之人可以为禹。涂之人皆有可以知仁义法正之质，涂之人皆有可以能仁义法正之具。"则何为而言人之性恶也？况不能自持其说，而欲以教人乎？荀子曰："心如槃水，湛浊在下，清明在上，则足以见须眉而察理。"心之清明，恶有湛浊？湛浊者，物欲害之也。去其物欲，则心之清明自全，而湛浊不生；物欲不去，湛浊不尽，但使伏而在下，则终有时而发。水不能不遇风，水清者风不能使之浊；心不能不应物，心明者物不能使之昏。澄之则清，挠之则浊者，尘滓伏于下也；静之则明，动之则昏者，利欲藏于中也。

荀子曰："天子无妻，告人无匹也。四海之内无客礼，告无适也。""执至重，形至佚，心至愉，志无所诎，形无所劳，尊无上矣。"文王刑于寡妻，恶得谓无妻？尧、舜选为宾主，恶得谓无客礼？舜以死勤事，禹三过其门而不入，恶得谓形至佚，心至愉，形无所劳？天子不臣师，不臣友，不臣诸父，不臣后父，恶得谓尊无上？秦法尊君卑臣，以天下恣睢，李斯之所制固有所受之矣。

荀子治天下之术，具《成相篇》，篇中以法为主，以后王为师，以慎、墨、季、惠之言法也为不详。而归于信赏必罚，臣谨修，君制变，则申、商之术也。彼又恶知唐、虞、三代之治？韩非、李斯以荀卿之学乱天下，非陈相背师比也。苏子瞻持论多纰缪，其所以论荀卿者独当。王应麟、归有光、谢墉、纪昀、钱大昕、姚鼐之徒，必欲曲为之辨，是亦可以已矣。章炳麟称荀卿道术，踔绝孔氏，则以合群之言，有合西学。梁启超称荀卿传小康，而不传大同，则以卿之尊君卑臣，于西法也背。不睹孔氏道术之大成，不识大同小康之辨，无知妄作，执一言之离合外人，以断长幼。此矇瞍之谈黑白，黑白不生于己，而生于人也。悲矣！

尧、舜禅让，人之恒言也，而荀卿非之。《正论篇》曰："天子无让，天下无禅。"《成相篇》则又曰："尧、舜尚贤身辞让。"是自相矛盾也。必欲以尧、舜禅让之说为非，则断以孟子天子不能以天下与人之义可矣。天下者万姓之天下，非尧、舜所得私，尧、舜恶得以禅让？荀卿之于道也肤，恶足以知此？

韩子之论荀、扬曰："择焉而不精，语焉而不详。""大醇而小疵。"荀卿，孔子之罪人，吾见其疵，未见其醇也。不精不详，恶足以蔽之？孟、荀并称，是齐孔、墨而并夷、跖矣。恶乎可？

荀子《强国篇》，称秦之民为古之民，称秦之吏为古之吏，称秦之士大夫为古之士大夫，称秦之朝为古之朝，称秦之治为治之至。秦之所以治其国者，申、商之术也。荀卿称之不容口，荀子所见固不能出申、商上矣。世犹以韩非、李斯乱天下，归狱荀卿为过者，惑之甚也。

七十子没而微言绝，三传作而大义乖。讲《公羊》者侈言大义，而以祭仲逐君为权，婴齐后兄为礼，叔术妻嫂为贤，卫辄拒父为义。大义之乖，莫甚《公羊》。董子正心以正朝廷，任德不任刑之对，正谊明道之言，所见至纯，卓然高出两汉诸儒。而所作《春秋繁露》，不能匡正师说，王鲁、绌夏、亲周、故宋、受命、改制，穿凿附会于《公羊》之外。《春秋决事比》则以商君之法说经，与张汤相授受，导武帝以深刻惨酷，持论全与平日相反。学不知性，胸无定见，摇惑于口说，拘牵于家法，遂至弃其素守，离经畔道，倡为非常异义可怪之论而不辞。

墨守于何、徐，波荡于刘、宋、龚、戴、王、廖，祸极于康、梁，于是公羊学遂为乱臣贼子、无父无君、犯上作乱之学，而大义扫地矣。则不能不归咎于讲公羊学者之初祖，董子固不得辞其责。以《春秋》当新王，殷、周为王者之后，王鲁黜周，无其权而空言革命，孔子必不若是之悖。以获麟为受命之符，托《春秋》而明改制之义，受命改制，无其位而妄思僭王，孔子必不若是之逆。此《公羊》所不言者，而皆出于董子。《公羊》，《春秋》之罪人；董子，《公羊》之罪人。何休，董子之罪人；今之讲公羊学者，则又何休之罪人。

董子曰："王者必徙居处、更称号、改正朔、易服色者，无他焉，不敢不顺天志而明自显也。若其大纲、人伦、道理、政治、教化、习俗、文义尽如故，亦何改哉？故王者有改制之名，无易道之实。"今之言改制者则易道矣，此又董子所不及料也。张三世，存三统，变一为元，以元之深正天之端，以天之端正王之政，王正月之王为文王，孔子必无此意。

孔子因《鲁史》而作《春秋》，据事直书，善恶自见，未尝有所增改也。笔者，史事之有关大义者，录而存之；削者，史事无关大义者，删而去之。有笔而无所改，有削而无所增，其文则史，孔子已自言之矣。《春秋》之作，一仍乎《鲁史》之旧文，而未尝有所增改，则安有三传义例之纷纭？三传所言之例皆妄也。通于此者必不能通于彼，合于前者必不能合于后，孔子不为是牴牾矛盾之辞矣。明乎《春秋》其文则史之义，则三传之以一辞一字褒贬为例者，其说皆不能复立，《春秋繁露》可以不作。

董子曰："性之名非生与？如其生之自然之资谓之性，性者质也。诘性之质于善之名，能中之与？""性如禾，善如米；性如茧，善如丝；性如卵，善如雏。"此不知性之与善，不可以分先后。性如禾，善者禾之生理；性如茧，善者茧之生理；性如卵，善者卵之生理。性必善，善即性，董生析性与善为二物误矣。董子谓茧待缲而为丝，性待教而为善，则告子杞柳杯棬之说。学苟知性，则是非邪正之至于前也立判。董子以生为性，所见不出告子，宜其言之离合于道，而不能一出于纯也。

杨子曰："学，行之，上也；言之，次也；教人，又其次也。咸无焉，为众人。"学所以行也，行所以言也，言所以教也。一而已，恶得三？

杨子曰："名誉以崇之。"君子之学，为实非为名也，奚事名誉之崇？

杨子曰："人之性也善恶混。"杨子之言性，告子之说也，焉知性？不知性，焉知道？

杨子曰："老子之言道德，吾有取焉尔。捶提仁义，绝灭礼乐，吾无取焉尔。"失道而后德，失德而后仁，失仁而后义，失义而后礼，捶提仁义，绝灭礼乐，老子之言道德也。老子不知仁义礼乐，焉知道德？雄之言谬矣。

杨子曰："诎身，将以信道。"惑也。身者道之所寄，身既诎矣，道何以伸？孔子之见南子、阳货，直道而行也，奚其诎？

杨子曰："圣人之言远如天，贤人之言近如地。"非也。圣人之言远如天，近如地；贤人之言能近不能远，能远不能近。

杨子曰："周公以来，未有汉公之懿也，勤劳过于阿衡。"雄之献媚无耻甚矣，《剧秦美新》之所以作也。

杨子曰："明哲煌煌，旁烛无疆，孙〔逊〕于不虞，以保天命。"雄于出处之际，孙〔逊〕于不虞则有之，旁烛无疆则未也。光武之兴，使雄不死，能免诛乎？黾勉莽贤之间，畏死而不敢去，恶得为守道之士哉？

杨子曰："知元知默，守道之极。爰清爰静，游神之庭。惟寂惟寞，守德之宅。"雄所知者，老氏之道耳，焉知孔子之道？《太元》，《易》之赘疣也；《法言》，《论语》之赘疣也。《易》自一而二，一阴一阳，自然之数也。《太元》自一而三，背阴阳之自然，强求合于历之日而终不合，奚取焉？《法言》涩而晦，《太元》劳而拙。妄拟圣贤，以博名誉，内怀躁竞，外示恬退，冯道之先导与？

司马温公疑孟子，而尊杨子，何其蔽也！王充曰："孟轲言人性善者，中人以上者也；孙卿言人性恶者，中人以下者也；杨雄言人性善恶混者，中人也。"此韩子性三品之说。性者仁义礼智信，焉得恶？性即理也，理一而已，焉得有上中下之分？言性至孟子定矣。荀、杨之说，必不可与孟子并论。充力主性有善恶，而兼取孟、荀、杨三子之言，以分性有上中下，惑矣。

王充曰："周人世硕以为人性有善有恶，在所养焉。作《养书》一篇。""宓子贱、漆雕开、公孙尼子之徒亦论情性，与世子相出入，皆言性有善有恶。""孟子作性善篇，以为人性皆善，未为实也。"义理之性，有善无恶；气质之性，可以为善，可以为恶。恶由后起，动而后有恶。气质未动之时，焉得有恶乎？恶且不可言气质之性，则恶得以恶言义理之性？世子之说妄矣。充执殷纣、杨食我以难性善，殷纣、杨食我之恶，未若宋刘劭、唐柳璨之甚也。劭临刑谓臧质曰："覆载不容，何为见哭？"璨临刑自詈曰："负国贼，死宜矣。"性果恶者，为恶必不自知；为恶而自知其恶，则性善明也。殷纣、杨食我，固未尝不自知其恶也，必不足以证性恶矣。

王充曰："一岁婴儿，无争夺之心；长大之后，或渐利色，狂心悖行由此生。"则充固未尝不知孟子性善之说之实，恶得执世子以难孟子？王充曰："告子与孟子同时，其论性无善恶之分，譬之湍水，决之东则东，决之西则西。""孔子曰：'性相近也，习相远也。'夫中人之性在所习焉，习善而善，习恶而恶。至于极善极恶，非复在习。孔子曰：'唯上智与下愚不移。'告子之言未得实也。"告子固知有气质之性，不知有义理之性。充执孔子之言以驳告子，则孔子所言者，亦气质之性，非义理之性也。气质之性，可善可恶；义理之性，有善无恶。极善性也，极恶非性也，习也。孔子谓下愚不移，不肯移，非不可移也。使桀、纣而与尧、舜同处，则亦能移之矣。朱、均不为桀、纣者，有尧、舜为之父也。充以性有善有恶，驳告子性可善可恶，其不知性均矣。

王充曰："孙卿反孟子作《性恶篇》，以为人性恶，其善者伪也。性恶者，人生皆得恶性；伪者，长大之后，勉为善。若孙卿之言，人幼小无有善也。稷为儿，以种树为戏；孔子能行，以俎豆为弄。孙卿之言未为得实。"充举稷、孔以驳性恶是矣。孩提知爱，少长知敬，固不独稷、孔有是心也。充又曰："性恶之言有缘。一岁婴儿，无推让之心。见食，号欲食之；睹好，啼欲玩之。"充既以婴儿为无争夺之心，又以婴儿为无推让之心，反覆无定。充以是为性恶之证，则不知婴儿欲食欲玩者，气质之性，非义理之性也。且此亦不可谓恶。婴儿虽欲食，教以与母食，必推与母食；婴儿虽欲玩，教以与兄玩，必推与兄玩。此则义理之性，固婴儿所同具者也。充乌得以气质之性，概义理之性？

王充曰："陆贾曰：'天地生人也，以礼义之性。人能察己所以受命则顺。顺之谓道。'夫陆贾知人礼义为性，人亦能察己所以受命。性善者，不待察而自善；性恶者，虽能察之，犹背礼畔义。贪者能言廉，乱者能言治。盗跖非人之窃也，庄𫏋刺人之滥也，明能察己，口能论贤，性恶不为，何益于善？陆贾之言，未能得实。"充误矣。继孟子而言性得实者，莫若陆贾。充之言足以明性善，而不足以难性善。背礼畔义，习使然也，非性恶也。性恶恶能察？贪者言廉，乱者言治，盗跖非窃，庄𫏋刺滥，性善明矣。性恶何以知有廉治？性恶何以非窃刺滥？

王充曰："董仲舒览孙、孟之书，作情性之说曰：'天之大经，一阴一阳；人之大经，一情一性。性生于阳，情生于阴。阴气鄙，阳气仁。曰性善者，是见其阳也；谓恶者，是见其阴者也。'董仲舒之言，谓孟子见其阳，孙卿见其阴也。处二家各有见，可也；不处人情性情性有善有恶，〈未也。〉情性于阴阳，安能纯善？"阴阳之理，有善无恶；阴阳之气，有过不及，善而流于不善则为恶。阴非恶，偏则为恶；阳固善，偏亦非善。阳之善为健，阴之善为顺。不得以善恶分属阴阳。性有善无恶，情亦有善无恶。情有过不及，善而流于不善则为恶，恶非情之本。

然不得以善恶分属性情。阴阳合而成性，发而为情。仁礼为阳，义智为阴，性之中有阴有阳；喜乐为阳，怒哀为阴，情之中亦有阴有阳。不得以阴阳分属性情。性为阳为善，情为阴为恶，仲舒谬矣。情性有善有恶，充之所见亦未有以愈于仲舒也。

王充曰："刘子政曰：'性，生而然者也，在于身而不发。情，接于物而然者也，出形于外。形外则谓之阳，不发者则谓之阴。'夫子政之言，谓性在身而不发。情接于物，形出于外，故谓之阳；性不发，不与物接，故谓之阴。不论性之善恶，徒议外内阴阳，理难以知。且从子政之言，以性为阴，情为阳，夫人禀情，竟有善恶不也？"仲舒谓性阳情阴，子政谓性阴情阳，所见相反。核以阴静阳动之理，则子政为优。子政非荀卿言性恶，以为人之为善安从生，则不主性恶甚明。性属阴，而阴之中有阳，仁义礼智具焉；情属阳，而阳之中有阴，喜怒哀乐生焉。阴静而静之中有动者存，阳动而动之中有静者存。动静互为其根，阴阳互藏其宅。此则子政之所未知。充之所见远出子政下，宜其不足以知子政之得失也。

王充曰："儒者论曰：'天地故生人。'此言妄也。夫天地合气，人偶自生也，犹夫妇合气，子则自生也。夫妇合气，非当时欲得生子，情欲动而合，合而生子矣。然则人生于天地也，犹鱼之于渊，虮虱之于人也，因气而生，种类相产。万物生天地之间，皆一实也。"悖哉充之言！天地以生物为心，人者天地之心，岂偶然生人哉？偶然生人，则何以牛不生人，马不生人，虎豹不生人，足不生于上，头不生于下？人为万物之灵，有参天地、赞化育之责，而比于渊鱼虮虱，充之自绝于人类也。夫妇之义，上以承宗庙，下以继后世，将以存人道于不绝，为天下国家任生育教养之责，而使人道之不为禽兽。申之以父母之命，成之以媒妁之言，重之以亲迎之礼，非苟为情欲而合也。为情欲而合，则淫乱自由可矣，何必立夫妇之名？养子劬劳，不多事乎？充既自居于禽兽，而欲以禽兽之心厚诬天下，此愚夫愚妇之所不受也。

刘子元曰："充自纪述其父祖不肖，为州闾所鄙，而答以嚚顽舜神，鲧恶禹圣，盛矜于己而厚辱其先。何异证父攘羊，学子名母，名教之罪人也！"葛鲁卿曰："充刺孟子，犹之可也；至诋訾孔子，以系而不食之言为鄙，以从佛肸公山之召为浊；又非其脱骖旧馆，而惜车于鲤，又谓道不行于中国，岂能行于九夷？若充者，岂足以语圣人之趣哉？"充饰小辩以惊俗，非圣无法，非孝无亲。《王制》曰："行伪而坚，言伪而辨，学非而博，顺非而泽，以疑众，杀。"充之谓矣。刘、葛之论至正。

纪昀纂《四库提要》，于充犹曰："订讹砭俗，中理者多，有裨风教。"颠倒是非，悖孰甚焉！章炳麟称充："正虚妄，审乡背，怀疑之论，分析百端，有所发摘，不避孔氏。汉得一人焉，足以振耻。"以诵法孔氏为耻，以诋訾孔氏为能振耻，背德忘本，一至于斯，甚可痛也！革命党无君之心，必先由于无圣，辨之不可不早矣。

郑康成《戒子书》自言："博稽六艺，粗览传记，时睹秘书纬术之奥。"许懋谓郑玄有参柴之风，不能推寻正经，专信纬候之书；孔冲远谓郑玄笃信谶纬；王伯厚谓郑康成释经，以纬书乱之，以臆说汩之。皆属笃论。玄之最谬者，以五帝为感生帝太微之精，苍帝灵威仰，赤帝赤熛怒，黄帝含枢纽，白帝白招拒，黑帝汁光纪。以天为天皇大帝，北辰耀魄宝。以地为有二神二祭。以天为有六天，以帝为有六帝。以《祭法》之禘，为冬至祀天圜丘，配之以喾。以《大传》之禘，为正月祀感生帝于南郊，配之以稷。以《祭法》之祖、宗，为祀五帝、五神于明堂，配以文王、武王。以《月令》之元日祈谷，为祭感生帝。以《月令》之季秋大飨，为遍祭五帝。以圜丘与郊为两处，以昊天上帝与感生帝为两祀，以禘、郊、祖、宗为或祀一帝，或祀五帝，各配以一祖。杂取秦、汉之制，方士谶纬之说以解经，谬妄不经，莫大于此。

王子雍《圣证论》所驳极正："天体惟一，安得有六？"片言折狱。而以五帝为五人，帝为天之佐，则谬忌"天神贵者太一，太一佐曰五帝"之说，同出方士，不足以服郑。帝者气之主也，帝一而已。以木王于春而言，谓之青帝；以火王于夏而言，谓之赤帝；以金王于秋而言，谓之白帝；以水王于冬而言，谓之黑帝；以土王中央而言，谓之黄帝。分之则有五帝，合之则一昊天上帝。譬如人身，分之则有五官四肢，合之则一体耳，非有二也。

杨信斋曰："天帝，一也。以一字言，则配天、飨帝之类；以二字言，则格于皇天、殷荐上帝之类；以四字言，则惟皇上帝、昊天上帝、皇天上帝之类；以气之所主言，则随时随方而立名，如青帝、赤帝、黄帝、白帝、黑帝之类。其实则一天也。是以前乎郑康成，如郑众、如孔安国注书，并无六天之说。郑康成后出，乃分为六天，又皆以星象名之，谓昊天上帝者北辰也，谓五帝者太微宫五帝座星也。夫在天成象，在地成形，草木非地，则星象非天，天固不可以象求也。以象求天，是何异于知人之有形色貌象，而不知其有心君之尊也？况又附以纬书，如北辰曰耀魄宝之类，谬妄不经，莫此为甚。且郑于此章注云：'皇天上帝，亦名昊天上帝。'既已知其为一矣，及考《月令》季夏、季冬两处，有皇天上帝之文，郑氏又析而为二，以皇天为北辰耀魄宝，以上帝为太微五帝。随意曲说，前后乖违，以此释经，有同儿戏，是以王肃群儒引经传以排之。至晋泰始初，始合六天为一，而并圜丘于郊，似矣。然又谓五帝非天，而用《家语》之文，谓太皞、炎帝、黄帝五人帝之属为五帝，则非也。夫有天地则有五行四时，有五行四时则有五帝。帝者气之主也，《易》所谓帝出乎震之类是也。果以五人帝为五帝，则五人帝之前，其无司四时者乎？郑则失矣，而王亦未为得也。夫祀天、祀五帝，皆圣人制礼之条目，非如郑氏分天以为六也。天犹性也，帝犹心也，五帝犹仁义礼智信之心，随感而应者也。是故'四圭有邸，以祀天，旅上帝'。祀天专言天者，尊天之辞也；有故而祭则曰旅，所以听命于帝，以主宰言之也。'王祀昊天上帝，则服大裘而冕，祀五帝亦如之。'昊天上帝者，天之大名也；五帝，分王于四时者也；祀五帝于四郊亦如之，所以致四时生物之功也。圣人制礼之条目，各有深意，其实则一天也。"杨氏之言至矣。

乾嘉汉学家，犹多方曲说以附会康成，惑之甚也。天无二天，地无二地。郑氏解经，于天地之祀，皆分而为二，是有二天二地矣。二天之谬，前说已明。二地之谬，则《周礼》于地示止有方丘之祭，并无二祭。郑注《大宗伯》、《大司乐》"夏至方丘"、"黄琮礼地"，为祭昆仑之神。《典瑞》"两圭有邸，以祀地"，为祭北郊神州之神。经文有方丘，无北郊，何以知祀地为北郊？地一而已，既有神州之神，又有昆仑之神；昆仑神州，经文所无，郑据何典？北郊、方丘，分为二祭，凿空妄说于《周礼》之外，郑氏之变乱《礼经》甚矣。宜新学家以昆仑为五洲中，妄谓神州非中，不得自称中国也。

郊即《周礼》之圜丘，《祭法》之泰坛，王肃之言，至当不易。《郊特牲》云："郊之用辛也，周之始郊，日以至。"郊之所以用辛日者，周初始行郊祭之日，值辛日冬至。故后皆以冬至辛日，或冬至前后辛日郊。言周始郊者，对殷而言，非如王肃之说，对建寅月为始也。陈澧既知此义，而犹疑郊与圜丘合一之说为不可通，惑也。陈澧谓以五帝为灵威仰之属，《五经通义》已有之。郊祀感生帝亦汉制，郑君据以注经。则《五经通义》之谬说，汉代之谬制，可以解先王之礼耶？《周颂》"思文后稷，克配彼天"，《昊天有成命》"郊祀上帝"，则郊祭天，非祭苍帝；后稷配天，非配灵威仰，明甚。

禘、祖、宗三者，皆宗庙之祭。古者祖有功而宗有德，祖宗为二庙不毁之名，祖宗其庙非谓配食感生帝也。《孝经》言宗祀文王于明堂，以配上帝；未尝言祖祀文王、宗祀武王于明堂，以配上帝。何得妄援《孝经》，以证《祭法》？周人祖文王而宗武王，为配食明堂之祭。宗祀文王于明堂者，严父之义。降五神于庭中，屈武王于下坐，非严父也，其逆理甚矣。

《祭法》之禘，《大传》之禘，皆言禘其祖之所自出。祖所自出，虞、夏则黄帝，殷、周则喾，经文甚明，未闻五经有感生帝之说也。郑氏以祖所自出为感生帝，而分别苍帝、赤帝、黄帝、白帝、黑帝，为之名字，妖妄甚矣。顾栋高《春秋大事表》力主郑说，谓稷、契皆无父而生。《诗》曰："有娀方将，帝立子生商。"又曰："履帝武敏歆。"所谓帝即感生帝也。以其无形无影，故不可立尸，又不可立主，但冯〔凭〕依于始祖之神位，以为所自出之帝。故当大禘之时，始祖得正东向之位，群昭群穆，以次咸列。郑氏以禘为南郊之祭，不以为宗庙之祭。今以为祭感生帝于庙，则用郑说而又变之，其谬尤甚。

审如顾说，则感生帝冯〔凭〕依于始祖之神位而无位。《大传》当云以其祖冯〔凭〕之，不当云以其祖配之。配者对也，未有祭所自出，而太祖得正东向之位者也。自郑氏始倡邪说，则遂有如阮元《学海堂经解》所载李惇之说，以后稷为姜嫄私生子者。诬圣乱经，郑氏作俑之罪大矣。杜佑作《通典》，惑于郑注，不能辨正，而又不敢径废王说，依违而两存之，则程、朱廓清邪说之功为不可及也。

古者一岁再郊，正月之郊为祈谷，《月令》及孟献子所言是也；十一月之郊为报本，《郊特牲》所言是也。二郊不同，而皆配以后稷。郑氏以正月之郊为祭感生帝，则《月令》之书，《左传》、孟献子之言，曰祈谷，曰祈农事，昭然具有明证。焉得以感生帝之说乱之？郑氏所谓感生帝者，果出何经耶？郑氏以季秋大飨为遍祭五帝，《月令》言大飨帝，未尝言大飨五帝也。帝者天也，《孝经》言宗祀文王于明堂，以配上帝，即《月令》之季秋大飨帝矣。

程子以秋明堂、冬圜丘、春祈谷、夏大雩四者皆祭天，确不可易。孙奭曰："岁九祭皆主于天，至日圜丘，正月祈谷，五时迎气，孟夏雩，季秋飨。惟至日其礼最大，故称曰昊天上帝。"孙氏言一岁九祭，与郑氏同。而不以正月郊为祭感生帝，孟夏雩、季秋飨为合祭五帝，则精确远非郑氏所及也。

杨信斋曰："注疏以正月郊为祭感生帝，以季秋明堂、孟夏大雩为合祭五帝，九祭之中已失其三矣。惟冬至圜丘祭昊天上帝，立春祭苍帝，立夏祭赤帝，季夏祭黄帝，立秋祭白帝，立冬祭黑帝六者庶几得之。而耀魄宝、灵威仰等名，又汩之以谶纬之说，则六者又胥失之矣。"杨氏本程、朱以辟郑玄，为功于《礼经》甚大。

考郑说所自出，则《易纬乾凿度》也，《春秋纬文耀钩》也，《运斗枢》也，《孝经纬文》也，《钩命决》也，《援神契》也。《易》、《春秋》、《孝经》具在，何尝有此等邪说？郑氏不信经文，而惟纬文之信，其识不逮王肃远矣。郑氏于三《礼》，功之首、罪之魁也。

世多以郑氏注《檀弓》孔氏三世出妻为病。孔氏三世出妻，《檀弓》具有明文，此可以病《檀弓》，不可以病郑氏。顾炎武曰："《檀弓》上篇：伯鱼之母死，期而犹哭。夫子闻之，曰：'谁与哭者？'门人曰：'鲤也。'夫子曰：'嘻，其甚也！'伯鱼闻之，遂除之。此自父在为母之制当然，疏以为出母者非。"赵翼曰："礼：出妻之子为母期，若为父后者，则于出母无服，是并无期之丧矣。伯鱼固为父后者也，不服于期之内，而反哭于期之外乎？即此可见孔氏出妻之说之妄也。"甘驭麟曰："《檀弓》载门人问子思曰：'子之先君子丧出母乎？'此殆指夫子之于施氏而言，非谓伯鱼之于开官也。初叔梁纥娶施氏，生九女，无子。此正所谓无子当出者。《家语·后序》所谓叔梁公始出妻是也。若伯鱼之母死，当守父在为母期之礼，过期当除。《檀弓》记其期而犹哭，故夫子抑其过而止之，何得诬为丧出母？"三说皆谓父在为母期，为出母无服。则皆未尝一读《仪礼》也。

《仪礼》齐衰杖期章："出妻之子为母。《传》：出妻之子为母期，则为外祖父母无服。《传》曰：绝族无施服。亲者属。出妻之子为父后者，则为出母无服。《传》曰：与尊者为一体，不敢服其私亲也。"出妻之子，父在为出母期；父没适子承重，为出母无服。礼文甚明。伯鱼丧出母之时，夫子存乎没乎？父在而为出母无服，何代之礼也？《仪礼》齐衰杖期章："父在为母。《传》：何以期也？屈也。至尊在，不敢伸其私尊也。父必三年，然后娶，达子之志也。"《杂记》："期之丧，十一月而练，十三月而祥，十五月而禫。"伯鱼之母果未出，则父在当为母禫明矣。丧服未除，而以哭为已甚，何夫子教子以薄其亲之甚也！

顾氏、赵氏、甘氏之言，其悖于礼甚矣。虽然，甘氏据《家语·后序》，以为叔梁公始出妻，则固未敢诬孔子之母为妾也。顾氏、赵氏、甘氏辨伯鱼期而犹哭，为母非为出母，则固未敢解出母为生母也。为孔子辨不出妻，未尝为伯鱼、子思辨，则固未敢指子思、子上之母为妾也。古无以生母为出母者，名不正则言不顺。古人名各有义，说经当有根据，必不可以向壁虚造。

男子谓姊妹之子为出，见《尔雅·释亲》。姊妹之子曰出，出嫁于异姓而生之也，见《释名》、《释亲属》。姊妹之子曰出，见《左氏》庄公廿二年传"陈厉公，蔡出也"注，僖七年传"初，申候，申出也"注。又《穀梁》文十四年传"貜且，齐出也"注。又《汉书·五行志上》"子亹，楚之出也"注，《五行志下》之下"子亹，楚出也"注。焉得以名姊妹之子者，名其生母，以庶妾之有子无子，为有出无出？此俚俗不通之词，岂可据以说经？出母者因母被出而名之，自与姊妹之子为出不同义。

出，犹去也，见《仪礼·丧服》"出妻之子为母"注。妇人大归曰出，见《国策·秦策》"薛公入魏而出齐女"注。出母，去母也，大归之母也。以出母为生母，则去母、大归之母何名？《仪礼·丧服》："出妻之子为父后者，则为出母无服。"出母蒙上出妻之子而言，必不可解为生母。则以出字为衍文，是改经就我也，可乎？《丧服小记》："为父后者，为出母无服。"无服也者，丧者不祭故也。出妻之子，父没，当代父主祭。故不得已而绝之也，非可以施于父在者也。母子无绝理，出妻之子，父在犹不得绝其母，为之齐衰杖期。庶子父在，而绝其未尝被出之生母，有是礼乎？

士庶子，父在，为母齐衰杖期；父卒，为父后者为母缌。《仪礼》缌麻章："庶子为父后者为其母。何以缌也？《传》曰：与尊者为一体，不敢服其私亲也。然则何以服缌也？有死于宫中者，则为之三月不举祭，因是以服缌也。"此指庶子父卒，为父后者而言。子上之母之丧，子思固在，不使子上丧之，已属非礼。此或别有当绝之义，非后人所能知。如以为子上所生母，则子上当服齐衰杖期，而子思无故绝其母子之恩，并不得比于宫中之死者焉。背天理，逆人心，灭彝伦，此愚夫愚妇所不忍为，曾谓子思之贤而有是乎？

"为伋也妻者，是为白也母；不为伋也妻者，是不为白也母。"为出妻言可也。为庶妾言，则夫虽非妻，子固是母，安得出此灭绝人道之言？"庶氏之母死，何为哭于孔氏之庙？"嫁母与庙绝，不得哭于孔氏之庙，宜也。庶母未与庙绝，焉得不哭于孔氏之庙？庶氏、孔氏对举，明庶氏非孔氏之人也，焉得以庶氏之母为庶母乎？一夫一妇，人道之常。出妻固属人伦之变，娶妾亦非人伦之正。辨孔氏三世不出妻，而诬孔氏以三世皆娶妾，惑亦甚矣。

夫妇之愚，可以与知，圣人有所不知；夫妇之不肖，可以与能，圣人有所不能。唯上智与下愚不移，圣人已言之矣。以尧为父而不能化丹朱，以舜为父而不能化商均，以文王为父、太姒为母、武王为兄、周公为弟，而不能化管、蔡，则谓圣人必有刑于之化者，知其常而未知其变也。夫妇、君臣以义合，义则合，不义则离。妻有可出之义，而隐忍不出，非圣人正家之道。圣人能行革命之义于君、讨罪之义于兄，而独不能行正家之义于妻，何以为圣人？

后人以出妻为耻，即妻七出尽犯，必不敢言出，以为门户羞，此固圣人之所不为也。出妻未足为圣德之玷，娶妾未可为圣道之光。以孔子、伯鱼、子思、子上之母为妾，是为诬蔑圣贤；以孔子为不许伯鱼哭未出母，以子思为不使子上丧所生母，是为灭绝人道。以出母为生母，是为杜撰训诂；以《仪礼》出母为衍文，是为变乱《礼经》。四者无一而可。程、朱析理至精，而于此不敢致疑者，其有以知之矣。

吾不疑孔氏无出妻之事，而疑孔氏必无三世出妻之事。而不得确证以驳《檀弓》，则终未敢据臆见以为之断，而亦不敢以是病郑氏也。吾所病于郑氏者，郑氏于"孔子少孤，不知其墓"，注曰："孔子之父陬叔梁纥，与颜氏之女徵在野合，而生孔子。徵在耻焉，不告。"是何说也？郑氏妄取史迁野合无根之语以释经，不辨其诬，而又从而实之曰："徵在耻焉，不告。"其污蔑圣人之父母甚矣。使圣人而在，其椎心泣血，以图为圣父圣母雪此耻当何如？而使升圣人之堂，此固圣门弟子所必鸣鼓而攻者也。明嘉靖之议，罢其从祀，固不为过矣。

郑氏好以淫邪之事说经，其解《草虫》之"亦既觏止"曰："既觏，谓已昏也。《易》曰：男女觏精，万物化生。"天下岂有作诗自言如此？况其为女子之言、大夫之妻乎！后人以亵语说经，如郁文初以《说文》也字之义，解《易》之"需于血，出自穴"，则皆郑氏之作俑矣。郑氏解《溱洧》"且往观乎，洧之外，洵讦且乐"云："女情急，故劝男使往观于洧之外。"且往观乎，其辞甚婉，固未见女有急于淫佚之情也。又解"维士与女，伊其相谑"云："士与女往观，因相与戏谑，行夫妇之事。"士女以语言相谑，安得即指为行夫妇之事？夫妇之事，岂可于士女游观之所而行之哉？郑氏说经，淫亵无理甚矣。

郑氏注《周礼·天官》"九嫔"云："自九嫔以下，九九而御于王所。凡群妃御见之法，月与后妃其象也，卑者宜先，尊者宜后。女御八十一人当九夕，世妇二十七人当三夕，九嫔九人当一夕，三夫人当一夕，后当一夕，亦十五日而遍。云自望后反之。"一夕而御九女，恣情纵欲，隋杨广、金完颜亮之所未闻。郑氏以一言，而启万世人主荒淫之祸，悖之甚矣。《白虎通》言，天子、诸侯皆一娶九女，或曰天子一娶十二女，以象十有二月。荀爽对策亦言，天子娶十二，天之数也。恶得如郑氏之说乎？

《毛传》解《采绿》"五日为期"，为五日一御。王肃谓："五日一御，大夫以下之制。"郑氏注《内则》"故妾虽老，年未五十，必与五日之御"云："五日一御，诸侯制也。诸侯娶九女，侄娣两两而御，则三日；次两媵，则四日；次夫人专夜，则五日也。"俞樾以五日一御，为王后进御之制。谓后一、夫人三、嫔九，至九则其数极矣。倍其数为一十八，是世妇之数。又倍其数为三十六，是女御之数。每月望前，卑者居先，第一夕女御一人御，第二夕世妇一人御，第三夕九嫔一人御，第四夕三夫人一人御，第五夕后御。望后反之。后一月一御，三夫人一月再御，九嫔三月再御，世妇六月再御，女御一岁再御。其解诸侯、士、大夫之制云：诸侯一夫人、二媵，各有娣有侄，则娣侄六人也。第一夕、第二夕、第三夕，娣侄中一人御，第四夕二媵中一人御，第五夕夫人御。是夫人十日再御，两媵与娣侄皆十日一御。大夫一妻二妾，则二妾当两夕，妻当三夕。士一妻一妾，则一妾当一夕，妻当四夕。杜撰典故，人自为说，是天子、诸侯、士、大夫，终岁以淫欲为事，曾无一日之葆德养性也。先王之制，必无是矣。

郑氏注《天官》"内司服"云："有女御者以衣服进，或当于王，广其礼，使无色过。"一后、三夫人、九嫔、二十七世妇、八十一御妻犹未足，以衣服进者，亦得有当王意而入御，则其导王渔色甚矣。郑氏犹曰使无色过，则必如何而后谓之色过也？断以正礼，一夫一妇，自天子达于庶人，五十无子者得娶妾。御内之期，以荀卿十日一御为定制可矣。

《射义》："贲军之将，亡国之大夫，与为人后者，不入。"与者，连属之辞。郑注："与，犹奇也。后人者一人而已，既有为者而往奇之，是贪财也。"训与为奇，迂曲不通甚矣。万斯同以后字为役字之讹，而俞樾《群经平议》亦袭其说，改字解经，必不可从。或以为人后为养子，或以为人后为义子，或以为人后为随母改嫁之子，皆无稽之臆说也。

父子天性，为人后者，绝人父子以为父子，礼之变非正矣。古无为人后之礼，文王有长子伯邑考，未闻武王以成王为之后也。孔子有兄孟皮，未闻孔子以伯鱼为之后也。《礼》有子思哭嫂之文，则伯鱼亦尚有长子，未闻子思以子上为之后也。是为人后起于后世，非先王之礼明矣。然《仪礼·丧服》虽有为人后之文，固未尝言为人后者为之子也。父子天性，必不可绝其父子而子人父人也。自《公羊传》言为人后者为之子，于是兄弟可以为父子，而大伦乱矣。

孔子不取为人后之礼，故不以伯鱼后孟皮。而于射矍相之圃，特发其义，经文甚明。学者不达斯旨，反欲曲解经文，以附会后世之制，何其谬也！吕大临曰："舍其亲而为人后者，有所利之而与求焉。"是为与为人后。徐师曾曰："与，干也。与为后，有所利之而干求也。"此皆因郑说而小变之者也。陆佃曰："为人后者谓不见先于人也。"则知郑说之迂曲不通，别为一说，而不知其迂曲不通更甚矣。

九族之说，《尚书》古文、今文两家互异。古文家以上至高祖，下至玄孙为九族；今文家以父族四、母族三、妻族二为九族。当以今文家为正，郑康成据古文家说以驳今文家说，妄也。许慎《五经异义》："今《礼》戴、《尚书》欧阳说云：九族乃异姓有属者。父族四：五属之内为一族，父女昆弟适人者与其子为一族，己女昆弟适人者与其子为一族，己之女子子适人者与其子为一族。母族三：母之父姓为一族，母之母姓为一族，母女昆弟适人者与其子为一族。妻族二：妻之父姓为一族，妻之母姓为一族。古《尚书》说：'九族者，从高祖至玄孙，凡九，皆同姓。'谨按：《礼》：'缌麻三月以上服，恩之所及。'《礼》：'为妻父母有服。'明在九族中，九族不得但施于同姓。"郑玄驳之曰："玄之闻也，妇人归宗，女子虽适人，字犹系姓，明不与父兄为异族，其子则然。《昏礼》请期辞曰：'惟是三族之不虞。'欲及今三族，未有不亿度之事而迎妇也。如此所云，三族不当有异姓，异姓其服皆缌麻。《礼·杂记下》：'缌麻之服，不禁嫁女娶妇。'是为异姓不在族中明矣。《周礼》：小宗伯，掌三族之别。《丧服小记》说服之义曰：'亲亲以三为五，以五为九。'以此言之，知高祖至玄孙，昭然察矣。"

郑氏之说谬矣。郑氏以上自己之高祖，下至己之玄孙为九族，此九世非九族也。《尚书》所谓以亲九族,《左传》所谓亲其九族,皆指及身当亲之九族而言。高祖玄孙,邈不相及,安得执邈不相及之九族而亲之也?玄孙及身而见已难,恶得有玄孙之族?玄孙之身,可谓族乎?子孙曾玄而族之,是疏之非亲之矣。孔冲远于桓六年《春秋左氏传正义》,驳之甚明。其言曰:"此言亲其九族,《诗》刺不亲九族,必以九族者疏远,恩情已薄,故刺其不亲而美其能亲耳。高祖至父,己之所禀承也;子至玄孙,己之所生育也。人之于此,谁或不亲而美其能亲也。《诗》刺弃其九族,岂复上遗父母,下弃子孙哉?若言弃其九族,谓弃其出高祖、出曾祖者,然则岂亦弃其出曾孙、出玄孙者乎?又郑康成谓昏必三十而娶,则人年九十始有曾孙,其高祖、玄孙无相及之理,则是族终无九,安得九族而亲之?"

孔氏之言,可以正郑说之谬矣。郑氏据《昏礼》请期之辞,以驳今文家说。则如古文家言,九族皆同姓,族当有九,何得言三?郑氏谓三族不当有异姓,异姓其服皆缌麻。《礼·杂记下》:"缌麻之服,不禁嫁女娶妇。"则《仪礼·丧服》小功五月章,有外祖父母,有从母,郑氏焉得忘之?外祖父母、从母之丧,在昏者为小功,在昏者之母,则为齐衰不杖期,为大功。弃其天亲之丧,而为子嫁娶,于心安乎?郑氏之悖于礼甚矣。郑氏注《昏礼》,以三族为父昆弟、己昆弟、子昆弟,则是嫁子娶妇,可以不避大功也。吾祖方有兄弟之丧,而吾为子嫁取,有人心者必有所不忍矣。是郑氏不特引三族以难九族,为引据失理,其所以解三族者亦悖也。

三族九族,皆合同姓异姓而言,父族、母族、妻族。析言之则父族四、母族三、妻族二,合为九族;约举之则父族一、母族一、妻族一,合为三族也。《周礼》小宗伯掌三族之别,郑氏以三族为父子孙,是并高曾祖之族而去之。尧亲九族,而周公制礼,弃九族而存三族,则本宗五服之制可废,必不然矣。三族可以证九族有异姓,不可以证九族为同姓。孔冲远曰:"三族九族,族名虽同,而三九数异。引三族以难九族,为不相值矣。"孔氏之言是也。《丧服小记》亲亲以三为五,以五为九。《记》言本宗五服之制,未尝言九族也。九族必以本宗五服为断,则服制必限于本宗而后可。不然,母族、妻族未尝无服,恶得屏母族、妻族于九族之外哉?郑氏之说礼也悖,必不可以后儒之说乱先王之制矣。

《白虎通·宗族篇》:"族所以九何?九之为言究也,亲疏恩爱究竟也。谓父族四、母族三、妻族二。父族四者,谓父之姓一族也,父女昆弟适人有子为二族也，身女昆弟适人有子为三族也，身女子适人有子为四族也。母族三者，母之父母一族也，母之昆弟二族也，母昆弟子三族也。母昆弟者男女皆在外亲，故合言之。妻族二者，妻之父为一族，妻之母为二族。妻之亲略，故父母各一族。"此言母族，合父母为一，而增母昆子，与《异义》微不同。

又曰："一说合言九族者，欲明尧时俱三也。"父族、母族、妻族各三，合为九，此则今文家之异说。同姓异姓无别，未得先王制礼之意也。夏侯、欧阳氏之释九族，本《仪礼·丧服》而言，凡列九族者皆以服为断，确不可易。许慎《五经异义》力主其说，所见自较郑玄为正。桓六年《春秋左氏传》杜预注亦从之，而去姑姊妹而举其子，义有未安。

俞樾谓："父族四，曰高祖之族，曰曾祖之族，曰祖之族，曰父之族。母族三，曰母之曾祖之族，曰母之祖之族，曰母之父之族。妻族二，曰妻之祖之族，曰妻之父之族。"则父族四，皆有服；母族三，有服者一，无服者二；妻族二，有服者仅妻父妻母二人。九族不以服为断，则又何所据以定其为族不为族也？既列九族，而不为之制服，则族与不族等，焉用设此九族空名？如以亲族不在制服，则父族自始祖以下，皆所当亲也，何又以四为限哉？樾之说固未足以易夏侯、欧阳矣。

宋儒陈祥道主郑、孔，而陆佃主夏侯、欧阳。陈氏谓妻党无妨嫁取，则妻方抱三年之痛，降服期年，而遽使之为子嫁取，何以为妻地矣？妻之父母分为二族，陈氏所驳自当，固未足以累其大体之正也。陆佃曰："族之以丧纪论者，孔氏云：上至高祖、下至玄孙为九族。此斥同姓而兼死言之也。族之以亲属论者，欧阳氏云：父族四、母族三、妻族二为九族。此斥生而兼异姓言之也。以《丧服小记》考之，则孔氏之言为是；以《诗·頍弁》、《角弓》考之，则九族异姓在焉，于欧阳氏之言为当也。夫以丧纪言服者，推而上之极于高祖，引而下之极于玄孙者，何也？盖曾祖之上，其祖谓之高祖，尊者以亲属高远也；曾孙之下，其孙谓之玄孙，卑者于亲属微昧也。故丧纪于是尽焉。以亲属言族者，母族三，有母之母姓；父族四，无父之母姓者，盖屈于父之姓故也。此父在为母期之意也。然则母之姓于母之父姓，何以无屈？曰：礼有等，恩有杀，于同姓之族严，于异姓之族略，仁义之道也。母族三，有母之女昆弟适人者；而妻族二，无妻之昆弟适人者，何也？盖女子谓姊妹之夫为私，以其非正亲故也。妻之姊妹于己则非正亲，其不在族中也，宜矣。"

《仪礼·丧服》："大夫在外，其妻长子为旧国君。《丧服传》：何以服齐衰三月也？妻言与民同也。长子言未去也。"《礼》："大夫去国，则为所适国君服，于本国绝矣。妻从夫，宜服后君，不服旧君。"大夫去国，而妻与长子未去，则服齐衰三月。齐衰三月，庶民为国君之服也，故言与民同也。郑昕谓："《礼》妻为君周，而长子三年。今夫虽在外，妻尚未去，恐或者嫌犹宜周，故言与民同，则出国无服可知也。所以别言之者，明夫既去位，妻便同于民耳。"昕之言精矣。郑注谓："妻虽从夫而出，古者大夫不外娶，妇人归宗，往来犹民也。"则妇人从夫，岂有为夫去国，乃兼服二君哉？戴逵谓郑玄注《丧服》不通，允矣。

《仪礼·丧服记》："宗子孤为殇，大功衰，小功衰，皆三月。亲则月算如邦人。"宗子死，族人为之服齐衰，殇当降矣。服止三月，无可降。降衰不降月，易齐衰而功衰，期仍三月，不得有加于本服之外也。《记》论殇服，未尝及成人也。即以成人言，则大功九月，小功五月，《礼》有明文。有大功、小功之亲者，于九月、五月之中，而服齐衰三月，余则受以本服可也。郑注谓："有大功之亲者，成人服之齐衰三月，卒哭受以大功衰九月。"则期年矣。本服九月而加至期年，可乎？又谓："有小功之亲者，成人服之齐衰三月，卒哭受以小功衰五月。"则八月矣。本服五月而加至八月，可乎？八月之服，据何经典？郑氏说《礼》，纰缪如此，何以副礼宗之名哉？

《杂记》："亲丧内除，兄弟之丧外除。"内除外除者，卜除丧之日于旬内旬外也。先王制服，父母三年，兄弟期年，称情立文。父母之丧，日月已竟而哀未忘，则兄弟之丧，理固无异。郑注："外除为日月已竟而哀未忘，内除为日月未竟而哀已杀。"是兄弟之丧，服虽未除而哀已忘矣。君子服必称情，为是说者，曾无期年之戚于兄弟乎？悖哉郑氏之说礼也！《仪礼·丧服传》："无服之殇，以日易月。"王肃谓易月者，以哭之日易服之月殇之。期亲则以旬有三日哭，缌麻之亲则以三日为制，其说当矣。郑注以日易月，谓子生一月，哭之一日。则七岁八十四日哭，与缌服无异矣，安得谓无服之殇乎？贾疏附会郑玄以驳王肃，妄之甚也。

《尚书·尧典》："曰若稽古帝尧。"《书序》云昔在帝尧，此即曰若稽古帝尧之确解矣。《蔡传》："史臣将叙尧事，故先言考。古之帝尧者，其德如下文所云也。"是也。郑玄信纬，训稽为同，训古为天，迂曲不通甚矣。孔冲远曰："古之为天，经无此训，高贵乡公以郑为长，非笃论也。"孔氏驳郑甚正。而附会孔传，以曰若稽古为顺考古道，则亦非矣。《商颂》之自古在昔，岂亦稽古同天、顺考古道哉？

《中庸》："唯天下至诚，为能经纶天下之大经，立天下之大本。"大经大本，即《中庸》首章之大本达道也。郑氏以大经为《春秋》，大本为《孝经》，牵合无理，与《中庸》首章注自相矛盾。自郑氏以《孝经》、《春秋》牵合《中庸》，则遂有王闿运之徒，解君子之道本诸身，为托王即自王；下袭水土，为素王无土地，非其有而取之曰袭。直诬孔子为乱臣贼子，邪说横而大义亡。康有为、梁启超、唐才常、孙文、章炳麟，革命党之祸接迹于天下，中国之为彝翟将不远矣。郑氏解经以一言之误，而其流毒于天下后世者如此，君子立言不可不慎也。

《中庸》："天命之谓性。"郑注引《孝经说》曰："性者生之质。"此告子生之谓性之说也。性者生之理，非生之质也。生之质，何以率之为道？郑氏谓木神则仁，金神则义，火神则礼，是也；谓水神则信，土神则智，非也。水神则知，土神则信，土静而水动，静者信，动者知也。率性之谓道，郑注："率，循也，循性行之是谓道。"得圣门言性之旨矣。

俞樾谓："率、脩一声之转，率犹脩也。孟子误解率性谓道，发为性善之说，未达率字之义。禹之行水，非徒顺其性，禹非行所无事。孟子不知人性，安知水性？"甚哉樾之悖也！人无有不善，水无有不下，此真孟子明于人性水性之言。樾讥孟子不知人性，安知水性？樾将谓人无有不恶，水无有不上与？禹之行水，非徒顺其性，则必逆水之性，导之上行，不使入浼而后可也？朱子误解《中庸》，康成误解《中庸》，犹之可也。孟子误解《中庸》，则《中庸》实子思所作以传之孟子，孟子亲受于子思之门人者，不能解其训诂，而樾生数千载下，反能解之与？此与王闿运谓孟子误解二女为尧女者，天下之妄人，无独必有偶，而本朝之经学终矣。

日本伊藤长胤作《古今学变》，以循性谓道为佛、老之学。谓圣学所重，在道不在性；异学所重，在性不在道。而物茂卿著《辨道》，以孟子仁义礼智根于性，谓取臆以言。毁《系辞》，黜古文《尚书》，非五常五行，辟《太极图说》，字字与程、朱为难，嚣然与中国汉学相应，而西学遂乘隙以入矣。中国危矣，吾惧日本将随中国而亡也。

世儒以郑玄《戒子书》，有不为父母兄弟所容之语，斥玄为不孝。为玄辨者，则谓元书本无不字，此未足以罪玄。玄书又有亡亲坟垄未成之语，以七十岁之大儒而负土成坟，不及李氏一弱女子，此真不能为玄解矣。玄为袁绍所劫，而不能以死力拒，卒至行酒伏地气绝，则亦龚胜之罪人也。汉儒经明行修之风，至玄衰矣。

文中子曰："心迹之判久矣。"何其谬也！有是心则有是迹，迹善必心之善，迹恶必心之恶，恶乎判？

文中子曰："圆者动，方者静。"谬也，静圆而动方。

文中子曰："古之学者聚道。"道恶乎聚？仲淹不知道。

文中子曰："杜如晦得主治民，其犹天乎？父得其为父，子得其为子，君得其为君，臣得其为臣。"仲淹之言妄矣。杜如晦之相太宗，父不父、子不子、君不君、臣不臣，恶乎天？杜如晦，霸佐也，非王佐也，恶乎天？

文中子曰："董常其颜氏之流乎？"比董常于颜子，而自居仲尼，仲淹之妄也。王守仁以徐爱为颜子，仲淹之故智矣。

文中子曰："大哉七制之主！其以仁义公恕统天下乎？"七制之主霸也，非王也，恶乎仁义公恕？

文中子曰："常也其殆坐忘乎？"程元曰："常也遗道德。"文中子曰："常则然矣。"仲淹所知者，老氏之道德也，恶知孔、颜？

文中子曰："《诗》、《书》盛而秦世灭，非仲尼之罪也；虚元长而晋室乱，非老、庄之罪也；斋戒修而梁国亡，非释迦之罪也。苟非其人，道不虚行。"《诗》、《书》道，虚元、斋戒道乎？仲尼道，老、庄、释迦道乎？等《诗》、《书》于虚元、斋戒，班仲尼于老、庄、释迦，仲淹吾道之罪人也。

文中子曰："佛，圣人也。西方之教，中国则泥。轩车不可以适越，冠冕不可以之胡，古之道也。"道一而已，恶有东西之殊？佛之教是，行之中国可也，何泥？佛之教非，恶得以行于西方而圣之？佛果轩车、冠冕，而中国果胡越与？仲淹恶知古之道？

文中子曰："洋洋乎，晁、董、公孙之对！"仲淹误矣。晁错、公孙宏之对，恶可以班于仲舒？

文中子曰："诸葛、王猛功近而德远。"武侯辅汉之功，治民之德著矣。猛以夷乱华，何功德之有？

仲淹不自知其无格致诚正修齐之学，而妄欲比德孔子。以高光文明为尧、舜、三代，而续《书》；以曹、刘、鲍、谢为风雅颂，而续《诗》；以元魏为宗周，而续《春秋》。以董常为颜子，以北齐高洋为卫灵公，以窦威为子贡，以北山丈人为微生亩，以河上丈人为楚狂，以曹植为泰伯，以苻秦王猛为齐桓管仲，以钓者为荷蒉，以牧豕者为荷蓧丈人，以仇璋为仪封人，以荀攸为微、箕、比干。造言饰事，摹拟圣贤，于影响形似之间，以自托于孔子，何其妄也！孟子愿学孔子，未闻孟子删述六经，以万章、公孙丑为颜子也。仲淹殆未之思矣。

韩子曰："博爱之谓仁，行而宜之之谓义。"仁者，心之德，爱之理。以博爱为仁，而不知爱有差等，则墨翟之兼爱矣。义者，心之制，事之宜。以行宜为义，而不知出于心之制，则告子之义外矣。爱者，仁之用，非仁之体也；宜者，义之用，非义之体也。韩子之言，举用而遗体矣。

韩子曰："性之品有上中下三：上焉者善而已矣，中焉者可导而上下也，下焉者恶焉而已矣。其所以为性者五：曰仁、曰礼、曰信、曰义、曰智。"韩子既知仁义礼智为性，仁义礼智有善有恶，有上中下之殊耶？上智下愚者，气质昏明之不齐，非性有善恶也。韩子之不知性甚矣。

韩子曰："墨子必用孔子，孔子必用墨子，不相用不足为孔、墨。"墨子必用孔子三年之丧，孔子必用墨子三月之丧耶？用人之长，则盗跖亦可用也。况墨子乎！用人之学，则岂有孔子而舍其所学以从人哉？用孔子非墨子矣，用墨子何足以为孔子？

韩子曰："荀与杨也，大醇而小疵。"韩子过矣。性恶礼伪善恶混，可以为醇耶？

韩子曰："大颠颇聪明，识道理，实能外形骸以理自胜，不为事物侵乱。"大颠恶知理？世岂有以理自胜者，而叛弃人伦，以逃于佛者耶？圣人之理，在形骸之中，未尝在形骸之外也。韩子不能自熟其五谷，而反有羡于稊稗，惑矣。

韩子曰："士之享大名、显当世者，必有先达之士为之前；士之垂休光、照后世者，必有后进之士为之后。莫为之前，虽美不彰；莫为之后，虽盛不传。"上可以求下，下不可以求上。上之求下为天下，非为一己之享大名、显当世，垂休光，照后世，彰其美以盛其传也。韩子之言，长干进之心，启植党之风，非所以垂教矣。韩子所见如此，宜其有上书宰相之失也。

苏洵曰："圣人之道，得《礼》而信，得《易》而尊。《礼》穷而有《易》，《易》穷而有《乐》有《诗》。圣人用其机权，以持天下之心，而济其道于无穷。"《礼》、《乐》、《诗》、《易》之作，圣人因人心所固有者，而裁制之以教天下，非故为是术以欺人而使之尊信也。洵以机谋权诈之心而窥测圣人，惑矣。

苏轼曰："贾生王者之佐，而不能自用其才。为贾生者，上得其君，下得其大臣，如绛、灌之属，优游浸渍而深交之，使天子不疑，大臣不忌，然后举天下而惟吾之所欲为。"轼之言诈术也，谊固有所不屑矣。谊固非王佐，恶有王佐而枉己交人，以求快所欲为哉？

苏轼曰："武王非圣人也。弑其君，取其天下。"天下者天下人之天下，非桀、纣之天下也。桀、纣自绝于民久矣，恶得复君天下？天下复恶得为之臣？孔子称汤、武革命，顺乎天而应乎人，未尝以汤、武之革命为非也。《韶》尽善，武未尽善者，传子故未尽善，非以革命为未尽善也。叛孔子而妄诋汤、武，轼之无忌惮甚矣。

苏辙曰："古之君子患性之难见也，故以可见者言性。以可见者言性，皆性之似也。"尽性知性，古之君子未尝患性之难见也。其言性也，未尝不指其实而言之，非徒言其似也。性固无所似，苏氏之言殆徒见其似者，而不知性固未尝有所似耳。

苏辙曰："圣人以为犹有性者存乎吾心，伪之始也。于是又推其至者，而假之曰命。性之至者非命也，无以名之而寄之命耳。"性伪必去性而后可，命伪必去命而后可。圣人之言性命，果皆倡伪道、立假名，以欺天下者耶？彼既无见于性命之实，惑于释氏未有天地已有此性之说，欲语性于天地生物之前，而无以处命，故为是支离淫遁之辞，适见其不知性耳。

苏辙曰："阴阳交然后生物，物生然后有象，象立而阴阳隐。可见者物也，非阴阳也。"苏氏之惑甚矣。物生象立，凡可见者皆阴阳之所为也。阴阳岂在物象之外哉？

苏辙曰："阴阳交而生物，道与物接而生善。物生而阴阳隐，善立而道不见。"悲哉苏氏之惑也！物之外无阴阳，物生而阴阳隐，阴阳岂在物外耶？物外无道，道与物接而生善，道岂在物外耶？善外无道，善立而道不见，道岂在善外耶？

苏辙曰："孔子以仁义礼乐治天下，老子绝而弃之。孔子之虑后世也深，故示人以器而晦其道。老子则不然，志于明道而急于开人心，故示人以道而薄于器，以为学者惟器之知则道隐矣。故绝仁义、弃礼乐以明道，二圣人者皆不得已也。"道器一也，示人以器，则道在其中，圣人安得而晦之？孔子曰："吾无隐乎尔。"晦其道者，又岂圣人之心哉？道者仁义礼乐之总名，仁义礼乐皆道也。绝仁义、弃礼乐以为道，是舍二五而求十也，悖亦甚矣。老聃，道之贼也。孔子、老聃，并称圣人，可乎？世人讥史迁先黄老后六经，史迁列孔子于世家，而以老子与韩非同传，其识过于苏氏远矣。

苏辙曰："六祖所云，不思善，不思恶，即喜怒哀乐之未发也。中者，佛性之异名；和者，六度万行之总目。"喜怒哀乐之未发谓之中，发而皆中节谓之和。中者，天下之大本；和者，天下之达道。佛弃夫妇、毁君臣、绝父子，以人道之端为大禁。《中庸》所谓大本达道，固如是耶？喜怒哀乐之未发无恶耳，其善者未尝不存也。佛举善恶而悉空之，果得《中庸》未发之旨乎？

苏辙曰："天下无二道，而所以治人则异。君臣、父子之间，非礼法则乱。知礼法而不知道，则世之俗儒，不足贵也。居山林，涧食木隐〔木食涧饮〕而心存至道，虽为人天师可也，而以之治世则乱。古之圣人，中心行道而不毁世法，然后可耳。"道一而已，而有至道、世法之殊，则天下有二道矣。道不可以治世，则道何用于世？世何资于道耶？王氏高明处己、中庸处人之论，所见正与苏氏同。新学者流，以大学之格致诚正为治己，修齐治平为治人。治己者，圣人与佛、老同；治人者，圣人与佛、老异。则皆惑于苏氏、王氏之说耳。

陆子静曰："心即理也。"以有善有恶、有正有邪、有公有私，善者正者公者理，恶者邪者私者亦理乎？孟子曰："以仁存心，以礼存心。"心即理矣，何必复取仁义而存之？孟子曰："理义之悦我心，犹刍豢之悦我口。"心即理矣，何必复求理义而悦之？孟子之言，毋乃不识心之甚与？《书》言以礼制心，心非礼也；《论语》言其心三月不违仁，心非仁也。《易》言洗心，心即理，何待洗？《大学》言正心，心即理，何待正？陆氏窃取禅家即心是佛之说，以讲心学。而不知心统理气、兼性情，有人心、道心之分，宜其认心为理矣。

认心为理，陆氏之学禅学也，非圣学也。其云心不可泊一事，则所谓人法两忘，心境俱寂也。其云恶能害心，善亦能害心，则所谓邪正尽打却，菩提性宛然也。其云目能视、耳能听、鼻能知香、口能知味、心能思、手足能运动，如何更要存诚主敬？则所谓手持足行，无非道妙也。其云宇宙即是吾心，吾心即是宇宙，则所谓有人识得心，大地无寸土也。其云仰首攀南斗，翻身倚北辰，举头天外望，无我这般人，则所谓天上天下，惟我独尊也。陆氏之为禅学无可疑者，而犹妄自附于孟子，世之惑者亦称之曰孟子，抑何勿思之甚也！

陆氏殁，而得其传以哗世者，莫如王阳明。阳明一生讲学，专务提倡禅宗，以无善无恶为主。顾端文谓佛经三藏十二部，五千四百八十卷，一言以蔽之，曰无善无恶。罗忠节谓阳明《传习录》、《大学问》论学诸书，亦可一言以蔽之，曰无善无恶。其言无善无恶心之体，是以心为无善无恶也。其言性之本体，原是无善无恶，是以性为无善无恶也。其言无善无恶理之静，是以理为无善无恶也。其言不思善不思恶，认取本来面目，本来面目，即吾圣门所谓良知，是以良知为无善无恶也。阳明言心、言性、言理、言良知，改头换面，巧变百端，其宗旨必归之无善无恶。

无善无恶，本之告子，出于佛氏，五经四书所未有。阳明阴用其说，以变儒为释，而复文以为善去恶之言，以阳附于儒。为善去恶，实不得已之权教，非阳明本意。天泉证道，阳明所传龙溪、绪山，东廓所记，确有明证。故曰："无善无恶，直指本体，为利根人言；为善去恶，是为其次立法。"夫本体既无善恶，又何从而教以为善去恶？性既无善，孝悌忠信、礼义廉耻，皆性所本无，又何从而责以性所本无之善？自古圣贤止善择善明善迁善乐善好善劝善积善之教，至阳明一扫而空。无善何名为善？无恶何名为恶？章炳麟谓善无定名，恶亦无定名者，实自无善无恶之义推阐而出。善恶无定名，则尧、孔非善，桀、跖非恶。世道人心之变，复何底止？痛哉无善无恶一语，足以祸天下万世而未有极也！

吕氏《大学解》以致知为致良知，《大学》致知以学虑为致，《孟子》良知以不学不虑为良，本不可以牵合。吕氏已失《大学》、《孟子》之旨，而阳明借此三字以谈禅，又并吕氏之旨而失之。黄梨洲作《明儒学案》，谓无姚江，则古来之学脉绝。阳明以无善无恶为性，认心为理，认气为理，认无善无恶之虚明灵觉为理。阳明出，而古来之学脉绝。梨洲以师承所自，奉为一代儒宗，宜其播糠眯目，评断诸儒，无一不颠倒是非也。

　　孟子以知爱知敬为良知。阳明父丧未百日，即命弟侄食肉，吊者及门，而不肯一哭。良知而不知爱其亲，良于何有？夫妇敌体，圣人制礼，夫妇之丧皆三年，夫必三年然后娶。阳明妻丧，未及十五月，而即御妾生子。良知而知欲不知礼，良于何有？阳明称仪、秦为圣人之资，揣摩人情，能窥见良知妙用，则其所谓良知者可知矣。阳明无善无恶之说一倡，而李卓吾大道不分男女继之。汉学之蔑理尊欲，西学之平等自由，新学家之破家族、乱男女、废纲常、非孝、非忠、非圣、公妻、均产，纷然并起，阳明实有以开其先矣。悲夫！阳明之率天下而为夷狄禽兽也。

《孟子讲义》卷下终

灵峰精舍学规六则

明　伦

《孟子》：“父子有亲，君臣有义，夫妇有别，长幼有序，朋友有信。”

《白虎通》：“君为臣纲，父为子纲，夫为妻纲。”

右为学大义。三代之学，皆所以明伦。五教三纲，人道所存，为学而不思自勉于此，则亦何以学为哉？凡倡平等自由，权利竞争，破家族，乱男女，废尊卑上下、内外亲疏之序者，皆殊族异教邪说，亟宜屏绝。

立　志

《论语》：“吾十有五而志于学。”“士志于道，而耻恶衣恶食者，未足与议也。”“三军可夺帅也，匹夫不可夺志也。”

《孟子》：“乃所愿则学孔子也。”“成覸谓齐景公曰：‘彼丈夫也，我丈夫也，吾何畏彼哉？’颜渊曰：‘舜何人也？予何人也？有为者亦若是。’公明仪曰：‘文王我师也，周公岂欺我哉？’”“舜为法于天下，可传于后世，我犹未免为乡人也，是则可忧也。忧之如何？如舜而已矣。”“人皆可以为尧、舜。”“士何事？曰尚志。何谓尚志？曰仁义而已矣。杀一无罪非仁也，非其有而取之非义也。”

《通书》：“圣希天，贤希圣，士希贤。志伊尹之所志，学颜子之所学。”

居　敬

《易》：“敬以直内。”

《诗》："战战兢兢，如临深渊，如履薄冰。""相在尔室，尚不愧于屋漏。""敬天之怒，无敢戏渝。敬天之渝，无敢驰驱。昊天田〔之〕明，及尔出王；昊天曰旦，及尔游衍。"

《论语》："出门如见大宾，使民如承大祭。""修己以敬。""正其衣冠，尊其瞻视，俨然人望而畏之。"

《中庸》："道也者不可须臾离也，可离非道也。是故君子戒慎乎其所不睹，恐惧乎其所不闻。莫见乎隐，莫显乎微。故君子必慎其独也。"

《礼记》："毋不敬。""坐如尸，立如斋。""足容重，手容恭，目容端，口容止，声容静，头容直，气容肃，立容德，色容庄。""庄敬日强，安肆日偷。"

《大戴礼》："敬胜怠者吉，怠胜敬者灭。"

穷　理

《易》："天在山中，大畜。君子以多识前言往行，以畜其德。"

《大学》："致知在格物。"

《中庸》："不明乎善，不诚乎身矣。""博学之，审问之，慎思之，明辨之。"

力　行

《易》："天行健，君子以自强不息。""泽灭木，大过；君子以独立不惧，遁世无闷。""雷在天上，大壮；君子以非礼勿履。""山下有泽，损；君子以惩忿窒欲。""风雷，益；君子以见善则迁，有过则改。""泽无水，困；君子以致命遂志。""义以方外。"

《尚书》："以义制事，以礼制心。""立爱自亲，立敬自长。"

《论语》："入则孝，出则弟，谨而信，泛爱众，而亲仁，行有余力，则以学文。""君子不重则不威，学则不固，主忠信，无友不如己者，过则勿惮改。""先行其言，而后从之。""己欲立而立人，己欲达而达人。""克己复礼为仁。""非礼勿视，非礼勿听，非礼勿言，非礼勿动。""见利思义，见危授命，久要不忘平生之言。""志士仁人，有杀身以成仁，无求生以害仁。""隐居以求其志，行义以达其道。"

《孝经》："身体发肤，受之父母，不敢毁伤，孝之始也。立身行道，扬名于后世，以显父母，孝之终也。""非先王之法服不敢服，非先王之法言不敢道，非先王之德行不敢行。""要君者无上，非圣人者无法，非孝者无亲。"

《中庸》："忠恕违道不远，施诸己而不愿，亦勿施于人。""庸德之行，庸言之谨。有所不足，不敢不勉；有余不敢尽。言顾行，行顾言。""正己而不求于人，则无怨。上不怨天，下不尤人。""故君子和而不流，中立而不倚。国有道，不变塞焉。国无道，至死不变。"

《孟子》："持其志，无暴其气。""其为气也，至大至刚，以直养而无害，则塞于天地之间。其为气也，配义与道；无是，馁也。是集义所生者，非义袭而取之也。行有不慊于心，则馁矣。""行一不义，杀一不辜，而得天下，皆不为也。""枉己者未有能直人者也。""居天下之广居，立天下之正位，行天下之达道。得志，与民由之；不得志，独行其道。富贵不能淫，贫贱不能移，威武不能屈。""入则孝，出则悌，守先王之道，以待后之学者。""闲圣之道，距杨、墨，放淫辞。""爱人不亲反其仁，治人不治反其智，礼人不答反其敬。行有不得者皆反求诸己，其身正而天下归之。""亲亲而仁民，仁民而爱物。""周于德者邪世不能乱。""君子反经而已矣。经正，则庶民兴；庶民兴，斯无邪慝矣。"

《春秋繁露》："正其谊不谋其利，明其道不计其功。"

有　恒

《易》："不恒其德，或承之羞。""雷风，恒；君子以立不易方。""不恒其德，无所容也。"

《论语》："圣人吾不得而见之矣。得见君子者，斯可矣。善人吾不得而见之矣，得见有恒者，斯可矣。亡而为有，虚而为盈，约而为泰，难乎有恒矣。""人而无恒，不可以作巫医。"

右为学要旨。学者所以学为人也，先我而尽人道者惟圣人，则必以圣人为法矣。以圣人为法，必先立希圣之志。志不立，则是非得而淆之，利害得而惑之，死生得而夺之。同流合污，好异喜新，而欲望其学之有成，必不可得也。立志矣，不能居敬以端其本，穷理以致其知，力行以践其实，则制心不密，烛理不明，任道不勇，浅尝浮慕，亦终无成而已。故立志、居敬、穷理、力行，缺一不可以为学。而非有恒德以持之，则立志、居敬、穷理、力行，必不能始终如一。进锐退速，始欲为圣贤，而卒将不免为小人异端之归，故以有恒终焉。

孟子曰："人之所以异于禽兽者几希。"羲、轩、尧、舜、禹、汤、文、武、周、孔、程、朱存此几希者也，老、庄、杨、墨、佛、耶去此几希者也。平等自由，权利竞争，破家族，乱男女，而人道之违禽兽不远矣。人而甘为禽兽者，则亦已矣。不然，其亦思所以用力，俛焉日有孳孳，守人道以拒乱贼夷狄，而无为禽兽之归哉。

戊午九月。

灵峰先生集

丙辰年（1917 年）浙江印刷公司铅印本。

《灵峰先生集》序

　　道之显者谓之文，文之兴丧系乎天。道与文兼至，六经、《论语》而外，唯《孟子》七篇。孟子之道，尧、舜、禹、汤、文、武、周、孔相传之道也。七篇之文，博大雄深，浩气塞乎天地，足以汗流庄、列，辟易仪、秦。孔子之学不轧于战国诸子，孟子辟邪说，崇正学，远承先圣，近折百家，有以关其口而夺之气。君子观孟子之道与孟子之文，而知天之未欲丧斯文也。

　　孟子没，而道与文裂。三代而下，论文必推韩子，论道必宗朱子。韩子之文，衰起八代，而道未至。朱子集诸儒之大成，道臻其极而文未充。元、明、清诸儒，于道既浅，于文益肤，岂天之将丧斯文欤？不然何俯仰二千年间，求一道与文兼至，足以上继孟子者，殊难其人欤？

　　吾师涤庵先生，崛起清季，而后道与文复合。乾嘉以还，海内竞尚考据，争为支离破碎之说，以乱道贼道，而文亦日以芜杂庸肤。学绝道丧，百有余年。而欧美新说，输入神州，举世侏僽，禽兽逼人。邪说横议，猬集蜂起，什佰千万于战国。于是时也，苟无人焉，守先待后，息邪距诐，明学术，正人心，道以濂、洛、关、闽，归之洙、泗、邹、峰，则圣道或几乎息矣。

　　先生应运笃生，道宗朱子，文法昌黎。孝弟通于神明，志节坚如金石。前后庐墓六载，蛇虺可驯，贼盗可化。庚辰观政工部，庚子召赴行在，匡君以道，不合则去。浙督礼聘则辞，大总统礼聘则辞，为道守非为一姓守。精义之学，非管幼安、陶靖节所及知。论治谓天生民而立之君，治乱兴衰，当先责君而后责臣。其于君臣大义，六经奥旨，得于心而发之无余蕴矣。

　　辨析异学、汉学、西学、阳儒阴释之学，极本穷源，细入毫芒。发先儒所未发，开百代之聋聩。阳刚之气，发为文章，疾雷迅霆，声满天地。上追六经，下配七篇，其学之深造、文之雄奇又如此。文以道醇，道以文显。韩子圣于文而道不足，朱子粹于道而文未工。兼韩子之文、朱子之道，而各造其极，其惟先生乎！其惟先生乎！

先生之道，孟子之道也；先生之文，孟子之文也。岂非天哉！岂非天哉！天不欲丧斯文于七雄战争之世，故战国时笃生孟子，而为我、兼爱、食色、并耕、性无善无不善之说不得作；天不欲丧斯文于环球扰攘之日，故今之世笃生先生，而平等、自由、流血、革命、权利、竞争之说有必辨。昌黎推尊孟子功不在禹下，愚亦谓先生之功不在孟子下。

同门刘君宝书、何君竞明等，拟校印先生文集，属价为序。价不敏，惧无以发明先生之学行，而谊不敢辞，因为推而论之。俾世之读先生书者，知先生道与文兼至，足以继孟子而无愧。而尧、舜、禹、汤、文、周、孔、孟、程、朱相传之道所由未坠于地者，实维先生是赖。然非知道知言之君子，几何不以愚为阿好，而过为是溢美之言哉？

丙辰正月壬申，门人即墨张绍价谨序。

《灵峰先生集》卷一　论辨

狄　青 戊辰

侬智高反，交阯请出兵助讨，青曰："假兵于外，以除内寇，非我利也。以一智高横践两广，不能制，乃假夷兵。夷兵贪得忘义，因以启乱，何以御之？愿罢交阯助兵。"既克智高，有得贼尸衣金龙衣者，众谓智高已死，请具奏。青曰："安知非诈耶？宁失智高，不可欺朝廷以贪功。"青之所虑远而所守者正，非特一时将才也，庶乎有大臣之风矣。

李氏而知此义，必不假夷兵以攻苏常；曾氏而知此义，必不妄称洪福瑱积薪自焚，以诳朝廷，而贪公侯之赏。嗟乎！借金以灭辽，而宋亡于金；借元以灭金，而宋灭于元。青之言，百世龟鉴也。夫以夷狄攻夷狄，青犹以为不可，况以夷狄攻中国，而中国焉有不为夷狄所制者哉？此君子所以贤青，而叹宋室之犹有人与？

于　谦 丁丑

于谦可谓社稷之臣矣。明之不为南宋者，谦之功也。宋李纲之才与谦等，钦宗不用纲而宋亡，景帝能用谦而明存。谦之功，实景帝之功。英宗宠任王振，以乱天下，卒为也先所获。幸而不为昏德公、重昏侯之续者，景帝用于谦之言，不主和而主战，有以张国势而折戎心耳。为英宗者归，当自杀太祖之庙，以谢天下。夷狄俘虏，岂可复主中国，以立万民之上？景帝即以位让，亦断无复居天位之理。而因景帝之疾，乘危夺门自立。藉景帝、于谦之力以生还，而废之戮之，无耻不仁甚矣。英宗之归，谦不能援伊、霍之义，昌言其得罪宗社，折奸人复辟之邪谋，以正景帝之位。及景帝疾，而不知先事预防，遏绝变乱，此则谦之智有所不及。若夫太子见潜之废而不谏，固不足以罪谦。何也？英宗既无复辟之理，则为英宗子者，固不得复仍继体之名，以绍祖宗之统也。

秦　桧　丙申

明邱濬称秦桧于宋有再造功，而赵翼、钱大昕等附和之。近世持国柄者，殆无不师桧故智，以取媚于夷。士大夫至举桧以颂宰相之功，而宰相亦恬然以桧自居。嗟乎！举天下而桧焉，得不胥天下而夷哉？孔子称管仲攘夷之功，学管仲者，卒无一人。邱濬称桧和戎之功，而学桧者遍天下。孔子一字之褒，曾不如邱濬一言之赞为荣也。悲夫！

王　猛　戊戌

世以王猛为心乎晋。嗟乎！猛之志，徒欲依苻坚以取富贵功名耳，恶知有晋？不然，猛果心乎晋者，谒温灞上，曷不随温而东，以效忠宗国哉？猛不归晋而归坚，猛知有坚，而不知有晋也。临没告坚之言，为坚计非为晋计。桓温对猛而曰："三秦豪杰未有至者。"温固不以豪杰许猛矣。虽然，猛不足为豪杰，而欲倾覆宗国，以自媚于夷，如张元、吴昊者，亦猛所不为也。

宋高宗　辛丑

魏礼氏以高宗为篡弑之贼。高宗忍弃其君父于夷狄，而凡可以归二帝之策，断焉有所不为，其罪与推刃君父者等，礼之言当矣。高宗不足责，吾独怪当时立于其朝者，何皆依违而不去也？天下岂有无父无君之国哉？孔子论卫政，必以正名为先。出公不避位，高宗不复仇，无父无君，名不正言不顺，未有甚于此者。子路、岳飞之死不同，而轻身以立无父无君之朝，皆有死之道焉。《春秋》之义，乱臣贼子，人人得而诛之。子路、岳飞皆君子，吾甚惜其昧于《春秋》之义，以君子而为乱臣贼子死也。

夏侯胜　戊申

汉宣帝议为武帝立庙乐，胜曰："武帝竭民财力，奢泰无度，天下虚耗，百姓流离，物故者半。无德泽于民，不宜立庙乐。"贤哉胜也！三代古义之亡久矣，乃于胜见之。自周公制谥法，以纪功惩恶，天子没，称天而谥之南郊，立乐称宗皆因谥而定。谥之美恶，一听天下之公议，而无敢干以孝子慈孙一人之私。谥法作，而善者有所劝，恶者有所惩，此圣人所以警暴君昏主之深意。自此义不明，而谥其君者，有美无恶。徇一人之私，背天下之公，暴君昏主无所惮以率德改行，而生民之祸亟矣。

胜以大典所在，不惜一死以伸天下之公议，可谓邦之司直。而王夫之诋胜证父攘羊，是周公之谥法可废，而始皇之见果胜于周公也。父子主恩，君臣主义，主义者不可与主恩同施。事亲有隐无犯，事君有犯无隐，《礼》有明训，王氏岂未读《礼》乎？孔子言卫灵公之无道，孟子斥梁惠王之不仁，灵公、惠王皆孔、孟旧君，然则孔、孟亦证父攘羊矣。王氏辨韩退之《羑里操》"臣罪当诛，天王圣明"之语，不足以知文王之心，亦未尝不明于臣道之有犯无隐。而执子为父隐之义以诋胜，所谓一言以为智，一言以为不智也。

明思宗　庚戌

思宗自谓非亡国之君，世亦以是称之。嗟乎！思宗愎谏自是，宠任奄宦，信用奸邪，黜逐忠贤，无一不足以亡国者，尚得谓非亡国之君哉？其少异于亡国之君者，徒以能一死谢天下耳。居天子之位者，任天下之责，思宗横征暴敛，驱民为盗，举四千年先圣先王冠带礼义之中国，以沦于左衽，区区一死恶足以谢其责者？然临死而犹以无伤百姓为言，亦庶明乎为君之义。怀、愍、徽、钦之偷生无耻，以辱中国，则又思宗之罪人也。

魏孝文帝　辛亥

世皆谓魏孝文帝以变法复古致弱。嗟乎！刘渊、石勒、苻坚不旋踵而亡，彼皆终身胡俗，未尝变法复古也。卫侯辄效夷言，卒死于夷；赵主父胡服，饿死沙丘。夷言夷服果足以强耶？君子创业垂统，唯善为可继，而成败则非所知。即孝文帝以变法复古，及身而亡，犹不足为孝文帝病。况魏于南北国祚最长，又恶得以此妄议孝文帝哉？夫以圣祖之仁明，而不能用夏变夷，革编发胡服，以消中国人民仇视异族之心，卒启后世排满之祸，满亡而汉亦从之。以此知孝文帝所见之远也。《春秋》之义，用夷礼则夷之，进于中国则中国之。孝文帝躬行三年之丧，耻其北狄旧俗，汲汲焉以复中国衣冠礼乐语言自任，固当进之于中国者。王夫之讥孝文帝沐猴而冠，知有中外之辨而不知有是非，其亦昧于《春秋》之义矣。

仲 子 辛亥

仲子死孔悝之难义也，其仕孔悝非义也。世儒义仲子之死，而遂以其仕孔悝为义，与不义仲子之仕，而遂以其死孔悝为非义，皆未审于义也。食人之禄者，死人之事，天下之通义。不为之死，则不食其禄；既食焉，焉得不为之死？纣亡而微、箕不死纣，孔子称其仁，微、箕未尝有位于朝也。立人之朝，安则食其禄，危则避其难，此狗彘所不食，而可以谓之仁乎？管仲、召忽辅子纠以争国，召忽死而管仲不死，仲子责其未仁，孔子称管仲九合诸侯之力，亦未尝许其仁也。危邦不入，乱邦不居，君子之死生早决于去就之先，而非临死而始定。仲子不守孔子正名之教，而汲汲焉思小试其才，以失身助子拒父之孔悝，此则仲子之未审于义也。食其禄而避其难，偷生苟免，以自许明哲，固仲子之所羞也。

李若水 辛亥

李若水，宋钦宗之罪人也。居其位者死其职，钦宗不用李纲之言，金人再至，都城失守，当以一死谢天下。岂有以中国之天子，而屈迹虏营，以乞旦夕之命哉？即幸而克还，亦不可以复立万民之上。况虏心叵测，青城再往，必无复还之理。而钦宗之行也，李若水实劝之。一言而使二帝、皇太子、六宫、妃主、宗室，联袂北行，以臣妾于胡虏者，李若水为之也。士君子立人之朝，吾言用则身进而国存，吾言不用则身退而国亡。言之用不用，而身之进退、国之存亡决焉，然后可以告无罪于天下。李若水非惟不能存宋，而又以一言促宋之亡，区区一死岂足蔽其辜哉？明方孝孺之死烈矣，而始终未有一言可以为惠帝救亡者，其误国殆与李若水等。匹夫匹妇之谅，未可与卓敬、郭任、韩郁同日而语也。

管 宁 壬子

管宁始终不应魏主之征，志节皎然矣。方曹丕篡位时，宁率其家属，浮海以归青州。魏禧氏责宁哲士，非义士。嗟乎！是恶足以知宁哉？丕所篡者汉，汉亡而先圣先王冠带礼义之中国未尝亡也。宁不为丕之臣，不能不为中国之民；为中国之民，而自绝于中国，宁必有所不忍也。丕固汉贼，公孙渊独非汉贼乎？去辽东而归青州，宁之所处至审矣。为遗民而弃祖宗邱墓之乡，矜名走势逐利，不耻求庇异族，以偷一日之生，固宁之罪人也。

狄仁杰 壬子

《朱子纲目》书莽大夫杨雄死，以其臣莽也。武曌以一妇人，南面而临天下，父子聚麀，易姓改命，杀唐子孙，灭唐宗社，穷恶极秽，什百千万于莽焉。狄仁杰以唐室旧臣，不能以一死正万世之纲常，舞蹈对扬，北面淫妇而不耻，羞恶之心泯矣。使杨雄处此，亦将有所不为，而仁杰终身安焉。庐陵复辟，仁杰之死久矣，岂仁杰所能知哉？仁杰所官者周之内史，非唐之司空。仁杰之死，死于周，非死于唐也。而《纲目》曲笔以书之，何以立天下臣道之防哉？援杨雄之例，如狄仁杰者，正名定义，必书以周内史狄仁杰死而后可也。

黄巢 李自成 壬子

黄巢、李自成，力足以夺人天下，而不能一日居帝王之位。虽其假名以号召天下者，不若后世盗贼之巧，亦由君臣之义犹明，犯上作乱，人知其为逆无所容于天下，故以盗贼始而卒以盗贼终也。不然，则黄巢、李自成且为顺天应人之汤、武，而为之佐命者亦将自负伊、周，天下归之如流水，帝王之号晏然居之而不疑矣。曹操、刘裕取天下于群雄之手，而非取之于汉、晋，无操、裕则汉、晋之亡久矣。然操犹惮于名义而不敢发。裕即及身自立，萧道成、杨坚则无尺寸之功，而悍然篡天子之位。世愈降，而奸雄之术亦趋而愈下，朝秦暮楚，反覆无耻者遍天下。樊系为朱泚撰册文，既成仰药死，系犹知有顺逆而羞恶之心未泯也。苏循附梁以篡唐，敬翔言于梁主曰："苏循唐之鸱鸮，卖国求利，不可以立于维新之朝。"翔犹知有忠佞而是非之心未绝也。降至后世，则求如系、翔者而亦不可得。悲夫！

黄宗羲　顾炎武　癸丑

借金灭辽而宋亡于金，借元灭金而宋灭于元，乞援夷狄者未有不为夷狄所灭者也。黄宗羲当明南都之亡，乞师日本以复仇，而顾炎武亦为书于《金刚经》背以乞师，幸而其事未成耳。使其事成，则中国为琉球、朝鲜久矣。吴三桂乞师本朝，其初意固欲复明，非欲亡明也。本朝以肃慎氏苗裔入主中国，与中国同为神明之胄，非日本岛族比。其得天下也，取之于李自成，非取之于明。黄宗羲、顾炎武必欲夺中国于本朝之手，以畀之日本，乞师以复仇也，仇不可复，而举数千年冠带礼义之中国，以臣妾于岛夷，其亦昧于轻重之义矣。季子不讨吴光之罪，惧同室操戈，而楚越得乘间以入也。国为重则君轻，故人民遇国家之变，力能复仇则复仇可也，力不能复仇，则有位于朝者死可耳，无位于朝者隐可耳。同室之斗，而引异族以杀兄弟，义固有所不可也。虽然，自后而论，本朝固中国之主也，而在明则自塞外始入中国。黄宗羲、顾炎武以中外之辨，而汲汲焉志切复仇，犹有说焉。今之自命遗臣者，以同为中国之人，乃欲借岛夷以倾覆宗国，此其智更出二人下也。

姜嫄、后稷辨　辛巳

甚哉郑元之妄也！《生民之什》曰："厥初生民，时维姜嫄。生民如何？克禋克祀，以弗无子。履帝武敏歆，攸介攸止。载震载夙，载生载育，时维后稷。"毛公说之曰："姜，姓也。后稷之母配高辛氏帝者也。帝，高辛氏也。武，迹也。敏，疾也。从帝而见于天，将事齐敏也。"毛公之所传古训如此，未尝有巨迹之说也。郑元出而始乱之曰："姜嫄，

高辛世妃也。帝，上帝也。祀郊禖之时，有巨人迹焉。姜嫄履其拇指，
如有人道感己，既而生子，长之曰弃。"吁，是何敢于诬圣罔天之甚也！
上帝者何言乎天？主宰之理而已矣。上天之载，无声无臭，安有形象之
可见哉？巨人之迹何为者？果若有焉，是亦妖异而已，安有感妖异之气
而生圣人者耶？且以帝王世妃而祀郊禖，岂无舆卫侍从？曷为步行郊
野，能履巨人之迹乎？元之妄，不待辨而明矣。

且夫巨迹之说固不出于元者，《列子》、《史记》、《列女传》、《吴越
春秋》已言之。吾独恶夫元者，恶夫元之始取异端邪说释经，以附会其
感生帝之谬说也。元既袭取迁、向之说，而又臆言姜嫄为高辛世妃，妄
矣。惜乎朱子之贤而不察于此也！

曰：若是则高辛圣帝，姜嫄正妃，配合生子，人道之常，何为而弃
之也？曰：姜嫄之弃后稷也，为其不坼不副，生而不啼之异也。李氏黼
平《毛诗绅义》云，后稷经三寘之后，始呱然而啼，则初生时不啼可知。郑庄公
寤生，姜氏恶之。芮司徒之女，赤而毛，弃之堤下。若此者，岂亦无人
道而生者耶？

曰：稷为高辛元子，则高辛何以不立稷而立挚？曰：稷幼而挚长
也。上古之世，民无定主，君无常位，未尝有世及传嫡之制也。元嚣以
黄帝元子而不立，骆明以颛顼元子而不立，如此者多矣，又何疑于稷
焉？曰：挚废尧立，而不及稷，何也？曰：尧，诸侯所尊立者也。诸侯
服尧之德，不归稷而归尧，尧焉得强让稷而立之？曰：然则尧何以不能
举稷，而待舜举之也？曰：否。《毛传》曰，尧国后稷于邰；《周本纪》
曰，尧举弃为农师。是稷之举于尧明矣。《左氏》所称八元，固未尝有
后稷之名也。后儒妄说，恶足据焉？

曰：子之辨后稷为高辛所生明矣，然则《生民》、《閟宫》之诗，何
为独美姜嫄而不及高辛与？曰：此诗人立言之善也。美姜嫄履高辛之行
而齐敏，则高辛之敬德可知矣。《思齐大任》之诗，未尝美及王季也，
则将谓文王亦无父而生者耶？况《生民》、《閟宫》之诗，所谓履帝武
敏、皇皇后帝者，固未尝不及高辛与？高辛，帝挚、尧、契之所同自
出，非周一姓之祖也。例得而略其辞矣。曰：虽然，周、鲁何以特立姜
嫄之庙？曰：孟仲子曰，閟宫，禖宫也。姜嫄祀郊禖而得子，后世以为
嘉祥，祀之禖宫，以配上帝，其所由来久矣。周、鲁以先妣之亲，而益
重其祀，非特立也。

然则周人何为祭姜嫄而不及高辛也？曰：周人禘喾而郊稷，见于

《国语》，载在《祭法》，岂不可信哉？其以禘其祖所自出为感生帝者，郑元惑于谶纬之谬说也。恶得以元之谬说，而疑《国语》、《祭法》哉？且夫姜嫄为高辛妃，后稷为高辛子，此《帝系》、《天问》、《毛传》、《史记》、《汉书》、《大戴礼》、《家语》之所同者也。谓一家言不足信可也，岂有古今传记尽诬者耶？古今传记尽不足信，则岂元一家言反独可信耶？其亦惑矣。郑元感生帝之说，诬圣罔天，乱人道，长奸淫，启妖乱，逆莫大焉。元尊谶纬而变乱经训以文其言不足责，独奈何后之说《诗》者亦守其谬说而不察也？吁，是又不独元为毛公之罪人也！

释　言 己酉

　　宣统元年九月十二日，震武以教育总会公举，辞不获命，赴省寓望仙桥之旅馆。翌日晨兴，汤京卿寿潜叩门而入，揖震武曰：“吾二人闻声相思二十年矣，幸得握手一谈。先生既出任事，愿循例先拜客。”震武以生平不拜客对，京卿曰：“何伤？会长拜客，非夏涤庵拜客也。吾为铁路公司总理，则无日不拜客矣。吾亦生平不拜客者，何伤？先生其一听予言，不然恨且忌者必多，会事将无所措手。”京卿再见震武，则再以为言。京卿又以语震武者，语陆春江中丞，语蒋宰堂孝廉，语蒋六山明经，语沈详郛茂才，皆曰京卿之言，识时之言也。京卿谓夏涤庵以山林之性，处教育总会必不行，吾辈将不能为夏涤庵助。震武起而告之曰：“君等举震武为会长者，将使其以权利倡与？以礼义倡与？以奔走倡与？以廉耻倡与？以权利倡者，苟可以保其权利，奔走可也；以礼义倡者，一奔走而礼义廉耻扫地矣。吾闻礼义教育、廉耻教育，未闻奔走、权利之教育也。”

　　昔孟子论士之不见诸侯，以为往役则义，往见则不义，极之于可以王霸有不为，而一言以断之曰，枉己者未有能正人者也。其说至矣。孟子之言，为士言也。古者礼始于士，而不及于商。铁路公司总理，商之长也；教育总会会长，士之师也。总理拜客，此商之职，非会长所宜藉口矣。会长有一省师道之责焉，震武德薄智浅，固不足以为师。而既觍颜居其职，则不能不抗身守其道，恶有以一省之师，而仆仆官绅之门哉？且君等以京卿所举，以必命震武往拜者，为君子与？非君子与？必曰君子也，君子不可说以非其道。彼方以抱道自重望会长，而见会长仆仆官绅之门，趑趄其足，嗫嚅其口，必且非之笑之，鄙之贱之，严斥之而痛绝之。以为是师而隶者，将拒而不见，而顾以受隶一拜为重焉，必不然矣。

地方教育，人与有责。教育总会，浙江之公会，非震武一人之私会也。京卿之助，助教育总会，非助震武也。震武杜门守拙数十年矣，死生利害置度外，固无所待于京卿之助。合则留，不合则去，此震武所以自守者。恨且忌者，听之可矣。秉礼者排之，趋势者援之，以教育总会为报复恩怨之具焉，必非吾官长父老之意。京卿之爱我，固深惜乎所以爱之者非其道也。

既而陆春江中丞、程雨亭都转、陈介石议长、陈兰洲大令、沈蔼如等诸监督，皆相继以礼先之署。提学使廉访李公、巡抚增公，则以地方行政执法之官，而先施礼焉。数君子者，或齿德爵尊于震武，或才学识高于震武，而皆不惜屈体以下之者，非重震武也，重会长也。震武无足重，重会长所以立一省之师道也。有师道而后有教育，有教育而后有人才，有人才而后有政事，有政事而后有国家。国家之所以强弱兴亡，非铁路非海军非谘议局，必教育是问矣。

吾官长父老之所以视会长者重，则会长之所以自处者不宜轻。会长曲体吾官长父老之意以从事，吾官长父老既能以道自处，而又能推其以道自处者处人，一举而礼义廉耻立焉。则吾官长父老之足以表率乡邦，而为会长树之鹄也。世俗浅夫之论，动曰古道不可行。呜呼！其亦诬矣。予故历叙始末以释会员之惑，且使后之为会长者知所自处焉。

《灵峰先生集》卷二　序跋

《悔言》序　辛巳

予取辛巳以前所杂记之编，而题之曰《悔言》，纪实也。予少而习举业，攻诗文则悔。长而泛滥于经史，驰骋于申、韩、黄、老则悔。既而稍知从事于圣人之道，则又喜陆、王，厌程、朱，以灵明为真性，以虚寂为至道则悔。盖予至是凡三悔，而年已将三十矣。自今以往，其或得与闻斯道，则夫明学术，正人心，所以继往圣而俟来哲，固有不得辞其责者。虽然，未敢自信也，姑先以此区区者，就正于海内同志。光绪七年辛巳冬十二月辛酉。

《撷蔬垂训图》跋

母教之虚实，征于其子之贤不贤，而他人之有称无称不与焉。其子贤，则其亲之教有征，虽无称未有不可信者；其子不贤，则其亲之教无征，虽有称未有可信者。古贤母多矣，孟母之断织、欧母之画荻独传者，其子贤也。其子不贤，虽有断织画荻之教，孰从而征之？又孰从而信之？《孝经》言显亲扬名而必归之立身者，古之君子未尝有意于显扬也，实至而名自归，子贤而亲自显，以是为立身之验耳。

今之君子立身之义，未尝过而问也。一朝亲殁，志状一编，题咏一帙，低头以求之，卑辞以乞之。幸而得之于名公巨人，遂若为其亲史笔月旦，以为显扬之道，莫大乎是者。嗟乎！名者圣贤之所不言，至于实不足以致名，而辗转求乞于人以为亲名。自君子观之，则其所以辱亲者甚矣。

天台张季玕廷琛，固有志于立身者也。予居先君先太夫人丧，苫块六年，季玕不远千里，两致束刍之敬。今岁延课犹子辈，以道远不应科试。奉徐学使特征考优，复毅然辞去。其自重其身如此，其不辱其亲可知。临行出其母夫人杨《撷蔬垂训图》属题，季玕之意岂亦同于世俗常情，以是为足显其亲哉？殆深恐有负母夫人之教而为是图，使朝夕触于目而警于心，以当耳提面命耳。不然，季玕岂不知能显母夫人之教于天下后世者，固在己而不在人，不必汲汲于人言耶。季玕能守身扬名，则母夫人之教为实；不能守身扬名，则母夫人之教为虚。教之虚实，征之己身，不征之于人言。季玕而无意母夫人之教则已，季玕而有意母夫人之教，其必将日夜淬砺，发愤力行，慨然求有立于天下后世，以实母夫人之教，不当以人言为吾亲重轻也。

季玕勉之矣，自今以往，虽爵公卿，饿沟壑，其于母夫人固无足为毫发荣辱者。独有立身行道，扬名于后世，使人称为名儒之母，乃足为母夫人荣，否则辱耳。勖哉季玕，其尚以吾言反求诸身，抗志古圣贤，以与之齐，毋为人子而求显扬于途之人也。

《衰说考误》序　丁亥

古礼之在于今者，唯衰服为仅存。乱以后儒之说，变于世俗之制，其存焉者亦名而已。国朝经师辈出，三《礼》之学超越今古，始有能研求古制，一正宋、元、明诸儒之谬者。先子之丧，幸有所据，唯所谓带下尺者，如其说终不可通。考之于注，则郑君所言甚明，张氏盖犹有未审者。据张氏以正宋、元、明诸儒之失，据郑君以正张氏之失，然后衰制得完。古礼难复，考者未必当，当者未必行。予之所见固不足以言当，然庶几后有君子，得因吾言而考定，以见之于行，使古礼不至终湮，是则予所深望者矣。丁亥十月。

《诗序辨》序　己丑

仲弟作《诗序辨》三篇，意在兼采众说，不主一家，持论最允。其言郑君深没卫宏之名，远托子夏为重。郑君之贤，不宜有此。况其时去宏未远，宏所作者，耳目众著，又安能施其假托？然范史言卫宏作《毛诗序》，《隋志》又称毛公、卫宏复加润益，二者宏必居一。于是而郑君笺《诗》，言《大序》子夏作，《小序》子夏、毛公合作。又言此《序》子夏亲受圣人，绝不及宏，予亦不能无疑。《诗序》晚出，两汉诸儒所不言其附托以为之，非止一人迹甚显然者。郑君之言，前无所据，后无所证，不知何以断之如此？朱子说《诗》，予不敢尽谓然。《诗》中男女之词，其指盖当如《离骚》，朱子诚有所未察。而其辨《诗序》之不可信，自不可易。近世为郑学者，好申《序说》，以与朱子为难，其亦未之思也。仲弟斥郑君虽若太过，要以备参考，则亦有事于经者所不可废。姑存其说，以俟后之人。光绪己丑十月。

《悔言辨正》序　庚寅

震武早岁，过不自量，急于就正，刻有《悔言》六卷。其近是者，皆先儒所已言；其自为说者，率多谬陋而不足取。取讥通识，追改无从，深用内疚。当时盛气无前，高自期许，言不顾行。及今十年，学业荒落，无一克践，展卷面热，意欲焚弃久矣。重蒙四方君子不弃，悯其无知，恐遂终以自误误人，为之订正。其言类皆核实持平，有裨道术。自维吾书可毁，而诸君子之言不可以不存，乃次第写录，辑为兹编。间亦略附己见，用示学者，不没诸君子直谅多闻之实。且以著吾妄作之失，永为后戒云尔。光绪庚寅七月七日。

《悔言附记》序　庚寅

仲弟、靖叔读予《悔言》，时有所推阐订正。其言虽间或褊激失平，而大指不谬于道。因时立论，独出己见，一无剿说，多有可以匡予不逮者。因略加刊定，为之次第写录，以质知言君子。光绪庚寅三月。

《六礼或问》序　乙未

人类所以异于禽兽，中国所以异于彝翟，惟礼是赖。一日而无礼，则人类为禽兽，中国为彝翟，礼之用大矣。历唐、虞、夏、殷，更尧、舜、禹、汤，至文、武、周公而大备。孔子志在从周，谓其威仪文章之盛，无以复加也。孔子既不得位，其时已有老氏之徒，起而诋礼为忠信之薄，乱之首者。自后谋诈盛，而礼教浸微。驯至战国去籍，暴秦焚书，二帝三王之制，荡然尽矣。汉儒掇拾于灰炉之余，宋儒修明于久绝之后。区区先圣遗文，徒为儒者之空言，不得一日复行于天下。其间虽有愿治之主、好礼之士，慨然复古，终未有能挈叔季以还之三代者。叔孙氏之谬说陋制，时君世主，据为典要，而不可易。

议礼者既失其柄，异端因得乘间而起，老氏首祸，佛氏继之。清净寂灭之教，追荐祈禳之法，士庶之风俗，丧祭之大经，遂为僧道所主持，而礼不可复问。三纲沦而九法斁，人类无以自别于禽兽彝翟，中国道微久矣。凌夷以迄于今，世愈降，变益奇。踵佛氏而至者，布列海内，劫持国政，用其无父无君之教，易吾冠带礼义。一时愤世之士，未尝不扼心切齿，思有以存人类，维中国。然不知修先王之礼以胜之，其所为发愤而讲求者，徒以助异族之势，而张其焰。抱薪救火，岂徒无益，又将身为之烬焉。

自古未有舍礼而可以为国者，男女均权，君民平等，父子同狱，彝翟禽兽之道，非中国可行之道也。中国求所以自强者，固在彼而不在此。春秋之世去文、武、周公远矣，然其时士大夫犹能诵说先王，陈典礼以折强侯，遏僭逆，延衰朝屝国数十百年之命。今以一统中国，周公、孔子之制作，二帝三王之所留遗，什一千百，犹有存者。礼义廉耻是非之在人心者，未尝一日而亡也。

谨修其国之故而审行之，教之以礼义廉耻之行，动之以是非羞恶之良，人人有不可夺之志，臣死其君，子死其父，妇死其夫，幼死其长，友死其朋，可使徒手以搏枪炮火器矣。礼无敌于天下，自强之道，岂在外求？不此之讲，乃欲舍中国礼乐刑政之长，从事西法之末。彼以殊域异教，挟其诈力，乘虚入中国而张之，夺吾周公、孔子世守之统。为周公、孔子者，不能奋发自保，乃相率从而化焉，吾惧普天左衽之日不远矣。然礼之大原出于天，天不变，礼亦不变，乾坤未毁，人类未绝，中国犹存，必有能复先王之礼，挈叔季以还之三代者。剥复消长，理有必然，固将旦暮俟之。

西教始入中国，其在唐时微甚，千余年来，浸昌浸炽，遂至夺吾周公、孔子之统。无萌不长，无蓄不发，由来旧矣。先王之礼，命诸天，性诸人。周公、孔子为万世立之准，绵绵延延，待人而行，未有光大显盛之一日，更秦火、佛、老所不绝者，一朝起而夺之，将遂泯灭终古。一绝之后，不得再昌，岂天所以生周公、孔子之意与？乱不极者治不盛，晦不久者明不长。《诗》曰："风雨如晦，鸡鸣不已。"然则居今日而守先王之礼，以待后圣有作，起而行之，固儒者之责已。

婺源汪双池先生崛起乾嘉，当汉学盛行之时，独能卓然不惑，由朱子以追寻周公、孔子之教，慨然有复古之思。其所著《六礼或问》一书，《仪礼》之后，一遵《家礼》。举冠、昏、丧、祭、乡射、士相见礼之切于民生日用者，设为问答，以明之于朝庙大礼，非天子不议者不及焉。其详博虽不及并时江慎修氏《礼书纲目》、秦树澧氏《五礼通考》，而先生学本心得，生平有见于天命天秩大原，固非江氏、秦氏所敢望。予于其书虽不尽以为然，然居今日而有言礼者，将非周公、孔子之教所托命者与？后圣有作，其必有取焉矣。予故承中丞赵公之命，不辞其陋，而为之序，因以抒予之夙怀。光绪乙未十二月夏震武序于三台墓庐。

《瘄言质疑》序　丁酉

青浦刘南士邮示其师许松滨先生所著《瘄言》，震武受而读之。其诵法程、朱，卓然不为风气所囿，洵未易得之今日矣。惜其说多有未安者，不揣僭妄，辄条记所疑，还质南士。承南士不弃，往复辨论，虚己以听，益我良多。暇检旧稿，不忍竟弃，遂写而存之，以俟后有知言君子正焉。光绪丁酉十月。

《黄海门遗集》序　戊戌

康、梁以平等自由倡天下，废三纲，灭五伦，放言横议，率人类为盗贼夷狄禽兽。王氏任心之学，寔为厉阶。孔子之道，昌于孟子，变于荀卿，乱于公羊，火于李斯，复于程、朱。王氏以心学起而坏之，一变而为毛西河之改注，再变而为戴东原之蔑理，三变而为康有为之革命。女权民约，殊俗异类，乱臣贼子，无父无君之说，蜂起于世。墨学狂，而孟子起于战国；陆学横，而朱子奋于南宋。王氏以心学毒天下，则举世奔走于其说，未有敢昌言以排之者。

黄君念庵以《海门遗集》请序于予，予受而读之。至《道学论》七篇，毅然斥王氏为大盗操戈。伟哉！其学识之正，越中未有也。稼书辨王学于既衰之后，其为功也易；海门辟王学于方张之日，其为力也难。其他说经论史之作，皆纵横博辩，纯疵互见。独非汤、武，薄周公，议

程、朱，非圣无法，则命念庵削而去之，使无以为海门累焉。海门之书
湮没埋藏数百年矣，而复出于时，朝廷方下变法之令，士之醉心功利者
皆嚣然复谈良知，邪慝交作矣。予独韪其辟阳明为拔本塞源之论，足以
救今日放恣横议之祸，不可无一言以表于世也。于是乎不辞而为之序。

《〈资治通鉴后编〉校勘记》序　　戊戌

宋、元《通鉴》，徐氏、毕氏最后出，而谬误相沿，无所订正，有
识者病之。予取徐氏《后编》，校以史文，改易增窜，十之二三。惧一
时所见不能无失，因写为《校勘记》十五卷。原文改本，并著于篇，是
非有归，学者可考焉。光绪戊戌十月。

《人道大义录》序　　庚子

中国以人伦垂教，而君臣、父子、夫妇之道皆未立，矫其弊者则又
欲以耶、佛平等自由之说乱之。废三纲，灭五伦，率天下为彝翟禽兽，
而人道几乎绝矣。吾为此惧，正以羲、轩、尧、舜、孔、孟、程子之
言，作《人道大义录》，以俟后之圣人。光绪庚子正月甲辰朔。

《资治通鉴后编》序　　庚子

予校《资治通鉴后编》既竣，文叔瀛学使以为有裨于世，将付之
梓，而命予为之序。予维孔子作《春秋》，正三纲，明五伦，尊王攘夷，
诛乱臣贼子而已。后之作者，虽有才识短长之不同，而圣人遗意未尝尽
泯也。司马温公《资治通鉴》之作，自战国而下，治乱备焉。然帝魏黜
蜀，尊杨雄，称荀彧，则与孔子《春秋》之义异矣。徐健庵尚书《资治
通鉴后编》，盖亦继温公而作者，惜讹脱舛乱，不尽可读。又阙天圣四
年至七年二卷，学者病之。然其是非尚未尽谬于圣人，如赵翼、钱大昕
之徒，以君父不共戴天之仇为可和，非胡铨而是秦桧者，固是书之所未
有也。

徐季和侍郎督学浙中，得是书于尚书之后人，属余为之校订。予谢
不暇，而侍郎固以请。予不得已为之校，以正史旁考他书，讹者订之，
阙者补之，舛乱者正之，然后是书复完。方尚书之著是书，当海内乂安

之日，优游无事，歌咏太平，与一时文人学士，上下其议论，以称圣世右文之治。国家之盛于是极矣，彼岂有兴衰治乱之感于其中？而握笔叙次，至秦桧之主和误国；刘豫、张邦昌之挟夷狄以抗君父；李忠定、宗忠简、岳忠武之经略忠义，用无不效，扼于逸贼，不得一伸其志，以死以诛；文信国、谢君直之耻臣异姓，有死无二；徐忠壮、李忠威、赵忠烈之百战不屈，为其主守尺寸之土，卒以身殉不悔。情见乎词，有余痛焉。盖正道明而上下内外之分严，一时士大夫皆能得好恶是非之公，而小人无父无君之邪说未能出于其间也。

予不幸，而不获生与同时。主辱臣死，苟延旦夕，徒以区区所闻，校得失于遗编。盖至靖康、建炎、绍兴之际，为之掩卷涕泣，而不忍卒读者数矣。中国衰而彝狄横，乱臣贼子之祸，古今一辙。呜呼！可不痛哉！世之君子有能读是书，而奋然起以《春秋》大义倡天下，使忠定、忠武之志不伸于宋，而伸于今日焉。则于学使惓惓刻是书之意，庶乎其不负矣。

光绪二十六年七月。

《富阳灵峰夏氏宗谱》序　代从弟作　庚子

宗法废，天下无族。后之君子思所以维宗法之穷，于是建祠堂、立谱系，使人咸知一本之所自，以存古人尊祖敬宗之遗意。然其弊至于攀附冒窃，渎乱牵引，祖非其祖，宗非其宗。故谱系繁，而天下之氏族益混淆而不可辨。

我夏氏以神明之胄，系于东楼，望于会稽，派于萧山，迁于富春。自太尉公避地以来，盖五百有余载。源远流长，贤哲代生。麻城文学，抚州经济，彪炳家乘。宗谱之作，抚州实首功焉。阙疑传信，别微明嫌，条例既定。世有脩葺，代必遵守。上衷经史，下参百家。懔乎惟尊祖敬宗之兢兢，尊祖故不敢自诬其祖，以祖他人，而凡子姓有忝于祖者必黜；敬宗故不敢以异姓乱宗，而凡子姓有辱其宗者必惩。

谱始始迁祖太尉公，太尉公以前之世系，渊源有不可得而略者，则别为一篇，冠之谱首。纲举目张，丝牵绳贯。谱总系以明其合，谱支派以详其分。谱里居以防其涣，谱茔墓以虑其湮。谱生卒以辨长幼，举忌祭。谱科名爵秩、孝弟节义以贵贵尊贤。伏法者不谱，充役者不谱，以惩恶逃入二氏者不谱，以黜异端。螟蛉抱养者不谱，不详所出者不谱，以锄非种。娶媳不谱生卒，娶妾不谱里族，以严贞淫之分，重嫡庶之别。男子非成丁不谱，女子非适人不谱。列胶庠、蹈节义者，不以此论，进之为成人也。重其贤则谱，旌其善则谱。

祠禁宗规，立族之本在焉，则大书特书谱之简端。非孝者无亲，谱之作也，将以祖宗治子孙，故于祠禁宗规尤严焉。一日不守乎祠禁宗规，则一日为恶为逆。余惧吾族人之不幸而陷于恶逆也，则为之申明家法以告之，丁宁祖训以语之。使夫贤者有以奋而起，不肖者有所戒而惩，谱之道尽于是矣。

始事之初，其难其慎。求所以上对祖宗，下式子孙，谋之搢绅先生焉，谋之耆老长者焉，谋之昆弟族众焉。排群议，谨笔削，惧隳弃前规，以为吾族罪人也。吾族今日盛矣，惟吾祖宗脩德行善，经数百年之积累，以有今日。苟能循其所以盛之道，必将有盛于今日者焉。不然，反其道而为之，蔑长侮贤，纵恶遂非，叛祖训，乱家法，则衰可立待。族之盛衰，非一人一日之积也。余惴惴焉惟衰之惧，与族人谋所以守其盛者，则祠禁宗规实万世立族之本，愿吾族人共守之。

谱既竣，族之搢绅父老进而命之曰，宜有一言以为之序。某承命，幸乐与族父某、族弟某相协编辑，不敢以不敏辞，则谨述其所以为谱之意，著之于篇。

《贺复斋清麓文集》序 辛丑

关中于天下号为神皋奥区，终南峙其南，大河环其北，函谷、武关之雄甲天下。文、武、周公之所经营，缔造文明之治，继百王而开万世。火于秦，复于汉。乱于三国六朝，再建于唐。逮五代，而帝宅皇居，夷为郡县者千余年。

天地之气，盛必衰，衰必复盛。于时天子以彝翟之祸，西狩关中，九州万国，咸拱极朝宗于兹。自岛夷发难南北，濒海数千里，皆殊族异类所纵横，窟穴幽陵，必不可复都。天地之气，将自东而西，其山川之扶舆，磅礴而郁积，蓄极必发。必先有端人正士，应运笃生，唱其邦之父老子弟，诵法经训，黾勉人纪，守先待后，为国家立中兴之基。

在《易》剥之上九，所谓硕果不食者，则惟贺君复斋其人。乾嘉以来，惠、戴、纪、阮之徒，以浮华小人倡为汉学，肆其诐行邪说，乱我六经。人心邪而风气漓，世教衰而彝翟横。一二巨公继起，复以新学变

之。西法洋务，尊为国是。强权平等，自由流血革命，无父无君，盗贼
彝翟禽兽之学，横流天下而不可复止。君独确然有以自守，非孔、孟之
书不读，非程、朱之学不言，汉学、西学之说，一扫而绝之。

　　庚子，予两被诏命，徒步入关。而游君之所为清麓书院者，其弟子
皆循循有醇谨之风，其乡之士大夫秉礼好学。江、浙、川、湖、闽、
广，放言横议，犯上作乱，狂悖之习，举无所染于中焉。信乎！贤者之
遗泽远矣。天子有鉴于彝翟之祸，方将修周、汉、唐故事，留长安而都
之。识者以为国家中兴之业，必在关中，予将以贺君而卜之也。君之门
人张愚生以君《清麓文集》属序于予，辞不获命，则书所见以为序。

　　辛丑二月。

《嘉定、长白二先生奏议》序 庚戌

　　予以癸酉举于乡，典试者为兵部右侍郎嘉定季和先生、礼部右侍郎
长白竹坡先生。二先生皆抗志古人，爱才若渴。予授职工部，于时竹坡
先生方以敢言为廷臣倡，直声震天下。予亦不敢有负师门，观政三月，
一再抗疏，乞养以去。先生典试入闽，枉驾访予灵峰山中，相与握手，
悲叹世道人心之凌夷，时事之不可为。而先生既返命，亦遂以微罪自劾
去官，谏净绝响矣。季和先生继起，正色立朝，面折廷净，言人所不敢
言，识者以为有杨、左之风。而竹坡先生郁郁不得志以卒，予亦再遭亲
丧，庐墓三台。季和先生适视学浙中，为文以志其墓。予既痛竹坡先生
之死，犹幸季和先生犹存，恃以稍慰予心。未几先生改任皖江，旋薨于
位。人亡国瘁，变故迭起，变法攘夷，党祸作而国事不可问矣。

　　追忆甲戌出都，竹坡先生饯之昆明湖上。一时名流咸集，赋诗饮
酒，极歌吟笑呼之乐，以为天下事不足为。临行，二先生复亲至旅邸相
送，勉以异日为天下出任艰巨。予亦年少气盛，慷慨言志，自负必有以
报二先生也。未及三十年，而二先生相继以没。八国联军入都，予奉诏
奔赴行在。召对之日，两宫为之痛哭流涕，忌者 龁百端，卒不得自效
尺寸以归。竹坡先生二子同日殉节，遗孤三人，两月之间，先后并殇，
于是竹坡先生后嗣绝矣。天之报施善人，既穷之于生前，复厄之于身
后，必殄灭其种类而后已，以快奸邪小人之意，而寒为善者之心，何其
酷也！予既伤二先生之志，而追念竹坡先生，则尤为之呼天悲痛，泫然
流涕不能自已者。竹坡先生弥留之顷，瞿然曰："斯人若死，吾道绝

矣。"家人问为谁,曰:"涤庵也。"季和先生临卒,命其二子曰:"以奏议付涤庵,必令涤庵序之。"嗟乎!二先生亦何知予之过也。

今距竹坡先生卒且二十年,季和先生卒亦十余年,欲求曩时追随杖履,上下议论之欢,邈不可得。予亦蹉跎垂老,终不获有所建树,以仰答知己,惴惴焉惟惧辱身贱行,为二先生羞。二先生虽立身少异,并以謇谔大节,望重一世。求直臣于光绪之朝,忠言谠论,始终不移,固未有逾二先生者。其奏议皆有关天下大计,予惧其久而散失也,则据所见者,合而刻之。附以孙佩南大令所为季和先生神道碑,竹坡先生冢嗣伯茀光禄所为先生年谱,使后之读书论世者有考焉。二先生既不得一日行其志,而予求所以报二先生者,亦将止于是矣。悲夫!

宣统庚戌二月壬寅。

《长白宝竹坡先生年谱》跋　庚戌

呜呼!此伯茀光禄所为先师年谱也。予去都三十一年矣,今春闻先师三孙,两月间先后并夭,入都吊于其家。光禄夫人涕泣出见,手年谱一编示予,曰:"此伯茀临死以托某太史者,将俟菊徒等长而付之。今已矣,敢以累兄。"菊徒,伯茀之子也。予方谋刻先师奏议,遂以附于卷端。宣统庚戌二月壬寅。

《〈大学衍义〉讲授》总指　庚戌

君道不明于天下,诈力胜,道德微,而生民之祸亟。三代以上,以道德治天下,自天子以至于庶人皆能身体力行,修己及物,以尽其性。百官得其人,万民安其业,君臣上下,各尽其职。三代以下,以诈力治天下,上以诈力施,下以诈力应,君骄臣谄,吏贪民病。当其盛时,百姓帖然受制而不敢动,非尊君亲上之名义,足以维系其心,迫于势,劫于威,憔悴倒悬于暴君污吏之虐政,侧目重足而无可如何。一旦有变,则揭竿负锄,叛者四起响应,以倾覆政府。君臣上下,交受其祸,四海疮痍,万民涂炭。其治也非真治,其乱也必大乱,数千年于兹矣。

大学之教,尊道德,黜诈力,孔门为万世立平天下之极则。尧、舜性乎此而安,汤、武身乎此而勉,汉之高光、唐之太宗、宋之艺祖、明之太祖,假乎此而背。汤、武伐暴救民,其心虽未纯乎尧、舜之大道为公，其所以修己治人，兢兢焉以义制事，以礼制心，敬胜怠，义胜欲，惕然常有检身不及之心，不敢须臾稍弛其戒谨恐惧。其见于设施措置，本末先后，必以天下生民为心，未尝尽出于一姓专制之私。

降至汉、唐、宋、明，其君率以诈力夺取天下，平日既无格致诚正修齐之学，而为之臣者亦皆纵横功利之士、富贵利达之徒。立法定制，徒以压制臣民，束缚其心思才力，以柔靡其气，变易其耳目，日夜以防其犯上作乱。而于斯民教养之方，田里蚕桑树畜之谋，礼乐射御书数水火兵农工虞医商之学，听民自为而未尝为之制。是以其民日愚日弱，自汉以来，中国世受外患而未尝有一日之安。

西山真氏《大学衍义》一书，当南宋垂亡之时，独能探本格致诚正修齐以告其君，使当时能用其言，则南宋可以复为三代。其言帝王致治之序、为学之本、明道术、辨人才、审治体、察民情、崇敬畏、戒逸欲、谨言行、正威仪，则万世人君所不易。其论重妃匹、严内治，不能据公理以正宦官宫妾旧俗相沿之失，持议未纯。邱仲深以汉、唐、宋、明苟且之制补《大学》，非西山之意；强赓廷采辑三代遗制以为之续，庶乎可为王者取法焉。《大学》万世之书，非万世可行之理不足陈，不宜拘于一家之言、一代之制也。

今环海各国并立，智钧力敌，霸术之精，轶乎桓、文，驾乎管、商，非有尧、舜为之君，四岳、禹、皋、稷、契为之臣，必不能以道德战胜天下而定于一。天未绝我中国，必将有不世出之圣人应运而起，裁制古今，范围中西，以开万世之治。其下亦必有名世之英、先觉之器，以为之佐。自将相以至守令，其才力虽有大小不同，其纯乎天理，无毫发自私自利之念必无不同。方足以赞郅治而襄盛业，拨乱世而反之正，诸生皆有责焉。内圣外王，非异人任，诸生其及时讲求，以副朝廷兴学育才至意，无谓儒者无与于帝王之学也。震武衰且老矣，尚庶几与诸生勉之。

《天台茅园张氏宗谱》序　壬子

宗法亡而宗法遗意未亡，明世系，别支派，纪生卒，详里居，志茔墓，立宗规，定祭法，尊祖敬宗收族，存古宗法遗意，以维人道于不敝者谱。吾中国之有人道，自伏羲始，神农、黄帝、尧、舜、禹、汤、文、武、周公、孔子继作，赓续修明，而宗法立。亲亲、尊尊、长长、幼幼、贵贵，男女有别，人道备矣。

圣人推人道一本之义，立爱自亲，立敬自长，以治一家者治一国，礼乐刑政教化于是出。而杨、墨、佛、耶起而坏之，为我、兼爱、平等、自由，破家族，削亲权，乱男女，蔑长幼，邪说诐行遍天下。更秦、汉、魏、晋、唐、宋、元、明之乱，圣人之教，浸微浸灭，异端之祸，日昌日炽，以极于今。

天地晦冥，神祖圣伏，百怪并出，挟洪水猛兽之势，以驱迫齐民。用夷变夏，荡灭国粹，姗笑经典。外族乘衅，磨牙张爪，吮血吸髓，环而伺者十余国。豆剖瓜分，神州陆沉，黄族沦亡，势不旋踵。反经明伦，拒夷狄禽兽，以存人道于将亡。保中国，必自各保其宗始。立祠堂，明谱系，尊祖敬宗收族，揭人心天理之同然，以使之咸明一本之义。

乌能反哺，豺知追祭。人即无良，必不忍自弃其祖而祖人，自灭其宗而宗人。人人不忘其所由生，笃终追远，言必称祖宗，学必世谱牒，合家为族，合族为国。族固国强，族制成，国防立。合群之道，人合易离，天合难涣。社会人合，宗族天合。本天治人，一族之宗与天并久，则杨、墨、佛、耶之说无所施，而人道立。

茅园张氏，天台世族，自宋以来，代有闻人。谱修屡矣，岁次辛亥议复修，董其事者门人张贡生补瑕。补瑕以序请予，未之许也。逮余归自京师，抑郁无聊，方谋谢绝人世，约二三同志，探禹穴，游雁荡，登天台，卜居玉霄天柱之间，没世不出，抱遗经以俟来者。田生之《易》，伏生之《书》，高堂生之《礼》，庶几自勉焉。而补瑕已忧愤前卒，予悲补瑕之不幸，而犹幸其得全身体肤发，以从先人地下。补瑕死，予益漠然无所向。张氏复述补瑕遗言以请，因为之序，以抒予怀。

嗟乎！天下之变亟矣。魑魅治世，龙蛇逼人，水深火热，愁叹载途，未知死所。而张氏于兵戈扰攘之中，悠然有水源木本之思，兢兢焉惟尊祖敬宗收族是急，不敢以非孝无亲，坏我彝伦。风雨如晦，鸡鸣不已，是固张氏子孙之贤，而天经地义之在人心，终有不可泯灭者。剥极复生，人道之不亡，予将于张氏卜之。

壬子二月甲寅富阳夏震武。

《灵峰夏氏族谱》序　癸丑

存四千年伦教礼乐文章，于一家之谱。为我、兼爱、平等、自由，破家族，削亲权，乱男女，蔑长幼，废尊卑，乱贼夷狄禽兽遍天下。反经明伦，亲亲、尊尊、长长、幼幼、贵贵、贤贤，男女有别。正人道以拒乱贼夷狄禽兽，上则史，下则谱。国史作，朝廷有是非；家乘作，乡党有劝惩。国法可逃而家法不可逃，非圣无法，非孝无亲，非忠无上，弃祖蔑宗叛族，以附于殊教异类，生有明刑，死有清议。谱之作也，以祖宗治子孙，书其善者将以警其恶者，书其贤者将以愧其不肖者。

立爱自亲，立敬自长，明人道一本之义，而杨、墨、佛、耶二本者黜。捐益因革，博综百家，世系、支派、祠墓有图，生卒、名字、子姓有传，艺文、族规、姓源、祭仪有志，行序、科名、官职、孝义、节孝有表，纲举目张，丝牵绳贯。《春秋》成而乱臣贼子惧，七篇作而邪说暴行息。元黄之战，天地之心，守先王彝伦攸叙之教，以救人道于将亡。予小子无所辞其责，言必则古昔、称先王。身体发肤受之父母，不敢毁伤，非先王之法服不敢服，非先王之法行不敢行，非先王之法言不敢言，此予小子之所以自勉，而勉吾族人。谱既竣，则序一书大义以殿于篇。

癸丑十月。

《灵峰先生集》卷三　奏议

谨请修明祖制以扶国本折　庚辰八月十九日上

为谨请修明祖制以扶国本，恭折具陈，仰祈圣鉴事。窃臣维今天下，号令废弛而威信不立，官吏贪污而职业不举，风俗败坏而人材不振，赋税繁苛而财用不足，政纪人心，靡然尽矣。国将从之，上天垂祐，比年以来，水旱之灾，山川之变，夷狄之患，示警倍至。其或者欲使我皇太后皇上，忧虑悔悟，惧而增修，多难兴邦，因乱资理，以恢永图。今者事势如此，卒不闻有所变计，改辕易辙，痛革弊源。臣虽愚陋，窃独忧之。积病之人必有暴蹶，积弊之政必有猝乱。失此不救，数年之后，臣恐天下事不知所止矣。忘其冒昧，谨推述祖制，条为六事以献。变通大计，非疏贱敢言，言其浅近易见者。

其一曰，天下大势统于上则举，散于下则废。号令者人主统天下之具也，国之有号令，譬犹人之有血脉。血脉流行，则身强而无病；号令明肃，则君尊而国安。圣祖、世宗之时，惟其发号施令，雷厉风行，是以弊绝政举，朝廷清肃。今也诏降初不必遵奉，令下初不必施行，政出多门，威权下替，赏罚不信，纪纲废坠，朝廷徒务为一切苟且姑息之政。如人之病瘫痪，百脉不行，气血横溃，将至不救，欲望出政使众以治天下，臣不知其可也。

主长天下畏在君，主幼天下畏在相，相正则主尊。恭亲王以懿亲而居首辅，总持号令，主威不振，谁之责与？恭亲王不守法，谁守法者？恭亲王不尽职，谁尽职者？正身率下，孰敢不从？信法临众，孰敢有违？臣未见有宰相执法于上，而百职事敢玩令于下者。愿皇太后皇上责恭亲王以正志任事，力反前为，一去因循苟且之习。诚以祖宗王业之艰难，必任劳怨，勉以内外臣民之表率，毋存瞻徇，上下一心，以济时艰。责实政以严赏罚，斥虚文以立威信，因革措置，务必合人心、当天理。有不令，令出惟行。还六科封驳之权，以慎之于始；重台谏纠劾之责，以持之于终。其有违不遵奉、玩不施行者，必罚无赦，则国威振，而天下事有不足为者已。

其二曰，宰相得人而后朝廷有刑赏，台谏得人而后朝廷有是非。是以古之王者左右，必有犯颜敢谏之臣，以纠绳献替其间。使谠言忠议，日闻于上，则人主有以自察而不至轻举，百僚有所严惮而不敢妄作。汉武帝之汲黯，唐太宗之魏徵、王珪，宋仁宗之范仲淹、欧阳修是也。

皇上即位以来，诏求直言，亦可谓至然。謇谔风微，容悦者众，左右侍臣，未有黯等比者。人君意之所在，天下趋之。秦武好勇则朝多武力之士，汉武好兵则朝多将帅之才，太宗好谏则朝多骨鲠之臣。我圣祖勇于听言纳谏，则有魏象枢、杨雍建、彭鹏、郭琇之徒，激扬讽议，趋死不顾，以效其用。未有上有听言纳谏之君，下无犯颜敢谏之臣者。臣观皇上台谏无人，窃议皇上听纳之未至矣。

《传》曰"兴王赏谏臣"，《书》曰"臣下不匡其刑墨"，古人君听谏赏劝，刑威之备至如此。我圣祖之世，科道或以不先事纠发而罢官，或以敢言而擢任大僚，不可悉数。虽杨雍建封还红本，不以为忤。而以明珠、靳辅之能，素所倚任，以郭琇一言而罢。盖非此不足以作敢言之气，而重执法之臣。圣人深意，度越万世。

皇太后皇上优容直言，有圣祖风矣。然激劝不至一时，臣僚未闻有以敢言擢者，亦未闻有以循默黜者。台谏之士，有所论劾，虽不黜责，亦不施行。中材之士，希合取容，乃其常情。彼习见言之无益，徒以取怨；不言无损，且得保位。谁不爱身，其肯效忠？臣恐相率成风，耳目一废，朝廷之势从此孤矣。

伏愿皇太后皇上深以圣祖故事为法，尊任台谏，重假之权。多方崇奖，起其积轻之势；尽诚听纳，作其久衰之气。择其敢言者，加之优擢，以示劝；斥其循默者，予之严谴，以示惩。内不使抑于枢部，外不使屈于督抚，台纲庶几可振。然犹恐聪明之未广也，愿更奖侍从卿贰献纳之风，开司道部员自奏之例，求草茅士庶忠谠之言。时降明诏，尽捐忌讳；常赐召对，勿拘资格。敢谏以外无忠臣，激劝之下有直言。天下知上意所在，则争励风纪，必有汲黯、魏徵之徒起，而为朝廷用者已。

其三曰，国初科举取士少，而人才多；今日科举取士多，而人才少。国初以荐辟济科举，而通其穷；今日以捐纳乱科举，而助其败。驵侩识数百字，皆学生员也；厮役积数千金，皆卿大夫也。妄庸之辈，充塞天下，荼毒生民；豪杰自重之士，老于岩谷，不得一试其用。天启圣衷，一旦罢捐纳，行荐辟，人才之振，庶有转机矣。

使能进是以变通科举之法，上也不得已而暂思救其弊，莫若减进士、举人、生员之数，复国初旧额，稍清士类，以广开荐辟之途。荐辟广，则贤者不至尽困于辞章，有路以自达；科举严，则庸人不至皆滥于选举，知士之为贵。宜令侍从以上，各举所知，严坐以连罪，发抄其举状，而举行程子养贤之议。凡所推荐，悉敦遣至京，聚之一处，优给廪俸，止以应诏命名，而不遽进以官。政事委之详定，典礼委之讨论，许封章专达，论列朝政得失。皇太后皇上时赐召对，政府及侍臣互就咨访察。以累岁论定乃官，视其所宜，不拘品格，则天下无遗贤之叹，朝廷收得人之效。行之既久，然后渐举科举之法而变通之，虽复三代之制可也。

必若以惧开奔竞为言，则计察之严，考试之密，人亦何事不致其私，而独防此为？且使公卿大夫而皆不肖，则何事复可任，岂独保举？若彼稍有天良，其必不忍以此负君。圣人立法，在开诚以用君子，不在设禁以防小人。若夫害人心，坏士习，率天下无廉耻者，莫若捐纳之训导教谕。无论举贡廪附，宜悉从雍正旧例，改为主簿、县丞，而永停赀监，以清学校之途。师道肃，则教化可兴；士品清，则贤才自出。此尤振作人才者，正本清源之举也。

其四曰，天下之乱自上生者，朝廷之失其政，必由枢辅之非人始；天下之乱自下生者，守令之失其职，必由督抚之非人始。皇太后皇上亦知今督抚之贪横乎？属吏以贿为用舍，是朝廷无官；协款视交为多寡，是朝廷无财；钱漕惟意所出入，是朝廷无赋；厘局因情为差委，是朝廷无税；京控之冤抑则瞻徇不雪，将弁之凶横则纵庇不问，是朝廷无刑；交代之亏短则稽延不追，兵籍之虚冒则蒙混不核，是朝廷无法。民穷而不知抚，商怨而不知恤，吏偷而不知振，兵惰而不知练。彼方习视宽政之无足畏，皇太后皇上不赫然震威立声，罪一二人以儆其余，则天下不可得而治。

昔熊赐履上书圣祖，乞大加甄别督抚，以民生苦乐为守令贤否，以守令贪廉为督抚优劣。其后圣祖卒用其言，奖廉惩贪，令无虚行，不肖督抚皆以次罢黜。故能得于成龙、汤斌、张伯行、陈瑸、杨名时之徒而用之，以开二百年太平之治。今以各省督抚之众，求其廉洁任事，可以稍彷佛数子者，曾未闻一人。数年以来亦未见有以罪罢黜者，虽台谏所参，侍从所劾，亦不过降诏诘责而止。夫欲以区区姑息之空言，去其积习，势必不能。何者？人所趋者赏，所惧者诛，惟功必赏而罪必诛，故不得不务功以求避罪，而天下事可举。

今舍其可指之罪而不治，今日申一令，明日下一诏，如慈母之于骄子，训之愈切，则听之愈玩。彼既无所复惧，何为而改，是徒以轻朝廷之体也。臣谓宜遵故事，特诏台垣卿寺，会劾督抚贪横之尤者以闻，而重赐之罢黜，则奸猾庶知所畏，而吏治可振。世之论者往往议今督抚之权过重，夫寄以一方之命，畀以百官之责，不重其权，而何以收其力？臣之所虑者，刑弛而令不行，法玩而事日废。夫善御督抚者，必使其威在朝廷，而后可重假之权也。

其五曰，任不久，虽能吏无成功；责不专，虽智者不尽力。今一缺而调署者，三年数人，孰见其功而孰见其罪？一人而调署者，三年数处，孰知其宜而孰知其否？调署不足而冗局增，发审清理之局设，是有臬司守令而不能治一讼狱也；交代报销之局设，是有藩司府道而不能核一钱赋也；保甲巡防之局设，是有县令典史而不能治一盗贼也；官运督销之局设，是有盐司盐道而不能理一盐务也。他若善后局、洋务局、丝捐总局、牙厘总局、筹饷转运局、军需支应局，不可胜记。国家设官，概仍明制，已过繁密。诸局之设，将以总其成耶？则总之有督抚司道。将以分其烦耶？则分之有同通守令。必欲兴利举事，各举其职足矣，何待他人？

且势便而事不相亲，权一而责无所诿。今必广设冗局，多用委员，是以一处可了之事而分数处，一人可治之事而更数人，无论未有所益，其为烦扰，不已多乎？筑室于道，是用不成；牧羊于市，必且亡羊。以局则牧羊于市也，以委员则路人筑室也。簿书薪水，所费不赀，推诿迁就，为奸更甚。冗局不足而杂差起，催地丁则有差，催漕项则有差，催工程则有差，催册籍则有差。一纸移文之事，而烦数委员乎？是明予以索贿之路也。一人居官，伺其缺者十人，又焉得安其位？一人供职，分其利者百人，又安得禁其贪？

臣闻设官以治民，未闻竭民以养官，以若所为而求吏治之起，不可得已。抚臣请停分发矣，停者不过数省；部臣议裁冗局矣，裁者不及十一。伏乞立奋宸断，事在必行，凡各省一切冗局杂差，悉敕裁禁，而责成实任之官。咨遣候补府道州县，悉回籍听选，其奏留差委者，每省不得过五十人。敕吏部遵康熙旧制，永停分发，实缺人员务各归其任，然后可以考其贤否，重加黜陟。而其要在复廷推行取之法，则吏治庶几可振矣。

其六曰，国无强，聚敛者必亡，秦、隋是已；人无智，言利者必诛，鞅、晏是已。古之聚敛归于君，今之聚敛归于臣，则为秦、隋且不能；古之言利国日富，今之言利国日贫，则求鞅、晏亦不得。我朝赋制悉遵明代，其取于民已不为轻，故世祖首严征收加派之禁，圣祖特颁永不加赋之谕，凡以培养国本，不竭民力。世宗裁定耗羡，添设养廉，官民称便，在后世只当永守，岂可复增？自乾隆晚年，浮收之弊起而民扰；自道光末年，浮收之弊盛而民乱。然皆出于私征，未尝定为明例，上时申禁，下犹知惧。

列圣法祖恤民之深意，贪吏岂知？至同治之初，各省督抚遂取一切浮收陋规，奏定耗额，举二百余年所不敢动之成宪，毅然改之。此端一开，督抚既改制由己，习无忌惮，州县又藉口办公，巧相朦混。一例方开，一例又起，变乱部章，增易银价，辗转浮征，无有已时。正耗之外有平余，有补平，有津贴，有部费，有脚耗，有解费，有补串，有串费，名目繁多，条例纷歧。朝不能查，民不能辨，名为免荒征熟，实已数倍全征。诛求无艺，官富民贫，剜肉补疮，十室九空，朝廷之禁令亦遂穷矣。

臣所窃痛者，以世祖、圣祖垂训之严，世宗立法之善，当事诸臣敢背其言而改其制，万世善政，一旦败之，臣恐我大清亿万年之基必自此堕矣。昔圣祖于噶什图之请加火耗，谕以民间火耗只可议减，岂可加增？朕在位六十一年，从未征民火耗，今若听其加派，则必致与正项一例。催征加派之名，朕岂受之？世宗于部覆陈学海之请定火耗，谕以火耗原非应有，迫于时势不能禁革耳。若一经题定数目，清廉官不能裁减，而贪劣之员又将取于数外，必致累民。大哉！二圣人之言虑至深远，乃知雍正酌提耗额亦属不得已之举，奈之何其复加征于定额之外也？

臣独叹息痛恨于当事诸臣，以禁革浮收之名，耸我皇太后毅皇帝圣听，而遂勒一浮收永不可去之规，流毒后世。是乃先臣诺岷、高成邻之罪人，岂徒上得罪我祖宗！皇太后皇上亦思古有暴敛横征之兴君乎？亦有轻赋薄税之亡国乎？加征耗羡乃明季暴政，列圣所深恶而痛绝，使果为国用不足，出于无可奈何，犹之可也。今绝不为国用，无故加征，以滥济官吏之私计，何厚于官，何薄于民？上背祖训，下敛众怨，使天下恨之，后世议之，臣不知皇太后皇上之圣明，何苦而为人受此恶名？

夫以世祖、圣祖垂训之严，世宗立法之善，皇太后皇上爱民之切，聚敛小人犹且敢于正耗之外生出科名。今既破坏成宪，万一后世复从而效尤加厉，民何以堪？国何以立？作法于凉，其弊犹贪；作法于贪，弊将若何？今一两之赋，浙江等省加耗三钱，折钱二千二百五十文；江西等省加耗四钱九分，折钱二千六百八十二文；四川等省加耗三两，折钱七千二百文。此皆奏明定章，州县浮收尚远不止此，作法之贪亦甚矣，谁任其咎？其可不亟改而以暴政传之子孙为？

且夫世宗提耗归公之法，可谓善矣。在私既有养廉之资，在公又有办公之费，谓可永绝浮收，孰意尚敢加征？雍正四年之谕田文镜，六年之谕内阁，其于耗成正项、耗外加耗之弊，反覆言之。在原定之数尚欲轻减，何况额外加征？谁非子孙臣民，言犹在耳，其忍背之？若使官吏稍有天良，雍正旧额固已办公有余，必不忍再取于民。若其不然，皇上虽再准其加倍浮收，彼必仍思巧取于定额之外。人之贪心，又安有止？改复旧例，即或不免浮收，势固不能无所顾忌。道光以前，任州县者孰与今日之富，此亦可以验也。

且官吏私自浮收，与朝廷公令浮收，其得失大小必有辨矣。可使官吏舞弊，不可使朝廷坏法。夫以二百余年之成宪尚可改，何况今日弊政？乞敕部臣力复雍正旧额，酌核章程，而地丁之银、漕粮之米，均依市价核定钱数。岁令榜示通衢，曰地丁一两，制钱若干；漕粮一石，制钱若干。州县不得蒙取，胥役不得苛索，庶几吏弊稍息，民困稍苏已。

厘税之弊，言者甚众，臣不复论。部议减局，为虑至矣，格于督抚，竟止不行。臣以为厘税差委大半皆督抚私人耳，其肯遽撤？其为官谋则多，其为国虑则少。今以一路有定之商数，增一局多一局之费，而商不能加；减一局少一局之费，而商不为损。其为得失，童子亦知。为官干没，不如与民偷漏；增员稽查，不如少人侵蚀。歧路曲港，禁网密布则非体；疲氓穷贩，暴政竭取则不道。宜权留厘局于省府财货总汇之地，而尽罢其余者，裁减司事巡丁，局少则费省，人少则弊减，捐数之进有赢无绌已。

夫政利民为先，裕国为后，今此二事既不利民，又不益国，徒以便赃吏猾胥之计，何苦为此？且今日财用之不足，非丁漕之少，厘税之绌也。其为患，徒官吏之侵冒而已。不审其实事之害，而徒博其虚名之利，亦何益乎？康熙、乾隆之世，全免天下钱粮者、累次减免各省钱粮者无数，其时厘捐未兴，洋税尚少，巡狩征伐，河漕恤赏，用倍今日。道光以前，库款充盈，未闻匮乏之忧。今用项不及往时，而所进过倍，反至入不敷出，其为督抚州县之中饱，亦复何疑！

总之司农，一失其职，但知责派京饷，而此外之用费非所诘；但知力索部费，而不实之报销皆可准。督抚欺部臣之庸懦，而无能发其覆；州县恃疆臣之弥缝，而无复知所忌。是虽丁加百缗，物税百金，国亦无益，用必不足。故使上有核实之政，虽尽罢厘税而减丁漕，臣以为有余于用矣；上无核实之政，虽更增厘税而加丁漕，臣以为无救其乏矣。文景、贞观之殷盛，孰曾以暴敛横征而来？康熙、乾隆之富庶，未闻因轻税薄赋而贫。祖训至严，国本至重。民困极矣，愿奋宸断，敕部议行，无为督抚浮言所惑。

臣谨推述祖制，条为六事如此。臣以新进疏贱，非有言事之责，敢于越职逾分，冒犯天威，愚矣妄矣。雷霆之诛，何所逃罪？臣亦人情，岂独不惧？但以当兹多艰，主忧臣辱，孰敢爱死？唯冀有益于国，遑恤其他。虽然，臣知皇太后皇上必不以为罪也。语曰君明则臣直，又曰狂夫之言，圣人择之。皇太后皇上舍己从人之衷，孰则不知，臣亦何惮而不言？臣所窃叹者，皇太后皇上之神谟睿断，独见其大。去岁停捐之诏，近日求贤之旨，皆为莫大善政，而无识之人尚窃议其后。皇太后皇上虽欲仰体祖宗之心，发愤修政，亦安可得？臣不胜愤懑，辄发狂瞽，效其区区之忠，惟圣主不以人废言而采择焉，天下幸甚。

枢臣误国请旨立赐黜责以肃纪纲而保宗社折

庚辰九月十七日上

为枢臣误国请旨立赐黜责以肃纪纲而保宗社事。窃臣维俄约一误再误，天下莫不拊心切齿，此枢臣恭亲王、宝鋆、沈桂芬、李鸿藻、景廉、王文韶误国之罪，必无可逭。而沈桂芬实举崇厚以使俄，不预授使指而畀以全权。罪一。不严饬改议而听其回国。罪二。不坚持廷议而轻予免死开释。罪三。此事始终皆由沈桂芬主议，而恭亲王等附和之。沈桂芬内用王文韶以阴植党援，外结李鸿章以显肆胁制，贾空名，受实祸。一举而满蒙、辽沈、秦陇要害，尽以畀俄，各国效尤而起，则二十三省，豆剖瓜分，一日可尽。皇太后皇上何忍以四千年冠带礼义之天下，为彝翟之天下？

今日不废约，决不能保国；不战，决不能废约；不罢黜枢臣，决不能战。使臣、疆臣非人，皆由枢臣非人。中国存亡所关，愿皇太后皇上速奋乾断，立黜沈桂芬、王文韶，而恭亲王、宝鋆、李鸿藻、景廉悉交部严加议处，以正其误国之罪。别简贤者而授之以政，毋令贼臣倾覆大清三百年宗社，以灭我中国。臣迫于忠愤，越职妄言，分当受斧钺之诛，谨席藁以待。伏乞皇太后皇上圣鉴。谨奏。

约不可从战当早决折　庚辰九月十七日上

为约不可从，战当早决，恭折具陈，仰祈圣鉴事。窃臣谨按俄约一议，朝廷之误有五。举昏懦之崇厚以使俄，其误一。予夺可否，不授以使指，畀之全权，其误二。崇厚奏闻条约之时，既知不可矣，不亟降严旨责令改议，其误三。崇厚既归，群臣交章请诛，公议可见矣，朝廷俯顺众心，科以斩罪，明旨既下，国法斯存。纵使俄人兵至城下，理不容复赦。无故轻听威妥玛之游说，李鸿章之邪议，降旨免死。明知公议不容，不由内阁，不发邸抄，四方闻之，无不骇愕。其误四。免死不已，从而开释，有昏谬之使臣敢请，有庸懦之枢臣敢许，失中国之威，取四夷之笑。刑赏之权，操自敌人，何以立国？其误五。

朝廷所以忍辱为此者，度不过求免于战耳。臣以为战不足惧也，许约而和则祸迟而大，拒约而战则祸速而小。今日之势，有十可战，一不可战。

师直为壮，曲为老。俄人据地纳叛，肆行不义，朝廷不申天讨遣，使与议，降礼至矣。俄人不知悔罪，欺胁使臣，逼立条约，要求无厌。朝议不许，从之以兵，恫吓多方，凶悖已极，天下共愤。因举国之公怒，鼓同仇之大义，召还使臣，布告中外，声其罪逆。明诏边臣，整兵以待，我直彼曲，理无不克。可战者一。

朝廷所畏者俄之强耳。俄自伐土以来，师老财匮，臣离民怨，独夫之势成矣，将惧自保不暇，强安所施？彼若智者，必不开衅于我，乱党在内，强兵在外，俄主何恃而不恐？乐祸犯顺，萧墙之变可立待，行将自毙，焉能及人？可战者二。

辞卑者进，辞强者退。俄人耀师东洋，观兵渤海，多方胁制，不过外张虚声，中实怯耳，安能致死于我？我若陈兵决战，彼必气沮。俄人方料我怯，可以兵胁而从，一试不中，计无复施，穷蹙求战，静以待之，必挫而去。可战者三。

邻国多难我之福，中俄同壤，必为腹心之患。幸其国内多故，彼不生事，犹将图之，今自来寻衅，安可纵敌？贻忧忘战者亡，东西洋和矣，理宜绝俄，以为外惧。远交泰西而近攻一俄，势无所难。可战者四。

中兴以来，人习战旅，将士思奋。近年气稍惰矣，然宿将旧部，犹存鼓而用之，不难决胜。可战者五。

举大事者，必顺人心。俄人凶悖，积怒海内久矣，一闻用兵，虽懦夫孺子，无不愿死疆场。人心如此而不能用，养寇失机，必为后悔。且同治以来，散勇废员之归田者，皆愤不得试，蠢焉思动。武勇强悍之气，不使其有所发泄，必生他变。可战者六。

主客异形，劳逸异势，攻守异情，众寡异数，俄无可胜之资，我无可败之理。俄所必攻者吉林、新疆、南北洋。寇吉林，去俄都数万里，孤军深入，馈运艰难，安能持久坚守，数月必解而去。犯南北洋，海程辽远，煤械易尽，封守海口，断其接济，其势必穷。俄所便用兵者，独新疆耳，西征将士，坚忍习战，必能御之。深沟固垒，避锐勿战，伺懈而击，一鼓可破，何畏之有？可战者七。

南北洋防海之费，岁糜千万，购造兵轮，制备机器，十数年于兹矣。不能一战，将焉用之？海防势不能撤，则和战劳费正等。然且一和则朝野堕气，将骄卒惰，必难复用。与虚糜兵食，坐以待亡，孰与一决胜负，力求自强？可战者八。

朝廷所虑者，饷无出耳。以赎伊犁之二百八十万金，充防守之费，加以各省协饷，措置立就。边海疆域不及天下之半，以腹地财赋供沿海沿边数省战守之用，何忧不足？可战者九。

兵端一起，洋税无出，必骤绌国课数百万。然鸦片价直输入外洋者十倍洋税，洋税既停，鸦片亦止，所失微而所得甚大，中国之银有赢无绌。可战者十。

不可战者一：枢臣无人，不可战也。

虽然，在皇太后皇上断之而已。请言战守之策，其要有十六。择威望素著之大臣一人，统率禁旅，屯之近郊，严加训练。一也。中兴立功将帅，无论现任退闲，悉宣召来京，问以方略，酌才任使。二也。东三省根本要地，宜特简文武大臣谋望素著者，授为将军，易去现任诸员。勿拘满汉之例，优给协饷，令措置防务，许以便宜从事，不从中制。三也。烟台、旅顺二岛雄踞勃〔渤〕海之口，两京门户，宜特命大臣，驻以重兵，增建炮台，厚集兵轮，密布水雷，据险扼要，使夷船不得进，则两京永固。四也。诏起河南、山西、湖南北之师，悉行入卫，分布畿甸，以备策应。五也。南北沿海七省督抚，宜悉简知兵习战者，易去现任庸懦无能之员，命严守海口，许以便宜行事。六也。广购西洋新式枪炮兵轮，分布各口，以备应用。七也。南北沿海之地，诏悉令守臣举办民团渔团，联络声援，以辅官军而遏敌冲。八也。南北沿海道府县，选择干练知兵者，易去疲懦，命督抚秉公保授，失事连坐。九也。通州仓庾重地，宜命大帅一人择近城要害之处，驻以重兵，以备不虞。十也。创设水师于黑龙江、松花江、混同江。十一也。南北洋创设兵轮海军，特简重臣一人，命为海防总督，总制其事。百里而卫，卫兵千人，十卫为镇，镇兵万人，要害倍之。选将练兵，据险扼要，开船厂，兴制局，设学堂，屯铁船，建炮台，伏水雷，置电线。日习水战之法，三洋一水，联络声势，以成常山击蛇之势，无警可守，有警可战。十二也。吉林、黑龙江沿边之地，建设边卫，分为五路，路置一副都统，以各部隶之，统领诸营城。其要害逼境而军，募兵储器，举行屯田。择各部之材武者，立为部长，授以军具，免其徭役。千家置城，百家立堡，教之战守之法，命本路帅臣岁时操阅，第其能否为赏责。无事则使各归耕猎，有事则使相从战守。十三也。战事一起，海运必阻，宜速命河漕二督，会同察议，修浚运河，以通漕粟而便馈运。十四也。诏悉撤各省发审善后、交代报销、巡防保甲、军需筹饷、纲盐、总厘、丝捐等冗局，籍其经费以资战守之用。十五也。朝鲜两京屏藩，俄人觊觎已久，虑有假道之谋，宜特诏令增兵设备，以折戎心而固藩封。十六也。

此十六策者，战守之道已略举无遗，愿速加采择施行。臣非不知兵凶战危，苟为异论，惟以俄人骄悖，蔑视中国。曾纪泽虽往，其势必不能尽废崇厚所许之约。置夷官、开商路、割新疆、改边界、役台站、通内江、越卡伦、免税课、带军械九者，许其一则大事去矣。中国衰弱，夷狄猖恣，小有衅端，动以兵胁，已成故事。今俄人意外要求，窥伺中原，又非各国之比。若使其谋一逞，则东西洋必更效尤而来，寻衅要盟无有尽日，忍辱受侮无有已时。中国有限之土地财赋，安能供夷人无厌之欲哉？

此时老成宿将，愤惋思用，不能一战，设更数年，夷人之盘踞愈广，中国之精锐渐尽，至于群起而裂疆分土，琉球我，土耳其我，必不得已而欲一战尚可得乎？主议者不过苟求无事，图免及身，安顾他日贻国家之大患？臣目击危祸，不忍坐视，越分上言。愿皇太后皇上力奋圣断，始终坚持，毋为枢臣邪议所惑，宗社幸甚！天下幸甚！臣不胜忧愤，待命之至。

请改定科举新章折　戊戌八月初四日拟未上

为变法不可失祖宗本意，试士必宜遵经史定序，拟请改定科举新章，以尊圣学而防流弊，恭折具陈，仰祈圣鉴事。窃臣恭读邸抄，五月初五日钦奉上谕：于下科为始，乡、会、岁、科各试，向用四书文者一律改试策论，一切详细章程，该部即妥议具奏。旋于六月初一日钦奉上谕：张之洞、陈宝箴奏请饬妥议科举章程，并酌改考试诗赋小楷之法一折。该督等奏称宜合科举、经济、学堂为一事，拟为先博后约、随场去取之法，将三场先后之序互易。第一场试中国史事、国朝政治论五道；第二场试时务策五道，专问五洲各国之政、专门之艺；第三场试四书义两篇、五经义一篇。岁科两考先试经古一场，专以史论、时务策命题，正场试以四书义、经义各一篇。著照所拟，礼部即通行各省一体遵照等因，钦此。

皇上变法之决，革弊之果，听言之勇，薄海钦仰。张之洞、陈宝箴原奏所请分场去取之法，至当不易，无可复议。惟改易祖制，科场试士定序，先史后经一节，矫枉过正，偏重太甚，流弊必多，未可遽为定制。议事不厌求详，立法必贵得中。古今变法之初，往往有因一端偶失，遂滋流弊。后人据为口实，追咎其弊，并改其法，良可痛惜。事之曲折利害，固非一人一时之见所能遽尽。当兹科举改章伊始，学术之兴废，人才之盛衰，世道之治乱，国势之安危，在此一举。用意稍偏，近则贻祸当时，远则取讥后世。深恐未得变法之益，先受变法之害，不可不慎。臣既有所见，不敢安于缄默，敬为我皇上陈之。

科场祖制，首场四书，二场五经，三场史学、时务，先经后史，精意所在，世当遵守。万事必先有本而后有末，有体而后有用。四书五经，本也体也；史学、时务，末也用也。本端体正，乃可观其末而验其用。无本而求末，则为叛道之曲艺小慧；无体而求用，则为背理之权谋诈术。先本后末，先体后用，千圣为学之方，百王取士之规，未能或改。科场必先四书五经，而后史学、时务，非以意为轻重也，本末体用，序固如此。学校既以此为教，贡举即以此试士，历代遵之，列圣因之，岂无深意？

科举之弊，敝于八股，非敝于试士之先经后史也。皇上谕旨改八股为策论，非改先经后史之序也。张之洞、陈宝箴以一时偏见，因皇上有改八股之谕，乃并举先经后史之序，千圣百王所不能改者而改之。崇末抑本，贵用贱体，其非皇上之意明矣。

四书五经，义理之所存，经济之所出。其于史学、时务，譬犹百货之有权衡也。非权衡不别百货之轻重，非经书不辨百家之是非。历代之史，各国之书，悖逆变诈，淫奇邪诐，何所不有？苟无四书五经以先端其本，则流毒必中于人心，贻患即在于世道。

战国、暴秦、六朝、五代，其时惟以功利变诈为务，不复知有圣人之经、先王之法，乱亡相寻，覆辙可睹。自程子、朱子出，而四书五经始尊。宋明谊辟守其教，而世道人心赖以维持者六七百年。宫闱之洁，朝廷之肃，君臣、父子、夫妇人伦之严，忠孝、节义、廉耻之重，朝无犯上作乱篡窃之臣，野无蔑经非圣悖逆之士，风俗人心远过汉、唐，此尊四书五经之效也。

科场功令尊四书五经，亦何负于天下？而张之洞、陈宝箴必欲变之。张之洞、陈宝箴原奏称四书五经，道大义精，范围万世，国家以四书五经取士，大中至正，无可议者，其言当矣。四书五经之重如此，则科场试士之序，必不当先史学、时务而后四书五经，其理甚明。张之洞、陈宝箴乃又深以旧制趋重首场四书为病，而改升史学、时务于首场，抑四书五经于末场以矫之，前后立说，绝不相应。

原奏称八股文卑法敝，虽有二场经文、三场策论，主司惟重首场。改用策论，若主司仍以首场为重，则二、三场虽有博通之士，仍然见遗，与变法本意不符。是张之洞、陈宝箴所以升史学、时务于首场者，实欲以重史学、时务者矫重四书之失。夫史学、时务固不可不重，四书五经岂反可轻试？四书五经于首场、二场，史学、时务于末场，则虑其趋重首场；试史学、时务于首场、二场，四书五经于末场，独不虑其趋重首场，殊非事理。

夫科场定制，经义史策有先后而无重轻，然既有先后，人情即不能不重其所先而轻其所后。以首场、二场试四书五经，则四书五经重；以首场、二场试史学、时务，则史学、时务重。势所必至，理有固然。重四书五经者，其弊不过空疏迂腐而止；重史学、时务，则其弊必至悖逆变诈，淫奇邪波，无所不至，学术人心亡而犯上作乱之祸起矣。

且皇上变法本意以八股之弊而变之，非以首场四书为有弊而变之也。文卑法敝，此八股之弊，非四书之弊。改用策论则八股之弊自去，安得复追咎八股，病及四书？谓主司以首场四书为重，即与变法本意不符，是张之洞、陈宝箴以己之轻蔑四书者并诬皇上矣。

彼谓趋重首场四书，博通之士必致见遗，所言尤妄。四书总括群经，曲该万理，极子史百家之所见不足以窥四书之博，尽古今四海之所知不足以拟四书之通，至博至通，孰有加于四书者？果有博通之主司，必无趋重四书，博通之士反致见遗之理。若主司荒谬，博通之士见遗，岂得归咎四书？张之洞、陈宝箴顾虑四书不足以得博通之士，必试之史学而后可见其博，必试之以西学而后可见其通耶？彼既不足以知四书之博通，识浅意躁，而为是妄言，好异喜新，以泛为博，以杂为通，率天下菲薄孔、孟之道，尊尚彝狄之学者，必张之洞、陈宝箴之言矣。

原奏又谓首场四书，若主司厌其空疏陈腐，趋重二、三场，则首场又同虚设。其诡诞浮薄，务趋风气者，或又将邪波之说解释四书五经，附会圣道，必致离经畔道，四书五经，本义全失。圣道既微，世运愈否，始则惑世诬民，终必犯上作乱。既虑其趋重首场，以二、三场为虚设；又虑其趋重二、三场，以首场为虚设，反覆无定。夫厌四书为空疏陈腐，此非狂惑丧心之主司必不至此。若以四书文为空疏陈腐，则今之为四书文者，岂必无陆陇其、李光地、汤斌、方苞其人？患在主司之不知，不患士子之不能。

且八股所以流为空疏陈腐者，以其立法之不善，主于排比对偶，代圣立言，禁用后世事迹也。今既改用策论，蠲除禁忌，则所以抒发心得、阐明义理者，上证群经，下引诸史，远订历代，近绳各国。圣言既无所不包，为文自无所不可，岂有空疏陈腐之理？若主司喜新厌故，叛弃圣道，任用邪说，则自有刑法以随其后，安得因噎废食，逆防流弊，轻改旧章？

且尊四书于首场，人知四书之重，张之洞、陈宝箴尚恐主司厌其空疏陈腐，趋重二、三场，首场又同虚设，岂有抑四书五经于末场，显然以重史轻经导学者，岂反不同虚设？国朝功令以四书五经取士，尊朱子以尊孔子，立法至善。然乾嘉以后，正学稍微，即有邪妄小人，叛弃功令，假名汉学，侮毁朱子，以邪诐解经，蔑理贱行，败坏世教。当时不能执法诛治，遂令风靡波荡，遍于海内，酿成彝狄猾夏之祸。

近者一二险诐桀黠之徒，复倡为西学，以伪书斥六经，以改制诬孔子。民权平等，立说愈悍，设心愈毒，肆无忌惮，上诳朝廷，下聋愚俗。结会聚党，用彝变夏，利口覆邦，辨言哄市，败常乱正，举国若狂。此时即力尊四书五经以遏其焰，尚恐燎原之祸不可复止，岂可复改易祖制，抱薪救火，扬汤止沸？

夫必四书五经之教不尊，而后诡诞浮薄、离经叛道者得以阴售其说，惑世诬民，犯上作乱，不重四书五经，弊必至此。四书五经为人伦世教所自出，重四书五经所以重人伦世教，有惑世诬民、犯上作乱者，得以四书五经正之，科场功令必先四书五经，意正为此。今张之洞、陈宝箴反虑其惑世诬民，犯上作乱，必改抑四书五经于末场而后其弊可止，必无是理。

张之洞、陈宝箴亦明知四书五经必不可抑置末场，而不肯虚心求理，偏见所存，不能自反。先史后经，既已执议于前，复恐贻讥于后，于是阴抑阳尊，曲为末场为重之说，以弥缝己意，间执人口。夫果立意仍重四书，则何以必易其先后之序？岂同一重四书，改章以末场重四书则是，祖制以首场重四书则非？府县童试，乡、会、武试皆据末场所取者，通核前后，以定高下，未尝专重末场也。此可为分场去取之证，不可为末场为重之证。府县童试未尝抑置四书五经于末场，乡、会、武试以射为重，古今所同。本朝尤尚骑射，未尝以末场弓刀杂技为重也。比四书五经于弓刀杂技，其轻蔑四书五经甚矣。

朱子《学校贡举私议》，拟分年试士，以诸经四书为主，而以子、史、时务附之，未尝先史后经也。张之洞、陈宝箴而不知朱子《学校贡举私议》也则已，张之洞、陈宝箴而知朱子《学校贡举私议》，则不当明知之而故背之。先博后约者，博之以诗书六艺之文而约之以礼也，非先史后经之谓也。唐刘思立谓进士试策论灭裂，请帖经以观其学，试杂文以观其才；宋高闶谓取士当先经术。实属不易之论。先本后末，先体后用，为学者顺之则成，逆之则败；取士者顺之则治，逆之则乱。今先史学、时务而后四书五经，旧制史学、时务一场者增为二场，四书五经二场者减为一场，史学、时务策五篇者增为十篇，四书五经文八篇者减为三篇。上之所以命士者既重史而略经，士之用功致力必致荒经而鹜史，本末舛逆，体用倒置，已大背祖宗立法之意。

且国朝政治及各国时务俱属史学，既附国朝政治于史学，而各国时务乃特立一场，尤为背谬。异域之书尊于圣经，外洋之法重于祖制，天下窥朝廷意向所在，必争骛于功利变诈、淫奇邪诐之说。弁髦祖训，土苴经典，拔本塞源，裂冠毁冕。不及十年，二帝三王礼义相传之中国尽变彝狄禽兽矣。学术人心，风俗政教，列祖列宗百方维持之而不足者，张之洞、陈宝箴一言破坏之而有余，抚今思昔，能不痛心？

统核张之洞、陈宝箴原奏，颠倒悖戾，反覆矛盾。实抑四书五经于史学、西学之下，而阳为曲示尊崇之言，先末后本，先用后体，乱千圣为学之方，坏百王取士之规。其理不顺故其说支，其名不正故其辞遁。皇上试以臣说诘之，彼必无一辞以对。莠言乱政，有识皆知其非，举朝唯诺，无一起而争之者，皇上前后左右无人极矣，臣窃痛之。

臣愚以为酌中定制，体祖宗立法之本意，遵经史程功之定序，莫若乡、会试第一场用四书论三篇；第二场五经说五篇，并遵祖训以朱子之说为主，引证经史，阐明义理，有敢叛诬朱子者，主司、士子并即黜革；第三场历代本朝各国政治策五道。岁科试正场第一场四书论一篇、五经说一篇，第二场性理论一篇、历代本朝各国政治策一道。其例先试经古一场则仍旧，经史百家并许发题。乡、会、岁、科各试，分场去取，并依张之洞、陈宝箴原奏。

如此则本末有序，体用兼备，义理、经济、学堂、科举合为一事。科举守先后不易之道，学堂去中西并列之名，并以四书五经为主，史学、时务附之。减科额以为学额，取士之法，科举、学堂相辅而行，科举层递而取，学堂次第而升。上之所取即下之所学，下之所学即上之所用。义理发为经济，则不病于空疏迂腐；经济本于义理，则不流为悖乱变诈。变旧章而不失其意，讲时务而不滋其弊，于学术人心必有裨益，似较张之洞、陈宝箴原奏为平正无弊。

夫天下无不敝之法，而立法之初则当审其大小轻重，必令利胜于弊，不可弊胜于利。学术不过义理、经济两端，义理为本为体，经济为末为用，兼全则美，偏胜则弊。专重义理者，其敝也空疏迂腐；专重经济者，其敝也悖乱变诈。二者虽同归于敝，而轻重大小较然。

张之洞、陈宝箴目击时艰，思有以矫偏救弊，激为趋重经济之说，殆睹空疏迂腐之弊，未睹悖乱变诈之弊也。商鞅、李斯非无经济，以经济自杀其身；曹操、司马懿非无经济，以经济夺人家国。讲经济而不本于四书五经，本末体用，倒行逆施，未有不为鞅、斯、操、懿之续者也。惩空疏迂腐之弊而不顾，导天下以悖乱变诈，惑亦甚矣。

方今阳消阴长，彝狄猖恣，中国衰弱，邪说横行，正学日微。士习嚣竞而好异，民心浮动而思乱，犯上作乱，机已见矣。亟当有以力遏其萌，四书五经，一线之堤，不宜决之使溃。皇上承尧、舜、禹、汤、文、武、圣祖之统，当力守尧、舜、禹、汤、文、武、周公、孔子、孟子、朱子、圣祖之道，以正人心而卫中国。博求忠孝廉节之臣，屏斥奸邪险诐之士；以孟子之遵先王为法，以荀况之法后王为戒。

三代以下，在下之贤莫如朱子；三代以下，在上之圣莫如圣祖。圣祖以尊朱子者尊孔子，皇上即宜以尊朱子者尊圣祖，讲求四书五经之旨，笃守而力行之。正圣学以正圣心，正圣心以正朝廷，正朝廷以正百官，正百官以正万民。上顺亲心，下孚民志，励精图治，循名责实。因时制宜，无执成见，择善而从。复三代之制，立一朝之法，挈中国而还虞、夏、殷、周之旧。政学一贯，君民一体，施之有序，行之以渐，无犯见小欲速之戒，无蹈进锐退速之弊。而尤以力辨邪正、进君子、退小人为首务，则继圣祖而为三代以下首出之主，必我皇上矣。

臣自庚辰备官工曹，越职妄言，分当窜逐，重荷皇太后皇上天地父母之恩，曲予矜全，俾得回籍养亲，优游田里十有九年矣。甲午终丧以来，感时多故，屡思捐躯报国，九重远隔，欲进一言而无由，忠爱郁结，怀不能已。昔朱子自同安主簿罢归，遇有求言诏下，无不应诏入陈，未尝以卑官自嫌。窃仰先贤，常深慨慕。今者皇上锐意求治，发愤图功，思有以起积衰之势，革久弊之政。变法自强，雷厉风行，改科举，裁冗官，立学堂，废寺院，求言之诏、封章之制，下逮守令士民。新政所施，盛事非常，旷代罕觏，中外鼓舞。臣虽疏远，君臣之义，贵贱同之，上既有诏，下可无言？窃欲远师朱子，勉效愚忠，仰答圣意。而伏审新政数大端，惟科举、学堂所系尤大。科举为学术人材之枢纽，学堂为世道人心之本原，始基一误，万事决裂。立法之初，不嫌百改，但求一当，忧虑所及，辄献一得之愚。伏望饬下廷议施行，不胜悚惶激切之至。是否有当，伏乞皇上圣鉴。谨奏。

臣震武恭读邸抄，钦奉七月二十八日上谕：令各省藩臬道府均得上书言事，著各省督抚传知藩臬道府，凡有条陈，均令其自行专折具奏，毋庸代递。其州县等官言事者，仍由督抚将原封代递。至士民上书言事，即由本省道府代奏，均不准稍有阻隔等因，钦此。

微臣方额手称庆，拟为此折入奏，不意康逆变生。钦奉八月十一日上谕：不应奏事人员概不准擅递封章。圣学微而犯上作乱之祸起，微臣之言不幸而中。惜也无有能早进一言，以开悟圣心，逆杜乱臣贼子之萌而发其覆者。惊骇久之，惩前毖后，终欲以一得之愚上闻。思遣人至都察院呈请代奏，则又钦奉八月二十三日懿旨：乡、会、岁、科各试悉照旧制，仍以四书五经文、策问、试帖考试。区区愚忠，竟不得上达宸聪，盖非微臣始念所及也。戊戌九月初四日，臣震武恭志。

谨请讲学法祖以辅养圣德折
丁酉十一月代大理寺卿徐学使致祥拟

为谨请讲学法祖举行经筵以辅养圣德，恭折具陈，仰祈圣鉴事。窃臣维天下之治乱存乎人心，人心之邪正存乎学术，而人主学术又天下学术之本也。人主学术正于上，而后天下学术正于下。未有学术正而人心不正，人心正而天下不治者；未有学术不正而人心正，人心不正而天下不乱者；未有人主之学术正，而天下之学术不正者。今中国衰微，受制夷狄，纪纲败坏，礼义扫地，廉耻消亡，四维不张，势岌岌矣。忠臣义士叹息扼腕于下而莫可如何，而臣独以为拨乱返治，措天下唐、虞、三代之隆，有捷于反手而无难者，在皇上正圣学以为天下倡耳。

皇上正而天下莫不正矣。孟子曰："一正君而国定。"董子曰："正心以正朝廷，正朝廷以正百官，正百官以正万民。"非苟为虚诞无实之言也。表端则影正，源浊则流污，理有必然。欲正圣学，莫若法圣祖开经筵，讲朱子之学。臣伏考圣祖仁皇帝即位十年，即举行经筵大典，以熊赐履为经筵讲官，继复得李光地而任之。一时主圣臣贤，孜孜焉朝夕讲求，本诸身心，达于政事，上行下效，经正民兴，遂以平三藩、克台湾，开二百年太平之治。德为百世首出之圣人，尊为一统无外之天子，而究其所以致此者，非有异术也，惟在一生笃信朱子之学，讲之行之而已。

朱子之学，正三纲，明五伦，存理遏欲，尊王黜霸，尧、舜、禹、汤、文、武、周公、孔子之学也。在上者不知朱子之学，不可以一日治其国；在下者不知朱子之学，不可以一日治其身。欲为尧、舜、禹、汤、文、武、周公、孔子之学，而不由朱子，是入室而不由户也，必无倖矣。自圣祖笃信朱子，而本朝以朱子之学立国，垂为家法，治术之纯，度越汉、唐，比隆虞、夏。其后列圣御宇，恪遵祖制，无不以经筵为重，讲学为急，圣祖之诒谋至远也。

今皇上即位二十三年矣，经筵大典，廷臣未请举行，是祖宗美事使我皇上独不得为，臣窃恨之。夫以皇上仁孝恭俭，躬上圣、尧、舜、禹、汤、文、武之资，而又无声色玩好之过偶闻于外，加以忧勤惕厉，宵旰焦劳，其势宜可以大有为。而困于时势，乃欲求为汉、唐苟安无事之主而不可得，此诸臣不能导皇上以讲学法祖，勤求上理。而臣受皇上之知独深，亦不能进献一言，开悟圣心，辅成君德，隐忍缄默，至于今日，臣之负皇上甚矣。

臣行年六十，既无复富贵利达之念，分当引退，其所以眷眷不去者，惟欲皇上绍圣祖绝学以致太平，臣得躬列中兴诸臣之末焉，则愿毕矣。熟观天下之势，及今尚可以有为。讲学以尽古今之变，求贤以济艰难之业，莫急于今日。过今日则恐有无所及之悔，而臣平昔负皇上之罪，终不能以自赎矣。若以经筵讲学为迂阔具文而不必举行，是不欲皇上为圣祖，不忠之罪莫大于是，臣之所不敢出也。夫学不讲则理不明，理不明则是非邪正不能辨，而金壬奸言得以乘间而入，用人行政不得其当，顺亲交邻不得其道，忠佞杂进，贤否混淆，而祸患将有不可言者矣。此不可图幸于无事之时，况今日耶！

臣虽在外，窃不胜区区爱君之心，愿皇上亟以圣祖故事为法，举行经筵，断在必行。延访天下真儒，深明朱子之学者，置诸左右，使之朝夕献纳，启沃圣心，奋然以尧、舜、禹、汤、文、武自任。考诸六经之文，监于历代之迹，体之于心，验之于事，以应当世无穷之变。奋发以立志，勉强以赴功，进德强明，养气刚大，然后以天德行王道，以圣学济世务，以《关雎》、《麟趾》之精意，行《周官》之法度，则以绍圣祖绝学措斯世，唐、虞、三代之隆不难矣。宗社幸甚！天下幸甚！臣为辅养圣德起见，是否有当，伏乞皇上圣鉴。谨奏。

谨请慎选宗室豫教养以重国本折
丁酉十一月代大理寺卿徐学使致祥拟

为谨请慎选宗室豫教养以重国本，恭折具陈，仰祈圣鉴事。窃臣闻仁莫大于亲亲，义莫大于尊贤，传子传贤，事有常变，礼有经权，不越仁义两端。本朝家法，传子之中，隐寓传贤，继体立德，慎择密定，不立储名，仁义并用，诒谋之善，度越万世。高宗纯皇帝钦定《古今储贰金鉴》御制文，言之备矣。其所以为宗社臣民计者至深且远，惟欲后世子孙为天下得人也。

自列圣以来，皇嗣蕃衍，主器元良，皆默简帝心，养正育德，教之于豫，定之有素，未尝临事仓卒，取决左右，是以圣圣相传，世无失德。今者皇上即位二十三年矣，天下臣民日望上穹眷命，降育圣嗣，上承宗庙社稷之重，下安臣民亿兆之心。而天贶莫卜，根本未立，似续久虚，众心危疑，近自王公，远至士庶，无不引以为虑而莫敢进言者。事体重大，深恐以触忤见罪，因是相率缄默，括囊取容。臣虽疏贱居外，蒙皇上知遇独殊，窃不胜拳拳爱君之心，犬马微躯，不敢自爱，愿为皇上一言。

自古国家之患多在因循忌讳，不于安治之时豫为长远之谋，所以争夺残杀，祸乱相属。庸君阇主，率蹈斯辙，自非明哲，鲜克断行。昔宋真宗取宗室子养之宫中，逮仁宗既生，即遣还邸。其后仁宗、高宗、理宗皆踵行故事，有子而所养子遣归藩邸者，真宗是也；无子而所养子传授神器者，仁宗之于英宗、高宗之于孝宗、理宗之于度宗是也。其意皆为宗社臣民豫计安全，逆杜祸乱，当时蒙福，后世称明。

今皇上春秋富盛，皇嗣之生，更越数年，亦未为晚。惟以臣民属望之切，宗庙社稷系托之重，而尚未有可以上承天命，下慰人心者。无事则问安视膳无人，无以承欢朝夕；有事则监国抚军无寄，无以镇安内外。而皇太后抱孙愿切，亦未克一慰慈怀。伏愿皇上念穆宗毅皇帝付托之重，以祖宗之心为心，深维国本，为宗庙社稷至计，取宋真宗故事，断自圣心，慎选宗室兄弟之子数人，择亲择贤，入侍禁中。延访真儒为之师傅，节其嗜欲，导之礼义，变化气质，涵养德性，壮强干之势，固维城之基。止以为子，不以为储，恪遵家法，既可徐察其贤否，亦以俟皇子之生。皇上未有子而先有子，皇太后未有孙而先有孙，盛德大庆，传诵讴歌，遍于海内。异日后宫就馆，皇嗣既生，则令退归藩邸，于礼无嫌，于义为顺。

臣不胜愚忠激发，冒死上言，望皇上察臣区区之心，断而行之，则臣虽死之日，犹生之年。宗社幸甚！臣民幸甚！臣为慎重国本起见，是否有当，伏乞皇上圣鉴。谨奏。

端本建极正圣心以正天下折

庚子正月奉提督浙江学政文治札县照会奉旨送部引见恭拟此折呈请代奏

为谨请端本建极正圣心以正天下，恭折具陈，仰祈圣鉴事。窃臣维皇上以偏支入承大统，皇太后亲挈神器，授之襁褓之中，抚养教训，至于成立，母恩至矣。皇上仁孝性成，深宫之中，先意承欢，无微不至，子道备矣。母慈子孝，两宫欢洽，二十余年，初无间言。自逆臣□□□以无父无君之说煽乱天下，惮皇太后英明，虑阻逆谋，召对之初，即进离间之言，思以隔绝两宫，专执国柄。皇上方当度外用人之际，使诈使贪，未即黜逐，又因廷臣交章保荐，不免假之微权，因得乘间，窃弄威福，壅蔽圣听，引用邪党，假作御笔，变法乱政，专擅无上。既犯众怒，逆谋益急，遂至矫诏称兵，震惊銮舆，动摇宗社，危乱中国。夫劫子废母，此人伦之大变，天理所不容，使逆谋得行，则皇上何以自立于天下，天下岂有无母之人哉？赖宗社之灵，先事谋泄，皇上得力请皇太后训政，亟奋威断，逆党伏诛，首谋远窜，宗社危而复安，中国乱而复存。此皇太后所以保全皇上令名，使皇上仁孝无亏，复得莅制中国，皇太后之功大矣。

夫天下可弃而母子天性之恩必不可绝，为子止孝，为母止慈者，人君之极则；与子言孝，与母言慈者，人臣之定理。《大学》为治平之书，举文王以立治平之极者，唯在孝慈。皇太后皇上唯当以文王为法，母慈子孝，各尽其道。中外臣工以孝辅皇上，以慈辅皇太后，有离间皇太后于皇上者，是陷皇上于不孝，此无父之人，皇上必当立诛无赦者；有离间皇上于皇太后者，是陷皇太后于不慈，此无君之人，皇太后必当立诛无赦者。夫谕亲于道者，子道之正；教子义方者，母道之极。致负罪引慝之诚，则天下无不可感之母；极善导预教之方，则天下无不可化之子。况皇太后皇上，母慈子孝，著闻中外者哉！

今日两宫所以未能释然者，徒以一□□□之故。夫□□□以一倾险小人，骤加柄用，变法乱政，肆行无忌，宰执不闻力争，侍从未尝极谏，此诸臣之负我皇上以成此大变，不得独为皇上一人咎也。且皇太后平日所以辅导皇上者，师保既非其人，谕教又乖其方，皇上血气未定，一时偶为邪说所惑，致此纷纷。皇太后苟能以周公之辅导成王者辅导皇上，则朝廷必不至有戊戌之变。此□□□犯上作乱，皇太后亦不能辞其责者。今皇上悔悟已深，必欲得□□□而诛之，以白人子之心于天下，在皇太后固宜有以曲谅圣心，必不复引前事为嫌。

伏维皇太后手致中兴，再安宗社，丰功盛德，固已冠绝古今矣。今日愿为宗社灵长至计，深念前此所以辅导皇上之有阙，亟简忠孝儒臣置之皇上前后左右，朝夕纳诲，启沃圣心，开悟宸衷，使日亲正人，闻正言，伦常大义，圣贤至道，熟于耳而浃于心，则平昔邪说奸言之荧惑圣听者，自可潜移而默化，圣学重新，纂列圣之大业，作中兴之令主。皇太后既获亲见皇上圣德之成，然后复辟归政，颐养深宫，布告天下，正名定分，令穆宗之统传之皇上，皇上之统传之皇嗣，孝子顺孙，后先济美，无负皇太后援立之初心，岂不美哉？

孔子之论政，曰孝慈则忠。夫以孝慈感天下，而天下不应之以忠者，未之有也。今逆党无父无君之说盈天下，其意必欲离间两宫，使自相猜忌，祸起萧墙。幸中国之有变，以为煽乱起事之名，非皇太后皇上以慈孝端本建极，躬先天下，则中国之祸有不可言者矣。夫小人所以多方离间不已者，必其妄意皇太后皇上慈孝之道有所未至，冀得以阴谋毒计中之也。两宫辑睦，上下同心，修德行政，发愤自强，则彼倾邪小人自知无所复施其技，必将回面革心，效忠朝廷矣。表端则影正，源清则流洁，一正君而国定，理有必然。

臣前观政工曹，以学习微员妄论时事，分当窜逐，重荷皇太后皇上天地父母之恩，曲予矜全，俾得回籍养亲，优游田里二十有一年矣。甲午终丧以来，感时多故，屡思捐躯报国，九重远隔，欲进一言而无由。兹幸过被圣恩，复蒙召用，遭逢意外，感激涕零。犬马微躯，诣阙未能，图报之心，迫不及待，竭诚尽虑，亟思所以仰答圣意，上安宗社，下慰臣民。

一言兴邦，无过孝慈。夫以皇太后之备极母恩，皇上之曲尽子道，于孝慈岂犹有所憾？惟当此金壬交构，朝野忧疑，正圣人遇灾修省，因变戒惧之时，窃欲以禹、汤罪己之道进之皇太后皇上。夫母子之间，人所难言，臣以疏贱小臣，非有韩琦之勋、李泌之故，所以不避重诛，抗论及此者，君臣之义无所逃于天地之间，食毛践土，贵贱同之。昔田千秋以一言悟武帝，而巫蛊之祸息。臣之区区，敢不自比于田千秋，干犯天威，罪当万死。伏乞皇太后皇上圣鉴。谨奏。

应诏进言谨陈中兴十六策吁请宸断奋发施行以 存宗社而保中国折 庚子十一月十二日上

为应诏进言，谨陈中兴十六策，吁请宸断奋发施行以存宗社而保中国，恭折仰祈圣鉴事。窃臣维今日之祸始，由铁路、教堂积怨，闾阎拳教交哄，夷狄乘衅，大臣误国，思驱愚民，以抗大敌，轻虑寡谋，措置乖方，遂令敌骑长驱，神京失守，乘舆播越，宗社沦没，黎元涂炭。此诚中国未有之变，本朝必报之仇，四海臣子肝脑涂地之日也。而东南疆臣拥众坐视，未闻出一旅之师以牵制夷人，反与立约保护教堂而不保护朝廷，使各国得并力以攻京师而无后顾之虑，视君父之难有如路人。征兵之旨屡下，勤王之师不前，头目受击而手足不动，其意惟欲坐观成败，委皇太后皇上以予敌。幸而朝廷洞烛夷情，不从李鸿章力阻出幸之电，仓皇西狩，得免徽、钦之辱。天下臣民莫不泣血痛心，以为皇太后皇上西幸之后，必当素服减膳，涕泣誓师，选将练兵，大加黜陟，号召天下勤王之师，进力东讨，克复两京，使社稷危而复安，宗庙毁而更存，荡涤凶秽，廓清寰宇，然后可以上告列祖列宗之灵。而两宫驻跸以来，忧危之言、哀痛之诏不闻于朝廷，汲汲焉惟日以屈己求和、撤兵停战为事，前日万无可战之势而必欲战，今日万无可和之理而必欲和，颠倒错乱，天下大计一误再误。

夫庚申英法之役可以释怨修好者，以夷人未尝毁我宗庙、占我陵寝、犯我宫禁也，岂有残毁宗庙、震惊陵寝、劫略宫禁，万世必报之仇而尚可向之乞和哉？且夷人所要求者皆万不可从之事，不和则已，和则直以天下与之，皇太后皇上束手受制，为夷所役而已，岂能尚有一日自主之权哉？皇太后皇上为人子孙父母，而上不能保宗社，下不能保百姓，甘为越南、朝鲜之续，奈万世清议何？

然此皆诸臣之误我皇太后皇上，非我皇太后皇上之咎也。皇太后皇上诚能奋发自强，任贤才，修政事，明耻教战，运东南之财，练西北之兵，东向以恢复两京，则合二十二省之全力以抗八国，报仇雪耻，何难之有？六国虽众，卒为秦灭，众不足惧也，在我有以应之耳。少康资一旅以灭有穷，光武起匹夫以诛新莽，强弱何常？失其人则强即可弱，得其人则弱即可强。孟子以凿池筑城、效死勿去策滕，而不与其事齐事楚者，非迂也。立国之道，求己不求人，和之权在人，战守之权在己。今日之势，战不能战，不得不战，必急修所以战之本；守不能守，不得不守，必急筹所以守之具。臣敢为皇太后皇上进中兴之策，策所以战守之本之具，唯皇太后皇上垂听焉。

一曰建陪都。自周公以宅中据险，分建两京，而后世因之。汉置二京，唐置五都，宋立四京，辽、金皆建五京。今宜仿前代之制，以顺天为北京，江宁为南京，奉天为东京，长安为西京。太平则居北京，有事则居西京，而东京、南京亦当以时巡幸，修谒陵寝，抚慰父老。乞亟降明诏，各命近支亲王为留守大臣，葺城池，治宫室，储粮械，以备驻跸。不置定都，则敌人无所肆其窥伺挟制之谋，进既可战，退亦可守。

一曰定国是。名不正则言不顺，言不顺则事不成。今日不正夷人之罪名，则曲直是非不明，中国所处至直之理，反无以自申于天下。拳教构衅，拳民为教民所激而成，此教民之罪，非拳民之罪也。中国之民自相仇杀，何与外洋，夷人辄藉口进兵，保护使馆，袭据炮台，此夷人之开衅，非中国之开衅也。占炮台而后杀使臣攻使馆，孰先孰后，必有辨矣。中国所杀不过使臣，所攻不过使馆，而夷人攻我都城，毁我宗庙，乱我宫禁，珍宝图籍，子女玉帛，劫略一空，孰重孰轻，必有辨矣。廷雍听李鸿章之言，开城迎夷，负朝廷未尝负夷人也，何罪而杀之？杀使臣于开战之后，杀疆臣于议和之时，孰有辞孰无辞，必有辨矣。

曲直是非，昭然可见。李鸿章既不能为朝廷辨明，而朝廷亦竟以曲自处，为之恤使臣、罪王公、谴将帅，是宗社、陵寝、宫禁为轻而夷使为重，此何理也！生杀黜陟之权操自夷狄，何以立国？金人索韩侂胄之首于宋，宋臣倪思谓侂胄之首不足惜，如国体何？夫以奸邪已死之首尚不可予敌以伤国体，况杀王公将帅哉！杀端王、庄王则伤祖宗之心，杀董福祥、毓贤则解士卒之体，我大清之祚必自此不能复存矣。燕王杀太子丹以谢秦，岂能救秦之不灭燕，徒以贻羞史册，取笑万世。端王、庄王、董福祥、毓贤诚有罪，非可以夷狄一言而罪之也。胶州、旅顺、威海割则京师必不能守，东三省俄人铁路成则盛京必不可保。七月之变，成于李鸿章、翁同龢而端王等发之，不得独咎端王诸人。皇太后皇上即欲从权议和，亦当稍存国体，必不可自翦维城之基，弃爪牙之士。

古者国有大事必询众庶，夷人亦有上下议院之设。此次立约存亡所系，乞即宣示中外，并令外官自守令以上，京官自编检主事以上，皆得与议。开诚布公，集思广益，有修己之实，然后可以责人。曲直是非，公议所在，必当与各国力争，不得一听所为，自弃主权。夷情叵测，宜即乘议和之时，力筹战守，和不可成，战即有备。

一曰开言路。言路者国之喉舌也，人之喉舌不通则死，国之喉舌不通则亡。历观秦、汉以及元、明，兴国之主无不纳谏争，亡国之主无不恶直言，昭然史册。我圣祖所以开二百年太平之治者无他，虚心纳谏而已。皇上即位以来，言路壅塞，佞谀鸱张，灾祥见于上而不知，怨毒积于下而不闻，驯致今日之祸。今虽下诏求言，而天下忠言谠论未有至于朝廷者，由未知皇太后皇上之心故也。

夫修德罪己，必有纳谏之实迹，不在求言之空文。愿皇太后皇上尽捐忌讳，恳切降诏，令京官自编检主事，外官自司道以上皆得实封言事，言有可采则立赐拔擢，言无可采则曲予优容。而前日台谏以言获罪者，如安维峻、屠仁守等皆正色敢谏，忠爱性成，伏乞召用数人以风示天下，则直言自至，士气自振。宋臣苏轼谓平居必有忘躯犯颜之士，临难乃有殉义守死之臣；张栻谓仗节死义之士，当于犯颜敢谏中求之。今敌骑所至，督抚司道望风溃降者，正由皇上平日未尝用骨鲠之臣，故临难不能得死义之士。汲黯在朝，淮南寝谋，尊任直臣，非徒匡正君德，亦以折冲外侮。

一曰求贤才。得人者强，失人者弱；得人者兴，失人者亡。列国分争之世，强弱兴亡惟决于失人得人。今人才衰乏极矣，七月之变，举一时端人正士而尽之，所存者皆顽钝无耻之人耳。朝无谏臣，边无战将，郡县无良守令，封疆无贤督抚，中兴之业，谁与共济？周宣必得方叔、召虎而后能再造王室，光武必得邓禹、吴汉而后能光复汉祚，肃宗必得李泌、郭子仪而后能重安唐社，高宗必得李纲、宗泽、赵鼎、岳飞而后能偏安江左，我穆宗必得胡林翼、骆秉璋、曾国藩、左宗棠而后能削平大难。

夫戡乱与守成异，守成可以资格取士，戡乱必须度外用人。皇太后皇上披荆棘以立朝廷，而数月以来未闻有一度外之举，何以鼓舞天下豪杰之士？夫疆理新都，必内有经纬万端不世出之臣，外有熊罴不二心之士，然后可以建万世不拔之基。无其人则宜诚意以求之，有其人则宜破格以用之。《传》曰，三辰失轨，擢士为相；蛮夷不恭，拔卒为将。时不可失，愿皇太后皇上开诚布公，推心置腹，招致天下豪杰，聚之朝廷，有非常之才必加以不次之擢，尊贤任能，使人才日盛，国势日强，则庶可转危而为安，去亡而图存。

一曰明刑赏。朝廷所以奔走天下者，刑赏之权耳。有功不赏，有罪不惩，谁肯为用？故刑赏不立，则一日不能使人。今陈泽霖等弃其主帅，望敌先逃，程文炳、余朝贵等观望不前，长顺等弃城降敌，增祺等失守逃窜，而朝廷未尝明正其罪。皇太后皇上方欲恢复两京，削平四海，赏罚不立，虽有熊罴之士、百万之众，安得而用之？宜悉交部，分别治罪，重则诛窜，轻则降革。其余失守之官、溃逃之将，并宜交部严议。而督抚中昏邪骄蹇、尸位负国者，亦宜罢黜数人以示惩警，则纪纲可振，法令可立。

一曰选将帅。国依兵而立，兵以将为命，一将非人，三军失恃。将才非诚求则不出，非久战则不成，惟战可以见将才，惟战可以练将才，安坐议和而言选将，妄也。今日将才之衰，正以朝廷自津门立约以来，未尝始终决战，故智勇之士无自而出。宋庆、马玉昆、董福祥、刘永福、万本华、夏辛酉皆偏裨之选，非大将之才。冯子材于诸将中威望最著，历练最深。今和约既难，曲从战计，必当预备。行都为四方根本，必宜有老成宿将从容坐镇，以资策应。宜亟电召冯子材招集旧部，倍道赴阙，并以行在诸军隶之，据险扼要，日夜训练，信赏必罚。命督抚、侍从保举忠孝廉勇堪胜将帅者一二十人，发往学习，以备后起干城之选。祭彤守辽东，鲜卑敛迹；李勣镇并州，突厥远遁。故能选将帅，则无事敌不敢动，有事敌不能逞，否则平时既不豫备，仓卒召用，安有可信之人哉？

一曰严军政。选不精，饷不厚，练不素，技不娴，器不利，律不整，令不肃，虽有百万之众，安所用之？今日之兵是也。以至脆当至坚，安有侥胜之理？国破将死，岂待临阵而后决哉？惩前毖后，宜汰老弱，择壮健，则选精矣；增口粮，禁克扣，则饷厚矣；勤简阅，严教习，则练素矣；较击刺，角跳走，则技娴矣；工制造，精讲求，则器利矣；齐步伐，明节制，则律整矣；信赏罚，正恩威，则令肃矣。命鄂局、沪局日夜赶铸新式枪炮，应用战阵营垒，中法、西法，择善而从。教之以忠义，导之以廉耻，必使人人有致死之心，然后能以一当十，以百当千。得数十万众，分布天下，可使四夷詟服，盗贼屏息。昔周世宗以五季之兵骄蹇难用，乃命大简诸军，升拔精锐，斥去老弱，又募天下壮士诣阙精选，由是士卒精强，一时无敌。李抱真镇泽潞，马燧镇河东，并以荒乱之余，选兵教战，遂以雄视一方。不务虚文而求实事，天下岂有不可为之事哉？

一曰清吏治。吏治之杂，至今极矣。一省之中，实缺数十，候补者数百人。此数百人者，势不能枵腹而安坐，必须生事以邀功，谋缺以求食。调署多则官扰，差委多则民扰，无异纵数百虎狼于一省之中，使之上侵国帑，下朘民膏。故候补人员不去而欲求吏治之清，必无是理。宜亟遵康熙旧制停止分发，各省候补人员听每省奏留五十人，用资差遣，余悉量给归费，敕令回籍读书，静候调选。一切冗局杂差，悉行裁革，责成实任之官，而永停捐纳以清仕途，则吏简民安，国与民两受其利矣。

一曰变士风。本朝以朱子之学立国，学术最纯，士风最正。一坏于李鸿章之讲洋务，再坏于张之洞之讲西学，而士风扫地矣。廉耻之道丧，奇邪之习胜，著书立说者皆平等自由之言，议政论事者悉立宪革命之说，人心日坏，风俗日变。皇太后皇上若不力加整顿，则人道将为禽兽，中国必为夷狄。伏乞亟简品端学正，笃守孔、孟、程、朱之道者十数人，畀以督学之权，使之主持风教，变易习俗，无令康、梁逆党得滥膺其选。而责成督抚学臣遴选院长，甄别学官，严定院课学课，有叛弃孔、孟、程、朱者必惩无贷，则士习端而风气可变矣。

一曰收人心。今日天时、地利、兵势、财力无一可恃，所恃者独人心，感戴本朝，未改其旧耳。钱粮之折价无定而农困，厘税之分卡密布而商困，竭四民之膏血以饱贪官污吏，国无益于丝毫，民已倾其身家，人心亦岌岌将去矣。国家遭此大变，祈天永命，必以固结人心为先。宜急遵祖宗旧制，裁平余，复关税，以纾农商之困，必不得已，则革弊有渐，先去其甚者。钱粮折色许照各省市价，每银一两依市价完钱若干，不得抬价浮收，完银者听。厘局宜酌留于省府财货总汇之地，而尽罢其余者，庶几人心悦而天心自转矣。

一曰奖节义。自洋务西学之说盛行，士大夫惟以用夷变夏为务，不复知有礼义廉耻之防，名教纲常之正。七月之变，东南疆臣高坐宴饮，视若秦越，京员亦多挈眷潜逃，不以为耻，君臣之义绝矣。仗节死义，在内惟徐桐、崇绮、延茂，在外惟李秉衡。今崇绮、李秉衡、延茂已奉旨优恤，而徐桐未蒙恤典。又如裕禄、寿山等，虽治军无法，失地偾事，然能以一死谢天下，亦圣人之所不忍苛求者也。其余宗臣庶僚之死节者，亦不乏其人，愿并诏守臣采访，分别优恤，以慰忠魂。

一曰崇节俭。节俭者生之本，奢靡者死之基，故节俭之国无不兴，奢靡之主无不亡。北京风俗淫靡，习尚奢侈，识者已早决其必有今日之祸矣。长安地瘠民贫，风气朴实，侈俗未开。皇太后皇上建都伊始，宜以节俭躬为之倡，不可以北京奢靡之风导之。愿卑宫菲食，上法大禹；卧薪尝胆，下思句践。宗社失守，礼当素服减膳，率天下臣民以丧礼处之，动其哀痛之心，作其自强之气。即一切庆贺筵宴之礼亦俱宜停止，不得复求起居之适、服御之安。督抚守臣如有以奢靡服物进者，即系金人佞夫，亟宜屏斥，无为新政盛德之累。

一曰立师傅。皇上所承者穆宗之统，皇太子所承者皇上之统，继统即是继嗣，经义昭然。贾谊谓天下之命悬于太子，所系至重。皇太后皇上为皇太子所置师傅二人，皆极一时老成之选。今徐桐、崇绮不幸已死宗社，则左右辅导无人，惧于谕教之义有阙，愿亟简忠孝重臣辅翼皇太子。古者设师保、司乐以合教王子国子，宜仿其意，并选近支王公聪颖子弟数人与皇太子同学，朝夕观摩，既可助成储贰之德，亦以培养宗室之才。师傅之职，贵在遇事启迪，进诲纳忠，节其嗜欲，导之礼义，变化气质，涵养德性，庶几上不负皇太后皇上选立之初心，下不负四海臣民之属望。

而皇上春秋甚富，典学宜急。伏乞皇太后为皇上特置辅导大臣，讲明义理，陈善闭邪，开悟宸衷，成就圣德，无令奸人邪说得至于前。而皇太后亦宜亲近儒臣，时赐召对，咨诹善道，察纳雅言。昔圣祖当三藩之变，军务倥偬，日御经筵，命熊赐履等朝夕进讲，启沃圣聪，未尝一日辍业，卒成戡定之功。皇太后皇上以圣祖为法，则拨乱反正之业可计日而待矣。

一曰兴农桑。关中古称天府之国，沃野千里，未改其旧，徒以水利不修，农桑不讲，遂致膏腴陆海变为瘠土。宜命督抚责成守土之官，浚河渠，修沟洫，种茶植桑，以水利之修废、树艺之多寡为守令考课之殿最。实心行之，不过十年，可使富敌吴越。天道废久则必兴，地气衰极则必转，成周、汉、唐之盛必将复见于今日，在皇太后皇上加之意而已。

一曰治漕运。建都以粮食为先，粮食以漕运为急。训农足食，其效必在十年以后，远不可待。漕东南之粟以济关中，则修浚运道为今日必不可缓之务。乞命陕西、河南、湖广督抚遴选委员，会同地方官察看形势，考汉、唐之成迹，复漕贡之故道，则军饷可足，民食自裕。

一曰修庶政。开创之势与守成异，守成以循文奉法为先，开创以建业立制为急。皇太后皇上遭遇大变，经纶草昧，以开创为守成，当一切与天下更始，以列祖列宗为法，以三代圣人为师。立规模，改官制，制国用，厚民生，崇礼教，省刑罚，诘戎兵，裁宦官，革弊政，综核名实，一变积习。无安于苟且，无甘于小就，无杂于霸术；母慈子孝，君明臣良；正圣心以正朝廷，正朝廷以正百官，正百官以正万民。然后可以兴衰拨乱，重开国运，建万世不拔之基矣。

臣之所以策中兴之业，战守之本之具者如此，臣非敢力排和议，高谈战守，以误大局，惟能战然后能守，能守然后能和。不筹战守而求和，故夷人得持其操纵之权，我方以和而停战，彼乃以战而胁和。李鸿章议和之使一出，而保定陷，渝关破，居庸、宣化失矣。彼岂真有许和之心哉？阳以和而弛我战备，阴以战而据我险要，迫之以不得不和，然后可以一和而制中国之命，以战取中国不若以和取中国之计出万全也。缴兵费四百兆，则中国之财尽；去王公大臣，则朝廷之势孤；条约、船章、商务归各国裁更，则自主之权失。大沽炮台平毁，京津使馆驻兵，则京师永为夷据。夷有兵而我无兵，两宫回銮，即为夷人所制。此必内有奸人，外有逆党，阴导夷人，成此毒计，一和而我大清之宗社去矣。

愿皇太后皇上奋发圣断，力决大计，无以和议为可恃，急与二三大臣讲求战守，慎简督抚，妙选将帅，精练士卒。合山东、河南、山西各省勤王之师，并力齐举，出德州以捣直沽，据河北以规畿辅，扼居庸以瞰京津，断其饷道，截其归路，合围聚歼。用一德之士，奋百战之威；内去奸邪，使君子之道长；外攘夷狄，使中国之势尊。然后可以收复两京，报仇雪耻，上谢九庙之灵，下副四海之望。

臣自庚辰学习工部，默观时局，已决其必有今日之祸。伊犁之役，力请废约决战，首劾辅臣。越职妄言，分当窜逐，而皇太后皇上曲赐矜全，俾得回籍养亲。优游田里，杜门廿载。犬马微躯，已分终填沟壑，不意复被收用，自维秉性迂拙，才不济时，被命惊惶，欲前复止。继闻两京失守，皇舆播越，中夜号泣。君臣之义，贵贱同之，主辱臣死，何敢闭户自安？遂即束装就道，奔赴行在。区区愚忠，惟冀俯伏阶墀，一望天颜，披肝沥胆，抒其一得之愚，然后避谗守拙，乞归田里，则虽死之日，犹生之年。迫切上陈，伏乞皇太后皇上圣鉴。谨奏。

要盟不可曲从改约必宜熟计折 庚子十一月二十一日上

为要盟不可曲从改约必宜熟计，恭折具陈，仰祈圣鉴事。窃臣维此次各国条约，恃强凌弱，悖逆无礼；称皇帝则去"大"字，谢德国则用

"表"字；总署更章，意在用其私人；觐见改仪势，必视为属国；其余凌蔑轻侮，无所不至。宗社安危，中国存亡所关，有不可不力争者十，不可不致诘者一。

拳教构衅，各国即藉端进兵，袭我炮台，陷我两京，据我宗社，犯我宫禁，占我陵寝。穷凶极恶，悖公法、蔑教化者，各国之所为，非中国之所为也。以中国为穷凶极恶，悖公法，蔑教化，指顺为逆，诋斥朝廷，臣子之义，不共戴天。且公法和约既立，旧时启衅之端即不得复论，地球万国从未有以此等丑词恶语载入约中者。不可不力争者一。

杀德使攻使馆者，兵民之激于公愤，未尝奉朝廷之令也。朝廷有令，则地道炸药一发，即无使馆矣，各国使臣岂有全理？各国不感朝廷保护之恩，妄言奉令官兵戕害德使，官兵句通，义和团遵奉内廷谕旨围攻使馆，信口诽谤，指斥宫廷，上及圣慈，悖逆已极，普天痛愤。不可不力争者二。

挑衅误国之王大臣，闰月初二日谕旨分别惩办已尽，和议定后，岂容复有株连，陷害善良？如日后各国驻京使臣指出之人，并许照应得之罪，分别轻重，尽法严惩，则异日朝廷有一忠义之人，各国必诬指以罪而去之。善类既尽，何以立国？不可不力争者三。

端王、庄王等，即如李鸿章、刘坤一、张之洞所参带领庇护拳民，据中国律法则有议亲议贵之条，据外洋公法则属公罪，断无可杀之理。且□□□□□谋危中国宗社，扰乱长江，逆迹显然，英国尚力为保护，而反责中国以诛戮王大臣，不平甚矣。王公极重之刑止于圈禁，中国既从各国之请圈禁王公，英国亦宜从中国之请，缚送□□□□□。不可不力争者四。

拳教构衅，拳民教民所为，与考试之士子何与？使臣、教士被害处所必责中国五年内停止一切文武考试。开衅在民，迁怒于士，无理极矣！不可不力争者五。

京师数百年之积蓄劫略尽矣，各国所得已多，岂宜复索赔于中国？且赔款四万万从何筹措？以各省厘金作抵，则中国利权一去，必无力筹饷练兵，自强之望绝矣。设法巧取于民，民穷必乱。公法约中之事本国无力可成者废，赔款四万万中国必无力可成。不可不力争者六。

公法从无使馆驻兵之例，遣使所以修好，驻兵何为？使馆驻兵，是遣使挑衅非遣使修好也。前既以使馆驻兵激拳民之祸，今复以使馆驻兵滋愚民之疑，中外从此永无相安之日矣。且公法使臣有管辖馆内之权，无管辖馆外之权，使权惟行于馆内，不得于馆外复立界限，设兵防守，禁止华人。不可不力争者七。

设险守国，中外通义。大沽乃中国要口，炮台乃中国守备，中国自主之权未亡，外人即不得干预中国设险守国之事。且各国方欲留通道、驻重兵，而反责中国以平毁炮台，喧客夺主，各国有兵而我无兵，京师无安枕之日矣。地球万国从无此例，不可不力争者八。

和议既定，战争自绝，即宜尽释前嫌，留兵何为？存挟制之心，设猜防之见，和岂能久？且各国方以回銮为请，而复有京津至海通道，酌定数处留兵之约，是阳请回銮而阴实阻之，非待友邦之道也。京津之兵一日不撤，两宫即不能一日回銮，各国果欲力请回銮，即不应京津驻兵。不可不力争者九。

强民入教，罪在教士；挟教欺民，罪在教民。立约不设法禁止教士教民，唯欲挟朝廷谕旨，以严刑峻法威胁平民，迫制官府，立严禁仇视之条，设永不开叙之罚，积怨愈深，激变愈大，中外之祸必自此始矣。不可不力争者十。

公法两国交战不得伤害国君，敌国将帅于国君皆有外臣之义，伤及宗庙社稷宫禁即伤害国君矣。今九庙神主、宫禁御藏，传闻甚痛，有非臣子所忍言者。宜亟饬太常寺、内务府查明，据实覆奏，不得隐讳万一。所传果实，即宜以理责问各国。彼以使馆被攻、德使被害为要挟之地，我受祸有重大百倍于彼者，反不能举以责问，畏葸如此，宜益为各国所轻矣。理之所在，中外同之。攘夺及于宗祐，劫略至于禁廷，此盗贼所为，各国自号文明，岂宜有此？不可不致诘者一。

公法非中国所当道，彼既以公法责我，我即以公法诘之。和约十二条，国权、兵权、政权、利权尽为所夺，一举而制中国之命。公法约成贻害他国者可废，今日之约贻害中国甚矣，宜即据公法废约改议。改议之道，其要有五。

一曰降明诏。《礼》："军有忧，素服哭于库门之外。""国亡大县邑，公、卿、大夫、士厌冠，哭于太庙三日；君哭于后土。"哭于库门者，伤武备之不修；哭于太庙者，悲祖业之有亏；哭于后土者，痛疆土之不保。今宗社失守，非军败邑亡之比。臣奉对之日，伏睹慈颜，忧悴已甚。谕及京师之变，辄痛哭流涕，欲以身殉。圣人举动，深合《礼经》，臣心摧肝裂，无地自容。复谕臣曰："汝言宗社失守，当素服减膳，率天下臣民以丧体处之。予在宫中本以丧礼自处，一切庆贺筵宴之礼俱已停止。万寿典礼皇帝再三吁请，予卒辞之，天下臣民有未尽知者。"臣伏叹皇太后皇上为宗社臣民引咎之切，虽禹、汤罪己无以复过，皇天后土，实鉴圣心。而中外臣工，嬉娱宴饮，无异平时，天下未有君父痛哭于上，臣子欢笑于下者。愿亟降明诏，皇太后皇上以身为天下臣民倡，举行失守宗社之礼于行都，皇太后率后妃素服哭于宫中三日，皇上率扈从王大臣文武百官素服哭于社稷坛。北京则命庆王、李鸿章率王大臣文武百官素服哭于太庙，直省则命各督抚率文武百官素服哭于社稷坛。动其哀痛迫切之心，作其发愤自强之气。秦穆素服哭师，遂霸西戎；汉高为义帝发丧，用毙项羽。大义所激，人人有报仇雪耻之心，战则必克，和亦易成。

一曰谕疆臣。刘坤一、张之洞等坐镇东南，京师之变，使能与各国力争，约洋兵不得入京，则东南商务、教堂愿力任保护之责。若有一兵入京，震惊君父，臣子之义，即当与各国为仇。各国极重商务、教堂，必不肯弃东南二千七百兆之商务、经营数十年之教堂易一京师，京师必可保全。而刘坤一、张之洞一听盛宣怀之言，惟与各国立约保护东南商务、教堂，未闻出一言以力阻洋兵之入京，弃宗社于度外，委君父于死地，臣节之亏大矣。刘坤一、张之洞苟有天良，当必内疚于心。今各国以刘坤一、张之洞保护之功，感激甚至，愿即以和议责成二人。亟敕刘坤一、张之洞会同东南督抚，速选忠义专对之士，倍道入都，力请各国退兵定约，奉迎回銮，否则激成众怒，东南亦将不保。兵凶战危，中外同归，糜烂中国之害，亦非各国之利也。晓之以大义，感之以至诚，若各国因此退兵定约，尽罢要求，宗社克安，庶可稍赎前愆。

一曰下廷议。古者国有大事，必询众庶。《洪范》言有大疑谋及卿士，必更谋及庶人。《周礼》小司寇掌外朝之政，以致万民而询焉。外洋亦有上下议院之设。今中外臣工皆询事考言，选自乡里，即外国议员。宜急电庆王、李鸿章转告各国，此次条约关系中国大利害，必须博询臣民，舆论金同，方可施行，各国亦必不能以不应交议拒我。君臣一体，无所用其猜防。且历届条约，廷臣尚未周知，洋报即已传播，士大夫讲求时务者，中外交涉之事多得之报中。秘于廷臣而不秘于敌国，非政体也。凡事兼听则明，偏听则暗，发交廷议则所听者广，利害得失自明。

一曰除内间。英、日用□□□□□□为内间，意在先乱我家，继取我国。赖皇上圣断，力请慈圣训政，逆党伏诛，阴谋立破，得以转危为安。今英、日故计复生，必欲胁朝廷以圈禁诛戮王大臣，翦除亲藩，芟夷宗室，诛锄善类。使两宫孤立于上，则回銮之后束手受制，生杀废立，惟其所命，约中之旨显然。而皇太后皇上朝发一言，夕即播于海上，此必有逆党密布内外，阴主其谋。愿皇太后皇上止慈止孝，坚持定见，无为奸人邪说所慑，密以察之，英以断之，内间既除，则外患自息。

一曰修战备。有战之具，无战之事者存；有战之事，无战之具者亡。今皇太后皇上以太王、句践为法，屈己图存，和议垂成，战祸可免。然各国或竟肆要求，不肯稍戢其无厌之心，必不能一听所为，势必复出于战。中兴宿将唯冯子材犹存，伏乞密电召赴行在，俾节制宋庆、马玉昆、董福祥、万本华、夏辛酉诸军，分布河北、山西，据险扼要，进战退守。扼居庸、紫荆、倒马，则京津之势举；守彰德、卫辉、怀庆，则畿辅之援通。冯子材老成持重，必能调和将帅，激励士卒，为国宣威。长安天险，各国必不敢舍其所长，悬军深入，自取覆亡。皇太后皇上驻跸长安，唯当修德勤政，折冲庙堂，必无意外之虑。

臣以疏贱小臣，被恩召用，甫抵行在，即上封章。方惧渎犯天威，战栗待罪，而皇太后皇上曲赐召对。恕臣妄言，鉴臣愚忠，览臣所奏，痛哭久之。至谕臣曰：汝所言议论通达，思虑周到，使在廷诸臣皆能如汝之公忠体国，则国事必不至败坏如此矣。天语亲承，褒宠非常，臣何人斯，膺兹殊遇，抚衷感泣，呜咽涕流。有君如此，臣知中兴之业必不远矣。唯当披肝沥胆，糜捐图报，尽力所至，不知其他。向者条约之害，臣亦尝言之而未详。伏念皇太后皇上之所以奖进微臣，诱之使言者如此，天地之量，父母之恩，于臣厚矣。臣敢复有不尽之言，以负圣明？辄复就条约传闻大概，疏其利害得失以进。是否有当，伏乞皇太后皇上圣鉴。谨奏。

枢臣庇逆怀奸请旨立赐处分以除内间而保宗社折
庚子十一月二十三日呈请工部衙门代奏不允

为枢臣庇逆怀奸请旨立赐处分以除内间而保宗社，恭折具呈，仰祈圣鉴事。窃臣伏见军机大臣王文韶以一倾邪小人，乘时窃位，庇逆阃上，蓄心积虑，以章惇、秦桧自处，以朝鲜妃主处我皇太后皇上，浙人无不引为大戚深耻。英、日用□□□□□□为内间，乱我国家，而王文韶、翁同和〔龢〕、张荫桓实阴主之。戊戌之变，皇上力请皇太后训政，逆谋虽破而逆党之势不衰者，则王文韶主持之力也。今翁同和〔龢〕、张荫桓已罢官正法，而王文韶专制政府，包藏祸心。密结盛宣怀而授之意，付以全国财权，盗卖路矿。指嗾洋人，乘隙报复，翦除正人，削弱国权。使皇太后皇上孤立于上，则变法改制，君权一去，两宫即不能自全。

七月之变，京师失守，乘舆西幸。王文韶第宅，洋兵为之保护，其孙即赴英国使馆，告以不诛端王、董福祥、毓贤则后患不除。各国要挟，非各国本意也，王文韶主之于内，盛宣怀主之于外，内外协谋，挟外洋之势以胁朝廷，撤兵去备，阴为敌计。屡发私电，密令奸党，逼迫画押，劫制回銮，一举而我大清之宗社去矣。伏乞皇太后皇上上念祖宗，下计臣民，亟奋乾断，立诛王文韶，命刘坤一收盛宣怀而斩之。各国既失奥援，要求自止，废条约，散合纵。收复两京，保守宗社，在此一举。

臣维皇太后皇上之圣明，必无不知王文韶奸邪之理，所以隐忍不发者，惧其勾引洋人，胁制报复。臣以为不诛王文韶则洋人之要挟愈猛，此时收而诛之，一言之力耳。洋人知无内应，必心慑气沮，无能为力。迟疑不断，则奸谋愈毒，两宫生死，在其掌握。臣实不忍以四千年道法相传之中国、大清三百年之宗社，倾覆于乱臣贼子之手。臣与王文韶同乡，知其奸而不言，臣亦不得逃万世之责。迫切上陈，伏乞皇太后皇上圣鉴。谨奏。

再，督学有主持风教之权，所系最大。湖南士风朴实，中兴将帅多出其间。自江标、徐仁铸相继督学，而士风即为之大坏。富有票之祸，至今未已，则督学之不可不慎选其人也。浙江逆党最众，上有王文韶为之主持，下有□□□等为之煽惑。今复简李荫銮为提督浙江学政，查李荫銮乃□逆死党。戊戌之变，李荫銮以军机章京与闻逆谋。□逆乱政之初，其悖逆章奏多由李荫銮交廖寿恒为之奏递。及□逆既败，李荫銮即为之抽出消灭。朝廷既不能明正其罪，又复畀以督学之权，必将以江标、徐仁铸之败坏湖南者败坏浙江。提倡乱党，庇护票匪，浙江之乱，计日可待。伏乞立赐罢黜，改简正人，庶士习可端，祸乱可弭。臣既有所见，理合附片具陈。是否有当，伏乞圣鉴。谨奏。

附片　十一月二十四日拟未上

再，臣此次弹章十一月二十三日在工部衙门呈请代奏，尚书鹿传霖、侍郎陆润庠等抑不使进，臣诘以朝廷方下诏求言，不当沮遏言路，党附权奸。鹿传霖乃厉声曰："予即沮遏党附，汝将奈何？"先是鹿传霖密遣军机章京鲍心增至臣寓所，诱以甘言，慑以危语，臣力斥之。及呈请代奏，即沮遏百端。伏思夷祸之起，鹿传霖与李秉衡同被召命。李秉衡倍道前进，即殉节通州。鹿传霖畏葸逗遛，在清江托病不前几两月余。律以军法，罪无可逭。朝廷弃瑕录用，擢置政府，天下皆以为赏罚颠倒。而鹿传霖不知感激图报，惟以诣附王文韶为事，孤恩已极。漏泄机密于盛宣怀，使盛宣怀逍遥法外，借外洋之势以报复朝廷，贻祸甚巨。皇太后皇上卧薪尝胆，将大有为，而所任枢辅如此，何以副天下之望？臣所虑者，汉奸逆党密布内外，朝廷无一正人，回銮之后，变法改制，君权一失，两宫九庙必有不测之祸。臣子之心实不忍君父轻蹈死地，而议和本有万全之策。区区愚忠为长官所遏，无路自达，谨援例伏阙上书，冒渎天威，罪当万死。伏乞圣鉴。谨奏。

部臣沮遏言路请旨议处折　庚子十一月二十七日上

为部臣沮遏言路请旨议处，恭折仰祈圣鉴事。窃司官上封奏，例呈本部堂官公同阅看，如无违悖字样，部臣例宜带领代奏。臣于十二月二十三日所上参劾枢臣王文韶等一折，事关宗社大计，理宜恭呈御览，伏候圣裁。而部臣沮遏，甚至不使上达天听，与本朝定例不符。且朝廷方下诏求言，而部臣力加沮遏，亦失圣人明目达聪之意。相应请旨，将署工部尚书、军机大臣鹿传霖，侍郎浦兴、继禄、陆润庠照例议处，以开言路而杜壅蔽。是否有当，伏乞皇太后皇上圣鉴。谨奏。

专命不可稽诛改约必宜遣使折　庚子十二月初十日上

为专命不可稽诛，改约必宜遣使，恭折仰祈圣鉴事。窃臣伏闻俄人交还奉天将军增祺，擅与立约，奉有交部严议之旨，举国钦悚。所有条约传闻大概，臣窃不胜痛愤，有不可不力辨者。如云地方归中国保护，助修铁路，是明指东三省为俄国地方，特以保护地方助修铁路之事责之中国。本国于外国地方人民管辖之权所不及者，则有保护之名，俄人以保护二字阳许中国，而阴夺其管辖之权，实未尝以东三省认归中国。且既责令中国撤兵去备，又复何权保护？始终舞文，愚弄中国。不可许者一。

守路俄兵房屋粮食悉归中国供备，东三省财赋徒为俄人养兵之需，东三省官吏徒为俄人转饷之用。俄以守路为名，密布精兵于东三省，竭中国之力，养兵以制中国。平居则无兵之费，临事则有兵之用，俄计得矣，如中国何？不可许者二。

遣散华兵，交出军火，俄有兵而我无兵，俄有器而我无器。束手受制，名虽交还，与不交还等。不可许者三。

设险守国，中外通义。撤全省炮台则无险可扼，无地可守，东三省之势去矣。门户既失，堂奥难保。设官置吏，为俄人役，又焉用之？不可许者四。

牛庄等处必俟平静然后交还，则交还无期。东三省关税全恃牛庄等处，不交还牛庄等处，则东三省利权尽为俄据。不可许者五。

地方由中国派巡捕官弹压，中国所得者为俄人弹压地方之权，俄实未尝以地方交还中国。不可许者六。

沈阳派驻俄员与闻要公，则一举一动尽为俄制。且地球万国自主之国，从无京省内地派驻外国人员与闻要公之例。俄一开端，各国效尤，必至十八省内地遍置洋官，反客为主。地方官之贤者为其牵制，不肖者供其驱策，政权、兵权、利权尽为所夺，不及十年，中国之地悉归外洋矣。不可许者七。

既令中国遣散华兵，交出军火，又许中国兵力不及，俄兵相助，自相矛盾，任意欺罔。俄人果有助中国之心，既知中国兵力不及，即不应复去其兵，既去其兵，又何助焉？去华兵而助以俄兵，实欲制我，非以相助。不可许者八。

中俄立约，中文、俄文必当并行，不得专据俄文行事。不可许者九。

九者许其一则各国必援例要求，大事去矣。万国公法从无全权委员之名，将军无授全权之权，委员非执全权之人，全权之命不出朝廷，即属矫旨，岂足为凭？增祺擅派，周冕擅议，无君已甚，罪在不赦。此风一开，则十八省督抚皆可与各国私行立约，卖国之臣效尤接踵，国家号令不得复行于天下矣。臣实痛之，伏乞降旨，亟逮增祺、周冕，械送行在，审明正法。即简人署理将军，立遣专使，亲至俄廷，开诚布公，披心露腹，折之以大义，感之以至诚，晓之以利害。俄主英明，夙与英、日为仇，必不贪小利、昧远图，以朝廷恩意结之，势必欣然听命，归我东三省，昭布大义于天下。增祺之约，一言可废。俄约既定，改各国之约如反掌耳。宗社存亡，两宫安危，在此一举。

臣前蒙召对，亲奉懿旨，命臣宣谕李鸿章。臣即遵旨请行，皇上复为臣代奏，皇太后颔之。临退臣复力以为请，皇太后卒未尝命臣前往。臣杜门廿年，被命复出，志在殉国，有死无二。迂儒谬论，屡荷优容，忧愤所发，遂劾枢辅，并及部臣。越职妄言，分当窜逐，复蒙圣恩曲赐矜全，奖其怀忠，免其置议，闻命感泣图报，无由伏念。

俄约关系存亡安危，必当以死力争，不改俄约决不能废各国之约，不废各国之约决不能改俄约。事本相因，披郤导窾，必有不易之理，可乘之机。区区愚忠，愿仗天威，奉国书亲谒俄皇，喻以大义，动以至计。臣非敢苟为权术，取济一时，实欲用顺制逆，立中国万世不拔之基。宣布上意，令俄主感悦信服，返侵地，归故疆，修好释嫌，尽罢要求，为各国倡。中俄协力，制日拒英，杜乱党破坏之祸，寝强邻分割之谋。

救亡图存，止戈已乱，在于今日，间不容发。失此不图，后悔无及，犬马微躯，唯当披发入山，闭户待死。臣志素定，愿于至难之事力行所言。天恩许臣，臣即星夜兼程，前赴京师，会商李鸿章。然后晤商俄使，先废谬约，疾赴俄都，与俄皇定议。臣必有以自效，必不误国辱命。如臣言不效，愿伏欺罔之罪，死无所逃。披沥上陈，伏乞皇太后皇上圣鉴。谨奏。

恳恩俯准前请以重使命折　庚子十二月十五日上

为恳恩俯准前请以重使命，恭折仰祈圣鉴事。窃臣前以俄约事关宗社安危，妄有所请。本月初十日奉本部转准军机处片交，主事夏震武陈请自行赴京见李鸿章，并赴俄议废周冕旧约一折，已奉旨将原呈抄给李鸿章阅看，并准令该员前往京师矣。刍荛之言，竟蒙采择，伏读钦悚。恭绎谕旨，命臣前往京师，不言使俄者，盖欲臣与李鸿章商定奏请。臣筹思竟日，窃以为如此必不能使俄人废约归地矣。各国通例，以专使为重，凡事体重大非例使所能办者，则遣专使。今废约归地，交涉至大，臣奉命北行，未降明诏，未奉国书，必令与李鸿章商定奏请，俄人必以为讲信修睦。朝廷初无此意，即李鸿章许臣前往，臣亦无以取信俄人，俄人必拒不受。且礼乐征伐自天子出，遣使大事朝廷不能决计，必令臣请命李鸿章，既非所以尊朝廷，亦不可以示外洋。揆之微臣出处进退之义，实属未安。臣受命危难之中，非欲以专使为荣，顾不如此，则人微言轻，必不能仰仗天威，宣布上意。当此呼吸存亡，举动必当计出万全，不可以无益之举，取轻纳侮。如以臣言为可行，乞即从臣之言，臣必有以自效。如不从臣言，无为虚此一行。臣非敢爱死，诚恐于事无济，损威失重，徒伤国体，臣即以一死谢朝廷，不足塞责。冒渎上陈，战栗待罪，伏乞皇太后皇上圣鉴。谨奏。

再，朝廷能用臣言，臣之愿也。如以成命必不容改易，则臣愿有请者。臣以区区愚忠，不忍君父之急，勉思自效于艰难之中。惧秉性戆直，未能与李鸿章委曲筹商。窃见直隶州知州洪嘉与留心时务，候选道许珏熟悉外交，拟请旨准令随带前往。臣与李鸿章有议论异同之处，臣不能不以所见达之朝廷，并请旨准臣专折奏事。是否有当，伏乞圣鉴。谨奏。

情轻法重吁恳恩宥以广皇仁而伸公议折　辛丑正月

为情轻法重，吁恩恳宥，以广皇仁而伸公议，联名恭折具陈，仰祈圣鉴事。窃臣等恭读邸抄，钦奉本月二十五日谕旨，举国震悚。臣等以为挑衅误国，惟已革大学士刚毅一人实难辞咎，其余本非主谋，必宜明告天下，上邀宽典。已革端郡王载漪，降调辅国公载澜，骨肉懿亲，理当以恩掩义。革职留任刑部尚书赵舒翘，降调左都御史英年，则皇上谕旨已早明二臣之无他。而赵舒翘德望素著，外历抚藩，内任枢部，清操绝尘，监禁之日，举国呼冤。革职留任甘肃提督董福祥，功罪例得相抵。刑部侍郎徐承煜，父子罪不相及。此六人者律以中外律法，均当在宽免之列。夫朝廷所以曲徇各国之请者，为救亡图存也。滥杀无辜而可以延国祚、保宗社，必无此理。且各国欲严惩祸首，必期情真罪当，方足服中外之心。吏部左侍郎许景澄等游移误国，各国尚力请昭雪，而反胁朝廷以屠戮善良，必非各国之意。

天理人情，中外所同，顺之则存，逆之则亡。如今日逼戮王公大臣，忍心害理之举，既非中国所宜出，亦非各国所能安也。束手待戮，诸臣已矣，为国而死，死固无怨。皇太后皇上以一身孤立于上，欲与谁共天下乎？两宫西幸，流离患难之中，涕泣相从者惟载漪、载澜、英年、赵舒翘、董福祥等数人，一旦骈首就戮，皇太后皇上追念前情，能无恻然？君臣一体，手足既尽，元首焉依？生杀予夺，悬命敌人，陛去堂崩，主势卑国威替矣。披枝及本，可为寒心。愿皇太后皇上坚持定见，力赐保全，电饬庆王、李鸿章与各国婉商力争。并饬驻洋各使照会外部，内外协力，晓以至理，动以至诚，无令□□逆党得以间我中外之交，快其报复之私。下保诸臣，即所以上保宗社。

恭读九月二十二日谕旨，皇上已明言，朕于诸臣处分轻重，一秉大公，毫无偏袒，皇天后土，实鉴圣心。此时断不容轻徇各国要求，于已定罪案复有翻异，一再加重。夫以宣力任事之人而以敌国一言诛之，此后谁复有效忠朝廷者？殉国者诛，卖国者用，刑赏颠倒，何以使人？窃恐诸臣死，而各国之要求有加无已。死者不可复生，人心一去不可复收，国势一替不可复振，可为痛哭流涕者也。本朝以忠厚开基，宽仁立国，列圣相传，家法不改。皇太后皇上当以列圣之心为心，区区愚忠实不欲朝廷有杀戮过举，上干天和，下拂人心，得罪祖宗，取讥史册。冒渎天威，无任战栗，待命之至。伏乞皇太后皇上圣鉴。谨奏。

庚子十二月二十七日，震武归自三原，恭拟此折，商之工部堂官，均言奉旨不准再有渎陈。震武不得已请署工部侍郎陆润庠领衔入奏，陆公不允。复因工部郎中赖清键，转请翰林院侍讲学士李联芳，李君允之，已约定正月初三日入奏矣。时列名者，前河州总兵刘璞、翰林院编修刘廷琛等以下二十余人。李君意忽中变，于是刘廷琛删取此折，呈请翰林院、都察院代奏，俱不允。震武复邀同京官刑部尚书薛允升、署工部侍郎陆润庠等，电请两江总督刘坤一、两湖总督张之洞，设法专救刑部尚书赵舒翘，回电均谢不能。震武于初五日亦遂大病几死，至二月初三日乃能起行，遂即乞假回籍。辛丑二月初五日谨识。

《灵峰先生集》卷四上　书牍上

上竹坡先生　甲戌

覆试之日，震武偶苦暑温，先生命告假，无急入试。且谆嘱之曰："古人以早年科第为不幸，君年甚少，且当力学，迟之一二科，俟学成识坚而出，出有济于天下未晚。"先生之言爱我甚深，期我甚大。震武虽愚，夙亦知求富贵利达之可耻，任世之责者必先尽己之道，出处进退、辞受取予无所苟，然后可以言正君泽物。沟壑丧元，生平素志，今岂为区区一官抱疾干进哉？先生之劝其退也，乃所以进之。爱人以德，古谊则然。今归矣，愿先生赐之教言，使知所以用力，无负于前日相期爱之意者。越日当走，辞先之以书。敬请道安。不尽。

上李兰生先生　丁丑

前日晋谒，函丈盛称潘伯寅侍郎之爱才，命震武执弟子礼。震武以嫌辞，复蒙面谕再三，退而思之，窃以为必不可。古人有成德之师，有问业之师，断无求官之师。侍郎位尊望重，震武以应廷对之士，而靦然执贽显者之门，何以自解？一生名节必从此扫地矣。君子爱人以德，为天子师，一言一动，天下观听集焉，当以廉耻倡天下，不当以奔走导天下。违命之罪，义无所逃，伏维垂察。

上张致夫先生　辛巳

瞻望门墙，阔绝至今。杖履还山，两入都而不一见。既不获立雪左右，又以关山阻隔，起居之问不到函丈者七年。惭负师门，念之悚然汗出，无以自解。以震武之不肖，自分终老乡间。一旦猥蒙荐拔，幸列显科，方谓自此可以稍酬其志。无如德微福薄，灾病交至，蹉跎数年，始获观政工曹。又以戆直性成，不能与时俯仰，引事去职。虽自知富贵利达之念不足以稍芥蒂其胸，然重念受大君子知遇之恩，不能奋发有为赫然立功名于时，徒以病废无能之身为世诋笑，内疚何极！

虽然，出处进退之节，古人所谨，不可则止。圣贤明训，君子一日居官必有一日之事，有其官而无其事，优游岁月，循资冀升，是素餐也，君子所耻。为贫而仕既非吾事，立朝而道不行又非本心，位卑言高，徒以取罪，则固不如返吾初服之为愈也。况古人四十而仕，自度未及其年，正力学求志之时，非从政行道之日。与其进而违心，不若退以俟命，揆时审己，归计遂决。

又思三不朽之业，立功存乎天，立德、立言存乎人，存乎天者不可强而致，存乎人者惟人所自勉焉。行道于当时，扬名于后世，天也。强学力行，守先圣先贤之遗训以饬其躬，实诸己传诸人，此穷达皆可为者。自审迂愚，不能营营然与世俗之士争短长也决矣。惟此心此志，矢以终身行乎，分之所当然。尽其力之所能至，出则救天下以政，居则救天下以学，二者必冀有一可。知夫子系念深，又恨相去数千里，无由一见，侍教无日。终念此意不可不达之长者，忘其率尔，谨缕缕具述所欲言以闻。

复徐季和先生 乙酉

承以顾、黄从祀一议，下问棘人，而命之详核速复。窃维顾、黄学术，方植之《汉学商兑》、唐镜海《学案小识》有定论久矣。苫块余生，岂特无心及此，实亦理所不当与闻，谨守唯而不对之义。扶力奉复，伏乞矜鉴。

复竹坡先生 丙戌

辱手教恳恳，为意甚厚。然述议者之言，以衰经为非今制，则非不孝所敢知也。衰经载之会典、通礼，会典、通礼之制，今耶古耶？会典、通礼非今制，则必以出于会典、通礼之外者为今制耶？今士大夫之以麻冠袍、白冠袍、元冠皂袍为衰，此乃出于会典、通礼之外者，以是为今制，非不孝所敢知也。

庐墓固非古礼，然以孔氏礼教之宗，彼其弟子且行之于师，岂有可行于师而不可行于亲者哉？夫当其生也，依依膝下，须臾之不忍离。及其既没，则一旦委之荒烟蔓草之间，坟土未干，弃而去之，果于心安耶？心之不安，礼所由起也，何古礼之拘哉？衰经则曰是古礼不可行，庐墓则又曰非古礼不可行，是何说也！非不孝所敢知也。

来教谓其不宜立异以致谤，不孝非敢立异也，顾欲令其弃礼从俗以求免于谤，则固有不能。墼庐苦哀之中，扶力奉复，语不及文，伏维鉴察。不一。

复张季玕　丁亥

来书以除服而葬可否用乐为问。吁，是何言也！三月而葬，居丧不言乐，此见于礼者。停枢不葬之禁居丧作乐，列于十恶，此见于律者。信如足下之言，是一举而大罪二也。未葬不变服，古今通礼，岂有除服而葬者哉？其以有故逾三年而葬者，是犯礼冒禁，为人子大不幸之事。其未葬也，衰经不去体，不内寝，不食肉，不饮酒，不赴官应举，一如三年之内。其葬也，则当疚心疾首，自怨自艾，以致其悔痛之实。此乃所以处变礼之正者，而反恬然以乐临之安乎？大功将至避琴瑟，邻里有丧，不歌不相，况于三年之丧！此宜稍有人心者所不忍出诸口。足下自命理学，乃有此言，惑亦甚矣。墓庐非讲学之地，兹所问礼也。谨复。

复应敏斋廉访　丁亥

辱书教以温公之葬后常服未可轻议，古人受服之制，变布而不变衰，有不得行于后世者，诚然诚然。然温公之葬后常服，权也；古人受服之制，经也。权非圣人不能为，而经则虽庸人可以勉守而寡过。此不孝不敢以彼而易此也。

居丧固以居处饮食为本，衣服为末，然居处饮食之失，未有不自衣服始者也。令俨然衰经在身，而饮酒、食肉、御内、服官，壹是不异于常人，则必有恶然而惭生于颜，戚然一日不得安于心者。夫惟服去而哀忘，哀忘而失礼之事安之若素矣。故欲复丧礼之失，必自复古人受服之制，变布而不变衰始。

今士大夫未闻以家贫而废其四时之衣，而独至于居丧之受服，则必以家贫不能具礼为解。夫家贫不能具礼，则终丧一衰可矣。今之制为葬后常服者果为家贫耶？蟜固能不脱齐衰以视上卿之疾，其视今之不必见上卿而辄变斩去衰，弃其亲之丧以求悦于人耳目者，果何如哉？冢庐苦哀之中，方当尽发其胸中谬见，以求正于高明。唯足下不鄙而进教之，则幸甚。

复黄藻轩、黄立山、胡仰山、邹秉乾　丁亥

震武跧伏穷山，为世俗所憎，无能有无。乃蒙诸君子不远千里，贬损道德，先之以书教，令一献其所见，称之为真儒，比之于清献，震武之愚，固自知其不足万一于此也。虽然，震武自有知以来，亦尝欲得有志斯道者而事之矣。其后年稍长，足迹稍远，一时所见，士大夫卑者守帖括、习小楷，高者谈汉学、讲西法，雷同炫耀，苟以为利，举世一辙，则又未尝不孤行而不前，独学而自疑。

今乃有诸君子后先相继而起，足知义理自在人心，虽晦蒙否塞于一世，而不容不发见于一二人。愧喜之余，遭逢恨晚，方将恃以坚其趋向，定其指归，其敢有爱于一言？遇良医而进方，对大匠而引绳，其不自知量也可愧，其有所取正也可幸。诸君子所谓立志居敬以端其本，穷理审几、力行成物以尽其功者是矣。诸君子所以充其所至者，则愿无夺于利害，无惑于异同；要之以死而后已，矢之以遁世不悔；不愿乎外而后能充其内，无求于人而后能实诸己也。震武于诸君子既喜其志之同，又恨其学之不相及，蒙诸君子请之恳恳，而不敢不返以请。抚衷惭惶而无所有于中，执笔忸怩而不能已于言，诸君子亮之而已。

承询以科举不免夺志，而父母类以此为期望，弃科举则拂亲心，为科举则害天性，欲令鄙人一决其所疑。窃谓科举所以不免夺志者，正由立志之不坚耳。使其立志果坚，则平日读圣贤书，临试一据吾胸中所欲言者而为文以应之，得失利害置之度外，何夺志之虑哉？惟其得失利害主于中，而不免存有营求揣摩之心，则不得不舍圣贤书，而日取所谓时文者而读之效之，此所以有夺志之虑也。夫不忧己志之不立，而惧亲心之不悦；不责己之不免萦心于科举，而以父母之期望为藉口，此自昔学

人之通病。不知谕亲于道，古之明训；怀利以事，君子所耻。勤力养志，人子之所以求顺其亲者，未尝无道也。内不足而待于外，实不足而求于名，斯其欺于亲也甚矣。天下岂有不诚其身而能顺乎亲者哉？

虽然，此义之不明于世久矣，而其惑则实始于家贫亲老不为禄仕之说。是说也，愚窃疑之。君子之仕也，行其义也，非以为养也。竭力耕田供子职者乃养之正，岂必舍其子职之当尽者，而借于外之禄以为养哉？建官设吏以为天下也，养者一人之私也，以天下之公为一人之私可乎？君子之律身也，非其义也，千驷勿视，一介勿取，若为养而可苟受朝廷之禄，是爱其亲不若爱其身也。为己为亲，只是一事；为养而仕，是二事非一事矣。颜子箪瓢陋巷，不以颜路尚在而改其乐，律以家贫亲老不为禄仕之说，则颜子毋乃不孝之甚者耶？夫明乎仕之必视其道之可行与否，而不得以养偶屈其道，则其于科举也，可就而就焉，非苟就以为利也；可弃而弃焉，非苟弃以为高也。上之求也，将以任之事而非以为恩；下之应也，将以行其学而非以为荣。若是则诸君子所谓拂亲心、害天性者，毋乃虑之过与？

《近思录》者，四子之阶梯；小学者，《近思录》之阶梯。《近思录》注家颇多，善者绝少。江氏以朱子之言释朱子之书，差稳初学，守之可不至为异说所惑。《家礼》非朱子原书，王氏之说未尽。无见今《通礼》虽多因《家礼》，而其间颇有胜之者，此尤士大夫之所当遵守。以此为本，再参酌于《仪礼》、《书仪》、《家礼》，及本朝诸说《礼》之书，而行之乃为尽善。词章、考据之弊，非所虑于讲学者，讲学而染良知之毒者十常八九，不得以其余焰稍衰而轻置之也。至于本末有序则洞见道之大原，敬义并进则深得学之要领，诸君子苟能笃守而力行之，则斯道之传有在矣。辱远问而义有不得辞者，聊为诸君子诵其所闻，愧甚！愧甚！

复周亦韩 丁亥

墨衰、庐墓，经权之论，予夺当矣。虽然，足下亦知此二者皆朱子故事哉？考朱子之居祝孺人丧也，曰居墓侧，朔望归奠，是朱子亦未尝废庐墓之礼矣。墨衰非法已甚，足下则许之为权；庐墓于情可原，足下必斥之为过。毋乃非平心之论与？礼必有其实而后有其文，文而不失乎其实，则礼可以义起。居处不安之甚而有倚庐，居处不安者实也，倚庐者文也，以墓庐易倚庐，先王制礼之实未或悖也。哀亲去饰之甚而有斩衰，哀亲去饰者实也，斩衰者文也，衰而墨之去之，先王制礼之实尽失之矣。不但是也，礼因人情以为之制，而其立法恒自愚不肖始。庐于中门之外，非时见乎母也，不入中门者，礼之所以为愚不肖防也。墓庐之于礼意益严矣，以故兴物而制为衰绖者，礼之所以为愚不肖虑也。墨衰常服，于礼意何存焉？

足下以神依于寝，辨庐墓之非，而谓几筵重于墟墓似也。主栖神，墓藏体，神依主不依墓，断以古义，则庐墓似诚不免视其体之过于神矣。然而古人有哭墓展墓之礼，有庶子为坛而祭之礼，是未必其神之不依墓也。神既未必不依墓矣，则几筵之尺木顾必重于墟墓之遗体乎？古人制礼，宗庙、邱墓并重，未闻以墓藏体而轻于庙也。而吉礼行于庙，凶礼行于墓，则考之于古皆然，然则居丧于墓岂可谓非古人之意哉？朝夕奠兼设于墓者，以情致爱于其体；朔望归奠于主者，以礼致敬于其神。奠主奠墓，于彼于此，彷徨以求其一遇，夫亦礼之所许也。以奠墓为野祭而必不可，则有庶子为坛而祭之例；以奠主奠基为无定而非所以萃其神，则有祭堂祊外之例；朔望归奠，墓虽远，必朝往夕返，非父母有疾也不得宿于室庐，则有非见母不入中门之例。如是而曰庐墓必不可者，窃以为非知礼者也。

孔门弟子以事亲者事师，而倡为庐墓之举。后人即以其丧师者丧亲，而因其庐墓之礼，必欲绳以礼文，则居丧不得越中门之外，哭师亦岂得逾寝哉？骨肉归土，魂无不之，师与亲一也。论其迹则亲丧固已有主，师丧亦可为位，庐墓均之乎无当于礼者；论其情则体魄之所藏，必有依依而不忍去者焉，师丧可以义起，亲丧独不可以义起乎？庐墓亦礼之所许也。君子之于亲也，有终身之忧而无一朝之患，薄敛深葬皆所以防患于未然也。后世为虑益周，而有灰椁之制。灰椁厚者，非三阅寒暑不得燥而坚。其燥而坚也，斧锄不能入。其未也则与浮土等耳，一掩而去之，是暴骸中原也，人子之心安乎？古者丧制取诸大过，而夫子之赞《易》也，于小过之象则曰丧过乎哀，盖丧非过不能得其中。庐墓虽过，亦小过之义也，固圣人所不废矣。

足下欲明墨衰常服之为权，而援康王释服即位为解，此则先儒已有辨其为脱简者矣，姑勿深论。盖古者天子、诸侯之礼与士大夫绝异，汪容甫举居丧释服之礼十六，天子、诸侯居其十。然其所谓释服者，不过以朝祭大礼不得已而偶一免绖脱衰，终事而即返其服，正与后世之晏然以墨衰常服为居丧定服者相反。《礼》"惟公门脱齐衰"，则斩衰虽公门有不得脱者矣。"虽朝于君无免绖"，则其余无有可免者已。君子不夺人之丧，亦不可夺丧也，见于《杂记》，又见于《服问》，又见于《曾子问》。彼之制为墨衰及葬后常服者，自夺乎？夺人之丧乎？权者，圣人之所慎也。今以庸人而遇事之可以便其私者，动曰权，何权之易也！传之志，始墨也，许其权乎？抑讥其礼之所由失也？

明乎此而庐墓与墨衰常服之是非，可一言而断矣。震武非敢以辨自文其过，而既蒙足下见诲之深，则不得不一尽其说。其或别有精义而非浅见之所能喻，则望进而教之。

复杨正夫 丁亥

辱书，三复庄诵，竦然起敬，奋然为之增气。震武不得已而有汉学之辨，其不以为狂且惑，而诋之笑之者幸矣。足下谓圣人复起，不易其言。吁，今安得闻此言哉？虽然，吾犹恨向者非极本穷源之论也。夫天下有血气心知者，莫不有饮食男女之欲，而特于其间，区而别之为人为禽兽者。仁义礼智，粹然至善至中之理，天所以命人，禽兽不得而与焉。禽兽有欲，而人全乎理，自其生已各殊。人必存其异于禽兽者，去其同于禽兽者，然后粹然全其为人，而有以承天之命，立人之道，充之可以参天地、赞化育。故曰人者天地之心，弃人之理，恣于禽兽之欲，则天地之心绝，阴阳错乱，气化乖戾，天地亦无所赖以立。至于地震、星变、水旱、盗贼、夷狄之祸并作，而人类尽矣。故理欲之辨，人兽之别，治乱之所以分也。

圣人忧之，其所以立学明伦，推本于天命之性，率性之道，而设为五达道之教，使人道不至遂为禽兽。其大指见于尧、舜、禹之相授受者，不过曰人心惟危，道心惟微，惟精惟一，允执厥中而已。危者人欲之易炽也，微者天理之易失也，精一执中所以去人欲之私而全其天理之公也。唐、虞、三代之世，教者惟以此为教，学者惟以此为学。六经之文、三代之学，为名不同，而其为教与学之意则未有出乎此者。

孔、孟没而此理不明于天下，训诂、词章之士夸多于记诵，炫博于见闻，弃实取华，玩末丧本。惟以驰逐声气、猎取利禄为务，而无能反求于其身。豪杰有志者遂至以儒为诟，而鄙不屑为。异端佛、老乘间而起，反得以近似乱真之言，鼓天下之众而从之，斯民失其性者几二千年。程、朱氏起，始卓然有见于遗经，其所以修之身而教于人者，必兢兢以去人欲、存天理为本。穷理格物之方，克己慎独之要，尽心知性之功，经世宰物之蕴，已发者无不明，未发者无不发，六经、孔、孟之旨，焕然大明于世。

盖虽以春秋、战国之去三代未远，孔、颜、曾、思、孟大圣贤迭生于其间，不克化争夺弑逆杀报之俗，以反诸正。至秦、汉、魏、晋、唐、五代，而朝廷闺门之丑，胥为禽兽矣。自朱子表章圣学，而天下始晓然于天理之不可一日而亡，人欲之不可一日而肆，君臣、父子、夫妇之伦日严。而臧获婢妾，贩竖佣奴，莫不知有礼义廉耻之可贵，淫僻之可贱。是非羞恶，截然有经。守其说而明以开太平之治者二百年，其宫闱之正，人心风俗之善，度越汉、唐。虽佚君乱政迭作，而其士大夫持清议、立名节、维风教，毅然蹈万死而不顾者，所在而有。此朱子之功可以上配孔、孟无愧，而其效明著于天下后世者，不可诬也。

本朝以朱子之学立国，一时政修于上而学明于下，道德之一，风俗之同，则又骎骎乎驾明而上之。朱子之学，可谓至是而有明效大验矣。由其道而不变，虽万世治安可也。乾嘉之际，风气骤变，习尚日漓。惠氏起而首倡汉学，以攻朱子。戴氏继起，变本加厉，偏诐益甚。辅以纪、阮，徒党既众，门户遂立。钱、孙、汪、洪、凌、焦、江、刘之徒，附之者盈天下。其文学足以饰其奸言，其辩博足以济其邪说，其声华气焰足以惊骇庸俗，鼓动世人。其称名借号所以号召天下者，亦未尝不曰吾所讲者六经、孔、孟也。究其为说，则所谓理存于欲，圣学有欲，异学无欲，理欲之辨为忍而残杀之具，程、朱以理杀人甚于申、韩以法杀人者，无非蔑理尊欲，显反六经、孔、孟而已。

存理去欲者，六经、孔、孟之教也。其敢于反为蔑理尊欲，显然叛六经、孔、孟而不顾者，理不灭则人将执理以绳己，欲不尊则己不得纵欲以快其心。彼既终其身昏迷于饮食男女之中，而遂以其下愚不肖之心，上诬圣贤，横被经典，至敢于昌言无忌如此。其心已日入于禽兽而不自知，而犹恃训诂考证，肆然号于天下，以为圣人之学。

夫天下贤智少而愚不肖多，其日思放其欲于饮食男女之私，而苦于程、朱存理去欲之教，有所禁制而不得逞，以为深忌积恨，而欲甘心之者久矣。一旦有桀黠者起而为之倡，则其乐于彼说之可以便吾私，群然归之如流水而不可御，以至人人树敌于朱子者，势也。人欲横流，孔、孟、程、朱以千万言防之而不足者，惠、戴、纪、阮以一二语决之而有余。夫汉学何害，以若是之心志而讲汉学，则其祸人家国天下而害酷于洪水猛兽、杨、墨、佛、老、禅学也决矣。

自古异端为患，不过在立说之偏，而夷考其制行，则莫不卓然有以异于流俗之处。以金巧污下之人而行其学于天下，未有若乾嘉诸儒者也。廉耻丧而男女之防溃，利欲炽而父子、君臣之伦绝。郑、卫、魏、晋淫佚之风、浮靡之文、苟贱无耻之习，秦、汉异端无父无君之说遍天下，而学术亡，正道绝，三纲九法扫地无存，盗贼夷狄之祸杂然并作，天下遂大乱。

及今且百年，欧美之辙已遍中原，周、孔之教将化耶稣，士大夫服西服、学西学，叛人伦而归之者，道且相望。颠倒于荣利，奔走于权势，以效彝言为长材，以习彝学为通人，以用彝变夏为识时务，视君国之安危、民生之利病，漠然若秦人视越人之肥瘠，而不足以关其虑也。而天地正气犹有几希未尽泯于人心，激发于一二小民者，则惟恐不净绝其根株，而不惜戕贼天地之性，以快异类。其势将不尽率天下为禽兽不止，而要其理不足怪也，何也？彼倡为蔑理尊欲之学者，其以禽兽之道教天下之人，固已久矣。昔者杨、墨兴而焚坑之祸作，王、何出而刘、石之乱成，盖邪说炽，正学亡，则人道无以自别于禽兽，而大乱作。此天地必然之理，历百世而可知者。

孟子辟杨、墨、告子，董子辟老，韩子辟佛，程、朱氏辟禅，其为世道人心计者，至大且远。然杨、墨、告子、佛、老、禅，其学犹知以仁义道德心性为务，其躬行实践、断嗜欲、弃名利，尚未大背乎六经、孔、孟之教。独至惠、戴、纪、阮，蔑理尊欲之学一出，而六经、孔、孟之教渐灭遂尽。其溺于利欲，黩货滥色，迻势矜名，贪淫忿忮，万万非杨、墨、告子、佛、老、禅比。而其假经术以欺天下，祸学术，贼人心，则有万万于杨、墨、告子、佛、老、禅者。杨、墨、告子、佛、老、禅，孟、韩、程、朱且不能绝其说使不行，徒明是非，辨得失，以俟后之人。当时起而议之者犹哓哓，况今无孟、韩、程、朱，而惠、戴、纪、阮以其学鼓天下而从之者，远过于杨、墨、告子、佛、老、禅。

世之读其书而师其人，祖其遗术故智，以取富贵、据要津、拥皋比、聚生徒、享大名于时者，踵相属也，而吾独以一人呶呶于其间。呜呼！其亦韩子所谓不量其力，且见其身之危，莫之救以死也已矣。虽然，吾不能因是而止者，一指痛则引全身者，气之同也。天下之人孰非吾同气者，同气之人而有失其心，至于颠倒昏惑，砒鸩菽粟之不能辨矣，其视一指之痛何如？而不大声疾呼，涕泣以救之者，非人情也。程、朱菽粟也，惠、戴、纪、阮砒鸩也，叛程、朱而学惠、戴、纪、阮者，是弃菽粟而食砒鸩也，吾知不待入口而其心之死已久矣。吾不得已而为之大声疾呼，忘其身之危、力之不足，以冀倖人之一悟者，吾不忍以同气为秦越也。

孟子曰，无是非之心非人也。存理去欲之道，孔、孟、程、朱之道，人之道也；蔑理尊欲之道，惠、戴、纪、阮之道，禽兽之道也。孔、孟、程、朱以人之道教人，惠、戴、纪、阮以禽兽之道教人。人而甘为禽兽者，则惠、戴、纪、阮之学宜可为也。不然，吾知其必将有闻吾言而恻然而悲，愤然而起，勃然奋兴而不能一日安者。则区区所欲拨乱世以反之正者，其尚有望乎？其尚有望乎？先君子见弃以来，绝口论学已四载，微足下无以发吾之狂言。

复周亦韩

辱书所以教之者至矣，震武非敢自外也，顾其间终有不能释然者。墨衰之失，前言尽矣，足下必以朱子之故，坚执为权。权与？失礼与？非圣人孰能正之？其即以朱子之言正之可乎？朱子晓谕居丧持服之文曰，先王制礼，悉因人情，居处、衣服、饮食皆有定制。降及中世，乃有墨衰之文，则已不能无失于先王之意矣。以朱子之言正朱子之失，一言可定，岂有同一墨衰出之他人则为失礼，出之朱子则为权者耶？足下必以朱子大贤不容有失，墨衰之事是权非失者，则未知人非圣人，孰能无过？朱子之贤不能过曾子，以曾子亲讲问于夫子，而其失礼之事见于《檀弓》者犹如此，后儒有辨其不可信者。陆清献非之曰，是徒知尊曾子而不知穷理之难也。足下之言毋乃徒尊朱子，而未察于理之难穷者，虽大贤亦不能无失与？

《朱子年谱》日居墓侧，朔望归奠一条，则李本、洪本、闽本所同。李本固多改窜，其改窜者类必以为象山、阳明地。此条何与象山、阳明而增入之耶？洪氏及见果斋元本，未尝有异辞也。江慎修《考订朱子世家》亦具载此条，未尝有异辞也。王氏白田果何所据而断为不然哉？白田以李、洪、闽三本皆云日居墓侧，不言何所为疑，此尤惑甚。曰墓侧既明言其所矣，顾谓不言何所耶？谓不言何所者，徒以便于凿空，指为寒泉精舍耳。谓以精舍名乃讲论之地，非守墓之所，则可以证朱子居丧讲学精舍之实。其如旧谱固明言其所，何其如旧谱固明言墓侧？不言精舍未尝以精舍为守墓之所，何其如守墓之所自在墓侧，无与精舍？旧谱甚明，后人不得而变乱之。何求其一字之实据而不可得，则以朱子《与范伯崇书》偶有寒泉二字，遂执为证。吁，是何敢于诬朱子之甚也！率天下讲学者以灭先王之礼，必白田之言矣。

三年之丧居庐服衰，天之经也，地之义也。居丧无不衰之理，居丧亦无不庐之理。古者庐于中门之外，孔氏之后乃有墓庐，其所以体人子必至之情而为之制，以伸其哀一也。大功废业，况于三年之丧，岂有俨然衰绖在身而去其室庐，讲学精舍者哉？此稍有人心者所不为，而谓朱子为之与？范文正于嫁母本无服而居讲席，象山犹以为非；陈正己居丧论学，吴草庐犹讥之。曾有百世师如朱子者，其守礼反不若象山？

草庐之为，禅学者与？朱子《与范伯崇书》但言寒泉，并不言寒泉精舍，寒泉乃祝孺人所葬之地。书中所言比携二子过寒泉者，正指朔望归奠之后，携子反墓而言。白田何由知寒泉二字，为指精舍而必不指墓侧与？况朱子之书显然有可证者。《答吕伯恭》云："熹去丧不死，痛慕无穷，他无可言者。今以舅氏之葬当走尤溪，魏鹰仲来墓次，得以略闻动静。"此书有去丧不死之语，其为除丧后作无疑。是朱子除丧后犹未离墓次也，居丧之时可知矣。又《答吕伯恭》云："建人刘氏兄弟同预荐送，乃翁亦以免举试礼部，皆欲见于门下。熹新阡与其居，密迩两年，相从甚熟，知其嗜学可教。因其行，复附此为先容。"朱子若非日居墓侧，安得有"新阡与其居，密迩两年，相从甚熟"之言？此二书所谓墓次、新阡者，岂亦可指为寒泉精舍耶？

至《答胡广仲书》有"时来坟山，幸有一二朋友温绎旧闻，且尔遣日，实则不若无生之愈"之语，则尤日居墓侧，朔望归奠明证。不曰日居墓侧，而曰时来坟山者，对朔望归奠而言，托省墓之词，避庐墓之名耳。温绎旧闻，盖亦读礼之义。身居墓次而有来墓讲问者，不得拒而不答，此则庶为大贤之权。然亦惟有朱子之学则可，以其实有益于人也。若无朱子之学而妄效其所为，则人未必受其益而已，先自丧其守矣。要之朱子居丧不妨有墨衰之失，断断不容有讲学精舍之失。

白田勤一生以治朱子之书，不应未见此三书，岂偶然忘之耶？抑有意匿之耶？于其显然有证者则置不之据，而独援一偶有寒泉二字之书，朦混牵合，以曲证其居丧讲学精舍之说。使朱子受诬于百世下而无以自明，此则未免仍用阳明、古冲之故智矣。已则蹈之而以责于人，何以服阳明、古冲之心哉？吾不知白田何恶于日居墓侧，朔望归奠，何喜于居丧讲学精舍，而以强诬朱子如此。至于今日而士大夫之居忧者，必以书院为丧庐，山长为孝衔，动藉口于朱子故事，则皆白田之说有以贻误于无穷也。

足下以墨衰为权护朱子者其害小，以墨衰为权护朱子而率天下以灭先王之礼者其害大；白田以居丧讲学精舍诬朱子者其害小，以居丧讲学精舍诬朱子而率天下以灭先王之礼者其害大，不敢不辨。足下笃守平湖、桐乡，以尊朱子，志趋之正非震武所敢望，独于此二事则未免以尊朱子之故而曲护朱子，以尊朱子之故而并世儒之曲诬朱子者，亦遂习而不察也。吾人生先儒后，当为先儒诤子，必不可为先儒佞臣，以一字一言曲相附和为尊朱子，而不求之于躬行实践之间。此自宋以来学朱子者之通病，有以激良知、汉学家倒戈之祸而授之柄，其弊至今日而已极者。

震武窃不自量其力之不足有为，妄欲捧土以障横流，将求助于四方师友，使不至终无一成以负其初心。区区所欲与好学有志之士共勉者，惟愿各敦实行，无为空谈，毋薄狂狷而高语中庸，毋贱气节而尊言德性。以千驷勿视、一介勿取自守，以不忘沟壑、不忘丧元自励；以在彼者皆我所不为、在我者皆古之制自重；以行己有耻一耻心贯于子臣弟友，辞受出处，庸言庸行之间，自讼自责。同流合污必有所不为，乞墦垄断必有所不为，枉尺直寻必有所不为。而孜孜于居敬、穷理、力行之三言以终其身，誓没齿无闻于世而不悔焉，其或庶乎不为朱子之罪人与！

复王积成孝廉　戊子

辱书，宜早报以疾病人事，卒卒未暇，迟至于今，然自知其不足当足下之意也。客有适京师者遇歧路焉，有立于其旁而指示之者曰，某途夷，某道险，某途可行，某道不可行。客不知其实而以为谩己也，怒而骂之。足下今者似有类于是。嗟乎！孔子之道京师也，程、朱夷途可行者也，陆、王险道不可行者也，罗文庄、陈清澜、张武承、陆清献、张杨园、张清恪诸君子，指路之人也。足下一则诋之曰狂瞽阳明，再则诋之曰厚诬阳明，此与适京师而骂其指路者，何以异哉？震武是以欲言而未敢进也。理不可诬，心有难欺，辱下教而有不克勉从者，惟增惭惧。

复竹坡先生　戊子

来书举心统性情以证人心为情、道心为性之说，是未察于书立言之旨也。人心惟危、道心惟微指情言，故曰危曰微指性言，则道心乃未发之中，岂得谓之微哉？心虽统体用，而人心、道心自以用言，不以体言；心虽统动静，而人心、道心自以动言，不以静言；心虽统寂感，而人心、道心自以感言，不以寂言；心虽统未发已发，而人心、道心自以已发言，不以未发言。夫人心、道心皆感物而动，而其所以不同者，则以一动于欲而一动于理也。人心如喜怒哀乐之类，道心如恻隐羞恶之类，其皆为情而非可以分属性情也，灼然明矣。不信则请证之朱子之言。

朱子于《大禹谟》解人心、道心曰："指其生于形气之私者而言，谓之人心；指与发于义理之公者而言，谓之道心。"人心、道心皆情，故道心亦以发言之性，则不得谓之发也。朱子于《中庸章句序》论人心、道心曰："心之虚灵知觉一而已矣，而以为有人心、道心之异者，则以其或生于形气之私，或原于性命之正，而其所以为知觉者不同。是则或危殆而不安，或微妙而难见耳。"人心、道心皆情，故道心亦以知觉言之性，则不得谓之知觉也。其他如曰："如人知饥渴寒暖，此人心也；恻隐羞恶，此道心也。"又曰："如喜怒，人心也；喜其所当喜，怒其所当怒，此道心也。"显然指人心、道心为情者，尤不一而足。自黄、真、薛、胡皆无异言，独罗整庵始有人心为情、道心为性之说，则先儒早已辨之，而不意先生尚沿其谬而不察也。辱明问而有不敢不据理直陈者，不惜辨正是幸。

复廖养泉观察　己丑

前书教以禅学不必辨，汉学、西学无足辨者。夫禅非真有断嗜欲、弃名利、刻苦为己者不能，此不足为今士大夫虑果矣。汉学、西学者，其势方张，不当置之于禅之列。圣贤教人，德行为先，文艺为后。汉学、西学家既蔑天理，叛人伦而去之，专恃所谓训诂天算者，哗然负之，以招于世，自以为圣人之道。使五经不足治心，六艺适以毒世，此自古异端未有之祸。吾儒为程、朱者不能出一言以与之争，方以辨陆、王、辟禅学，断断执论，为尽讲学能事，此适为二家所窃笑耳。

禅固当辟，不当辟于今日，今天下实无所谓禅。其黩货利、争权势、自绝于人道者，率皆借汉学、西学为墦间垄断者也。得禅亦足以砭世厉俗，汉学、西学乱经术，坏世教，祸百倍于禅。吾特恨不得起真禅如陆、王者，讲本心良知以激发其天良耳，不得以其卑无足道而轻置之也。汉学、西学不息，则孔、孟、程、朱之道不行。吾不自量，而妄欲奋孤力，以抗众口、见大原、洞积弊，固不敢当，然区区卫道私心，必誓与生俱尽，不能不求谅于足下。

足下殆徒见党同伐异者，不务其实而争其名，故欲以实矫之耳。然不当以此遂付一切于不论不议之列。辨是非，别邪正，为己非为人。足下文端高弟，文端固粹然一出于洛、闽者。仆虽愚，方将从足下讲求文端之旨而力行之，足下幸毋以所见不同而弃予。愿卒赐教毋吝。

复张季玗　己丑

惠书责吾辨陆、王，辟汉学，为意气过激，是何言之不察也！夫学问思辨皆所以求至于圣人之道耳。圣人者是乎非乎，抑是非杂乎？是是非非，平乎激乎？秦、汉以来，百家披猖，圣人之道几绝，赖程、朱修而明之。陆、王、汉学者流，出其偏见私智与程、朱争，以是为非，以非为是，颠倒瞀乱，为世大患。吾特恨学不充识不足，守文持论，不能大张圣人之道以廓除之耳，非有所谓激也。

足下以湘乡规予，湘乡训诂、经济、词章皆可不朽，独于理学则徒以其名而附之，非真有见于唐镜海、倭艮峰、吴竹如、罗罗山之所讲论者。其终身所得者以庄、老为体，禹、墨为用耳。儒者学孔、孟、程、朱之道，当笃守孔、孟、程、朱，不必以混合儒、墨，并包兼容为大也。足下沉潜于洛、闽者久，不能别白是非而定一尊，乃反以模棱唯阿为讲学之道，此乡愿之所以乱德者。湘乡讥程、朱为隘，吾正病其未脱乡愿之见耳。以杂为通，以约为陋，以正为党，博学多能，自命通人，足以致高位取大名于时而已，不当施之于讲学。讲学为己非为人，混邪正，齐黑白，世无此理。吾言不足信，先儒之书俱在，足下姑平心审观，务求一是，而毋遽惑乎湘乡之言以激病予，幸甚！

与张季玗　己丑

前书自明所以辨陆、王，辟汉学之非，激而其语，有未分别者。今士大夫黩货利，走名势，自绝其心者，率皆藉汉学为墙间垄断者也，实未有若陆、王之躬行笃实，谈本心，讲良知，犹知有圣人之道者。处今日曰当辟汉学，不当辟陆、王可也，不当曰陆、王、程、朱同道。陆、王者，程、朱之莨稗，汉学之硝黄，用以针砭末俗未尝无功，然实真禅非真儒。吾下不敢侪陆、王于汉学，上不敢跻陆、王于程、朱，非有所偏重也，是非天下后世之公，不得以私意与其间。足下疑吾为激，吾固非激者，以和同无择为平，吾则不敢。愿审思，毋终自误。

复邹秉乾　己丑

辱书，久未报，又奉惠函，感悚无已。足下之于震武，誉之则曰砥柱中流，挽回气运；规之则曰穷理犹疏，存养未熟。其誉也有似于戏，其规也有似于诚。戏则有所不敢受，诚则有所不敢辞。吾反覆于其言，而释然解、憬然悟曰：其誉也乃所以为规也，足下之意必曰不先之以誉，则吾之规之者得毋逆耳与？其规也乃所以为誉也，足下之意必曰不申之以规，则吾之誉之者得毋失言与？

吾将求无负乎誉，则内顾诸身，德不足求胜于言，言不足求胜于气，拾陈义为新得，据虚理为实修，足将行而不前，志欲奋而不进，世固无所赖乎吾也。外观诸世，谈汉学者薄程、朱，讲西法者鄙孔、孟，驰骋乎声气之场，沉溺乎利欲之津，贱心而贵□，弃德而尚技，吾又无能易于世也。吾其求无负乎规而已矣，磊落乎立志，从容乎居敬，沉潜乎穷理，勉强乎力行，吾愿终吾身焉。有所进不敢以止，无所进不敢以止，汲汲乎穷日夜而追之，其庶乎去之未远也。

学以求至于道，记不博、能不多，举世以皇皇，非吾疢也。道之未闻，生有惭焉，死有愧焉。尊吾性而与世背而驰，踽踽凉凉，于时有能助我者幸矣。吾又敢封己自足乎？辅仁者古朋友之谊，古谊不可以望于今,足下其何恳恳也。名言之亟悦于耳,至理之迭警于心,吾虽欲不奋而不可得矣。困学勉行以为报,有成维贤者之赐,无成亦维贤者之耻,吾知谠言诤论必将有继今而日至者。震武既拜先施之辱,又谨虚心以待。

复竹坡先生 己丑

辱示理气说,所以发难于朱子者甚至,而不知朱子之论理气,其说虽多,固无有一语之出入也。"未有天地,毕竟也只是理。"此不过极言理为天地万物之主宰,而无有先于此者。观下文便接云:"有此理便有此天地,若无此理便亦无天地,无人无物,都无该载了。有理便有气,流行发育万物。"则知理气固不相离,理即气之所以行者,而非别有一理以立于气之外明矣。

理气既不相离,则亦无分先后,而必以先后言者,道器非真截然有上下,论其等不得不有上下;理气非真判然有先后,论其序不得不有先后。朱子已自言之曰:"理气本无先后之可言,然必欲推其所从来,则须说先有是理。然理又非别为一物,即存乎是气之中。"此其发明乎理气之要可谓曲尽矣。其曰"二者有则俱有"者,即所谓理气本无先后之可言也。曰"当初元无一物,只有此理"者,即所谓必欲推其所从来,则须说先有是理也。曰"五行阴阳,阴阳太极,则非太极之后别生二五,而二五之上先有太极"者,即所谓理非别为一物,即存乎是气之中也。朱子之言虽有前后彼此,而其无不一贯如此,则吾师之诋为游移恍惚者,毋乃过与?

理气自先儒已歧说纷然,要以朱子为断。朱子之论理气虽多,其实可约以两言曰:气外无理,理为气主。气外无理故理即存乎气之中,理为气主故须说先有是理。吾师所致疑于朱子之言,诚能明乎此两义,则知其语虽多而实未尝有所出入者。愿少致思,无若罗整庵泥于理气之一而不知其分也。震武将终奉师训为指南焉。

复竹坡先生 己丑

来书反覆辨明理气为一之说,而以理者气之中一语为断,此特可以言既发,不可以言未发也。以既发言则理者气之中,以未发言则理者气之所以中，理气分合，必兼此二义方备。先生之言，是知理气之合，而不知理气之分矣。《朱子全书》于理气有言其合者，有言其分者。先生专主理气为一，而以朱子之言为游移无定。

夫朱子言理气，悉本孔、孟，疑朱子是疑孔、孟也。则请以孔、孟为断。孔、孟之言理气，固不止一端。言乎理外无气，则曰："诚者物之终始，不诚无物。"言乎气必有理，则曰："天生蒸民，有物有则。"言乎理为气主，则曰："其为物不贰，则其生物不测。"言乎气从理生，则曰："易有太极，是生两仪。"言乎理气之一，则曰："一阴一阳之谓道。"言乎理气之二，则曰："形而上者谓之道，形而下者谓之器。"言乎理即气，则曰："仁人心也，仁者人也。"言乎气即理，则曰："生之谓性。""形色，天性也。""喜怒哀乐之未发，谓之中；发而皆中节，谓之和。"言乎理气之交相用，则曰："以义制事，以礼制心。""浩气足以配道义，夜气足以存仁义。"言乎理气之互为根，则曰："仁义礼智根于心，恻隐之心仁之端，羞恶之心义之端，辞让之心礼之端，是非之心智之端。"

孔、孟之言如此，令出于朱子必亦以为游移无定矣。明乎孔、孟之言，则知朱子之论理气，无一不根据古义而非有臆说。其语虽若参差两歧，其理未尝不归一致。震武尝曰："理者气之主宰，气者理之流行。太极就气中指出理而言，阴阳就理中指出气而言。"自谓颇融洽分明，而有合于朱子。所谓一而二、二而一、不离不杂等语，可以总括理气分合之义者，未知于尊意何如？如曰未然，愿再赐驳斥，毋吝往复，必令师弟所见归于一是乃已。春暖气和，节嗜欲，慎饮食，所颂祷于长者如是而已。伏维心鉴。不尽。

复鼓山书院董事俞师旦、陈福堂、吕毓昌、陈之铉　甲午

远辱专使，过承雅意，欲令毁瓦贱工，使作引绳宗匠，请者失言，受者怀惭。震武自少迂拙性成，加以学术偏谬，与世枘凿，为吏为师，两非所堪。用是闭户半生，裹足仕途，绝迹讲席。贵邑山川雄秀，风气朴实，多好学有志之士。古之儒者出治主教，惟期志之得行，不以地方大小、禄廪厚薄为念。教育英才，圣贤所乐，况震武独学寡助。当此世衰道微、异学恣横之日，幸承不弃，虽极自知迂谬亦甚，欲勉策驽骀，

与二三贤者朝夕切磋，讲明绝学，提倡斯文。惟念先慈见弃，忽忽四年，坟垅未成，松柏待树，假息墓庐，苟延旦夕，生依膝下，死亦不欲远离一步。用敢固辞，孤负盛命，悚仄曷已。伏希垂察。

复赵展如中丞　乙未

武林启节，黄浦驰书，敬悉。足下入觐天颜，冒暑遄征，计必有嘉谟硕画，足以拯济时艰，启沃圣心。引领企足，窃伏下风，比闻台旆已返吴中，荣接抚篆。宏才大任，允副众望，福德并茂，庆抃无量。书中有奖无规，推挹非常，令人读之汗下。出奠民生，处扶世教，此海内所以责望大君子者，施之鄙人则未免失言。弟闭户十年不敢有出山之志者，非其果于忘世也。出处者士君子之大节，当为天下后世所取法，未可苟同流俗。胡文忠好以大义责人，此足下之所为恳恳也。文忠雄才大略，中兴一人，惜亦急于用世，不免有苟进之讥。吾辈未能学前人之长，不当效前人之短。自愿区区，济物固其素志，援上则非本怀。士为知己者用，以衰闲久废之身，忽蒙拂拭吹嘘，欲令复为世用，其感激固不可言喻。惟硁硁有素，不欲因怀知遇之恩，辄蹈奔竞之迹。况先人服制虽除，坟垅未成，三年之内，誓不出墓庐一步。君亲义无兼顾，今以见招而忽改素守，委亲垅而趋节辕，不待识者而笑之矣。深恐无补时艰，有玷知己，用是徘徊审顾，虽再辱尊命，不敢勉承。私心窃祝，惟冀足下正身以率下，虚己以受言，异日功成名立，与睢州、仪封鼎立而三，则受赐多矣。努力为国自重，翘祝曷已。不尽欲言。

上徐季和先生　乙未

先慈墓铭，敬谨拜领。潜德懿行，一经表扬，遂令泉壤生辉，邱垅增重。附骥尾以致远，得衮笔而传信，感激之忱，刻骨铭心，非言可喻。时事至此，薄海痛心，日读《离骚》，语语如意，所欲言立懦廉顽，自当为六经后第一篇。"善不由外来兮，名不可以虚作"，荀子所不知；"知死不可让，愿勿爱兮"，杨子所不知。

余侍御联沅从祀之请，李申耆实已发之于前，定论不刊。王衮圣于孝，屈原圣于忠，百世之师，不在夷、惠之下。王衮义不臣晋，则去墓一步即非死所，父母体魄所藏，视民社之寄孰重孰轻？守土者有效死勿去之义，守墓者其可委而去之？君亲无二道，坟社无二理，世儒以是咎衰者，勿思甚矣。吴柳堂亦忠烈之士，惜所争者于礼未审，未足比节二子。

今日和议，安危之界，彝夏之防，大于柳堂所争者十倍百倍，竟未闻有继柳堂而起者，可叹可痛。中国自强之策，论者皆以为当效西法，鄙意独以为当复古法。师彝之长未有能制彝者也，徒令中国化彝而已。惟能善用中国之长，乃可制彝而不为彝所化。中国之长，三代所传礼乐刑政是也。

西彝所以雄长一时者，其学校、议院诸法，政学一贯，君民一体，实得中国三代遗意，固非徒恃乎机器之坚利者。中国不能深究西彝立国之本，反求诸己，而惟其铁路、轮舟、电线、枪炮、火器是师，舍其本而务其末，弃其实而慕其名，骡非骡马非马，纷更骚扰，适足以长乱速亡而已。旅顺、威海之败，非无轮舟、电线、枪炮、火器也，三十年所讲求制造，一旦尽以委敌，人心既亡，虽有机器何益？前车既覆，曾不知悟，可胜叹哉！

吾师忠言谠论，天下所望以为陆敬舆者，未知亦有所入告否？师前无隐，聊复倾吐心胸，发愤一言，固不足为外人道也。

复徐季和先生　乙未

手教谨悉。竹坡侍郎年谱许为订正，至感至盼。刘南士足不入城，其品已高，所刻《西亭文钞》最为有裨正学。西亭理学、文章、气节均不愧古人，清献有此高弟，可以雪全谢山陆门无贤之诮矣。

中国经此大创，必有一番变动，此兴亡治乱之机。上则取法三代，尽取旧制，扫除而更张之，因时制宜，创立新法，务求有合三代遗意。君臣上下，励精图治，不过十年，可以莅中国而制四彝，重开数百年之运。次则就祖宗遗制，实心整顿，实力扶持，因其法而去其弊，综核名实，一变积习，亦可转弱为强，保守百年。下则仿效西法，西法非无可取之处，不变中国之科条文法，而参用西法一二，不夷不夏，止有其害，更无其利，仿效愈繁，乱亡愈速，必无十年苟延之理。此时群言杂进，计必有以变从西法之说耸动朝廷者，国论方新，杞忧曷极？西法亦有其本与实，中国之讲求西法，则徒务其末与名而已。求实求本，中法已足，何待西法？无实而徒慕其名，无本而徒学其末，西法何益？

今日中国之法沿袭秦、汉者半，沿袭唐、宋、元、明者半，已非三代圣王之法，诚不可谓尽善。然强弱在人不在法，中国之所以见弱西彝者，非中法不如西法也。西人以实心实政行法，中国以虚文虚名行法，此强弱之分。以西人之实心实政而行中法，则中法自善；以中国之虚文虚名而行西法，则西法必弊。自古有治人无治法，林文忠不以中法而败，丁汝昌不以西法而胜。今日即令火车遍达十八省，铁舰增置数百艘，一丁汝昌出即尽为夷人所有。割地输金之耻，不思由不能用人所致，乃归咎于法之不良，惑亦甚矣。嬴病劫剂，实速其死，敬佩伟论。伏维垂察。不宣。

复徐季和先生　丁酉

择宗室之贤者养之宫中，慎选师傅辅导以重国本，不立建储之名，徐待皇子之生，是历代故事，亦今日急务。兼祧非古，有乖不贰斩之义，施之天子则尤不可。此事既误于前，实难善处于后。为人后者为之子，天子之体与士庶不同。臣子一体，生为之臣者，死即可为之子。兄弟不相为后之说，不得施于天子。闵、僖以兄弟而为父子，《春秋》有明证矣。

继统即是继嗣，古今通义。当时定策诸臣不达此义，皇上不继穆宗而继文宗，文宗授之穆宗，未尝授之皇上；皇上受之穆宗，未尝受之文宗。隔世立嗣，越代承统，名实俱乖。文宗有嗣而穆宗无嗣，文宗有统而穆宗无统。是为一误。

吴可读不达此义，不争皇上当继穆宗不当继文宗，而为穆宗争统争嗣，穆宗有嗣而皇上无嗣，穆宗有统而皇上无统。是为再误。

会议诸臣不达此义，知穆宗大宗之不可绝，而不知皇上大宗之不可绝；知穆宗大宗之不可无后，而不知皇上大宗之不可无后。既为天子，同属大宗，皇上入继文宗之名既不能改，皇嗣入继穆宗之名即不能正。前既夺穆宗之统之嗣，使穆宗为闰位；后又夺皇上之统之嗣，使皇上为闰位。皇上上无所授，下无所传。以贵为天子之大宗比之小宗之可绝，以一统无外之天子比之亡国之无后。是为三误。

今日复倡兼祧之议，国有二统，家有二父，庙有二祢，名不正则言不顺，既不足以正前日授受之失、昭穆之紊，又何以定后日迁祔之礼、昭穆之制？前日为穆宗争立后之名既为伪名，后日为皇上争兼祧之名又为乱名，两统二宗，偏绝并立，无一而可。是为四误。

凡此四误皆由继统、继嗣分为二事，不出张、桂故见。必欲依经据典，立法万世，惟有请皇太后懿旨，追正皇上入继穆宗之名，则一言而君臣、父子之伦定矣。是否伏乞教正。

复安晓峰侍御 丁酉

九月初七日，得吾同年晓峰所惠书，欣跃捧诵，蹙然滋惭，竦然增敬，泫然为之流涕以悲。震武少虽有志于道，而独学无成，日失月亡，以至于今，忽忽四十五年矣。向之奋发自任者曾无一言之克践，晓晓然不修于己而以望于人，晓峰又以其言而信之，过矣。然以晓峰之与世少可，得震武一言，急引而自亲，证之天地之心而矜重之，列之圣人之徒而张大之，若欲为天下后世喜且幸者。震武不自信而晓峰信之，其必非徒以其言而信之也。返而自顾其中，则又欿然无可信之实，而既辱晓峰之信。将去而谢之，欺晓峰，义所不敢也；将起而任之，力又不能。天下后世方取信晓峰之言，而不能使其言之必信，是以蹙然而惭也。

观晓峰所自述者，欲从事宋五子书，以求四子书之义、六经之蕴，旁及子史百家之言，约而知其要，博而得其序。震武固尝皇然于此，而恨其不逮者，方以望之晓峰。晓峰果先得我心，世之徒气节乎晓峰者固未知。晓峰正色危言，不摇于利害死生，其蕴于志、裕于学者有素，非激于一时意气以为直也。朱云、胡铨果未足限，吾晓峰矣，是以悚然而敬也。

晓峰反覆于圣道之必将复兴，孔子之教之不可绝，朱子之学之不可易，夷狄蛮貊，血气尊亲，昭昭指日以验之，援经以决之。晦蒙痞塞之世，忽闻晓峰之言，盲者有复明之想，痿者有复起之志。晓峰之信道笃而观理明，其足以鼓舞天下而坚其向道之心也。普天率土有志有识之士，孰不踊跃于晓峰之言？

然观于今日岌岌之势，震武固不能以晓峰决之后日者信之今日矣。圣道之不终绝者理也，不能不中绝者势也。震武既幸理之必然，又惧势之不能不然。天下之势，治必乱，乱必治。自伏羲倡道首出，尧、舜、禹、汤续而昌之，逮于文、武、周公，斯文之盛极矣。周数百年，杨、墨起而有战国、暴秦之乱，至汉而少治；汉数百年，佛、老横而有东晋、六朝之乱，至唐而又少治；唐数百年而又有五代之乱。其治也不极治，其乱也必大乱。

由周而来，圣道未尝一日得行于天下也。周之乱也，天生孔子以明之，继之以孟子，而不能用不能救；汉之治也，有董子不能用，其乱也有诸葛武侯不能救；唐之乱也，有韩子不能用不能救。然此一圣数贤者虽不能用不能救，而相望千百年中，绵绵延延，绳而不绝，人道不至为禽兽，中国不至为夷狄者，抑亦空言垂世之力也。

宋之兴也，周子、程子、张子倡于前，朱子绍之于后。朱子之学衍于元，尊于明，盛于我朝，圣祖守其说以开太平之治者二百年。孔子之教得朱子而著，朱子之学遇圣祖而昌。而乾嘉汉学起而叛之，败朱子之学，坏孔子之教，诐邪淫遁，蔑理畔常，乱征见矣。夷狄、盗贼、权奸因之，杂然并作。

今其误国罔世者，其议论皆萌蘖〔蘗〕乾嘉者也，暴秦、东晋、五代之祸可立而待矣。孔子之世乱矣，未至于斯；诸葛武侯、韩子、朱子之世乱矣，未至于斯也；孟子当战国之世，几于斯矣，未至于斯极也。今其势否矣，然而尚未至于剥也。自否而剥，自剥而复，当必百有余年。此百余年中，世道之榛莽，生民之涂炭，当不知若何，而我朝之天下已不可问矣。

天心之仁爱，岂其愿出于此？而气运人事之迁流，天亦不能自主，而未尝不望有人焉以挽之。此时令在上者惕然因变知惧，易其为利之心以为义，为身之心为以国，为一家妻子之心为四海生民，明学术，正人心，人力未尝不可胜天。环顾在上，其可以此望之者何人与？则其责不得不望之在下者矣。

夫不得位而以空言救天下，此孔、孟所不能，而欲奋区区微力以当之，吾知其难也。然举世滔滔之日，犹有一二人焉，中立不移，守先圣之道，明学术，正人心，绵一线以待后之学者，则天地之心犹有所寄，生民之类不至泯灭无余，人道不至为禽兽，中国不至为夷狄，而在下者亦未有其人焉。夫政事纪纲乱于上，而学术人心明于下，则其祸犹不至于已甚，至在下之学术人心而并亡之，则信乎道之将废而天下之乱必不可以救矣。

汉学必变为西学固也，功利之术同也。前以汉学为天下倡者，今以西学为天下倡矣。胸无所主而功利之见震其中，则有倒戈而迎之耳。以汉学为声名，以西学为经济，挟党乘权，诳朝野上下而蛊惑之。一盲倡说，群聋和听，利口盈庭，辨言哄市。由一乡推之一邑，由一邑推之一国，强敏才力之士其不入于西学者几人矣。晓峰谓天下之大，守先待后，必有其人者，果可信与？

西学之精者，杨、墨之余也。杨、墨之学，孟子辟之数千年之前，而复盛于数千年以后。诸侯放恣，处士横议，邪说诬民，仁义充塞，立战国而观今日，若符合券质而目验也。能言距杨、墨者，圣人之徒也，孟子固不为一时言之矣。孟子大声疾呼以望后之人，而世方且伪六经、孟子而黜之，尊杨、墨于周、孔之上，人奋其舌，家张其喙，同心于用彝变夏。拔本塞源，裂冠毁冕，废三纲，蔑五常，乱臣贼子、无父无君之说盈天下，孔子之教、朱子之学泯然无述焉者矣。

然则居今日而有能距西学者，非孔、孟在天之灵所日夜以望之者与？距西学所以距杨、墨也，距杨、墨所以翌孔、孟、朱子，存人道而卫中国也。继孟子、朱子而起者，微吾晓峰，其谁与归？而晓峰方且欲以梅福、逢萌自处，则又焉望于世之人？梅福、逢萌，其志节未尝不可风世，然无与于天下治乱也。人子于父母疾虽危不救，不能不号呼奔走以救之，其忍洁身而远引哉？

今中国之疾危矣，倭约定而祸成，俄约定而亡决。倭、俄之祸，其积久必发者也，端固不始于此矣。天下之亡，不亡于彝狄盗贼，而亡于学术人心。西夷之必为中国患也，杨光先决之二百年之前；俄之必为中国患，林文忠决之五十年之前；倭之必为中国患，先师偶斋侍郎决之二十年之前。而既有乾嘉汉学之生心害政，虽微数夷其能晏然已乎？学术亡而人心随之，人心亡而国运随之矣。

尊孔子者兴，背孔子者亡，百世可知者也。果若来教所云，俄有人矣。中尊西学，俄尊孔子，兴亡之数，不待智者而决也。天道后起者胜，俄果能尊孔子，倭、英亦必覆于俄矣。奚有于中国建文庙、改冠服为道？既幸俄之必然为国，又幸俄之不然，而中国方亲而恃之，引虎拒狼，揖盗御贼，无以喻其危。此震武所为读晓峰之书，始而惭，继而敬，终至极论倭、俄之祸，不能不泫然流涕以悲也。

晓峰其无以洁身自足矣。海疆有警，江浙必先受其祸，最后亡者关中乎？异日以一成一旅济中兴之业者，必关中矣。晓峰幸而生于其乡，其归而讲学以明之，求友以辅之，震武将望晓峰为留侯、武侯，不然则守遗经以待来者可矣。古之人，古之人，孟子、朱子、梅福、逢萌固不为晓峰愿之也。明春赐环，幸以书报，我成台从，学者有可望以共任斯道者否？努力为世自爱。书不尽言。

复袁重黎观察　丁酉

辱书不以震武迂谬无似，乃欲勉而进之，畀以师道之重，责之以造育人才、提倡斯文，将以援溺拯艰，树绩于生徒，收效于师儒。此河汾之盛业，有道者之所辞让，区区何人，敢以自任？承命踧踖，面热背汗，不知所由。

足下宏才硕学，入膺辞命之选，出为慈惠之师，循声仁术，自皖而南，既翕然载口矣。又复洞知为政先务，以世道治乱视人才，人才盛衰在学术，汲汲焉他务未遑，惟兴学育才之急。经营一方，表率九州，上法孔门文学政事之分科，下师湖学经谊治事之名斋。讲孔、孟，称程、朱于洋教横恣、西学猖狂之日，严寒播种，大雪树材，五阴一阳，炎炎绵绵，传火续薪，远近额手。

震武幸获生并清，时居接仁里，少诵大作，即已拊掌惬心。逮在京华，虽尝觌面而未获接谈，常以为恨。睹兹盛事，激昂奋发，虽微尊命亦将不远千里，受一廛而负耒，割半舍以横经。矧承不弃，宠辞殊礼，恭敬于将币之先，勤悬于劝驾之始。援古陈谊，提负涂贱夫，坐之皋比，拂拭而北面之，俾得竭智效能，与二三同志讲问切磋。儒者之荣，不出为相，则处为师。教育英才，圣贤所乐，传道授业，岂以为利，乃计束修〔脩〕？固当踊跃拜命，束装以待。惟念忧患余生，负土方终，返寝未久，杜门抱拙，故学尽荒。五经四书之外，六艺百家未得其门，望洋于史学，胶柱于时务，于本师之教既未精思而力践，于汉学、西学之弊亦未穷源而竟流。自顾实无片长，堪副雅意，若复不量而入，必上累贤者知人之哲，下负诸生向道之诚。

进退去就，士君子之大节，未可苟贪廪禄，取讥通识高明。虽以去官相要，愚贱终以充位为耻。汤荆岘辞岭北道，从学夏峰，慕道笃矣，以云得师则未也。况震武又非夏峰其人，足下必欲强之一起，屈己下人，善诱曲奖，乃有过言，只增其惭。不敢闻命，孤负盛意，不恭之罪，无所逃避，悚仄悚仄。伏维垂察。

复孙佩南大令　丁酉

去秋远辱报书，并承赐大著暨尊刻二种，反覆观诵，学笃识正，辞雅而气厚，深入南丰之室。既以自愧，又幸不为贤者所弃，复有过奖之词、同志之言，窃以自喜。来教称富春故先年伯府君旧游之地，改岁将有江浙之游，许以便道过临，握手一谈于灵峰山中。私念于时得以质疑问难，倾吐欲言，敬聆伟论，实属平生快事，引领企足，朝夕以俟。会增筑先陇，负土树木，卒卒无暇，未及奉答。逮今春坟陇告成，欲修书，而季和先生称左右戒行有日，恐书往而从者已行，不能相及，遂复中止。夏间撤庐返寝，季和先生约令至署，震武亦期以俟足下之至。已而自夏历秋，自秋涉冬，日盼文驾莅止而卒不果。区区一见之愿，既不得遂，所欲面请者，此生恐遂无期。怀不得已，敬略复一二，惟足下恕其疏慢之罪，裁而教之。

足下经术、吏治、文章、气节皆无愧古人，而震武尤笃好足下之文。尝语季和先生，以为同门中殆无第二人，心悦诚服之言，非苟以相谀也。来教具述为学立身本末，益信所见之不谬，而所以推奖震武者则非所敢当。至论某公假汉学之名，阴以西学为经济，震武乃拊掌称快，叹为知言。季和先生弹章累千言，不若足下一语之当也。某公才气似足以有为，而学术不正，遂至贻祸世道人心，反视庸庸者而有甚焉。季和先生以殷房比之，非其伦矣。

国之兴亡，虽曰气数，亦由人事。学术人心坏于下，然后政事纪纲乱于上，而亡国之势成。近世学术人心之坏，则实讲汉学者攻程、朱，贱行检，蔑义理所致，其变为西学盖亦势所必然。自曾文正首倡邪说，某公承其绪而张大之，以号召海内，甘为用夷变夏者之魁。江浙聪明才力之士，用西学著书立说者，殆不可胜数。鼓劫庸愚，诳惑聋瞽，率皆操某公之术以售于世者也。间有力持正论者，徒以用夷而斥其非，而不知反求诸己，修孔、孟、程、朱之道以胜之。持因循苟且之见以与之争，其学行既不足服人，其才气且有远出某公下者，则亦终归无济而已。

宋、明之亡也，有臣而无君，其时朝政虽乱，而士大夫之足以任天下安危者未尝无人也。李忠定、岳忠武之徒，君维不用，用则朝畀以权而夕效矣。今上自公卿，下至士庶，求一忠定、忠武者，渺不可得。汉学败坏人才之祸，荆舒、阳明所未有也。世犹不知其祸之所自，创巨痛深而终莫之悟焉。顾归咎于中国祖宗之法之不善，亟亟焉欲变夏而夷之，可为於邑流涕者也。

如足下学识固当世所仅见，而其发于外之文，又足以见其中之所守，其必能有济于世，而非假文学以为名者。一命之官，百里之任，尚不得少行其志，则君子小人之消长可知矣。大著书札，尤为诸体之冠。《上阁相国书》洞识本原，辅导君德，向在部中尝具稿而未克入奏。醇邸不当处以臣职，平昔亦夙持此论。格心正名之说，世固以为迂而置之者。吴柳堂死谏甚烈，乃亦不能据为后之义，以正隔世立嗣、越代承统之失。继嗣继统既分二事，争嗣争统终归偏绝，名实俱乖，一误再误，人伦大义不讲于世久矣。

《上李尚书》、《答李中丞、赵廉访》诸书足见进退去就之不苟，士君子自重当如此矣。今之书院，古之学校也，学术人才之所自出，其任之重与宰相等。世乃比之祠禄，以为退闲颐养之地，或且丧其廉耻以求之，师道扫地极矣。得足下一辞，以明进退去就之义，所警发于薄俗者非浅也。《上孙方伯书》逼似南丰，《谢杜相公书》惜句法有太袭者，其守礼亦不逮南丰之严，传之后世，必为盛德之累，似可不存。

孙琴西为文宗桐城而议论持正，深恶汉学、西学家言，其识远出并时曾文正、沈文肃诸人之上。至居官处乡所为乃不异恒人，此文行相副之难也。方存之墓志铭表章甚力，世皆以为儒而伪者。廖养泉大令与之共事曾文正幕中，亦深讥其工于迎合。养泉，倭文端高弟也，宜不妄言。足下之言则尤可信，而震武不敢据以斥议者之诬者。

昔陆清献不谒举主魏敏果，汤荆岘辞岭北道，从学夏峰，其不以势位易道义之贵如此。方存之用曾文正荐任枣强，乃欲执贽文正，自列弟子。以属僚而不避援上之嫌，其用心亦异乎前贤矣。方植之辟汉学之功，乾嘉一人，远非存之可比。而其不奔父丧及祖母丧，则亦于伦常大节有亏，不能曲为之原。韩理堂当乾嘉汉学盛行之时，能宗法程、朱，与惠、戴断断争是非，固亦近世豪杰之士，仪卫俦匹也。唐确慎《学案小识》列之陈榕门、姚姬傅之间，固可无愧。国史不足信久矣，其人无可传之实，国史立传何益？其人有可传之实，国史不立传何损？

震武尝谓，学行文三者阙一不可以为儒。学行本也，文末也，有其本而末不工者有之矣，然亦必其本之不足也，未有无其本而有其末者。文之高下纯驳，必视乎其人。昌黎韩子，文之圣者也，柳州具体而微，欧、曾、王各得其一体。苏氏父子浮薄险躁，其文肖，其为人其制行不及王氏。其学之不正，为害世道人心则有什百于王氏者。王氏之学害在一时，苏氏之学害在万世。韩、柳、欧、苏并称，世俗之论亦安有真是非乎？韩文所以绝出古今者，《原性》、《原道》、《论佛骨表》、《送王埙序》、《与孟尚书书》，乃其本也。无其本而欲学其末，未有能至者。

足下不惜一官以直民怨，犯权贵，进退去就，大节卓然。而又笃信朱子，不惑于汉学、西学家之说，亦既有其本矣。苟遂进而不已，穷理以明之，居敬以养之，力行以实之，存诸中者既刚健而笃实，发诸外者自峻洁而深纯，明学术，正人心，守先圣之道以待来者，其所立于天下后世者，必不止于南丰而已也。学行继程、朱之后，文章介韩、欧之间，足下举以称震武，震武不足以语此，愿足下之起而自任焉。

肃复。敬请道安。伏维垂察。不宣。

复金性山孝廉 丁酉

前读足下文，固已奇足下。及足下来见，观其容貌，听其言论，益知足下非庸众人。不幸足下以书见称乃曰孟子、朱子，孟子、朱子果若是易与？则不能不骇怪且疑足下之妄。然观足下之书，方叹息痛恨于汉学、西学之贼人心，祸世教，叛常乱正，蔑伦逆理，汲汲焉欲求孟子、朱子之道，讲而行之。舍世之所趋，争时之所弃，非卓然有得于中，不为流俗煽动者，恶能有是？其非妄决也。

来教云云者，殆悯世之为孟子、朱子者，无人睹一近似者，望之者急，则不觉许之者过矣。孟子、朱子何可当也，然所愿则未尝不在是。立之正，悬之鹄，朝夕操矢而拟之，以求其中，挚挚不敢舍者二十余年矣，不可谓竟无知者。足下欲以师事余，师则岂敢，其所问者则不敢不答。

足下之志，不惟其文惟其道。道之所存莫先六经四书，次宋五子书，终身焉不能尽者，学者所由以适道，舍是无他术矣。左邱明、司马迁、屈原、贾谊、董仲舒、刘向、韩愈，出入于道者；佛、老、庄、墨、陆、王、纪、阮，道之贼也。其余诸子百家有是有非，博览而精择，泛观而慎取，皆于道有助。其归在不出孟子、朱子二子者，孔氏之嫡也，叛二子者于孔氏之道必无合焉者矣。

未有不由户而能入室者，足下黜荀、杨，薄三苏，别黑白而定一尊，懔乎惟孟子、朱子，亦既知其户矣。果能勉焉而不已，立志以定之，穷理以明之，居敬以养之，力行以践之；无摇于利害，无夺于死生，无急于当世之名；坚其车，良其马，范其驰驱，行乎中道而不

止；其造孟子、朱子之堂而哜其截也不难矣。世变日亟，道之不绝也
岌岌如线，剥复之交，消长之会，天未丧斯文，必有孟子、朱子者起
而任之。足下既以勉震武，震武不敢不勉，亦愿与足下共勉之。努力
自爱。不宣。

复袁重黎观察　戊戌

二月二十八日接奉教令，陈谊益高，反覆观诵，感愧交并。震
武向者引义固辞，自分硁硁，以为必见绝大君子矣。乃复贬损尊
严，束帛加书，再辱盛命，援古证今，必欲夺其褊衷，进而纳诸圣
贤之域。远引阿衡、太公、留侯、武乡以勉之，近举鲁斋、艮峰、
镜海、竹如以勖之。非徒讲席是宠，将令博识海内贤士大夫观摩切
磋，教学相长，恢廓见闻之陋，磨砻德器之成。震武所私心窃冀
者，执事一言揭而出之焉，执事所以爱震武者至矣。然特惜其为震
武计者深，而为诸生谋者左也。

震武迂谬无似，得此于执事幸矣。察于乡曲之中，坐之皋比之上，
矫而谢之以鸣高，非情也；矜而闳之以市重，非理也。顾窃念生平未尝
无自知之明，其所以杜门守拙，不敢求交海内贤士大夫者，非欲自明孤
洁，亦以审己有素，内之无立身之本，外之无用世之才，方枘圆凿，逡
巡自阻。往岁备官工曹，亦以不克自行其志，浩然求归。

书院讲席虽非有官守者比，然学术人才出焉，师道系焉，其任之重
与君相等。一士之不能成材则责集于身，一言之不足垂教则患贻于世，
其不可以不学无术之身贪冒廪禄以就之也决矣。居其名者必副其实，任
其职者必尽其事。今书院遍天下，当事者率以为有举无废已耳。世俗至
比山长于祠禄，以为退闲颐养之地。学术之是非，人才之邪正，未有过
而问者焉。

词章、训诂、天算为术不同，同归于利而已。苟且之念胜，廉耻之
意微，人心亡而国运随之，非一朝一夕之故也。执事慨然以天下为念，
汲汲焉先所当务，思得一经师人师者，扶树道教，挽回气运，为异日拨
乱反正立之基，其盛举也。执事以实求，而震武以名应焉。谋馆者踵相
接，焉用执事虚己旁求矣。然欲与二三贤者讲学力行，使国人有所矜
式，不虚左右者之望，则又自愧其学之不足，识之不充。言经谊则汉学
未窥其藩，讲治事则西法未识其径。执事恳恳于震武者，其欲以何处

之？责跛者以致千里，引聋者以审五音，计必左矣。是丹非素，以隘为正者陋；弃本逐末，以杂为通者惑。陋与惑与，窃用自反，己则不免，何以教人？

师者先觉成德之任，未可苟焉而试为之者，抗颜非求志之事，掌教非尸禄之地。量而后入，古今通义，贸然而进，赧然而退，损己而无益于人，以为知己者羞，义之所不敢出也。同年孙佩南大令辞李鉴堂中丞之聘，曰书院讲席虽若虚位，进退之义存焉。使人知进退不可或苟，是乃所以矜式后进也。震武不敏，不敢远希古人，窃愿以佩南之言自勉焉。执事其谅之与？书币谨缴。来使告遽，言不什一。敬请钧安。伏维垂察。

复徐季和先生　戊戌

大奸漏网，强敌操戈，君身有累卵之危，国势有抱火之惧。逆党造言，离间宫廷，煽惑朝野，无所不至，挟敌势以摇人心，势必变生旦夕，祸起萧墙，奈何奈何！康逆蓄心积虑，联盟结党，立说著书，变乱是非，愚弄上下；始欲为范雎，终欲为秦桧；显肆用夷变夏之谋，阴行劫君卖国之计。其惑世诬民，犯上作乱，安侍御早发其奸于为举人之时，文侍御复破其谋于行新法之际。使二贤之说得行，则逆萌杜绝，必无今日之祸。乃张、李既护之于前，翁、李复援之于后，遂令星火燎原，勺水滔天，酿成大变，薄海痛愤。在野者扼腕而莫可如何，在位者袖手而不发一语。使古人处此，则前日变法之时必有一争，今日训政之时亦必有一争，方可尽臣子之义，免天下后世之责。

吾师受恩深重，夙负直声，天下所望以为李邺侯、韩魏公者，必不可以屏黜在外，默然遂已。宜亟以血疏调和两宫，破奸人离间之毒计，折逆臣煽惑之阴谋，痛切入告，言孝言慈。举行经筵之议，固申前请；选养皇嗣之折，力陈故事。乘皇上养病南海，独居静处之时，亟请懿旨，博求忠孝儒臣，置诸皇上前后左右，朝夕纳诲，辅道圣德，开悟宸衷。使日亲正人，闻正言，伦常大义、圣贤至道熟于耳而浃于心，则平昔邪说奸言之固结在中者，自可潜移而默化。圣学重新，母慈子孝，笃天性之爱，立人伦之极，盛事永传，大变不作，逆党不得实其言，强邻无所藉其口，此则一言而延我朝无疆之庆者也。臣子至愿，孰大于是？即或不幸不用，以言获罪，上可以对列圣在天之灵，下可以告天下后世，虽死犹生，虽退亦荣。若迁延观望，坐视不救，一旦变作，言既无及，默又不可，去既无及，留又不可，将有宗社名节不保之虞，非智者所宜出也。

张南轩谓仗节死义之士当于犯颜敢谏中求之，君臣如此，师弟亦然。以奔走为敬，以迎合为爱，趋跄唯诺，唯命是从者，一有缓急则掉臂而去矣。夫必己能受犯颜敢谏之言，而后可以犯颜敢谏者施之于君。震武愿为吾师犯颜敢谏之争弟，即愿吾师为朝廷犯颜敢谏之争臣。吾师之处事也，审慎之过而常失之迟；经筵一疏亦失之迟。震武之处事也，褊躁之过而常失之急。此事公之为万世宗社所关，私之为一生名节所系，宁失之急，毋失之迟。愿三复十思，取以入告，至祷至盼。忧虑所及，辄献其愚。拙稿一篇附呈，伏维垂察。不一。

与文叔平学使　己亥

震武自束发读书，即闻倭文端公为当世大儒，欲亲炙其门而不可得。癸酉乡举，出竹坡侍郎之门。侍郎，文端公所得士也，欲因侍郎以一见文端公，而文端公之卒已久矣，常以为生平深恨。侍郎则盛称执事为文端公高弟，命震武以愿见文端公者见于执事。窃念文端公之道德既不可复见矣，而所恃以仿佛文端公者犹幸有执事其人，见执事如见文端焉，则未尝不迫欲一见，以慰生平仰止之思。而执事位显望重，自以草茅新进，势分隔绝，慕道之诚终不胜其避势之坚，向往虽殷，徘徊却顾，卒未克奋然一决以至于执事之庭。

庚辰告归以来，杜门守拙，与当世士大夫不通闻问二十年矣。中间竹坡侍郎以典试过浙，枉驾敝庐，执手道故。酒次纵论京师士大夫，辄称执事不置，而惜其不为世用。逮侍郎被议解官，震武亦旋遭先君之丧，忧愁拂逆，无复人世之意。已而侍郎痛悔其少日所为，折节讲学，与震武往复辨论，商榷一义，诘难十反。师弟之间，断断相持，每恨不得一就执事决之。侍郎穷理之勇，进学之锐，并世所未有也。尝以为傥得如执事者朝夕与处，观摩切磋，其所造当未可量。不幸中道薨殂，未竟其志。震武忽忽仰天叹息，以为善人君子虽欲苟延旦夕之命于世亦不可得，而富贵寿考往往出于奸邪小人，阳消阴长，中国衰而彝狄横。侍郎之卒可以觇世运也，执事当亦必有同叹。而自是京师交游中亦无复有能言执事者，意此生终不得望见执事颜色矣。

　　陈六舟京兆督学浙中，京兆亦从学文端，与执事为同门。敝邑士大夫往见者，屡蒙垂询，欲向之一问执事起居，而以先安人丧制未除，不敢越礼自通。甲午、乙未之间，庐墓武林，岛彝发难，国辱地削，坐观时事，徒怀悲愤，莫可如何。一时离经畔道、乱名改作之流，乘间而起，思以彝狄无父无君之教易天下。承学之士，靡然从之，邪说横议，无复顾忌，至以迂谬误国，显斥文端。正学微而乱臣贼子之祸作，国家变故遂有不可言者矣。居恒未尝不叹文端公所见之远，而环顾世变日急，深维剥复循环之理，天未丧斯文，当必有文端其人焉起而任之，拨乱世而反之正，意未尝不在左右也。

　　今春督学命下，私心喜幸，以为以文端之学倡天下，而使吾浙先被其泽者必执事矣。向之自恨不得见者，异日或终得一见焉。夏间执事按试金华，道出富阳，官吏迎谒舟次，辄问敝里道之所由，将命驾而亲教之，既知其已过期以归途造访。及返，微闻官吏有尼之者为之称疾以辞，执事复命专差赍名帖问安否。震武遣人报谢，则又进而命之曰："归语汝主，使者必欲一见焉。"不以年辈之先后、爵德之高下，卒然先之以礼，以贵下贱，以贤下不肖，震武之愚固未知其所以得此于执事。然震武虽未足仰副执事盛意，而执事好善下士，不弃一夫，其德量已足风动乎天下矣。济天下之变者必合天下之才，而非有好善下士之诚，则士亦将望而去之，必不乐为之用。执事于震武之愚，礼之之过如此，使遇怀道抱德之士，其虚心敬礼当何如？士孰有不轻千里而愿出执事之门者？

　　震武方欲从多士后以一瞻风采为快，既而思执事之所以惓惓震武者，以其能守道自重也。前在京师尚以一见为嫌，今督学吾浙，士之闻风奔走，愿望履舄于门下者，遍浙东西。震武若亦无以自别于众人，汲汲焉惟一见之荣而遂忘其生平所守，前后易节，非执事见爱之意。且震武之所以愿见执事，执事之所以愿见震武者非有他也，下之人将发其所欲言于上，上之人将验其所欲闻于下。而仓卒请间立谈之顷，未必能尽彼此之怀，则莫若举其平日所见者自致于执事，以俟执事之可否而听命焉。执事果有取于其言，然后进退其礼而赐之一见，则庶乎执事无失言之悔，震武无趋势之讥，古之人未有不如是而能全其交者。是用裁书言志，布诸左右，并副以杂文一卷。昌黎云小子之文可见于十五章之内，小子之志可见于此书。震武意亦犹是，惟执事裁而教之。秋凉，为道自重。不宣。

复文叔瀛学使　己亥

　　月之七日，两奉教言，并《倭文端公遗书》一部、《性理字训》等三部，感谢无已。《文端遗书》语虽不无出入，而皆本之躬行心得，粹然儒者之言。于并时诸人，纯正远过曾涤生，笃实犹胜吴竹如，惜其学之不尽用也。文端往矣，文端之学所赖以不坠者，非执事而谁？执事不汲汲焉力以文端为己任，得士以共济，求贤以自助，思所以光辅中兴，而徒当死不死，不如速死之为言，若欲以一死谢天下之以文端责执事者。

　　夫主忧臣辱，主辱臣死，天下之通义也。今国家之变极矣，普天率土孰无当死之责，而况执事之为亲臣近臣者哉！然天下不责执事以必死，而责执事之不死，而不求所以有济于天下事，固有大于死者。死非难，善处其死为难。屈原义不去楚，以一死而殉其君；王褒义不臣晋，以一死而殉其父。是皆无憾乎死，死之变而不失其正者。吴柳堂之死，上不能正为后之礼，下不能守伤勇之戒，可以愧贪生者矣，未见其死贤于生也。故论臣子之义，倭彝之约死拒可也，德、俄之议死谏可也，康逆之变死争可也。死无济于天下，君子犹无取焉。死可以存万世之宗社则死，死可以立万世之纲常则死，非是焉死？匹夫之小谅，非圣贤之中道也。然所为不死者将以有为也，非无所事事，去烈烈而死，就默默而死也，死则无责耳矣。一日未死，必有一日之责，不得以死为解。

　　如震武之愚贱，中遭国变家难，欲死者数矣。然旦夕未死，无识者犹或以世道人心责之。即区区之志，亦未敢以偷活草野，束手自谢也。执事操得为之权，乘可为之势，居当为之职，生平之所学，朝廷之所命，天下之所望，皆在于是，是不起而自任，则孰起而任之？世以理学为空言无事实久矣，得执事之贤而不一白其效，世道人心之责其卒无可托乎？

　　夫世儒之所以误国而殃民者，死生累之也。营货财，急妻子，恋恋于生，惴惴于死，任事之心微，偾事之祸著矣。苟挟必死之志以为天下事，则何事不可为？以必死之志卫国则国存，以必死之志守道则道存，以必死之志明学术、正人心则学术人心存。执事既挟必死之志，则以必死为天下倡。存道、存国、存学术人心，举中国亿兆人之性命死而生之，将唯执事是赖。

居其位者行其道，道之不行则一日不得居其位。督学之命，朝廷不付他人而必付之执事者，固将责执事以文端之学倡天下也。近世汉学、西学，蔑理尊欲，侮圣毁经，改制称王，平等自由，齐孔、墨，合耶、儒，乱臣贼子无父无君之说，实自江浙倡之，闽广张之，川湖和之。正江浙之学术人心以正天下，此其机固在执事矣。孟贲而自处于僬侥，顾千钧之重，谢而去之，以为逊焉，非所望于执事也。

执事之所讲习于文端者谓何？修己及物，圣贤之道舍是宜无以为大者。区区之言固将以为执事者为天下，何执事见拒之深也？望之者切则责之者备，非欲故强执事，亦以为舍是无可为执事言者矣。交浅言深，执事不之薄，顾惧震武之薄之焉。国奕〔弈〕求拙工而与之对奕〔弈〕，拙工逡巡不前则以为薄之，执事今者得毋类是与？夫始相慕而终相薄者，小人反覆之为耳。君子之交，未见而思之，将见而审之，既见而爱之亲之敬。责善而规过，闭邪而辅仁，师焉友焉，观摩切磋焉，必期共适于道而后已，安有始终之异哉？震武虽不得比于君子，而执事之为君子也决矣，其敢以小人反覆之心施之执事？

夫以震武之爱慕执事二十年，幸而其势得一望威仪，亲颜色，朝闻命而夕至执事之庭，顾待再计决哉。然所为迟迟不行者，徐季和侍郎，震武座主也，侍郎督学浙中，亲铭先安人墓而为之书，礼当往谢。侍郎屡召，震武则屡辞，惧越礼以为师门辱也。丁酉侍郎将受代，始往一谢焉。于执事不敢有异季和侍郎，是以徘徊而不敢辄进，非偃蹇骄卧，必要长者枉驾以为重也。今执事以官守所羁，未能远出，期相待西湖先茔间，执事之所以宠礼震武者至矣，其敢固拒盛意？异日扫墓三台，当谨以扁舟候从者，景行桥畔，追陪杖履，从容问答，作西湖竟日游焉，执事倘许之与？

复汪半樵大令 己亥

辱书欲以修志见属。敝邑志书阙然二百余载矣，官斯土者莫为倡，居是邦者不之问。执事听政鲜暇，乃独垂意斯文，惓惓焉惧于建置沿革、风土变迁、政事得失、人物美恶、遗闻轶迹，日久之失传。思及时搜访而纂辑之，将以辨方经野，考古征今，踵旧成书，嘉惠下邑，甚盛甚盛。弟生长于斯，弗克力以乡邦文献自任，远之如范致能之志吴郡、常召仲之志溧水，近之如康德涵之志武功、韩汝庆之志朝邑，因循坐废，以重烦大君子之命，内疚深矣。

捧读教翰，殷勤深至，奖以美言，宠之首席，感愧交并，义当惟命是从。第以忧患余生，学殖荒落，庚辰引假以来，再遭大故，精力已衰，杜门守拙，偷惰已久，不能自振，强以职事，必至旷废。况志乘所系，上之朝章国故，下之风俗人物，大之山川城郭，小之坊市物产，言必有征，语必有据。非精谙史例，深通文法，明于列代制度，熟于本朝掌故者，断不能涉笔其间。

旧志猥陋，久为通人所讥。今欲重修，必须改定体制，增损条例，订讹正谬。虽因实创，良未易言。若以不谙史例、不通文法、不明制度、不熟掌故之人，滥竽素餐，妄操笔削之权，谬任作述之责，以谈建置则沿革失考，以志风土则变迁弗详，以记政事则得失莫辨，以传人物则善恶不分。义无限断，文失体裁，谬滥恶杂，牵引附会，秽史佞书，取讥通识，非所以信今传后也。

弟虽愚，亦颇有自知之明，实不敢率尔承命。敝邑乱后，学术衰微，人才寥落，志乘秉笔，实乏其人。执事果有意此举，愿不惜卑礼厚币，别聘通儒，以重其事，毋令佞人执笔，自负初心。博访诚求，何患无贤？一邑文献所关，但期得人，不必以借才异地为耻。本邑绅士，止令各就其乡，据实采访，分门编辑送局，取舍予夺一听秉笔者所为。生者不得妄入局中，挂名食禄；死者不得滥登志内，谀墓作传。志局非谋食之地，邑乘非徇情之作，大义所在，当共守之。

执事倘不以弟言为非，弟虽不赴总纂之命，苟有所知，倘蒙下询，自当入告。不然，上不择人而付之下，不量力而为之，薪水虚糜，草略成编，谬滥恶杂，牵引附会，必有如前所云者，鄙人决不敢与闻。弟之碌碌，即令赴议，亦断不能轻舍己见，曲徇人言。用是辄布区区，伏希裁察。

复　某 <small>己亥</small>

辱书勉以所当务，教之以所不及，谓修志与修史同。本邑人修者善，他邑人修者不善；一二人修者善，众人杂修者不善。必欲以震武当本邑一二人之数，使之起任总纂之责。足下之所以爱震武者至矣，意未尝不感足下之厚，顾震武则终非其人。足下笃念乡邦文献，力赞贤侯修志之举，不听于众论，不俟于群议，毅热决然，一朝立举，开志局，聚绅士，筹捐款，定体例，成书在指顾间耳。顾犹谦然不已足而以谋诸震武，震武之所知者则前已告之令君矣，令君既置之而足下犹欲强之焉，震武岂能复进一言以裨足下哉？

乡邦文献非一人一士之责也，七十五庄之舆地田赋、风俗物产、艺文人物，总之于局则繁而难成，分之于乡则简而易集。是非出于乡党者公，见闻得之里巷者实。六区绅士，选择贤者，委之就地采访，分门编辑。或以一人领一乡，或以一人兼领数乡。采访定而后聘主笔，主笔至而后开志局。择其采访确实、编辑有法者，使任分修。以千金充聘币，千金充校刻，千金充杂费，所费约三千金，远则期年，近则十月，书可成矣。区区之意正所以节省经费，期于事有实济，款不虚靡，乃令君及足下举不以为然。

夫总纂之命震武既不敢自任，又不敢举本邑人代其任，而必请令君别聘通人者，非以修本邑之志必须聘他邑之人。顾本邑既无范致能、常召仲、康德涵、韩汝庆其人者，可与语笔削之事，而以数百年典章制度、政教风俗所系为惜。区区聘币付之妄庸人之手，颠倒是非，混淆虚实，谬滥恶杂，草略成编，取讥通识，贻笑邻邦，则固不如其已也。足下果欲以志自任，不愿授之外人，震武亦何必复言？乃足下亦自知非其人，顾徒以延聘通人，经费不足为词，则闻志局近日所延诸人，皆月修〔脩〕八金或十二金，聚集招摇，无所事事，成书无期，耗资已巨。何以聘通人则经费不足，养劣绅则经费有余？此固非震武所敢知矣。

足下谓修志与著书异，修志不在乎作意，舆地、水利、职官、选举等志无需乎文章润色，需乎文章润色者唯人物志中列传，此尤震武所不敢知。修志总列代之史以为一邑之志，体莫大焉，事莫重焉。此非著书，则必编十三经、修廿一史而后谓之著书耶？自古未有不能命意措辞而可言著书者。一家之言，专门之作，讲文学者不必通乎政事，议兵刑者不必明乎礼乐。修志则须兼集众长，命意措辞，志尤要矣。

舆地、水利、职官、选举等志，一邑之民生利病系焉，列代之政教得失存焉，可使不能文章者为之与？志舆地者必详列乎一邑山川之源流支干，叙次秩然，有条有体，不漏不支，而后无愧乎舆地志。志赋役者必会通乎列代制度之利弊，前世之弊政以经义正之，本邑之弊政以会典正之，而后无愧乎赋役志。志职官、选举者必深明乎列代官制、选举之得失，考之会典以明设官取士之本意，证之今日以著设官取士之流弊，而后无愧乎选举、职官志。书成而当时服焉，后世称焉，官长可据之以断大政，士民可援之以定大议，志之所以重也。若如足下之言，志舆地者但曰某乡某山、某里某水，志赋役者但曰某壤某科、某代某额，志职官、选举者但曰某年某官、某科某人，此一钞胥事耳，何稗于政教风俗而用今日？

开志局，聚绅士，筹捐款，苛派抑勒，纷纷扰扰，重烦父老，为士未有不立品而能为文者。天台金孝廉文田学韩、柳者耳，吴大令念椿宰天台，以修志请，三聘而三却之。其立品不苟，故其文有法也。足下之所共事者谁与？把持公事之册胥耳，包揽词讼之游士耳，奴婢于官吏，狼虎于闾阎，一邑之所仰望而矜式者未有至者焉，此一亦可以自反矣。足下顾不之思，率毁瓦画墁之贱工以造大厦，而欲使匠石参立其间，吾见其无益于事而徒累匠石也。

捧砚拂楮，足下虽欲屈己以奖震武，震武岂敢受之？卑辞过礼，徒令汗颜，足下休矣。士各有志，令君既不用震武之言，而以开局集捐、发凡起例，付之足下，则惟足下勉力而始终之，抒发宏辞，嘉惠故里，毋以为令君羞。震武不敢与闻。

复文叔瀛学使　己亥

辱书宜即报，会闻使节已行，遂不果。今台从还按浙西当不远，敢具陈鄙意。震武以操得为之权、乘可为之势、居当为之职而不为责执事，执事乃退然以一言谢之曰欠有为之具，则未知执事将以何者为有为之具耶？执事归其本于才学识，夫以一己之才为才、一己之学为学、一己之识为识，此其为才学识亦小矣。圣贤之所谓才学识，则好善、不敢自是，执事所自称者是也。好善则天下之善归之，不敢自是则天下之是归之。天下之善、天下之是归之，则合天下之才以为才，合天下之学以为学，合天下之识以为识。有为之具，孰大于是？

执事既以彼自信，又以此自谢，是被裘佩玉而伤贫也。执事之视好善、不敢自是者轻，而视才学识者重；震武之视好善、不敢自是者重，而视才学识者轻。好善、不敢自是，乃所以为才学识也。不好善则为娼嫉，自是则为骄吝，才学识又焉用之？近世才如左文襄，学识如曾文正，于是皆有歉焉。执事果能乎是，充其好善之量，尽其不敢自是之实，毅然起而以存道、存国、存学术人心自任，上之正己以格心，下之成物以育才，岂独两浙人士亲被其赐，天下后世皆将赖之焉。有为之具，又待他求哉？

孔、孟、程、朱之道天也，天不变道亦不变。彗孛薄蚀之异，逾时而复其故矣，天无损焉。英、俄、德、法，佛、老、耶、回，其终必归于中国，化于孔子，此可以理断之者。轮船、火车作，而圣学中外一统之势成矣。乘桴浮海，血气尊亲，至诚前知，意在斯与？祸乱之作，天之所以开文明也。学术绝续之交，必有人焉继而承之。阴极则阳生，孔、孟、程、朱皆得气之先者，以一人为天下后世倡，天下后世卒无不从之焉。今亦绝续之交矣，有其志者无其位，有其位者无其具，执事慎毋妄自菲薄，以负天下之望也。

以《小学》、《近思录》教诸生甚善。向者季和侍郎亦尝采纳鄙言，取《小学》、《近思录》数百部散给诸生，诸生皆迂而笑之，浙中士习为二三汉学巨子败坏久矣。譬如人有壅隔之病，必先以大黄、芒硝下之，乃可望其渐进谷食。《小学》、《近思录》五谷也，汉学则壅隔之病也，壅隔之病不除而欲骤进五谷，势必吐而不受矣。向欲季和侍郎合刻《姚江学辨》、《汉学商兑》以教学者，盖亦有见于此。《姚江学辨》，禅学之硝、黄也；《汉学商兑》，汉学之硝、黄也。积疾苟去，安有不嗜五谷之人哉？惜季和侍郎不能尽用其言也。格心之说向亦尝为季和侍郎言之，今谨录以往，或可为贤者启沃之一助，根本大计尽于此矣。

世变至急，岌岌乎有不可终日之势。乡邻有蹈于水火之厄者，救之量力之所能可也。同室之人有蹈于水火，则必号呼奔走，濡手足，焦毫发，奋死不顾以救之，力之能不能有不暇计者矣。今执事之于国家，同室也，非乡邻也。同室而以乡邻自处，素不望此于执事矣。震武将以十月扫墓西湖，湖上之约计不久矣。彼时当从容握手而卒欲言，书不一一。努力为道自爱。伏维垂察。

复文叔瀛学使　己亥

震武以格心望执事，前书盖略引其端，而未敢必执事之察也，故有所不敢深言。今执事既不以为非矣，则愿披肝胆，露腹心，为执事一言。执事见理不可谓不明，受恩不可谓不厚，更事不可谓不多，而未闻有一言以慰天下之望。始以为执事必有造膝之陈、前席之对，外廷特未之见焉，今乃知其果未也。

执事之言曰，《中庸》二十章，治道尽矣。震武未尝不深服执事之识，盖非今日士大夫所敢望者。然执事既知之而卒不为朝廷言之，疏已具而不进，稿未奏而已焚，将以上不足与言与非臣子所敢出也？抑以上终不能用与非臣子所忍逆料也？君父有不测之疾，为臣子者知其有可以已斯疾之术，袖手旁观而不一言，委命庸医，方药杂投，漠然恝然，执事以为人情乎哉？言而不用其责在上，默而不言其责在下。执事以进言为难，夫进言者当问其理之是非，不当问其势之难易。理所当言，虽刀锯在前，鼎镬在后，有所不避。陈力就列，不能者止，天下之通义也。立其位必思行其道，居其职必思用其言。有其位无其道，君子耻之；有其职无其言，君子耻之。

古之君子，盖未有道不行于当时，言不用于天下，而徘徊不去，以苟一日之禄者。道不行天下尊其道，言不用天下贵其言，不行不用有尸其咎者，非其道与言之有所不足也。无其道不可谓道之不行，无其言不可谓言之不用。执事未尝有一言以瘝朝廷，而以进言为难，非震武所敢知也。如震武之窜伏间里，遭遇世变，不言则无解于食毛践土之义，欲言又无辞于位卑言高之罪以为难，斯真难耳。执事所处，朝拜疏而夕慰天下之望矣，奚难之云哉？士君子一日在位，则必上为朝廷立一日之纪纲，下为天下存一日之廉耻，否则有谢而去耳。

善学孔子者莫若程、朱，新法之谏，经筵之疏，绍兴、淳熙、绍熙之封事，彼皆以言之用不用决去就焉，故其道足尊，其言可贵也。世以理学为空疏无用无怪也，程、朱而后固未有得进退语默之道者也。其进也无安天下之略，其退也无高天下之节，旅进旅退，焉能有无？彼功名气节之士且能笑之，何论程、朱？儒者之效不白于世久矣。道之行止，治乱存焉；言之用舍，安危系焉。儒者之所以异于流俗者，道与言为之也。道不可见则见于言，执事淡荣利，笃孝友，粹然程、朱，天下信之，所未著者独言耳。天下方引领拭目以观执事，执事盍亦有以慰天下之望耶？

震武辱执事之知不可谓浅，劝善规过，责难辅仁，执事所责于震武者皆古之道。震武顾未有一言以答盛意焉，欲为执事陈述旧闻，勉效切劘，则区区所讲问于师友者，执事既一言而尽之，震武固不能复有所见，以补执事之不足。所可为执事言者，唯愿执事无负所学，不矜宠利，不惮诛责，謇謇谔谔，为皇上一言，其言用利被一时，其言不用训垂万世。无令世儒以理学为诟病，而贻诗人素餐之讥焉，是则额手执事者当不止震武一人耳。

好善、不敢自是，执事之所以自信者也。闻善而不能用，不可谓好善；见是而不能从，不可谓不自是。好善、不自是，必有实迹焉，而非可以空言市也。曾文正之才而不能充其好善、不自是之心，则一言不合，嫉王壮武，忌多礼堂，疑倭文端，挤张小圃，水火于沈文肃、左文襄矣。加耗抽厘，聚敛之政，贻祸生民；杀人割地，议和之约，得罪清议。其病中于心术者有素也。执事以好善、不自是自信，则愿笃守是心而充之。

甲戌、庚辰入都，尝面责徐季和侍郎无所建白，侍郎以亲老对，震武颇未能释然。其后侍郎免丧起复，正色立朝，不畏强御，争人所不敢争，言人所不敢言，始终一节，无愧古人。然后叹侍郎权衡于君亲先后间者，其义至精，自愧向者浅之乎量侍郎也。执事深识远见，当亦非震武所能窥测，然震武怀疑而不能释然于执事者久矣。辱执事见知之过，疑焉不以闻，何以酬执事之知哉？思之累日，然后敢进此言，冒渎尊严，无任主臣。唯执事不斥其妄而辱教之，幸甚。

复文叔瀛学使　庚子

震武过不自量，冒进狂瞽，思效忠告，词旨褊激，惴惴焉深惧见绝大君子。乃蒙惠函还答，贬损威尊，曲赐教导，喜出望外，惭感交并。向者固欲以观大君子虚己有容之量，乃其所以集思广益，来天下之善者，固已不弃一夫。受异己之责而不辞，闻逆耳之言而自反，此固震武所不敢望之当世士大夫，而幸以得之执事。则震武所以竭诚尽虑图报执事者，固不敢复有不尽之怀。愿得益陈所见，以听执事之可否而进退之，而不敢以一言之不合而遽止焉，固亦大君子平昔所望于震武者。请进毕其说。

夫和、缓不世出而病不可以不治，伊、周不世生而天下之乱不可以不救。今试执人而语之曰：汝曷坐视其邻之疾而不言？曰：吾术未精，吾言未足以取信，疾不敢知焉，虽善辨者不能复持一说以夺之矣。又试执人而语之曰：汝曷坐视同室之疾而不言？曰：吾术未精，吾言未足以取信，疾不敢知焉，有人心者必不能出诸其口矣。何也？疾必相救，同室之义也。治之者有其人固不惜竭力以求之，无其人考诸书质诸友，朝闻一良方必夕以进，夕得一良药必朝以进，坐视须臾而不得也。

里巷愚民固有不忍其亲之疾，一方一药之知必进以试而不能自已者

焉，固亦有以立起沉疴者矣。安忍以吾术之未精、吾言之未足取信而自
诿哉？夫必待吾术之精、吾言足以取信而后一援手焉，则其人之死已久
矣，何以自解于同室之义哉？夫夷狄小人，国家之疾也；宰辅百僚，同
室之人也。田千秋以一言而悟武帝，娄寅亮以一言而悟高宗，里巷愚民
一方一药之知也。彼其为同室者甚微，特以不忍君父之疾，越职而哓哓
焉，固未尝以和、缓自命者也。

夫出处不同，同归于义；挟持大小不同，同归于道。非道与义焉，
挟持谬、出处乖矣。量而后入，古今通义，未闻有入而后量者也。量而
后入者徘徊却顾于进身之始，能则进，不能则退，进退皆得矣；入而后
量者徘徊却顾于就职之后，进不能一奋，退不能一决，进退皆失矣。执
事所谓三难者，当审之于进身之始，不当审之于就职之后。夫必能胜是
职而后就之，岂有自知其学不足以救世，诚不足以格君，言不足以取信
人主，而姑黾勉就职以苟一日之禄哉？故不能则有辞职而已，不辞则有
死职而已，无二道也。学不足则求进其学，诚不足则求积其诚，言不足
则求修其言，古今未有不可为之事也。理所当为则为之，成败利钝，虽
圣贤岂能逆睹哉？

夫必待必行必用而后言，则孔子之对哀公，孟子之说齐宣，程子、
朱子之告神宗、哲宗、高宗、孝宗，皆为不能揆时度势矣。夫臣子惓惓
君父之心，虽明知其必不能行、必不能用，而终不能无万有一之冀焉。
譬之君父有疾，势虽不救，不忍不号呼奔走以救之者，情也。夫所谓进
言以渐者，深言之不可，则姑先之以浅言，而后由浅而深焉。由浅而
深，渐之义也，默然而不一言，则何渐之有？程子上书于布衣之时，朱
子进言于奉祠之日。朱子封事，指斥人主之过，摘发近习之奸，凛然有
汲黯、杨、左之直节焉。彼亦岂昧于渐进之义，明知其必不能敌，而姑
为是以邀名哉？

夫君必能用臣之言，则自古何以有桀、纣？臣必能料君之必用而后
言，则自古何以有龙、比？执事之言殆所谓事求可、功求成，与圣贤正
谊明道者异矣。有官守者不得其职则去，有言责者不得其言则去，此一
义也，为臣之无其遇者言之也；陈力就列，不能者止，此又一义也，为
臣之无其具者言之也。舍是而言进退去就，皆苟道矣。

执事拟疏在予告之后，固亦可以无奏，区区未审其曲折而妄议焉，
过矣。用人一疏亦庶乎可塞天下之望焉，然天下之望执事者，顾如斯已
耶？所荐之人果有若程、朱者，能正君以正天下，则一疏而已是，否则

犹未也。学臣虽非谏官之比，然例得封章言事，则固不可谓无言责者矣。金壬之乱政，近习之揽权，固不敢以责执事。执事势所得言，时所可言，义所当言，言之必有益而无害，则惟格心而已。

执事谓治病当辨标本是也，震武固非昧于标本之辨者也。窃以谓为今日之病不在外而在内，不在彝翟而在朝廷，不在天下而在君心。本在是，标亦在是。向使有如真、许、熊、李者三五人，朝夕纳诲，启沃圣心，则戊戌之变可以不作，而又何至今日之纷纷乎？表端则影正，纲举则目张，未有不先正君心而可以治天下国家者。思前之所以负皇上而求弭非常之变于后焉，标本之治固莫有急于君心者矣。然欲正君心则执事用人之说固无以易之，未知大疏持论如何？

司马温公之在元祐，后人讥其但知辅母后以改新法，而置哲宗于不问，为未尽事君之道。然温公尝荐程子为崇政殿说书，则亦不可谓不知本者矣。今日时势岂可复有绍圣之祸？博选天下忠孝儒臣以辅导圣德，调和两宫，非执事无能为朝廷言之者。翁师傅不能讲明伦常大义，启沃圣心，奉诏切责见于邸报者屡矣，则今日所以进言者固不患无其端也。韩昌黎《争臣论》、欧阳永叔《上范希文书》，皆以直言切劘当世之名臣。二贤者卒皆不失望天下，窃愿执事有以继二贤之后耳。

气节之盛，无过汉、宋，至明而稍衰矣。然其时士大夫面折廷争，前者受杖，后者继进，百折不挠。逮其亡也，断脰决腹，一瞑不视者遍天下；上无割地称臣之辱，下无屈节偷生之耻。故震武尝谓宋高宗之中兴不如明怀宗之亡，盖兴亡国家所必有，而朝廷之纲纪名分不可以一日不存，士大夫之礼义廉耻不可一日而亡。程、朱之功，理学之效，盖已见于明之季世。本朝因之，遂成康熙之治。

自讲汉学者薄程、朱，贱理学，而中国之祸作矣。论者谓明儒无经济，震武则谓本朝士大夫无气节。明儒未有执政者，固不足以见其经济。本朝士大夫以依违为和平，以委蛇为从容，程、朱尚矣，即欲求一进退出处之全如刘念台者，且不可得。自魏敏果、李文贞、汤文正、朱文端以下，其进退出处皆不能使人无遗义，盖气节之不讲于天下久矣。

四维不张，国乃灭亡，非一朝一夕之故也。守孔、孟、程、朱之道以卫中国，则惟以气节为天下倡，使食毛践土者晓然于君臣、父子之大义。如贾谊所称父兄之臣死宗庙，法度之臣死社稷，辅翼之臣死君上，守御捍敌之臣死城郭封疆者，则中国之祸可以一朝而去也。而其本则必在于君心言者，气节之所由著也。一言而正君心，倡气节，存中国，惟执事之为耳。执事乃曰：理学之责无与于我。何见拒之深也！儒者之有理学之责，犹农夫之有耕稼之责，工人之有器艺之责也，岂可诿哉？空疏无用之识固无损于理学，然惧为理学者不幸而彼说得以中之焉，此则不可不以庸俗之言自警者。夫使理学不足以强中国，而令彼无父无君者得行其说于天下，夺中国君师之权而操之，亦为理学者之耻也。吾方汲汲焉求所以勉其实，无负此名之不暇，而忍谢而去之哉？农者曰耕稼之不善无与于我，工者曰器艺之不精无与于我，执事亦必笑其妄矣。

天下之变亟矣，震武固自知其才之不足以有为，故释褐未几，即浩然决计以归，闭户二十年，不敢有用世之志。然以食毛践土之义，君臣大伦所在，不能无区区忧国之心，己虽不能为而未尝不望有能之者焉。一时在位之士既皆不足以语此，或言甫进而已憎而绝之，然终不敢谓天下无人。执事粹然为程、朱正学，天下固已信之矣。以区区向慕二十年之心，而又辱执事一日先施之雅，若舍之而不言，则终无可与言者矣。故不自揣其冒昧，辄有前书责善之辞。执事虽不以其言为然，然既不与之绝，而辱赐之往复，则似以为犹有可与言者。震武固不敢妄自疏外，以负大君子之盛意。执事谓从古无自是之圣贤，至哉言乎！震武所言岂敢自以为是，亦心有所疑，不敢不求正于大君子。惟执事不鄙而终教之，幸甚。春寒，伏维为国自重。不宣。

《灵峰先生集》卷四下　书牍下

与文叔瀛学使　庚子

　　二月初八日奉到邑署公文，区区无知竟以污及荐牍，上渎天听，揄扬之过，推挽之力，岂所敢当？闻命惶恐，不知所为。当此内忧日急，外患频仍，深维食毛践土之义，君臣大伦所在，固不敢以闭户自安。然必正己而后可以正君及物，自审迂愚，既无拨乱反正之才，又不能与时俯仰，委蛇求济，勉强一出，必致狂躁妄发，以取罪戾，非徒无益于国，又将重为门墙之累也。

　　执事之意盖亦因其平日尝有忧国妄言，误以为志存经济，欲令勉效尺寸于圣明不讳之朝，而不知空谈不足以经世，虚气非所以应变。虽其平日未尝无惓惓忠爱之私，而反之于己既未能自信，诚不欲以空疏无用之身，遗大投艰，轻犯世故，抚衷自问，计之熟矣。抑古之君子其所以兢兢于出处进退者，非徒内量之己，亦必外审之人。执事所责于震武者，程、朱之道，孔、孟之学，震武固自知其不足万一于此。然窃观今日之势，则非独如震武者不克措手其间，即真有以孔、孟、程、朱之道自任者，恐亦未能行其说于今日也。

　　夫事有本末，未有本乱而末治者。三纲五伦天下万事之本也，自西学无父无君之说起，而三纲五伦扫地久矣。邪说横流，人道灭绝，非一朝一夕之故也。今日拨乱反治之策，固当以调和两宫、端本清源为先，正名定分为重，内修外攘，明学术，正人心，求贤才，清吏治为急，此其事皆非疏贱所能为力者。彼宰辅王公大人之贵，朝夕左右，尚不能有所转移于其间，使国家祸变日深日烈，至于如此。而欲以一疏贱小臣，徒手取效于立谈之顷，执事之为天下计者亦左矣。无已则惟一望天颜，倾吐欲语，自尽臣子之义而不必乎己志之得行，直道而进，洁身而退，此则尚可以勉强焉，然又何必多此一出也。报国有心，救时无术，崇文山尚书之出，海内瞻仰，谅必有以处此矣。言不百一。敬请道安。伏维垂察。

复文叔瀛学使　庚子三月

辱书勉之以报国，教之以谨言，意深辞笃，反覆观诵，惭感交并。夫洁身乱伦，圣哲所讥；君召不驾，《礼经》有训。当兹朝廷侧席旁求，如以大君子露章褒宠，劝驾殷勤，匡时致主，不于此自效则无时矣。理当踊跃奋行，感激图报，而还顾身世，内审诸己，外量诸人，窃恐迂愚拙直之身，当世断无有能容之者。区区之私，虽未尝无及时自效之心，而亦深以虚出无补为耻，用是逡巡却顾，欲行不前。

夫君子进退出处，天下之人心风俗系焉，非可苟焉已也。昔朱子当南宋之时，无一日不惓惓君国，而卒未尝轻于一进。家居讲授，每膺召命，辄进封章，必俟言之用舍以为身之行止，盖未有言行不足取信于上下而立朝得行其志者。自顾迂愚，虽不敢妄希前贤，而愿学之志则癏癏不忘。初意抚军既奉部催，必当札县饬知，欲俟奉檄之后，缮折实封，呈请代奏。近世虽无此例，而苟为义之所可行，则亦不必更问例之有无，况执事本以备顾问为言。

量而后人，古今通义，与试其言于既进之日，不若试其言于未进之时。而其所欲言者则即格心之说，向所为左右反覆陈之者。夫古今时势不同，而为治之本末先后，则古今无二。天下既无本乱末治之理，即无舍本治末之道。孔、孟、程、朱之告君，必以明善、诚身、正心、诚意为急者，非迂也。正本清源，理固如此，舍此皆苟道而已。

执事谓骨肉之间，人所难言，诚然。然进言者当问其理之是非，不当问其势之难易。自甲午以后，主战主和，两宫意见不同，嫌疑遂生。当时令有李邺侯、韩魏公者，朝夕调处其间，则必不至有戊戌之变。而诸臣不达言孝言慈之理，务各增饰语言，交构两宫。安晓峰侍御能识康逆于邪谋未露之先，折二李于权焰方张之际，直言敢谏，无愧古人。而甲午封章则断不能不咎其措辞之失当，彼于与子言孝之道，固有所未讲也。

夫国家既不幸构此非常大变，则所以处之者固不容无其道。正名定罪，布告中外，仗义执言，索还罪人。皇上必当号泣引咎以谢皇太后，皇太后必当欢然降旨以慰皇上，然后母子之间各尽其道。而枢臣无识，既昧先几之智，又乖处变之宜，讳其实事，诬以虚言，置其大恶，摘其细故。康逆劫子废母之罪既隐而不明，则垂帘训政之举不免出于无名，而皇太后曲全皇上仁孝之苦心，卒无以自白于天下，反令逆党得以有辞，此枢臣拟诏之失也。

区区过不自量，窃欲以一言开悟两宫，昭示万世，明人伦之大义，断逆臣之罪案。惟既未奉抚札，则代奏之事自不能径请抚军。既由执事饬知，则即由执事代奏似无不可。执事倘以为然，愿以公牍呈请代奏，否则亦乞示以一言。敬请钧安。伏希垂察。不宣。

复郭蓉汀 庚子

辱书伏读悚仄，震武窃叹足下志识之卓，而不能不骇其言之过。儗人必于其伦，明儒之称陈白沙曰活孟子。白沙，孟子罪人也，岂可以儗孟子？明儒妄矣。足下不察而以施之震武，震武所愿学者不能不孟子是归，然欲傲然以孟子自居，则震武虽愚不至是。

足下痛心疾首于无父无君之说盈天下，而恨无孟子其人者为之大声疾呼于其间，则欲以震武当之。然以孟子勉震武，震武不敢不勉。反经觉世，儒者皆有责焉，其敢曰予不暇知？指其一言一语之合于道，而遽称之曰孟子孟子，则非狂惑丧心者必不能受矣。足下幸毋妄言，以滋震武之疚也。

天下之变亟矣，邪说横流，人道将亡，岌岌乎有举世为彝翟禽兽之惧。齐鲁圣人之邦，而岛彝之祸先及焉。信天之将丧斯文也，剥极复生，必非旦夕事矣。周公、孔子不可作，抱遗经以俟来者。风雨如晦，鸡鸣不已，窃愿从二三君子后焉。

复张次陶 庚子

彝翟横行，小人得志，无父无君之言盈天下，齐鲁圣人之邦，当必有豪杰之士出于其间，为世道人心所倚赖者。曩者得佩南而与之往复其议论，兹又得足下。足下谓心学亡明，汉学乱本朝，至哉言乎！区区亦向持此论，而议者或以为太过。然观康逆之以公羊乱天下，而其祸至于率天下以犯上作乱；某氏之以纪、阮乱天下，而其祸至于背弃君父而不顾。汉学之效可睹矣。知乱之所由生，则所以拨乱反之正者当必有其道。明学术，正人心，非异人任也。五阴猖狂于上，一阳萌蘖〔蘗〕于下，积一阳之力以与五阴争，将在草野二三君子。震武虽不肖，窃愿与足下共勉之焉。

肃复。敬请道安。伏维垂察。不尽。

复陆凤石侍郎　辛丑

来谕并江鄂复电谨悉。震武病甚，恨不能纠合同志者，伏阙力争，为朝廷救此过举耳。展如之死冤哉，伏枕呜咽，愧痛曷已。肃复。敬请钧安。

复文叔瀛学使　辛丑

去腊奉五月十五日教言，推奖备极，启封急读，忧愁之中，辄用跃然，奋激感愤，不意大君子见知之过。会为妹妻卜地治葬，未及以一言奉答，迟迟至今。惟执事不以疏慢为罪，敢极言以质于左右。夫天下非道法不立，兴亡国家之常，而伏羲、神农、黄帝、尧、舜、禹、汤、文、武、周公、孔子之道法，必不可使一日亡于天下。有一姓天下之存亡，有万世天下之存亡；宗社一姓之所守，道法万世之所传。汉、唐、宋、元、明之亡，其亡者一姓之宗社，未尝举万世之道法而亡之也。

自曾涤生提倡西法，而李少荃和之，张孝达张之。康、梁继起，举中国数千年之人伦政教，驱以入于狂流，而天下之祸亟矣。世以庚子之变归狱徐、崇，徐、崇迁阔寡效，为人臣子而不能善处骨肉之间。内变未弭，外衅复开，驱乌合之众以抗大敌，不力斥妖妄巫鬼之说，端、刚之轻举妄动，取疑朝野远近，授夷狄权奸以口实，而寒天下忠义之心。端人正士骈首以死，宗社旋踵而倾，误国之罪无所逃矣。然欲令与孙傅、何桌之用郭京，同类而并讥，则徐、崇死不瞑目者。徐、崇固未尝一日当国，其不得已而抗议决战，据大义以庇民攘彝，自保其同类。所争者宗社道法之存亡，天下万世夷夏之防，非有一念之为身附和端、刚以图富贵也。

俄、英、德环峙于旅顺、威海、胶澳、东三省，北京必不可一日而居。方力赞两宫以迁都洛阳，密札文仲恭筹画建置，简李忠节为江督，召冯萃亭而畀以督帅之权，为合二十二省并力死战之计。不幸先事谋泄，贼臣卖国，输款于彝，遂令八国合纵，先发制人。徐、崇仓卒受命督师，内无同心之枢辅，外无协力之督抚，诸张百出以败之者，比肩叠迹。力小谋大，仓皇失措，国破主辱，而不敢自爱，一死以谢天下。崇文节以帝室元舅之尊，举家并命焉，其亦可以无责耳矣。

挟夷狄为重，鬻国以猎宰相之荣者桑维翰，非景延广也。尊桑维翰和亲割地之功，而以亡国之罪归之景延广，固景延广所不受矣。李少荃临卒之言曰，毓贤国贼，遂亡天下。嗟乎！国贼之罪，世固有足以当之者，非毓贤也，李氏未尝一自反耳。李氏一生尊奉湘乡，屠戮中国之臣民，以谢夷狄之约，实作俑焉。选幼童而命容闳挈以游学外洋，亦曾涤生之议也。异日亡中国者，必出洋留学生。容闳剪发易服以叛附美国，为中国乱民之倡，惜不令曾涤生见之。曾涤生以中兴名臣率天下崇奉西法，邪说一倡，流毒遂深入人心而不可复止。罪魁戎首，将谁归哉？

自曾涤生而上之，则陆稼书已不得辞《春秋》之责矣。西教萌蘖于唐，奉其教者，逮明始盛。汤若望以异教猾夏，刘念台请驱逐回国，毅然为圣教立万世之防。陆稼书身为谏官，不能继念台抗疏力争。以儒者而尊奉夷说，讲新法于南怀仁、利类思，亲受夷狄无父无君之书而读之，而无一言以辟其惑世诬民焉，其亦念台之罪人矣。

孟子斥杨、墨无君无父，未闻登墨翟之堂而讲学也。孔子问礼老聃，问官郯子，所问者中国先王之制，未闻求道于夷狄无父无君之徒也。礼失求诸野，非彼叛圣人而甘奉殊族异类为师者，所可藉口矣。杨光先以一畴人子弟而不得已，书之作义正辞严，凛乎有孟子拒杨、墨之意。立二百年之前，以默观今日夷狄之祸，若烛照数计而龟卜焉。陆稼书以为轻诋西法而斥之，儒者昧本之言，不如畴人之杀身卫道也。明末学术之坏极矣。利玛窦乘间而入一言，遂改中国之历；徐光启以执礼之臣，非圣无法，力倡异说，以为彼族张其门户。用夷变夏，历法遂为厉阶，蚁穴之决而泛滥遍于天下。

用夷狄、小人、异端者，未有不祸及天下万世者也。中国异教，惟巫最古。颛顼诛九黎，舜窜三苗，圣人之虑远矣。巫教既微于中，遂盛于西。墨翟横议战国，摩西、佛氏放言西戎，皆巫之支流。耶稣晚出，剽窃三家绪言，而以称天治人，创立新教，矫同伐异，背本争胜。利、艾东来，遂假天算为传教之助，辅以格物、光电、音化诸学，举中国古圣所传，明之天地日月，幽之阴阳鬼神，大之三纲五常，小之五音六律，显之七政四序，微之五性七情，一切扫除而更张之。君臣、父子、夫妇，平等均权，无尊卑上下内外，其流遂至殴父无刑，谋反不诛，弃夫无罚。

法国党会著论，欲尽废天下君主为民主，而力思以其平等自由之教易我中国。中国士大夫之丧心者，利其说之放恣无忌，复为之润饰而张大之。变易六经传注训诂之言，附会彝翟之教；学校明伦之地，而用无父无君之人以为之师；学童不读经书，星期必遵耶稣；反伦蔑圣，变人类而禽兽。其官吏薰灼于腥膻之势而为之奴隶，其士民濡染于侏僚之俗而为之觜舌。举中国朝野上下，昏昏扰扰，倒行逆施，为夷狄先驱，以乱我治统教统，而夺之圣人之号、天子之柄，拱手以奉之夷狄，尧、舜、禹、汤、文、武、周公、孔子人伦道法相传之天下，一举而亡之。

而其祸则源于明之用西法以改中历，中国士大夫无能出一言以与之抗者，遂令夷狄悍然有轻中国之心。国初理学昌明，议者方以为孔、孟之教如日中天，而不知南怀仁、利类思之徒已睥睨其后，而欲改其教、易其俗，攘君师之权而据之矣。五阳方盛之世而一阴已生，为贶勿摧，为蛇奈何，杨光先之说绌于前，林少穆之议废于后，天祸中国固非人力所能为矣。忠臣义士之痛哭流涕，不足当奸人一笑，而使之窜斥流离，不得效其一日之用以死。江统徙戎之论，曲江争安禄山之言，以今方古，彼所争者一姓之存亡，未若今日有万世存亡之痛也。

君子之道可以用天下而不求天下之用，《易》之潜龙无所求于天下，然元黄血杂之时，非潜龙不足以战群阴而胜之。阴阳之战，天地之心也。战于上者，君相之政事；战于下者，师儒之学术。孟子辟杨、墨于战国，朱子讲义理于南宋，皆以潜龙之战，存人道于乱贼禽兽之中。匹夫杜门讲论，而天下万世之存亡系焉，不以一时之用舍而异也。震武于先贤无能为役，而生平愿学之志不敢不在孟子、朱子。其或幸而得效一日之用，则正人心、息邪说，拨乱反正，以兴圣道于天下所不敢让也。若其不遇则天也，抱遗经以待来者，伏生、申公吾之师矣。安能蒙面丧心，俯仰揖让于彝翟禽兽之中哉？

乱不极则治不盛，孔子之教一厄于秦而始尊，再厄于耶而将昌。消长倚伏，剥复循环，圣人作而四海文明，俄、法、英、德，佛、老、耶、回，定于一焉。至诚之道，必有血气尊亲者，绵绵延延。辅本朝以与乱贼、夷狄、禽兽争人道之存，而不使孔子之教自我而绝于天下，以俟后有中兴之圣人起而光大之焉，则孤臣之志所以自靖于先圣先王者矣。

庚子入关，固自知其非疏贱所能为力，亦欲以一出明君臣之义于天下。而首请建立四京，欲令朝廷先谋一自立之地，示北京无足为天下重轻，而责闽粤、江浙、山东、燕辽以各自为战，然后不受夷狄之窥伺挟制，而居中驭外，可以坐制四彝。威不养则不重，天子之威不可以一挫于天下，断未有形势浅露，迫近海滨四战之地而可以建都者。朝倡攘夷之议，而海外虎视鲸吞数十国之师，夕至城下矣。元、明之都燕，阻海为固，彼未有岛夷之纵横窟穴于海也。恭忠亲王建都关中之议不行，不待智者而知其必有播迁之祸矣。胜败用兵之常，唐之西京，再陷于贼，而卒不亡。天王出居于郑，《春秋》无讥焉。天子以四海为家，一都之存亡未足为天下重轻也。徐、崇力劝两宫出狩，而以一死倡天下，立万世夷夏之防，激后死者以报仇雪耻之义，其势尚未足以亡。庆、李、张、刘回銮之议行，而后举国在夷狄掌握之中，虽有智者无所施其策矣。

汉、唐以来，黔滇苗蛮之狡焉思启者未尝无之，而卒不能得志。中国战在数千里之外，天子安坐而制之，蜂屯蚁聚者，虽破军而杀将，不足以摇动国本也。契丹、女真、蒙古之师一入而中原遂亡，战在畿辅数百里之内，王师一挫而人心骇散，主威失、国势去矣。故论建都于今日，非长安无立足之地。

今日天下大势，秦陇其首也，江鄂其腹也，岭南其尾也。挞英蹴法，制俄躏日，必以关中为立国之根本，广东为用兵之枢纽。尝欲遍至其地一游，自粤而湘，自湘而鄂，自鄂而秦而陇，览其山川，察其风土，交其豪杰贤士大夫，以立异日一成一旅中兴之基。而赢弱穷饿之躯不得一奋其志，区区报国夙怀，深惧其将以空言终矣。天道无往而不复，夷狄之祸始于广东，必将自广东平之。骆文忠扶植湘中子弟，以济中兴之业，亦粤产也。

执事以正学硕德负海内之望，而天子使之视学此邦，其将有意乎执事？向者有用回拒耶之说，震武甚韪其议，而非有开诚布公，忠信著于彝翟之君子，必不能抚而用之。耶、回世仇，秦陇豪杰，枕戈待旦，愿提一旅以备前驱者不乏人焉。天下之变亟矣，十年之后，学堂子弟皆中国之乱贼，西人用以倒戈相向，变法改教，取中国如反掌，必无幸全之理。势不可待，机不可失。秋杪将过访执事于羊城，共画中兴之策，惟执事有以报我。

肃复。敬请道安。伏维垂察。不一。

复安晓峰侍御　辛丑

夷狄横行，奸邪得志，挟天子以令诸侯，岌岌有人道灭绝之惧。其势非徒灭我大清而已，必用洋教劫制中国，尊耶稣，黜孔子，去三纲，废六经，流血革命，举天下化为强权平等自由而后止。乱甚于战国，祸烈于嬴秦，邪说暴行，普天痛愤，彷徨迫灼，计无所出。远辱手书，欣跃捧诵，忠义之气，可以感天地，贯金石，泣鬼神。义当投袂而起，计不返顾，戮力同心，再造皇室，以卫圣道、保中国。其所以徘徊却立未敢应命者，非不信左右之志也，惧身败名裂，无益中国兴亡之数而有累于左右也。

中国之祸始于甲午，成于戊戌，极于庚子。戊戌训政，庚子攘夷，其时主议者皆正人，宜可以一雪国耻。而贤奸杂进，邪正并列，徐、崇守正而愚，端、澜好勇不学，当大任而不能决，处变事而不知权。戊戌反正，不正康、梁劫子废母之罪，则训政之举不免出于无名。建储有必废之祸而不虑其终，用兵有必败之势而不审其始。以一服八，而不知离其交、伐其谋。内无同心之枢辅，外无协力之督抚，君臣乖乱，上下携贰，卤莽起衅，取快一朝，贻祸四海。举武卫军、义和团之全力，而不能攻克一使馆以绝和议，坚守一京城以待援师。

逮其败也，仓皇西幸，复不能定都关中，以绝夷人挟制之谋；下哀痛罪己之诏，正东南违旨之罪；大行黜陟，慎简督抚；妙选将帅，精练士卒；扼居庸，守河北，据德州，以规天津；断其饷道，绝其归路，合围进剿，为举国死战之计，无策甚矣。徐、崇以一死谢天下，无责耳矣。赵展如负海内清望，等死耳，而不能以死任事，力赞大计。杜门避祸，卒不免于一死，死而有知，必抱愧于地下矣。

区区奏对之言，两宫未尝不为之感动，君臣相对，至于恸哭流涕，而卒不能见之施行。牵制于夷狄，沮挠于权奸，报仇雪耻之念卒不能一奋，而为中外所劫持，隐忍以就和议，此固非慈圣初念所忍出也。洋党挟英、日之势以胁制君父，其意必欲诛王大臣以摇储君，废储君以及慈圣，使俄之请不得已而为此者。窃欲假争约以行阴设洋党反对之策，力援皇太子奉命赴俄，以避奸人之陷害耳。俄约既定，奉皇太子游学列邦，辅以端人正士，观变待时，上则为殷之高宗，下则为俄之大彼得，其为异日中兴之谋至远也。慈圣一览其奏而亟许之，称为忠臣义士，固有以默鉴其苦衷也。洋党恶其害己而力沮之，事卒不行。国之兴亡，固非人力所能为者矣。

夫皇太子之立，上告宗社，下告臣民，穆宗之嗣，非端邸之嗣也。端邸有罪，何以上及穆宗而废其嗣？礼兄终弟及，嗣穆宗之统者皇上，当为皇上立嗣，不当为穆宗立嗣也。既立矣，穆宗何罪而废其嗣？此主议者始谋之不审，一国两君，虽有留侯、邺侯不能善为之处矣。

为端、刚、徐、崇计者，忍辱受耻，犹恐不免，挑敌启衅，何以求济？夫举大事者可成可败，端、刚、徐、崇之所为，则可成而不可败矣。夫以端、刚、徐、崇之得君，奉诏书以驱策二十二省督抚，协力齐举，一战尽敌，报仇雪耻，宜若易于反掌。而偾事至于如此，则轻虑寡谋，不早畀李忠节、冯萃亭以督帅之权，而山抚、江、鄂、闽、粤四督皆失其人，此谋国者不可不慎也。

今两宫受制，彝人彝兵，环布京师，内外天津，负约而不还，将有举族囚虏之惧。贤智裹足，忠义寒心，而海内不敢以一矢相加者。彝人设计虽毒，逆迹未著，举义则无名，迎銮则无命。二十二省督抚，人怀异志，朝倡勤王之师，夕加以叛逆之名而讨之矣。彝人亦恐激海内臣民之怒，惟以议和、通商、传教、用间为取中国之计，而不敢以战取中国。胁朝廷以自行剪除忠良，屠戮生灵，去我同类，为彼驱除。变法改制，发号施令，巍然拥天子于上，则夺其权，据其地，变其教，亡其国，而海内忠臣义士无所称名借号以起焉，彝人为计亦狡矣。痛哉！庚子七月之变可以有为，而无一贤督抚遵旨勤王，纠合二十二省之兵民以与彝人决一死战者，中国人心之死久矣。和议既成，何能为乎？

夫以彝兵数百守一使馆，竭董军之力不能克，而欲以偏隅攘彝，受天下之敌，来四海之兵，不待智者而知其不可也。天下之事，有其时者无其人，有其人者无其时，名不正则言不顺。君子之举事也，成则定国安民，败则可以告天下万世而无愧，非此则不为。武侯不遇昭烈，则亦终老隆中而已；非孙、吴、袁、曹之乱，必不辅昭烈以割据之业。岳武穆奉诏班师，蔡虚斋、魏叔子讥其不达权者，非知武穆者也。以孤军直捣黄龙，而使上不疑其叛，下不疑其变，违命而行，成功而退，武穆之才固有所未逮矣。汾阳、西平之勋，彼亦恃有君命耳。彝人遍布二十二省，根深柢固，非如禄山、怀光可以一战而尽之者。执事其亦熟考古今而审思之。

孟子曰："虽有智慧，不如乘势；虽有镃基，不如待时。"西夷为圣王驱除之资，必无入主中国之理，华夏正统断非岛夷所得妄干。天命未绝，国祚犹存，则中兴之业必在关中。天道后起者胜，揆之天时人事，大乱之作，势必不远。其时彝翟纷争，盗贼并作，海内义旗，环指而起，然后奉亲贤而辅之，传檄四方，号召忠义，举顺讨逆，蔑不济矣。

夫今日天下大势，秦陇其首也，江鄂其腹也，岭南其尾也。故始事在秦陇，而收功必在岭南。广东富饶甲天下，其民亦强悍可用。蹙英躏法，制日御美，必以秦陇为用兵之根本，广东为用兵之枢纽。异日国家多故，必当间关赴陇，共奖皇室，卫圣道，保中国，今尚非其时也。愿执事沉几观变，养晦待时，计出万全，必求可以上对先圣先王，曲尽本朝臣子之节，无背《春秋》大义，而无以轻举妄动，失海内忠臣义士之望，幸甚幸甚。来使告遽，言不十一。伏维为国保重。

与浙江教育总会会员　己酉九月

震武不敏，辱会员公举，俾长教育总会。夫一县之会则谋一县教育普及，一省之会则谋一省教育普及。教育有不普及，则于会长为溺职，而于会员为所举失人，会长之耻亦会员之耻也。会员之于会长必兢兢焉，审慎于未举之先，而监督于已举之后，使无以溺职为会员失人耻焉，则会员之责矣。

今总会成立已三年，而问以会所则未建一椽，问以调查员则未举一人，问以教育杂志则未出一编，问以研究会、评议会则未开一次，问以传习所、宣讲所、制造所、陈列馆则未设一所，问以图书馆则诿之于官，会中未尝过问。纷纷扰扰，植党营私，一任学务之废弛、经费之虚縻，而以不建一议、不行一事为会中天职，坐视两浙教育之沦亡，而曾不为一计焉，则亦焉用此教育会为矣。

乃者会员不察而以命震武，夫以会员群策群力之所不能争救，而欲震武起任其责，责跛者以致千里，进聋者以审五音，必无微效明矣。会员劝驾之辞，一则曰先生若出，奔走唯命；再则曰先生不出，其如两浙何？三则曰先生不出，当披发入山，不问教育事。在会员之意，直以两浙教育兴废归其责于震武一人。夫使震武果足为总会重轻，则亦何惜一出以效力父母之邦，而自问才力必不足以及此。然披心露腹，以求察于会员，而卒不蒙见信，将使震武负破坏两浙教育之咎。

无已敢与会员约言，会员能力任劳怨，辅以有成，则愿从会员后，勉尽义务三月，以视效之有无，夫马费所不受也。筹经费，建会所，研究、调查、评议次第实行，担任一日则任一日之责，效则留，不效则去。会员不能力任劳怨，则振兴教育，非一手一足之功，幸听其辞可矣，无令震武自误以误两浙，贻会员羞也。

世之言教育者必曰科学科学，震武默察今日人心风俗，则以为莫急于廉耻教育。汉、宋、明之季，朝政乱于上，清议明于下。士大夫崇尚名节，固穷守志，掊击奸佞，面折廷争，百折不挠者，史不绝书。缙绅之士，阴营一官，苟取一钱，则举国不齿。今上下躁进，嗜利成风，量官缺之肥瘠，计薪水之厚薄，卑鄙已甚。学校之师，议会之长，清议自出，视为利薮，营求百端，恬不知耻，四维绝矣。

礼义廉耻，是为四维，四维不张，国乃灭亡，管子之言，窃用寒心。非会员以身作则，汲汲焉提倡廉耻，吾恐亡中国者不在盗贼彝翟，而在教育也。先圣孔子之言曰，知耻近乎勇。有知耻之会员而后有知耻之会长，有知耻之会长而后有知耻之监督、教习，有知耻之监督、教习而后有知耻之学生，有知耻之学生则战胜五洲可矣。以身教者从，以言教者讼，先自治而后治人。区区私见，惟希裁察。

复两级师范学生　己酉

得来函为之蹙然不安，仆迫于公推，承乏总会，与诸生义属一体，甚不愿诸生有损失名誉之举，诸生之荣辱，仆之荣辱也。仆以师表国民望诸生，而报馆忽传诸生以罢课挟制监督，甚且侮辱监督，则彷徨迫灼，若耻辱之被其体，深冀传者之不实。既见监督电旅沪学会，明言并未罢课，则私心窃喜，以为诸生果能自爱以爱两浙师范也。事后饰词，人情之所不免，仆不敢信诸生，而不敢不信监督之言。世固未有甘心受人挟制，侮辱衔恨已甚，力足以斥退，不斥退而反隐忍为之讳者，则诸生之并未罢课得监督一言定矣。

监督明言并未罢课，而报馆必言罢课，报馆主持公论，口诛笔伐，名节攸关，是非曲直，岂可倒置？诸生未罢课，而秉笔者必极口诬蔑，深文曲诋，坐诸生大逆不道之罪以为快，此必非主持公论者所忍出。彼亦浙人，桑梓之义闻之熟矣，诸生辱，彼岂独荣？

诸生之不率教罪也，则必有立于诸生之上者矣。孔、孟、程、朱未闻有不率教之弟子，而独以不率教罪诸生，诸生所不受也。源不清者流必浊，有不能以身立教之会长，而后有不能以身立教之监督；有不能以身立教之监督，而后有不率教之学生。推而上之，则提学司亦不得辞其责矣。诬诸生则诬监督，诬会长，诬提学司，秉笔者一不快于诸生，必痛诋毒詈，毁坏一省官师名誉，以逞其私，则稍有是非羞恶之良者所不忍为。

而报馆果为此，则公义所不容，报律具在，固不当复畀以言论之权。彼秉笔者亦人耳，必不出此丧心狂噬之举。然监督固明言并未罢课，报馆所载果实，则无解于监督之电。对于旅沪学会则曰并未罢课，对于公报则曰罢课，监督必不为此。监督是则报馆非，报馆是则监督非，二者必居一于此矣。

仆踌躅累日，而不知所以处之之道，不得已而请监督更正，请提学司调查学生，请巡警道诘问报馆，总会之力止于此矣。虽然，此皆循例之具文，固未足以报答诸生殷勤请命之意也。君子爱人以德，仆愿正告诸生，报馆所言之虚实在诸生，不在报馆。诸生苟能力学励行，异日两浙师范有陆忠宣、宗忠简、于忠肃其人者出于中，则两浙师范之名誉赫赫史册，烈烈星日。报馆之言，烟消灰灭，不足辨也。不然，所志不过一监督、校长、教习之薪水，所望不出一中书、举人、贡生之出身，卑鄙已甚。虽无报馆之言，我两浙师范亦将为人口实矣。

仆愿诸生反己自责，不愿诸生瘏口焦舌以与报馆争，与报馆争者监督、会长、巡警、提学司之责，非诸生之事也。止谤莫若自修，诸生独未之闻乎？报馆之言，有则改之，无则加勉，果诬者何伤于诸生？诸生必断断力辨，则文过之心胜克己之念，微一朝得志，威福自专，必且以言语微过封禁报馆矣。揆之古人闻过则喜，不念旧恶之义，当不如是。

古之师生惟道义之切劘，势利奔走，则童稚羞称。诸生发言之权，监督固不得而夺之；监督有过，诸生固亦可以匡正。然必先言之监督，监督不听而后言之本会，则于师生之义无亏。乃者诸生不一请监督责问报馆，而直上书本会，则何以为监督地矣？此诸生之过也。监督既知并未罢课，诸生被诬，监督立出一言正之，则诸生异议立息，必不电旅沪学会、中外日报。各报为此纷纭，其激诸生以为此纷纭者，则监督之过也。报馆有主持公论之责，诸生果罢课，则劝戒之可矣，以大逆不道斥诸生，诸生非弑父弑君，安得为此已甚之言？坏人名誉甚于杀人，秉笔者盍亦扪心易地以观？苟逞私念，不顾大局，则报馆之过也。

仆忝长教育，受任旬日，而德不足以感化于前，力不足以救正于后。讹言四出，公理不伸，取笑中外，两浙师范之名誉扫地以尽。监督之过，诸生之过，报馆之过，则皆仆之过矣。此仆所日夜疚心，而不敢诿其责于人者。

呜呼！今之世何世也？火将及而处堂之燕雀方争，风已烈而同舟之骨肉交斗。省争、府争、县争，争区域、争意气、争权利，外人未瓜分，而我省府州县先自瓜分之。据今日一省之现象以论，则学生、监督、报馆所争不同，而同归于毁坏全浙之名誉；据今日一国之现象以论，则政府、封疆、社会所争不同，而同归于覆灭中国之种族。我父老子弟长此不变，其必为琉球、越南、朝鲜之续，可翘足而待矣。仆隐忧已久，感诸生一言不能不痛哭流涕以语诸生，而愿诸生有以启予。

与两浙父老 庚戌二月

震武少懦劣，自以不能与时俯仰。庚辰供职工曹，庚子奔赴行在，均仅三阅月而乞归。诚知不为世容，伏处不出，闭户守志，数十年于兹矣。去秋以两浙父老之命承乏总会，先自声明暂权三月，嗣又以官绅固请，辞不获命，兼权师校。受任之始，预有约言，亦欲勉效涓埃，仰报桑梓。而力不从心，居恒既以杜门谢客，获戾缙绅先生；重以卞急之性、戆直之言，无所依违，取怨于时。提倡廉耻，忌者实多，遂致构陷百端，谤议四起。足甫履校，教员相率罢课，上不足以取信于官长，下不足以取信于士绅。留者攀辕，挤者下石，固辞不许，坐待取销，重贻父老之耻。

唯区区之心意在整顿，实非有他，天日在上，徒以志大才疏，动辄得咎。十日师校，三月教会，一事无成，未尝不返己自责，冀以附于古人闻谤修德之义。故某报虽极力诋毁，震武无一言之辨。其称震武为道德文章家，则震武方深有愧于其言。不意某报以诋毁震武之故，而诬及先朝，且污蔑先朝宫闱，此则尊亲之义，臣子之职，肝脑可涂，汤火可蹈，先朝之受诬必不可以不辨。

夫教育以德育为重，德育以忠孝为先，率天下为臣子者，而教以尊君亲上之大义，此教育总会之职也。有教育总会而不能一明尊亲之义，则教育沦亡，焉用此教育会为矣。震武生长山林，凤无阅历，以为地方教育，人与有责，勉出任事。固未知社会是非之颠倒，廉耻之消亡，无父无君，至于斯极。觍颜尸位，负疚实多，教育之长，奚取罪人？不能者止，古今通义。登报辞职，已逾旬月，而抚军既不允简员接收，会员又不允开会公举。则无强郿人以守此不去之理，不得已谨以便宜从事，请副会长代理，会董主持，会员分任其责，以俟十一府会员开会公举。官绅有意维持，必能妙选正人善为之处；若其必欲摧败破坏，则亦非震武一人之力所能支也。

此一出也，上负两浙之父老，下负两浙之子弟。邦人士方望以振兴教育，而教育总会乃将自此而亡，此固非震武始念所及，必有任其责者。震武行矣，以一去正纲常、明是非、存廉耻，窃以为非无裨于教育，唯我两浙父老有以谅之。

与刘幼云总监督　庚戌

幼云大司乐足下：

大学所以明人伦、正学术，七科总教，代圣立言，任大责重，震武自问不胜，引义固辞。足下与孙师郑、汪芝房诸监督先后造寓劝驾，章一山提调坚请至再至三，震武不得已勉以应命，则不可使万世师道自震武而废。《周礼》大司乐掌成均之法，凡有道有德者使教焉。教者必以有道有德、不列于官者，非致仕之卿大夫、高尚不仕之士，不可以教。成均大司乐不得以属史视之，师道不列于官，居官者不得苟贪廪禄以兼师道也。君师一体，师位则君位，上则君，下则师。北面尊师，古今通义。太公之授丹书，太公西面，武王东面者，彼兼君臣之义，非纯乎师矣。张氏所定学堂章程，列教习于职官，位师生于东西，夷狄谬制，非古礼，不可以乱先王之教。开学之日，七科总教位在总监督上，南向诸生，北面行礼。足下以为可行则留，足下以为不可行则去。师道存亡，所幸速赐一言，以决去就。伏维垂察。

复刘幼云总监督　庚戌

承示胡漱檀侍御所致疑于拙稿诸说，讲去其非而趋是，此真古之道固不能望之人人，而既得之胡君，则不敢不反覆其说，以俟胡君进而教之。驳与陈、汤二书持论谨严，震武所深服也。二书本舍侄代作，然谓不能自坚其说则未然。

天下大势所趋，圣人不能违。中国既不能禁止铁路、议院，使不行则固当谋所以行之之道，不宜对于乡里之请、官吏之访，深闭固拒，自鸣其高。震武谓政事当求其本，未尝谓铁路、议院必不可行。某氏以铁路商业，经商非服官比，决计出任路事。震武谓业农工商者不幸而居丧，力农可也，废礼以力农不可也；执工可也，废礼以执工不可也；经商可也，废礼以经商不可也。不得已则因乡人之请，折衷农工商可行之道，以明丧礼于天下，使知居丧可权；而出居丧之礼，寝苫枕块，不去衰绖，不饮酒食肉，不拜客，不受官，断不可权而变。将以感发兴起国人，使业农工商者皆有所矜式，以愧号为士大夫而变服、任情、蔑礼，援金革无避之说，以受朝廷之官、任地方之事，晏然自处于常人者。其裨益风教甚大，固未尝不可，礼以义起也。

礼不以出处而异，礼之实，出严于居。居不守礼，孰立于其侧而责之？出不守礼，万目注视，一饮一食之失，非笑者纷然起矣。彼不耻失礼万目注视之地，则其居家也，固将任情蔑礼，无所不至，出处奚择焉？寝苫枕块于公所，不如是断以不敢知，固严其说以存礼，非宽其说以废礼。此高安、益阳、湘乡、合肥所不能行，而以望之商业家，不得谓震武以礼处己，不以礼处人。某氏无一克从鄙言，变服拜客，饮食居处如常非鄙意，震武固不任导人蔑礼之咎。

议院以庶政取决舆论，此《洪范》谋及庶人、《周礼》致询万民之制，投票公举亦深得乡举里选遗意。陈君试行于敝邑，所举皆邑中正人，法未尝不善。今日议员之弊，则一在薪水之重，薪水重则贪夫趋而正人避。一在用无名单记而不用记名投票，则无乡议之可畏，而父子兄弟叔侄互相举。一在用复选而不用单选，单选不能尽人运动，犹有公论存焉；复选则乡党自好之士无肯应选，投票者类皆把持公事、武断乡曲之绅董，公论绝矣。去此三弊，而在上者提倡廉耻，正人心，厚风俗，以为之本；严定被选资格，非高尚不仕之士、致仕之公卿大夫不得与；取欧美之良法，而去其运动之浇风、政党之流弊，则议院未尝不可行。武穆、忠肃之冤狱，汉、宋、明之党祸，千载有余痛焉，使有议院，恶至是？

议院为暴君昏主立法，非为明主立法也。立法必求无背乎人心天理，合人心天理之公，虽西法亦可因；不合人心天理之公，虽中法亦当革。不论理之是非，而惟断断焉中西成见之执，维新者以外人之是非为是非，而中法无一可存；守旧者以习俗之是非为是非，而西法无一可采。此皆未反求于人心天理之公，于圣人之道均无当焉。

天下之变亟矣，西彝以霸术蹂躏中华，其政法精于管、商，其技巧工于输、墨，必非复霸术所能制。彼以暴、我以仁，彼以诈、我以诚，彼以利、我以义，彼分种族、区宗教，我以万物一体之心，天下一家、中国一人之量行之，其庶可以挽回世变，统合五洲而定于一乎？汉、唐、宋、明苟且补苴之制，何一出于人心天理之公？不一切扫除更张，而欲恃是以莅中国而抚四彝，吾知其必不能矣。损益古今，范围中西，立万世之法，成一代之制，必有王者起而为之。

举容闳选带幼童以出洋留学者，湘乡也。以绝无中学根柢之幼童，而使之出洋留学，其不化于夷翟者未有矣。剪发易服，降美叛中，容闳即为之首。亡中国者，必绝无中学根柢之出洋留学生。非湘乡首倡邪说，其孰倡之？

雍正定耗三分以后，有官吏私行之浮收，无朝廷明定之加征。变祖制，废旧章，举二百余年所不敢动之成宪，朱文正、汤文端所力争者，悍然改之，一两之赋加征四钱，实自湘乡始。抽厘创于雷以诚，而推行于东南诸省者，皆湘乡所为。孔子恶作俑，为其不仁也。平余、厘捐，流毒万民，作俑者谁耶？宋陈遘创行经制钱未若平余、厘捐贻害之大，而顾亭林论之曰："一时权宜，祸及无穷，上得罪于艺祖、太宗，下得罪于生民，婴城死节，一家被害，不足盖其剥民之罪。"湘乡平贼之功，吾不知其于剥民之罪何如也？

湘军将才必推王壮武、张运兰，解湘乡祁门之围，左文襄肃清关陇，皆藉壮武老湘营之力。壮武始出湘乡，以一言龃龉，竭力排挤，至以杀人冒功诬之。非骆文忠委以剿匪，则壮武老死乡里。祁门之役，湘乡亦不得调壮武旧部以自救。吾甚惜其用之已晚，未克尽展其才，不能不遗恨湘乡也。

严章以劾沈文肃、倭文端，勉其和衷共济，则疑文端有意分其权。张小圃力守徽州，保障一方，拒贼之功甚伟，而力挤以去，举李元度代之。未及一月而徽州陷，元度遁，湘乡对于张公无歉词，觍然遗书，慰其吉祥之身，幸脱大灾，非反躬自省之君子所能出矣。张公归而卒死回难，孙琴西为张公作神道碑，于湘乡深致微辞焉。琴西湘乡门下士，公论之在人心，固不能以一手掩天下目也。

艺祖于克蜀诸将，圣祖于平滇诸帅，私货财妇女者，皆被严议。行军以纪律为先，立国以纪纲为重，救民水火之中而不戢淫掠，则兵亦贼矣。湘军克复金陵，淫掠之惨，具载各书。湘军满载金银子女，联樯而上，万目共睹。彭雪琴责湘乡以大义灭亲，湘乡不省，反以老巢全无货财，实出意外，为之饰奏。侬智高之死，诸将请狄武襄入奏，武襄曰："宁失智高，不敢诬朝廷以贪功。"洪福瑱挟其余党出遁，人皆知之。湘乡以福瑱童骏，非死于烈火必死于乱军入奏，而所报首功皆不实。异乎武襄之用心！左文襄责以欺君冒功，非过矣。

震武所讥于湘乡，皆取他书所载，反覆参考其本集而后出之，实未敢以传闻无实之词轻诋先儒。湘乡勋名固非后人所能增损，而是非所在，不敢为违心之语，则亦各言其志矣。

苏氏之学害在万世，朱子之言，熊文端、陆清献、王船山之言，非鄙人之言。其浮薄险躁，胡君必以为徒据学术以轻入人罪，而非事实。则请以事实证之。伊川在经筵，子瞻嫉之如仇。伊川守礼甚严，则戏之曰："正叔何时打破敬字？"伊川国忌食素，则戏之曰："正叔不佞佛，何为食素？"明堂大享日，伊川据《礼》郊日丧者不哭，不敢凶服之文，执议不吊温公丧，则戏之曰："此枉死市叔孙通所制礼。"伊川治温公之丧无失礼，则戏之曰："大中尚在，正叔何为熟读《丧礼》？"伊川始终无一言之答，而子瞻侮弄不已。此非浮薄，则将以何者为浮薄耶？子瞻嗾孔文仲以金巧污下无行，市井目为五鬼之魁。劾罢，伊川、文仲旋悟为子瞻所绐，愤郁呕血以死。子由于元祐末年规取相位，力引小人杨畏，使倾范忠宣，而以己代之。既不效，则诵其弹文于坐，以动忠宣。此非险躁，则将以何者为险躁耶？

是非天下后世之公，未可以一人私见为进退。曲学阿世，偏论过中，皆有所不敢。论人论事，必衷于圣人之道而使之平。胡君既不能无疑，则略举一二以质，唯左右为我达之，胡君其必有以教我。

与刘幼云总监督 庚戌

幼云大司乐足下：

三年之丧，居则衰绖，寝则苫块，天下通义。变衰绖，去苫块，蔑礼忘亲，人道绝矣。必若蔑礼忘亲，绝人道而后可以成事，则所成不敌所败之大也。行一不义，得天下不为，儒者所守之道，必不以一旦之利害而变焉。以礼处己则亦以礼处人，人孰无亲，必令斩焉在疚者，忍心害理，仆仆奔走道路，非人情也。天下惟至情可以感人，弃其人子至情，蔑礼忘亲，以日事奔走，而欲求以感召焉，其所感召者必无正人君子矣。

古者有衰绖入朝之礼，则衰绖从军，衰绖任事，何不可之有？国家存亡，地方安危所关，为金革而出则寝苫枕块于军营，为桑梓而出则寝苫枕块于公所。礼可以义起，胡君谓以公所为寝苫枕块之地必无是理，则必蔑礼忘亲而后可以任事，以公所为蔑礼忘亲之地有是理耶？守礼而不出者礼之正，出而不失礼者礼之权。三年之丧，而变衰绖、去苫块，以争一日之利害，其背于礼也大矣。

里有佣者丧其母，请于主人以麻衣执役，视其寝则凄然苫块，不床而地。则且问之胡君，彼佣者所行礼耶？非礼耶？彼佣者能寝苫枕块于执役之处，以终其丧，以士大夫而责以佣人所行者而不能，无惑乎彝翟无父无君之教遍天下也。某绅见震武书曰，是阻其出，非劝其出，彼固知之矣。胡君不责某氏于震武之言，两无所处，而曰以是责某，某不从，无怪其然。胡君病震武持论之固，胡君持论毋亦过通矣。

王道始于乡，谋及庶人，致询万民，乡举里选，三代之制，非西法也。议院取其有合三代古制，非以西法而取之。损益变通，固当因地因时，取其利而去其弊，必不可以一切变夏用彝。议院于西法为最善，议院之外则天子无妃妾宫庭，无宦寺之制，皆后王所当取法焉。胡君必以议院西法在所不取，则亦将举谋及庶人、致询万民、乡举里选，三代古制而尽去之矣。反斯世于三代，其将何道之从？吾甚惑焉。

天下有道，庶人不议，不议者不私议也，非并公议而禁之。朱子曰："上无失政，则下无私议，非钳其口使不言。"《周官》之制，庶人有位于外朝者，固得以抗论国是矣。议院所以通上下之情，非欲上下互相钳制；上下互相钳制者，用法之流弊，非立法之本意。监于古今中外之得失，则亦讲求损益变通之道，以执中立制，而使议院之有利无弊焉，其亦可矣，固不当因噎而废食也。议院可以制暴君昏主，胡君亦既知之矣；天下暴君昏主多而贤主少，则议院固未尝无利于民，何必废之？

胡君谓湘乡选派幼童，冀收一才一艺之用，则出洋留学者必幼童而后能收其用，有中学根抵〔柢〕者必不能收其用耶？不选派有中学根抵〔柢〕之学生而选派幼童，幼童中无定见，西洋学说先入为主，西洋风俗习以成性，归国之后必提倡彝风，用彝变夏，未收其用先受其害矣。中国风气之坏，皆坏于出洋留学生，湘乡实首倡焉。胡君痛恶西学，而于湘乡之选派幼童必曲为之说，非震武所能知也。

厘捐、平余岁三四千万以上，胡君谓视今日搜括百不及一二，则今日搜括将及三四千兆以上耶？胡君谓今日搜括用以养奸，则平余、厘捐何尝不以养奸？平余全为贪官污吏私计，而设厘捐用以平乱者十而养贪官污吏者百焉。湘乡果以厘卡不撤为忧，则发、捻既平之日，何不痛哭力争于朝，以求其撤？彼于贼平之日，悍然背祖制以加赋尚有所不辞，安望其恤民隐以撤厘？

就地正法之制倡于湘乡，秦、隋之暴所未有也。不经法司而可以杀人，则刑部为虚设，而民命同于草芥。淫刑以逞，惨酷已极，彼尚不肯奏改于贼平之日，而谓其不得已之苦衷，可以告天地质鬼神，其谁信之？

吴文节调王壮武援鄂，而湘乡力阻其行，文节得王壮武必不蹶于黄州；湘乡不得老湘营，必不免于祁门；湘乡一言，而文节军破身死矣。壮武赴省请饷，而湘乡力斥其非，湘乡之勇果能不用省局之饷耶？壮武招勇始到，而湘乡力饬其汰勇。壮武请自领一军，湘乡必另委三营官，以分其权。《与吴制军书》则曰："璞山才器，难以御众。"《与刘孟容书》则曰："璞山请饷请器多不中程，语言不检，大招物议。"《与夏憩亭书》则曰："璞山过自矜许，宜于剿土匪，不宜当大寇。"此非竭力排挤，使不得出，则必如何而后谓之排挤耶？湘乡《与刘霞仙书》曰："近日友朋致书规我，多疑我近于妒功嫉能，忮薄险狠者之所为。"则湘乡之于壮武，当时友朋之已有公论，无庸后人代为哓哓矣。

文襄之出，保之者胡文忠，非湘乡也。文忠劝文襄自领一队以立功，不宜依人幕下。湘乡《覆郭意诚书》则曰："季公自领一队之说，余复书劝其不必添此蛇足。"《致骆中丞书》则曰："左季翁自领一队之说，侍劝其不必添此蛇足。"《覆胡宫保书》则曰："季公何必添此蛇足？即以敝部万人全请季公统之，亦是蛇足。"湘乡夙忌文襄之才，实不欲其出，奉旨垂询不得已，而以无论何项差使，必能感激图报之言入奏，固非湘乡本心。及骆文忠奏请文襄入蜀，则又恐文襄为文忠所用，而奏请赴皖。前后反覆，皆属私意，全非公心。

胡文忠檄多忠勇总统鲍、唐、蒋三军，多才实出三将上，文忠将将之略，远非湘乡可及。湘乡再四力争，并极诋多公之短。其后鲍军卒赖多军力救以全，用败巨寇，叠克名城，安庆克复，此役实为之基。忠勇自此窥见湘乡用心，不愿复为之用，与王壮武有同志焉。文忠卒，而多军不能一日不去皖矣。湘乡能用柔佞之才，不能用刚正之才。王壮武、多忠勇、沈文肃、左文襄皆近刚正，壮武、忠勇始终不能用，文襄、文肃稍见用而皆凶终隙末。湘乡始终无间者，惟一合肥焉。此胡文忠、骆文忠休休有容之度，所以不可及也。

湘乡《覆彭雪琴书》，一则曰："小浦举动不惬人意，所奏事件前后矛盾。"再则曰："小浦举动殊可骇，又奏请鄙人办皖南军务，而自往苏浙，尤为难测。"三则曰："韦部不可再令入徽隶小浦麾下，反覆簸弄，徽有私函公牍，直可付之不理。"其衔文毅至矣。及奉旨查询，欲捃摭其短而不得，则以纪律太宽、城守无备、军心难振入奏，已足以挤去文毅有余。而末复为一二持平之语，阳予阴夺，以冀不见非于公论，其用心甚曲。使湘乡所举之李元度而果贤于文毅，使李元度偾事之后，而湘乡对于文毅有一言之负疚焉，则君子之过亦可以无责。而湘乡所为皆出恒情之外，倾陷有功之人而不耻己之败，此则是非之心，人所同具。虽以孙琴西之尊崇师门，于此不能无微辞，徽人至今犹切齿湘乡焉。胡君必欲力为之辨，诚不知其何心矣。

湘乡之平粤匪，仅能借胡、骆、左之力以驱除内盗，而非有一匡大赐于民。天津之役，湘乡曾不敢以一语加于异族，法已垂亡而事事听其要求，其视管仲、狐、赵尊王攘彝之勋，不可同年而语矣。加赋抽厘，聚敛苛于鞅、晏；就地正法，用刑酷于申、韩。以庄、老为体，禹、墨为用，词章、考据为归，择术驳于陆、王。合肥、南皮一生所为，其规模皆不出湘乡，世徒咎合肥、南皮之误国，而不知合肥之政术、南皮之学术，始终以湘乡为宗。数十年来朝野上下所施行，无一非湘乡之政术学术也。

湘乡早岁自附于唐镜海、倭艮峰、吴竹如，博理学之名。及功成名立，则亟亟焉唯词章、考据之倡，以仇视性理。出洋留学，杀人割地，为中兴首作俑焉。政术乱于上，学术坏于下，邪说横流，世道人心扫地以尽，率天下为禽兽彝翟，而中国将不可以复立，湘乡固不得辞其责矣。

论人当观其大节是也，苏氏斥伊川为奸，是非之心绝矣，尚何大节可言？充无是非之心，不为章惇、蔡京不止，使苏氏而居章惇、蔡京之位，则亦章惇、蔡京也。其不以章惇、蔡京之所以处苏氏者处伊川，吾不信矣。苏氏之文章，徒以惑世诬民；苏氏之气节，徒以排贤击正。孔文仲疏出，苏氏授意书于旧实录，载于《吕申公家传》，见于《伊川年谱》，此不可信则天下尚有可信之史耶？隐恶者隐时人未著之恶，非教人举古人载于史册之恶而为之辨饰也；宽以论人者宽论并世之人，非教人举古人已定之是非而为之弥缝也。

孔子鄙管仲之器小，而讥其不俭不知礼；恶臧文仲之窃位，而讥其不仁不智。如胡君所言，则孔子轻诋世所推重之人，将亦责孔子以不能隐恶扬善，宽以论人与？孔子一言为万世法，不法孔子而法孔子所恶之乡愿，模棱两可，混黑白而一之。如刘大櫆息争妄说，则尼山学术将不如桐城文派包容之大矣。孔子斥管、臧，孟子辟杨、墨、告子，圣贤论人，宽于众人而严于贤者，非故为刻核也。众人所为之善恶是非邪正，无与于天下；贤者一言一行，天下诵法焉。不明辨其善恶是非邪正，则世人将援古人之行事以济其私，其遗祸于天下后世至烈。

吾之所以断断于苏氏、曾氏者，固欲严立天下后世之防，使小人无所藉口。胡君不察于区区之意，反谓严责古人，适授奸邪以口实，其亦惑矣。两敌相当，胜负所分在曲直，不在大小。吾非大敌，无裨于学术人心，而徒事笔战，则亦有所不愿。区区私见，维希垂察。

复陈柯廷 庚戌

惠书不弃而辱赐之辨，感甚。震武所信者《中庸》，必不能叛《中庸》而易一说以进矣。未发之中，圣凡所同，证之孔子合，证之于孟子合，证之于六经无不合。天命之性，率之即道，降衷继善秉彝，粹然至善，何有不中？人受天地之中以生，中者天下之大本，未发有不中，则大本绝矣。

知行相须互发，论先后知为先，论轻重行为重，朱子言之详矣。大学八目，知二而行六，行之重奚待言？《补传》言知不及，行者补，格致非补诚正，格致非行也；诚正传不及知，致知传不及行；言各有当，恶得以是罪朱子？朱子未尝教人废行也，知行合一，知行并重，知行分言，未尝知行偏废也。欲诚其意，先致其知，知行分言；不明乎善，不诚乎身，知行分言；知及之，仁不能守之，知行分言；非知之艰，行之惟艰，知行分言；精一、博约、诚明，知行分言；生安、学利、困勉，知行分言。古无以知为行、以行为知之说。温故知新，言知而不及行；好古敏求，言知而不及行；多闻多见知之次，言知而不及行；生知学知困知，言知而不及行；知命知礼知言，言知而不及行；此皆孔子示学者以用力之方。足下以知行偏举罪朱子，必以知行偏举罪孔子。

程子别儒者之学于训诂、辞章，程子见道之言也。儒者之训诂、辞章以明道，非舍道而训诂、辞章之事。足下不信程、朱，不信思、孟，不信孔子，不信《诗》、《书》、《易》，而惟荀、扬、阳明之信。毅然执荀、扬性恶性善恶混，阳明知行合一，常人不能有未发之中之说，以非子思，驳朱子，斥阳明。认心为性，而实阴用其说，则未知足下以未发为不中者，认气为性耶？认理为性耶？必待戒惧而后有未发之中，则亦必待修道而后有天命之性矣。人皆可以为尧、舜，孟子之言，非阳明之言。阳明谓性无善恶，未闻阳明以善为性也。孟子尚论道统而归重见知闻知，论伯夷、伊尹、柳下惠、孔子之圣，而归重于智。今之学者纷然惑于异说，正患其不知，不患其不行。震武自维不足以取信足下，则愿足下姑从事于其所心得者，真修实践，为天下倡，毋徒以辨求胜。匆匆奉复。维察。不尽。

与柯凤孙　庚戌

凤孙署总监督足下：

七科总教，震武自维浅陋不堪，于去冬已再三固辞矣。今春以搜辑先师竹坡侍郎遗稿来京，复为刘总监督、章提调、孙、汪诸监督强留，不得已与之面约勉任一学期。其后屡次告辞，屡蒙挽留，迁延濡滞，以至于今，贻误多矣，负疚深矣。今学期已满，考试已毕，决无食言再留之理。夫学校为尊师重道明伦之地，教习有守先待后之责，必当妙选道德文章高天下，难进易退之士，使诸生有所矜式，方不至取讥国人，贻笑邻邦。鄙人谫陋，决不可以滥竽，愿速聘贤者慰天下望，毋再辱命。书币谨缴。伏维垂察。

复刘幼云总监督　庚戌十一月

幼云大司乐执事：

震武自维不足为大学师，承乏半载，苦辞六七。归后复申前请，邮缴束脩聘币以辞。执事坚执勿听，区区之私，终不获见谅左右。函责电催，往复无已。安晓峰、震在廷两教习复以震武为去留，学生复不察其迂谬弗堪，必欲强之一出。私函公启，络绎于途，欲就力有所不及，欲去情有所不安，徘徊却顾，以至于今。

夫以圣学存亡绝续之交，羲、轩、尧、孔，什一千百之传，一发千钧，绵绵延延，将惟大学是望。而又得执事为之主持，昌言正议，无所忌讳，自非忘世者流必不能恝然无动于怀。震武虽愚，素志所存，亦夙欲捧土塞河，衔石填海，苟可报命，奚敢洁身？私衷所虑，惧寻行逐队，上无济于国家，下无补于学生。两辞束脩非矫也，不任其事，则不食其禄。不受正月束脩者，时无就之意；不受十月束脩者，已有去之心。昔孟子倡道战国，断断与万章、公孙丑、周霄、陈代之徒朝夕辨论者，唯在出处进退、辞受取与。今方讲孟子而不能以身立教，将使学生何所观法，唯执事始终谅之焉。束脩聘币谨璧。伏维垂察。不一。

复谭彝仲提调　庚戌

辱书过以震武为圣道所寄，而责之以明圣道于国学，此非震武所敢任也。古之教国学者必以道德高尚之士，而公卿大夫在位者不得与焉。方今学杂言庞，邪说横流，人才衰绝，师道所系于国者尤重，非有进退百家之识，卓绝一世之行，必不可以玷圣道而为国学师。

震武自维不胜，被命之日，已再三固辞，而总监督固以请，不得已勉任一学期。今学期已满而尸位恋栈不去，将使列强笑中国之无人，寡廉鲜耻，靦颜讲席，上辱朝廷，下误诸生，以为国学羞，非执事所望于震武也。执事谓震武行而总监督失所望，全堂学生失所仰，震武自问生平无足为世仰望者，其所以硁硁自守者，不敢不顾惜廉耻耳。师道扫地久矣，权利运动之说盛，而廉耻绝。为教习者不出于请托营求，则出于挟制盘据，学问文章行谊，彼固未尝一日自问焉。终其身蝇营狗苟，惟束脩多寡厚薄之计，易进而难退，轻就而重去，不得已以去，则犹断断束脩之争，为市井所不为，中外同风，使学生何观焉？

震武承乏半载，总监督殷殷敬礼之意，学生惓惓攀留之诚，声闻过情，为愧久矣。待之也愈重，副之也愈难；内反诸身而无一艺之长，外观诸世而有百出之变；去非所胜，留非所安。去留两难，而择一以自勉，则愿谨一日进退去就之节，稍存廉耻于学校，以无负总监督、学生之知爱焉。十月束脩并关书聘币谨缴，幸转致总监督。专肃奉复。诸希垂察。不一。

与分科大学学生　庚戌

归后为贱事所迫，未克与诸生朝夕讲论，以践前约，歉甚。七科萃一国之英才，总监督所领者事。成德达材，古大司乐之任，七科总教实负其责。非道德文章高天下，必不可以为国学师。震武自维弗堪，不敢久玷讲席，以贻国学羞，唯诸生谅之。讲义二篇奉览，抒发古义，勉应诸生之请，非为承乏教习也。十月束脩并关书聘币已却寄久矣。古之师生以义合不以利合，震武虽不任教习，诸生果乐闻迂论者，当继是以进。努力为道自爱。不宣。

复孙仲玉 庚戌

惠书以乱之将生，天必先生能弭是乱者，以拟其后，横览九州而不得其人，则欲震武起而任之。勉以孟子、韩子、程子、朱子，责以崇正学、黜异端，以世教民彝为己任，使二帝三王、冠带礼义、声名文物之邦，不变于侏僂，化于殊族异类，意甚盛，虑甚远，而不知震武固非其人。

夫以孟子、韩子、程子、朱子之学之才，不能辟杨、墨、佛、老、苏、陆而去之，挽当世之学术人心以反之正。今日诬民之邪说、惑世之淫辞、乱政之辨言，蜂屯蚁聚，什佰千万于战国、唐、宋。一时为词章、考据、训诂之学者，皆倒戈揭竿而迎之。奇技淫巧、平等、自由、权利荡其心，英、美、俄、法、德、日功利富强震其耳，学堂、议院、农会、商局、工厂、矿务、铁道、航业、电线、火器变其志。管、商、申、韩、杨、墨、孙、吴、苏、张、佛、老、耶、回，纷然并起，挟雷霆霹雳、风涛海岳之势，以震撼天下，顺之者升九天，逆之者沉九渊。举朝野上下，王侯将相、官吏公卿士绅、农工商贾、童稚妇女，无不奔走颠倒于其中。廉耻尤丧、运动尤工者，名尤高，位尤尊，利尤大焉。流血波道而不知，饿殍枕野而不见，闾阎号寒啼饥之声彻霄而不闻，剥肤椎髓，朘膏竭脂。举国若狂，扰扰焉惟新法新政新学之谋，学术政教，风俗人心，荡然扫地尽矣。

非有尧、舜之道，伊、周之才，孔、孟之学；智足以成务，仁足以及物，勇足以戡乱；充万物一体之量，矢百折不回之志；先自治而后治人，居高御下，风行雷厉；所行必犁然有当于人心，所为必断然不惑于浮议；举中法西法一切扫除而更张之，损益古今，范围中西；立百王之大法，成一代之宏规；以仁制暴，以诚制诈，以义制利，以王道制霸术。举种族、宗教、国界而悉化之，统合五洲而定于一，必不足以弭天下之变，救生民之祸。此孔、孟、韩、朱、程所谦让未遑者，强僬侥以负千钧，必无万一之冀，然万世人道之存亡，人类皆有责焉。今天下岌岌有人道绝灭之惧矣，足下举以勉震武，震武不敢承，亦不敢不勉，则惟足下始终匡救而扶持之，毋使其辱身贱行，以为先圣先贤羞。先德表墓之文，敬谢不敏。伏维垂察。不一。

与刘幼云总监督 辛亥六月

幼云大司乐足下：

震武自以迂谬弗堪，五璧书币，而足下五以进之，进必重之以三揖，足下恳恳宾主之谊可谓至矣，焉忍复有后言？虽然，足下所以屈己下人者，为师道存也，进退去就之义不讲，师道辱矣。尊非所尊，重非所重，足下有失人之耻，震武有不自量之讥。合则留，不留则去，天下通义。论足下之致敬尽礼，义无可去；论当世之学杂言庞，势无可留。君子见几而作，不俟终日。以市侩洋奴而握中央教育之权，邪说横行，小人高张，废经，剪发，易服，男女同学，悍然敢出于口，率人道而为禽兽，周、孔之教将扫地。而犹抗颜成均，高谈圣学，方枘圆凿，上为势要所仇，下为学生所笑，不亦昧于进退去就之义，而贻后世羞耶？士屈于不知己而伸于知己，唯足下始终谅之焉。书币仍缴，无再辱命。伏维为道自重。不宣。

复刘幼云总监督 辛亥

辱书所以奖掖而激励之者甚至，窃以为未谅硁硁之愚矣。进退去就者，立身之大节，进退去就之不讲，则无所谓学。孔子终身讲学，孔子未尝一日立于学堂也。立于学堂而讲学，必有进退去就之道焉。陈力就列，不能者止，古今通义。孔、孟、程、朱，穷居讲授，弟子自远而至，北面请业者，皆心悦诚服之人。孔子犹有公伯寮，程子犹有邢恕，朱子犹有胡纮，倒戈以攻其师而不顾。

今之学校生徒，于教习素无一日之知，徒以功令所迫，强为师弟。为官而来者十之八九，为学而来者十之一二，其于教习漠然若路人焉。为教习者自顾不为学生所服，则专务笼络迎合，教习日谀，学生日骄。偶有以师道自任，则群目以为怪。聆廉耻之迂谈，听忠孝之陈言，喜新者有扪口而笑，掩耳而走耳。其不倒戈以攻，学生之犹知有师也。安能得其心悦诚服哉？学生不心悦诚服，而可以施教者未之有也。

今之学校非古学校也，古之学校皆所以明人伦，师之所教，弟之所习，礼乐而已。德育、知育、礼育，知仁勇三达德，皆在礼乐之中。秦、汉以来，礼坏乐崩非一日，陵夷以迄于今。夷礼行而礼亡，夷乐盛而乐绝，学堂变为平等自由之教堂。小学已废，大学无基，名尊孔、孟、程、朱，所教所习实与孔、孟、程、朱之道背而驰。是非并立，邪正杂进，孔、孟、程、朱复生，必不能行其学说，以博学生一日之信从。君子之所为，必期于人己兼尽，于人有济，于己无玷上也；于己有玷，于人有济次也；于己有玷，于人无济，是亦不可以已乎？

故今之学堂稍知抱道自重者，必不屑涉足其间。使古人而立于今日，吾知其必有退而无进，有去而无就也。而犹有可进可就之义者，则以足下敢言直谏，扶植名教，犹有古风。其于教习尊之以宾师，未尝屈为属员。为教习者虽未克行其志，犹得发其言，邪正是非，纵言极论，无所忌讳。教习以监督为去留，于孟子所谓"所就三"者，犹庶几焉。

震武所以屡求去，而感足下之竭诚挽留，终未忍果于一去，迁延濡滞，以至于今也。震武弱冠而释褐，未壮而辞官，岂于区区无可伸手展足之教习，而恋栈尸位哉？八百金之束脩，五进而五却之，必非无故而为足下屈矣。然以举国学堂林立，而几希古谊之存，仅赖足下。足下束于定章，礼乐之兴犹未得行其志，环而攻之者且遍天下，则足下亦将不安其位。而况震武之迂愚，生平言行无一不足触朝野上下之忌者乎？足下以尊师重道之诚，不令先几而作，必使受辱而去，则亦非夙昔见爱之本心也。

今日中国危亡之祸，正以朝野上下运动竞争，无一知羞之人耳。果以今日学堂为可羞而去之，则必能舍利取义，重廉耻，讲忠孝，汲汲改弦更张，中国可以不亡矣。震武之去，所以维持学堂非欲破坏学堂，足下责以自坏而助之攻，深文之词，震武所不受也。伊尹治乱皆进，有汤也。汤能学于伊尹，天子而北面匹夫，重道忘势，乱可治故乱可进。孔子不遇汤则畏匡、伐檀、绝粮，终身辱矣。无伊尹、孔子之道，而妄希伊、孔，则伊、孔之罪人耳。

孔子以学之不讲为忧，震武未尝禁人之讲学，讲学学堂而无救于学之亡，则震武之所羞也。去留必有其道，为小人言，留易而去难；为君子言，去易而留难。去者自洁一身可矣，留者必所行所言，无一不足为天下后世法。立乎学绝道丧之世，损益六艺，进退百家，严辞正议，壁立万仞，而不改其操；政府之权、议会之口、报馆之笔、夷狄之焰，无所于挠；死生不变，利害不移，争万世不争一时。而后可以任大学教育之责。

　　震武自知不足以语此，故再三以求去。若有辟邪说、放淫辞、昌正学于今日，不为世俗所摇，为震武之所不能为，固震武所祷祀以求也。孔子自言，天下有道，吾不与易，而教学者以有道则见，无道则隐。磨而不磷，涅而不缁，圣人之事，非学者之事。震武不敢以识浅力薄之身，日试于磨涅，以为先圣先贤羞。唯足下谅其愚而卒许之以辞，亟聘贤者慰天下望，毋久虚讲席以重震武之过焉。伏唯为道自爱。不尽。

与刘幼云、安晓峰　辛亥九月

幼云、晓峰足下：

　　仆于九月十八日安抵敝里。敝省已于九月十五日遍树白旗，拥汤寿潜为都督，军抚降，司道逃。袁司月初已逃，增抚并输款二十万求免死。省中党派纷争，盗贼横行，居民已迁徙一空矣。政府平日所倚重者，非叛则降，非降则逃。全国一辙，无一仗节死义之士，数十年来是非淆乱，赏罚颠倒，固知其必有今日矣。

　　四维不张，国乃灭亡，管子之言于今益验。而政府纷饰立宪，崇奖叛徒，起用乱臣，至死不悟，哀哉！变法改制，讲权利，破家族，乱男女，倡民权女权人权，以夺君权父权夫权。会党之乱皆政府所造，而使生民受其祸。政府乱于上，会党乱于下，上下用心不同，同于兴耶灭孔。立宪、革命之异者特其名，邪说横流，人道将亡，南北等耳。祖宗丘墓所在，无官守无言责，不敢不归死祖宗丘墓之乡者义也。托足政府者昏，投身会党者逆。闭户穷山，理乱不问，守先圣之道以待后学，孔、孟可作，不易吾言。

　　仆自庚辰释褐，庚子应召，一再辞官以去，卒未尝有数月之淹者。母后当阳，子居君位，父就臣职，痛三纲自上先坏而天下从之，拨乱世而反之正，必非一人所能为力也。食人之禄者死人之事，合则留，不合则去，古今通义。二公置身危乱之朝，日与群小为伍，谏不行，言不听，而依违不去，仆甚惑焉。幼云能早用鄙言以去就力争，明刑赏，定邪正，下诏罪己，尽罢新法，简各省忠正守旧之士畀以团练特权，则今日之祸可以立弭矣。

　　本朝入关，编发胡服，用彝变夏，最为无道。今洋党宣告独立，不能复汉俗衣冠，而强迫绅民削发洋装，用彝变彝，是实归洋，何名复汉？哀哉吾民，满奴未已，复为洋奴，可为痛心！仆已笄发改服古衣冠，愿衣礼服而死，不愿衣彝服而死，庶几上不愧先圣，下无惭来哲。世无尧、舜、汤、武，康成屈节袁绍，安溪失守耿藩，仆决不为二公，必能知其心也。今之学堂，教逆导乱，承乏岁余，一暴十寒，实非所安。固辞二十余次未获命，枉道辱身，一误不可再误。伏维垂察。

复唐元素　壬子

来书欲使仆讲学于世界宗教会，仆窃以为不可委蛇殊族异教之中，而欲讲学非徒不能发明孔教，适足自辱而辱孔教耳。此正仆所谓有死弗为者，身以载道，身既辱矣，道复何存？今日公妻公财，平等自由，无夫妇无父子无君臣，杨、墨、佛、耶之说大行，充塞仁义，率兽食人，孟子立战国以观今日，若烛照数计。足下谓今日所患不在杨、墨、佛、耶，其亦弗思甚矣。

仆自去秋已束发古装，元冠元端元裳以居。编发胡服，剪发洋装，狄奴戎隶，反唇相讥，均非吾神州之旧。叛道而生不如守道而死，以身殉道必先见于衣冠言动之间，殉道岂可以空谈为哉？新党来谒者，仆与之言，非法不服，身体发肤受之父母，不敢毁伤，孔教之所以异于佛、耶。彼亦未尝不忸怩见于其面，惜乎一念义理之公，终不足以敌终身利欲之私也。

复马彝初　壬子

来书推奖过情，非所敢当。志传之文，夙未之学，不敢妄作，以玷先德。足下文笔茂美，充其所至，不难追步昔人，乃薄此不为，汲汲焉欲反求诸身心性命。此真儒者之用心，未可望之世俗，所造益未可量。窃以实践身心性命之学，必先见之于衣冠言动。编发胡服，削发洋装，西夷北狄，均非吾神州之旧。非法不服，身体发肤受之父母，不敢毁伤，孔教之所以异于佛、耶。盛意无可答，愿诵先圣之言以进。唯足下不斥其迂谬，而辱赐之采择，幸甚。

复张范卿　壬子

手翰具悉。前请抄寄秋舫转示经科同志，非概指留校诸生也。来书辞严义正，深拜忠言，令人悚然起敬。今日身受用彝变夏之痛，因思国初蔚州、孝感、安溪、睢州、当湖诸儒，生长神州，一遇鼎革，不惜裂冠毁冕，毁其身体发肤，以偷一日之荣，正不知生平所读何书、所讲何学。亭林、冰叔，身为遗民而薤发变服以出，广通交游；方密之、熊开元诸人，遂至髡首为僧，耻臣异姓而不耻失身异教。实开今日革党先声。此吾神州千载之耻，固不待洋党革命，而六经、孔、孟之道已扫地久矣。《易》曰："履霜坚冰。"有国初之编发胡服，必有今日之削发洋装，西夷北狄，彼此相笑，同浴而讥裸裎，纷然遍天下，蚁争蜩噪，未闻有独立复古之士出于其间。

观于国初，则今日经科留校诸生，固不足复责，彼非绝无秉彝羞恶之良，而道心几希，卒不敌利欲之私。习非胜是，以至于此，使有以正论警觉于其侧者，彼亦未必悍然仇视。择其可与言者而与之言，以激发其天良，救一人则多一人类，以孤乱贼夷狄禽兽之势，未尝非君子之用心。故充类尽义，则国初诸儒已无辞于蔑礼叛教之罪。而自君子与人为善之心观之，则今日革命巨子，孔、孟可作，必不忍尽置之不屑教诲之列。守于己者必不能自屈以徇人，施于人者必不忍自高以绝物。以僭王猾夏之楚，篡晋代姜、目无周室之齐、梁，而孔、孟尚惓惓焉。孔子于公伯寮，程子于邢恕，亦未尝绝之也。此可以见圣贤之用心矣。新党来谒者，与之言剪发洋装之非，彼亦未尝不忸怩见于颜面。天理民彝，万古不灭。闻梁启超赴大学演说，数语未终，诸生即一哄而散，岂得谓士尽无良哉？虽然，危行言逊，固今日处乱世之道，敬谢吾贤忠告矣。

朱子和陆子静诗，正愁子静求道于语言文字之外，糟粕六经，抹杀圣贤。足下所见甚是，论《二程遗书》则未然。朱子谓一便生二，二便生四，老子却说二生三，便是不理会得，则以老子之言解程子，必非程子之意明矣。胡敬斋谓阴阳两端，再参得甚物来作三？冲气交气即二气所为，断不能与二气并立为三。道生二，不得生一；二生四生五生，万不得生三；老子之言本极不通，而足下又附会以解程子，误亦甚矣。程子此条本无深义，语亦有病。太极生阴阳，阴阳既立，太极即在阴阳之中，不得谓亡。离阴阳而求太极，则太极为虚；离太极而求阴阳，则阴阳无源。知理者正当于阴阳求太极，于太极求阴阳耳。此记者之误，断不能以附会老子病程子。

吾辈处今日大乱之世，唯当讲明先圣先王之衣冠礼乐、三纲五伦，笃守而力行之，于此等处自可略而不论，不必穿凿以滋后人之疑也。治生贵自立，教读非治生之道，以教读为治生，师道扫地。儒者舍树艺畜牧，别无治生之道，商贾医卜皆坏人心术。林和靖有梅三百树，便可高尚不仕。愿足下于树艺畜牧，加意讲求可矣。

复章一山　壬子

前书迁延未复，又奉教言，拳拳厚意，甚感且愧。承示《辑明遗民录》，论易代之际必以笃爱故国、不仕新朝为遗民，所见至当。吾中华立国四千余年，所谓故国者，羲、轩、尧、舜、禹、汤、文、武、周、孔之故国，非汉、唐、宋、元、明、清之故国也。笃爱故国在力守羲、轩、尧、舜、禹、汤、文、武、周、孔之衣冠礼乐，而不在专戴一姓一家。儒者之出处，为道计为国计为民计，非为一姓一家计；儒者之守节，为道守为国守为民守，非为一姓一家守也。孟子周之宗室，讲仁义，黜功利，而眷眷齐、梁，教以尧、舜、汤、武，未尝有一言为周谋。圣贤以天下为心，不以一姓一家为心，达则为伊、周，穷则为孔、孟，其道一也。

明清之际，古今大变，用夷变夏，实始作俑。有国初之剃发胡服，而后有今日之剪发洋装，履霜坚冰，儒者有余痛焉。当此之时，为许鲁斋，为金仁山，无所不可，而毁伤发肤，变易衣冠者，断不可以称之为儒。蔚州、孝感、安溪、睢州、当湖诸人，生长神州，叛圣蔑礼，毁其身体发肤，以苟采一日之荣，正不知生平所读何书、所讲何学。视鲁斋一出而使元廷复见三代衣冠，贤不肖相去霄壤，元有儒而清无儒，仆固非苛论也。

编发胡服之徒可以为儒，则剪发洋装之徒亦可以为儒矣。亭林、冰叔自命遗民，不能闭户守志，而编发出游，广通声气，彼其意中岂复有先圣先王之道存哉？杨园不惜薙发变服，以讼女冤，晚村髡首自刑，均不可语于幽人之贞。方密之、熊开元诸人削发为僧，耻失身异姓，不耻失身异教，而不知叛教之罪甚于叛君。此中华故国之叛，夫非中华故国之遗民，宜无以姓名污斯录焉。大乱方始，非致命不足以遂志，儒者定力正当于此日试之。

复朱介人都督　癸丑正月

辱书劝行，并承盛知事殷勤致意，闻命惶悚。震武学不适时，方枘圆凿，自前清已坚守不仕之义，今日岂堪复备顾问？量而后入，古今通义。震武之愚，执事所为屈己以下之者为道存也，毁道求合，执事何取焉？匹夫不可夺志，幸垂矜谅。孤负盛意，无再辱命。春寒，唯为国自爱。

复朱介人都督 癸丑正月

再辱书命，辞下礼恭，复承盛知事竭诚劝驾，益增惶恐。北面执礼，魏文侯所以尊子夏，衰贱岂堪？士之出处必先量己审时，道不合不相为用。秦废经而抱先王之礼乐以干时者诛，清剃发而被先圣之冠裳以游世者戮，儒者之道不容于世久矣。时势所趋，执事岂能违众独立，以用一夫之言？被发缨冠而救乡邻之斗，孟子以为惑，权所不属，责所不任也。屈身而可以图存，智者不为；枉道而无救于亡，愚者所羞。欧美之法，羲、孔之教，势不并行。士各有志，愿终守孟子不见诸侯之义，幸谅其愚，无重三使之辱。春寒，唯为国保重。

与章一山、孙伯琴、张范卿、管向定 癸丑

皇太后之丧，仆解官已久，礼为旧君、为旧君母妻皆齐衰三月。仆谨于二月初一日，遵礼成服麻冠、竹笄、麻纚、麻裳、首绖、腰绖、布带、绳屦。礼不以存亡而变，仆前居孝贞、孝钦、孝哲、穆宗、德宗之丧皆然，今于后不忍有异。后所处至不幸，亡国非其罪。诸葛武侯谓亲小人远君子，未尝不叹息痛恨于桓、灵举万世冠带礼义之中国而亡之，为臣民者诚不能不叹息痛恨于孝钦、德宗。

履霜坚冰，追原祸始，得君如青岳、晋卿而不能为许鲁斋，导圣祖以力复三代衣冠，卒开今日用夷变夏之祸。孔子恶始作俑者，万世之责必有归矣。章甫逢掖，儒者冠服，自有定制，叛君之罪可赦，而叛教不可赦。《春秋》之法用夷礼则夷之，岂有编发胡服、削发洋装之夷狄而可冒儒之名哉？痛哉！吾人所遇之不幸，势愈艰则责愈重，一息尚存，天理民彝之责，义不敢不以自任。仆所以犯非笑、冒危祸而不顾者，上不敢得罪于先圣先王，下不敢得罪于天下后世也。恃知我有素，辄布区区。

复管向定 癸丑

惠书所以责仆者甚至，此固足下见理之未明，析义之未精，而不足以病仆也。礼为旧君母妻齐衰三月，宜服不宜服必以是否旧君为断。旧君而无服，必如孟子所谓有故而去，则君搏执之，又极之于其所往，去之日遂收其田里者而后可。三者而无一焉，必不得易君臣而寇雠。旧君而无服，必如汤之于桀、武之于纣，正名一夫，躬行天讨者而后可；桀未放南巢，纣未战牧野而崩，汤、武必当持臣为君之服斩衰三年。君臣之义一日未绝，则一日必为之服，天经地义不可易也。

子思不为鲁穆公服，孔丛子伪书不可信，即信子思执不二君之义者，以奉卫君为君也。仆既无君，何二君之嫌？德宗虽变法改制，得罪万世，而在臣固不得不以为旧君。谏虽不行，言虽不听，而始终保全。枢臣环请严议而不许，外夷要求重惩而不允，其于臣固不可谓不遇之有礼。德宗既为旧君，则以去官小臣为旧君之妻服齐衰三月，又何疑焉？仆既以旧君之服服德宗，而不为旧君之妻服，盛衰改节，存亡易心，非为臣子者所忍出矣。

礼为君之母妻齐衰五月，而为旧君母妻降至三月者，明乎无位无禄于朝，恩从而轻，服从而降也。齐衰之服三月，已属至轻，无可再降。足下谓当服齐衰一月，于礼未闻，未可以义起。二十七日，后世乱制，非先王之礼也。仆去官已久，故遵礼持服三月。若禅位以前有位有禄于朝者，自当服齐衰五月，君固未尝夺其位、绝其禄，臣亦未尝得请于君，辞位辞禄，不得以旧君论也。申江、青岛诸臣，或便服哭临，或元冠袍哭临，或白冠袍哭临，三日而即释服者，非仆所知矣。

足下极称某公能礼贤下士，责仆复书，辞意决绝。不能如孟子之于齐、梁，惓惓引之，救民亦未然。仆复书尊羲、孔之教，黜欧美之法，固将进之以道也。其二曰，儒者之道不容于世久矣，欧美之法，羲、孔之教，势不并行，固将进之以儒者之道，羲、孔之教。使某公得书而自明，必欲问儒者之道，非强人贬道以求合，则仆可以言矣。彼既不出此，则无意于道明甚，又安能排众议以用吾之言？彼必不能用吾言，而强聒其耳以亵吾道焉，仆之所不愿为也。

战国之世，先圣先王之制犹存，人伦政教、衣冠礼乐未改三代之旧，故孟子进言以救民为先。今先圣先王之制扫地已尽，率天下为禽兽夷狄，彼方以民为市，不问道之可否，而徒与之言救民，此所谓从井救人，民未救而道已失矣。孟子谓民贵君轻，仆则谓道重民轻，处时不同，立言自异。同郡百里之间，非齐、梁于邹相去千里比也，彼若诚心求道，固可以造庐而请焉。武侯必俟昭烈三顾而后为之定计，处乱世不如是，其不为康成、仲淹之徒，枉道辱身者鲜矣。

足下精研六经，古义所见远出金性山、黄秋芳上，而胶柱鼓瑟，未能悉当于理。宜亟反求诸己，竭力穷理，读书以进于道，无失师友之望焉。

复管向定　癸丑

函悉，前复一书谅达。某君自明所以不改编发胡服之理，而以天命君命父命为言，此正洋党之所以藉口者，不意某君而竟出此。天命有常变，从其常，不从其变；君命父命有治乱，从其治，不从其乱。有一时之天命，有万世之天命；有一时之君命，有万世之君命。万世之天命，天之定命，则伏羲、神农、黄帝、尧、舜、禹、汤、文、武之御宇；万世之君命，君之治命，则伏羲、神农、黄帝、尧、舜、禹、汤、文、武之立法。伏羲、神农、黄帝、尧、舜、禹、汤、文、武，天所命以治万世之中国，万世当受其命者。一时慧孛星变日蚀之天，必不足以夺万世之天；一时奸雄盗贼夷狄之君，必不足以夺万世之君。

束发施簪，冠则元冠弁冕，衣则元端元裳深衣，伏羲、黄帝以来未之有改。夏、殷、周虽有尚元尚白尚赤之异，改其色而未尝变其制。此吾儒所受命于先圣先王者。身体发肤受之父母，不敢毁伤，非先王之法服不敢服，孔子之言，垂教万世，非无忌惮之小人必不能更置一辞矣。

以编发胡服为是，束发古服为非，必执一时之天命君命以拒绝正言，则清室天命之绝久矣。今日天命所归，归于民国；君命所在，在民国总统，不在清帝。剪发洋装有辞，编发胡服无辞，彼果剪发洋装则亦已矣。乃既痛斥剪发洋装为夷，而不自知编发胡服为狄，同浴而讥裸裎，进退失据，则于一时之天命君命，万世之天命君命，两无所处矣。彼以清室遗民自命，从清室之命，不从民国之命，则剪发自由亦清室之命也，何以不从剪发自由之命，必从编发胡服之命？彼必曰剪发自由，君之乱命，非臣子所当从也，则吾亦曰编发胡服，君之乱命，非臣子所当从也。以编发胡服为从众，孰与从剪发洋装之众？以编发胡服为可与民变革,何复责剪发洋装之变革?孔子所谓从众,非以毁伤发肤、裂冠毁冕为从众;礼所谓与民变革,非以毁伤发肤、裂冠毁冕为变革也。彼谓编发胡服行之已久,不当复改,则曾子之箦寝处久矣,何以一闻童子之言必起易箦?吾前日之编发胡服,不得已而曲从时王之制,势也,非礼也,心固有所不安也。此孔子微服过宋之义。孔子应楚昭王之聘,势不得不称之为王,而作《春秋》必斥书曰子,此可以识圣人之权矣。

若以父命为言则尤谬甚,彼在孩提之时所服者,果缀纽之胡服,抑系带之古服耶?吾所奉命于父者,生虽编发胡服,死必束发古服以敛,以编发胡服为父命,诬其死父甚矣。程子谓胡僧果有悟道者,临没必当以一幅布裹头而死。身为儒者必怙过饰非,编发胡服以终,岂曾子得正而毙之旨哉?古制有可行者,有不尽可行者,必执一二不尽可行者为口实,以非难古制,此洋党之所以非圣无法,率天下而为夷狄禽兽,儒者不宜有此。

衣不帛襦袴,《礼》有明文,圣人法服必非无袴明矣。元裳前三幅、后四幅,当腋下之处,前后幅皆开不合缝。据东洋妇女有裙无袴之夷俗以疑古制,则腰以下半体尽露,曾谓吾圣人之法服而有是?某君之言,诬罔不根甚矣。

守父母之遗体,服圣贤之法服,礼义莫先乎是。高谈礼义,而被体之衣冠尚不能秉礼守义,何礼义之可言?礼必稽诸六经,非可以强辞狡辩而夺。束发古服吾见其为礼,编发胡服、剪发洋装吾见其为非礼,此天下万世之公言,非予一人之私言也。以束发古服为可行则宜行,以束发古服为不可行,他日岂复可行?某君谓请俟他日,是月攘一鸡之类也。不直则道不见,幸以吾言转致某君。

与章一山　癸丑

今日为德宗奉安之期,山中为位,素服,焚香,再拜。俯伏举哀,一副急泪,非徒哭旧君,实为国哭为民哭,为先圣先王之道哭也。变法改制,举四千年古国一朝而灭之,烛影斧声,千载传疑,痛哉!安晓峰开口便呼南皮万世罪人,仆谓附南皮以猎取大官厚禄,今日拥赀优游海上者,皆德宗之乱贼也。亡清室者正此辈,而觍然尚欲以遗民自命,德宗有灵,必为之按剑矣。

复姚仲实 癸丑

辱书,并读大著,故人无恙,喜何可言!足下自明非俯仰随人,则仆不能无惑。许鲁斋所以出而无害于义者,以元人加礼鲁斋,未尝改我中国衣冠礼乐也。非先王之法服不敢服,身体发肤受之父母,不敢毁伤,经有明训。前清编发胡服,用夷变夏,魏环溪、熊青岳、李晋卿、汤荆岘、陆稼书,生长神州,以儒者而不惜蔑礼叛教以出,已不免为圣门罪人。

今变本加厉,改正朔,易服色,灭彝伦,率天下为乱贼夷狄禽兽,先圣先王之衣冠礼乐扫地已尽。髡首学校之内,鞠躬至圣之前,足下旅进旅退于其中,何以为颜?足下能特立独行,秉礼不移,人髡首而我束发簪缨,人鞠躬而我稽首兴拜,则先圣先王之衣冠礼乐将恃足下以存。仆敢有言,不然愿速辞讲席而归,无与乱贼夷狄禽兽为伍,以辱先圣先王之道。饿死事小,失节事大,幸三复程子之言。拙作七篇奉览,并乞转致令亲通伯、令弟叔节。努力为道自爱。不尽。

复政事堂 甲寅五月

政事堂执事:

远辱下聘,闻命惶恐。震武学与时违,释褐以后,观政工部,召对行在,皆未尝有三月淹。硁硁之愚,守此有素,道合则服从,不合则去。束发读书,去就大义,闻之熟矣。道之所在,禹、皋可以赞禅让,伊、吕可以佐放伐,孔、孟可以历聘诸侯;道所不在,则鲁之两生,汉之严光、管宁,晋之陶潜,不能为高、光、魏文、宋武一日屈也。儒者之节,为国守为民守,为先圣先王守,非为一姓一家。

自孙、黄倡乱,黎元涂炭,师儒窜伏,倒行逆施,以促神州之亡。荡灭国粹,毁弃经典,先圣先王之道扫地久矣。杜门苟全,旦夕待尽,必欲毁其素履,强之一出,以同俗而合世,非大总统尊儒重道之意也。士各有志,辞荣早岁,变节暮年,窃以为耻,坐论之职,谨避贤者。言拙语戆,幸维代达,无再辱命。诸希垂察。

复朱少楼　甲寅

孔子称武、周达孝，称其继志述事，非称其追王也。王者有天下之号，不居天子之位焉得有天子之号，以诸侯而被以天子之号，太王、王季安乎？孔子周人而不取周时，安在周公之制必万世可行哉？上祀先公以天子之礼是也，追王非也。舜不帝瞽，禹不王鲧，舜、禹之圣，圣于武、周。仆以前圣正后圣之失，非无所据而敢为非圣无法之言也。

足下例以荀子性恶之说，性恶之说证之于《易》，继善成性悖证之于《书》，降衷恒性悖证之于《诗》，民彝物则悖是反前圣而言之者，焉得拟仆于荀子？仆所憾于喻志韶者，正以其削去所引经传，不载所引经传必不足以杜妄庸人之口。拙著之出，毁者半，誉者亦半，毁誉均无足为仆增损。区区所见，固有百世以俟圣人而不惑者。足下幸详考经传，平心而熟察之，无遽以放言高论病仆。

复章一山　乙卯

国亡在即，而国中尚为鹬蚌之争，痛哉亡国之人心！虽然，笄发端委以治，一变而为编发胡服，再变而为剪发洋装，吾先圣先王冠带礼义之中国亡亦久矣，又奚待今日而始有亡国之悲也。今日岂特无伊尹，亦安有伯夷？伯夷乱则退，非其君不事，不立于恶人之朝；今之君子，则乱亦竞进窃禄昏乱之朝，无君不事。伯夷扣马谏伐，今之君子则匿迹上书。伯夷归养文王，今之君子则归养岛夷。伯夷不居横政所出、横民所止之地，今之君子则以横政所出、横民所止之地为乐土。伯夷饿死首阳，今之君子则挟其居官所得之赏，食粱肉，拥姬妾，醉饱宴乐。伊尹之任固未可以许今之要人，伯夷之隘亦安敢以许今之遗臣也。足下恋恋沪上，侏儒盈于耳，腥膻触于目，亦思一来穷山同采薇蕨乎？

复吕戴之都督　丙辰四月十一

戴之都督执事：

远辱使命，震武杜门穷山，旦夕待尽，不敢与闻。孤负盛意，唯希垂察。

请代奏起行日期呈　庚子

　　具呈在籍前工部学习主事夏震武为呈请代奏事。窃职自庚辰由工部学习主事乞假回籍，杜门廿载，庐墓六年。忧患余生，已分没身于田里；孤危弱质，敢期收用于清时。本年二月初八日，承准前知县汪转奉学使札开：照得在籍进士夏震武学术纯正，品行端方，经本部院于光绪二十五年十二月十三日附片奏保在案。兹于本年正月二十五日差弁赍回原折，奉朱批：夏震武著送部引见，钦此。

　　闻命自天，置身无地。当朝廷之侧席，无左右为先容。冀安四海于覆盂，思荐一士以报国。搜岩采干，榆栎终非梁栋之材；乾草呼群，麋鹿难夺溪山之性。誓一廛以终老，望九陛而不前。曲突徙薪，上书恨格于成例；草庐枉顾，抱膝冀乐其天年。远烦大部之催行，屡辱使臣之劝驾。驽骀难强以千里，倦鸟无意于一飞。属强寇之凭陵，痛神京之失守。两宫播越，九庙震惊。中原付之犬羊，同室变为胡越。藉寇兵以攻父母，赍盗粮而饱仇雠。手足痿痹而不仁，头目创残之莫顾。和战无定，攻守咸乖。火已烈而左拥舆薪，右持杯水；病垂危而朝投附子，暮进大黄。日远天高，叹效忠之无路；主辱臣死，耻闭户之独全。葵藿向日以倾心，犬马恋主而奋节。思尽子臣之大义，遂移泉石之初心。梦恋行朝，涕零寝席。汾阳再造，环瞻百辟之无人；光武中兴，私冀一人之有庆。闰八月初八日奉学使转准抚军送到咨批各一。推毂情殷，敢言采薪之疾；叩阍志切，即思捧檄而行。及沟壑之未填，冀涓埃之少补。挂冠早岁，既伸乌鸟反哺之情；报国中年，愿奋马革裹尸之志。谨于九月初四日在籍启行，奔赴行在。理合呈请，据情代奏。伏乞察核施行。谨呈。

请捐恩赏津贴银两助赈呈　辛丑

　　为请捐恩赏津贴银两助赈事。窃司官于二十六年十一月初十日赴部销假，所有恩赏津贴银两，概未具领。本年蒙尚书、侍郎曲加体恤，为之行文户部发款饬领。计自去年十一月初十日起，本年二月初四日止，又推上十五日，共银壹百肆拾捌两伍钱。司官窃维当此主辱臣死之时，被恩供职已逾两月，涓埃无补，惭悚难言，既乏毁家纾难之忠，深怀无功食禄之耻。愿以所得恩赏津贴银两捐助陕西赈款，庶上既获沾圣恩，下亦克守素志。伏乞尚书、侍郎俯准批示施行。谨呈。

咨呈浙江巡抚增韫　庚戌

　　为咨呈事。窃去冬十二月十七日准贵抚部院照会：以十二月初七、初八两日《全浙公报》除饬巡道立即查明，按照报律严究外相应照复等因。次日即准惠兴女学校监督贵林函知，奉贵抚部院批示，饬由臬司传习两造对质。敝会长当即以赴部请示，咨呈在案。旋于十二月二十二日承提学司袁亲到敝总会事务所，传语贵抚部院必严办该报主笔，无庸赴部请示，并奉贵抚部院之命，竭力挽留。二十四日，复承提学司袁亲到敝总会事务所，语以贵抚部院已将该报主笔驱逐出境，嘱敝会长赴院消释意见。敝会长告以呈请严究，为朝廷非为个人，本无意见，何用消释？承贵抚部院于二十五日亲到敝总会事务所，谕以该报主笔已札巡警道驱逐出馆。前命袁提学司于二十二日、二十四日两次代弟挽留，表明所以从轻办理、不能照律严究之意，谅必承认。敝会长对以罪重罚轻，不承认无以对中丞，承认则无以对朝廷。并言贵抚部院必欲敝会长承认，而不能使该报主笔承认，当将二十五日该报主笔所登辞馆待质启事呈阅贵抚部院，谕以该主笔胆敢不受驱逐，当饬巡道严行诘责，并加札驱逐出境。

　　现阅正月初七日《全浙公报》登有该报主笔吴敖呈臬司文，知贵抚部院始终并未实行驱逐，而该报始终保护主笔。非但不受贵抚部院驱逐，且呈请臬司饬传敝会长到案对质，竭力反抗。以贵抚部院之命令不能行于一无赖小人，此后复何以约束军民？两浙之祸必成于贵抚部院之手矣。

　　查该报主笔呈中明言，夏震武污蔑先朝语在夏震武所上奏折中。欲加敖以污蔑宫闱之罪自不难，调取原奏，当堂证实，是该报主笔揭载污蔑之语，固自承认不讳。诬敝会长为确有此污蔑宫闱奏折，南山可移，该报主笔之言不易，非调查敝会长确有此奏与否，当堂证实，决不足以服该报主笔之心，定该报主笔之罪。愿贵抚部院速准吴敖呈文，一面立予管押，一面请旨饬军机处查明。敝会长果有此奏，当伏大逆不道之诛；敝会长实无此奏，则该报主笔诬敝会长以污蔑宫闱，任意捏造揭载，无朝廷、无官长、无法纪，应如何加等治罪之处，贵抚部院必有权衡。朝廷犹在，国法尚存，决不容无赖小人横行无忌，破坏纪纲。为此咨呈贵抚部院，请烦查照施行，须至咨呈者。

《灵峰先生集》卷五　　赠序

赠郑念农序　壬申

汉之说经者妄解《孟子》，以家贫亲老不为禄仕列于三不孝，而士大夫遂以奔走利禄为尽孝之先务，其弊也至于率天下而无廉耻，予尝以为疑焉。郑君念农，予之姊婿也。君少以好学称，一旦尽弃其学而学稼，予不能无责于君。君语之曰："一官一职之微有命焉，非吾所能必也。吾耕吾十亩之田、五亩之地，艺稻以供亲之食，植茶以供亲之饮，种桑麻以供亲之衣，畜鸡豚以供亲之膳，酿酒以供亲岁时宾祭之需，树桃李枣栗梅杏橙柑菱藕瓜蔬以供亲之旨，甘吾力能任焉。吾虽胼手胝足，烈日炙其面，疾风暴雨侵其体，归而依依膝下焉，则欢然以忘其悴。春秋佳日，侍吾亲扶杖，而观睹桑麻之盛、禾黍之油油，听啼鸟之声，与流泉相答。日丽风和，落英满地，遇二三知友，相与料阴晴，量丰歉。吾亲乐而忘返，吾亦私以为天下之至乐也。吾舍此而攻举业，以争一日之名势未必得。即得矣，必层累而升而后可以博一官、效一职。恋恋升斗之禄，营营权贵之门，直道而行则朝得暮失，枉己以从则荣亲者小，而辱亲者大矣，吾固未能以彼而易此也。"予闻其言而爽然自失，信乎汉儒未足以知此。予方从事于举业，而自愧其未能决然舍去，荷锄以从君后也。于是书以为赠。

赠汪莘农序　癸酉

有田十亩、屋一椽，岁课童子十余人，取束脩之入以养其亲，与之言如不能出口，观其行退然若无能，孜孜焉朝夕一编不去手，举人世之穷通得丧、荣辱是非，漠然不一动其心，吾表兄汪君之所为可不谓贤矣哉！君之言曰："古之人道盛，而脩之于身则为德，施之于事则为功，宣之于口则为言，非有意于立德立功立言也。今之君子其所以自命与所以教人者，必曰立德立功立言。饰词章，骛考据，角奇斗丽以为工，搜残拾碎以为博。其所谓立言者，为道也？为名也？为利也？吾不得而知之也。树旗旄，拥节钺，剥民足赋以为才，杀人争地以为能。其所谓立功者，为道也？为名也？为利也？吾不得而知之也。高谈性命，说本心，称良知，论笃色庄，自附孔、孟。其所谓立德者，为道也？为名也？为利也？吾不得而知之也。吾孜孜焉朝夕一编，吾求慊吾心而已矣。吾有所未知，读古人之书而知之；吾有所未能，读古人之书而能之。吾之所言所行，一展卷而有合于古人之心，而吾快然；古人之所言所行，一展卷而有合于吾之心，而吾豁然。吾求慊吾心，以与古人默契于无形，而无有人世之见者存。吾不知有生前之穷通得丧，吾焉知有死后之荣辱是非？儒者自负之言，动曰后世必有知者，求名后世与求名当世，果有以异乎？瘁精殚力于生前，而以求死后不知谁何人之知，知不知于腐骨何与焉？惑亦甚矣。"予闻言而为之悚然，君之无所为而为，予固自反而未能也。于是书以为赠。

赠黄新庄序　戊子

　　峙者山，流者川，恒者日星，变者风雷，飞者走者、跃者潜者、花者实者，鸟兽虫鱼草木，而人生于其间独为天地之心，必有所以主宰天地者。峙者流者待以奠，恒者变者待以序，飞者走者、跃者潜者、花者实者待以殖。人为天地之心，而人心之主宰有道心焉。人心而无道心以为之主宰，则欲动理灭，七情不丽于四端。一念之肆，三纲沦，九法斁，山崩川溢，日食星变，风雷之灾，鸟兽虫鱼草木之妖并作，而天地亦无所与立。故圣人汲汲焉有事于其心者，惧道心为人心所胜，咎积于一身而祸中于天下也。

　　予妹夫黄君新庄少为许、郑、杜、马之学，一旦悔其所为而有事于心。《易》曰："敬以直内，义以方外。"《书》曰："以义制事，以礼制心。"圣人之所以治其心者，若此严矣。君其于平旦清明之际，思虑初萌，试一反躬而内省焉，则有以知道心、人心之分，而天地位、万物育，必基于戒惧慎独。为陆、王之学者不辨于此，而悍然自信其心为理，几何不率天下而为乱贼夷狄禽兽也。君将求举于礼部，逾江涉淮，道山东，谒孔林，登泰岱，以达于北京，览皇居城郭宫室之崔嵬，与其都人士游。而观于朝野上下，酣嬉歌舞，邪说横流，当惕然有感于予言矣。

赠徐侍郎视学安徽序　丁酉

天下负教育人才之责者，内则相，外则学臣。相之所好恶，奔走天下，天下以为风气；学臣之所好恶，奔走一省，一省以为风气。一省之风气成，而天下从之，人才由是焉出。故学臣好恶所形，其被于世者与宰相等。国家惩于夷祸，思有以变法自强，纷纷焉议废科举，兴学堂，一时言伪行僻、乱名改作之流，皆得鼓其淫辞邪说以挠乱国政。权利竞争、流血革命、平等自由、无父无君之说盈天下，六经废，三纲沦，大乱作，战国、六朝、五代篡逆分割之祸，可立而待也。

吾师礼部右侍郎徐公，以直言敢谏闻天下。天子命公视学浙江既终任，复移任皖江。皖跨大江南北以为省，风气所播，恒持中国学术之枢纽。自朱子后，戴震氏以汉学倡，而天下群趋于戴氏；姚鼐氏以古文倡，而天下群趋于姚氏；李鸿章氏以西法倡，而天下群趋于李氏。西法行，而吾先圣先王冠带礼义之中国亡无日矣。

拨乱世而反之正，天下所望者公。公其一本朱子之学以教朱子父母之邦，按部所至，进诸生而诏之以大义。拔其贤者，禄之廪饩，贡之成均，以风示诸生。揭亲义序别信人心同然之理，导其恻隐羞恶辞让是非之良，以使人人无失其本心。反经息邪明伦，有敢非圣无法、非孝无亲、非忠无上者必诛。正一心之好恶以转移人心，天下必有闻风而起者，守人道以拒乱贼夷狄禽兽，中国存亡将于公之教育而卜之也。

赠文侍郎视学广东序　庚子

天下之乱自粤起，拨乱而反之治，亦必始于粤。粤濒海为省，蛇龙蛟鼍、鲸鳄鱼鳖之居。番舶所出入，自东西洋日本、暹罗、荷兰、希腊、瑞典、美利坚、英吉利、德意志、奥大利、法兰西、蒲萄牙、墨西哥、比利时以通商传教至者，必道粤。殊族异类挟奇技淫巧以来，日异而月不同。其民习与夷处，侏僞之言，诘屈旁行之书，天主、耶稣、基督、平等自由、无父无君之教，耳濡目染以熟，磨牙舞爪，视犯上作乱以为常。奸桀、盗魁、文妖之所孕育，天地戾气所聚，洪、杨之乱，康、梁之变，举吾赤县神州数千年先圣先王之人伦、道德、冠裳、礼乐、政教，一扫以尽。变法改制，新旧交哄，党祸作，而八国联军内犯，一时洁女贞臣，骈首接踵以殉。东南疆吏，拥兵观望，一日数语以促勤王之师，卒无一至者，虽由秉国钧者之非其人，亦无父无君之邪说有以入人者深也。

兵部右侍郎文公以程、朱正学，继倭文端公为朝士倡。天子畀以视学两浙之任，固欲倚公以戢浙士浮嚣之气也。既终任，复移公任粤。于时两宫驻跸关中，予以言事不合，旦夕思归，公亦痛国事之不可复为，郁郁不欲赴任。予以为合则留，不合则去，此疏远小臣之所为也。公以满洲世臣，有与国休戚之谊，不当以一言不合，悻悻求去。天下之乱亟矣，其乱也由一二人为倡之，其治也亦必由一二人为之倡。粤为天下治乱枢纽，粤之学术人心正，而天下定。出公所学，以正粤之学术人心，固公所得为者。公行矣，他日归自行都，当访公于羊城，与公登罗浮，游虎门、沙角，吊陈、关殉节之处，以求林文忠公攘夷战守之遗迹。无亟亟焉遽谋解组，以失天下之望也。予以道远，不得握手一语，亲送公行，于是为序以赠。

赠高太常序　辛丑

国于天地，必有与立，礼义廉耻不立，国必亡。国朝士气不振，自魏、李、汤、陆诸儒，其出处进退已不能使人无遗议。降及乾嘉，士气益衰。予自庚辰释褐工曹，获交当世士大夫，而观其所为，汲汲焉奔走于利禄，角逐于权位，出处进退之义未有一人过而问焉。予已知大乱之将作，故浩然辞职以归。庚子变起，予言不幸而中。奉诏再出，连疏抗争，两宫未尝不为之感动，君臣相对，至于恸哭流涕，而中外协力以挤，卒不得效一日之用。士大夫方以予为惑为狂，其力请采用予策，昌言以争于朝者，唯太常寺少卿高公。

公所学以陆、王为宗，参以其乡先生孙夏峰、颜习斋，笃志力行。以翰林出，为陕安兵备道。未几召还，授穆宗皇太子读，固思出所学，以启迪储君，为本朝立异日中兴之基也。未及十日，而联军入京，乘舆西狩，驻跸关中。公涉艰冒险，只身扈从，思一面皇太子而不可得。闻予至，辄不介而过予，望其貌温然，听其言毅然，自是讲学论文，朝夕过从。及和议成，相与咨嗟太息，叹刑赏之淆乱，是非之颠倒，而南北大小臣工，宴乐歌舞，绝无忧勤惕厉之意，有以知国事之必不可为。公既忧愤成疾，予亦大病几死。上方进公职以慰公，公以为言既不用，官复何为，遂谢病归。

嗟乎！国可亡，礼义廉耻不可灭。公以一去存天下之礼义廉耻，《易》所谓"见几而作，不俟终日"者，殆庶几焉。士之有志者咸惜公去，以为朝廷虚无人矣。临去相约置酒灞桥，以饯公行。公俯仰今昔，过潼关旧游之地，而回望终南诸峰，行都所在，必有立马徘徊，眷眷而不忍去者。予自恨卧病未起，不得从诸君子后，赋诗送别，临歧握手而一痛哭也。于是为序以赠。

赠马通伯序 庚戌

词章、考据盛，而义理之学微。桐城文派行天下，自姚惜抱氏始。方植之宗程、朱，辟惠、戴，屹然后劲。植之既没，曲学阿世之儒，谄附权贵，奔走利禄，皆用桐城文派显矣。马君通伯，桐城后起之秀，一日不介而过予，读其文纯懿渊雅，温乎肖其为人。士敝于俗学久矣，功利昌而廉耻绝，大江南北，士之稍具文学负才智者，咸嚣然著书立说，矜运动，尚竞争，攫取议会、学校、路业之长而据之，号召浮薄无行徒类，以逞其揽权植党、骛名逐利之私，用退为进，以舍为取，品愈下，术愈工，纷纭比肩接踵。君独闭门以文字自娱，未尝厕足其中，可谓加人一等矣。予方用内愧，君顾慊慊若不足，乞予一言为警惕之助，予何以益君哉？

惜抱倡义理、词章、考据三者缺一不可之说，以教学者。词章、考据，正者发明义理，驳者义理之蟊贼，不得与义理并立为三。惜抱不辩乎本末轻重先后之序，其所与及门孜孜讲求者，文则《史》、《汉》、韩、柳、欧、苏、王、曾、归、方，学则伏、毛、许、郑、贾、孔、杜、马、顾、阎、濂、洛、关、闽之书，终其身未尝用力焉。专精乎词章，泛骛乎考据，浮慕乎义理，貌合而神离，名是而实乖，惜抱立教之始已然非尽出末流之失也。古之学者非躬行心得不言，自词章、考据家起，而所言非所行，浮辞争工，碎义竞博，朝校而夕记，手披而口吟，憔神悴力，猎荣生前，采誉死后，以取病君子，玩物而丧德，其为惑也大矣。

师者师其道，非师其人道之所在，违师以从道有不辞焉。敬斋之于崇仁，杨园之于蕺山，匡正师门，卓然表率儒林矣。救桐城末流之失以转移天下，将于君乎望之。君其返躬潜心于义理，举利害得失、死生祸福、荣辱毁誉之念而悉去之，以求尽其子臣弟友之伦，出处进退辞受取与之义，一言一动必古人是师，精思而实践，明辨而笃行。毋疲精浮华无实之文，取悦世俗耳目，自比于时花候鸟，以自误而误后生小子也。君之友姚仲实固传惜抱之学者，尝与吾上下议论而不吾非，君其以予言质之。

赠孙伯琴序　庚戌

泰山为五岳长，而岳于北者恒。自恒而东，层峦叠嶂，重冈复岭，趋营州，走朝鲜，入日本，包渤海、扶舆，磅礴郁积，越海而拔地参天，峙为泰山。大河蜿蜒环其北，长江汹涌绕其南，山川之雄甲于五洲四海，是维齐鲁圣人之邦。其灵气之所钟，越数百年数千年而一发，康成之学行，武侯之经略，孙石之气节，不足以尽之也，将复有应运笃生，继圣而起者。一发千钧之系，绵绵延延，必恃一二贤者脩身立行，守先圣之道以待后圣，续薪传火，递衍无穷，而吾未见其人也。

淄川孙生伯琴，好学有志之士，其弟仲玉尝走数千里从学三原贺复斋，今生又走千余里问学于予，所谓守先待后者，将于生兄弟望之。生归，其讲学力行为邦人倡，一利害死生而不变所守，一言一动必以洛、闽为门户，洙、泗为堂奥，挥斥管、商、申、韩、杨、墨、佛、老、耶、回、陆、王、惠、戴、康、梁而去之，率其乡之端人正士，风发霆起，共扶斯文，吾将以山东卜圣道之存亡焉。吾老矣，生之齿非壮，不日夜汲汲，千百十一其功以追之，吾惧其没世无闻。幸生齐鲁圣人之邦，而甘自暴弃与草木禽兽同腐也？

赠楼淡安序　庚戌

投票公举行而廉耻绝，权利运动竞争，家张其喙，人伸其手，树党植群，叫号奔走，为会长，为议长，为铁路、商会、学堂、地方自治之长，一二强有力者虎而倡，千百愚无知者蚁而附，有好恶无是非，名公而实私。专制之毒，在上者变而在下。专制在上，清议犹存；专制在下，清议亡而人心风俗扫地矣。伊、周、孔、孟复生，吾知其必无立足之地也。虽然，十室之邑必有忠信，举二十二省才者能者，趾交踵错于选路，攘臂以争一日之权，而谓必无行己有耻之士偶出其间，则亦诬矣。

楼生淡安，平日同俗合世，亦未有以异于人。及谘议局以争路为名，假公营私，互相倾轧，勉之留则求去，听之去则求留，官为乳母，绅为婴儿，绅之啼笑唯官。楼生愤焉力辞求去，执大义以面折官绅，严辞正议，訚訚侃侃，百折不挠。当之者俯首流汗，不敢出一语以对。而后知楼生立身之不苟，其始进必非由运动而得也。一去而廉耻存，楼生勉之矣。进退去就者，道之一端，而道非尽于是也。生其发愤进取，汲汲乎阐修而实践，与古人争，无与今人争，抗志两浙乡先贤，以求与之齐，平湖之学、蕺山之节、姚江之略，日树以为鹄而正立拟之焉，庶乎无负此一去也。临深为高，小就自足，留者去者，同归泯灭无闻，彼留者将笑之矣。

别分科大学诸生序

总京省科举、学堂及格之举贡，拔其尤者，升之分科大学，为经科、法科、文科、农工商科、格致科。科置监督、提调，统之以总监督，为古大司乐之职，总司七科。科复分门，门各异师，博聘中外专家为之教习，讲道于中，习艺于西。教习数十，一教习之所课多者百余人，少者十数人。予独以四书、《大学衍义》统教七科，七科之士咸得以文行相切磋，七科所异者艺，所同者道。

古今中外事物之变，皇帝王霸升降之分，天地日月鬼神阴阳理气之奥，身心性命道德伦常语言文字之蕴，兵农水火工虞礼乐刑政之文，百家九流，管、商、申、韩、孙、吴、苏、张、杨、墨、庄、列、佛、老、耶、回、荀、杨、许、郑、杜、马、陆、王、颜、李、惠、戴之说，别其是非，辨其异同，而进退之以道。手写指画，口褒笔诛，非尧、舜之治，孔、孟之学不称。权利、运动、竞争、平等、自由、无父无君、彝翟禽兽之道，磨牙吮血，禁若砒鸩，避若蛇蝎。七科之士人有同心，萃一国之英才于七科而陶镕之，以分任教育政治之责，为天下倡。倡以功利以功利应，倡以道义以道义应，所应必视诸生所倡。吾中国为唐、虞，为夏、殷、周，为汉、唐、宋、明，为美、法、英、德、俄、日，为印度、越南、朝鲜，将维诸生是视。

予自维学浅识陋，不克为诸生师，去冬已一再固辞。今春以事莅京，总监督复固以请，予不得已则以一学期为断。今期满将归省墓，还聘书于署总监督柯公绍忞，而柯公三以进之。总监督刘公廷琛自浔以电留，诸生复上书署总监督以留。出堂，诸生拱立于门；登车，诸生环送于道以请。师友道丧久矣，监督恳恳宾主之情，诸生惓惓师弟之谊，予恶能无感于怀耶？

中国之祸亟矣，列强纷争，邪说横流，人道将亡，岌岌有不终日之惧。予犹得与诸生朝夕一堂，从容讲问，守先圣之道以待后学，予固不敢必后此之复有今日也。诸生勉之矣，士贵自立，杀身卫道，舍生济民，在己不在人，予之去留无足为大学重轻。剥复循环，乱不极治不昌，孔、孟之道，揭之三光，被之五洲，统合佛、老、耶、回而定于一，固可操券待之，诸生无以一日之利害死生变其所守也。

赠张范卿序 辛亥二月

孔子没，而百家九流，蜂起战国。法于秦，老于汉，庄、列、佛于魏、晋、宋、齐、梁、陈、隋、唐，禅于宋、明，耶于清，明之者一，乱之者百。正学微而邪说昌，始于惠、戴，极于康、梁。举吾伏羲、神农、黄帝、尧、舜、禹、汤、文、武冠带礼义，神明之胄，波荡风靡，剪发易服，口效鴃音，手学蚓书，万口一舌，甘心于破家族、覆宗邦、毁名教、灭彝伦，一时权利、竞争、运动、平等、自由、流血、革命、彝翟禽兽、无父无君之言盈天下。环顾齐鲁圣人之邦，其贤者汲汲词章，其不肖者营营利禄，守先待后，渺乎未有闻焉。

张生范卿谒予京师，出其所著质予，则皆予平昔所欲言。自吾友周亦韩、陈再陶没，予之不闻此言久矣。山东之贤士大夫，吾所未知者不敢言，吾所知者其所见未有出生上者。生勉之矣，精思而实践，笃志而力行，洙、泗之上，邹、峄之侧，先圣先贤之遗风未尽泯焉。生其左瞻沧海，右顾泰山，仰观俯察，穆然将有得于斯文，无虚生齐鲁圣人之邦，以负山川之钟毓也。辛亥正月丁卯富阳夏震武。

赠姚生梓芳序　辛亥六月

　　辞优级师范监督而为学生，捧书而进，先生升，肃然而正立；请业而退，先生降，秩然而徐行。遭先生于道，趋而拱谒；先生于室隅，坐而敬听。余固心识姚生之为人矣。生以暑假将还岭表，请余一言为终身之诵，信乎生之有异于人也。生所业者文，余将进生于道。

　　五经四书，不言文而文自至。管、老、庄、列、杨、墨、苏、张、孙、吴、荀、韩，各思以其所学争鸣天下，未尝执笔而学为文。屈原、贾谊、董仲舒、司马迁、刘向、韩愈，所志皆不欲以文人自名，文之至者必无意于文。文之有阴阳刚柔，禀于气，成于学。阳刚阴柔，各有其美，而圣人不尚阴柔。

　　五经四书而降，上自周、秦，下逮汉、唐，文之载于口者，阳刚多阴柔少。贵阳贱阴，《易》之道也。自明归有光氏，祖欧祧韩，以抑扬吞吐为文。而国朝姚鼐氏宗之，专用阴柔倡天下，率一时士大夫，以群学为低吟缓步之文。流风所扇，气节日衰，武德不竞，君子不能无病焉。文之盛衰与世运通，忠、质、文递尚，莫不各有其弊，因其弊而救之，则天下之势不至一往而不反。乾嘉以来，文敝久矣，一变以反之正，发扬蹈厉，振尚武之风，作士气，张国势，起衰立懦，必去阴柔而用阳刚。

　　生肄业大学，明德新民，皆生所有事矣。余望于生者，在行不在文，反躬而实践，克己而阐修，直内方外，浩然养其刚大不屈之气，见之事为行，发之言为文。生行矣，出津门，道勃〔渤〕海，过南北洋。苍茫寥阔，四顾无际，云垂水立，波浪汹涌，鱼龙隐见，天地日月星辰出没于中。驱风驾涛，一日千里，凝神定志，仰而观，俯而思，其将默然有会于古人立言之旨。而俯视归、姚所为，渺乎一邱一壑之胜，未足与语山海壮观也。

赠管向定序　壬子

　　孟子没，而儒者之学不明于天下。儒者之学，道也文也。三代以上，道与文合，儒术盛而异端不出于其间。降及战国，异端始横。《孟子》七篇之作，上承列圣，下掩百家，道足以胜之，而文足以昌其道。

孟子殁，而杨、墨、老聃、庄、列、管、商、申、韩、苏、张、孙、吴、许行、告子、佛氏之说遍天下，儒术屏于一隅矣。韩子有其文无其道，朱子有其道无其文。宋、明以来，语录盛而道与文益敝。文不足以载道，而欲以鄙倍之辞胜异端邪说，未有能胜之者也。文者道之舟车，不良其舟车而欲行，其可以及远乎？

伏羲、尧、舜、禹、汤、文、武、周公、孔子之道至今传者，文为之也。孔子畏匡，感斯文之将丧，而曰："文王既没，文不在兹乎？"亦以道之兴废存乎文也。故四教以文居首，儒者志圣人之道，而薄文为不足为，岂可为知道哉？管生向定笃学而力行，烽火扰攘之中，其忘利害死生而从予游也。汲汲乎朝夕以求者，唯韩子之文、朱子之道，亦既知其要矣。苟遂日新而不已，则自韩子、朱子以进于孟子，又孰能限其所至哉？管生勉之矣，无使后之览吾文者以予为失言也。

赠王心斋序　壬子

天地阴阳、鬼神性命之奥，尽于《易》，得《易》之道者，子思之《中庸》。子思以传孟子，孟子没，千五百年未有能明《易》者。吾读《通书》，乃叹周子之于《易》，深造默契，而其文粹然与六经同风，信乎非三代以下所有也。秦以来道与文离久矣，至周子而复合，故尝以为学者欲求圣人之学，必自周子始。

宁海王心斋从予游有年，孜孜焉日《通书》一卷未尝去手，与之言必称周子。程、朱之学皆自周子出，而文则不逮。程、朱因时立言，儒、禅异同之辨，划然若黑白之不可乱。周子之言，引而未发，阳儒阴释者得托焉。故陆、王之徒类，喜周子而恶程、朱。生所学以周子为宗，亦既知所择矣。苟能不为陆、王所惑，精思而力践，则由《通书》以求《易》之微言奥旨，若秉烛而入暗室也。生归矣，渡浙江，道太湖，过大海，出没惊涛骇浪之中，览山川、城郭、朝市、宫室、舟车、衣冠、人物之变迁，前望古人，后思来者，必将默然有会于盈虚消长之理，而求所以脩身立命者，益不容已也。

赠蔡钟栽序　甲寅

予少养病于云栖禅寺，面壁静坐者四月，一日忽悟天地万物之皆心。日月，吾心之光明也；风云雷雨，吾心之变化也；山川、宫室、鸟兽、虫鱼、草木，吾心之流行也。心外无道，手持足行目视耳听鼻嗅，心之所在，道之所存也。陆、王谓心即理，其有得于是矣。既而求之于宋五子之书，与吾之说未合也；又进而求之于《易》、《书》、《诗》、《礼》、《论语》、《大学》、《中庸》、《孟子》，与吾之说未合也。精思而穷探，默识而明辨，如是者有年，而后知吾向者所见，昭昭灵灵，气也非道也。

天地万物之理，吾心具焉，而不可以天地万物为心，理一而分殊也。人之有心，与生俱生，与生俱尽，天地万物未尝随吾心为存亡，岂吾心所得据而有哉？心之所发，有人心有道心。反之吾心，喜怒欣悲忧乐爱恶欲惧，一息万变，离于道者十九，合于道者十一，汲汲乎以求一日之心与道一而未能也，恶得如陆、王所云哉？孟子曰："以仁存心，以礼存心。"欲动情胜，而吾心仁礼之失也久。吾将奉孟子之言终吾身而已矣。蔡生弃官力田，以从学于予。生之学固自陆、王而反于程、朱者，故于其归也，书吾所得者以为赠。

赠刘宝书序　乙卯

中国自神农氏始，以农立国者四千年于兹，农业衰而国势亦日以不振。海外诸彝用商业起而夺之，挟其奇技淫巧，邪说诐辞，煽惑我之心志，变易我之政教，荡灭我之伦常。国人震于其一日之富强，执国柄者复悬一禄利之以为之驱，于是士大夫出洋游学者纷然，帆交轮接于海中。弃其冠带，毁其发肤，日惟蛟鼍鲸鳄蛇虺之民与居，目染腥膻之俗，口效鴃舌之言，手学蟹行之书，悍者犯上作乱，愿者攘权攘利。奴隶于殊族异教，以倒戈父母之邦，历秦、汉、唐、宋、元、明、清，吾先圣先王千百什一仅存之冠裳律历礼教，一扫以尽。故深识远见之士，莫不以出洋游学为亡国之阶。

邵阳刘生宝书，年十五即从兄游学日本，而观于其学求可以发扬国粹，无悖人伦道德者唯农，则竭九年之力卒业日本高等农校。游学卒业者例得就试有司，以博一官，而生不屑也。浙江方以农校无师，走书海外以请，遂受其聘而归主讲焉。一日徒步走灵峰山中，从予问孔、孟、程、朱之学，辨色以起，手写口吟，坐一室足不逾阈者两月，予不意出洋游学者而有生也。假期既终，生以将反农校，告吾中国农国也，以商战者霸，以农战者王，商国可亡而农国不可亡，进吾农业战商国而退之。觇国者将观于浙之农校，生勉之矣。

两级师范训词 己酉

震武不自量其力薄智浅，而以议长属望之厚，中丞就谋之诚，学使劝驾之切，勉允承乏三月，与诸生讲论切磋。以为为利，则震武自誓不受薪水；以为为名，则整顿之言一启口，忌者伺隙诋排，怨者造言污蔑。其所以不辞劳怨而为之者，不忍诸生之伥伥焉无所适从，误诸生以误两浙。思竭一得之愚以为诸生助，则终无以易廉耻教育之说。廉耻教育无古今无中外，有廉耻以为之本，则中学可也，西学可也；无廉耻以为之本，则中学、西学皆亡国之具。

震武不敢不兢兢焉以廉耻告诸生，则亦不敢不兢兢焉以廉耻反身自问。坐受薪水而无所事事，谓之无廉耻可也；高谈平等自由，蔑伦乱纪，诳惑学生，谓之无廉耻可也；受地方教育之责，学成而不为地方尽义务，谓之无廉耻可也；变服任事，弃亲丧以为利，谓之无廉耻可也；以教员职员位置私人，而不问其能，谓之无廉耻可也；植党争权，以公益为私利，谓之无廉耻可也。

震武有一于是，抗颜师范，师范辱矣。监督之名非以空名加诸生之上也，必实有监督之责，有诸己而后求诸人，无诸己而后非诸人，监督无廉耻，何以责诸生之廉耻？震武不敢不反身自问，则亦愿诸生反身自问。诸生来学非为出身计，为师范计也；为师范计，必学可为人师，行可为世范，而后无愧师范之名。师范地方之规矩准绳也，规矩准绳，先自治而后治人。诸生不能自治，必临之以监学、检察、监督，以治人者而待治于人，则已有损师范。况临之以监学、检察、监督，而尚不知自治，荡乎规矩，越乎准绳，则其辱师范也甚矣。吾知诸生必不为此，诸生无以师范为利禄之阶也。国家之设师范，将以表率士民，使教育之普及，人人知有人伦道德，而非为诸生利禄谋。诸生必实求其可以为人表率者，而后师范立焉。弃表率而利禄是趋，务运动，尚竞争，营营而生，昏昏而死，非所望于诸生也。

神州危矣，立宪哄于廷，革命哗于野，邪说滔天，正学扫地，髡首易服，将有普天为夷之惧。守先圣之道以待后学，唯在诸生，诸生当此卧薪尝胆之日，无诿其责于人也。讲伦理则痛吾神州人道之将亡，必思所以保守之；讲舆地则痛吾神州要害之尽割，必思所以恢复之；讲历史则痛吾神州种族之不保，必思所以拯救之；讲数学则痛吾神州旧术之浸微，必思所以推阐之；讲音乐则痛吾神州古乐之已绝，必思所以昌明之。一言一动必反身自问，吾之学行可师与？可范与？不可与？朝登堂而请业，夕返室而潜修。立一师范之鹄，刻于心，悬于目，事事而察之，刻刻而省之，深思而力践之。计利害，较得失，顾毁誉，卑鄙龌龊之念无令一动于中，则廉耻之实也。

廉耻之所发，可饿死而不可苟得，可杀身而不可倖免，可非笑毁谤而不可变节夺志。入则问道讲艺，出则敌忾同仇，战胜学校，以光被孔子之道于五洲，吾两浙师范之名彪炳史册，不佞亦与有荣焉。明愚强柔，拨乱世而反之正，舍廉耻奚由？震武老矣，内不足自信，外不足取信于人，廉耻教育则生平所懔懔自持，终不能复易一说以进。诸生而欲速吾两浙之亡也，则亦已矣；诸生而犹有保全两浙之心，则愿与诸生勉之。

勉　言　辛亥

混合欧美澳非亚而定于一，施以冠带之教，变其侏㒧之俗，立法定制，损益古今，进退中西，讲信修睦，弭兵偃革，五洲四海，朝宗禹域。大同之治，名世之英，明良会合，其势定于百年以后，其机伏于百年以前。屯蒙之交，云雷晦冥，日星薄蚀，必有独立不惧之士，昌明经训，扶植伦纪，守先待后，为天下倡，天下起而应之。伏生抱《尚书》以启汉之经术，王通讲河汾而开唐之霸功，一卷之书，万姓之命，树棘生梧，播谷长稗，必无是理。

环顾当世，立宪哄于廷，革命哗于野，邪说横议，暴行纷然并起。别种姓，破家族，灭伦常，改宗教，必为神州百年流血伏尸之祸。黄帝、尧、舜、禹、汤、文、武、周公、孔子之传，一发千钧，绵绵延延，将在诸生，北面从师，经以四书，纬以七科。父老子弟，环而请命，教育之理，生聚之谋，待经而明，待文而著，待法而行，待农而殖，待工而成，待商而通，待格致而精，枕戈讲道，含胆习艺。内忧外患，四面而至，宰相焦劳于上，赤子呼号于下，强邻虎视鲸吞于前后左右。拊心观变，捧手请业，援溺拯焚，负责求济，在一国之存亡，不在一身之利害。制胜问学，折冲道德，献馘受成，基于释菜，卜于抠衣。

留侯纳圯上之履以为帝师，武侯趋床下之拜而为王佐。尊师重道，智者所贵，愚者所耻。大学表率一国，四方观听系焉，觇国者将集目于是。洒扫应对进退，小学之事，大学之基。将相公卿大夫自学出，大学有整齐严肃之秩序，而后宗庙、朝廷、军旅凛然不可犯，国于是乎立。震武自维不足为大学师，去岁固却聘币，至于七八，而总监督固以请，不得已再出承乏。登堂之始，姑述所知以勉诸生。

勉言三　辛亥

购一卒业文凭于东西洋官私学校，怀赘执弟子礼于贵人显官之门，上可以得编修、检讨，下亦不失为部曹京官。髡首窄服，足曳鞮屦，手写棘文，高谈平等自由，尘芥五经，土苴四书，喜新厌故，党同伐异，嚣然叫号，奔走于朝野上下。曰军国民教育，吾见炮声一震则鸟兽散耳，利害死生之念不去，未有能为军国民者也。朝擎枪而击，夕提刀而舞，胆不壮，志不定，无事则勇，有事则怯，大敌卒至，手战股栗，仓皇无措矣。

军国民之教育，莫大乎五经四书。孔子之"临事而惧，好谋而成"，孟子之"不动心"，曾子之"定静安虑"，子思之"戒惧慎独"，兵法莫精焉。孔子曰"杀身成仁"，孟子曰"舍生取义"，曾子曰"自反而缩，虽千万人吾往矣"，子思述夫子之言曰"国无道，至死不变"、"临大节不夺"、"见利思义，见危授命"、"富贵不淫，贫贱不移，威武不屈"，军国民之教育莫大乎是。得笃守斯义，学生数十百人分布内外，忠君爱国，有死无二，以战则胜，以守则固，以兴学、行政、劝业则举，詟服四海，鞭挞五洲，反掌间耳。

五经四书，文足致治，武可戡乱。社枭市狙，目未窥圣人之道，声色货利骛于外，礼义廉耻夺于中，倒行逆施，倒戈先圣，揭帜异族，废经尚武，其不武也孰甚。圣人之道，始小学，终大学，文武兼修，智仁勇三达德。德育、智育、体育，小学备矣。军国民必以小学植其基，足容重，手容恭，目容端，口容止，声容静，头容直，气容德，色容庄，九容实握体育之本，失一不可以为军国民。静如山，动如水，步伐整齐，气象严肃，不待临阵而见也。

霍光出入殿门，进止有常处，不失尺寸，故能安汉；陶侃终日敛膝危坐，恭而有礼，故能定晋。经国安民之略，必见于进退言动之间，佻怷轻浮，谑浪笑傲，循行而走，逐队而趋，坐无端容，行无正步，一望而知为亡国败家之奴隶矣。国之强弱兴亡观于学，学校有整齐严肃之秩序，则其国必不可犯。军国民者学科之一，而学非尽于军也。五经四书之道，可帝可王，可将可相，可师可儒，可官可吏，可士可农，可工可商，可军可民，历穷达夷险、常变安危而不可夺志。

天下之祸亟矣，国家将亡，必有妖孽，废经蔑伦，父子平权，男女同学，婚姻自由，破家族、改宗教者遍天下，非草薙而禽狝之，则人道不能复立。流血伏尸，大乱之作势不远矣，留斯文一线之传于晦蒙否塞之秋，以待后人，大学诸生之责也。诸生而未忍拔本塞源，裂冠毁冕，愿益懋修小学，以深造太学，而实践其功，处则卫道传经，出则敌忾同仇，无令后之论世者以分科为口实焉。震武老矣，不能变一说以求合于时。诸生其奋然而兴与？漠然而置与？震武将以观诸生之志。

勉言四 辛亥

瓜分噪于外，立宪、革命哄于内。山崩海溢，日食星变。虎伸其舌，枭张其口。鬼起人僵，耶流滔天。孔防不立，孩提弄兵。变起一隅，举国失措。富者辇金，贵者寄孥。炮声未震，鸟窜兽散。死封疆营阵官守者，千百无一。上无刑赏，下无是非，天纲解纽。磨牙吮血，环而伺者十余国，诱我留学之士，倡革命，讲立宪，排满摧孔，同室操戈，种族宗教自残，坐收渔人之利。岛夷有利于我，无爱于我，受人愚弄，助异种异教以灭同种同教。革命排满，立宪摧孔，髡首易服，变法改制，以奴隶于东西洋。天下小人多而君子少，投票取决多数，必小人胜君子败。权利竞争，廉耻消亡，立宪西洋弊政非良法。

汤、武为伐暴救民而革命，未尝以革命涂炭生民。圣人以天下为一家，中国为一人，生杀予夺，有善恶邪正，无种族国界，黄白棕黑，一视同仁。其长者必长吾长以及其长，其幼者必幼吾幼以及其幼，其尊者贤者必尊吾尊、贤吾贤以及其尊贤。其男女皆欲其有别，其父子皆欲其有亲，其君臣皆欲其有义，其兄弟皆欲其有序，其朋友皆欲其有信。攘彝翟，辟佛、耶，为其灭绝人道，非为异种也；灭绝人道，则无同种异种必诛。独立自强，守先待后，树尧、舜、孔、孟以为鹄，汉、唐不足法，欧美不足师，老、庄、管、商、申、韩、杨、墨、荀、杨、许、郑、陆、王不足取。中道而立，百世以俟圣人，死生不变，利害不移，毁誉不动，吾分科学生必有起而实行其说者。

今日分科大学，枕戈尝胆之地，非求官谋禄之地。倡军国民教育、男女同学、小学废经者，皆闻变而靡，则愿吾分科学生镇定其心，无动于浮言，必先有定识定力定志，战胜一国而后可以战胜五洲。龙蛇起蛰，天发杀机，非遁世无闷之潜龙，不能战群阴而胜之。阴阳之战，天地之心存焉。飞而战者君，见而战者相，潜而战者师儒。战于上政，战于下学。孔子设教春秋，孟子守道战国，朱子讲学南宋，战之以潜。飞者见者皆起而从，笔伐舌诛，明学术，正人心，以与乱贼彝翟禽兽争。

吾分科四百人之责，四百人而一其学一其心一其志，进可以改造时势，鞭挞五洲，退可以移易风俗，扫荡百家；四百人而百其学百其心百其志，则为臣妾、为奴隶、为虫沙，势必不远。诸生其何择焉？大学之教，有诸己而后求诸人，无诸己而后非诸人。以名实绳天下而不以名实自绳，所责于人者重而所以自责者轻，则非震武所望于诸生。

《灵峰先生集》卷六　碑志

亡弟季安墓志铭　甲戌

　　栗树岗下五十步，有新土隆然而起，前树一碣者，予弟季安甫之墓也。季偶感风寒，医者误投以药，遂卒，仅生八年耳。季生以丁卯十二月朔夜半，予自塾归，闻啼声，急问仆妇，曰汝又得一弟矣。予喜甚，自是每归必抱置于怀，或抱以环走房中。季生有至性，稍长即能得吾父母欢心。母尝病目，季即以舌舐目令开。七岁入学，日读十数行。吾母夜必以一灯缝纫，兄弟姊妹六人环坐于旁，季必展卷请授明日所读书。予以会试赴京，季随兄送予至步。予命仆先挈以返，季屡回首顾予，犹仿佛在目也。

　　予既举礼部，以疾归省吾父于武林旅舍，问吾母安否，次及季。吾父默然不答，心知有变。再问复不答，予不禁噭然大哭，吾父亦哭。逮回里，戚族故旧皆在，而予季之声音笑貌独不可得而见矣。予不肖，方冀季克亢家以慰二亲，不意竟未及成人而死也。吾母为言，季未死前一月，屡问兄何时归，岂自知其将死而不及待予与？季以甲戌五月初六日卒，是日予方从诸同年饮酒观乐。呜呼痛哉！

　　铭曰：父母兄弟，元首手足。一体所分，有触必觉。啮指心痛，精诚所为。予胡痿痹，死亡不知。天既生材，必令有成。气有不齐，厚薄浊清。胡蠢而寿？胡慧而夭？涕泣铭幽，以质苍昊。

夏府君墓表　丁亥

　　呜呼！惟我先考夏府君，既卜吉，庄泉，谨遵古者北首南向之制，而不用某山某向者。府君之卒也，遗令依礼治丧，毋作佛事，毋举七七之奠，毋请贵人题主，毋惑形家言，曰吾直于生，毋令吾不得正于死也。小子震武无敢违焉，既葬，而吾母命之曰："神体无偏重，汝其居丧于墓，吾令汝弟居丧于家。"震武于是得依恋松楸而无一夕之离者，三年于兹矣。养生有责，从死无期，于将归也，涕泣而表于墓曰：

呜呼！吾府君卒，而其所欲施于世者，既终不可得而见。其修诸身而见诸言者，亦遂止于是，而永不可得而闻矣。府君少孤力学，有志当世，既长数困于有司，则慨然弃去。退而专力于衣食以养吾祖母，竭其力之所能得者顺吾祖母，以及吾祖母之所亲爱，而皆思有以得其欢。约其身以及吾母，而无所敢妄姿其欲。以其筋力劳苦之余，及于为学经世。耻求人而不以治生为辱，急利物而不以守己为安。一日尚存，必求有一日躬行之实。刻己而恕人，隐居而忧国。日孜孜于古今学术之是非、政治之失得、风俗之薄厚、民生之病利安危，可行者见之于行，不得行者托之于言。既老矣，手一编犹至宵分不辍，邸报至必力疾而起观之，闻举一善政、用一善人则喜。或遇四方水旱之灾，盗贼彝翟之警，必为之减食废寝，彷徨竟日，不自知其身之在草莽也。

震武在部学习，时请牒改教职，以便侍养，府君曰："吾望于汝者不在养也，仕者当听上之所授，不当择己之所便。"部属故仰给于印结钱，震武始授职，府君即戒勿取，曰："吾能毁家以资汝于官。"及震武告归，人多有劝之出者，府君曰："与其进而无为，曷若退而有守？"府君自教其子，非圣贤之道一不以语，于出处、去就、辞受、取舍，必令一断以义，而毅然未尝以穷达利害、祸福死生动其心，曰："人所忧于子者名之不成，吾所忧于子者行之不修也。吾岂矫哉？"

府君为人安详谨慎，而持心仁恕，不较横逆，处急不乱，居暇必整。治家以《书仪》、《家礼》为法，内外肃然，国恤百日内，家人无敢食肉饮酒者。乐善好施，出自天性，当避乱绝粒之时，艰难致食，以活族姻，而视其身不免有饥色，人至于今犹道之。其论学曰："学欲约不欲陋，元、明之学约也而陋；学欲博不欲杂，乾嘉之学博也而杂。"其论政曰："吏贪则国贫，将贪则兵弱。欲富国者择廉吏，欲强兵者择廉将。"

疾革犹呼震武而告以持身处事之方，越日而卒。卒之日已不能起久矣，强震武扶之起，端坐正襟而逝。时光绪十年十二月十七日也，享年五十有七。闻者皆吊哭失声，既葬而旁郡县之民来泣拜于墓者，犹逾岁不绝。府君讳范金，字仲陶，号耘轩。吾母汪氏子男三，存者震武、鼎武；女三，二适人矣，一已字；孙一。府君之葬已有铭，其例详于铭者兹不复著，著其一二言行之大者，敬碣诸墓，俾后人得以考德而奋兴焉。

光绪十三年岁次丁亥十月甲申朔十有七日庚子长男赐同进士出身工部学习主事营缮司行走震武谨表。

昆山徐仲武墓志铭　戊戌

光绪丙申，余庐墓西湖之三年，有投刺来谒者，曰昆山徐懋简。余方讶其无因，已而复至，礼益恭，语益亲。明年正月手一帙造庐，再拜而请曰：此予兄墓志铭也。兄既不幸死乡间，无所见于世以传于后，为铭者其人又不足传之焉。惟先生学为世宗，幸嘉惠徐氏子孙而赐之铭，则死且不朽。余谢非其人。及余撤庐返寝，则又走里固请，余瞿然作曰：有是哉？其笃于友爱也。余虽非其人，敢辞？乃掇取旧志以铭之曰：

君讳逢辰，字曰仲武。有祖与乔，观政礼部。礼部昆弟，乾学元文。炎炎其势，赫赫其门。矫矫礼部，避若浼已。闭户独清，荣利泥滓。逮璿六世，有子二人。仲曰懋简，其孟即君。君少沉潜，寝食载籍。志绍家学，遘乱辍业。贼跳昆山，刀白炮昏。扶老提幼，中夜七奔。世父宝符，作令粤东。烽火彻天，路绝不通。君奉大母，踔海就养。出死入生，阖家无恙。低首九品，糊口三年。大军拔吴，始赋归田。屋陜是治，田荒是力。井塞藩夷，是浚是植。纠族同财，倡复义庄。哺孤啜藜，振其婚丧。维君一身，指画心注。教养有规，门庭如故。邑有善堂，普济育婴。十绅九饕，惟利是营。众议主者，佥曰君宜。君起主籍，岁有赢资。购屋治冢，不私一钱。洗心任事，浣手告天。乙未之岁，维某月日。考终正寝，六十有一。君初娶周，早卒无子。继配彭谢，侧室曾氏。长男凤辉，实产于彭。凤诰其次，谢氏所生。三女谢孕，其一曾出。女既有家，男亦有室。维君生平，怡怡孝弟。不知其兄，则视其弟。维弟懋简，一宰西安。再篆慈溪，貤封君官。君既卜吉，来乞余志。予为之铭，昭示万世。

陈再陶墓志铭

光绪二十一年乙未十二月壬申，黄岩县学生陈君再陶宽居卒。明年正月，提督浙江学政徐公致祥以告曰：陈生死矣，惜哉！县学有文，请祀孝友祠，子未知也。越日，君友某某以讣来征铭，震武为位哭曰：呜呼！吾何铭？吾要君死吾尚生，君乃先我君死，殉母不死殉国君得死矣，吾求为君不得也。吾何铭？五月丁未，知黄岩县关钟衡率邑之官绅庶士奉君主入祠，礼成观者感泣。君友某某徒步奔走，为君筮宅，得洋屿之东，首辛趾乙。卜葬八月乙丑吉，以状来督速铭。震武既不获辞，乃序而铭之曰：

君初名文玮，自以卜急易今名。家世业农，大王父嘉宾，王父显焕，父维梁。兄弟三人，君次居二。娶应氏，子男二，长殇，次辅存，女一。君少习举业，随俗逐时，为汉学嗣。得王氏书，读之喜甚，立弃所学，锐意圣贤，刻日自期。君友某劝读程、朱书，乃大悔悟。由是遍览宋、明理学家言，栉疑梳似，抉摘厘毫，归尊洛、闽。寝规食矩，日磨月砻，一言一动，笔写籍记，考其善恶，苦绳刻责，学行大进。

癸巳予居母丧，君从张廷琛来吊，气静神敛，粹然儒容。予一见异之，别后讲问不绝。甲午学使徐公征君优行，君以母疾不赴。旋丁母忧，予遗君《衰说考误》，君斟酌制服，丧葬祭奠，一举《礼经》，屏绝僧道，枕块寝地，朝夕哭泣，衰绖尽湿。君家故贫，饘粥不继，诸生请出讲授，固辞不肯。逾年毁卒，遗孤六岁，无以为生。君兄公河自幼析居，至是复合为抚其孤，秉君素志，不受一毫赙赠以污君。

君所著有《读大学劄记》、《读论语劄记》、《读近思录劄记》、《悔言质疑》、《警惰录》、《读礼疑义》、《思亲录》、文集、日记凡若干卷。震武倡学浙中，孑孑寡俦，博求同志，于山阴得周炳琦，于长汀得黄冕南，于萧山得黄同寿，最后得君。周炳琦、黄同寿皆不幸早死，予方君恃，乃亦中道夭折，不竟其志。仁者不必寿，善者不必福，自古以然。受道于天，朝闻夕死可也。予何恨于君？

铭曰：自古为学无二术，世降门分道术裂。用伪夺真百怪出，颠倒是非变白黑。后生小子迷不识，眯目背道驰荆棘。天理在人晦不绝，并吾世生有俊杰。挥斥百家定于一，祢陆祖朱几入室。为后学者正其的，我揭斯铭照星日。

孙伯琴权厝志　甲寅

甲寅八月辛未，淄川孙君伯琴卒。君于庚戌谒予京师大学，予方以四书、《大学衍义》总教七科。是时东西洋流血革命、权利竞争、平等自由之说盛行，朝野嚣然，士大夫争以蔑理叛常为能。君独诵法宋五子书，见予后益自信。及归，予为序赠行，勉君以正学为齐鲁倡。君笃守予言，精思力践，辨惑析疑，书问往复不绝。

辛亥武昌变起，予告归，杜门穷山。君亦竭力步趋，兄弟读书黉山后洞，筓发古服，一言一动，以予为法。逮奉母命来学，则盛暑走数千里，从予灵峰山中。端坐一室，左右图书，足不逾阈。鸡鸣即起，背诵四书五经数卷，周而复始。既毕，则读贾、马、韩、柳之文，玩《近思录》，观熊文端公《学统》、方植之《汉学商兑》，夜则阅《资治通鉴》。日有定课，纤恶微过，必记于册，自责甚严。粗粝菜羹，怡然意足。

予以哭妹致疾，绝粒四十日，君必朝夕揖予儿问安。予病方痊而君忽病，饮以药垂愈。岛夷构兵，蹂躏胶济，君闻变念母大哭，病复增剧，遂不起。予为之遵礼治丧，书魂帛，题铭旌，屏绝僧道，敛以深衣、玄冠、玄端、玄裳，从君志也。越六日丙子，权厝于里东之方家庄。尽其道而死者正命也，君没于予手，得正而毙，可以无憾。而母老妻弱女幼，远隔数千里，竟不获一视含敛。予以垂尽余生，未及一年而哭侄哭妹，今又哭吾友焉。君之笃信好学，予方期以共任斯道，而竟止于此。善人君子非徒不容于世，即欲于空山穷谷之中，师友骨肉相依，幸而苟延旦夕，亦不可得。悲夫！

君朴讷寡言，少孤，刻苦自立，年十五即补县学生员。母尝遘危疾，即涕泣为疏告天，愿以身代。诸弟成立授室，虽赖母教，君之力为多。君讳乃瑶，生于咸丰辛酉七月己丑，享年五十有四。父讳某，母某氏。娶某氏，继娶某氏。女一，以弟之子某为嗣。

甲寅九月丙戌富阳夏震武谨志。

黄新庄墓表　乙卯

萧山黄君新庄既卒，配夏孺人涕泣请于君之父，卜地以葬。父卒，复涕泣请于君之兄。兄卒，则出其拮据十指所积者，典钗鬻衣，挈孤祖洛，为君卜地于钱塘定北乡青山之麓。刻日穿圹，买砖治穴，复呼祖洛而命之曰：可左右二穴，吾事毕矣，将从汝父地下。穴成逾月而病，病二十七日竟不起。明年乙卯二月癸丑，与君合葬青山，距君之卒盖二十有五年矣。

君生五岁，能辨四声，七岁能为诗，十七岁补县学附生，二十岁补廪膳生，二十五岁举于乡，卒时年仅二十八耳。逾月，君遗腹子祖洛生，而长子孝侯复殇。孺人含泪茹冰，艰苦百端，抚以成立。逮祖洛授室，而孺人年已五十，发垂白矣。孺人予妹也，少以孝友勤敏，为先考耘轩府君、先妣汪太安人所钟爱。予年未壮，即弃官归养，倡学浙中，一时海内同志之士咸千里相从讲问。而君方习举业，与予弟静叔、宁海章一山、黄岩陈再陶、归安杨正夫，读书西湖崇文书院，试必冠其曹，声振一时。

于时君父母俱存，叔父中理以进士入翰林，兄元寿又以拔贡举于乡，家门鼎盛。而君顾不自足，逮孺人归，即从予讲学。手《近思录》一编，默然端坐，终日足不易处。静气迎人，相见未尝有戏言惰容。及就试礼部，宗室竹坡侍郎、侍郎子伯弗、仲弗、长汀黄藻轩，皆折节交君。相与登西山，饮玉泉，披荆席草，上下古今，讲明孔、孟、程、朱之学，排斥汉学、西学而去之，以与予山中相应。一字一义之争，辨难蜂起，各不相下，则驰书以质于予。论及时事，邪说横流，学绝道丧，有举国夷狄禽兽之惧，则相对歔欷泣下。

君既郁郁不得志以归，归逾年即卒。侍郎已先君一年卒，自君卒后，再陶以居忧哭泣死，伯弗、仲弗于联军入都从容就义以死，藻轩、正夫以病死，君父兄于国变后相继死亡，一山转徙海滨，予兄弟亦杜门穷山，旦夕待尽。福善祸淫，天之常理，而以予所见闻，富贵寿考多奸邪小人，正人君子必极之艰难困苦，以穷其身，不穷则夭，不夭则绝。以竹坡侍郎之正直，伯弗、仲弗之忠孝，乃竟不得庇及其嗣，此有识所同声叹息。而君有子，克读父书，卒能卜吉，葬君夫妇，君亦可以无憾矣。祖洛以毕业中学奖优贡，方进未已，孺人苦节之报，庶于是乎在。

君讳同寿，字星庄，见予后改字新庄，取自新之意也。父讳中耀。生于同治甲子正月辛亥，卒于光绪辛卯五月癸未。孺人与君同年，而后君十一月，以甲子十二月辛末生，甲寅六月戊午卒。

乙卯二月丁卯富阳夏震武谨表。

张补瑕墓表　乙卯

　　天台张补瑕既卒之五年，君友褚传诰以所为君小传示予，乃为文以表于其墓曰：君讳廷琛，字季玕，补瑕其号。清廪贡生。尝为天台县学堂校长，未几辞去。生于咸丰四年甲寅某月日，卒于宣统三年辛亥某月日，享年五十有八。父讳诚斋，母某氏，妻某氏，子一应龙。君少即有志于道，得李二曲书，读之有感，遂为陆、王之学。

　　及闻予名，即徒步走五百里，从予灵峰山中。予为君设餐，烹鱼以进，君不下箸。予起致诘，君泫然流涕曰：吾母以病后食鱼卒，不忍复食。予悚然起敬，则为君极论心性理气，明陆、王之所以为禅者，君大感悟。归而著《国朝学案内编》、《国朝学案外编》，笃守程、朱者入内编，为陆、王、颜、李、惠、戴之学者入外编。予以君好著书，博而寡要，为言著述之道，专则精，精则传，宜殚毕生之力以成一书，无泛骛旁及。君虽心折予言，卒亦未能决然舍去也。

　　君以理学为台人倡，其后陈再陶、管向定、金性山、吴幽农、王心斋，皆因君以讲问于予。徐侍郎督学浙江，闻君名急欲拔君优行，以式多士。有忌君者投书于予以诟君，君即谢去，不复应试。士之有志者，多高君不以利害得丧，夺其矗然不污之节，然君卒因是以坎轲抑没终身矣。

　　辛亥国变，浙江宣告独立，以应湖南北。君卧病在床，闻变即痛哭不食，誓完发被道士服，率妻子走邑西天宫山，杜门匿迹以终，未几卒。道士服，吾神州旧服也。武昌一呼，髡首裂冠者遍天下。士大夫矫然以遗臣自命者，则弃其祖宗邱墓之乡，以求庇于异族。同室之斗，离兄弟而即仇雠。及事变少定，复挟其矜名走势之故智，联朋结社，上下角逐，通声气，交显贵，奔走腥膻靡丽之场，以阴求一日权利。名虽不仕，而其实有甚于仕者，方且作为诗歌，自鸣忠义，以自欺而欺人，闻君临绝之言亦可以少愧矣。

　　君所著有《中国理学史》、《圣学指南》、《国朝杂学辨正》、《浙学渊源述要》、《台学源流补》、《莪园呓言》、《孝经通义》、《三台先正文钞》、《读书偶识》、《敩学录》、《反求录》、《知新录》、《明季正气录》、《天台山新志》、《天台人物考》、《天台文征》、《天台诗征》，而《国朝学案内外编》为可传。

黄岩管君墓志铭　丙辰

　　黄岩有乐善好义之士曰管君，君少以孝友著，习举业不售。会粤贼起，即捐赀以办乡团。李世贤寇浙江，既由黄岩之西乡入以陷县城，率大队捣新桥，土匪徐大度为之助，势张甚。君以大义激励其乡人曰：事急矣，战死，逃亦死。逃辱也，战而死，死亦荣，况未必死。乡人夙重君，踊跃听命，即部署以待。贼至，君大呼，身先冲锋，手斩一贼以徇。余贼溃走，自是贼不敢以一卒犯县东南。督抚左公宗棠、马公新贻上其功，诏以巡道用，并赏戴蓝翎。

　　台故产盐，穷民恃贩盐为生。刘璈守台州，设局临海、太平、黄岩三县，滨海之地，改私为官，委员董其事，民咸怨不便。徐大度复纠民起事，杀委员。璈亲率大兵至，将屠新桥附近诸村。君起争曰：大度宜诛，民何罪？捕大度一役之力耳，奚以兵为？璈从君计，即日还师。君侦知大度匿村南民舍，即擒以献，事遂平，全活无算。

　　君状貌魁梧，自奉甚薄，而急人饥寒疾病婚丧，唯恐不及。人有一节之善，必多方以助之成。尝曰：为善而不与人同，善之量未充也；为善而不与古人合，其所谓善非真善也。岁延名师以课子弟，遇续学之士，礼敬尤至。独不喜僧尼道士，曰：佛氏地狱之说妄也，如其言弃父母，恩不报，罪恶极矣。有地狱当先入，何以度人？

　　年五十六以疾卒。卒之日，呼诸子至榻前，勖之学，端坐正衣冠而逝。君讳作楫，字汝舟。父讳某，母某氏。配缪恭人，宽厚慈祥，与君合德。先君七年卒，生子四：赞唐、赞极、赞常、赞程，皆县附生。恭人卒而君纳妾于氏，生子一赞元，例监生。赞程笃学力行，国变后笄发古服，杜门不出，可以知君之教矣。君生于某年月日，卒于某年月日。葬里之某山，赞程请追为之铭，铭曰：

　　射钩一匡，姬日再光。民免被发，存我冠裳。后三千载，浙海之旁。有孙一呼，完人走狼。急善勇施，郁极必昌。陵谷可变，我铭不亡。

先妣汪安人行略

　　安人富阳汪氏，外曾祖父讳沄，岁贡生；外祖父讳廷栻，例监生；

外祖母王氏，旌表节孝。安人生有至性，始在鬓髫，即知孝友。得果饵必手进母口，母食乃食。父病，方五岁，即能代母治食以进，伺其食尽，辄喜以告母，不食即惧。兄尝失父意予笞，辄跪求免。尝为祖母宠婢从楼上推堕至地，忍不言痛，家人怪问，曰恐伤祖母心。

六岁闻兄读书，即能暗诵。王孺人故知书识大义，安人濡染母教，初未尝专意诵习，数年尽通《女诫》、《女训》，及《孝经》、《内则》、《论语》、《孟子》、《大学》、《中庸》、《毛诗》、《列女传》诸书。岁贡府君故邑，宿儒爱之过于诸孙，尝曰：吾家无德，此女不为男子。稍长，于女事无不能。资性端正，群居未尝妄有笑语，进退容止，动中礼则。

十七岁来归先君。先君少孤，不逮事舅。事先本生祖母郑孺人，曲意承欢。是时郑孺人已娶孙妇矣，饮食卧起，壹倚安人，他人偶为之即不适。安人亦每事必亲，方觉则安人已立榻前，问安否，进晨羞。起即为之栉发，盥即奉水，食即具膳，寝则必俟其既寐而安，然后敢退。明日或有所诣，即熏衣治具以待，不敢安寝。既出衾枕厕牏，必手拂拭而洁除之以俟。其至甘毳食物，阴储以待，悉出私钱。或窥知有所欲食，即治以进；或有所欲赠遗于人，即奉以请。每事必先意而得之，听于无声，不失分寸。或小有不豫，即忧惶终日，涕泣誓神，愿得自代。朝夕左右，非命坐不敢坐，非命退不敢退。郑孺人益爱而贤之，常对人称其孝，一言一动必指为诸妇法。即有所怒，望见安人即欣然色喜。

既先君出嗣先祖母节孝倪孺人，安人即以事郑孺人者事倪孺人，倪孺人爱之如郑孺人。有所进于郑孺人，必先请于倪孺人，不请不敢以私。当避乱绝粒之时，安人自食不饱，而百计以致旨甘供养两孺人，未尝缺乏。陆氏姑来哭安人，犹道之。两孺人之丧，安人布衣蔬食，免丧久矣，语及犹涕泣不能止。有所为未尝不曰：先姑实教我为之；其教人未尝不曰：此非我之言，乃先姑之言。

遇人无长幼，必为之下，卑诎己甚。事先伯母如母，进见于姑，不敢并坐，有问不敢先对。执劳必先作而后息，躬其难者，让其易者。有私事必竭力为之助，时时称道其善，有过必为之掩覆。其事诸姑常观察颜色，得其欢心，饮食咸淡，刻意求合。窥其意有所欲，即时推予，有所付嘱，刻期而成。礼遇群从，长者常与钧敌，不名坐过其旁，必为之起立。幼者时其饥寒，视如己子。从兄某幼故失爱先伯父母，育于安人，安人挈同饮食卧起者数年，推燥居湿，恩勤备至，便溺夜渍，衣被常遍，旦夕浣濯，不以为污。从兄某幼苦乏乳，安人适乳伯姊，即夺伯姊乳乳之，而为糜以饲伯姊。

性素慈不忍，喜施，闻人有疾痛死亡，辄叹息废食。亲故借贷，未尝或拒，或遇无钱，即取衣饰与之，既与亦不责其偿。岁暮常察里中贫者，阴令人给以米而不居其名。粤贼之乱，先君挈家避之山中，亲族就依者数十百人。是时米斗值钱四千，赀尽，安人悉斥卖衣饰簪珥给之，饭不继则为粥以食。安人必俟诸亲族食已然后食，常不得饱，终不自明。尝隆冬大雪盛寒，悉以衾之绵者推予诸亲族，独留一单衾自御。会某妇至，即举以予之而自忍寒，挟诸子卧。是时贼搜山严甚，男妇鲜得免者，安人所处，贼辄不至，若有神助。

先君善治生，安人攻苦食淡，为之内助，累至数万金。经乱散尽，贼退再致数万。安人以一身课佣工数十人，艺稻树蔬，伐竹垦薪，劚笋制茶，采桑刈苎。外则经纪百端，内则爨濯余暇。岁蚕数百筐，致丝数十斤。下至饲鸡饮豕，皆出一手，不假于人。又为不孝兄弟，蠲馈礼师。而是时数年间，先后举季妹、季弟，安人常一手抱儿，一手治饭或一手饲蚕，拮据终日，无一婢仆之助。夜则乳儿怀中，手执女工，口授经书。夜分而寝，鸡鸣而起。一家大小衣屦外，必别有所制，售钱以给。隆冬指裂出血，夏月汗沾背，衣尽湿，未尝叹劳。而先君以贸易，日坐市廛，家居时少，一切钱货锱铢出入皆安人主会计。

自先君卒后，家稍落矣。安人独支门户，丧葬嫁娶，费至数千金；馈遗族党，周给贫乏，礼接宾师，捐助义举，岁亦不下数百金。安人经画裕如，未尝匮乏，然亦不蓄余资。生平精力绝人，宾客宴会具盛馔，数十人仓卒立办，无遽色疾声。客至一闻其声，后即能辨。遇事能数夜不寝，绝无倦意。善口算，数十百千应声而毕，虽珠算者不及其精捷。性尤强记，至老能背诵四书经注，尽卷不失一字。

家法严正，以身作则。闺门不闻嬉笑之声，坐立未尝偏倚。盛暑虽内寝不袒，盛寒未尝袖手。不窥戏剧，不赴宴会。而因事致敬，造次不苟，夙夜兢兢，常谓吾日日如遇除夕、元旦。终其身未尝坠失一杯箸，箕帚盘盂，皆有定位。衣裳什物，男女上下，分别至严。敝衣必洁，旧器无垢。寝室之中，恒若客坐，洁无纤埃。尝曰：器物少觉不整，几案少觉不净，吾心即不能须臾安。岁时祭荐，尤极格诚。生日忌日之祭，四世遍举，未尝偶忘。涤器省牲，屏气将事。供祀之荈，常先采摘别贮，手自烘制。羹非手调不以献。杯盘匕箸，必亲捧而荐之。

综挈内外，巨细毕举。家无废事，室无弃物。执炊必取薪烬为炭，藏以待用。瓜豆皆自下子，及可移而后分给佣仆种之。蔬食菜羹，终身不厌。尝曰：钱财吾所自有，遇食物少贵者辄觉不安。粥饭馊者必取自食，不以食婢仆，曰：吾不敢暴弃天物，不忍强人以所难。涤釜，釜中饭沥必纳诸口，鱼肉非宾祭之余不食。一袴至三十年，一袙衣二十年，一被一褥俱三十年，重叠补缀，无间咫搞。一银簪乃嫁时物，四十年不易。尝曰：窭人子有终日不得食，终年不得衣者，为人当为天下惜食惜衣。病不呼医，饮药薄术，终身不御口。曰：死生有命，岂在薄术？吾不服薄术，今亦六十余岁矣。震武少时好服食，尝语之曰：汝不视乃母耶？平生惟恃粥饭，一日三餐，精力远胜汝少年，曷尝有所服食哉？

狷洁性成，非其力不食，一丝一粟不苟取于人。发言行事，问义如何，不顾利害。震武就试礼部，临行安人出箧金二十，命之曰：此汝母十指所积者，汝在途不得效世俗投卷乞丐人。震武既成进士，有拟荐为书局总校者，安人曰：汝欲以是为利耶？吾与汝父幸能自食其力，不藉汝一日之养，汝不能杜门读书，乃反欲以此自污，何无志也！及分部学习，戒不得妄取一钱。

其后因事乞归，先师竹坡侍郎以典试过浙，亲访震武山中，劝其之官。安人曰：汝师以抗直积忤当路，而检身不密，行且得罪以去，何有于汝？汝非今日仕宦中人也，休矣。后二年，当事者罢去，亲党皆劝其出，安人婉谢之曰：吾朝夕使令无人，不欲令远离。退语震武：今日义固可出，然以一额外司员出，欲何为？无益只取辱耳。族人承武者故盛称某进士宦橐之富，欲以讽安人。直安人拾木皮园中，前语安人：何不令子一出，顾自苦乃尔？安人曰：吾以自食其力为乐，顾为吾苦之耶？出处自有义，吾食淡安贫六十年，岂有老而教子贬节一出以求利哉？居官安得钱，富者居官之耻。吾子即出，令得以一钱至家者，吾亦非人矣。

震武家居，遇州县请召，安人辄拒绝曰：士大夫不得与州县往来。震武每见安人劬劳，自陈不能禄养之罪，安人曰：汝至今乃尚未知母心耶？养亲以善不以禄，吾岂不能为尹母哉？汝维不能为善，为善何禄之羡？震武生性褊急，安人每因事指戒，裁之以义。震武好诋人短，戒之曰：人诋汝短，于汝何如？非特伤德，必且取怨。震武好言廉，曰：人未有不能俭而能廉者，汝不能含菽饮水而言廉，即廉徒激于意气耳，终不能守。汝诚欲廉必自俭始，不妄用于己，然后能不苟取于人。震武好以古义责人，曰：人岂得尽圣贤义理之极，此乃士大夫所以自勉者，岂可责人？且强人以所必不能从，于人非有益，刻徒取怨耳。震武尝怒与人争，安人曰：汝自居何等，乃与彼争，汝不能容人而欲人容汝耶？彼不学人不足责，汝乃如是无量甚矣。安人于不孝兄弟，其所以因其病而针砭之多类此。

安人初颇好佛，震武谏以为不可，安人曰：佛虽非圣贤亦人杰也，富贵利欲无所动其心，吾敬其人而礼之，非以效世俗邀福，何为不可？汝排佛必求所以无愧于佛者而后可也。及先君卒，安人定议茹素治丧，不作佛事。伯姊尝以一白金念珠奉安人，及是以还伯姊曰：吾终不复礼佛矣。

安人来五年而生伯姊，又五年始生不孝震武，又三年而举仲弟鼎武，又四年而生仲妹，又六年而生季妹，又四年而生季弟仁尊。震武之生也，安人年已二十五矣。爱之甚至，震武尝患头疮，安人为不御荤腥者三年。遇疾即一夕为四五起，或彻夜抱以行。然教导不稍宽，非岁时令节未尝与之果饵。能言即指令识壁间字，能行旦必教诣大母问安，客至必令至前肃揖。坐立歆侧，必呼使正；急步疾呼，见之未尝不呵止。稍长即教以古歌谣及《孝经》、《大学》、《中庸》。中夜寝觉，辄令背诵，遇有错误，即时指正。

及避乱山中，课读自若。一日先君自外至，安人适授震武读《论语》，鼎武读《大学》，先君笑曰：世乱如此，旦夕且死，汝母子顾尚有心读书？安人曰：世虽乱，书不可废也。令儿曹稍知义理而死，死亦无憾。其后先君率诸亲族返里舍，而安人挈子女独留。每日安人左抱仲妹，而出右手挟薪以归，汲水为薄粥而食，食竟课读以为常。所居在山绝顶，俯视浙东西皆见烽火遍野，炮声震天，而山中书声不绝。

及贼平，令不孝兄弟入学就师，则震武四书、《毛诗》、《孝经》已略上口，亦粗晓其文义矣。入学五年补县学生员，又五年举于乡，逾年成进士，皆安人之教也。然是科即以病不与试，丁丑补试又病，至庚辰始分部学习，旋即告归。归五年而先君卒，安人命震武居墓者三年，其归自墓而得依依膝下者，仅二年余耳。

安人禀体素强，自季弟之亡遂病，喘逆每作，辄竟夜不得着枕。岁必一二作，作必累月而后安。及先君卒后，重益忧劳。震武、鼎武虽年逾壮，皆惛不识事，安人日督之学，未尝以米盐细碎委之。曰：为学当及少壮，幸吾力尚可支，不欲以家事分汝兄弟心。自是安人心力交瘁矣，一二年发骤白而齿亦顿落。震武尝跪请息劳，安人曰：吾自乐此，汝等他日第，能念母之劳，吾无恨矣。震武每一追思，未尝不痛不欲生也。

震武自少羸弱多病，安人所以提携教育之者，艰倍常儿。及长而迂愚顽钝，不适于用，又重贻安人之忧。震武虽生三十有九年，而安人抚视怜惜，不异襁褓，节其寒暖而为之衣，时其饥饱而为之食，遇其疑难而为之断，知其有所抑郁而为之请。安贫之道，俟命之义，善为之劝，过为之戒。以一身而兼严父慈母明师，生我教我知我，实维安人。震武之穷于世而有以自乐者，徒以有安人在。人世之厚禄尊养固不足愿，独奈何求母子相依，苟延旦夕之命，亦不可得而竟夺之以去耶！

是日安人晨起，犹切肉四器，分给家人。午刻有馈粽至者，尚检点如平时。财讫，中风暴蹶。家人掖行数步就坐，摇手戒家人毋声，因困伏案。震武趋至，则已喑不能言，然犹端坐不动。震武惶急无措，即抱持安人，扶举其首，进药取嚏，安人数目震武，而举左手拒之。衣领稍弛，左手即起自结，其神气清明如此。不孝意谓必可渐差，孰意延至亥刻，竟弃不孝等而长逝耶？呜呼痛哉！天之于不孝，既不令得有其父，复不令得有其母，酷矣极矣。

不孝早甘一死从安人于地下，惟念窀穸未安，不得不苟延残喘，勉襄大事。且废安人之行而不著，则罪戾滋重。用是忍泣咽泪，略述梗概，冀有大人君子采览焉。安人生于道光己丑十二月初九日，卒于光绪辛卯四月二十七日，享年六十有三。男震武泣述。

外祖母王孺人行略　壬子

外祖母富阳王氏，父桢，县学生。年十七，归外祖例监生汪府君廷栻。府君之卒，孺人年二十七。时吾母兄弟姊妹四人，长者七岁，幼者仅二岁耳。孺人上事舅姑，下抚子女，洊更乱离，艰苦百端。婚嫁丧葬，拮据一手，卒完其家。守志三十五年，年六十二卒。同治五年，有司为之遵例请旌于朝，光绪二十五年提督浙江学政文治手书旌其门曰：不愧女宗。

孺人少知书识大义，嫠居常以经史教授，女弟子游其门者多以节烈著。洪杨之乱，县学生章福、马凤苞妻，贼至自经死。萧山倪品皋女年十六，宁波金德盛女年十七，贼至被掠。贼欲污之，奋起搏贼，曰：狗贼，吾良家女岂为汝贼污耶？贼怒反搏仆地，取矛刺之，洞腹立毙，贯尸于竿，缚之县西门恩波桥石柱以示众。四仙牧炳荣妻，避贼沙洲之许家埭，闻贼至，闭户自经死。恩波李颙女，避贼玉台，饥不得食，母劝之从贼自活，泣曰：如此何面目见汪孺人也已矣。母幸自爱，无忧儿饥。遂赴水死。灵泉张邦渭妻、八角周炳庚妻，孺人夫叔汪汉川女也，贼至一自经，一赴水死。灵峰夏范邦妻，孺人弟县学生王炳女也，夫亡吞金不得死，守志二十年卒。其妹适恩波余宝生，在龙门山遇贼，贼前持其手，大呼逆贼无污吾手。睨道旁有井，即奋投井中，井涸不得死，贼为好语，掷绳引之。出不从，仰面大骂，贼以长矛刺其喉，舌出于口死。龙门县学生孙景裴妻，孺人之季女，吾母妹也。景裴得瘵疾卒，仰药以殉，家人解之，大吐复活，未几哭泣死。

夫施忠孝节义之教于平日，而欲责效仓卒之顷，使之抗节捐躯，有死无二，此古君子之所难也。孺人黾勉闺阁之中，教泽所被，乃至弱女子皆慷慨就义，视死如归，杰然有烈丈夫之行。呜呼！何其感人之深也！使当世将相大臣得闻孺人之教，则甲午、庚子、辛亥之变，必不至无一力战死节之臣，而彝翟盗贼之祸可以不作矣。孺人昔避难来吾家，震武尚少，恒依依孺人膝下，听谈古今忠孝节义事，至今犹炯然在心目间。常恐他日死生之际，濡忍不决，以为孺人羞。今述孺人之行，未尝不泣下沾襟也。外孙夏震武谨述，壬子正月甲子朔。

《灵峰先生集》卷七　　叙记

上书纪略　庚辰

　　主事上封奏，例呈本部堂官，而各堂到衙之日甚少，向皆送呈私宅。余思此次封奏关系甚大，送呈私宅，稽延时日，必致泄漏。因特由本司掌印官上书各堂，力言司员封奏例须各堂到衙会阅，不得使司员奔走堂官私宅，越礼招嫌，上抔朝廷体制，下失司员名节。各堂不得已，允余请。翌日到衙会阅，全相国庆、翁尚书同龢、孙侍郎家鼐、兴侍郎廉、程侍郎祖诰皆至，惟师侍郎曾以带领太医院视皇太后疾不至。余捧折进呈全相国，因退侍立。相国揭封，即变色起，于是各堂皆前就阅。全相国顾翁尚书曰：当如何？翁尚书曰：请与众堂商议。览竟，各相谓曰：此决不可入奏。余即进曰：此司员决意必奏之折，不奏必至都察院指参沮遏言路之罪，中堂、尚书、侍郎能当之乎？各堂相顾不语。翁尚书命余且退，此事甚大，俟吾等从长商议。余唯而退，于是翁尚书立命一切司员衙役俱退出外院，不得窃听。越时传余进，各堂婉转劝阻，皆谓汝所陈战守十六策，甚切时务，吾等安敢不代奏？独此参人一折，司员参劾大臣，本朝无此例。余曰：本朝钦定台规现在，何曾有司员不准参劾大臣之例？本朝二百余年所以无参劾大臣之司员者，非例不许为，乃人不肯为也。何得援以为辞？翁尚书曰：官非台谏，职非讲官，而参劾大臣终属越职犯分，于义未安。余曰：不然。非例所必禁，即为义所当言，何得谓越职犯分？杨椒山参严嵩，刘念台劾魏奄，彼皆司员也。尚书受国厚恩，坐视枢臣主议误国，既不能力争而反代为沮遏言者，公然阿附权贵，如此何面目对士大夫？天下后世其谓司员何等人？尚书何等人？翁尚书曰：吾等岂阿附枢臣哉？实为足下惜耳。彼数人方用事，决知言之无益，折上必取祸无疑。足下方少负才，当静待大用，安可付之孤注一掷？今不谅吾等心复何言？各堂皆曰：吾等意实如此，翁尚书良言不可不听。程侍郎复从旁劝之曰：汝此折且罢递，但将战守十六策缮折另奏。吾等决不泄漏，使汝取怨。余曰：不然。司员非惧取怨者也。翁尚书知为司员计，奈何独不为国计？司员之身视国孰重？时事至此，不言尚何待？司员非无人心恋一官者，理所当为则为之，何死生祸福之足计？侍郎不能赞成司员殉国之志，而徒多游说，非所谓君子爱人以德者也。吾志已定，各堂许其代奏维命，否亦维命。若此折则司员已呈交工部堂上，明日请都察院移文咨取可矣。孙侍郎、兴侍郎皆曰：听汝并参，决不代奏。余方欲作答，翁尚书即目余曰：请少待毋急，沮遏言路，吾等断不敢。全相国曰：俟吾等商议定时代奏未晚，毋躁。余曰：理必代奏，有何商议？为国则奏，为枢臣则不奏，两言可决。司员以一新进尚能与之抗，各堂视枢臣分等耳，何所畏而为之沮挠如此？即使朝廷宽大，未必因庶僚一言加罪长官，然物议腾沸，各堂阿附权贵之名，虽百口何解？恐一生名节必从此败矣。且朝廷议罪，枢臣修怨，皆司员一人当之，与各堂无与，何苦为人受此恶名？自未初争论至酉，始允余当堂封固，明日带余奏递。

九月十六日工部衙门归后谨识。

永康应氏义田记　丁亥

井田、封建废而宗法不行者势也，吾谓得其意而存之，则宗法可复于三代下。何也？宗法之行也，井田行而民有恒产，封建行而士大夫有世禄，民皆足以自养，而士大夫皆足以恤其族，故民无饥寒流离之患，盗贼息而天下蒙其安。宗法之废也，井田废而民无恒产，封建废而士大夫无世禄，民不足以自养，而士大夫不足以恤其族，故民有饥寒流离之苦，盗贼起而天下受其祸。

得其意而存之者，其维范氏之义田乎！无恒产以义田代恒产，无世禄以义田代世禄。义田者所以济恒产世禄之穷，公其田、同其财于族人，尊祖敬宗收族，以存三代宗法遗意者也。天下之患，莫大乎民散而不知所以聚之，则土崩瓦解之势，一旦可以立成。宗法者，聚民之本也。保甲聚民聚以法，宗法聚民聚以恩，法易涣而恩难离。以义田立宗法，以宗法维国势，诚令人各有族，族各有宗，宗各有义田。立贤立贵，以族长辅宗子，而予以督率之责，各统其族人，自相教养，以受治于上。则鳏寡孤独废疾者有所养，水旱凶荒有所恃，盗贼之警有所卫，游惰、争讼、奇邪、不率教之民有所约束。使之相亲相睦，相保相纠，相友相助相扶持，国法所不能治者，宗法得而治之。合人心，厚风俗，兼并郡县之天下，可使有井田、封建之固。惜夫世人不以为意也。

嗟乎！宗法亡而义田起，义田起而宗法复存，自义田起而教养之权在下而不在上矣。权在上者，井田、封建，非贤君谊辟不能复三代之制也；权在下者，义田之举，一匹夫之有力者可以为之矣。然余以风并世士大夫，而有力者往往莫之行，欲行者又无其力。独永康应敏斋廉访置义田以赡族，则少时已闻。江励乡孝廉为先君子道其事，而先君子自以有志未逮，用为深憾。余尝窃高廉访之义越十余年，而廉访属记于余，余之不文岂足以发明廉访之意哉？顾念先君子尝咨嗟叹慕于是，而余心识廉访实自此始，有不能已于一言者。观其规条之详且善，士大夫尽设心如此，则法立于一乡一族而效见于天下国家矣。惜不使我先君子见之，而余年已逾壮，方偷息墓庐，忧愁拂逆，且夕待尽，虑终无以成先君子之志。读廉访自记，兢兢然推本于其亲命，未尝不愧叹而继之以悲也。

光绪十三年丁亥六月戊申富阳夏震武记。

召见恭纪 庚子

庚子七月，英、法、俄、德、美、日、意、奥联军入犯，京师失守，两宫西幸，驻跸西安，茸督署为行宫。臣震武两奉召命，奔赴行在。十月二十四日抵西安，十一月初十日引见，奉旨：著于十二日预备召见。是日寅初入朝，递折一件、片二件、绿头牌一件。至朝房一坐，叫起单下，震武头起，军机二起。卯初进内候旨，内阁供事传旨，召见改期，明日再来候旨。震武方以为疑，陕西巡抚岑春暄〔煊〕亟趋前密语震武，此语不可信，宜在此候旨。震武即进至奏事处恭候，则军机大臣大学士荣禄、王文韶，尚书鹿传霖皆在，震武长揖就坐。荣中堂、王中堂俱殷勤致问，震武劝以挽回大局，王中堂逊谢数言。复指示召见仪注，未几即传旨叫进。其地盖即督署内堂之东间，震武掀帘入跪军机垫前。皇太后皇上并背窗坐，前列一横案，震武折奏即置案上。仰瞻天颜，皇太后流涕被面。皇上问：你走那里来？臣对：从杭州走上海、汉口、荆子关来。问：你那一日起程？对：九月初四日。问：你从前在那一部当差？对：臣庚辰在工部学习三月即告假回籍。皇上问未毕，皇太后掩面大哭，臣亦伏地悲号。良久，涕泣仰奏曰：皇太后这时断非一哭可了事的，万世宗社，四海臣民，责任都在皇太后一人身上，除了发愤自强，报仇雪耻，再没有别个办法。总要圣心立刻奋发振作起来，把中国吏治军政、学术人心从新整顿一番，然后有济。不宜过为无益之悲，灰了圣心，使天下失望。懿旨：予自恨对不住列圣，只有一死。出京后屡欲投井，均被载澜遮住。觍颜苟活至今，实非本心。对：皇太后皇上要上对列圣，只有发愤自强，报仇雪耻，若死便对不住列圣了。势已如此，不是皇太后扶持皇上立刻奋发自强起来，练兵选将，恢复两京，再安宗社，断不能对列圣。懿旨：你责我很是。你这折子做又做得好，想又想得周到，内外臣工那有你这样公忠体国的人？有你这样的公忠体国，大局何至败坏到这个样子？对：臣冒昧妄言，不意上契圣心之深也。懿旨：你这一条定国是实在说得透，内外臣工总没有你这样说得切实明白。对：臣说的是实在情理，是非曲直，天下万世自有公论，总要与洋人说个明白。断不可一时惧怕洋人，便自认不是，事事听命。我这里惧怕愈甚，洋人挟制愈狠，要求愈大。懿旨：你说的原是，只是现在洋人已递哀的美敦书，不许我这里开口，这么样好？对：洋人递哀的美敦书，听他递就是了，我这里总要开口与他力争。赔款四万万，杀王公大臣，这是绝我中国自强的命根，万不可许。总求皇太后皇上拿定主意，切勿为势所夺。现在已派李鸿章议和，一面且与磋磨条约，一面即简一重臣为山东、山西、河南总督，力办防守，把直隶之宣化、河间，山东之德州，山西之太原、大同、潞安，河南之彰德、卫辉、怀庆俱严守起来。洋人若肯和，我亦不妨暂与之和，徐图自强；若必要无礼要求，夺我自主之权，我即可与他决战。长安天险，洋人断不能悬军深入，皇太后皇上安坐调度，必无意外之虑。懿旨：我打算把你这定国是一条抄寄李鸿章，只怕李鸿章置之不理，你可往北京宣谕李鸿章否？对：臣愿去。总要皇太后皇上拿定主意，若拿不定主意，臣虽去亦无益。派臣宣谕李鸿章，还不如派臣宣谕洋人。洋人虽恃强无礼，曲直是非，总有公法可讲，臣愿以死力争。懿旨：这里到北京要多少日子？对：西安至北京二千六百十五里，兼程前进，大约半月可到。懿旨：现在时事从何办起？对：总要从皇太后皇上心上办起。皇太后慈爱皇上，皇上孝顺皇太后，两宫一心，奸人既无从播弄，洋人自不敢要求。懿旨：外间浮言多不足信。皇帝是极仁孝的，我从皇帝幼时抱他大来，断无不慈爱之理。你可放心。对：这是宗社臣民之幸。臣愿皇太后皇上推慈孝之心，以保全王大臣。懿旨：我这里总欲保全。你折上所说的宗社失守，当以丧礼处之。予在宫中本以丧礼自处，万寿典礼皇帝再三吁请，予卒不许。予之痛哭自怨，天下臣民有未尽知者。对：这是中兴之本。皇太后皇上总要把这一点心扩充起来，不可放失了。报仇雪耻，发愤自强，总凭这一点心做去。皇上春秋甚富，典学宜急。总要皇太后主持，替皇上选择师傅教他，朝夕共处，讲明圣学，辅导圣德。懿旨：从前徐桐、崇绮实在是好，现在这样的人没有了。对：总要皇太后留心，好人总有。就使一时难得其选，皇上万几余暇，中国讲求治道学术的书，必要朝夕披览，不可一日荒误了。真德秀《大学衍义》综括经史古今，言治道学术者无过此书，不可不看。皇太后顾皇上曰：他教你看《大学衍义》。旨：《大学衍义》从前已看过。对：徒看无益，必要潜心体察，实力讲求，看一句做一句，把古人言行刻刻反求到自己身心上来，好学力行，以圣祖仁皇帝为法。义理既明，那邪说奸言自不能再惑圣听，用人行政便有把握了。旨：是。对：皇太后皇上这样的圣明，真中兴之主，臣实万分感激，万分庆幸。只要枢臣得人，拨乱反治，便计日可待。枢臣得人，则督抚得人；督抚得人，兵自强将自勇。懿旨：现在枢臣太少。对：只要好不在人多，不好多亦无益。现枢臣三人均靠不住，要他光辅中兴，这是断不能的。懿旨：现在总没有靠得住的人，就使要办理战守，也没有可靠的将帅。对：中兴凤将现有冯子材总还可靠，请密电召赴行在，命他办理战守事宜，臣敢保其决不孤负圣恩。皇太后皇上默然不答。臣复仰奏曰：长安天险，函谷、武关两边都是峭壁悬崖，中间一线极险恶的路，曲折崎岖，真是一夫当关，万夫莫入。洋人的长技到此，俱无所施。皇太后皇上宜速奋圣断，定都关中，以安天下之心，断不可惑于奸言，回銮北京，受制洋人。懿旨：你说的很是，回銮是极冒险的。对：圣见极明。办理战守，这时乃第一要著。洋人畏强侮弱，见我有备，彼知无所施其挟制，和亦容易了。求皇太后皇上电召冯子材来，责以战守事宜。臣亦愿往北京宣谕李鸿章，可和则和，不可和便战。良久，懿旨：你可退去罢。臣掀帘退出，复闻皇太后大哭不止，视表则已辰正四刻矣。

后上书纪略　庚子

　　庚子十一月庚辰，召对行在，予即陈中兴十六策，两宫为之感动。

皇太后即欲命予宣谕李鸿章，而为枢臣所沮。己丑，复具折力争，要盟不可曲从，改约必宜熟计，奉旨留中。辛卯，予以王文韶与盛宣怀表里为奸，勾引洋人，离间两宫，具折纠参，请立行正法，以除内间而折戎心。附片并参提督浙江学政李葰銮。主事上封奏，例须堂官公同会阅，带领代奏。是时署工部尚书者为军机大臣鹿传霖，工部侍郎为浦兴、继禄、陆润庠。予捧折呈堂，阅毕，鹿传霖即厉声曰：此决不可入奏。三侍郎皆默然。予即起争曰：折中既无违悖字句，何以不可入奏？鹿传霖曰：折中所言毫无实据，岂可入奏？予曰：司官所言，语语实字字实，何得谓无实据？鹿传霖曰：实据何在？予曰：两宫出京，王文韶第宅，洋兵为之保护。其孙即赴英国使馆，告以此次仇杀洋人皆端王、庄王、刚毅、赵舒翘、董福祥所为，不诛端王、庄王、刚毅、赵舒翘、董福祥，和议必不能成。此非指嗾洋人胁制陷害而何？王文韶电李鸿章，言皇上主和，皇太后主战，两宫意见参差。此非指嗾洋人离间两宫而何？赵舒翘为督办铁路大臣，盛宣怀总办铁路，三谒赵舒翘，皆拒不见。战事起即勾结各国领事与张之洞、刘坤一定约，彼此各不相犯，洋人无后顾之忧，遂得以全力攻陷京师。皇太后皇上不得已议和，盛宣怀即怂恿洋人列赵舒翘祸首，以泄前忿。此非指嗾洋人胁制报复而何？鹿传霖曰：此等传闻之辞，岂可指为实据？予曰：王文韶电李鸿章有电底可查，王文韶之孙所言与盛宣怀所为，喧腾全国，载在各报，此非实据，将以何者为实据耶？且堂官代奏，有查无违悖字句方准代奏之例，无必须查有实据方准代奏之例。尚书之职在查看有无违悖字句而已，何得以实据为辞？司官所奏，有实据当治该大臣之罪，无实据当治司官之罪。此皇太后皇上之权，非尚书所得干与也。鹿传霖语塞，即曰：今日之势，即武侯复生亦无可为。我等以受恩深重，势不能去，汝本在家安心读书，何苦轻身来此？无故弹劾朝廷大臣，以自取不测之罪耶？予曰：司官非惧不测之罪者，何必以此恫喝？司官之来，奉朝廷之命，非司官自来也。尚书既不欲司官之来，当时即应封还诏旨，何必多此一召？司官以为尚书未知受恩深重耳。若知受恩深重，当此存亡危急之秋，必不应阿附权贵，阻遏言路。尚书非武侯，安知武侯处今日亦无可为？天下岂有不可为之事，尚书自不肯为，非无可为也。带领代奏在尚书一言耳，当亦势无可为哉？鹿传霖怒曰：予即阿附权贵，阻遏言路，汝奈我何？予曰：司官当即指参。鹿传霖曰：听汝指参。予知鹿传霖非可以正言动者，遂捧折退。次日即具一折一片，折参鹿传霖等阻遏言路，拟仍请鹿传霖等代奏。附片参鹿传霖与李秉衡同奉召命，李秉衡倍道前进，殉节通州，鹿传霖逗留清江，托病不前几两月余。皇太后皇上不加之罪，弃瑕录用，擢置政府，鹿传霖不思感激图报，反阿附权贵，代为阻遏言路，实属丧心负恩。拟援伏阙上书故事，予以二奸弹章不达不已，参本部堂官阻遏言路一折不允代奏，则用原折附片长跪宫门上奏也。是日王文韶即遣军机章京鲍心增来寓，言王中堂极重足下，不日即当大用，幸无自取罪戾。予谓若希冀大用，即无庚辰弹章矣，何论今日？此折决计不达不已，不必为王中堂作说客也。逾日鹿传霖亦命其婿户部主事徐坊来寓，言鹿尚书极称足下忠肝义胆，惟同官颜面所关，不能不为阻止，实非尚书本心。予取折片示之徐坊，即言尚书必为代奏，无庸援伏阙上书故事也。乙未，予即以参鹿传霖等阻遏言路一折呈请鹿传霖代奏，鹿传霖即允予翌日带领代奏。丁酉，内阁奉朱谕：现因时事艰难，下诏求言，原期集思广益，有裨大局。近日工部主事夏震武条奏多未能按切时势，能言而不能行。昨日复据鹿传霖面奏，夏震武复劾王文韶请治重罪。王文韶朝廷任用有年，克勤厥职，办理洋务尚能分别轻重，斟酌缓急，何得以传闻臆度之词率请将大臣置之重典，殊属冒昧。姑念迂儒不达时务，虽其言过甚而心尚怀忠，免其置议。十二月戊戌朔谨记。

浙江教育成绩品展览会记　庚戌

聚浙东西学校图书、器械、标本、模型、手工、绘画、织绣、撮影于一堂而为展览会，开会之日，自官吏、搢绅、学士、军人、农夫、商贾、工匠、童稚、妇女，环球客卿、技师、教士、游旅皆得分日而观，验券以入，目注心谋，口评笔记，从容往复，开扩其见闻，浚发其智识。主会事者特请专门为之分别其高下、精粗、美恶，一省之比较既毕，择其尤者汇送南洋劝业会，为二十二省之比较，美者登册表扬，优者给品奖励。易兵战、农战、工战、商战而为学战，以一学生之成绩为一县冠，则以学生而战胜一县；为一府一省一国冠，则以一学生而战胜一府一省一国；为五洲冠，则以一学生而战胜五洲。战胜于营阵者可败，战胜于学校者不可败。

中国之败，败于兵之弱，败于农之惰，败于工之拙，败于商之愚，实败于学之不兴。以兴学救败，以展览会兴学，举两浙七十八厅州县之日用品，必出于自制而不待取材于外，师其法不用其物，一技一艺，闭户而精思，脱手而适用，孜孜焉朝研夕究，不追迹东西洋各国与之并而且胜焉不止。拙者改良，陋者进化，学校成绩之美观什百千万于兹会，则于今日展览会为无负。

虽然，展览会者智育之比较，非德育之比较。中国之患，不在民智之不开，而在民德之不立。礼义廉耻者，国之四维。无礼义廉耻以为之本，则铁道、航业、电线、火器、学堂、议院、农会、矿务、商局、工厂，皆亡国之具。犹太、埃及之民非不智也，国焉在矣？统一五洲者，在德不在艺，欲以艺战胜五洲，必先以德战胜五洲；欲以德战胜五洲，必先取吾乡先贤之可师可法者，而慕之效之，身体而力行之。则吾深有取于绍兴、山会、余姚高等小学堂之摹绘先贤遗像，嘉兴、平湖劝学所之采集先贤遗书，动人向往，足为德育之助也。

震武以期满告退，有京师之游，将就道矣。顾念兹会为两浙未有盛举，不敢不暂留数日以观其成。而吾两浙父老均以兹会发轫伊始，两浙教育进退将于是乎卜之。汲汲焉惧损两浙名誉，远者千里，近则同城，刻日计程，妙选精择，踔海绝江而至，累箱叠箧而来。鸿文巨册，美术绝艺，殊物异种，棋布星罗，轮集辐辏，炳炳琅琅，争妍竞巧，耀目惬心，上者抗衡欧美，次亦绝出寻常。

震武承乏总会，躬逢其盛，与有荣焉。于是张国旗，表浙学，为会十二日于省垣藏书楼。开幕之期，实维正月二十一日。官绅师儒彬彬，演说致颂，咸额手以庆是会之成也。是日莅会者，巡抚增韫，提学使司袁嘉谷，督粮道卓孝复，劝业道董元亮，杭州府知府夏孙桐，仁和县知县苏锦霞，钱塘县知县盛鸿焘，禁烟局总办溥来，候补府叶培榕、曾广钟、许邓起枢，杭州协镇姚期珍，两级师范学堂监督徐定超，惠兴女学校总理贵林，女子师范外总理郑在常，正蒙两等小学堂校长孙树礼，仁和高等小学堂校长朱作荣，商会总理潘炳南，商会协理顾松庆，日本领事李华达。其教育成绩则别为表以附于篇。

《武当纪游二十四图》记

《武当纪游二十四图》，周芸皋观察所作也。武当天柱峰最高，入山步者骑者舆者，循麓而登，有亭翼然面天柱而立，雪后望天柱诸峰，日光照耀，削玉截冰，高耸天际者，磨针井。巨松夹道，庭立四桂，苍翠空濛，后负层峦，前抱剑水者，周府茶庵庙。于卷旗峰下，远山缥渺，松阴四布，檐瓦半露者，太子坡。奇峰突起，被苔戴石，路随溪转，桥于其上，曲折纡回，阴森逼人，凄神寒骨者，剑河。断岩硗嶒，拥雾盘空，古松高压，层檐有藤，缘松而上，蜿蜒斑斓者，紫霄宫。石室当山之中，叠谷堆岩，怪石磊砢，摩崖大书者，南岩宫。峭壁千仞，道士煮茶售药，其上用绳升降者，金仙洞。径竖若梯，松撑如盖，浓翠疏烟，洞中遗蜕犹存者，黄龙洞。绰楔当道而立，古木拂烟，悬崖没云，石级自天直下，壁立万仞者，头天门。过洗心桥，磴级梯立，旁施石阑，缠以铁索，以扶游人，奇石怪峰，骇目怵心者，二天门。峰回路转，环山而上，蟠曲崎岖，亭于山腰，以速客者，三天门。顶无草木，石黑苔青，冶铜为殿，叠石为城，前拥小莲花峰，旁倚灵官殿，宸翰高悬，群山俯伏者，天柱峰。立于殿背，纵目远眺，河如带，汉如线，群山如螺如蚓如蛇，纵横豫楚之交者，天柱峰后。三山中低，左若植笋，右若覆钟，石骨嶙峋，云笼其上者，落帽峰。两峰相次，屋于岩际，乌飞成群，攫食空中者，饭鸦台。五峰攒翠摩天，苍然欲滴者，五老洞。古木干霄，下有腊梅，为祠以祀树神者，榔梅祠。屋于洞口，筑亭崖下，药里茶具，绳转上下不绝者，雷神洞。架屋绝顶，下视群峰，若笔若笋，攒簇远近者，老君殿。落木参差，风飘旗舞，环山筑路，画栋雕梁，竭民膏血，以备临幸者，回龙殿。逾桥而上，丰碑屹立，琳宫绀宇，丹碧纷错，衰草没庭，穴狐藏兔者，玉虚宫。松竹萧森，寒翠四合，结庐于中者，自在庵。烟岚云树，紫青带绿，钟楼高峙，石桥雄跨，断瓦残础犹存，圈山筑寨以避兵者，老营宫。云水苍茫，城楼隐现，中沚有亭，以祀水神，修竹寒花，映带其旁者，沧浪渡。

武当为峰七十二，起者伏者，断者连者，高者下者，大者小者，险者夷者，土者石者，晴者雨者，云者雪者，山之变态万殊，而笔随之变，浅深浓淡，无不曲尽其妙。余虽未至武当，展图一览，如亲置身七十二峰间。观察由词林出守冲要，当承平无事之时，政简刑清，簿书余暇，得娱山玩水，寄情翰墨，以写其胸中之趣。今河山易主，海宇鼎沸，豫楚间蹂躏尤甚，瓜分瓦裂，禹域神州将皆沦于异族。而观察后人尚能保守是图，传之百年，此后未知复归何处。披图三复，不胜沧桑陵谷之感，为记其略，以塞周生之请，且以自览焉。

癸丑二月朔戊子禹域遗民。

《灵峰先生集》卷八 箴铭

五箴 辛巳

立志箴

圣狂无常，视志以分。志之所至，前无三军。维仁与义，天既汝畀。汝胡不思？甘自暴弃。往虽莫追，来犹可及。人孰汝阻？汝不自立。立身以道，卫道以文。而今而后，勉焉终身。

主敬箴

暗室无人，赫然有睹。一念之起，天地临汝。严威钦明，以养其中。非祭而斋，无宾亦恭。彼圣如尧，不弛战栗。汝胡任心，以放以逸。一息自肆，天命不行。毫厘之差，大本以倾。告汝小子，汝无充耳。威仪定命，敬以终始。

致知箴

道本至中，仁智见殊。毫厘之差，南北分途。闻知见知，不知胡行？行或有偏，善则未明。巨细万殊，物各有则。反覆穷探，以究其极。充知之量，性尽天通。胡汝有知，而不能充。是非之良，与生俱赋。累寸积铢，庶几一悟。

谨言箴

当理之言，日月炳天。言而不当，非欺则妄。时然后言，言斯中理。外必度人，内则反己。言之不践，唯身之羞。不择其可，言将招尤。先行后从，无言自化。言不顾行，贻笑召骂。喋喋向人，多言自扰。汝犹不惩，嗟汝将老。

力行箴

鼎镬置后，刀锯列前。汝力既定，奋步以先。义之所在，无问死生。学问思辨，要以笃行。学而不行，汝学何为？行而不力，汝行已亏。参天赞地，彼圣亦人。嗟汝小子，胡不自振？徙义迁善，请从今始。无废半途，铭以自矢。

讲座铭

宣统二年庚戌，京师分科大学成立，予承乏以四书、《大学衍义》总教七科，铭以自警。

北面之礼，唯君与师。师道不立，七百年于兹。天未丧文，义无所让。前圣后圣，俨然在上。对越群圣，以教多士。一言一动，万世所视。火就水流，物以类召。人才正邪，唯视所教。一师之说，治乱以孕。一卷之书，国以托命。唯人立国，唯师作人。有国无人，国将焉存？人之不兴，唯师之过。师哉师哉，无玷兹座。

《灵峰先生集》卷九　颂赞

林文忠公颂　庚子

道光中叶，粤海告变。夷谋祸华，饵我鸦片。公起督师，群鬼胆堕。聚彼毒药，投之烈火。天清地夷，一扫膻秽。大振国威，歌吟道载。英酋猖猖，张牙靡逞。避坚攻瑕，改趋浙境。指功为罪，戍公伊犁。撤兵割地，阴以媚彝。洪杨跳梁，再起专阃。贼惊欲逃，大星遽陨。巷哭市祭，匪于公私。人亡国殄，民将焉依？纲退桧进，宋室卒南。国之存亡，于公是占。法已垂灭，矫矫曾侯。津门立约，缩舌入喉。公当强寇，摧若枯朽。委国于公，克敌何有。挟彝胁君，彼相皆桧。公如彼何，千载一喟。哲人不作，海波惊飞。和战无定，乘舆复西。公之御彝，有战无和。谁其嗣之？奠我山河。

先圣孔子像赞　壬子八月二十七日丙辰恭题

终始天地，贞元交会。至圣笃生，存我人类。羲画开天，民彝始植。建学明伦，世守勿斁。姬德告终，礼废乐变。陪臣执权，乱贼南面。麟笔一挥，赫日再中。辙环天下，道试潜龙。时行物生，造化在手。删定赞修，喉舌天口。环海仰岱，峻极穹霄。祖羲宗孔，万世不祧。圣远言湮，邪说蜂起。百家腾跃，耀角炫尾。秦法汉老，唐佛宋禅。祸极明清，耶流墨源。髡首自刑，裂纲绝维。驱人入兽，以奴于夷。荡灭天常，蔑理恣欲。乾坤易位，日星晦剥。望古独立，空山自壮。先圣冠裳，凛然在上。天清地宁，如奉提命。治乱循环，百年自定。血气尊亲，华夷混一。至诚前知，左券可质。嗟汝小子，荷道以贞。九死无悔，先圣有灵。

先师孟子像赞　壬子

　　虎踞龙蟠，七雄并帝。海宇分崩，王纲委地。邪说横流，倾江倒河。功利毒世，百家操戈。食色并耕，无父无君。为我兼爱，纵欲灭伦。民彝祸魁，杨墨告子。佛耶东渐，厉阶伊始。人道存亡，天生亚圣。一匡天下，反身经正。微言揭日，口枯唇焦。王霸义利，明析秋毫。养气知言，得圣之时。用夷变夏，百世前知。仁义充塞，率兽食人。大声疾呼，充耳莫闻。美孽欧妖，战国已伏。祸发滔天，羲号轩哭。拔本塞源，决裂人防。海水惊飞，国族沦亡。闲道息邪，哲人开先。后起有征，以折群言。泰山岩岩，懔瞻遗像。浩然正气，亲炙函丈。二气消长，一治一乱。剥复转环，夜尽必旦。守先待后，屯蒙之交。荷道一身，百折不挠。进退辞受，先师汝临。宅仁践义，无贰尔心。

《灵峰先生集》卷十　哀祭

祭妹蒋叔夏文　壬寅

嗟嗟予妹，竟至于斯。天不可问，予又怨谁？妹在孩提，嬉戏阶前。卒然仆地，口不能言。母抱妹哭，呼妹速醒。逾时复苏，举室相庆。既龀而髫，感寒病疹。医者束手，见点复隐。母谓必死，含泪手检。银环布襦，陈以待敛。夜起为疏，跪渎神听。愿减己齿，以延妹命。妹疾霍然，神果我许？骨肉无恙，喜跃以舞。鹿鸣初宴，挟策入都。助我整箧，叠衣束书。折梅送别，笑语微夸。魁众先馨，有如此花。春官一鸣，穷山始报。殒我稚弟，方贺旋吊。白云亲庭，阻江距海。泪落晨昏，倚妹以解。归哭弟墓，抔土初封。穴狐宅兔，荒草迷踪。一病三年，卧榻困守。茗鼎药炉，朝夕妹手。母命结缡，望绝妊娠。解钏脱簪，买妾以进。鸡鸣整环，诣姑申省。捧槃陈帨，屏息以请。姑詈申申，诟谇无端。改容起敬，曲意承欢。岁没天崩，衔恤靡届。妹来执丧，号泣相对。守魄庄泉，感时展墓。鸟兽哀鸣，揖别泪注。撤茅言旋，婚嫁继踵。宁母服劬，昕宵勤动。母以积劳，猝蹶而噤。予急呼妹，扶母就枕。母竟不起，肝裂心碎。附身附棺，恃妹无悔。哭奠殡筵，衰绖尽湿。得疾几死，喉不下粒。僵卧拒医，召妹永诀。曰无死理，曲予譬说。送葬左台，妹返我留。枕藉架草，雾梏云囚。涕渍礼经，蚊芒聚颊。苦块穴蚁，蛇虺出入。涉江荐馨，晤语斯须。思亲不作，呜咽沾襦。乘舆西狩，跃马奔问。别妹病中，典钗予赆。长安返辔，额手命舆。登堂一笑，羹笋脍鱼。坐席未暖，予赋悼亡。素衣会葬，骨立神伤。哭嫂自哭，慰情无女。临窆嗷咷，崖崩林怒。夜感噩梦，伻来急讯。称妹病凶，速予往诊。跣足走省，伏枕语悲。气促声微，百痛搅怀。议方未决，闻呼心惊。疾趋以视，触指额冰。急难求兄，忍死以待。一丸莫进，呼天胡罪。母疾犹念，怜妹无子。子不妹畀，又夺其齿。祸福寿夭，久矣无定。存事没宁，顺受其正。妹昔在病，以死为托。今妹云亡，予忍负诺。鸠工治茔，先期往戒。柩至攀号，姊妹咸会。留冢暂守，栖岩饮涧。惨惨松楸，冀妹复面。月落山空，恍惚有睹。凝视杳然，泣下如雨。梦耶真耶？妹素兄敬。昼号夜呼，妹胡不应？死生一隔，终古茫如。以生测死，焉识有无？死果有知，何悲于死？地下从亲，妹其予俟。工卒临去，绕墓彷徨。陈词抒痛，酬妹一觞。

祭徐季和先生文　己亥

同治癸酉，公典浙试。副以长白，拔尤共誓。侪辈进谒，公独目予。握手奖勉，语挚礼殊。国门再入，遇我益亲。许为伟器，遍称于人。临试之夕，赠我试具。曰予旧物，衣钵汝付。廷试未终，得疾几死。选医酌方，视予犹子。谔谔长白，直声载道。亟举以规，公谢亲老。使节所至，博搜英彦。植正仆邪，士风丕变。既免父丧，有诏复位。一鸣惊天，镌级无悔。万世罪魁，用夷变夏。请剑斩佞，语不少假。岛夷无礼，窥我坛壝。公起力拒，虏敛其威。出典浙学，悯予卧冢。亲表先德，刻石揭垄。朝建一议，暮拔一人。是非可否，必以下询。茕茕墓庐，雪严风劲。馈药赠书，奴疲奔命。草没空山，鸟兽下上。涕泪满衣，倚公暂壮。撤庐反寝，值公生辰。谢绝寿序，公不予嗔。临别丁宁，后编是托。校订重镌，约无负诺。移节姑熟，望风士趋。中江币聘，三辱于庐。劝驾殷殷，为士择长。杜门固拒，义不予强。河决桑干，吏虎民鱼。捐廉倡赈，饥民父呼。亢龙不飞，狐盗帝柄。毁纪裂纲，谇斗宫廷。血章调和，夜代草疏。涕泣入秦，冀君一悟。忠言忤时，郁郁成疾。殒我直臣，贤愚同惜。公性素刚，与夷为仇。予以狂名，谊合气投。陈善责难，用报公知。始终以义，不涉于私。天步中屯，望公共济。公不少留，善类夺气。麟踣凤殂，鸮狼环舞。文孽经妖，亡征先睹。守道以身，矢死无贰。九原可作，剖心明志。镌公奏议，揭之三光。顽廉懦立，死而不亡。含泪抒词，写此哀音。一觞遥荐，灵其降歆。

祭竹坡先生文　辛亥三月

浙闽校文，公昔莅止。拔予于乡，待以国士。予方弱冠，无挟自豪。目空五洲，气凌其曹。公出帝胄，王侯草芥。宇宙两狂，一朝把袂。神交忘形，纳我古处。有石梗喉，快意尽吐。京华并榻，酒餍花饕。倾脏倒腑，继晷以膏。予举春官，临试撄疾。牒部告归，朝不待夕。公纠同志，饯别西湖。魁奇麇集，舌战负嵎。攀笺联句，令出维行。斗奇争险，百韵立成。剥菱大嚼，恣饮玉泉。故宫哀吊，瓦砾荒烟。狐跳鸥走，鸟兽叫号。俯仰今昔，我涕公咷。别公南归，风随足起。水立云腾，一日千里。登堂哭弟，一病逾年。促予廷试，手不绝笺。趋试未毕，予又大病。朝夕调护，倚公为命。三入京师，部末才附。面叱长官，沮遏言路。弹章上达，柄臣滋怒。环请严惩，要之以去。帝鉴孤臣，曲赐矜全。不可则止，拂袖归田。弃舆而步，烟锢云封。使节自闽，访予灵峰。大雪如拳，压竹交途。触额罣肩，淋漓透襦。水冻绝流，沿溪罢碓。玉壁银峦，胶天无界。倒垂石岩，寒冰百尺。独立发花，于梅观德。望屋识村，路随峰转。户暗墙明，炊烟暮乱。迎门一笑，师弟重逢。烹獐焘兔，一饮百钟。酒酣大呼，泪落杯盏。用戎乱华，国命将斩。握手丁宁，勖予自爱。万世一肩，曰无旁代。予亦箴公，束身远色。公颔其言，改容踧踏。狼群立麟，环吠已久。索瘢寻疵，大快谗播。投劾以去，勇自讼过。口公罢我孤，三年泣血。吊祸析疑，岁无虚月。天脱官囚，一变至道。南北唱和，遗经共抱。研精六艺，旁及百家。笔落霆震，讨佛诛耶。叛儒始祸，陆王惠戴。明辨是非，觉聋警瞆。美波欧浪，决我孔防。奋舌扶天，口植人纲。股肱中兴，望公再出。惜病亟垂危，呼我犹频。曰吾可死，无死斯人。公死未几，又丧吾母。亲冢再庐，被发囚首。人亡国殄，上下横议。地蜩螗沸羹，反掌倾厦。贱工弄绳，倕暗输哑。岛夷一呼，乘舆西走。骨岳血河，两都觐寇。虎张其牙，万首齐俯。岳岳公子，自绞以组。国辱主忧，分当赴难。闭户谢征，惧负公盼。徒步入关，冒刃宵戒。霜侮雪欺，冰结巾佩。痛哭极言，两宫感恸。侧目盈廷，吾谋不用。归登焦山，展观黄带。洒泪题诗，风凄雨晦。銮舆返京，人贺我吊。朋鹤宾猿，洁身耕钓。阴长阳消，厄运方届。家国同归，棘茂兰萎。天道祐善，谓在其后。三孙俱殇，呼天胡咎？公病不知，闻丧不奔。墓椁已拱，足始及门。呜咽帘卷，冢妇出见。捧示遗书，低头泪溅。手携诸女，指我以语。梧桐当窗，公子死处。啮指抚孤，肠绕宗祐。雄阴雌飞，竟斩血食。语已复哭，刃交我心。网蛛斗雀，空庭昼阴。妇号儿啼，九原不作。死者已矣，生者谁托？临义赋诗，遍告僚友。交满天下，今谁援手？人之交情，视势以异。予宁可恃，公不我弃。人孰无死，死求一是。为鬼为狐，生不如死。兄弟成仁，污俗一匡。携手捐躯，公门之光。国有贞臣，家有孝子。无后有后，炳耀青史。当今之世，百怪跳梁。魑魅御宇，鬼跃人僵。兴亡自取，亡非吾悲。去人入兽，有死弗为。讲道大学，冀延一线。一傅众咻，尸位无面。人生朝露，天不可问。早死为福，公复何恨。梓公遗书，昭示百世。荐羃墓前，文以明志。呜呼哀哉，尚飨！

祭黄藻轩文　戊申

禅伏汉狂，惠戴操戈。西说踵起，倒海泻河。大声疾呼，寂然无应。天闭龙战，泉石立命。君介长白，问道穷谷。一岭气通，助我张阴。春官罢鸣，迂道过我。诹史谘经，月落犹坐。擘藕大嚼，起步庭飞。岸移山转，浪立篷翻。一瞬百里，水怒云顽。泊舟江干，名城游眺。盛暑弁首，一市尽笑。西冷荡桨，藕花捧舟。倒影入波，委心逐流。垂钓柳阴，莼滑鲈肥。微风徐动，香气袭衣。孤山同游，梅生鹤死。俗吏腐骨，以污高士。二忠埋魄，栖霞中台。荒草没人，纳首庭阶。蒯良快仇，天地易位。一夫专制，国殄民瘁。南北两峰，穷力遍登。山河变色，熊咆虎鸣。缒险烛幽，岫重岩复。扣葛攀崖，以掌代足。韬光观日，缥缈蓬莱。蛇龙食人，仙去鬼来。归棹烟迷，邀月湖心。酒酣悲歌，泪落沾襟。露冷天高，忧来忘卧。握手言别，离多会稀。大劫将至，死亡无期。归执父丧，号泣远告。铭幽乞文，挥毫以报。举掌中校，荐华唾夷。迅雷起口，盲骇聋疑。猿鹤待宾，约君再至。凶问惊传，一夕以逝。阳消阴长，正气日孤。天不佑善，殒我魁儒。守先开后，海内谁望？涕泣驰辞，往侑一觞。

祭吴幽农文　戊申

我初识君，西湖冢庐。简默寡言，恂恂一儒。撤茅返寝，君以省试。顾我穷山，把盏言志。殚精家礼，损益从时。出书示我，抉瑕摘疵。自后遇试，君必予访。讲道论文，恒听鸡唱。耶流滔天，捧土立防。新旧两约，砭惑针狂。孤学无和，喜君我助。踊跃弁言，毫飞颖怒。传贤大义，予必称尧。君起力争，斥予教猱。书始二典，旨在教让。君或未思，矫时亦当。最后棘闱，予犹俟君。君友来告，墓草已新。予穷于世，君独相从。三造予庐，执礼弥恭。庭桂依然，忆昔对酌。执手笑言，恍惚如昨。君之学行，弁冕温岭。改过自讼，齿衰志猛。谔谔学使，旌间表贤。君可无憾，奚待予言。呼天梦梦，为善以祸。陈生云亡，君又弃我。富贵勋名，云影电光。朝闻夕死，死而不亡。设位一恸，泪随声溅。写辞述哀，陈此薄奠。

分科大学三生哀辞

三生者，浙江诸暨宣生澍甘、河南卢氏张生鉴哲、湖北南漳张生壬林也。宣统二年春，分科大学成立，予以四书、《大学衍义》通教七科。旋荐安晓峰侍御自代，于十月初力辞以去。诸生竭力挽留，临行复依依相送，而宣生澍甘、张生鉴哲亦在列。予视宣生病甚，形容骨立，甚忧之也。今春以总监督电请不已，感其意诚，不得已复至。则宣生已前卒，张生鉴哲亦病旋没，张生壬林亦于去冬后宣生一月死矣。张生鉴哲好学深思，为格致科冠，而宣生文学亦秀出经科。张生壬林在文科，予虽尚未深知，亦可造才也。为作三生哀辞，以抒予哀。云：

予来成均，百感搅胸。人才几何，死丧迭逢。学杂言庞，背道而驰。一曝十寒，教育难施。去岁予行，恳恳攀留。宣张二生，亦与其俦。宣生之殁，既伤予神。二张继之，天何不仁。呜呼三生，日月不驻。死者已矣，生者宜悟。讲学树材，用济艰难。为国救亡，非为一官。邪说交称，正论群嗤。知有得失，不知是非。大声疾呼，充耳莫闻。富贵利禄，世谁长存？死生须臾，无足计耳。庸庸而生，生不如死。顺受其正，圣贤所贵。朝闻夕死，死亦无愧。呜呼三生，赍志胶庠。不得荷戈，横尸疆场。呜呼三生，殒命中途。未及成才，斯道同扶。呜呼三生，道微世衰。荆棘方长，芝兰先摧。予悲三生，予尤自悲。杯水车薪，于事何裨？临风一恸，云胡不归。感于三生，作此抒哀。

祭文舜臣侍郎文 庚戌

文端学行，驾吴轶曾。公为高弟，词林早登。公车入都，师许介我。执贽公门，予谢未果。公有妇翁，方赞中枢。政柄自出，万人膝趋。弹章并劲，众骇予狂。环泣帝前，竭力中伤。予时闻公，洁身以退。避势养亲，泥垢禄位。母病痿痹，亲调甘脆。蝶舞鸟歌，绕膝孺慕。面折廷诤，善类窃喜。一宵十兴，衣不解带。亲丧既终，被命再起。夺权互猜，未发谋泄。亢龙不飞，载鬼见斗。逯构宫廷，劫子囚母。桃孔宗欧，蚁力撼圣。奸从逸魁，祸机暂遏。浙士浮嚣，戎风先孕。枕洛胙闽，导源邹鲁。帝命视学，纳士康庄。饮水量才，污俗以匽。耶拾佛余，挟天毒世。顾黄惠戴，视犹粪土。纵欲蔑伦，墨悍杨恣。变法反覆，新旧交掎。异学西来，人道大敌。正立一呼，反经邪息。梁木之求，误采菅蒯。中夜彷徨，望阙流涕。陈善格非，荐士自代。冒暑冲涛，涉江劝驾。执方入圆，世莫我受。奉诏逶巡，缄唇缩首。石卧径立，举足触云。跃身却骑，越岭上下。群山奔走，狮踞虎蹲。碓舂轮转，水田鸟飞。岭断溪交，岩悬岫附。怒瀑战炎，寒暑隔步。芙蓉一池，出泥表洁。松竹交翠，绿阴黏衣。蝉声始唱，草肥级没。闻声廿年，一朝握手。崖呼林叫，鸟兽迎宾。樵衣牧笠，拥观填门。羹盂炙盘，欣然杯酒。额祠碣莹，龙蛇走纸。语浃兴发，洒翰充庭。先人旧句，墨落辉生。沥胆剖肝，国事指掌。女宗旌闾，宠我外氏。予谢无能，公必予强。公既返辔，迫我一行。一得之愚，孝慈救斗。啮指书疏，要公代奏。用奸召戎，张牙群噬。僵卧不出，心灰意冰。环海虎争，爪卜角筮。庙谟未决，漏密败谋。帝议挞伐，作洛去幽。岛族先发，南和北战。弹霾血波，肉翔骨舞。元首被创，手足莫捍。武审文逃，驱民以御。穴陵窟宫，大肆狼很。束甲逍遥，揖让延寇。江醉鄂酣，乘舆以走。公既眦裂，予亦发指。洁女贞臣，骈首就尽。投袂以起，义不反视。封章立进，遍劾疆吏。下悯万民，上悲九庙。一国两心，正号佞笑。道出钱塘，公约饯予。排懦荐良，以定国计。耆桀咸会，炰羔脍鱼。予意艴然，责公效尤。两宫蒙尘，食不下喉。公起致谢，为国虚左。醴酒之设，非彼乐祸。予感公意，冒刃涉艰。公来送行，以手指天。沂江入汉，跃马商洛。召对行朝，伏地一谔。慈容感动，掩面大号。下章立施，众挤群挠。搏佞击奸，谇口交骂。使命简畀，既遣复罢。挟夷胁君，撤兵献币。劖忠快仇，倒行自毙。予病长安，公使羊城。不可则止，负公过听。淹迹三月，公诃行迟。舟过灵峰，讽我以诗。兄枢在殡，中途哭嫂。泪洒江流，举室尽缟。使节莅粤，急读予疏。拊掌称快，悲愤略吐。岭海气殊，帆交舶会。娠乱孕逆，百怪并萃。正气一临，阴消邪灭。张口扶天，覆士以舌。废储回銮，国权坠地。势不可为，挂冠脱屣。虎林相见，悲喜交并。解带促膝，倾抱泻诚。用戎变夏，宗社将墟。死亡无日，揖别欷歔。再入京师，匿迹未晤。还辕故山，踵门以讣。柱梁既折，大厦斯陨。国命将倾，善良先摧。举世求祸，束手靡骋。亡国之悲，未见为幸。一姓兴亡，非道所系。道由人存，人亡焉寄？邪说倾天，三光失明。妖叫圣伏，鬼魅横行。殉道以身，皎志誓日。之死靡宅，九原可质。哭公自哭，决裂肝脏。矢心写辞，荐公一觞。

祭郑念农姊夫文　辛亥

君幼好学，敦敏绝伦。先子一见，以姊字君。洪杨倡乱，煽耶毒孔。糜烂神州，血波肉壅。君家闻警，徙宅山中。钓鱼网雀，朝夕追从。寇退君返，投笔而稼。予深责君，引咎以谢。姊年及笄，君来亲迎。被锦簪花，观礼塞庭。归执姑丧，衰绖既解。羹藿篓荆，谷入以倍。君饭一盂，荷锄南亩。鸡稯豕糠，尽付姊手。姊起未明，撷蔬整膳。左手抱儿，右手执爨。予念姊劬，视君益昵。岁时相见，依依难别。君来予家，隔坐亲侧。讲道论文，恂恂孺色。予造君庐，洁茗精羞。日必烹鲜，亲布衾裯。君来予往，鸟晨虫宵。入则共案，出则联镰。花山狮踞，石立水飞。剔藓读碑，棘刺袿衣。渴饮寒潭，波动鱼骇。踞掌仰尻，以首没水。探奇风洞，鬼削神凿。摺笋列屏，丹碧纷错。箕踞笑语，岩壁扃影。泉落石崖，滴面惊冷。夜宿僧寮，豺嗥虎吼。披衣惊呼，有彗射斗。南望灵峰，一柱支天。贾勇先登，峻入云烟。峰环涧抱，群山尽奴。左江右海，缥缈有无。苍茫四顾，禽兽逼人。被发狂叫，涕泣沾巾。一廛贞遁，浙流上下。予钓君耕，粪土王霸。予性夐狂，奴视俗士。毁言日腾，君不予訾。君用宽柔，矫予刚厉。盛气无前，遇君自废。挂冠未壮，乡里交让。不合则去，唯君谓当。予丁父忧，踵以母艰。罔极抱痛，与君后先。亲家六年，饮水茹糗。含泪负土，君实左右。朔望归奠，跣足出迎。雨雪渍衣，屡蒙姊矜。有光随行，夜耀若日。心恶其异，君卜曰吉。邪说蔽天，云雷晦冥。文明有兆，于此是征。斥君妄语，附会占繇。一笑无言，悯予在疚。正旦日灾，握手悲哽。大变将作，天先示警。乘舆西狩，被命入关。涉江远送，帆没始还。召对移时，慈意感动。掩面悲号，泪随声涌。挥泪复问，褒奖逾常。内外合挤，人百其方。返谒孔林，望圣自励。妻殒妹继，两家流涕。闭户洁身，枭翔凤伏。用夷变华，相对一哭。冒雪别君，应聘入都。君呼予姊，出送登舆。环列七孙，跳跃绕膝。君顾色怡，面未示疾。海洋风烈，轮转雷惊。波涛直立，陷雪冲冰。淹迹国校，求去未许。南北相望，烟图云圖。裹药远寄，祝君加餐。孰意书到，君已盖棺。体发全归，君可无憾。念姊衰龄，悲痛曷任。死生何常，唯天所命。人孰无死，贵得其正。自君死后，天地易位。魑魅横行，三光中晦。水深火热，未知死期。君死为幸，予复何悲。望枢一奠，泪溅如珠。抒词写痛，灵其鉴予。呜呼哀哉，尚飨！

祭张补瑕文　辛亥十二月

光绪甲申，谒予灵峰。叩君所学，纳心禅宗。烹鲤以进，君不下箸。予起诘君，泣下如雨。母氏之亡，病起食鱼。绝口已久，誓不敢渝。予闻君言，竦然增敬。出图征题，濡毫以应。牵衣撷蔬，茹苦忍饥。孝子贤母，吾见亦稀。授餐十日，朝砭夕针。朱陆异同，始了于心。予居父丧，束刍来吊。勉予节哀，危身非孝。归卧茅园，闭户穷居。馈药投诗，使不绝庐。精思穷探，反求洛闽。博辨百氏，定于一尊。学案纷纭，黄创全述。颠倒是非，大惑小黠。唐氏继作，名宗当湖。进退任意，儒禅一炉。君奋笔削，手挥霹雳。下视诸家，群盲一舌。秕糠顾王，尘土惠戴。一代学派，源析流分。予既终制，提书走商。一览快目，掀袂奋裳。母忧垂唁，留教犹子。负土左台，暑生寒死。握手亲家，君以优征。或投予书，蜇语无凭。拂衣谢试，义不受污。韬笔还山，心耻诡遇。鸾凤远翔，一鹗飞升。君子小人，黑白以形。台士健讼，倚官舞律。猾吏迁怒，以玷君洁。市虎杯蛇，用谗诬贤。忌口无实，久乃释然。浙学孤唱，君先从游。闻风踵起，神合气求。海门东西，并时流辈。攘利攫权，以富以贵。君守故我，陋室终身。敝衣疏食，固穷甘贫。分纂府乘，复司县校。峻立孔防，百折不挠。求举孝廉，士多以贿。移书力辞，避名若浼。变法蜩螗，环海横流。忧愤填中，刺舌梗喉。妖兴国亡，恸哭流涕。厌俗祈死，得正以毙。乱贼乘权，髡首求容。肤发全归，庆君考终。蒙目塞耳，穷山杜门。偷息须臾，恨不从君。宗牒问序，既诺于前。九原可作，予敢食言。抚心内疚，藐孤焉依。遗书满家，孰梓孰梨。抒词写痛，泪落沾襦。一觞遥奠，灵其鉴予。

祭孙生伯琴文　甲寅八月

宣统庚戌，予教成均。生来从学，朴讷寡文。予喜得生，潜心正学。枕孔席朱，众寐独觉。明辨理气，破天析芒。坚车良马，疾驰康庄。汉笺唐疏，异说纷纭。挥斥百家，定于一尊。诘屈旁行，欧美新术。鴂舌蚓书，避若蛇蝎。嫉非趋是，笃信予言。穷探力赴，一往无疑。笔落邮驰，颖秃手疲。王纲中绝，宗陨蘩忧。秦灰耶焰，起与孔仇。乱贼禽兽，四顾逼人。春秋一卷，避世杜门。天晦地冥，抑郁难吐。棘舌梗喉，羞与俗伍。笋发南征，千里相从。蹈海绝江，一叶冲风。忍饥冒暑，汗走穷山。衣垢面黑，握手惊叹。一笑升堂，倾肝倒腑。端坐终日，足不出户。烈日风狂，花飞满榻。一楼上下，讴吟相答。辨色以兴，月落未息。诵易歌诗，声出金石。粗粝半盂，薇蕨一盘。怡然意足，尘垢显官。予以哭侄，泪未停挥。继遭妹丧，得疾几危。生揎予儿，朝夕问安。疾减色喜，为予加餐。欧乱骤生，祸及中土。岛夷构兵，蹂躏齐鲁。敌戈一挥，将帅缩首。走。得报心惊，惨然泪落。弃地自亡，羸填壮念母悲号，中夜病作。予饮以药，汗出沾襦。食面味美，喜以告予。绝粒四旬，沉疴卒起。生方强艾，宜无死理。仆告医来，引手就诊。予疑莫决，尝药以进。晨起视生，语塞舌灰。改方再投，已不可为。母妻昆弟，路隔数千。生之文章，力求尔雅。送生长终，唯予涕涟。及门所造，如生盖寡。朝夕以冀，踵予一鸣。天胡不佑，竟夺其龄。富贵无闻，身殁名朽。生之遗文，表表人口。哭者盈庭，痛生无子。有子不肖，一家蒙耻。生殁吾馆，知生无悔。朝闻夕死，先圣所贵。敛以法服，顺受正命。玄冠端裳，以见先圣。求官而死，庸庸皆是。求道以死，四海一士。母命来学，惟道之谋。死尽其道，他又何求。人孰无死，死有重轻。生之一死，重于华衡。殡生先茔，抚棺一奠。写辞告哀，心摧泪溅。呜呼哀哉，尚飨！

祭妹黄季夏文　乙卯

同治三年，甲子季冬。天清地夷，寇乱方终。予妹始生，庭梅怒发。堕地呱呱，人花同洁。母氏劬劳，得间一挟。啼声不闻，终日在榻。予归自塾，恒抱以走。妹一见予，辄跃入手。垂鬓稍长，婉娈母旁。授字教组，默识勿忘。予鱼于涧，维妹治竿。予琴于室，维妹理弦。雨晦雪明，环母夜读。书声机声，晨鸡相续。巧笑承欢，曲尽子职。亲意所欲，未命先得。妹年及笄，择婿湘渚。许嫁未几，号泣失怙。负土庄泉，侣猩伍魅。将母晨昏，唯妹是赖。终丧反吉，母允成婚。僦屋以娶，不嫌婿贫。披星起栉，冠佩劝学。众狼一麟，闻善先觉。穷山从游，荣德羞利。妹庆得天，刻苦交励。棘闱鏖艺，惊人一鸣。妹无欣色，泥垢科名。婿病失音，祷天愿代。乱发悴容，衣不解带。母丧来奔，婿疾已危。涕泣语予，死必相随。颜夭冉亡，举室惊痛。归未逾旬，闻讣一恸。妹泣呼天，一息仅属。悖。感兄苦口，勉进杯粥。婿丧未虞，哭子复病。妹泣呼天，一息仅属。遗腹一男，相依为命。姊往视妹，譬解百端。沉疴幸起，为姊加餐。矢日含冰，忍死拊乳。泪渍衣襟，心摧志苦。闭影冢庐，跃狐走燐。积雪压山，筐蔬馈问。藐兹遗孤，孰教孰抚。妹以身兼，慈母严父。舅屡称贤，以勖孙曾。汝曹能是，吾门立兴。彻庐返寝，策马潘西。塔山没云，草死石肥。呜咽出见，洁馔陈盘。入关返辔，泪落悼亡。连枝继折，三月两丧。呼童布衾，斟酌暖寒。妹来会葬，雨淋缟带。临穴悲啼，风噎泉喟。约己执劬，胸鐩母教。节食缩衣，纳子于校。卒业中学，踔海入京。变起武汉，倚闾心惊。驱风蹴涛，一笑旋里。母子祖孙，握手悲喜。家难始芽，舅没丧竟。告庙授室，虑殚力馨。骨肉至情，念母怜侄。桐江讣闻，肝崩肠裂。择地渴葬，挥泣请从。婿没二纪，一抔未封。裹粮携孤，亲走岩麓。脱钏买山，鸠砖治椁。刻期卒工，夜尽目瞑。天胡不佑，殒我同生。伏枕嗷咷，病不视敛。袭用嫁衣，家贫礼俭。念妹所处，至苦极艰。茹荼履棘，生无欢颜。岁恃媵金，权息子母。拮据置田，思以贻后。人心万殊，或俭或奢。妒人铢积，一挥倾家。己不自反，乃以人尤。夺宗争产，同室寇雠。妹不予言，吞声饮涕。别妹如昨，呼妹难起。妹疾未瘳，予胡遽归。负妹终古，悔痛曷追。贞姿劲节，曒日严霜。一人之苦，二族之光。柩行有期，道出闻堰。予迎于江，饬儿往奠。遗命合葬，永即幽宫。表德铭行，揭之苍穹。抒词写痛，一酹荐忱。妹复奚憾，灵其降歆。

《灵峰先生集》卷十一　　诗辞

述《骚》　丁酉

余少读《离骚》，悲屈子之志，以为王襃圣于孝，屈原圣于忠。闲居无事，因约其辞以成篇，而归之中道，名曰述《骚》。无病而呻，聊以明余向往之志云尔。

夏后氏之灵长兮，吾祖螫遁于灵峰。赤奋临于商正兮，惟戊子吾以受中。逆唱乱以滔天兮，贞避屯虏山谷。父采薇以力食兮，母丸熊而授读。咨余秉性之独异兮，幼信道而寡营。餐冰雪以为洁兮，吸烟霞以为清。检余身若不及兮，恐古人之不我与。追颜孟而思齐兮，呼董韩以为侣。志百折而不挠兮，行独往而无前。策骐骥以疾驰兮，惧他人之我先。众皆浮沉以从俗兮，余独守其故常。被廉洁之端衣兮，系仁义之绣裳。洛闽为余前导兮，驰邹鲁之康庄。朝十驾以前追兮，夕三起而先行。佩前圣之微言兮，幸与闻虏大义。不干进而务入兮，日汲汲其求志。进将与民繇之兮，退将私淑吾身。苟余志之不遂兮，甘没身于贱贫。幸良乐之一顾兮，得奋迹于天衢。方释褐而登朝兮，遭国步之多虞。窃不自量其卑贱兮，愿慷慨而陈言。冀幸君之一悟兮，国永宁而长存。及闲暇而修政兮，力整饬虏纪纲。进君子而退小人兮，正彝夏之大防。余非不知出位之为罪兮，情不能以自已。主忧而国辱兮，小臣敢忘其死。攀九重而疾呼兮，冀天高而听卑。天非不鉴余忱兮，人百端而掎之。杀身而报恩兮，余固夙以自矢。义不可而不止兮，又余心之所耻。忠不得遂兮，义不可留。进既不获援手兮，余将退以自修。众皆伤贫而怨卑兮，独余心之不然。困奋节而愈壮兮，穷励志而益坚。尊吾性而与世背驰兮，余固自分虏轗轲。忠不惜危身兮，义不辞穷饿。抗绝行于前修兮，播椒兰以自芬。行止悬于日星兮，进退质之鬼神。誓没齿远引而不悔兮，念君恩之难忘。贷显戮于一死兮，虽杀身未足以偿世。恶直以成俗兮，忧时事之日鬵。抱火积薪而卧其上兮，方自以为安。驾驽骀以驰荆棘兮，上下循其故武。知覆车之相属兮，曾不肯改辕而易马。抱孤忠而不得达兮，众反以余为狂。以一手而障天兮，列宿为之无光。忠孝秉自性生兮，无所分于贵贱。指皭日以明心兮，誓九死而不变。犬马爱其主兮，蜂蚁知有君。忍误国而罔上兮，余曾不解于斯人。造厉阶以为梗兮，窃恐祸败之不支。抚山河而於邑兮，泪淫淫之沾衣。气抑塞而不伸兮，心郁结以谁论。望乐毅之再生兮，起范蠡于九原。报仇而雪耻兮，发愤而自强。冀良谋之一骋兮，中夜起以彷徨。虽退伏于田里兮，魂日营营虖君处。愿一见以陈情兮，恨面君之无路。余非不知独善之可安兮，谊无所逃于君臣。食毛践土于斯世兮，焉忍洁己而离群。义先君而后身兮，余又自恨其疏远。闭户吾不忍兮，枉道吾不愿。怨滔滔之皆是兮，持忠正其焉归。鸾凤徘徊而深潜兮，鹰隼横厉而高飞。委大厦于贱工兮，巧倕束手不伸。被命服于嫫母兮，西施行而负薪。顾天轨之中屯兮，愿展足而无所。人乐祸而安灾兮，余焉能忍与之处。孔孟不余欺兮，为政必因先王。循规矩而不差兮，废绳墨其焉臧。纣作技巧以陨身兮，周反商政而世延。秦祚斩于燔书兮，汉兴约法以永年。览殷鉴之不远兮，夫孰暴不亡而仁不兴。忠信达虖蛮貊兮，孝弟威于甲兵。舍至诚而驭彝兮，余固知其无术。道不明而尚技兮，德不修而畏力。吾闻用夏变彝兮，不闻用彝以为智。弃稻粱之恒食兮，征砒鸩虖海外。鄙韶夏以瑱耳兮，侏离环而争听。材异族之犬狼兮，斥国骥而勿乘。焚毁章缝而不御兮，偭规改矩以为新。摭输般之末慧兮，馋研桑之余津。卫鞅工而孟子拙兮，墨翟圣而仲尼愚。废人任术不可久兮，曾不顾其覆我皇舆。设波淫以罔世兮，倒冠履于彝夏。佞臣放言于上兮，辟士横议于下。颠倒黑白兮，反易聋聪。变乱是非兮，混淆佞忠。火烈榱崩兮，宴乐笑语。风狂舟覆兮，嬉娱跳舞。呜呼苍天兮，曷余生之不时。进号呼而莫余听兮，退喑嘿又莫吾知。睹焚溺而疾拯兮，义不择虖疏与亲。被发救斗于同室兮，焉能自处于乡邻。障江河以一篑兮，余固知其无补。不恤纬而尤宗周兮，孰知嫠之所苦。呼精卫令填海兮，敕愚公使移山。驱虎豹远海外兮，奠国步之鵏难。返污俗于三代兮，恢文教于八极。志悒悒而欲试兮，心眷眷而不释。欲将微忱以自达兮，君之门隔而不通。思贬节以苟进兮，余又耻负其夙衷。枉尺而直寻兮，古人之所羞。世不可弃道而手援兮，焉冀微志之必酬。忠不必取信于人兮，贤不必见用于时。孔孟邈而不可作兮，曲直谁与听其词？骊嫱之淫逸兮，反以共姜为非。娵娃之姣丽兮，乃嫉妒虏伯姬。行不群以招尤兮，余固不待今而始知其然。令当世而无小人兮，君子又何以为贤？带夜光而佩矩衡兮，余方惜微质以自钦。怀正直而莫余容兮，余未悔其初心。运有穷而必通兮，势有极而必反。佞有时而必知兮，正有时而必显。惟治乱之命于天兮，又何人之敢怨。用行舍藏无意必兮，夙闻教于圣论。余将守道而不渝兮，奚穷达之易志。前质千古兮，后告万世。出不苟以希荣兮，处不矫以立名。荷大任于性命兮，贞死生而不更。资皇天之高明兮，践后土之平方。执北斗以扫欃枪兮，却邪说而一匡。上不怨天兮，下不人尤。守遗经以待来者兮，乐天知命余何忧。

菊 戊辰

木落众芳尽，篱边见一枝。
晚开非自异，独秀欲谁知。
雨露已同受，风霜不敢辞。
应思天地意，与汝本无私。

古 寺 己巳

黄昏古寺静，一卷法华陈。
苍鼠窥僧座，饥蚊螫佛身。
钟声秋警鹤，灯影夜摇人。
跏坐学调息，澄然不动神。

夜 泊 己巳

夜泊孤舟傍六和，秋凉天气水微波。
鱼龙浮岸腥风起，星斗沉江寒彩多。
木落人家烟里见，月明帆影镜中过。
舟人沽酒村南路，我自披衣听棹歌。

古 寺 己巳

古寺修篁不见天，参禅亲到世尊前。
经函鱼蚀无全字，香鼎风吹有断烟。
说法驯猫升佛座，施斋饥鸽入僧筵。
自愁不是空桑产，欲待皈依无佛缘。

江 干 庚午

蔼蔼微风暖，濛濛小雨冥。
江干千万柳，一夜尽青青。

静 坐 辛未

绀殿郁嵯峨，焚香礼释迦。
僧檐争宿鸽，佛烛陷飞蛾。
鱼响侵晨急，经声入夜多。
《莲华经》一卷，静坐手刊讹。

痛 读 壬申

痛读《离骚》吊屈平，每吟《鹦鹉》惜祢衡。
飞扬燕市闻呼酒，潦倒龙川梦点兵。
多病几曾能绝药，少年岂是为成名。
苍茫一掬穷途泪，未洒西风已怆情。

独 立 壬申

独立秋将暮，天空一雁高。
远山有时雾，枯木不能涛。
怪兽背人立，恶禽向夕号。
苍茫凝伫久，暝色暗亭皋。

寄诸同志 壬申

旧同琨逖喜谈兵，即此传书意未平。
每叹成名皆竖子，可怜忧国在书生。
联盟吴越孤臣恨，并帝周秦义士惊。
我亦王尼同一叹，横流随处足伤情。

小 园 癸酉

憔悴风光憔悴人，小园雨后不飞尘。
烟开乱柳见啼鸟，风落残花上病身。
几日伤心余我在，一生洒泪为谁频。
不知芳草斜阳意，亦为年年今日春。

凉 月 癸酉

凉月先我至，冷然秋已清。
微风来何处，万树发商声。
夜静断人语，山空闻鸟鸣。
谁知江上客，凄坐独含情。

幽 居 癸酉

寂寂幽居岁月过，焚香静坐懒如何。
读书有味千回少，对客无情一语多。
贫种芭蕉供学字，闲栽苓术备扶疴。
何时得遂平生愿，十亩湖田一钓蓑。

把 酒 癸酉

落日寒潮动客愁，与君把酒上高楼。
书生不少中原虑，上将谁纾西顾忧。

青海月悬千帐夜，黑河风卷万旗秋。
十年逋寇非难灭，极目关山涕独流。

苏 州 癸酉

暮云落日乱乡思，断雁零鸦赴客愁。
走鹿空余吴国迹，吹萧谁是伍生俦。
酒醒异地频看剑，岁尽今宵独倚楼。
遥忆故园诸弟妹，亲前应共说苏州。

江 雨 甲戌

苍然暮雨横空至，一叶乘风如转轮。
白浪千寻翻舵尾，黄云万叠现龙身。
微茫远渚望难见，欹侧危樯倒欲频。
乘兴差堪一壮意，不须愁险泊江滨。

哭亡弟季安 甲戌

多病吾无恙，垂髫汝忽亡。
惊闻一长恸，初定至他方。
意外竟难料，心中堪此伤。
课经犹昨日，回首隔茫茫。

其 二 甲戌

兄弟三人少，其堪弱一何。
聪明怜汝最，祸福怨天颇。
两地死生隔，八年梦幻过。
恐伤二亲意，咽泣暗中多。

哭亡弟季安 甲戌

予季独何为，归来皆如故。

道见儿童戏，心酸不能步。
去年北上时，临别会亲素。
汝随叔兄来，牵衣背江树。
问我几时归，切切不能住。
我时心惘然，挥仆携之去。
汝犹恋未舍，引首频返顾。
谁道生离悲，即是死别处。
一一乡树出，皆昔送我路。
回忆去年时，双袖泪如注。
可恨路旁人，间事问絮絮。

登堂拜父母，家人闻咸聚。
举目独少汝，各各颜色苦。
慈容尤惨绝，消瘦不堪睹。
不觉一长号，亲嗔禁不许。
曰泣且何为，曰事既已去。
恐儿欲伤心，置汝故他语。
儿亦强相对，欲哭咽声住。
此时肠百折，恍惚身无据。
去年当今日，我归汝在侧。

惨目复惨目，徘徊进卧室。
当时夜无事，时将稗官述。
汝与母兄姊，忽笑忽惊诘。
此欢已不再，此情何处质。
零落遗衫履，一见肠一裂。
思深梦转阻，痛极泪翻绝。
有时倚窗前，有时立床侧。
神昏道汝在，口呼觅汝失。
何以慰亲心，安得起汝说。

当汝初生时，我方与叔弟。
夜半自塾归，闻之喜不寐。

岁周始笑言，便能解人意。
教汝古歌谣，背诵无失记。
时时诱汝诵，尝以饼果饵。
悠扬声可听，彷佛情犹绘。
如何一旦间，凄然成旧事。
猝忆都如在，逼想便已逝。
昨夜梦见汝，亭亭益憔悴。
衣垢发委面，恍惚喜兄至。
余方相抱哭，不觉惊母睡。
母忽唤儿醒，枕席泪如渍。
梦时接有形，觉后隔无地。
抱此无涯恨，生生复世世。

城　上　乙亥

朔风秋急怒潮鸣，独立苍茫江上城。
天地无情余我在，英雄有志待谁成。
云寒千里空雕落，草没交堤倦马行。
试上戍楼凭一顾，山河隐隐倍伤情。

长　望　丙子

独立一长望，苍茫万里秋。
天形随野尽，潮势逆江流。
落叶还依树，断云欲压楼。
西风看鹰隼，垂翅下荒邱。

高　楼　丙子

徙倚高楼一极目，纵横终古独伤神。
鲁连蹈海已无地，杞国忧天非为身。
看剑时思天下士，举杯不见意中人。
一生枯泪洒何地，寂寞空山风雨频。

寒　山　丙子

万峰环绕翠连天，贪看寒山不计还。
日暮欲寻投宿地，隔林深处有炊烟。

寄竹坡先生　丁丑

天马出神渊，龙种本殊伦。
昔者屈原贤，忠信不得君。
无忌一见疑，魏国遂入秦。
西河涕吴起，南越奋终军。
贾生何慷慨，流涕非为身。
汉廷无中行，五饵出彝人。
异哉桑维翰，倡议割燕云。
江统抱孤愤，娄敬策奇勋。
苟非鲁连高，谁耻为秦臣。
中夜起叹息，梦想骋良谋。
乐毅雪燕耻，范蠡沼越仇。
安得二子贤，吾其与从游。
信乎不恤纬，而有宗周忧。
何为其使我，悲来不自由。
申胥终复楚，苌宏难兴周。
吾安能忍夫，焉能无涕流。
日月去若驰，年命愁无常。
屈原空自沉，贾生亦早亡。
时乎不再来，郁郁我心伤。
穷途蹶骐骥，涸泽困蛟鲸。
势屈无英贤，运否有忠贞。
宁当雄飞死，不当雌伏生。

昭　君　庚辰

薄命望天远，深恩去国迟。

君王不爱色，妾自遇明时。

京　华 庚辰

京华风月已蹉跎，屡进狂言免谴诃。
不是同朝无绛灌，圣恩更过汉文多。
半载辞官计未违，离思从此释亲闱。
西风残雪征途里，自有梅花送我归。

即席口占呈竹坡宫詹 庚辰

临别饯我行，先生意良厚。
未信今生缘，尽此一杯酒。

凤　凰 庚辰

南岳有凤凰，文采耻自炫。
抗志仪圣明，奋翼思回旋。
适遇海风起，哀音感时变。
一鸣动九州，高举不再见。
去去云霄外，岂肯随雀燕。

寄竹坡先生 辛巳

南北相望日，音书滞一隅。
五洲成战国，四海望夷吾。
治乱有天在，行藏与道俱。
灵峰风月好，未许变唐虞。

醉　后 癸未

醒后长吁醉后歌，东西辙迹遍山河。
梦挥仇国荆轲剑，泣枕孤臣越石戈。

使粤纵难求陆贾，却秦未必少廉颇。
但须自治有长策，海外腥膻自古多。

阅庚辰咏昭君旧作复成一绝 甲申

笳声远起朔风悲，望隔中华月到迟。
梦里不知身在外，承恩犹道汉宫时。

哭周嵖涵兼悼朱甫亭 戊子

越学三百载，良知尚未忘。
心宗宝衣钵，乡学护金汤。
秀才独矫矫，结习破寻常。
抗首望平湖，高步追桐乡。
有志虽未竟，先达赖一匡。
在昔乙酉春，贱子正居丧。
永康授我书，评点灿丹黄。
偷息卧倚庐，不暇论短长。
两年弃箧中，一览汗沾裳。
大言揭日星，小言破毫芒。
自顾制未终，未敢通数行。
高翰辱先施，捧诵增惭惶。
洋洋数千言，辨口倒箧筐。
予援礼意争，君词颇抑扬。
墨衰非法服，不敢效紫阳。
寒泉庐墓地，文集自彰彰。
君沿白田误，私意冀徐商。
谁知我书去，君病已淹床。
文星惊陨越，噩报忽来杭。
中道蹶骐骥，半霄落凤凰。
吾道衰已久，西学方披猖。
同志二三人，晨星错四方。
寥寥志学会，落落崇道堂。

君与黄藻轩，高诣可颉颃。
左右掖我趋，成就或有望。
帝命夺之去，顾影徒彷徨。
刘绚尚有亲，王回竟早亡。
骑骡乘潮归，魂游大儒旁。
启箧睹手书，一读一断肠。
去冬风雪中，挥泪倡挽章。
挽君方未已，老成今又伤。
后死责谁诿，绝学期终昌。
九原如有知，大义鉴千霜。

寄竹坡先生　己丑

亲冢归来静掩关，殷勤手翰辱频颁。
山中风月自虞夏，海外干戈任触蛮。
管乐无时天意远，孔颜有乐我心闲。
只思曾受君恩处，三起中宵一泪颜。

寄黄藻轩　己丑

我书发几时，来书尚未有。
天南有一士，劳我梦想久。
我昔嗜宋学，讲论苦无耦。
熟闻闽多儒，理学称渊薮。
当兹西学尊，天下方奔走。
贱儒斥先圣，六经已覆瓿。
讲求测造能，造化夸在手。
毒人技益多，谈天说谁纠。
变夏用彝礼，公卿不知丑。
人伦既已亡，天道岂无咎？
朱子父母邦，兹学必世守。
但恨不相知，足未出户牖。
一朝手翰来，意外得良友。

岭峤果有人，欣惭为低首。

论学既大醇，立身必不苟。

一得进刍荛，报我逾琼玖。

高喧〔谊〕辱先施，困学蒙善诱。

平生所疑处，昭然为发蔀。

滔滔皆是日，得子信非偶。

卓哉崇道堂，于今可不朽。

同志共几人，造诣孰先后。

著述与言行，一一欲详叩。

示我期无隐，有善敢不取。

道远会面难，作诗聊代口。

何时终一见，慰怀共樽酒。

述学上篇 己丑

圣徂正学绝，百家纷披猖。

晦冥二千载，世宙乱无纲。

中间赖董韩，一发悬微茫。

河洛师友作，赤手洗三光。

勃兴得朱子，邹鲁道大昌。

发明四圣书，苦口析毫芒。

微言日再中，妇孺识大防。

姚江一操戈，异说乃汪洋。

古本假大学，定论诬紫阳。

密传宗门灯，傲睨圣宫墙。

天意未丧文，圣祖起表章。

雷震虫声息，日出爝火藏。

维时理学儒，平湖首高翔。

仪封起应之，一呼狂禅僵。

谬种惠戴出，赤帜复高张。

攘臂叛圣祖，附者遍胶庠。

立的破程朱，假名指汉唐。

心性弃本根，口耳拾秕糠。

不问行义非，但夸记诵强。
实事标高名，小慧挟偏长。
颠倒恣佞口，穿凿逞私肠。
冒姓夺世适，詈主骄奴臧。
诗书改面目，经传易素黄。
小毒中文字，大祸贻伦常。
六艺适文奸，七籍再罹殃。
争殖张禹货，谁耻戴圣赃。
贾逵但阿主，马融唯蓄倡。
靡然世同风，畜鸣被冠裳。
不待西学出，人道已尽亡。
世变急江河，国病入膏肓。
虫鱼一国癫，干戈万民疮。
倭罗奋中兴，南北遥相望。
空拳鸣圣鼓，中流济学航。
静定悟兵法，西铭讲仁方。
经筵沃圣母，金鉴辅冲皇。
崎岖戎马际，讲学未尝忘。
胜算赞庙谟，死国倡湖湘。
山河稍阔清，宇县复小康。
一代创守业，俱赖儒术匡。
可笑惠戴徒，狂吠不自量。
内乱虽暂息，外患正未央。
顾叹时无人，安能测彼苍。
枕戈夜待旦，杞忧徒彷徨。
国朝尊朱子，功令自煌煌。

述学下篇 己丑

周孔不可作，圣道久微茫。
三教踵佛起，代兴乱东方。
贞观大秦寺，传教实滥觞。
野语虽荒诞，未敢侮彼苍。

利氏一朝来，邪说始披猖。
天静地球动，两仪易其常。
修省为多事，彗孛非灾殃。
自恃测造能，凿空论阴阳。
六经皆瞽说，相夸破天荒。
天地收指掌，水火出探囊。
盗窃造化巧，横行势莫当。
富贵从此出，举国趋若狂。
策足争捷径，掉头去康庄。
哀哉世人愚，我闻西学长。
实剽东来法，变本加夸张。
况兹乃末艺，非道不为良。
圣贤黜机巧，实恐人类戕。
不闻输墨智，能逾古帝皇。
彼彝实不仁，以技恣陆梁。
自古天道微，不外人伦彰。
西学焉知天，人伦已尽亡。
均权乱五教，平等废三纲。
政刑自有本，前王垂宪章。
恃人不恃器，在德不在强。
人心先化戎，毋乃太不祥。
自顾名位微，孤愤塞中肠。
闭户良不忍，缨冠恐徒伤。
坐叹时事艰，一宵三起床。
淫巧破混沌，毒焰熏元黄。
腥膻遍九州，何时睹三光。
自非王佐才，谁致世道昌。
我欲张圣帜，何人誓先行？
我欲报国仇，何人赋同裳？
赤手障狂澜，孤身立大防。
此责终谁诿，行歌徒激昂。
志大竟何裨，力小不自量。
取笑搢绅翁，裹足仕宦场。

诡遇谢功利，苦节矢冰霜。
家国有天命，治乱视行藏。
九死誓不变，污俗冀一匡。
穷达殉斯道，贤圣遥相望。
作诗告同志，掷笔泪浪浪。

致崇道堂诸君　庚寅

海内儒宗尽，天涯道术同。
浮云王霸业，赫日圣贤功。
公论千秋后，雄心一醉中。
谁知彝翟祸，汉学早兴戎。

读《董仲舒传》书后　庚寅

立身大节冠群儒，汉学有真未可诬。
四海但知尊许郑，何人三策继江都？

读《学海堂经解》、《四库提要》书后　庚寅

少读朱书竟倒戈，驾名汉学别搜罗。
缘何痛恨程朱甚，未免昌言中忌多。

直斥程朱为老庄，乾嘉议论太披猖。
焦循《正义》东原《疏》，邪说谁删《学海堂》。

六经凿空太纷纭，不惮淫邪诬古人。
直把姜嫄比邠女，阮元经解可俱焚。

蔡京荐用纵宜辞，袁绍来呼岂有词。
纪氏但知攻洛学，郑元未必胜杨时。

巧诬曲诋最心甘，亡国竟云由道南。

正议谁书言行录，魏源文学本奇男。

太极图卑经世珍，考亭弹劾即贤人。
九原贪吏宜深感，千载知心得纪昀。

巧将私意诋儒宗，杨纪二人志本同。
直据诬辞作实录，文公废序为成公。

能令乾嘉理学亡，词臣邪说最猖狂。
清江文集黄中易，为劾程朱特表章。

授意孔刘原可诛，二臣媢嫉本无殊。
不讥苏轼讥邱濬，为学程朱非我徒。

祭酒遗书莫訾謷，定评千载断难摇。
龟山出处原非正，孰与吴澄事两朝？

岂容变古诋程朱，周宋非殊汉宋殊。
千古儒家初轨在，七篇曾讳性心无。

晓岚才辨自纵横，博学多闻四海倾。
《四库遗编》告竣日，微闻姚鼐有公评。

宋学三朝开太平，一尊汉学乱旋生。
两家得失千秋在，学术须将国势衡。

汉学乾嘉已启戎，唐罗崛起最英雄。
九州谁辨澄清日，终赖湖湘讲学功。

万里腥膻世共趋，追原祸始一长吁。
问今汉学人争讲，曾有东京节义无？

一代儒宗自有真，葛刘董贾最深醇。

但知训诂夸家法，汉学何曾有解人。

万世儒宗有洛闽，陆王纪阮尽荆榛。
康庄曲径分明在，莫作调人误后人。

庚子十月再奉朝命召对行在旋即告归过镇江游焦山寺寺僧出先师竹坡侍郎黄带题句观之感题四绝 辛丑

帝室忠贞第一人，风流坡老本前身。
可怜宰相非章蔡，却为朝云谴直臣。

追忆前游一怆情，二难慷慨已捐生。
谁知醇酒臣心苦，愁看身前故国倾。

揽辔澄清愿已违，长安才到又遄归。
伤心后死无穷泪，尽付寒流与落晖。

九州谁望赋同仇，生死沧桑空自愁。
江上扁舟归去日，金焦万古镇中流。

闲　居 壬寅

天赋林泉管领权，闲居无事只高眠。
风云变幻知多少，万古青山总屹然。

独　立 癸卯

独立千秋谁与徒，此心出处本无殊。
勋华事业文宣学，一点浮云过太虚。

来日大难 癸卯

世短意多，岁月几何。

来日大难，对酒且歌。
登高望远，涕下沾巾。
后无来者，前无古人。
经历名山，采芝饵玉。
问道赤松，受学金谷。
啸傲天上，嬉游海中。
目摄万象，足跨群龙。
驾云御风，变化从心。
握日佩月，驱策古今。
天地定位，造化在手。
羲孔后先，仙佛左右。
万物一体，至人无外。
秋杀春生，功成身退。
微尘王霸，浮云唐虞。
遗世独立，与天为徒。

岳仙禽赋诗见怀有"灵峰更比东山秀，应有尧天名世臣"之句次韵答之 乙巳

环球极目起烽尘，携手逍遥幸有人。
万国同胞天复旦，五洲在抱海生春。
风云龙战双神剑，王霸蚁观一钓纶。
叹息勋华殂落后，有谁大义识君臣。

岁寒六咏 辛亥

松

木落草尽枯，风雪日不曜。
后凋有岩柏，岁寒可同调。

竹

秉德心独虚，干霄生自直。
苍翠满故园，四时不改色。

梅

严霜杀野草，积雪没层林。

万木无生气，一花见天心。

兰

灵草出深山，异香满幽壑。
天生绝世姿，将待王者作。

菊

天赋凌霜节，孤芳谁与同。
不随桃李后，开落向春风。

芙　蓉

秋圃菊已残，冬岭梅犹寂。
一枝临江开，天地为生色。

山中访隐者不遇　辛亥

策杖访高人，踯躅不知处。
落叶满空山，流水杳然去。

雪后探梅　辛亥

雪后来园林，鸟声互下上。
微香何处来，一枝梅已放。

春日山居即事　壬子

羲孔道犹在，杜门与俗辞。
庭前芳草长，雨后绿苔滋。
酒至花间酌，书来林下持。
高歌莫复问，风月无尽时。

夏夕即事　壬子

落日花下酌，风过花满杯。
疏烟织篱竹，空翠落庭槐。
波影池中上，月光松际来。
不知夜已尽，把卷独徘徊。

月 壬子

一轮夜高悬，天上有明镜。
不照人妍媸，照人见本性。

山居即事 壬子

构茅临绝顶，一览胸中爽。
高卧寂无人，白云时来往。

九月游龟溪 壬子

连峰高插天，分流中隔涧。
乱石聚纵横，清泉自飞溅。
参差翠蔓交，缭绕青萝遍。
松阴合两崖，日光漏一线。
细流若鸣琴，短瀑常飞练。
溪行不厌深，所见随处变。
意适不知疲，兴至每忘倦。
尘虑到此尽，静极道心见。
濯足坐苔矶，捧水自漱盥。
野花四时开，香风吹不断。
世外有天地，山中无理乱。
即此多胜境，何必名山羡。
会当来构茅，暮年用自遣。

山中访故人不遇 壬子

芳草掩荆扉，流水环茅屋。
故人在何处，白云满空谷。

雨后望浙东诸山　壬子

雨止天如洗，扶杖一登台。
万山拥秋色，苍然渡江来。
朔风寒愈急，怒潮暮已回。
大禹不可作，徒为神州哀。

山居即事　壬子

白云满窗户，脩竹隐茅茨。
落花随流水，缤纷无尽时。
闭门谢俗客，穷理得新知。
薇蕨堪一饱，羞采商山芝。

闭　门　壬子

闭门不识历，落叶始知秋。
耻作商山隐，长从巢父游。
白云随足起，绿水绕身流。
猿鹤知人意，千年为我留。

七月携迪儿游龟溪作　癸丑

长日闲无事，携儿穿竹阴。
澄然清涧水，移我白云心。
啼鸟声在树，野花香满林。
羊桃秋已熟，摘取满衣襟。

七月再游龟溪作　癸丑

翠蔓参差处，溪流进益深。
空潭映竹色，乱石布松阴。

花好自开落，岩幽无古今。
林泉有天籁，风起各成音。

八月三游龟溪作　癸丑

拾级登山麓，溪流曲折长。
鹊喧新果熟，鱼聚落花香。
潭水同心定，岩云与世忘。
归途听樵唱，冷露湿衣裳。

十月游前坞作　癸丑

读罢起徘徊，缓步登山麓。
溪流无纤尘，群峰净如沐。
睹兹山水清，自觉胸怀俗。
世变付烟云，道心证樵牧。
独立爱孤松，苍然四时绿。

重九日携迪儿游阴岸冈　癸丑

构茅临绝顶，岁约一来过。
山下白云满，门前红叶多。
疏烟浸岚翠，落日荡江波。
暮色苍茫里，归途自咏歌。

夏日即事　癸丑

中夜披衣起，邈焉世谁偶。
皓月涤尘襟，胸中淡无有。
飞泉洒窗户，微云掩星斗。
萤火夜明灭，虫响檐前后。
风送藕香微，露转荷叶走。
身倦倚栏杆，口渴进瓜藕。

曙色渐朦胧，良宵惜孤负。
人生非金石，谁复能长久。
富贵等泡影，利禄尽泥垢。
学道苦〔若〕不早，身殁名亦朽。
所以古君子，汲汲自绳纠。
晓钟发深省，惕然振户牗。

夏日晓起即事　癸丑

脩竹环窗碧，垂杨拂槛长。
苔阶一小立，花木送微香。
红萼留春意，绿阴生夏凉。
徘徊吟未毕，西序满朝阳。

游白岩山　癸丑

石壁盘空立，巉岩势特雄。
钟声黄叶里，人语白云中。
岚翠暗疑雨，松涛怒挟风。
悬崖人不到，直欲与天通。

山居咏怀　癸丑

落日隐苍茫，归来卧草堂。
山川犹虞夏，风月自羲皇。
理乱时无定，行藏道有常。
桃源今未远，何必感沧桑。

圣哲去千载，遗经幸尚留。
桑麻无魏晋，薇蕨有商周。
龙战云雷日，鸡鸣风雨秋。
一编方俟圣，瘏口为民谋。

叹息华夷辨，麟经孰继修。
鸩音变禹域，虎视逼神州。
汉德从尧禅，秦灰与孔仇。
滔滔世皆是，沧海已横流。

寒暑更相代，循环理有常。
山中存礼乐，世外守冠裳。
硕果天心见，潜龙圣德藏。
何时非太古，高枕即羲皇。

闰月二十六日作时不雨已四十日矣　甲寅

祝融司令旱魃呼，玄冥缩首伏海隅。
田干禾稿〔槁〕农长吁，一庭花木渴欲枯。
自汲涧水日灌濡，清晨起视勃然苏。
娇红嫩绿还其初，予力所及只区区。
盎然生意满庭除，形形色色妙难图。
触目会心无精粗，圣贤大道悟鸢鱼。
翠竹黄花参真如，儒禅语同旨异趋。
物我理一分各殊，宇宙吾心毋乃诬。
镜花水月见模糊，山河幻象大地虚。
达摩东来辟歧途，陆王始用释乱儒。
横流天下诳群愚，秦灰再炽圣学芜。
髡首自刑毁发肤，日中见斗鬼载车。
龙蛇起蛰神州墟，我欲奋起一手扶。
直掣四海反唐虞，执戈前驱几吾徒。
寥寥四顾神圣徂，明王不作孰宗予。
待至百年厄运祛，天心厌乱生尹朱。
雷雷经纶起草庐，育物开天一卷书。

龟溪咏　甲寅

三月不雨，井干湖涸，大溪已绝流。龟溪之水，潺潺不绝，合

里皆取给于此。龟溪发源船湾里山之水，以龟溪、马溪二水为最
著。甲寅闰月，感而有作。

> 潺潺龟溪水，天旱流愈盛。
> 日汲供万家，澄然未尝罄。
> 井涸湖尽干，兹水常如镜。
> 有本者如是，为学可取证。
> 探源走船湾，始见一勺进。
> 渐行乃成溪，众流来合并。
> 吸收云雾气，涵泓力益劲。
> 露华共澄鲜，月光相辉映。
> 所以出不穷，玑珽满清听。
> 趋江以达海，卒能遂其性。
> 笑彼路旁潦，汪洋徒取病。

病中咏怀　甲寅闰月

> 横卧天已曙，鸟啼梦初醒。
> 微云澹天半，朝阳射峰顶。
> 松挺烟里枝，竹立光中影。
> 晓风当暑凉，汲泉煮佳茗。
> 绝粒已五日，霜鬓起一整。
> 揽镜徒自悲，策足终无骋。
> 天定人难移，百念已俱屏。
> 道远任愈艰，境变心益警。
> 高志追羲孔，苦节抗箕颖。
> 庄诵系辞篇，穆然万山静。

病中即事　甲寅闰月

> 夜卧不能寐，披衣步阶径。
> 明月照清池，上下两冰镜。
> 圣人制历法，晦朔因天定。
> 西历多颠倒，逆天谁与正。

理乱非吾知，山居且养病。
岩谷足避嚣，花木可养性。
檐际峰出没，溪畔竹掩映。
萤火时明灭，蛩声满清听。
流星带光驰，飞泉挟沙迸。
风生夏室凉，雨洗银河净。
烟篆袅药炉，漏刻辨斗柄。
佳藕供咀嚼，良辰恣吟咏。
所病在形骸，未损精气劲。
寡欲客感稀，持敬道心胜。
晓钟发何处，惕然令人儆。

病中晨起观花木有感　甲寅闰月

卧病久未起，朝阳已射身。
披衣观花木，气象忽一新。
生意勃然发，与昨竟殊伦。
乃悟人与物，均赖夜气存。
羲孔表四德，贞下乃起元。
苟不加戕贼，朝夕培其根。
寸木可参天，十围何足论。
善养则成材，不然刈为薪。
不见孔林柏，绿阴今庇人。

王心斋千里来视疾诗以答之

师弟道久亡，予疾君来侍。
千里不辞劳，可使薄夫愧。

王心斋辞归诗以送之

君来心方慰，君去泪又挥。
予心随流水，千里送君归。

虞美人　戊辰

滴残秋泪天容瘦，寂寞孤蟾逗。红兰绿蕙泣幽香，都付乱虫一片奏愁腔。

青桐叶落沉金井，露出栖鸦影。夜深人静泪阑干，立尽一庭空翠袭衣寒。

玉连环影　己巳

花落，日日东风恶。百计摧残，一味知轻薄。开是风，落是风。恩怨同来今古断肠中。

兰陵王　己巳

西湖水，点点流来是泪。凄凉梦闻说旧时，一一繁华胜游地。如今亲自至，但有青山愁对。荒堤上，衰柳病桃，惨惨数株恼人意。

闲寻古碑址，伤瓦砾荒邱，荆棘残垒。藏狐窜兔游山豕。惟两三花蕊，两三蜂蝶，权将当日景物视。凭谁话前事？

愁思渺无际。看拾镞苔根，觅刀波底。苍茫倦眼荒烟里。任衰草没屐，西风吹袂。老乌哑哑，乱树外，阵阵起。

满江红　庚午

一角幽亭，杨柳里，翠烟愁漾。正阵阵，雨穿帘碎，风摇铃响。梁上燕将雏得意，砌前花与人同恙。看雏童，捧过水晶盆，朱鱼养。

门半掩，窗难爽。茶正熟，香初上。恰卖饧天冷，卖花声唱。酒里消愁终日醉，梦中寻恨通宵想。任无聊，还又理瑶琴，银床傍。

琐窗寒·过方家庄拜舅氏汪榕村先生墓　庚午

惨惨鸦啼，凄凄叶落，半堆苔土。烟荒日黑，还怕愁魂来去。叹西风、泣残精卫，夜台寂寞怨难诉。纵苌宏血在，羊昙泪尽，也教谁许。

多少，伤心故。看红楠作盖，白杨成柱。裁幡剪纸，待向枫林招取。那须招、笑貌声音，分明阁著心头住。有夜来、旧月相怜，照他黄土苦。

天仙子　辛未

新燕归来重院悄，残红留恋斜阳照。一回好景一回悲，华年杳，欢辰渺。梦里青春愁里老。

芳草无情还自绕，人生有恨何事了。年年杜宇向黄昏，凄凉叫，分明道。和侬泪血谁多少。

南柯子　辛未

衫试单罗软，香飘细篆清。绿窗尽日闹流莺。又是厌厌无绪，病初成。

对酒心难死，调弦手已生。菱花太是不留情。照得人来消瘦，忒分明。

好事近　辛未

携弟小园来，沾尽一靴残雪。徙倚古梅花下，问春风消息。

约花开落莫匆匆，留待他时折。无奈谁家凉笛，一声声吹彻。

又　辛未

为唤月华来，好伴数枝孤立。一片冷烟横处，浑不分花雪。

折来与弟插盈头，人面似花白。闲踏苍苔归去，有余香清绝。

满江红　壬申

深巷红墙，恰又听，卖花声过。正晓起，烟丝方袅，露光微堕。镜里黄添人乍瘦，槛边红到春初可。小庭中，放著细腰瓶，花双朵。

心头病，全应左。眉边恨，终难妥。任宝琴长挂，画楼深锁。小榻看花清昼睡，孤灯寻梦通宵坐。纵无聊，写遍断肠诗，教谁和。

卜算子 壬申

潮急仆相催，酒罢人无语。游子天涯已断肠，况送故人归去。
把手没多时，转眼知何处。昨日不如不见君，免今日别离苦。

又 壬申

芳草隔天涯，绿水遮乡路。待向梦中诉此情，梦不会归去。
泪逐落花飞，愁绕游丝住。双燕知他说甚来，有许多言语。

巫山一段云 壬申

月挂青崖小，人行碧涧寒。一声啼鸟出林端，飒飒鬼风酸。
瘦蟹芦根聚，飞萤草际攒。樵灯隐隐隔山然，落叶又惊翻。

满江红 癸酉

药裹诗囊，山屋小、一床愁守。谁念我、衫增涕渍，镜添容瘦。栽
柳园中新翠满，种花台上残红厚。叹人随，春老一年年，难回首。
　帘卷处，东风骤。门掩处，斜阳逗。听声声鹈鴂，啼残清昼。卧病
长当三二月，消魂都在黄昏候。算同心，只有泪边琴，愁中酒。

菩萨蛮 癸酉

渔舟一叶乘潮去，手招凉月同舟住。一片白蒙蒙，烟云缭绕中。
天上河声急，江底星光湿。空里影徘徊，西风吹我归。

《灵峰先生集》跋

行尽亲义别序信，而学极表里、精粗、小大、体用无不贯，达则泽被亿兆，穷则道救万世，古难其才，今尤难其才。天地好生为德，竟不得多生才以福斯世者，阴阳动静，五气杂糅，贞元会合，清明纯粹者难值耳。有其人无其学，则道不明；有其学无其行与文，则道不备。欲其本天理大源以发人事，备人事曲折而悉根天理者，或千年五百年不一遇，天殆以郁之极而发之盛也。

若吾师灵峰夫子，其得天所畀，值清明纯粹，禀乾刚，成龙德，智贯理事而仁溥万物，气塞天地而行极人伦。举体用、精粗、博约、文道无不备，传历圣相承大经大法，于经废理灭、科学争鸣、五洲大乱时，以挽狂澜，救当世。发夫妇、父子、君臣道于二千年所未尽，一旦还尧、舜、伊、周、孔、孟之旧。严出处辞受，随道进退，不一日徇君欲，以苟受官，守天禄。义之尽，遇无道，虽尊不讳。恩未绝，国虽亡，而旧君妻丧必服。极孝道，生事葬祭，哀慕哭泣，冠缨、衰裳、带、绖、杖、屦、苦块、庐居、粥食水饮，无一不遵先王礼制而适合其中。本依膝下而庐以依墓，事死如事生，事亡如事存，不离一昼夜者满六载。朔望必走奠几延〔筵〕，徒步往返，日百二十里。晨早出，暮夜归，历疾风甚雨、烈日大雪而不病。隆冬盛夏，不榻不帐，蚊芒聚颊，暑寒交侵。《礼经》在手，两泪洒衣，艺苦菜以代蔬，见者莫不动容起敬。搢绅先生、显官达宦，闻风服德，或拜谒或书问者，络绎于道。蛇虺出入不敢犯，盗贼感德还所劫。孝悌之至，通于神明，光于四海。行若是其卓也，学若是其博也，文章若是其灏灏噩噩也。

赞程受其教，薰其德者，籍师门二十年，时亦若是其久也，言之宜乎详矣。侍函丈而敬若神明，见梦寐而心必恐惧。观其貌严，聆其言厉，终日相对而邪妄悉屏。师道严，见纤过必叱，其恩厚也。恺悌慈祥，蔼然仁义，小叩小鸣，大叩大鸣，随问随答，随材以教。天文地志、礼乐刑政、律历兵法，不考索而应若响。性命、理气、鬼神之精者微者，分者合者，幽者邈者，历历指掌，如数一二、辨白黑，聆之往往夜深而忘倦。虽年荒岁暮，海内鼎沸，卒不能夺其亲师志者。服以至德，化以时雨，悦其心，乐其业，循循善诱，不以困知难进而遽弃之，诲人又若是其不倦也。

同门刘君宝书以赞程从学久，谋校印师集，而以跋见属。自愧质鲁学浅，谫陋无似，不足以发吾师精蕴万一，而义则不敢辞。邪说横而仁义塞，耶稣昌而孔子灭。夷学文妖，篡弑烝报并作，争位争权争利者遍天下，流血飘杵，积骸并山，辗转相杀，而丧乱无已。民苦苛政兵燹寇盗而不得一日去，此天所以生弭乱之人于其时，救之以文以道者。刘君此举，其亦能体天之深爱斯民也。丙辰立春日门人黄岩管赞程敬跋。

《灵峰先生集》跋

　　无古今无中外，其人之传也不一端，传虽同而纯驳殊焉，偏全大小异焉，其能为天命民彝所系，传之千百世而不敝者，必以道也文也。六经而外，道与文兼者，其《孟子》七篇之作乎？韩子文起八代之衰，而不能以其文兼道；朱子道继孔、孟之盛，而不能以其道兼文。道之难也如此，文之难也又如此。富阳夫子以昌黎韩子之文，发孔、孟、程、朱之道，其人之传也无疑矣。其道与文之能传于千百世而不敝，而为天命民彝所系，与七篇之作同功也。复何疑哉？丙辰八月门人邵阳刘子民谨跋。

《灵峰先生集》跋

　　予始读陆、王之书，惑于心即理之说，谓心即物，物即心，不知天地万物之理具于吾心，而不可谓吾心即天地万物也。旋游灵峰夫子之门，取《灵峰存稿》读之，孳孳不敢舍者有年。于是始而疑，继而悔，终忽大悟，曰道在是矣。而返观陆、王诸书，诐邪淫遁，罅漏百出，曾不足当识者一笑。予不敏，于斯道无能为役，而幸不卒为异学以终其身，得之夫子面命耳提者为多，而《灵峰存稿》之鞭策我尤力。夫子之书，广大悉备，天人性命之微，理气分合之要，子臣弟友之经，进退出处之节，是非邪正之归，法制文章之奥，讲之极明，辨之极悉。昌黎其文，紫阳其学，合文与道为一，立懦廉顽，百世之师，功不在孟子下矣。同门刘君、何君方校《灵峰先生集》，以广圣道之传，谨书所得附于卷末。丙辰二月松阳蔡克猷。

《灵峰先生集》跋

　　文以载道，重道而不重文，然言之无文，行之不远，歉于文者未足与言道也。吾师灵峰先生道宗紫阳，文法昌黎，是以本诸性道，发为文章，靡弗道与文俱。若《悔言》，若《人道大义录》，若《孟子讲义》、《大学衍义讲授》诸作，道也而文以传。斯集之刊，文也而道可见。今天下道丧文敝极矣，先生笲发古服，杜门自守，知不可以道见，并不愿以文传。绍韩恐文之不传，道无由见，乃与同门刘君宝书亟请于先生，得文二百七十一篇，分论辨、序跋、奏议、书牍、赠序、碑志、叙记、箴铭、颂赞、哀祭、诗词，各为一卷，汇编付印。读先生之书者，可以兴矣。丙辰十月门人东阳何绍韩谨跋。

夏震武年谱简编

清咸丰三年（1853 年）　一岁

十二月十八日，生于浙江省富阳县里山镇。曾祖讳宏业，祖讳文昭，皆未仕。父讳范金，贡生。母为汪廷栻之女。

清咸丰七年（1857 年）　五岁

受读于母，《毛诗》、《大学》、《中庸》皆成诵。

清同治十二年（1873 年）　二十一岁

参加乡试，中举人。

清同治十三年（1874 年）　二十二岁

会试中进士，以疾未覆试，回乡。会试总裁万青藜颇许之，叹为不可一世之才。侍郎宝廷称其资性近道，当研穷理学，读第一等书，为第一等人。且谆嘱之曰："古人以早年科第为不幸，君年甚少，且当力学，迟之一二科，俟学成识坚而出，出有济于天下未晚。"从此孳孳研习程朱之学，时或兼取陆王。

清光绪二年（1876 年）　二十四岁

入京，殿试三甲第五名，赐同进士出身。

清光绪六年（1880 年）　二十八岁

补行朝考二等，授主事，选职工部营缮司。"入则正色危坐，凛然不可以非义干；出则读书私舍，未尝通名姓于势要之门。"

八月十九日，上《请修明祖制以扶国本折》，指时日天下号令废弛，官吏贪污，风俗败坏，若不改辕易辙，痛革弊源，"恐天下事不知所止矣"。提出君主明肃号令、优容直言、广开荐辟等六项主张。

九月十七日，前因交涉伊犁事，朝廷遣崇厚出使，与俄方签订条约，多有违失。故上疏参劾枢臣沈桂芬、王文韶，乞赐罢责；又劾恭亲王、宝鋆、景廉，下部严议。复上疏言俄事有五误、十可战、一不可战，陈战守十六策。朝廷惯例，司员上封事，须请尚书代奏。尚书翁同龢以言多激切，谓战守十六策甚切时务，独司员参大臣，本朝无此例，劝罢递。对曰："本朝钦定台规现在，何曾有司员不准参劾大臣之例？本朝二百余年所以无参劾大臣之司员者，非例不许为，乃人不肯为也。""杨椒山参严嵩，刘念台劾魏奄，彼皆司员也。尚书受国厚恩，坐视枢臣主议误国，既不能力争而反代为沮遏言者，公然阿附权贵，如此何面目对士大夫？天下后世其谓司员何等人？尚书何等人？"翁允代奏，旨下留中。以言不用，遂乞归。

清光绪七年（1881 年） 二十九岁

致书张致夫，自述"戆直性成，不能与时俯仰"，遂引事去职，并抒发胸中抱负，"出则救天下以政，居则救天下以学，二者必冀有一可"。

清光绪十年（1884 年） 三十二岁

十二月十七日，父殁，以礼治丧，不饮酒，不食肉，不脱衰绖，葬后寝苫枕块于墓侧。

清光绪十三年（1887 年） 三十五岁

致书杨正夫，痛斥汉学蔑理尊欲，与六经孔孟背道而驰，认为"以金巧污下之人而行其学于天下，未有若乾嘉诸儒者也"。

清光绪十五年（1889 年） 三十七岁

复书张季玗，对以理学名世的曾国藩颇有微词："湘乡训诂、经济、词章皆可不朽，独于理学则徒以其名而附之，非真有见于唐镜海、倭艮峰、吴竹如、罗罗山之所讲论者。其终身所得者以庄、老为体，禹、墨为用耳。儒者学孔、孟、程、朱之道，当笃守孔、孟、程、朱，不必以混合儒、墨，并包兼容为大也。"

清光绪十七年（1891 年）　三十九岁
四月二十七日，母殁，以礼治丧，再庐母墓。

清光绪二十年（1894 年）　四十二岁
俞师旦等人请主讲鼓山书院，拒之曰："惟念先慈见弃，忽忽四年，坟垅未成，松柏待树，假息墓庐，苟延旦夕，生依膝下，死亦不欲远离一步。"

清光绪二十一年（1895 年）　四十三岁
复书江苏巡抚赵舒翘（字展如），谢绝出山之邀，不改初志，自谓出处进退乃士君子之大节，"士为知己者用，以衰闲久废之身，忽蒙拂拭吹嘘，欲令复为世用，其感激固不可言喻。惟硁硁有素，不欲因怀知遇之恩，辄蹈奔竞之迹。况先人服制虽除，坟垅未成，三年之内，誓不出墓庐一步。君亲义无兼顾，今以见招而忽改素守，委亲垅而趋节辕，不待识者而笑之矣。"

上书徐致祥（字季和），陈述中国自强之策："论者皆以为当效西法，鄙意独以为当复古法。师彝之长未有能制彝者也，徒令中国化彝而已。惟能善用中国之长，乃可制彝而不为彝所化。中国之长，三代所传礼乐刑政是也。西彝所以雄长一时者，其学校、议院诸法，政学一贯，君民一体，实得中国三代遗意，固非徒恃乎机器之坚利者。中国不能深究西彝立国之本，反求诸己，而惟其铁路、轮舟、电线、枪炮、火器是师，舍其本而务其末，弃其实而慕其名，骡非骡马非马，纷更骚扰，适足以长乱速亡而已。"

复致书徐致祥，认为中国经甲午大创，兴亡治乱之所系，必有一番变动。"上则取法三代，尽取旧制，扫除而更张之，因时制宜，创立新法，务求有合三代遗意。""次则就祖宗遗制，实心整顿，实力扶持，因其法而去其弊，综核名实，一变积习，亦可转弱为强，保守百年。""下则仿效西法，西法非无可取之处，不变中国之科条文法，而参用西法一二，不夷不夏，止有其害，更无其利，仿效愈繁，乱亡愈速，必无十年苟延之理。"

清光绪二十二年（1896 年）　四十四岁
甲午战败，和议公布，以主辱臣死之义，不分贵贱，草疏千言，欲效法吴可读以死谏。亲朋故旧以墓庐非死谏之地、废员无死谏之责阻之，毁草废止。

清光绪二十三年（1897 年）　四十五岁

十一月，代徐致祥拟《谨请讲学法祖以辅养圣德折》，请旨延访天下深明朱子之学者，置诸皇上左右，使之朝夕献纳，启沃圣心，以防"金壬奸言得以乘间而入"。

同月，复代拟《谨请慎选宗室豫教养以重国本折》，主张为宗庙社稷计，取宋真宗故事，慎选宗室兄弟之子数人，择亲择贤，入侍禁中，上定国本，下安民心。

是年，复书安维峻（字晓峰），指出当时误国罔世者，实萌蘖于汉学。于举世滔滔之日，希望"犹有一二人焉，中立不移，守先圣之道，明学术，正人心，绵一线以待后之学者，则天地之心犹有所寄，生民之类不至泯灭无余，人道不至为禽兽，中国不至为夷狄"。

是年，袁昶（字重黎）请主讲中江书院，复函固辞。

是年，复书孙葆田（字佩南），慨叹："近世学术人心之坏，则实讲汉学者攻程、朱，贱行检，蔑义理所致，其变为西学盖亦势所必然。"

清光绪二十四年（1898 年）　四十六岁

八月初四，朝廷下令吏民得上书言事，草疏请改科举新章，以尊圣学而防流弊。后因康有为等人筹谋变法，朝廷遂废止前诏，疏不得上。

是年，戊戌变法失败，致书徐致祥，请其火速上疏调和两宫，"破奸人离间之毒计"。并请旨"博求忠孝儒臣，置诸皇上前后左右，朝夕纳诲，辅道圣德，开悟宸衷"。

清光绪二十六年（1900 年）　四十八岁

正月，拟《端本建极正圣心以正天下折》，斥责维新派"以无父无君之说煽乱天下"，"动摇宗社，危乱中国"，请求对康、梁等人，"立诛无赦"。

是月，著成《人道大义录》，历引经传以明三纲五常合乎六经古义。书中提出，以传贤为君道之极则，以一夫一妇、男外女内为人道不易之理。

九月，八国联军陷北京后，两宫西狩，经浙江学政文治上疏举荐，是月闻诏召对，疾赴行在。

十月二十四日，抵西安。

十一月十二日，召对行在。上书力陈中兴十六策，以外兵蹂躏宫禁为奇耻大辱，奏请两宫罢和决战，"奋发自强，任贤才，修政事，明耻教战，运东南之财，练西北之兵，东向以恢复两京"。乞急诏冯子材，交付战守事宜。

十一月二十一日，上《要盟不可曲从改约必宜熟计折》，提出不可不力争者十，主张根据公法废约改议。

十一月二十三日，拟《枢臣庇逆怀奸请旨立赐处分以除内间而保宗社折》，弹劾王文韶、盛宣怀等"表里为奸，勾引洋人，离间两宫"，请立行正法，"以除内间而折戎心"。呈请工部衙门代奏不允。

十一月二十七日，上《部臣沮遏言路请旨议处折》，参工部尚书鹿传霖等人沮遏言路，"与本朝定例不符"，请旨照例议处。

十一月二十八日，上谕："现因时事艰难，下诏求言，原期广益集思，有裨大局。近日工部主事夏震武条奏多未能按切时势立言，著不准行。昨据鹿传霖奏参：夏震武奏劾王文韶请置重罪。王文韶朝廷任用有年，克勤厥职，办理洋务尚能分别轻重，斟酌缓急，何得以传闻臆度之词率请将大臣置之重典，殊属冒昧。姑念迂儒不达时务，虽其言过甚而心尚怀忠，免其置议。本日引见时条奏繁征博引，虽间有可采，究多窒碍难行。总之书生之见，不免好名，毋庸再行渎奏。嗣后言事诸臣，务须择其补偏救弊确实可行者，详细敷陈，以副下诏求言之至意。"

上谕："奕劻等电奏，增祺派委已革道员周冕往旅顺，与俄擅立《奉天交地暂且约章》九条画押等语。此事增祺始终并未奏明，擅行委员，妄加全权字样，殊属荒谬。著交部严加议处。钦此。"

十二月初十，上《专命不可稽诛改约必宜遣使折》，力主废除周冕旧约，并自荐任专使，奉国书赴俄，亲谒俄皇，"宣布上意，令俄主感悦信服，返侵地，归故疆，修好释嫌，尽罢要求，为各国倡"。

是日，"奉本部转准军机处片交，主事夏震武陈请自行赴京见李鸿章，并赴俄议废周冕旧约一折，已奉旨将原呈抄给李鸿章阅看，并准令该员前往京师"。

十二月十五日，上《恳恩俯准前请以重使命折》，恳请降明诏，奉国书使俄，否则"无以取信俄人，俄人必拒不受"。因直隶州知州洪嘉与留心时务，候选道许珏熟悉外交，请旨准令随带前往。

清光绪二十七年（1901年） 四十九岁

正月，拟《情轻法重吁恳恩宥以广皇仁而伸公议折》，恳请宽免赵舒翘、董福祥诸人"挑衅误国"之罪。折未上，呈请工部堂官代奏，均言奉旨不准再有渎陈。转请翰林院侍讲学士李联芳代奏，起先允之，后又中变。刘廷琛删取此折，呈请翰林院、都察院代奏，俱不允。

邀同刑部尚书薛允升、署工部侍郎陆润庠等，电请两江总督刘坤一、两湖总督张之洞，设法专救刑部尚书赵舒翘，回电均谢不能。

二月初三，大病初愈，旋即乞假回籍。

是年，致书文叔瀛，痛斥曾国藩等人提倡西法误国："自曾涤生提倡西法，而李少荃和之，张孝达张之。康、梁继起，举中国数千年之人伦政教，驱以入于狂流，而天下之祸亟矣。"

清宣统元年（1909年） 五十七岁

九月初四，浙江教育总会召开大会，选举夏震武为会长。随即发表《与浙江教育总会会员》，主张廉耻教育。

不久，兼任浙江两级师范学堂监督。

十月初九，致书原浙江两级师范学堂监督沈钧儒，表示次日清晨到校，并示以教员、学生行礼诸事。

十月初十，夏震武偕同浙江教育总会会员16人到校，表示浙江两级师范学堂"名誉甚坏"，教育总会理应调查，并行整顿。教员不满情绪高涨，谓"名誉甚坏"四字，甚有关系，请夏出示证据。夏亦怒，"拂袖而出，并即揭示停课半日"。当日晚，浙江旧提学使至教务处商议，令次日开课，得到教员同意。

十月十一日，夏震武向浙江巡抚增韫请辞浙江两级师范学堂监督，未准。致函学堂教务长许寿裳，责其非圣无法、蔑礼、侵权，令其辞去。又致教员一函，令即照常上课。又致全体学生一函，令七日内教员上课，诸生仍听讲；如教员不上课，则诸生自习。教员得函，决议罢课。

十月十二日，提学使派委员二人赴校调解，挽留教务长及教员，令即上课，教员允暂留。

十月十三日，夏震武致书各教员，责其辞聘之非。

十月十四日，浙江两级师范学堂教员辞职出校，并电请浙抚及提学使，请为辨"名誉甚坏"之诬。

十月二十二日，浙江两级师范学堂教员复行集议，催请提学使速行宣布解决学堂教员与监督夏震武冲突一事的办法。

十月二十三日，浙江提学使袁嘉谷照会夏震武，浙江两级师范学堂由提学使暂行兼理。至此，持续十余日的停课风潮遂告平息。

清宣统二年（1910 年） 五十八岁

二月八日，发表《与两浙父老》，辞去浙江教育总会会长一职，请副会长代理，会董主持，会员分任其责，以俟开会公举。

二月九日，咨呈浙江抚署辞去浙江教育总会会长，并交付会中各项事务。

是年春，因宝廷早逝，子孙多故去，赴京为其搜集疏稿刻印。

是年，受京师大学堂总监督刘廷琛（字幼云）聘请，出任京师大学堂七科教习，讲授四书及《大学衍义》。

是年十一月，致函刘廷琛，请辞京师大学堂教习。

清宣统三年（1911 年） 五十九岁

发表《勉言》五篇，"立宪哄于廷，革命哗于野"，导致"废经蔑伦，父子平权，男女同学，婚姻自由"，种种邪说横议，纷然并起，大乱之势不远矣。呼吁在学诸生卫道传经，"留斯文一线之传于晦蒙否塞之秋"。

六月，再致函刘廷琛，坚辞教习一职。

九月，返回故里。致刘廷琛等人函称，时浙省已"遍树白旗，拥汤寿潜为都督，军抚降，司道逃"。从此矢志"闭户穷山，理乱不问，守先圣之道以待后学"。

辛亥以后，认为今日天下大变，儒者当为先圣先王之道守节，而非拘于一姓之存亡，玄衣垂绅，以昭志节。自此杜门不出，足迹不及城市。在乡聚徒讲学，提倡尊孔读经。

民国二年（1913 年） 六十一岁

正月，两次去函朱瑞（字介人），谢绝出任顾问之邀，谓"愿终守孟子不见诸侯之义"。

民国三年（1914 年） 六十二岁

《复政事堂》函中，谢绝来聘，自称"学与时违"，但求杜门苟全，必欲"强之一出，以同俗而合世，非大总统尊儒重道之意也"。

民国五年（1916 年）　六十四岁
四月，复浙江都督吕公望（字戴之），谓"不敢与闻"世事。

民国七年（1918 年）　六十六岁
由于从学者日众，学生刘可培等发起捐资兴建灵峰精舍于里山隐岩岗，以居四方来学之士。灵峰精舍因面对灵峰山而得名，房舍正厅三间，用作祭祀和讲堂，正厅左右分别作书斋、课堂、图书室、乐器室等。正厅中央祀孔子神位，两旁以颜渊、曾参、子思、孟子、周敦颐、程颢、程颐、张载、朱熹配享。每年春秋两季定期举行祭孔大典，仪式隆重。灵峰精舍旨在宣扬孔孟之道，研求程朱理学。精舍学规以"明伦、立志、居敬、穷理、力行、有恒"为讲学宗旨。教学内容以理学为主，下分经义、礼制、乐律、兵法、舆地等科目。入学者不论出身、年龄，以束发古装作为入学条件之一。学生来自各省，远自日本、朝鲜、越南等地也有求学者。

民国十年（1921 年）　六十九岁
灵峰精舍编印刊物《灵峰小识》，内容分论著、奏议、书牍、叙记、诗词等类，主要登载夏震武及其学生的作品。

民国十六年（1927 年）　七十五岁
为提倡儒教，推广圣道，以期挽救人心，保存国粹，倡议成立羲孔学会，参加的人大多是夏的学生和再传弟子，推夏为会长，在山东、河南、湖南等地设有分会。

民国十九年（1930 年）　七十八岁
灵峰精舍创办刊物《翼道丛刊》，其宗旨为卫圣倡道，"以正人心，息邪说，扫荡百家而定一尊"。
五月初一，逝于故里。

中国近代思想家文库

康有为卷	张荣华 编
宋育仁卷	王东杰、陈阳 编
汪康年卷	汪林茂 编
宋恕卷	邱涛 编
夏曾佑卷	杨琥 编
谭嗣同卷	汤仁泽 编
吴稚晖卷	金以林、马思宇 编
孙中山卷	张磊、张苹 编
蔡元培卷	欧阳哲生 编
章太炎卷	姜义华 编
金天翮、吕碧城、秋瑾、何震卷	夏晓虹 编
杨毓麟、陈天华、邹容卷	严昌洪、何广 编
梁启超卷	汤志钧 编
杜亚泉卷	周月峰 编
张尔田、柳诒徵卷	孙文阁、张笑川 编
杨度卷	左玉河 编
王国维卷	彭林 编
黄炎培卷	余子侠 编
胡汉民卷	陈红民、方勇 编
陈撄宁卷	郭武 编
章士钊卷	郭双林 编
宋教仁卷	郭汉民、暴宏博 编
蒋百里、杨杰卷	皮明勇、侯昂妤 编
江亢虎卷	汪佩伟 编
马一浮卷	吴光 编
师复卷	唐仕春 编
刘师培卷	李帆 编
朱执信卷	谷小水 编
高一涵卷	郭双林、高波 编
熊十力卷	郭齐勇 编
任鸿隽卷	樊洪业、潘涛、王勇忠 编
张东荪卷	左玉河 编
丁文江卷	宋广波 编

图书在版编目（CIP）数据

中国近代思想家文库．夏震武卷/王波编．—北京：中国人民大学出版社，
2014.8

ISBN 978-7-300-19904-7

Ⅰ.①中…　Ⅱ.①王…　Ⅲ.①思想史-研究-中国-近代②夏震武（1854～
1930）-思想评论　Ⅳ.①B250.5

中国版本图书馆 CIP 数据核字（2014）第 190970 号

中国近代思想家文库

夏震武卷

王波　编

Xia Zhenwu Juan

出版发行	中国人民大学出版社	
社　　址	北京中关村大街 31 号	**邮政编码**　100080
电　　话	010 - 62511242（总编室）	010 - 62511770（质管部）
	010 - 82501766（邮购部）	010 - 62514148（门市部）
	010 - 62515195（发行公司）	010 - 62515275（盗版举报）
网　　址	http://www.crup.com.cn	
经　　销	新华书店	
印　　刷	涿州市星河印刷有限公司	
开　　本	720 mm×1000 mm　1/16	**版　　次**　2015 年 5 月第 1 版
印　　张	31 插页 1	**印　　次**　2025 年 4 月第 2 次印刷
字　　数	488 000	**定　　价**　113.00 元